汽车轻量化材料及应用

李光耀　曾爱萍　编著

化学工业出版社
·北京·

内 容 简 介

本书从汽车的发展方向出发，以汽车的优化设计为切入点，详细介绍了汽车轻量化研究的新成果——轻量化材料通过新技术、新工艺、新方法在汽车上的应用，包括高强度钢、轻金属、塑料、聚氨酯等轻量化材料的性能、特点、工艺条件及工艺装备，并重点介绍了汽车轻量化的应用案例及设计时应重点关注的要点。

本书可以作汽车整车及部件轻量化设计、制造、检测相关行业的工具书，也可以作高等院校车辆工程类专业的教材及参考用书。

图书在版编目（CIP）数据

汽车轻量化材料及应用/李光耀，曾爱萍编著. —北京：化学工业出版社，2022.2（2024.1重印）

ISBN 978-7-122-40310-0

Ⅰ. ①汽… Ⅱ. ①李…②曾… Ⅲ. ①汽车轻量化-工程材料 Ⅳ. ①U465

中国版本图书馆 CIP 数据核字（2021）第 231780 号

责任编辑：陈景薇　　文字编辑：冯国庆
责任校对：王鹏飞　　装帧设计：王晓宇

出版发行：化学工业出版社（北京市东城区青年湖南街 13 号　邮政编码 100011）
印　　装：北京科印技术咨询服务有限公司数码印刷分部
787mm×1092mm　1/16　印张 21　字数 540 千字　2024 年 1 月北京第 1 版第 2 次印刷

购书咨询：010-64518888　　售后服务：010-64518899
网　　址：http://www.cip.com.cn
凡购买本书，如有缺损质量问题，本社销售中心负责调换。

定　　价：99.00 元

前言

PREFACE

随着我国经济的快速增长及人均收入水平的持续提高，我国汽车工业正在进入一个快速发展的历史时期。汽车工业已经成为我国国民经济最重要的支柱产业之一，而且它与我们的日常生活息息相关，密不可分。随着智慧城市、智慧生活、智慧社区、智慧交通、智慧物流等的快速发展，一个全新时代到来，汽车已根植于我们的日常生活。汽车新材料、新技术、新工艺的研究也日益重要，针对快速发展的形势，需要汽车工业从业人员具备更高的素质、技能和知识储备，这就要求大家不断补充新的知识。

本书重点介绍了汽车轻量化材料的最新研究成果及应用案例，从汽车零部件制造工艺的角度全面系统地介绍了汽车轻量化部件的选材和设计时重点关注的技术指标及要点。本书可以作汽车整车及部件轻量化设计、制造、检测等相关行业的工具书，也可以作高等院校车辆工程类专业的教材及参考用书。

本书由李光耀、曾爱萍编写。在编写过程中还有雷云伟、姜胜远、蔡亚洲、李慎国、李雪辰等同志（以上人员并列）提供帮助，同时很多汽车行业的同仁和朋友提供了大量的技术资料及图片，谨此表示感谢！

在本书的编写过程中，得到了业内很多领导、专家的帮助和指导，并提出很多宝贵意见和建议，在此特别致以感谢！

由于编著者水平有限，疏漏之处在所难免，竭诚欢迎使用本书的各位读者对书中的误漏之处提出批评指正，交流探讨。

编著者

目　录

CONTENTS

第一章 汽车轻量化的发展方向

汽车的发明在给人们出行带来方便的同时，也带来了“高耗能、安全和环保”三大难题。汽车行驶过程中除消耗大量的燃油外，还会排除大量的有害气体，使环境受到污染，对人的身体也会造成一定程度的伤害，而且交通事故也越来越多。要解决以上难题，极为有效的措施之一就是实施汽车轻量化，以减少燃油消耗和降低排放，保证汽车安全性。因此，节能与环保成为汽车技术发展的永恒主题！全球新一轮科技革命和产业变革蓬勃发展，如火如荼的全球汽车新能源转型背后，是对未来智能汽车的无限期待与诉求！特别是随着新能源技术、互联网技术、卫星导航技术、多媒体技术、智能控制技术以及新材料、新工艺等广泛应用，是汽车正在快速迈向智能化、轻量化、安全化、能源多样化等新型的发展轨道，汽车又一次由于科技的革命而进入一个崭新的时代。

轻量化、舒适化、智能化以及安全与环保已成为汽车新产品发展的趋势，使汽车对材料性能提出的要求越来越高。业内专家指出，受资源和环境因素的制约，轻量、节能的零部件一直是汽车业的研究方向。其中，开发具有较高强度的轻质高性能新材料及设计新的轻量化结构，已经成为汽车零部件，尤其是现代汽车制造业的必然选择。

据权威部门试验数据显示，一般情况下车辆每减重 100kg，CO_2 的排放量即可减少大约 5g/km；汽车每减少 10%的重量，其燃油消耗便可降低 6%～8%。美国铝业协会研究证明，车重若每减轻 25%，同等条件下能使汽车加速的时间从原来的 10s 减少到 6s。轻量化的汽车在较低的牵引负荷状态下将会表现出同样的或者更好的性能，该观点在新能源汽车领域一样适用。因为新能源车的电池与燃油比能量差距巨大，电池组重量一般会比燃油发动机重量高 2 倍以上，目前电动商用车的电池系统重量通常占车辆总重的 10%～15%，而乘用车占比高达 20%～30%，这直接导致电动汽车相比传统燃油车会增重 30%～40%。但如果纯电动汽车整车重量能降低 10%，那么平均续航里程将会增加 5%～8%，同时损耗成本也可相应下降。因此，无论从传统汽车的减排还是从新能源汽车增加续航的发展趋势看，轻量化都是一个有效的手段。随着运输车辆的不断增加，汽车零部件的轻量化设计已成为降低运输车辆排放及节约能源的迫切之需。目前，欧美等发达国家均在这方面加大了研究与推广力度，特别是在美国，有关车辆轻量化而采用高强度减重材料的项目可以优先得到政府相关部门的立项与支持。

在经济社会高速发展的今天，面对新的能源危机和环境问题，通过汽车轻量化可以有效提高汽车的燃油效率，进而减少污染物的排放。在汽车轻量化过程中，非金属材料及镁合金、铝合金等轻金属材料凭借着其优势与特点均得到了广泛的应用，未来通过技术改进降低材料的成本，提高材料的利用率，开发兼具环保性和可以回收性的新材料，也是汽车轻量化研究开发的必然趋势。

汽车轻量化即在汽车保证其基本的使用性能要求、安全性要求和其成本控制要求的前提下，从结构、材料、工艺等方面，应用新设计、新材料、新技术来实现对汽车整体的减重，以达到汽车节能、降耗的目的，并实现“低能耗”“低排放”的转变。轻量化材料的使用和轻质新材料的应用是汽车实现轻量化的关键。为实现轻量化，世界各大汽车生产商和材料生产厂家一直致力于轻量化材料的研发，轻量化材料应用的多少已经成为衡量汽车生产技术和新材料开发水平的重要标准之一。目前用于汽车轻量化的新材料主要分为金属材料和非金属材料。

汽车轻量化工作不能仅仅追求“轻”而牺牲整车品质和竞争力，还需要兼顾到整车刚度、强度、碰撞安全、振动噪声、疲劳耐久等性能及成本控制要求。事实上，整车重量、性能与成本三者之间是相互耦合、相互制约的，优化设计是解决其冲突的主要手段，日益受到国内外汽车界的重视。

汽车轻量化应用方向如图 1-1 和图 1-2 所示。目前，实现汽车轻量化主要有如下途径。

图 1-1　汽车轻量化应用方向（一）

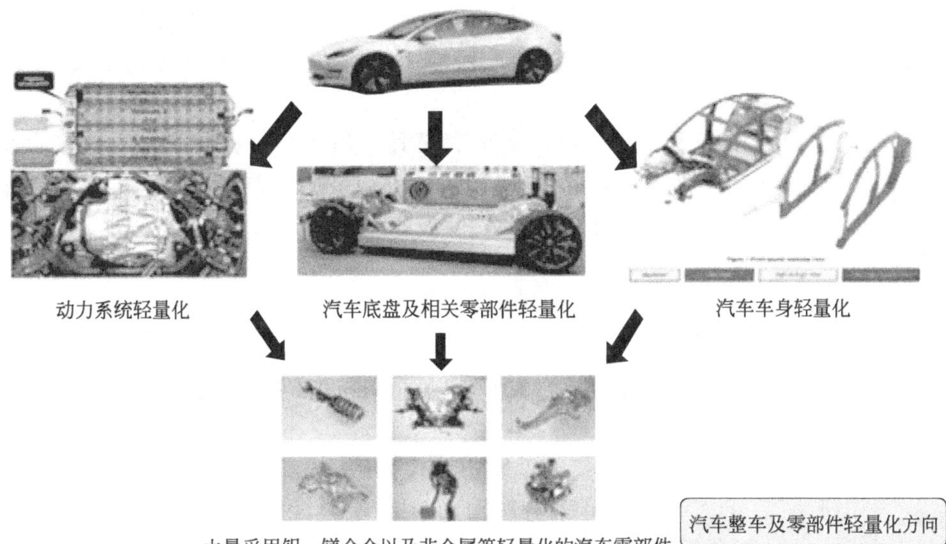

图 1-2　汽车轻量化应用方向（二）

① 结构优化，使部件薄壁化、中空化、小型化或复合化。

② 采用铝合金、镁合金及高强度钢等。

③ 大量采用非金属材料及复合材料等。

④ 采用新技术、新工艺，主要包括成形技术和连接技术等。

第一节 结构优化设计

轻量化设计是汽车轻量化的重要途径之一，是轻量化汽车产品开发的基础和前提。通过轻量化设计，使相应的材料、最优的结构形状和尺寸用在汽车结构最合适的位置，使每部分材料都能发挥出最大的承载或吸能作用，可提高材料利用率，降低整车重量，减少材料成本，实现节能、减排、降耗的目标。

优化设计是基于最优化理论，使用数学解析和数值仿真等手段，利用计算机等工具，在给定设计区域内寻找满足设计约束的最优方案的一种方法。

结构优化设计主要有拓扑优化设计、形状优化设计、形貌优化设计和尺寸优化设计等方法。结构优化设计是一项复杂的系统过程，如车身轻量化设计就是一个系统的平衡设计，车身轻量化设计并不是单纯的车身减重，而是和车身性能设计紧密联系在一起的一个系统的平衡设计，它包含了安全、耐久、NVH（乘坐舒适性）、功能、工艺、成本及重量七大要素，车身轻量化设计需要综合考虑，平衡设计。

一、拓扑优化设计

拓扑优化是一种通过改变结构的拓扑关系，从而重新定义材料在零件上的分配，使得新设计的零件满足某种（或多种）性能指标的优化设计方法。拓扑优化为基于经验目标函数的宏观优化，尺寸形状再优化和材料布局优化则为局部的调整细化。拓扑优化设计是在给定的空间范围内，通过不停地迭代，重新规划材料的分布和连接方式，将部件整体中的冗余部分去掉，使部分零部件薄壁化、中空化，完成宏观层面的拓扑优化。拓扑优化是数学运算方法和有限元分析的有效结合。

如某轿车后背门外板有 2 个冲压件，需 7 套模具冲压压型、拉伸而成，经产品优化设计，变更为两件合一的一体化设计，此时则只需 4 套模具（后背门外板 4 套），减少后背门外板上段 3 套模具，而且产品重量有所减轻，还减少了焊接等工序，节省了加工时间，提高了生产效率。

二、形状优化设计

形状优化主要是在不改变现有拓扑模式下，以零部件的几何外形作为设计变量进行优化的技术。

如图 1-3 所示，将矩形板料的前后两个料边更改为锯齿形状，称为锯齿形板料。每张锯齿板料相较于矩形板料可以节约一个锯齿宽度的板料，不但可以减轻制品的重量，而且提升了材料利用率。如图 1-3 所示，某车型后围外板应用锯齿形料片，落料步距由 520mm 缩减至 505mm，单张料片可节约 15mm 的板料，制品整体重量也有所减轻。

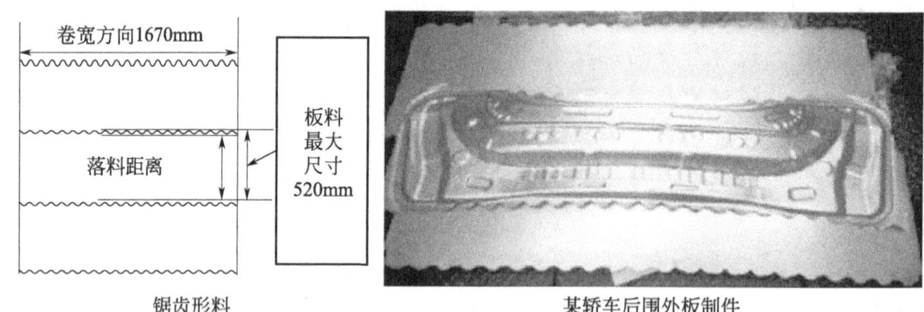

图 1-3　某轿车后围外板优化设计图

三、形貌优化设计

形貌优化是设计人员对模型有了一定的形状设计思路后，所进行的一种细节设计，目的是通过改变模型的某种形状参数（几何形状特征）来改变模型的力学性能，以满足某些具体要求（如应力、位移等）。在形状优化中，优化问题的求解通过修改结构的几何边界实现。

1. 汽车发动机机罩外板风窗玻璃处形貌优化

如图 1-4 和图 1-5 所示，某汽车发动机机罩外板风窗玻璃处经产品造型优化，该处尖角

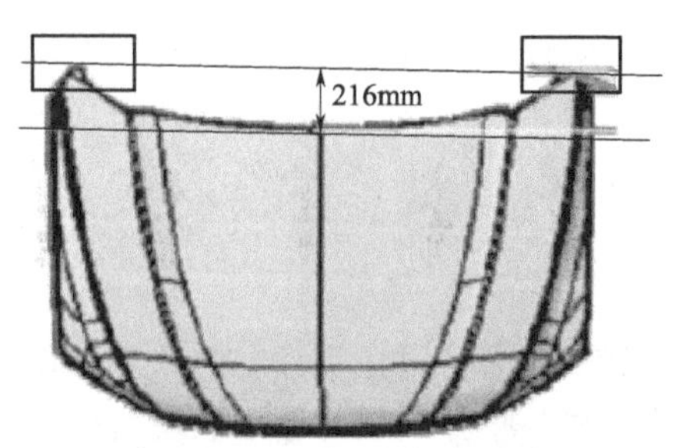

图 1-4　某汽车发动机机罩外板尺寸优化前

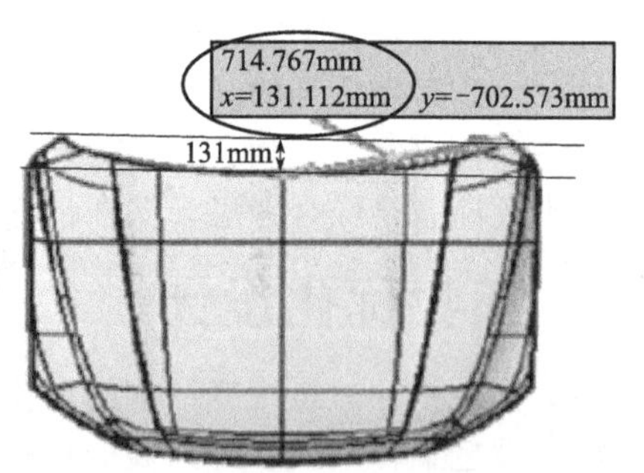

图 1-5　某汽车发动机机罩外板尺寸优化后

凸出长度尺寸由 216mm 缩减至 131mm，可有效降低制品的重量，提高了产品的成品率，而且制件材料利用率提升了 4.2%。

2. 载重牵引汽车鞍座总成大底板后裙边形貌优化

如图 1-6 所示，某牵引车鞍座总成大底板后裙边压型后过大，通过 CAE 软件分析优化效果较好，而且对鞍座总成的轻量化也有一定帮助。

裙边圆弧处过渡不够平顺，且有明显堆料起皱现象；而标杆产品裙边圆弧处过渡平顺，无明显堆料起皱现象，如图 1-7 所示。

图 1-6　鞍座总成大底板后裙边堆料起皱

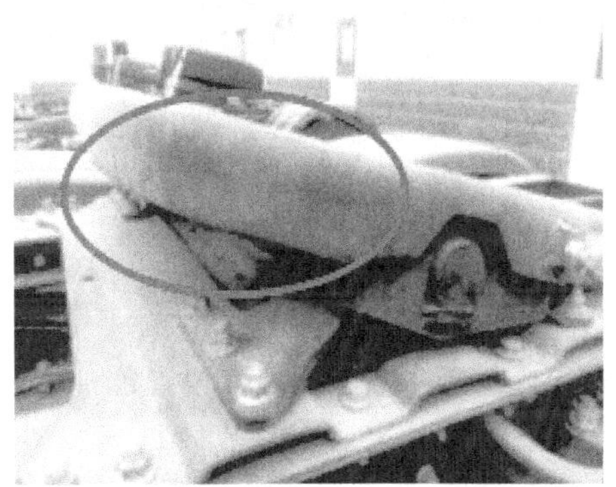

图 1-7　标杆鞍座总成大底板裙边

(1) 建立模型分析原因　某品牌鞍座底板材料：Q235A，料厚 8mm。生产工艺：激光切割料片，然后一次冲压成形。

依据原图纸要求建立三维模型（图 1-8），其中裙边圆弧处过渡不够平顺，且有明显堆料起皱现象的部位位于图示两侧 R 角处，此处圆弧过渡为 $R95+R325$。

将建立的鞍座底板数模采用 CAE 软件分析底板钢板料厚变化趋势（图 1-9），可以看出鞍座底板 R 处 CAE 色差为 8.5～8.9mm，因此该区域在 CAE 分析中体现出料厚挤压起皱现象，说明分析结果与实际情况相符。鞍座底板相应内应力和等效应变情况如图 1-10 及图 1-11 所示。

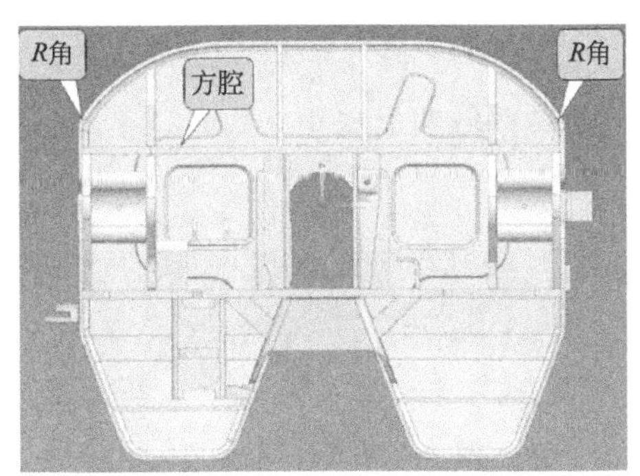

图 1-8　鞍座底板三维数模

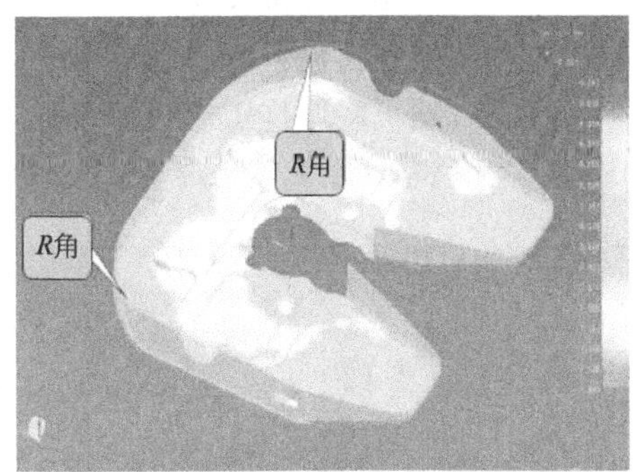

图 1-9　CAE 分析（$R95+R325$）底板钢板料厚变化趋势

(2) 借助 CAE 软件分析确定改善方案　根据经验以及标杆产品的对标，基本可以确定增大 R 角处圆弧，应该会有效改善鞍座底板起皱问题。因此，在不影响底板与内部方腔配合的基础上，不断增大鞍座底板 R 角处圆弧，同时建立数模借助 CAE 分析改善效果。

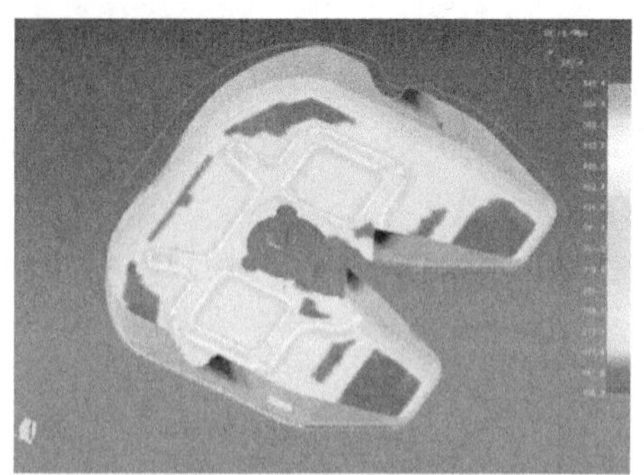

图 1-10　CAE 分析（$R95+R325$）底板成形内应力变化趋势

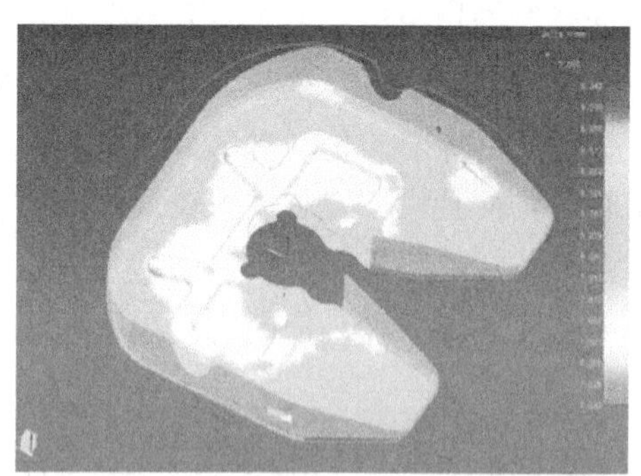

图 1-11　CAE 分析（$R95+R325$）底板等效应变变化趋势

首先，将鞍座底板 R 角由 $R95+R325$ 增大为 $R130+R325$，建立数模通过 CAE 软件分析底板钢板料厚变化趋势（图 1-12），可以看出，鞍座底板 R 处 CAE 色差为 8.3～8.7mm，料厚挤压起皱现象仍然存在，但青色挤皱区域部分明显减小。同时，整个鞍座底板相应内应力和等效应变也均有改善，见图 1-13 和图 1-14。

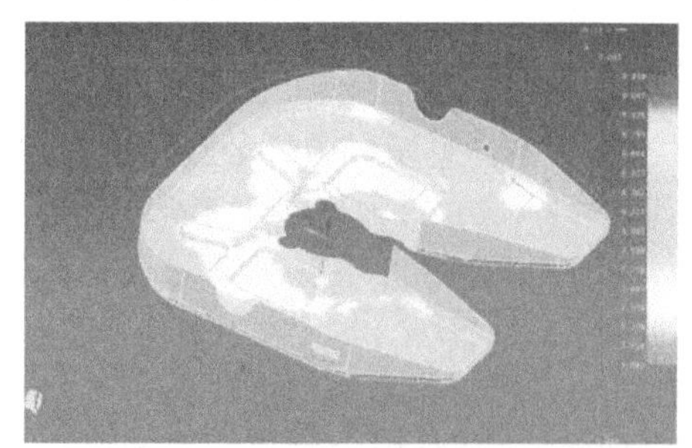

图 1-12　CAE 分析（$R130+R325$）底板钢板料厚变化趋势

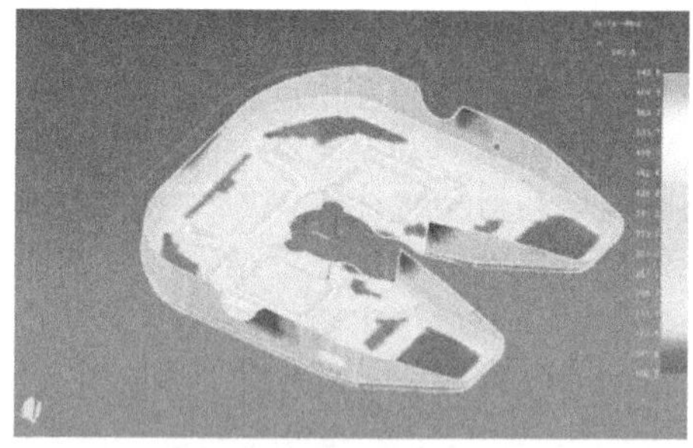

图 1-13　CAE 分析（$R130+R325$）底板成形内应力变化趋势

接着，进一步调整数模，将鞍座底板 R 角处圆弧由 $R130+R325$，整个调整为 $R200$，通过 CAE 软件分析底板料厚变化趋势（图 1-15），可以看出，鞍座底板 R 处 CAE 色差为 8.1～8.3mm，钢板料厚挤压起皱现象基本消除，且起皱区域明显减小。同时，整个鞍座底板相应内应力和等效应变显著改善，见图 1-16 和图 1-17。

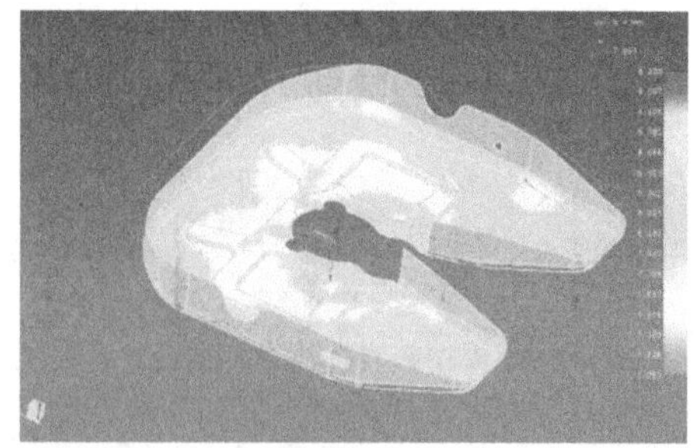

图 1-14　CAE 分析（$R130+R325$）底板等效应变变化趋势

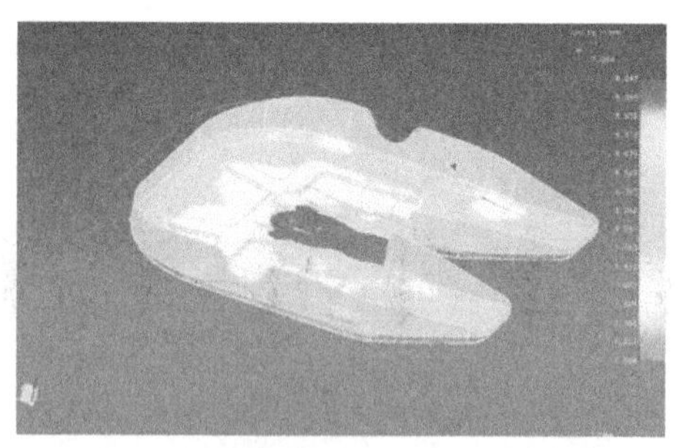

图 1-15　CAE 分析（$R200$）底板料厚变化趋势

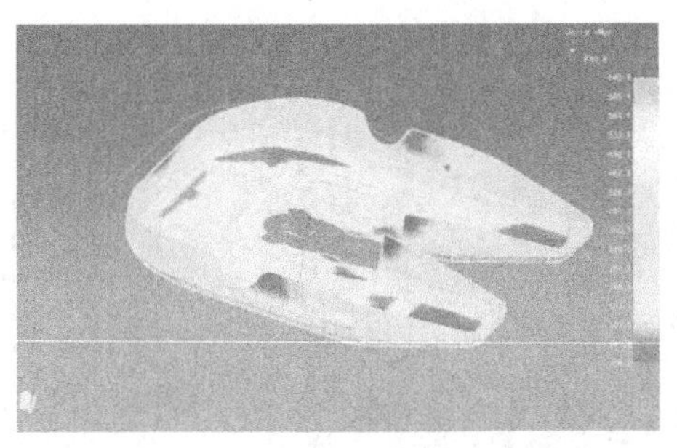

图 1-16　CAE 分析（R200）底板成形内应力变化趋势

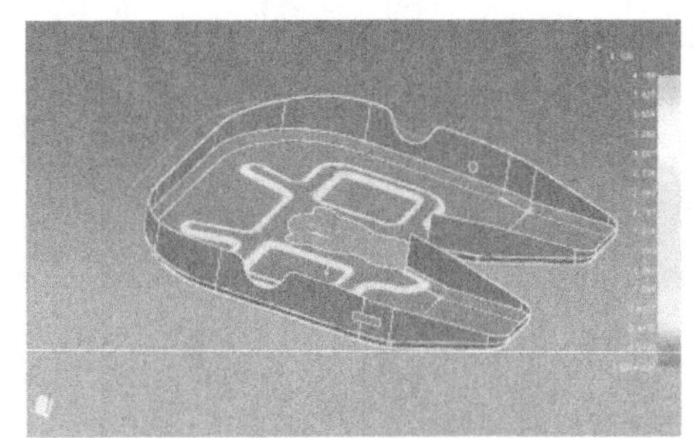

图 1-17　CAE 分析（R200）底板等效应变变化趋势

由于该优化方案考虑制造成本问题，仅在原有模具的基础上进行更换镶块改进，同时还要考虑到不影响底板与内部方腔配合，因此结合以上 CAE 分析就将优化方案确定为：将鞍座底板 R 角处圆弧 R325 顺接 R95mm 改为两弧合并为 R200mm 圆弧顺接两端；同时为了进一步改善底板成形效果，在成形 R 角区域做 2°～3°拔模斜面与两端顺接。

(3) 优化后效果　按照以上优化方案，对原有模具进行更换镶块，通过多次调试模具间隙后，最终鞍座底板 R 角处起皱现象基本消除，而且还减轻了鞍座总成的重量，收到了较好的效果，见图 1-18。

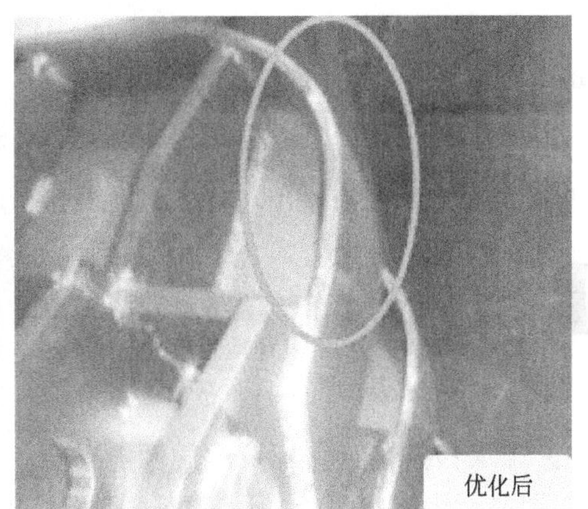

图 1-18　鞍座总成大底板裙边优化前后效果

3. 载重汽车传动轴花键接头形貌优化

传动轴花键接头采用空心结构，在不影响花键接头性能的前提下结构优化后可减重 1.2kg，效果十分显著。

4. 载重汽车传动轴端面齿连接盘形貌优化

如图 1-19 和图 1-20 所示，传动轴总成端面齿连接盘，通过有限元分析可以优化其结构，并有效地减轻质量，单件减重 0.35kg。

有限元法是将连续的求解域离散为一组单元的组合体，用在每个单元内假设的近似函数来分片地表示求解域上待求的未知场函数，近似函数通常由未知场函数及其导数在单元各节点的数值插值函数来表达，从而使一个连续的无限自由度问题变成离散的有限自由度问题。

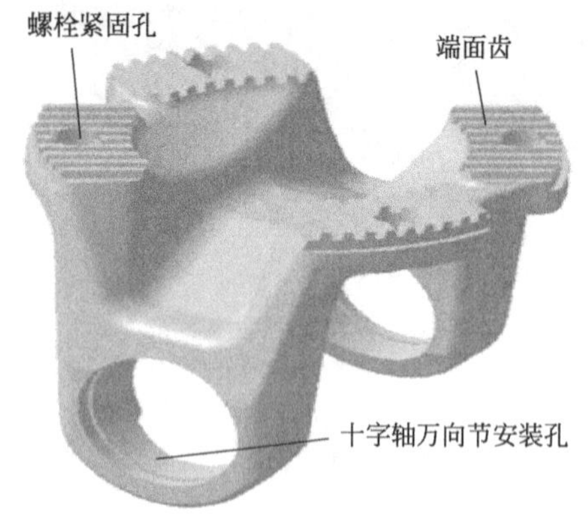

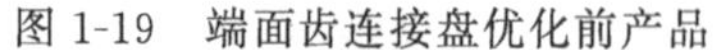
图 1-19　端面齿连接盘优化前产品

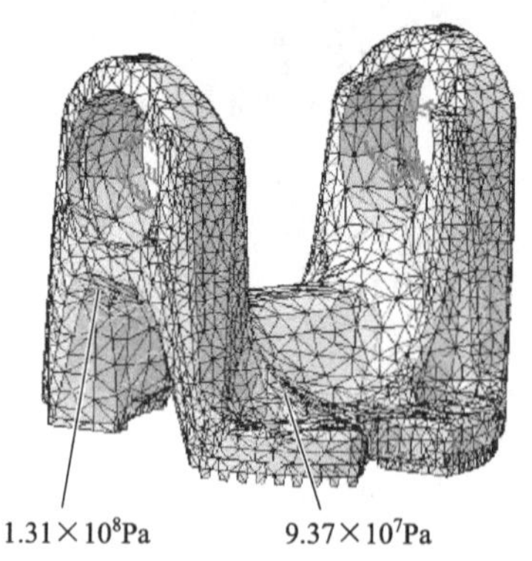

图 1-20　端面齿连接盘优化前应力分布云

虚位移原理：对具有理想约束的质点系，其平衡的充要条件是，作用于质点系的主动力在质点系任意虚位移上所做的虚功之和等于零。

用数学公式表达为（设质点系处于平衡）

$$\overline{F}_i+\overline{F}_{N_i}=0$$

$$\overline{F}_i\delta\overline{r}_i+\overline{F}_{N_i}\delta\overline{r}_i=0$$

$$\Sigma\overline{F}_i\delta\overline{r}_i+\Sigma\overline{F}_{N_i}\delta\overline{r}_i=0$$

对于有理想约束的质点系

$$\Sigma\overline{F}_i\delta\overline{r}_i=0\ \text{或记为}\ \Sigma\delta W_{F_i}=0$$

式中，$\overline{F}_i$、$\overline{F}_{N_i}$ 为作用于质点的力；$\delta\overline{r}_i$ 为虚位移；δW_{F_i} 为虚功。

此方程即为虚功方程，其表达的原理即为虚位移原理或者虚功原理。

最小势能原理是指当一个体系的势能最小时，系统会处于稳定平衡状态。在有限元理论中，最小势能原理是在所有给定边界条件的位移时，满足平衡微分方程的位移使得势能取最小值。

（1）端面齿连接盘结构及力学性能分析

① 原端面齿连接盘结构及缺陷。端面齿连接盘是端面为 ϕ165mm、中心高为 100mm 的矩形齿连接盘，主要应用于中间传动轴，是用于代替中间传动轴所用的平盘，以提高桥间轴的传动性能。原 ϕ165mm 端面齿连接盘结构见图 1-21。

对该结构连接盘进行静扭实验及装车验证后，发现经过高强度的扭力作用或反复扭摆作用后，容易在两侧耳与端面连接处以及侧耳凹槽顶端出现断裂或疲劳裂纹，造成传动轴的失效。发现问题后对该结构 ϕ165mm 端面齿连接盘进行有限元分析，以得出量化的应力分布云图，见图 1-22，为下一步的优化提供方向。

② 原端面齿连接盘力学性能分析。采用的有限元分析工具为 CATIA，CATIA 软件是一个 CAD/CAE/CAM 集成软件，它提供了功能强大且使用方便的工程分析模块——Analysis& Simulation。利用该模块，只需定义类似工程实际问题的载荷和约束，就可以快速地实现基本的有限元分析。

按图 1-22 建模后，为模型添加材料属性，选择材料库中的 Metal-Steel，设定为各向同性材料，其他材料结构属性见表 1-1。

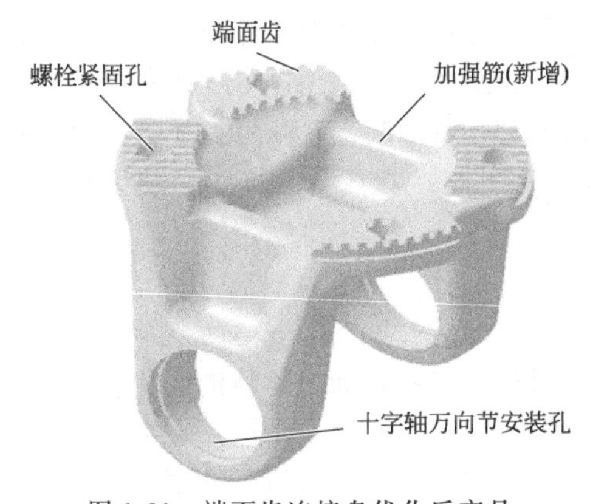

图 1-21 端面齿连接盘优化后产品

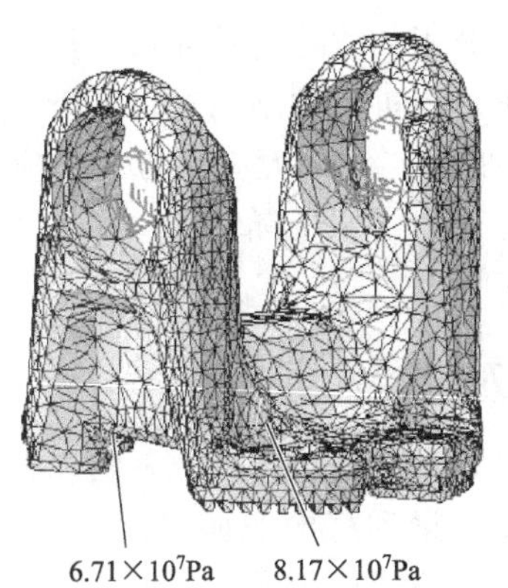

图 1-22 端面齿连接盘优化后应力分布云图

表 1-1 其他材料结构属性

参数	数值	参数	数值
杨氏模量	2×10^{11}Pa	热膨胀系数	1.17×10^{-5}℃$^{-1}$
泊松比	0.266	屈服强度	2.5×10^{8}Pa
密度	7860kg/m^3		

然后进入分析与仿真中的 Generative Structural Analysis 分析模块，为两耳孔施加固定约束。根据中间传动轴最大工作扭矩 12000N·m，假设每个齿面承担相同载荷，在每个齿面添加 1.816×10^{7}Pa 的压力。CATIA 根据模型结构自动划分网格，采用四面体单元，共构建节点 5875 个，构建单元格 21231 个。分析计算得出应力分布云图，见图 1-22。

由有限元分析结果可以看出，应力最大的部位分别集中在侧耳凹槽顶端和侧耳与端面连接处。侧耳凹槽顶端处应力最大，为 1.31×10^{8}Pa；侧耳与端面连接处应力为 9.37×10^{7}Pa。可见在运转中这两个部位是最容易首先发生疲劳裂纹或者屈服失效的，同试验结果相一致。利用得出的分析结果，可以对零件结构进行有目的的优化，使零件结构更加合理。

（2）端面齿连接盘结构优化及力学性能分析验证

① 端面齿连接盘结构优化。根据有限元分析结果，对端面齿连接盘结构进行适当优化。

a. 增加应力集中部位的圆弧倒角，减小应力集中。

b. 在侧耳凹槽增设加强筋，提高结构的整体强度。

c. 为了抵消增设加强筋造成的质量增加，将中心高由 100mm 改为 95mm，修改后不会影响最小摆角 35°的要求。

端面齿连接盘优化后产品见图 1-21。

② 端面齿连接盘结构改进后力学性能分析验证。对优化后的端面齿连接盘再次进行有限元分析，以验证优化后的效果。在 CATIA 零件设计中建模之后，进入分析与仿真中的 Generative Structural Analysis 模块进行分析，过程、参数以及设定的边界条件同上面所述。划分四面体网格后，产生节点 6434 个，构建网格 23811 个。端面齿连接盘优化后应力分布云图见图 1-22。

从分析结果中可以看出，优化的端面齿连接盘在承载相同载荷时，最大应力主要集中在加强筋与端面的连接处和侧耳与端面的连接处，最大应力明显下降，由原来的 1.31×10^{8}Pa 下降为 8.17×10^{7}Pa；最小应力由原来的 7.58×10^{4}Pa 提高为 1.45×10^{5}Pa。由此可以看出，优化的端面齿连接盘结构更加合理，承载的应力分布更加均匀。

（3）通过有限元分析的方法对端面齿连接盘进行结构分析 根据分析结果，对连接盘结构进行优化，最后再对改进后的结构进行分析。优化后，最高应力值由 1.31×10^8Pa 下降为 8.17×10^7Pa，下降 37.6%；最大应力与最小应力的比值由 1728 倍下降为 563 倍，而且质量也减轻了 0.35kg，使得应力分布更加均匀，大大提高了连接盘的承载能力，使设计更加合理。

四、尺寸优化设计

尺寸优化是在确定了结构的类型、材料和拓扑布局的情况下，通过具体的优化算法，确定结构，如板的厚度、梁和杆的截面参数、弹簧的刚度和应力系数、集中质量等单元的属性，以使结构重量、体积或造价最小。尺寸优化还可以设置多种结构相应为约束条件或目标函数，如应力约束、位移约束、屈曲因子、频率约束、静柔度、动响应约束等。尺寸优化是建立在数学模型之上得到的最优解，可作为拓扑优化的进一步完善和提高，是结构优化设计中最基本、最成熟的优化方法，已广泛地被应用于各种结构设计的过程中。

在尺寸优化设计中，并不改变结构的拓扑形式和边界形状，只是对特定的尺寸进行调整，相当于在设计初始条件中，就增加了拓扑形态的约束。结构最初的拓扑形态和边界形状必须由设计者根据经验、实验或拓扑优化确定。在不能保证这些最初的设计是最优的情况下，即使尺寸优化的结果很好，也达不到全局最优的结果。

1. 汽车发动机机罩外板的尺寸优化

某汽车发动机机罩外板制件原工艺策划拉延深度为 130mm，后经工艺优化，制件拉延深度降低至 115mm，制件材料利用率由 72%提升至 74.6%。

2. 传动轴万向节十字轴尺寸、结构的优化

传动轴万向节十字轴通过尺寸、结构等优化后，减小了优化后的十字轴尺寸，两轴承端面距离 L 由未优化的 76mm 减小为 64mm。十字轴工艺由热锻改为冷挤压，减小万向节轴承的滚针尺寸以及优化十字轴轴承的油封，增强油封密封性的同时将十字轴轴承直径 D 由 29mm 下降到 25mm。优化后十字轴的质量及尺寸变小，十字轴的最大静应力下降 13.2%，最小疲劳寿命提高，较好地提升了十字轴的强度。整体上，三个万向节传动轴的质量减少约 1.51kg，促进整车轻量化。

五、结构优化设计

在进行产品设计时，尤其是铸件类产品还应考虑以下工艺因素，进行结构优化。

1. 铸件要合理使用加强筋

对于大平面或壁薄的压铸件，其强度、刚性较差，易变形，这时利用加强筋可以有效防止压铸件收缩、断裂，消除变形，增强压铸件的强度与刚性，对过高的柱、台等结构，可以利用加强筋改善应力分布状况，防止根部断裂，同时加强筋可以辅助熔化金属的流动，提高铸件的填充性能。加强筋的根部厚度不大于此处壁的厚度，一般厚度设计为 0.8～2.0mm；加强筋的脱模斜度一般设计为 1°～3°，高度越高，设计脱模斜度越小；加强筋根部需添加圆角，以避免零件截面急剧变化，同时辅助熔化金属流动，减小零件应力集中，提升零件强度，圆角一般接近于此处壁厚；加强筋高度一般不超过其厚度的 5 倍，加强筋厚度一般要求均匀，若设计太薄，加强筋本身易断裂；若太厚，则易产生凹陷、气孔等缺陷。表 1-2 为加强筋厚度和压铸件壁厚关系。

表 1-2　加强筋厚度与压铸件壁厚的关系

压铸件壁厚	加强筋厚度
0.8～2.5	1.5～2.5
2.0～3.5	2.5～3.5

在需要的地方进行加强，对铸件强度影响较大的并非铸件的壁厚，而是铸件的加强筋。对于压铸件，随着壁厚的增加，铸件内部气孔、缩孔、缩松等缺陷会增加，设计加强筋时应尽量避免通过加厚来提升强度和刚度等，因此在进行铸件结构增强时优先考虑增设加强筋。如压铸铝合金后纵梁铸件加强筋的设计，根据拓扑优化结果，在纵梁空腔区域布置随形加强筋，以传递载荷，随后沿此加强筋交叉布置 Z 向，或布置 Z 向与加强筋呈一定角度，以提高纵梁刚度；为增加翻边强度，在翻边的根部做加强筋局部加强，以减小热处理后变形；考虑轻量化，加强筋整体做成内凹弧形，以最大限度减少不必要的材料使用。

2. 铝合金铸件要选择适宜的壁厚

在保证产品刚性的前提下，尽可能选择小的壁厚，经过反复试验与对比，铸造铝合金的性能特性一般比钢材铸件重量要轻 40%，铝合金铸件的壁厚一般不小于 9mm 时铸件性能稳定，成品率最高。

第二节

采用金属新材料高强度钢、铝合金、镁合金等

汽车轻量化金属材料主要是指高强度钢和轻质合金等，其优良的性能及特点如下。

（1）高强度　高强度和能量吸收。

（2）可循环性　近 90%的汽车用铝可进行循环利用。

（3）适用性　高导热和高导电。

（4）耐蚀性　铝氧化层防止腐蚀。

（5）卓越的成形性　出色的表面质量，锐利的造型。

（6）减重　关键零部件减重 40%。使用高强度钢、铝合金、镁合金，车体重量可分别减轻 15%～25%、40%～50%和 55%～60%。目前，高强度钢主要被应用于汽车结构件、安全件、前后保险杠等部位；铝合金主要应用在车身结构材料的替换上；镁合金主要应用在零部件上，其中包括壳体类与支架类零部件。

汽车零部件选用的铝合金牌号及主要铸造工艺见表 1-3。

表 1-3　汽车零部件选用的铝合金牌号及主要铸造工艺

零件名称	铝合金牌号	主要铸造工艺
缸体	A390	压力铸造/低压铸造
缸盖	A319	金属型重力铸造/低压铸造
车轮盘	A356	压力铸造/低压铸造/金属型
进气歧管	A333	金属型重力铸造/低压铸造

续表

零件名称	铝合金牌号	主要铸造工艺
气室罩盖	A380	压力铸造
机油底壳	A380	压力铸造
变速器壳体	A380	压力铸造
发动机活塞	A339	金属型重力铸造

汽车部件常用轻量化材料的特性对比表1-4。

表1-4 汽车部件常用轻量化材料的特性对比

特性	高强度钢	铝合金	镁合金	塑料
密度/(g/cm^3)	7.8	2.7	1.73	0.83～2.2
强度、硬度	高	较高	低、强于塑料	低
导热性	较高	高	高	低
吸能性	较低	较高	高	高
减振降噪	低	较高	高	较高
耐腐蚀性	低	高	一般	较高
材料稳定性	一般	高	一般	易老化
材料成形性	较高	高	高	高
尺寸稳定性	高	高	高	低
材料成本	一般	较高	较高	一般
材料再生性	一般	高	较高	较低

第三节 采用非金属材料及复合材料

随着汽车轻量化进程的飞速发展，非金属制品的应用范围也在不断扩大，其中使用最为广泛的是塑料制品、橡胶制品、非金属复合材料及胶黏剂等；碳纤维作为新型材料从一开始的航空、航天领域，已逐步进入汽车产业中。

塑料的应用已经从内饰件扩展到功能零件和结构件上，“以塑代钢”已经成为一种趋势。国外很多汽车产业发达地区已经将塑料制品的用量作为衡量汽车发展的重要指标。

塑料在汽车上的应用部位见表1-5。

表1-5 塑料在汽车上的应用部位

塑料名称	塑料在汽车上的应用部位
聚丙烯(PP)	保险杠、仪表板、门内饰板、空调器零部件、蓄电池外壳、冷却风扇、方向盘等
聚乙烯(PE)	燃油箱、通风管、导流板和各类储罐等
ABS树脂	仪表板、后备厢、杂物箱盖等
聚甲醛(POM)	汽车底盘衬套，如转向节衬套、各种支架衬套、前后板簧衬套、制动器衬套等

续表

塑料名称	塑料在汽车上的应用部位
聚酰胺(PA)	在汽车发动机周边部件上的应用，如进气歧管、发动机盖、发动机装饰盖、气缸头盖等汽车结构件(注:发动机周边部件要求具有耐热及抗震动性能)
聚碳酸酯(PC)	烟灰缸等结构件
PC/ABS合金	汽车仪表板周围部件、防冻板、车门把手、扰流板、托架、转向柱护套、装饰板、空调系统配件及挡泥板等汽车零部件
PC/PBT合金	汽车外装件，如汽车车轮罩、反光镜外壳、尾灯罩等
聚酯(PBT、PET)	保险杠、化油器组件、挡泥板、扰流板、仪表板、离合器踏板、反射镜架、雾灯、音响喇叭、天窗边框和顶棚等部件

碳纤维复合材料是目前最主要的车用复合材料，具有密度小、耐腐蚀、比强度和比刚度高等特点，主要应用在汽车的结构件上，如汽车车身、底盘等，能在保证强度和刚度的前提下，大量减轻汽车重量。但碳纤维的生产成本高是制约其在汽车工业中应用和推广的一个主要原因。目前，碳纤维复合材料主要在一些小批量生产的高档轿车和赛车上使用。

随着“以塑代钢”理念的深入，基于玻璃纤维增强复合材料的耐候性、注塑尺寸稳定性、较高的比强度和比刚度等优点，玻璃纤维增强复合材料在汽车上得到了广泛应用，具体见图1-23。

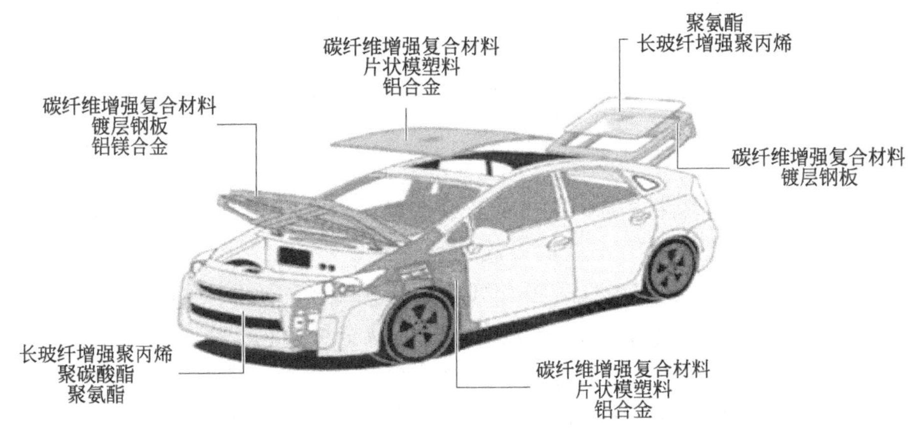

图1-23 纤维复合材料在汽车上的应用

用长玻璃纤维增强材料取代传统的普通材料，如目前在仪表板骨架上使用最为广泛的是PP材料，采用相同密度的PP-LGF材料替代传统PP材料，在满足高强度及高刚性等相关性能的同时，可提升仪表板的吸能性能，同时可将现有仪表板骨架的设计厚度由3～3.5mm降低到1.8～2.5mm，从而降低仪表板骨架重量，推动汽车内饰轻量化。

第四节

采用新技术、新工艺

为了达到全面减重的目的，在结构优化设计和新材料使用的情况下，仍需要研究开发更先进的生产制造工艺，以满足新结构和新材料的需求。轻量化工艺主要是新材料的零部件在生产过程中的连接技术和成形技术。当前应用较为广泛的有锁铆连接、薄壁注塑、粉末注射成型、内高压成形、激光拼焊板、差厚板、热成形工艺、高真空压铸技术、半固态成形技术、金属型精密铸造、结构胶工艺、集成技术等。

1. 锁铆连接

传统的板材连接方式如点焊，表面前处理过程复杂、生产成本较高、生产效率较低，无法满足轻量化车身对板材连接的要求。而锁铆连接技术在连接轻质材料如铝合金、镁合金等材料上具有很大优势，在连接异种材质或表面有镀层的板料时，其优势更加显著。锁铆连接在连接前无须预冲孔，工艺步骤简单、生产效率高，在轻量化车身制造上具有广阔的发展前景，在汽车车身连接中占据很重要的地位。

锁铆连接是将铆钉在外力的作用下，穿透第一层材料，并在底层材料中进行流动和延展形成一个互相镶嵌的塑性变形过程，具有较高的抗拉强度和抗剪强度。目前锁铆连接技术在汽车行业的发展主要受限于汽车行业用的相关锁铆连接设备的发展水平较低。如图 1-24 所示为内高压成形铆锁连接的工艺流程。

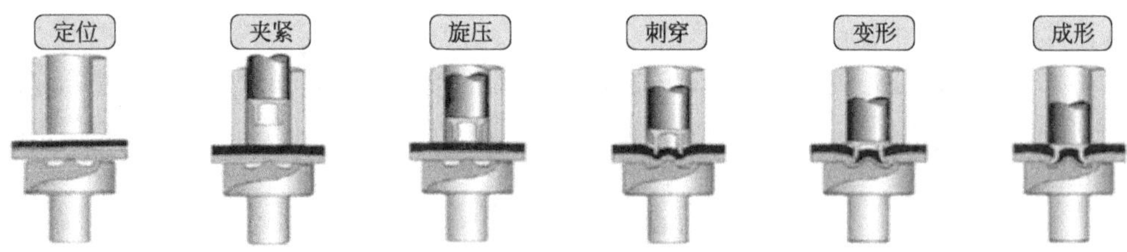

图 1-24　内高压成形锁铆连接的工艺流程

2. 薄壁注塑

薄壁注塑是利用材料改性增强，直接将产品壁厚减薄，在模具中进行加工的一种成型方法。如汽车仪表盘制造过程中用长玻璃纤维增强 PP-LGF 材料代替传统的 PP 材料，传统 PP 材料注塑用的 3～3.5mm 壁厚仪表板骨架，而采用 PP＋LGF 材料运用薄壁注塑工艺制造的仪表板骨架产品壁厚一般为 2.5mm 左右，整体减重可达约 25%。该工艺的投入成本较低，重量优势明显。目前，该工艺在国内和国外合资品牌中，如吉利、大众、上汽、福特等均有应用，一般选择 PP＋LGF20 材料，设计的产品壁厚一般为 2.2～2.5mm。

3. 粉末注射成型

粉末注射成型是传统粉末冶金工艺与现代塑料注射成型工艺相结合的一项新型接近净成型技术；粉末注射成型工艺流程见图 1-25。应用该工艺可以得到致密度高、力学性能良好、表面粗糙度小的零件；同时能够大量制备具有高性能的复杂形状零件；生产效率较高，可以有效地降低成本，加速汽车轻量化发展的步伐，具有巨大的技术和经济优势。目前已被大量应用在汽车轻量化上，主要包括汽车动力传输零件、涡轮增压器、燃油喷油器、安全气囊传感器嵌入件、压力传感器、电动门锁组合零件等。

4. 内高压成形

内高压成形又称充液成形、液压成形，是始于 20 世纪初的一种软模成形技术。该工艺尤其适用于形状复杂、尺寸多变、外观质量要求高、批量不大的大型板材零件的生产，使复杂形状板材零件的生产简单化、柔性化，实现零件的快速制造，并且大幅度降低模具费用。

根据原材料形状的不同可分成两类，即板材和管材。板材液压成形主要是车身的覆盖件；管材液压成形主要应用于汽车复杂异形截面的管件零件，如曲轴、凸轮轴、排气管道、

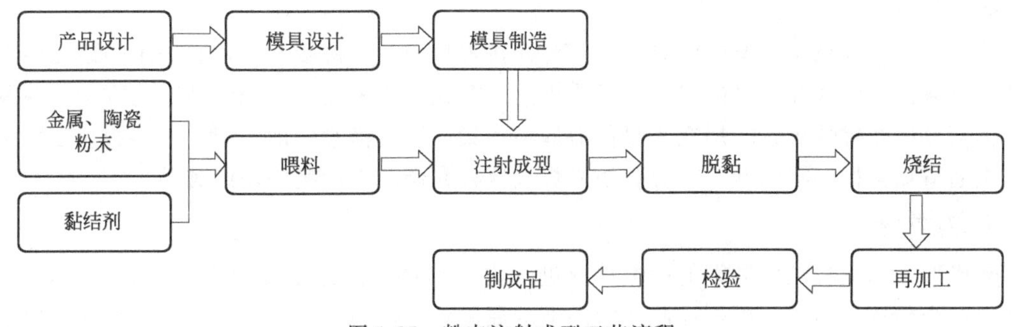

图 1-25　粉末注射成型工艺流程

支架梁等。

日本丰田公司在 20 世纪 90 年代初已建立了 2 条以 3000T 设备为核心的充液拉伸生产线，专门生产高档车的翼子板，并进行模具开发；Amino 于 2002 年成立北美分公司，并建立了以 3000T 设备为核心的充液拉伸成形生产线，专门研制开发铝合金车身覆盖件充液拉伸成形技术及模具，以减少零件连接数量，满足多品种、小批量、个性化车型对整体覆盖件成形的需求，提升汽车品质；德国 Schüler 公司除了生产充液拉伸设备外，还给主机厂和零部件厂提供批量生产用模具。而我国目前轿车车身铝合金充液拉伸零件模具开发还处于空白，这成为牵制铝合金在汽车工业应用的另一个关键因素。

5. 激光拼焊板

激光拼焊板技术是基于成熟的激光焊接技术发展起来的新型技术，是通过高能量的激光，将几块经过精确裁剪的不同材质、不同厚度或者采用不同表面处理工艺的钢材焊接成一块整体板，再经过一次冲压成形，得到一定尺寸和形状零部件的现代加工工艺。该技术可以满足零部件不同部位对材料不同性能的要求。使用激光拼焊板可减少模具的数量和后续生产工序，从而降低生产成本，提高零部件的品质，优化零部件结构，充分发挥不同强度、不同厚度板材的特性，提高零部件刚度、强度及碰撞安全等性能。目前激光拼焊技术已广泛应用于汽车生产领域，并实现了差强度、差厚度或不同表面处理状态零部件的整体成形；如前纵梁、前后门内板、前地板、底板、车门内侧的 A/B/C 柱、后备厢加强板、后备厢内板、减振器支座、后轮罩、侧围门内板、横梁、轮罩、B 柱连接件、中立柱等，见图 1-26。据统计，在汽车生产中采用激光拼焊板材后，可使零部件重量减小 24%，零部件数量减少 19%，焊点数量减少 49%，生产时间缩短 21%，因此该技术在汽车生产中的应用正呈上升趋势。目前，激光拼焊技术已成为汽车车身制造的标准工艺之一。

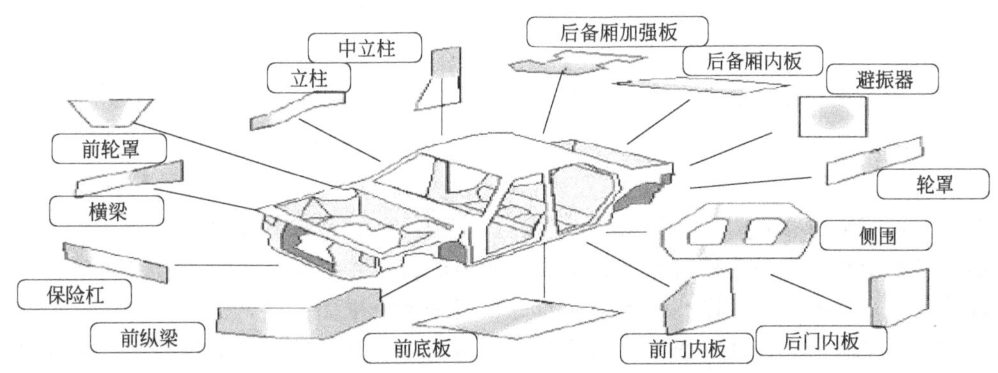

图 1-26　激光拼焊车身应用制件

6. 差厚板

差厚板是一种纵向变厚度的薄板，与激光拼焊板的激光拼接不同，它采用柔性轧制方法生产，由薄区、厚区和过渡区组成。差厚板是继激光拼焊板之后出现的新工艺方法。差厚板可替代部分激光拼焊板并应用在车身前后地板横梁、顶盖横梁、加强板、连接板、B柱加强板、中通道加强板等零部件，可解决激光焊接因存在焊缝而影响外观的难题。

7. 热成形工艺

热成形工艺是将热成形钢的板料件放进炉内加热到奥氏体温度范围（850～950℃），使晶体组织全部奥氏体化，钢板在此热状态下的屈服强度仅为200MPa左右，成形性与软钢相同，经过模内热成形并保压淬火至晶体组织全部马氏体化，使高强度钢板由淬火前抗拉强度500～600MPa提高到1000～1600MPa。目前使用的热成形钢主要是22MnB5，主要应用于车身前后防撞梁、A柱加强板、中通道加强板、车门防撞梁等有较高碰撞安全要求的零部件。该技术解决了高强度钢回弹大、成形难、对模具要求苛刻等问题；另外由于强度高，其在保证防撞安全性能好的同时，可有效减薄板厚或减少加强板数量，以减轻车身整体重量，该技术也适合制造不等厚板材，如激光拼焊板、差厚板等。

高强度热成形材料的冲击韧性较低，只能有限地衰减所吸收的撞击能量。因此，在原有热成形材料的基础上进一步开发了新型的不等温热成形工艺。通过控制模具温度，使零部件分区进行不同速率的淬火冷却，或者通过对零部件局部加热并淬火，实现同一零部件不同区域的强度和延伸率不同。

8. 高真空压铸技术

铝镁合金在汽车上的应用主要以压铸件为主，其中大型、薄壁和复杂的铸件均采用高真空压铸工艺。该工艺可以取代几种甚至十几种冲压件焊接组合的钢制子系统，实现零部件的集成化、模块化。与常压铸造相比，高真空压铸技术可以较好地提升产品致密性、减少内部气孔等内部缺陷和降低表面粗糙度，易生产壁厚较薄的零部件，同时可以提高零部件的尺寸精度、降低模具费用以及提高设计制造灵活性。

9. 半固态成形技术

半固态成形技术是指铝合金、镁合金在由液态向固态凝固的过程中，温度降至液相线和固相线之间（固、液两相区）时，通过施加一定外界影响，使铝合金的显微组织成为一种液相包围球状固相的组织，在此温度区间内，铝合金、镁合金既可以像固体一样具有一定固定形状，也可以在受到轻微的外力挤压后轻易流动，并利用铝合金、镁合金在这种状态下进行压铸成形的工艺。

随着中国汽车工业的快速发展，铝合金、镁合金使用量也在快速增长。面对汽车行业对铝合金产能和性能的迫切需求，采用先进的工艺来生产铝合金、镁合金零部件，半固态金属铸造技术被认为是21世纪最具发展前途的近净成形和新材料制备技术之一，其加工工艺是可行的；而且以半固态注射成型为核心的铝合金、镁合金产品加工工艺与传统压铸工艺有着极大的区别，与塑料注射成型一样简易、快捷、安全，已实现批量化生产。

半固态铸造与普通液态铸造相比具有许多明显的特点：半固态铝生产过程简单，铸件的凝固收缩减小，铸件尺寸精度高、外观质量好，减少了机械加工量，甚至可以得到无机械加工余量铸件，可降低后续加工成本；消除了常规铸件中的柱状晶和粗大树枝晶，铸件组织细小、致密，分布均匀，不存在宏观偏析（图1-27）；充型比较稳定、无夹杂、流动应力高、无湍流、无飞溅，而且充型温度低，延长模具寿命（可减少对模具的热冲击）、凝固收缩小、固件紧致；简化铸造工序，降低能耗，改善劳动条件，由于凝固速度快，因此生产率高；可提高铸件力学性能。

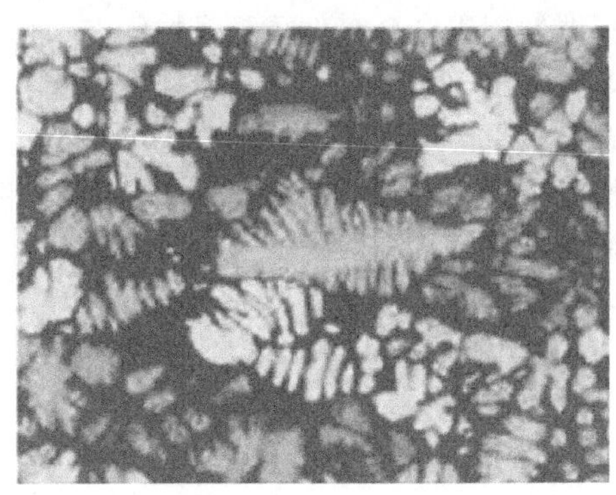
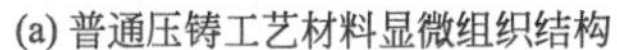
(a) 普通压铸工艺材料显微组织结构

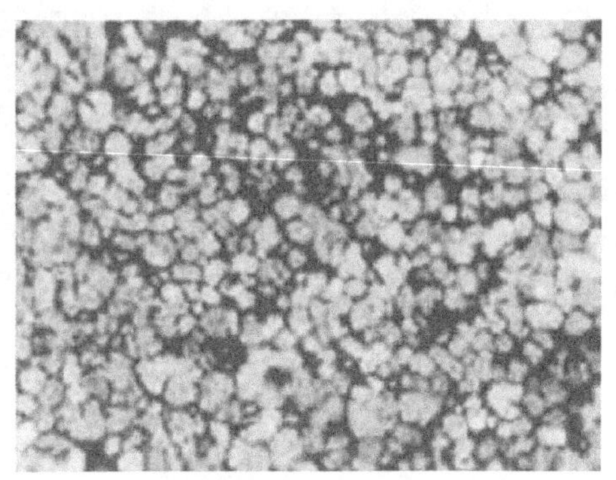
(b) 半固态注射成型工艺材料显微组织结构

图 1-27　普通压铸工艺与半固态注射成型的显微结构比较

10. 金属型精密铸造

金属型铸造主要包括低压铸造、重力倾转铸造及差压铸造工艺等，这几类工艺对应的典型汽车部件为轮毂、缸盖和转向节等。

从低压铸造工艺来看，目前这是最适合轮毂的工艺，超过 90% 的主机厂轮毂都采用这类工艺生产。但是，是由于汽车设计的发展趋势偏向于大直径的轮毂，例如以前大部分轮毂是 15～16in（1in＝2.54cm，下同），现在趋势是 17～19in 轮毂，这对传统的轮毂制造工艺提出了巨大的挑战。目前，重力倾转工艺生产轮毂在售后和日系车上应用较为普遍，该工艺结合旋压工艺，能够实现轮毂的顺序凝固，比较适合大尺寸、宽胎面轮毂的生产，具有良好的外观和力学性能以及良好的市场前景。

差压铸造工艺目前在转向节部件中获得了广泛应用，主要原因是这类零件对质量稳定性和疲劳性能要求很高，差压工艺通过冷却和中低压凝固压力较好地解决了这类要求，但是差压铸造对装备和模具有较高要求，只适合转向节这类厚大部件，尺寸中等的零件并不适合尺寸较大的轮毂和副车架等部件。

11. 结构胶工艺

车身用结构胶多采用可以提高车身刚度、耐久性以及汽车安全性的高模量结构胶，其主要种类有环氧增韧型胶黏剂。相对于橡胶类、聚氨酯类、丙烯酸类胶黏剂而言，环氧增韧型胶黏剂具有高强度、良好的吸油性能、高玻璃化温度以及好的耐久性等特点，适用于几乎所有底材的黏合以及所有形式的复合底材的黏合。车身用结构胶的主要作用包括：第一，避免焊点撕裂，实现符合外观要求而不可焊接区域的底材的连接；第二，提高车身刚度等；第三，提高防撞性及整车安全性。

通常来说，结构胶可以与大多数连接技术兼容，改善单一连接方式的连接性能。比如，结构件黏结可以与电阻点焊技术配合使用，可以显著提高连接强度并增加整体刚度。

结构胶从用途上可分为三类：碰撞稳定性结构胶、半碰撞稳定性结构胶、普通或标准结构胶。前两者主要应用于碰撞敏感区，保证车身在碰撞发生时吸收更多的能量，这就要求结构胶要有足够的韧性，形成抗冲击性的连接。

12. 集成技术

将同一系统且安装位置接近的多个部件集成为一个模块化的整体部件，可以在不减少系统功能的同时消除螺栓、焊点、铆接或胶黏剂等刚性连接件，从而降低系统的整体重量。为了应对铸造铝合金零件成本高的缺点，同时很好地发挥铝合金零件重量轻的优点，在设计零件时应尽可能将周围零件进行集成，这样既可以减轻整车重量，又可以降低零件成本。如美国康迈公司开发制造的汽车铸造铝合金连接件，其质量由原来的 4.1kg 降为 1.8kg，并将两个形状复杂的冲压件合并为一个铸件，节省了物流、管理及安装时间，极大地提高了生产效率和零件成本，这样可以冲抵铝合金铸件成本增长带来的不利影响，这也是铸造铝合金零件设计的发展方向。

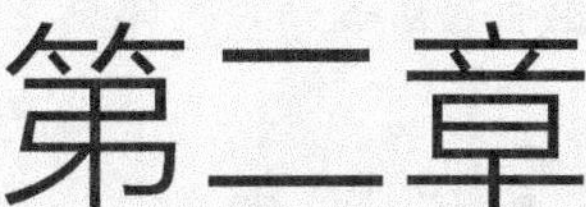

第二章 汽车轻量化常用的金属材料及其工艺条件

第一节 高强度钢

钢是世界上最常见的金属材料。它具有强度高、成形性能好、成本低等优点。自从汽车诞生以来，钢就被广泛应用于汽车的生产。

按照行业研究惯例，通常屈服强度为 210～550MPa 的钢被称为传统高强度钢，屈服强度大于 550MPa 的钢则被称为超高强度钢。

高强度钢具有强度高、重量轻、成本低等特点，有助于汽车的轻量化，而且能够提高安全性。所以，汽车用高强度钢已成为颇具竞争性的轻量化材料。从目前的工业发展状况来看，车辆的主要部分如悬架、底盘和车身结构需要高强度钢的应用较多。这些部位的高强度钢，大多是在原有材料的基础上，添加不同成分的合金，从而提高了合金钢的强度和韧性。

相比于其他材料，高强度钢可以在同密度、同弹性模量而且工艺性能好的情况下，达到截面厚度减薄的效果。由于铝、镁合金等轻量化材料本身的局限性，在现阶段汽车制造中钢的使用量还是占主要地位，因此，将来很长一段时间内汽车材料中使用最多的仍是高强度钢。因为高强度钢其自身的优点，可以实现汽车结构的薄壁化，适当采用高强度钢可以降低整车重量。

一、高强度钢板的特点

高强度钢板的拉伸强度在 350MPa 以上，具有较高的屈服点，是在普通碳素钢的基础上加入少量合金元素制成的，这种钢板的生产成本与普通碳素钢相近，但由于添加了合金元素的强化作用使其抗拉强度比普通钢板高很多。高强度钢板主要有以下特点。

① 可减轻零件的重量，若钢板的强度提高 40～50MPa，车身外板制件的板厚可减小

20%左右。例如某商用汽车车轮总成（22.5in×9.0in）选用普通低碳钢生产的车轮总成45kg与采用高强度钢生产的车轮总成32kg，一个轮辋体可减重13kg，而且车轮的使用寿命也有显著提高，具体见图2-1、图2-2及表2-1。

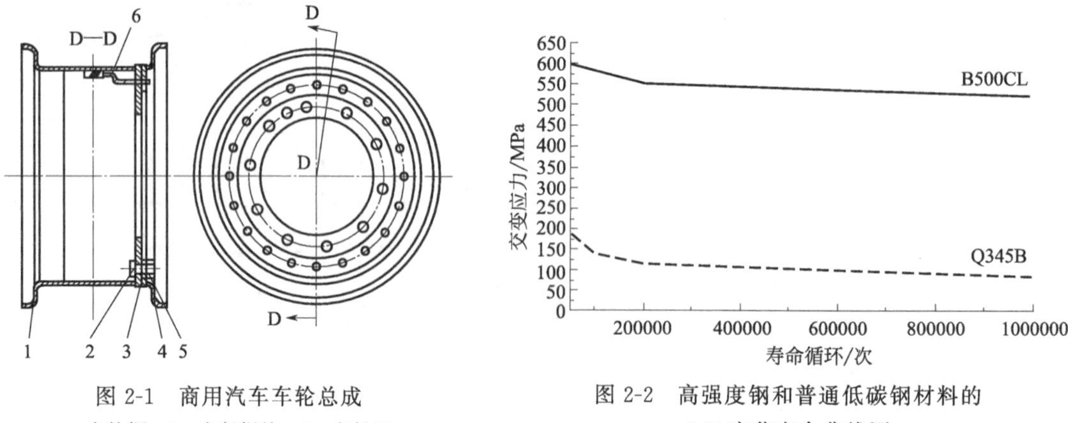

图2-1 商用汽车车轮总成

1—内轮辋；2—夹紧螺栓；3—密封圈；4—外轮辋；5—螺母；6—气门嘴总成

图2-2 高强度钢和普通低碳钢材料的S-N疲劳寿命曲线图

表2-1 普通低碳钢与高强度钢材料性能参数对比

材料	相对密度	弹性模量 E/MPa	泊松比	屈服强度/MPa	抗拉强度/MPa
普通低碳钢	7.80	2.1	0.33	345	470
高强度钢	7.75	1.9	0.29	500	647

② 用于车身外部件，除了可减薄零件的厚度外，由于具有烘烤硬化性，经过油漆烘烤后，还可以增强零件表面硬度，提高外表面制件的抗凹陷性能。

③ 可加工硬化率比普通钢板高，可以吸收更多的冲击能量，适合用于底架的前后纵梁等处和要求高强度、耐久性部位。高强度钢板在车身中的比例不断提升，与碰撞相关的关键的车身骨架构件全部采用超高强度钢板，加强了车身整体的强度及抗撞性，提高了车身的安全性能。

二、高强度钢板的分类及应用

根据强化机理的不同可以把高强度钢板分为普通高强度钢板和先进高强度钢板。其中普通高强度钢板主要包括高强度IF钢、烘烤硬化（BH）钢、含磷（P）高强度钢、各向同性（IS）钢、碳-锰（C-Mn）钢和高强度低合金（HSLA）钢等。先进高强度钢板主要包括双相（DP）钢、复相（CP）钢、相变诱发塑性（TRIP）钢等。

下面主要介绍含磷高强度钢板、烘烤硬化钢板、低合金高强度钢板、双相高强度钢、相变诱发塑性钢及热成形钢板等常用类型。它们主要用于需高强度、高的抗碰撞吸收能且成形要求也较严格的汽车零件，如车轮、保险杠、悬挂系统及其加强件、车门防撞杆、保险杠和B立柱等零件。

（1）含磷高强度钢　含磷高强度钢即BP钢板，是在低碳钢和超低碳钢中特别添加一定量的磷，利用磷的固溶强化作用提高钢的强度，包括B170P1（340）、B210P1（390）和B250P1（440）等。使用这种钢板可使汽车冲压件的厚度适当减薄，能降低汽车的自重，获得良好的经济效益。既可用于制作门外板、发动机盖板和顶盖等外覆盖件，也可制作横梁、纵梁等加强件和结构件。

(2) 烘烤硬化钢板　烘烤硬化钢板即 BH 钢板，包括 B140H1 (270)、B180H1 (340) 等，其采用特定的化学成分和生产工艺使钢板中固溶一定的碳原子，冲压成形后进行涂漆烘烤时屈服强度增加，不仅可以提高汽车外板的抗凹陷性，同时又具有良好的成形性能，主要应用于车身外覆盖件，例如翼子板、车门外板、发动机罩外板和后备厢外板等。

(3) 低合金高强钢板　低合金高强钢板即 BLA 钢板，如 B340LA (440)、B410LA (590) 等，是在低碳钢中添加少量的铌或钛合金元素，使其与碳、氮等元素形成碳化物和氮化物，并在铁素体上析出，从而提高钢的强度。这种钢板具有良好的成形性和较高的强度，可用于制造一些强度要求比较高的结构件和加强件等，例如门槛梁内板加强板、门内板加强板、悬置安装支座、副车架连接座内板和门铰链加强板等。

(4) 双相高强度钢　双相高强度钢即 DP 钢板，如 B280/440DP、B340/590DP 和 B400/780DP 等，是相变强化高强度钢。这种钢采用特定的化学成分和生产工艺，在钢的铁素体基体上弥散分布一定量的马氏体，形成以铁素体加马氏体为主的组织，在提高强度的同时改善钢的成形性能。双相高强度钢具有屈强比低、无屈服延伸、应变强化指数高和良好的碰撞性能，可以实现在减轻重量的同时提高安全性，是近年来发展起来的先进高强度钢，在汽车工业发达的国家已经批量使用，可用于与碰撞相关的横梁、纵梁等车身骨架以及关键位置的加强板等。B280/440DP 用于制造前地板左纵梁前段加强板、左三角窗内板。B340/590DP 用于制造左门槛梁内板、地板纵梁、侧围前连接板、地板座椅横梁本体及中通道加强梁。

(5) 相变诱发塑性钢　将含 0.10%～0.40% C、1.0%～2.0% Si 和 1.0%～2.0% Mn 的钢，加热到 ($\alpha+\gamma$) 两相区，保持一定时间，以某一速率冷却到钢的贝氏体转变温度保温，最后得到铁素体+贝氏体 (10%～20%) +残余奥氏体的复合组织。当钢板经冷加工成形时，诱发残余奥氏体向马氏体转变，呈现高强度、高塑性和高碰撞吸收能，主要应用于高强度、拉延成形的汽车部件，如车门门框、前顶横梁、右前纵梁本体、门槛梁、地板纵梁和横梁及 A 柱和 B 柱等。

(6) 热成形钢板　将高强度钢板加热到奥氏体温度范围内，钢板组织完成变化后，快速移动到模具中进行快速冲压，在压力机保压状态下，通过模具中布置的冷却回路并保证一定的冷却速率，对零件进行淬火冷却，最后可获得超高强度的热成形冲压件，其内部组织为马氏体，抗拉强度可达 1500MPa 甚至更高。热成形工艺易于成形复杂零件，而且不易起皱和破裂，成形后几乎没有回弹，同时，材料通过热加工后的空冷，晶粒得到了细化，综合力学性能得到了大幅度提高。目前，热成形用钢主要有 4 种：Mn-B 系列、Mn-Mo-B 系列、Mn-Cr-B 系列和 MN-W-Ti-B 系列。1500MPa 强度级别的热成形材料应用最为普遍和成熟，主要用于热冲压的高强度和超高强度汽车板为含硼钢板。目前应用成熟的热成形冲压淬火材料强度可达 1500MPa，其基本材料为 22MnB5。现阶段已经应用的热成形材料强度级别最高已达 1800MPa，如马自达 CX-5 的车身部件。1000MPa 强度级别以下的热成形材料用于 TWB 技术，2000MPa 以上的材料正在研发中。

近年来，热冲压件在车身上的应用越来越广泛。在宝马 7 系车型中多种材料集成应用，其中热成形材料 (Mn-B 钢板) 占 15% (A/B 柱、门槛梁等)，在欧宝 Astra 车型中热成形材料 (Mn-B 钢板) 占比 18%，使用高强度热成形钢板的部件包括 A/B/C 柱、加强板及中央通道等。然而，在车身零部件强度提高的同时，热冲压件的冲击韧性受到越来越多的关注。这是因为其微观组织由非常硬的马氏体构成，所以导致韧性降低。而在车身碰撞试验中，这些零件通常都在承受很高冲击载荷的位置，但是目前还没有可靠的材料用来进行韧性与脆性之间的转换，这也是热成形钢在今后发展中亟待解决的问题。国外有关机构已经开始对这一问题进行相关研究，蒂森克虏伯在一项对淬火-回火的厚坯的研究中提到，微量元素“铌”的应用可以提高热成形钢的韧性。

第二节 铝合金

铝及铝合金是目前应用较为成熟的轻量化金属材料，其优势为低密度、高强度、高弹性、高抗冲击性能、易着色等。在当前汽车制造中，已大量使用于汽车轮毂、动力系统及悬架系统等零部件中。近年来奥迪、捷豹路虎、福特等车型都使用了全铝式的车身结构，铝合金已经成为一种比较理想的轻量化材料，未来随着成形技术和连接技术的发展，铝合金的使用会越来越广泛。据美国铝学会报告，如果汽车每使用 0.45kg 铝，可使车身减重 1kg。以白车身为例，如果将铝合金代替钢和高强度钢，其车身质量为 230kg，最高可减重 40%。

目前，国外铝合金车轮的使用率已经达到 80%以上。铝合金车轮主要采用重力铸造、低压铸造等方法生产，但随着对轻量化的更高要求，用铝合金板材进行冲压加工、旋压加工，来制造整体车轮和两部分组合车轮的工艺日益用于生产实际。现在，很多汽车公司生产的发动机的气缸体和气缸盖已经采用了全铝型，如美国通用汽车公司已采用全铝气缸套；法国汽车采用铝合金气缸套已经达 100%，铝合金气缸体达 45%；日本日产公司 VQ 和丰田公司的雷克萨斯 IMZ-FEV 6 均采用了铸铝发动机油底壳，同时某些汽车制造公司生产的发动机中的活塞、活塞环、连杆等均采用了铝铸件。肯联铝业于 2017 年研发了新一代高强度 6000 系铝合金——Constellium HSA6，并获得 2017 年度“Altair Enlighten Award”大奖；该材料对于碰撞管理系统、白车身结构件及电池外壳（Battery Enclosures）等是十分理想的材料，便于设计师们优化挤压形状（Extrusion Shape）并降低其壁厚。相较于传统的铝合金材料，Constellium HSA6 铝合金还可实现减重 15%～30%。

铸造铝合金主要用于铸造发动机气缸体、离合器壳体、后桥壳、转向器壳体、变速器、配气机构、机油泵、水泵、摇臂盖、车轮、发动机框架、制动钳、油缸及制动盘等非发动机构件。变形铝合金在汽车上主要用于制造车门、后备厢等车身面板、保险杠、发动机罩、车轮的轮辐、轮毂罩、轮外饰罩、制动器总成的保护罩、消声罩、防抱死制动系统、热交换器、车身构架、座位、车厢底板等结构件以及仪表板等装饰件。有的甚至已开发出全铝车身、全铝底盘、全铝挂车厢等。

虽然铝合金的强度低于钢，但是其在设计和铸造时，可以通过变化截面、布置加强筋、改善表面特性等方法，来减轻材料性能低等不利因素，以保证零部件的整体强度、质量和使用寿命等。

现阶段汽车用铝合金中，占主要部分的是铸铝，在汽车用铝量中约占 80%。锻造铝的力学性能更好，在汽车上也得到了应用，如横向转向叉、锻造铝车轮、传动轴花键轴叉、花键套及推力杆直球座、球销等汽车部件，见图 2-3。

变形铝合金中的铝型材、铝板从 20 世纪 80 年代在前翼子板、车身发动机罩外板、顶盖开始进行应用，后来在后备厢盖板、车门、车厢底板结构件、保险杠、热交换器甚至全铝车身等也得到了应用。

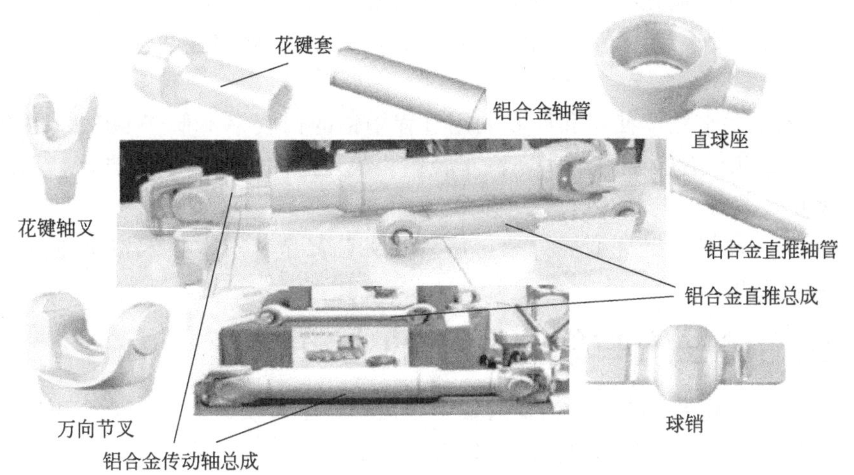

图 2-3　铝合金传动轴总成及直推总成

近年来还研制出一种新型复合材料——泡沫铝合金，已开始应用于汽车保险杠系统。泡沫铝合金是一种在金属基体中分布无数气泡的超轻多孔隙结构材料，是铝合金经发泡后得到的，具有很好的隔振、吸能、吸声等特性，这种材料的重量更轻、强重比更高，并具有更高的吸能特性、高阻尼特性和吸振特性。泡沫铝材料构件的重量可比钢制件轻约 25%，而构件的稳定性可提高 30%。将泡沫铝合金填充于两个高强度外板之间制成的“三明治板材”，在用于车身顶盖板时，可提高刚度、减重并改善保温性能；用于保险杠、纵梁和一些支柱零件上时，可以增加吸能特性，在轻量化的同时，又提高了碰撞安全性。

目前，奔驰、宝马、丰田、现代等汽车公司都在开发泡沫铝合金材料轿车保险杠和一些结构件，有的已通过碰撞试验。宝马公司和澳大利亚轻金属性能研究中心（LKR）还联合研发了一种泡沫铝合金结构的发动机支架。德国 Karmann 公司已经选用泡沫铝合金夹芯板制造轿车顶盖板和底板，其刚度比原来的钢构件高 7 倍，而其重量却比钢件轻 25%；用泡沫铝合金夹芯板制造的轿车底板，每平方米的重量比钢制底板减轻 50%左右。

一、铝合金的特点

铝是一种轻金属，具有良好的导电、导热性，还具有良好的耐蚀性能。铝的密度小，属轻金属。铝合金具有以下特点。

① 铝合金的密度小，仅为钢铁材料的 1/3 左右，纯铝的密度为 $2.68g/cm^3$。

② 强度高，延性、塑性好，而且可以通过热处理改变具力学性能，并具有良好的低温性能；铝合金、铝镁合金相对于纯铝可以提高强度和硬度，除固溶强化外，有些铝合金还可以热处理强化，使有些铝合金的抗拉强度可超过 600MPa，与低碳钢相比，比强度（强度与密度之比）则胜过某些合金钢，即比强度、比刚度高，承受冲击载荷能力强。

③ 铝合金具有高的弹性变形性能，加工工艺性能好，阻尼性、导热性好，电磁屏蔽能力强，尺寸稳定，可铸造、锻造、焊接、轧制和冲压成形，类同于钢；铝有较好的铸造性，由于铝的熔化温度低，流动性好，易于制造各种复杂形状的零件，铝合金特别适合铸造复杂、薄壁结构性汽车零部件，特别是多个功能零件集成一件。

④ 液态铝兼容性好，铝液中加入一种或几种元素后即构成铝合金、铝镁合金，铝合金的机械加工性能相对于传统的金属材料要好一些。

⑤ 由于铝的表面易氧化形成致密而稳定的氧化膜，因此具有良好的抗蚀性，可以生成致密的氧化膜并具自修复能力，易于涂装且表面可以精饰，即使在酸性介质中也具有良好的耐蚀性。

⑥ 铝的熔点低，在整个使用和回收利用过程中铝的回收率不低于 90%，铝合金具有非常好的再生性，因此铝合金是目前实现汽车轻量化最理想的材料；资源丰富，无污染，可以回收，循环使用，是很好的绿色材料。

⑦ 铝合金也有高温和抗蠕变能力差，后处理工艺复杂，一次投入资金较大，以及材料和加工成本高等缺点。

二、铝合金在汽车轻量化上的应用

铝合金在汽车轻量化上的应用主要有铝合金锻件、金属模铸件、铝合金压铸、挤压和拉延产品等。汽车上使用铝合金零部件，可以有效降低汽车整车重量，使得汽车重心降低，真正实现汽车轻量化。汽车轻量化后，在汽车驾驶中，汽车加速性能会得到提高，同时汽车行驶也会更加稳定、舒适，噪声、振动方面也均会有改善。

铸造铝合金在目前的汽车轻量化过程中应用最多，主要用于汽车的发动机、底盘、轮毂等结构上，发动机一直被称为是汽车的“心脏”部件，在气缸盖、气缸体、活塞等零件上应用铝合金不仅可以有效降低发动机的整体重量，还可以及时将发动机工作工程中产生的热量散发出去，提高发动机的工作效率。目前铝合金主要以铸造铝合金的形式用于轻型发动机缸体、缸盖等部件，占铝合金总用量的 80%以上，见图 2-4。

图 2-4　铝合金在汽车上的应用

三、铝合金在汽车轻量化上的发展趋势

铝合金板材在使用过程中其可焊性较钢材要差一些，应改善铝合金板材的焊接性能和焊接质量，提高铝合金的应用范围。应用热成形技术、超塑性成形技术和电磁复合成形技术改善铝合金覆盖件的成形性和成形质量。

目前除了传统的铝合金金属材料外，铝基复合材料凭着低密度、高强度、高耐蚀性等优势，在汽车轻量化制造中得到了很好的应用，用铝基复合材料制造的汽车发动机活塞相对于传统的铸铁活塞，其重量减轻了 10%左右，而散热性却提高了 4 倍。如东南大学研制了陶瓷纤维增强铝基复合材料活塞，已经应用于汽车发动机，大功率柴油机上，活塞寿命提高了 3～5 倍，发动机功率也明显提高，汽车油耗及尾气排放大大减少；与普通铝合金相比，这种陶瓷纤维增强铝基复合材料的高温抗拉强度提高了20%～40%，线胀系数降低了20%。还有一些铝基复合材料其卓越的性能已得到用户的喜爱，如泡沫铝材。

第三节 镁合金

一、镁合金的特点

① 镁是银白色、质轻且有延展性的金属，其密度为$1.74g/cm^3$，是目前工业应用中最轻的一种金属，其密度是铝的67%（铝的密度为$2.7g/cm^3$），是钢的23%（钢的密度为$7.8g/cm^3$）。镁的化学性质活泼，难以形成自钝化的氧化膜。镁有较好的铸造性，由于镁的熔化温度低，流动性好，易于制造各种复杂形状的零件，镁合金特别适合铸造复杂、薄壁结构性汽车零部件，特别是多个功能零件集成一件。以镁为基础加入一种或几种元素（如铝、锌、锰等）可组成镁合金。镁合金比纯镁具有更高的强度、更好的散热性以及更强的耐腐蚀性。镁合金、铝镁合金相对于纯镁可以提高强度和硬度，除固溶强化外，有些镁合金还可以热处理强化，使有些镁合金的抗拉强度可超过600MPa，与低碳钢相比，镁合金比强度则胜过某些合金钢，即比强度、比刚度高，承受冲击载荷能力强。另外具有阻尼性、切削加工性、导热性好，电磁屏蔽能力强，尺寸稳定，资源丰富，易回收，无污染等优点。但是铝、镁合金也有高温和抗蠕变能力差，后处理工艺复杂、一次投入资金较大，以及材料和加工成本高等缺点。镁合金、铝合金及钢的主要物理性能对比见表2-2。

表2-2 镁合金、铝合金及钢的主要物理性能对比

材料		密度/(g/cm^3)	熔点/℃	热导率/[W/(m·K)]	抗拉强度/MPa	屈服点/MPa	延伸率/%	比强度	杨氏模量/GPa
镁合金	AZ91	1.82	596	72	280	160	8	154	45
	AM60	1.79	615	62	270	140	15	151	45
铝合金	A380	2.7	595	100	315	160	3	117	71
钢	碳素钢	7.86	1520	42	517	400	22	66	200

镁合金在汽车各部件上的减重效果见表2-3。

表2-3 镁合金在汽车各部件上的减重效果

汽车部件	潜在取代质量/kg	镁质量/kg	减轻质量/kg	减重幅度/%
壳体	12.8	5.4	7.4	58
内饰件	31.2	21	10.2	33
动力系统	55.2	36.2	19.1	35
悬挂件	62.2	25.9	36.2	58
刹车	3.9	1.8	2.1	54
框架	14.5	7.2	7.3	50

续表

汽车部件	潜在取代质量/kg	镁质量/kg	减轻质量/kg	减重幅度/%
转向系统	5.6	3.9	1.7	42
电气外壳	3.2	1.8	1.4	44
合计	188.6	103.2	85.2	45

② 镁合金与其他金属相比抗变形力大，由冲撞而引起的凹陷小于其他金属。由于镁合金较铝合金、碳钢等金属材料具有更好的延伸率，因此镁合金在受到外力冲击时能更好地吸收冲击能量而不易发生断裂。镁合金在所有金属结构材料中具有最高的阻尼系数，其阻尼系数是铝合金的15倍、钢的60倍。一般而言，阻尼系数越大，振幅衰减越快，减振性能越好。镁合金较高的阻尼容量和良好的减振性能使镁合金可承受较大的冲击振动负荷，使其适用于制造承受冲击载荷和振动的汽车零部件。例如，使用镁合金制造的轮毂能够减少汽车发动机、悬吊托架及变速器的振动；使用镁合金制造的座椅能够降低汽车行驶过程中的路面所造成的振动。采用镁合金制造汽车部件不但提高了这些部件的使用寿命，增强了汽车的安全性，还降低了汽车行驶时的振动和噪声，提升了乘坐汽车时的舒适性。

③ 镁合金机械加工性能好，且易于回收。镁合金具有优良的切削加工和抛光性能，且易于进行铸造和热加工，可生产各种复杂的汽车铸件和锻件。在保持良好的结构条件下，镁合金允许铸件壁厚度小至0.6mm，而铝合金的铸件壁厚度要达到1.2～1.5mm以上时才能达到相同的强度。若结合先进的加工工艺，采用镁合金作为汽车制造材料可大幅降低汽车制造成本。据美国福特公司所做的研究显示，实施“材料设计、结构设计、工艺设计并行工程”之后，采用镁铝合金等轻量化材料可将零部件种类减少为原来的8%，加工费用相对钢材降低60%，黏结费用相对焊接减少25%～40%，复材模具费用仅占钢制件模具的10%～20%。此外，镁合金还是非常易于回收的材料，镁合金的熔化潜热比铝合金低，熔炼消耗的能量低。研究显示，回收再造镁合金的耗能仅为重新生产同样重量镁合金所耗能量的5%，说明镁合金的回收再造能大大降低能源消耗所带来的成本。

④ 镁的缺点是燃点低，易燃烧，但镁合金结构稳定。传统的镁合金压铸工艺，不仅耗高、污染环境，而且由于生产环节中高温金属液体的暴露，整个生产环境都非常危险，特别是一些中小企业，生产现场经常有小火苗蹿出，业内的燃烧和爆炸事故时有发生。因为镁是一种非常活泼的元素，燃点低于熔点，极易燃烧。高温镁合金压铸的过程中，需要用对环境极为有害的六氟化硫作为保护气体，车间内烟气弥漫，污染非常严重。

二、镁合金的生产工艺流程

镁合金主要由镁（镁锭）压铸而成。镁的冶炼方法主要有电解法和皮江法两种，由于目前我国炼镁企业主要以民营企业为主，因此我国炼镁企业多采用成本较低的皮江法炼镁。镁合金的基本生产流程为（以白云石为原料，采用皮江法炼镁为例）：白云石在高温下煅烧得到煅白→将煅白与硅铁粉、萤石粉按一定比例混合，在高温和真空条件下还原成粗镁→粗镁在精炼坩埚中与精炼熔剂混合精炼后，浇铸成镁锭→将镁锭以及含有其他合金元素的金属材料放入熔炉中熔炼为合金液→将合金液浇入压室，在型腔中凝固后得到镁合金。镁合金的生产流程见图2-5。

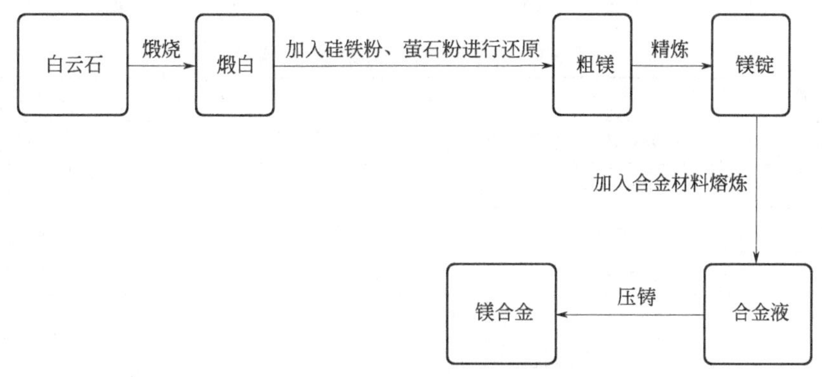

图 2-5　镁合金生产流程（皮江法炼镁）

三、镁合金产品在汽车上的应用

近几年来，来自各国政府巨大的节能降耗的压力，在汽车行业，特别是新能源汽车，汽车轻量化的需求非常迫切，汽车用镁合金正以年均 20%的增长速度迅速发展，很多企业都在镁合金仪表板骨架、座椅骨架的应用基础上，继续开发镁合金的车门内板、尾门内板、电池壳体和转向管柱等更多零部件产品，前景一片大好。

镁及镁合金具有密度小、重量轻、比强度优于铝合金和钢等优势，但由于其高温疲劳性能、耐腐蚀性较差和抗蠕变能力弱，限制了其在汽车上的应用，目前主要应用在壳体类和支架类零件上，如仪表盘、变速器箱体、转向支架、刹车支架等。

汽车轻量化和部件集成化的发展趋势，能够发挥镁合金材料流动性好、易成形大型复杂结构件的优势，将促使镁合金的新的大规模应用，例如车门内板和后备厢盖内板，采用压铸镁合金可以实现轻量化和结构优化的效果。

福特汽车公司将镁合金应用于变速器、离合器、制动系统和转向柱等各类壳体零件上。

目前我国汽车用镁还主要停留在汽车方向盘领域，未来仪表盘支架、汽车轮毂、汽车大灯支架等潜在的渗透空间巨大。

现阶段，车用镁合金在发达国家主要应用于汽车内饰（座椅、方向盘、仪表盘支架）、车身（顶棚框架、外后视镜骨架、散热器支架）、底盘（轮毂、刹车支架、安全气囊支架、离合器踏板支架）、动力总成（发动机罩盖、变速器、油底壳）等部分，见表 2-4。

表 2-4　车用镁合金在发达国家的主要应用

镁合金型号	汽车零部件名称
AZ91D	手动变速器、进气歧管、后窗框、辅助转动支架、离合器壳、反光镜支架、机油过滤器壳体、气门罩和凸轮罩、脚踏板、转向柱支架、变速器上盖、操纵器装置壳、气缸盖罩、前段齿轮室
AZ61	行李架骨架、立柱梁
AZ31	轮毂
AM50	座椅框架、方向盘芯骨、电气支架、仪表梁骨架、方向盘、散热器支架、大灯托座等
AM60B	座椅骨架等

表 2-5 中数据显示，目前北美洲生产的汽车单车用镁量为 5.8～26.3kg，使用和研发中的镁合金零部件达 100 多种；欧洲生产的汽车单车用镁量为 9.3～20.3kg，大众 Passat 和奥迪 A4 上的单车用镁量达到 14kg，奔驰、宝马等豪华品牌的部分车型的镁合金用量已经突破

了每辆 20kg；在亚洲，日本生产的汽车平均单车用镁量也达到了 9.3kg。

表 2-5 汽车生产厂家的单车用镁量

汽车生产厂家	汽车型号	用镁量/kg
通用	GMC Savana,雪佛兰 Express	26.3
奔驰	SLK Class	24.9
宝马	6 Series	23.8
奔驰	CL Class	23.7
奥迪	A6	20.3
通用	GMC Safari,雪佛兰 Astro	16.7
福特	F-150	14.9
大众	Passat	14.5
捷豹	S-Type	12.7
奥迪	TT	12.5
保时捷	Boxster	9.9
通用	别克 Park Avenue	9.5
大众	Golf Polo	9.2
克莱斯勒	Grossfire Roadster	7.7

目前，我国国产汽车的单车用镁量还远低于发达国家所产汽车的平均用镁量，其原因主要在于我国车用镁合金的制造工艺还不成熟，在提高镁合金零部件抗腐蚀性方面的技术水平较低，仅限于对抗腐蚀性要求不高的车内部件。但随着我国镁合金铸造企业进行技术升级和投入力度不断加大，我国镁合金铸造企业的技术水平将不断提高，我国车用镁合金的应用范围将不断扩大，这使得我国镁合金市场在未来的增长方面有了技术保障。

铝合金虽然是现在比较热门的轻量化材料，但与镁合金相比，铝合金在比强度方面不如镁合金。也就是说，相同强度的镁合金与铝合金相比，镁合金要比铝合金还要轻，因此镁合金在未来实现汽车轻量化方面前景可观。

第四节 汽车用金属材料的发展趋势

作为汽车节能减排的主要途径之一，轻量化一直是汽车行业不断推进的技术方向。当前，随着新能源汽车的发展，轻量化更是重中之重，轻量化被纳入节能汽车标准体系。

开展高强钢、铝合金高真空压铸、半固态及粉末冶金成形零件产业化和批量应用研究，加快镁合金、稀土镁（铝）合金应用，扩展高性能工程塑件、复合材料应用范围。

开发性能均衡的先进高强度钢。超高强度钢板的成形主要以弯曲、辊压等方式进行。研究表明，延伸率高的材料，其扩孔性能不一定高。怎样平衡这些性能的关系是今后的开发重点。

随着采用越来越薄的高强度钢，对钢板耐腐蚀性能的要求也越来越高。由于提高强度需添加 Mn、Si 等合金元素，这些元素在退火加热过程中容易聚集在表面，影响了钢板的可镀性，因此，超高强度钢板的可镀性成为近年来的研究热点之一。

今后轻量化汽车用金属材料主要表现在以下几个方面。

(1) 部件优化结构　汽车制造商通过结构优化将复杂的车身结构、零部件结构进行简化，从而在保障其功能和品质的同时缩小产品的体积且减少材料的使用量，从而实现减轻重量。

(2) 运用新材料　以高强度金属材料替代原有材料，从而可以在结构上减少结构件的厚度，减少材料用量。或是采用轻质材料，在不改变零部件结构的前提下减轻重量。

(3) 使用新工艺　先进的工艺可提高铝合金的强度、韧性，让生产商可以以较少的铝合金用量达到预期的金属性能要求。

(4) 集成化设计　将同一系统且安装位置接近的多个部件集成为一个模块化的整体部件，可以在不减少系统功能的同时消除螺栓、焊点、铆接或胶黏剂等刚性连接件，从而降低系统的整体重量。

第三章 汽车轻量化金属材料汽车部件的设计与制造工艺

轻量化是汽车发展的一个重要趋势，想要轻量化又要确保车身强度，就目前来看，最可行的办法就是大面积采用铝合金。最常见的车身铝合金部件有组合踏板总成、操纵器总成、油箱总成、储气筒总成、牵引车鞍座总成等。

第一节 汽车车身

汽车车身设计是一项十分复杂的系统工程。汽车车身设计是一门集车身造型艺术、空气动力学、人体工程学、车身构造及结构强度分析、车身制造工艺、车身计算机辅助集成工程以及新材料开发和应用等学科于一体的综合性学科，是汽车设计工作及汽车新产品开发中的一个重要组成部分。整个设计过程需融入各种相关知识，包括车身结构、制造工艺要求、空气动力学、人机工程学、工程材料学、机械制图学、声学和光学等知识。汽车车身设计包括车身造型设计和车身结构设计。车身造型是否美观、新颖、具有时代特征，将在很大程度上决定一种车型的生命力及其市场前景。车身的结构设计直接决定车身的强度和刚度，影响到汽车的安全和寿命。因此，每种新型汽车的开发，都在车身设计方面投入大量的资金、技术、人力和物力，并往往要占据新车开发中相当大的工作量及时间。

一、汽车车身的设计

车身设计的基本流程是：先进行车身造型，雕塑油泥模型，风洞试验，经修改后，测取外表面数据，绘制图纸（二维/三维）、主图板并进行有限元分析/结构分析、模拟校核；然后，制作车身主模型，制作模具，试制样车，再经风洞试验及道路试验，这才完成第一轮试制。车型一般要经过三到四轮试制，才能最后定型。往往需要一两年的时间周期。

目前，由于计算机辅助设计在汽车行业的应用，这一周期可以大大缩短。在计算机中不但可以对车身外观及内饰建立数字模型，而且可以对汽车关键零部件建立模型，并直接进行有限元分析、结构设计/分析甚至虚拟装配、虚拟风洞试验等，使得设计人员可以在计算机中构建虚拟的电子样车并进行试验，能在实际生产前预先发现设计中存在的问题，提高了效率，降低了成本，并缩短了汽车新产品的研发周期。

轻量化降低整车重量对提高车辆的燃油经济性是非常重要的，在进行车身设计时，应从总布置、结构和材料等方面来实现车身轻量化的要求，在进行车身的结构设计时，用结构来加强覆盖件和构件的刚性，如外板的曲率、棱线、卷边或边界的断面形状和加强筋等。利用有限元法对车身结构进行解析分析和比较，包括动态性能分析，并进行以质量为评价参数的结构优化设计，可得出整车结构的最佳刚性分配，并可降低材料的消耗，实现车身轻量化。采用高强度钢板及新型轻质代用材料，如轻合金、铝合金、塑料和玻璃纤维增强复合材料，可使车身达到轻量化效果。

车身应保证汽车具有合理的外部形状，在汽车行驶时能有效地引导周围的气流，以减少空气阻力和燃料消耗。

车身应对驾驶员提供便利的工作条件，对乘员提供舒适的乘坐条件，保护他们免受汽车行驶时的振动、噪声，废气的侵袭以及外界恶劣气候的影响，并保证完好无损地运载货物且装卸方便。汽车车身上的一些结构措施和设备还有助于安全行车及减轻事故造成的后果。

车身应保证汽车具有合理的外部形状，在汽车行驶时能有效地引导周围的气流，以减少空气阻力和燃料消耗。此外，车身还应有助于提高汽车行驶稳定性和改善发动机的冷却条件，并保证车身内部良好的通风。

汽车车身结构主要包括车身壳体、车门、车窗、车前钣金件、车身内外装饰件和车身附件、座椅以及通风、暖气、冷气、空气调节装置等。

车身壳体是一切车身部件的安装基础，通常是指纵、横梁和支柱等主要承力元件以及与它们相连接的钣金件共同组成的刚性空间结构。车身壳体通常还包括在其上敷设的隔声、隔热、防振、防腐、密封等材料及涂层。

通常整个车身壳体按强度等级分为三段，如图 3-1 所示，图中 A、B、C 分别代表车身前部、中部及后部。

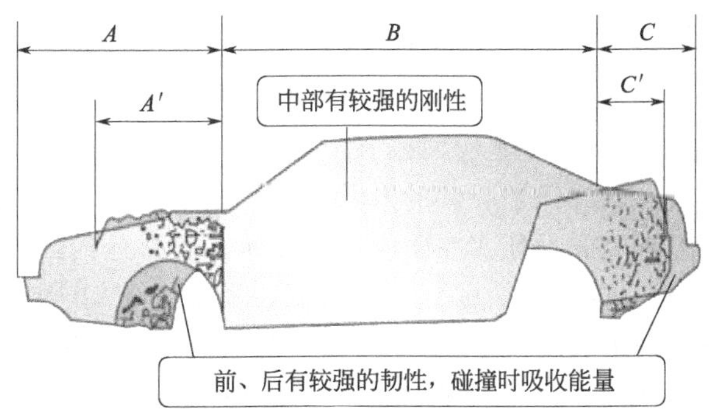

图 3-1　汽车车身壳体刚度分级受损变形情况

汽车车身的设计技术集成度非常高，设计的零部件数量非常多，设计工作量非常大，对内对外的接口最为复杂，汽车车身覆盖件多为冲焊件，只是因各部位功能及要求不同，可能会出现不同厚度、不同材质、形状各异的部件，见图 3-2。

发动机盖一般由外板和内板组成，中间夹以隔热材料，内板起到增强刚性的作用，其几

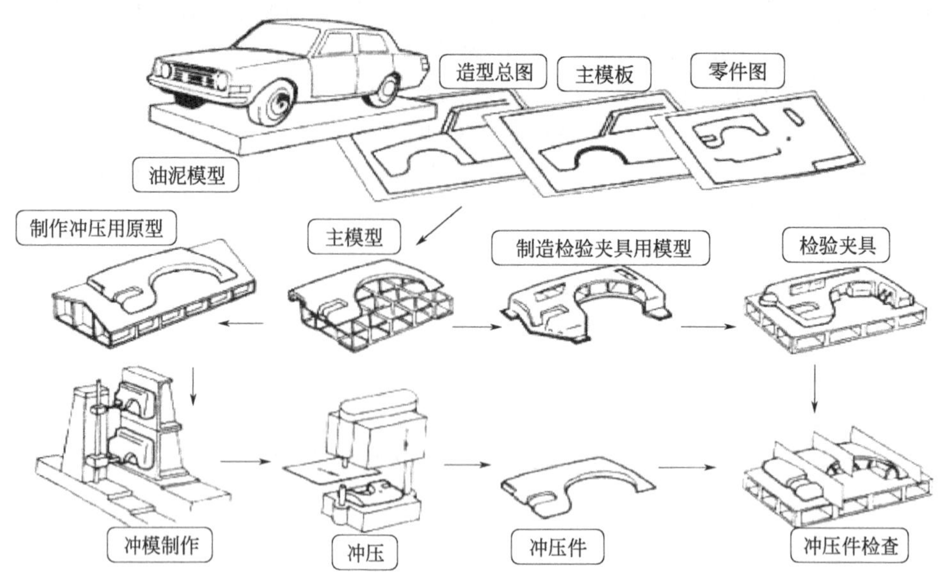

图 3-2 某车型车身设计覆盖件制造流程

何形状由厂家选取，基本上是骨架形式。翼子板是遮盖车轮的车身外板，因车身该部件形状及位置似鸟翼而得名。按照安装位置又分为前翼子板和后翼子板，前翼子板安装在前轮处，因此必须要保证前轮转动及跳动时的最大极限空间，设计者应根据选定的轮胎型号尺寸用“车轮跳动标准”来验证翼子板的设计尺寸。

前围板是指发动机舱与车厢之间的隔板，它和地板、前立柱连接，安装在前围上盖板之下。前围板上有许多孔口，作为操纵用的拉线、拉杆、管路和电线束通过之用，还要配合踏板、方向机柱等机件安装位置。

汽车车身侧围、地板、门槛板、顶棚（包括开窗）、前后车门及车身后部后备厢及后门槛等也多为冲焊件，因位置不同，形状复杂各异，但都必须满足汽车车身整体刚性及功能要求。

二、汽车车身的制造

汽车车身的制造，无论是商用汽车车身，还是轿车车身，其制造工艺一般都由冲压、焊装、涂装三大工艺组成。冲压工艺又包含冲裁（使板料实现分离的工序，它又包括冲孔、落料、修变、刨切等)、弯曲（将板料延弯曲线制成一定的角度和形状的工序)、拉伸（将平面板料变成各种开口空心零件，或把空心件的形状、尺寸进一步改变的工序)、局部成形（用各种不同性质的局部变形来改变毛坯或冲压成形的工序，它又包括翻边、胀形、校平、整形等)。汽车车身主要由底板、前围、后围、左右侧围、顶盖、车门等分总成组成；而分总成又由许多合件、组件及零件组成（大多是冲压件)。焊接方式主要有电阻焊、CO_2 保护焊和激光焊等。电阻焊应用最多，其中点焊就是最典型的电阻焊，点焊适于焊接薄钢板，操作时，2 个电极向 2 块钢板加压力使之贴合并使贴合点通电流加热熔化从而牢固接合。激光焊发展也十分迅速，近几年已在车身制造中得到越来越多的应用。车身焊装的工艺流程一般是零件→组件→合件→分总成（如车门总成)→车身总成。

1. 冲压工艺

汽车白车身一般由外板件、内板件和骨架件等组成，板厚一般为 0.6～2.5mm。一般轿车的白车身由约 400 个钣金件组成，基本由点焊、CO_2 保护焊等焊接而成，点焊焊点为 4000～5000 个不等，有的车型还需激光焊、铆接等工艺。据统计汽车整车有 60%～70%的零部件是用冲压工艺生产出来的。

冲压是所有工序的第一步。先把钢板在切割机或剪板机上切割出合适的尺寸，这个时候一般只进行冲孔、切边之类的动作，然后进入真正的冲压成形工序。每一个零件都需要一套模具，只要把各种各样的模具装到冲压机床上就可以冲出各种各样的零部件，模具的作用是非常大的，模具的质量直接决定这零部件的质量。典型冲压工艺流程见表 3-1。

表 3-1 典型冲压工艺流程

物件名称	制作简图	冲压工艺过程
发动机盖外板		下料→拉伸→切边、冲孔→竖边→翻边→压印、冲孔→检验
顶盖		拉伸→切割→整形→反边→冲孔→切割→检验
翼子板		下料→拉伸、反边→切割、冲孔→竖边、冲孔→反边、冲孔→反边、检验
左右后侧围外板		落料→拉伸→切边、冲孔→整形→冲孔→冲孔→检验

2. 焊接工艺

冲压后的车身板件在电极压力的作用下，将焊接件紧密接触，利用电流流经焊件时所产生的电阻热加热焊接件，使焊接点熔合在一起。在汽车车身制造中应用最广的是接触点焊，点焊又分为双边点焊和单边点焊，焊接质量的好坏直接影响车身的强度。

汽车车身是由薄板构成的结构件，冲压成形后的板料通过装配和焊接组成车身壳体（白车身），所以焊装是车身成形的关键，焊接工艺是车身制造工艺的主要内容。汽车车身壳体是一个复杂的结构件，它由数百种薄板冲压件经焊接、铆接、机械连接及粘接等方法连接而成。由于车身冲压件的材料大都是具有良好焊接性能的低碳钢，所以焊接是现代汽车车身制造中应用最广泛的连接方式，具体见表 3-2 及图 3-3。

表 3-2 汽车车身焊接方式及典型实例

焊接方式		典型应用案例
电阻焊	点焊	车身主体总成、车身侧围总成
	凸焊	螺母
CO_2 保护焊、氩弧焊		车身总成

3. 涂装

涂装包括涂胶、涂底漆、喷面漆等工艺。涂装有两个重要作用：第一防腐蚀；第二增加美观。涂装工艺过程比较复杂，技术要求比较高，主要有以下工序：漆前预处理和底漆、喷

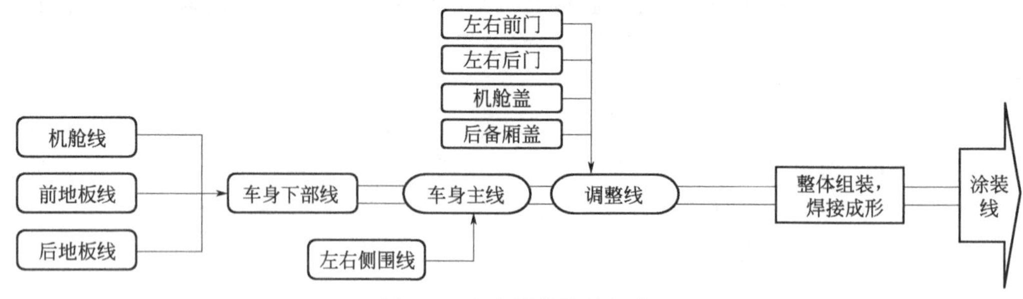

图 3-3　汽车焊装线的组成

漆工艺、烘干工艺等。整个过程需要大量的化学试剂处理和精细的工艺参数控制，对油漆材料以及各项加工设备的要求都很高，因此涂装工艺一般都有各公司的特点，也是其核心技术。

汽车车身的涂装质量要求是最高的，因为是外观件，要长期在各种气候条件下使用而不发生漆膜劣化和锈蚀，还要能维持其光泽、色彩和美观。典型的汽车车身涂装工艺是电泳底漆、中涂、面漆（3C3B）体系。在电泳底漆与中涂之间有焊缝密封和底板防护涂层的喷涂，以保证车身的密封、降噪和防锈，涂完面漆后涂内腔防锈蜡。

表面涂层属于一级装饰精度，具有美丽的外观，光亮如镜或光滑的表面，无细微的杂质、擦伤、裂纹、起皱、起泡及肉眼可见的缺陷，并应有足够的机械强度。底层涂层属于优良保护层，应有优良的防锈和防腐蚀性，具有很强的附着力；局部或全部刮涂附着力好、机械强度高的腻子，使用数年也不会出现锈蚀或脱落等现象。汽车车身涂装工艺流程见图 3-4，某商用汽车驾驶室涂装评审表面区域划分见图 3-5。

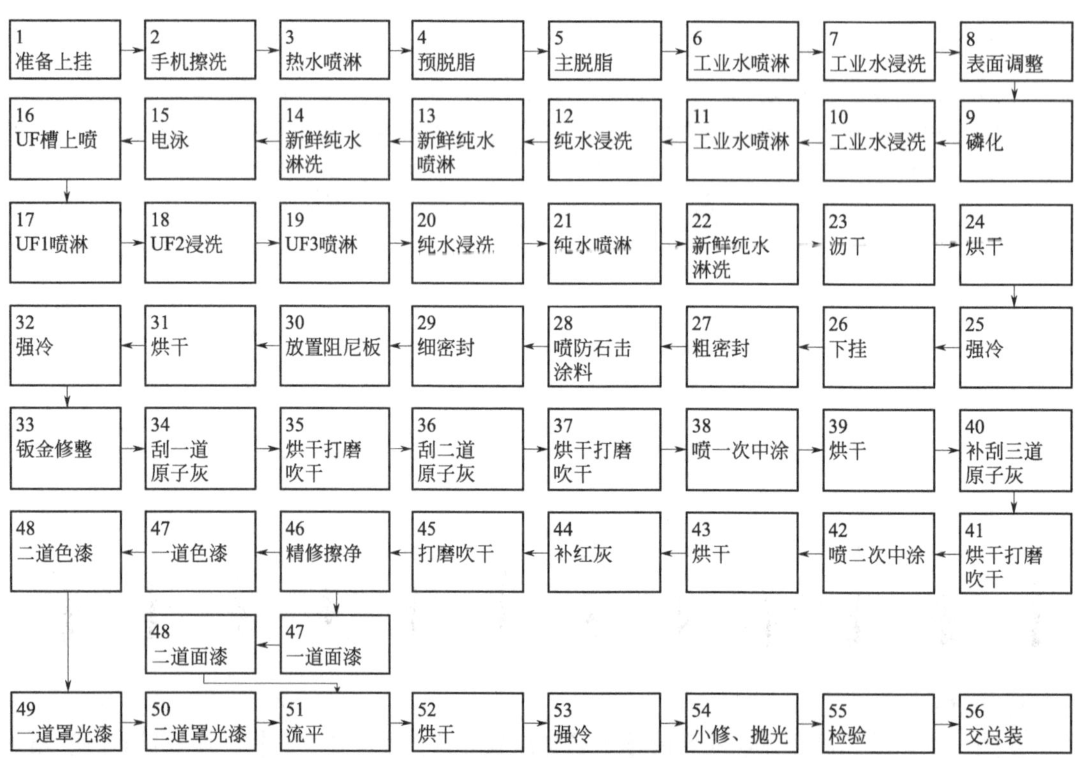

图 3-4　汽车车身涂装工艺流程图

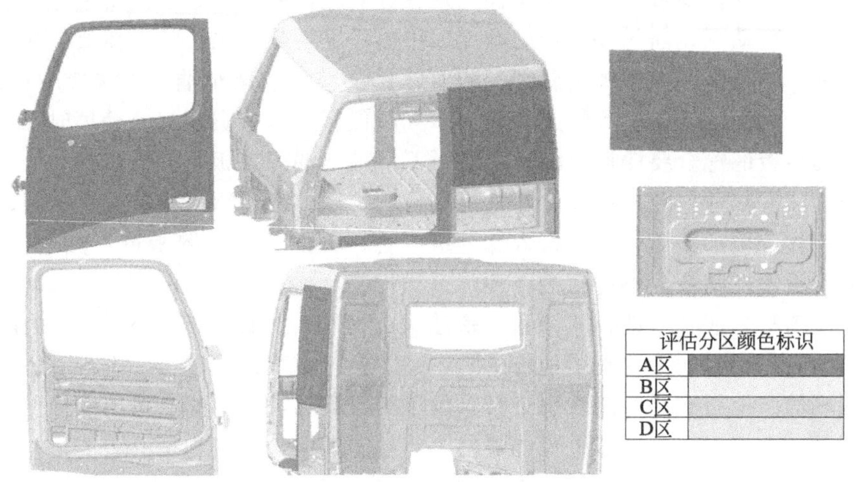

图 3-5　某商用汽车驾驶室涂装评审表面区域划分

A 区表面质量要求最高，其余次之，D 区要求最低

第二节
汽车组合踏板

汽车组合踏板总成主要包括离合器踏板总成、油门踏板总成和制动踏板总成，是汽车驾驶室内的主要功能件，主要作用是换挡、加减速、制动停车等，它直接关系到汽车行驶和停车的安全与稳定，影响汽车驾驶性能、行驶性能、安全性能。

由于汽车换挡器总成分为手动和自动两种，因此汽车组合踏板总成也分为两种：手动挡（MT）汽车有三个脚踏板，包括离合器踏板总成、油门踏板总成和制动踏板总成，三种踏板总成分两侧布置，即离合器踏板总成在驾驶员左脚处，油门踏板总成和制动踏板总成在驾驶员右脚处；自动挡（AT）汽车有两个脚踏板，包括油门踏板总成和制动踏板总成，为了便于驾驶员操作，两种踏板总成只布置在一侧，即油门踏板总成和制动踏板总成都在驾驶员右脚处。MT：共三个踏板，从左往右数，分别是离合、制动（刹车）、油门；左脚负责离合，右脚负责制动、油门。AT：共两个踏板，从左往右数，分别是制动、油门，都是由右脚负责。汽车制动踏板总成作为汽车制动的器件之一，主要功能是刹车。油门踏板总成的主要功能是控制发动机油门的供油量，以实现汽车加速和减速。离合器踏板是手动挡汽车离合器总成的操纵装置，利用“离”与“合”来传递适量的动力，是汽车与驾驶员“人机”交互部分，其操作正确与否，直接影响着汽车的起步、换挡和倒车。踩下离合踏板时，离合器是分离状态，即发动机和变速器之间没有任何连接；松开离合踏板时，离合器是闭合状态，即发动机和变速器直接是有连接的。离合器的作用是换挡的时候，让发动机运转和变速器分开，防止打齿。

汽车发动机的油门，一般是靠油门踏板总成来控制的，也称加速踏板总成，是汽车用发动机控制供油的装置。油门踏板总成的操纵，应以右脚跟踏放在驾驶室地板上作为支点，脚掌轻踏在加速踏板上，用踝关节的伸屈动作，踏下或放松。踏放油门踏板时，用力要柔和，做到轻踏缓抬。启动发动机时，不要将油门踏板踩到底，略高于怠速油门为好。起步时，加油应略在离合器联动点之前为妥，油门开度取中小程度为佳。放松离合器要与踩油门密切配合，动作敏捷。运行中，应根据道路情况和实际需要增大或减小油门。选择的挡位要适当，使发动机大部分时间运行在中等转速和较大节气门位置，以节省燃料。换挡时加空油、踩离合器与踩油门踏板的配合要协调。汽车上坡时不得踏死油门踏板，用低速挡时，油门一般应踏下一半为宜。汽车冲坡时，也不得将油门踏板踏到底。汽车行驶中若油门踏板踏下 3/4 而发动机仍不能相应增加转速时，应换入低一级挡位，再踩下油门踏板进行加速。汽车停驶、熄火前，应先松油门踏板，不得猛轰空油门。

汽车油门踏板总成有“地板式”和“悬挂式”两种，见图 3-6 和图 3-7。从最终实现控制汽车加速的目的来看，无论是“地板式”还是“悬挂式”油门踏板，它们在本质功能上是没有任何区别的。地板式油门踏板由于转轴位于踏板底部，因此脚掌可以全部踩上去，而踏板本身也就是一个支点，小腿和脚踝能更轻松地控制踏板，相应地提升了脚下控制踏板的精度，减少了疲劳感，而配合手动变速器，地板式油门踏板还能很轻易地做出跟趾的技术动作；相反，悬挂式油门踏板由于转轴位于支架顶端，下部结构相对要简单（单薄）一点，因此这也使得它的踩踏方式更轻巧，而且在设计上可以将踏板支架做成铁棍，所以在很大程度上可以节省成本，因此一般的厂商更喜欢选用这种踏板。相对于地板式油门踏板而言，悬挂式油门踏板由于只能给前脚掌提供支点，因此长时间驾驶小腿会比较僵硬，也就是大多数人抱怨的配置悬挂式油门踏板的车辆开久了很累，并且导致它的控制精度不如地板式油门踏板，而且也不能很方便地做出跟趾的动作。

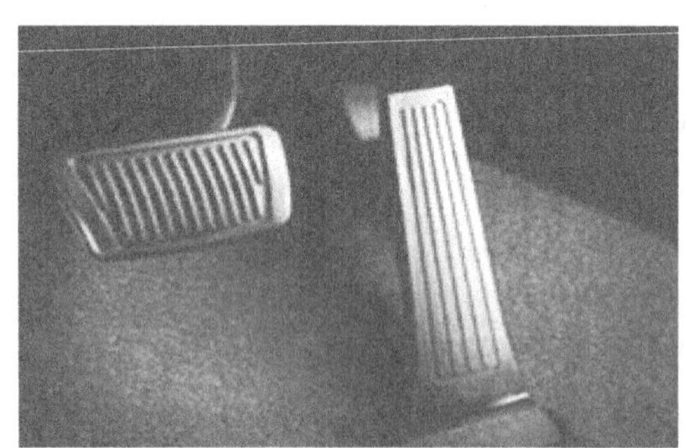

图 3-6　地板式油门踏板总成

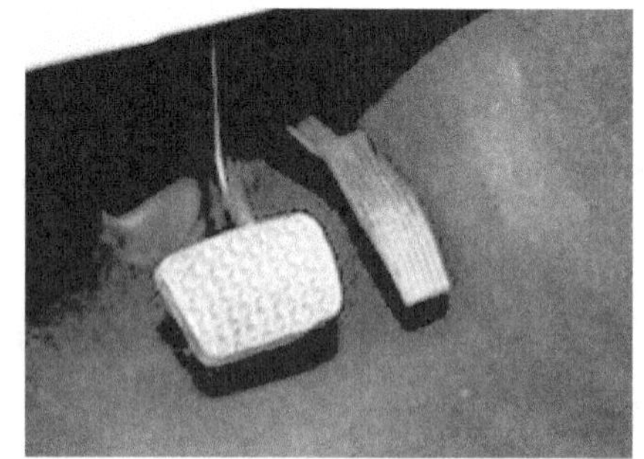

图 3-7　悬挂式油门踏板总成

以前汽车组合踏板总成主体部分多采用铸钢结构，由于汽车轻量化的要求，现多采用铝合金或工程塑料如尼龙/聚碳酸酯等加工而成。

一、汽车组合踏板总成的设计原则

① 符合国家汽车行业产品标准及相关的法律法规要求。

② 主体结构采用铝合金或工程塑料等，选用的泵类阀类总成、感应开关、传感器等零部件质量要好，上、下纵向增大油门踏板接触面积，使驾驶员对油门更加操控自如。

③ 踏板底部带有调节踏板面积的功能，可以按驾驶员的习惯进行调整。

④ 外形设计美观，色彩对比鲜明，质地优良，不锈蚀。

⑤ 安装简单方便，无须在原有踏板上钻孔。

⑥ 使用应轻便灵活，无异常噪声和干燥摩擦，便捷、轻巧、省力，且安全可靠！

从车辆设计角度来看，一般大型客车多选用地板式油门踏板，车身高大的 SUV 多选用悬挂式油门踏板，这是因为它的仪表台安装位比较高，坐姿也比较高，使用地板式油门踏板并不一定会适用所有驾驶人群，可能会导致人机工程不合理。无论是地板式还是悬挂式油门踏板，它们都只是一个信号采集源，自汽车大规模的电子化变革以来，油门踏板由电子信号采集取代了传统的拉索控制，这也就使得踏板的设计不用顾忌拉索的布置。

二、组合踏板总成的制造

组合踏板的主体框架结构多采用压铸铝压铸而成，具体再根据图纸精度要求对部分面、孔进行机械加工；或者采用工程塑料如尼龙/聚碳酸酯注塑而成。其他泵类阀类总成、感应开关、传感器等零部件可采用外部成熟的采购件。将以上部件按组合踏板装配图要求装配，并在检测试验台上100%检测，保证标准或图纸要求的自由行程间隙或工作感应面有效距离即可。

第三节

汽车操纵器总成

汽车操纵器总成是载重汽车传动系统中关键零部件之一，是整车换挡、选挡操控的核心零部件，它直接关系到汽车整车的安全性和稳定性。换挡操纵器总成主要包括换挡手柄、换挡杆、换挡机构总成、换挡软轴等总成，也是汽车驾驶室内的功能件，主要作用是传递动力，并在动力的传递过程中改变传动比，以调节或改变发动机的特性，同时通过变速来适应不同的驾驶要求。

以前汽车换挡操纵机构多采用刚性的多杆连接操纵，刚性杆系操纵在布置时存在操纵杆传动结构与其他系统发生干涉的问题，具有不能弯曲、操纵间隙大、操纵阻力大、负载效率低、手感差等缺点；随着我国汽车工业的发展，近年来采用推拉式软轴总成进行换挡操纵代替刚性杆系操纵是汽车技术发展的需要。

换挡机构的分类，按换挡自动化程度可分为手动换挡机构（MT）和自动换挡机构（AT）；还可以进一步细分为MT、AT、ES（Electronic Shifter Types，电子变速器类型），ES又可分为AMT（在手动变速器的基础上加装了电子控制的人工油离配合的执行单元来实现自动换挡，换挡机构是用电气信号来实现换挡的，代替了原来的拉索驱动形式）、DCT（基于平行轴式手动变速器发展而来的，通过CAN网络的形式将换挡器端的挡位信号，并根据车辆行驶的各项参数来对变速器的自动控制）两种。手动换挡器必须根据汽车运行条件的变化，由驾驶员随时变换挡位，要求驾驶员能对离合器踏板、油门踏板及变速器操纵杆进行准确的协调配合，从而保证汽车具有良好的动力性和经济性。因此，手动换挡器换挡频繁、劳动强度大，会分散驾驶员的注意力，增加了不安全因素；自动换挡器能根据路面状况自动变速、变矩，具有更好的驾驶性能、行驶性能、安全性能及排放性能。

汽车操纵换挡机构的发展趋势如下。

① 自动挡的比例进一步提高。

② 电子换挡机构的比例进一步提高。

③ 换挡机构越来越小型化，这样可以让出更多的空间布置其他零件。

④ 核心机构的设计模式，产品模块化，节省开发时间和成本。

一、换挡器总成的设计

下面以某新型载重汽车新型操纵器总成为例介绍换挡操纵器总成的设计。如图 3-8 所示为某载重汽车新型操纵器总成结构，共包含 30 多种零部件，涉及冲压、压铸、橡胶、塑料等多个领域。操纵器总成零件的加工质量、总成装配精度及稳定性等均会对操纵器的性能造成很大影响。

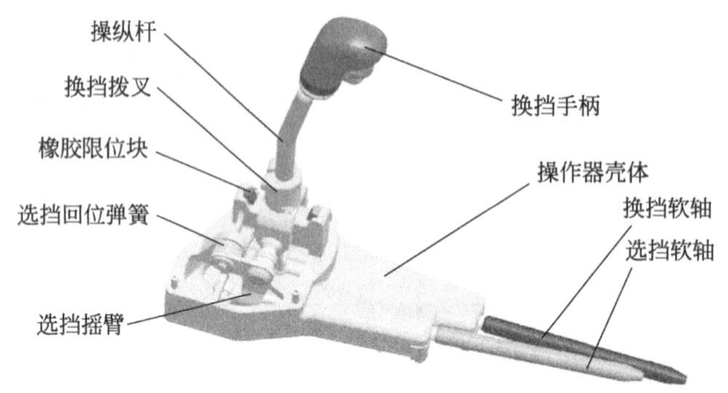

图 3-8　某载重汽车新型操纵器总成的结构

1. 操纵器总成设计

① 设计换挡手感结构（图 3-9），使前排挡、后排挡、空挡有明确的位置。消除空挡位置的空行程（换挡方向）。运动原理简述：换挡时，换挡锁销随换挡拨叉绕关节轴承摆动，换挡锁销在图 3-9 中箭头所示范围内运动，当运动到 1、2、3 位置时分别处于前排挡极限位置、空挡位置、后排挡极限位置，见图 3-10。挂挡时，首先换挡锁销需克服锁销弹簧力，当行程过了最高点后，弹簧阻力变成换挡助力，从而使换挡具有吸入感。弹性圆柱销可防止换挡锁销转动。

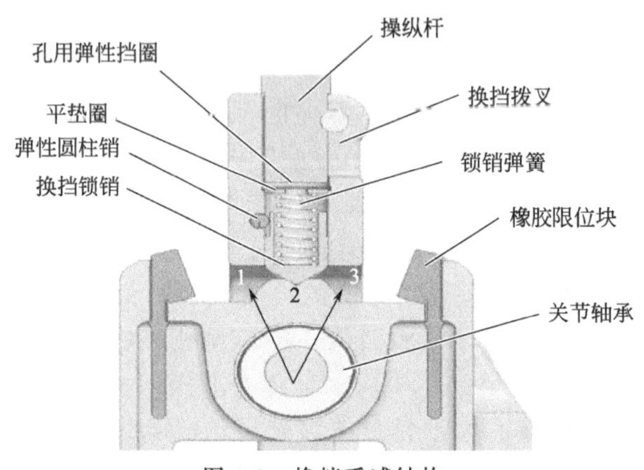

图 3-9　换挡手感结构

② 选挡增加弹簧回位结构，使选挡回位灵活，同时消除空挡位置时选挡方向的空行程。选挡回位结构设计：通过选挡回位弹簧（扭转弹簧）对选挡摇臂进行限位。选挡摇臂绕选挡摇臂轴摆动时需克服扭簧的弹簧力，从而使选挡摇臂可自动回位，停留在中间位置（空挡位置），并限制选挡摇臂的自由摆动，即消除选挡空行程，见图 3-11。

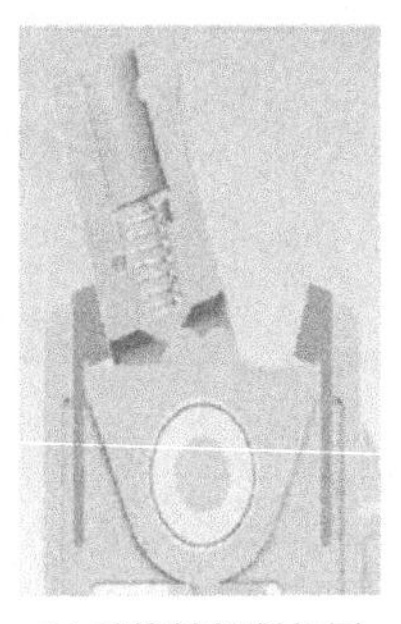

(a) 前排挡极限位置

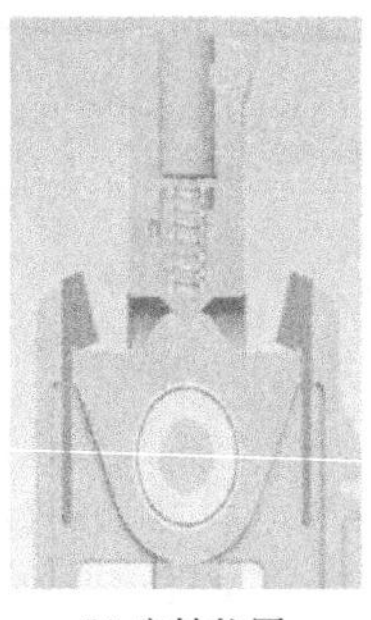

(b) 空挡位置

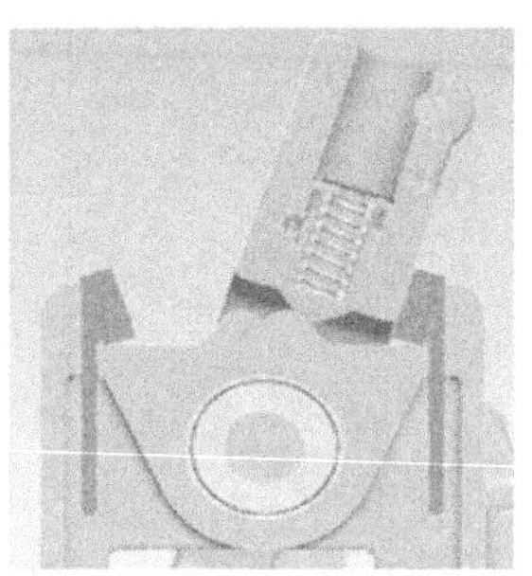

(c) 后排挡极限位置

图 3-10 换挡位置图

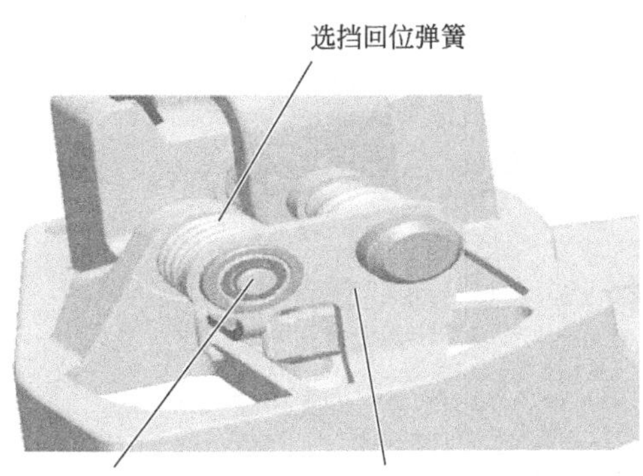

图 3-11 选挡位置

③ 选挡由单向结构调整为双向结构。双向选挡结构设计：操纵器总成设计考虑了所用变速器挡位的通用性，选挡方向为双向运动。挡位排列最多为 5 排，两个空挡位置。通过设计支座的结构，去掉选挡限位结构，实现双向选挡，见图 3-12。

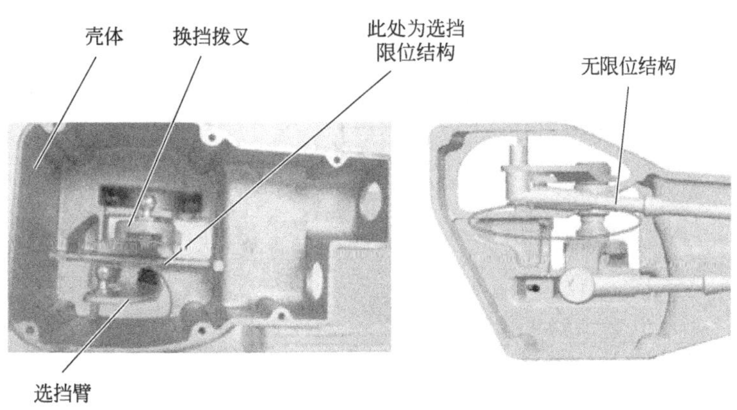

(a) 操纵器单侧选挡结构 (b) 新型操纵器双侧选挡结构

图 3-12 选挡结构

④ 软轴布置方式、固定方式设计。在支座前端设计软轴固定结构，见图 3-13。

⑤ 设计支座盖板，使操纵器底部密封，避免关节轴承等件受灰尘污染失效，同时起到密封驾驶室的作用，见图 3-14。

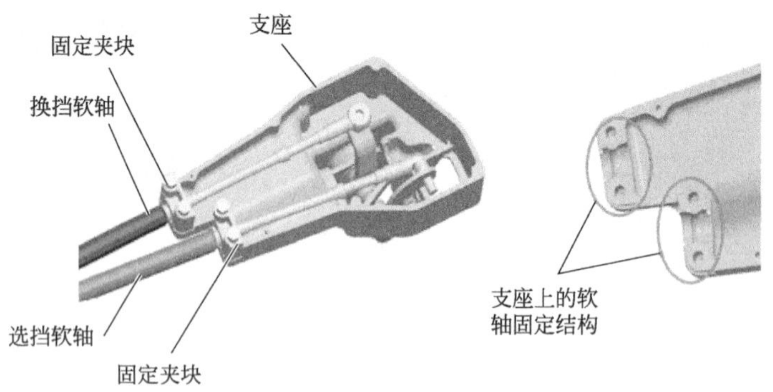

图 3-13　软轴固定结构

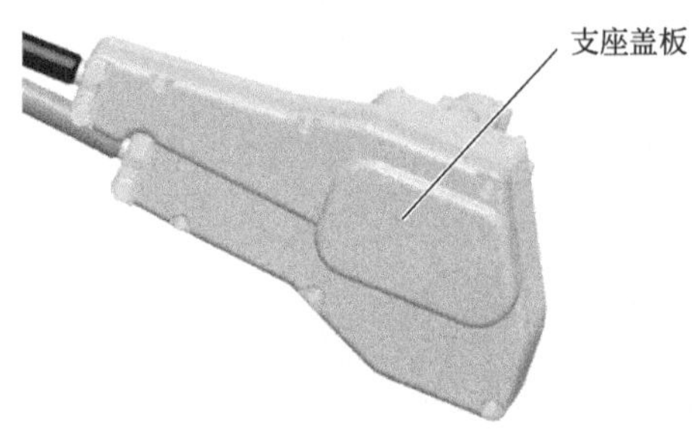

图 3-14　支座盖板

⑥ 新型操纵器总成主要零部件的设计。操纵器壳体、换挡拨叉、换/选挡固定夹块四个部件的材料均为压铸铝。工艺难点是壳体需要预铸一个选挡摇臂轴，且钢轴与壳体的垂直度为 0.03mm，其相对于 A、B、D 三面的位置度为 ϕ0.2mm；为此，在设计模具时模具上镶钢轴的部位专门做成活块，生产过程中会出现活块磨损或松动而影响预埋轴的位置度。

2. 操纵器壳体的产品设计（图 3-15）

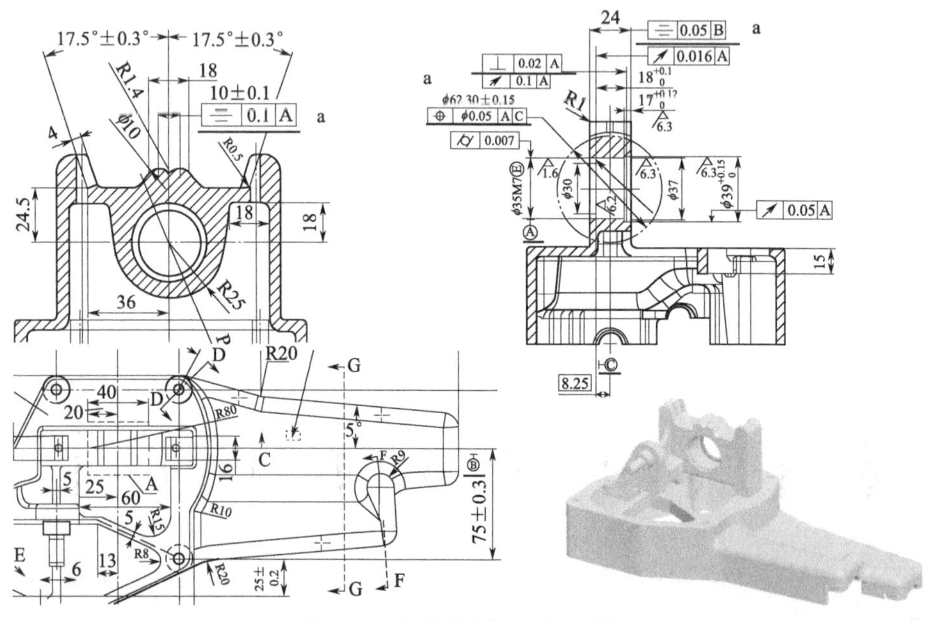

图 3-15　操纵器壳体的产品设计

3. 换挡拨叉的产品设计（图 3-16）

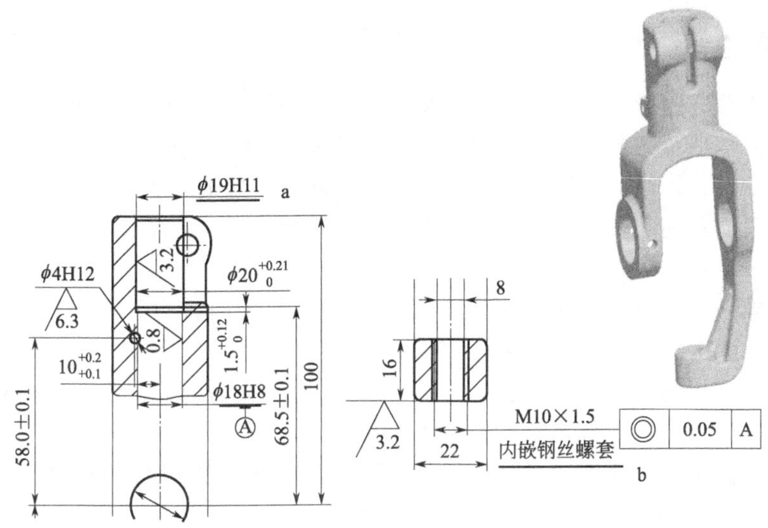

图 3-16　换挡拨叉的产品设计

4. 关键零件的工艺设计

操纵器总成需机械加工的关键零部件包括操纵器壳体和换挡拨叉两种主要结构件，均为压铸铝件，尺寸精度与形位公差精度要求较高，一般工艺方法难以保证。

（1）采用比较优选法确定定位基准　操纵器壳体为异形件，结构中包含预埋轴，轴的位置精度要求为 ϕ0.2，机加工定位基准的选择对尺寸精度及稳定性均有很大影响。当使用摇臂轴作为定位基准时，定位误差小，但定位点之间距离小，定位难度高，不稳定，实际生产中很难保证其产品一致性；当采用间接定位点定位时，存在定位误差，但定位点之间距离远，误差可控。为验证理论分析的准确性，采用了比较优选法来筛选最优定位方式，设计制作了两种思路的手动工装，同时在毛坯上增加三个工艺基准点作为间接定位基准，然后采用两种不同的定位基准分别加工一定量的成品，通过实际测量分析比较，采用间接基准的定位方式更为合理可行。

（2）采用工序集中原理保证尺寸稳定性　换挡拨叉作为拨叉类零件，零件有 3 个方向需要加工，且其中存在十字交叉孔，工艺开发中首先确定选用工序集中原则，使用卧式加工中心来加工，通过设备工作台旋转分别加工 3 个面，一次定位即可完成所有尺寸的加工，避免了分工序时多次装夹而产生的定位误差，产品尺寸稳定性得到了保证。

（3）工艺流程的设计原则　选挡摇臂是同轴度、垂直度和平行度形位公差较高的焊接加冲压类零件，孔尺寸精度达 6 级，但焊接后孔口变形严重，尺寸不容易保证，轴承压装时，常出现轴承旋转发卡现象，造成零件报废。为此，通过调整工艺顺序，并结合大量力学试验及检测，根据实验数据改进了加工工艺方法，调整了工艺顺序，采用机加工-焊接-挤压成形的工艺路线，孔尺寸稳定性大幅提升，满足了使用要求。

（4）工艺参数的合理选择　球铰衬套是总成关节连接件，对材料韧性及耐磨性有很高要求，现场压装时，容易出现开裂现象。选择合理的压力是十分重要的。

总而言之，新型操纵器总成的成功开发，解决了当前重型汽车操纵挡位不清晰、空挡行程太大、换挡无到位感和吸入感等问题，操控舒适性得到了明显提高，使得载重汽车整车操纵系统得到优化，操纵手感接近轿车水平，提高了整车换挡操纵舒适性，整体技术达到了国内领先水平。

二、换挡器总成的制造

换挡操纵器总成的操纵器壳体、换挡拨叉、换/选挡的固定夹块四个部件均为压铸铝压铸而成，再根据图纸精度要求对部分面、孔等进行机械加工。其他关节轴承、弹簧、挡圈、软轴、橡胶限位块、锁销、圆柱销等零部件可采用外部成熟的采购件。将以上部件按换挡操纵器总成装配图要求装配，并在装配线在线检测试验台上100%检测，保证有关标准或图纸技术要求即可。

(1) 换挡操纵器总成装配工艺流程　操纵器总成装配内容主要包括：向心关节轴承压装；选挡摇臂中深沟球轴承压装；橡胶限位块安装；弹性圆柱销安装；球铰衬套压装；换挡轴、换挡拨叉、定位套配合穿孔安装；锁销弹簧安装；选挡回位弹簧安装；孔用弹性挡圈、轴用弹性挡圈的安装；内六角平端紧定螺钉安装。

(2) 换挡操纵器总成性能检测要求　操纵器总成参数检测内容主要包括：换挡行程、换挡角度；选挡行程、选挡角度；换挡力矩；换挡间隙；选挡初始力矩；选挡极限力矩；选挡/换挡初始点位置。装配及参数检测内容较多，设计装配线方案时，充分考虑了各项要素，最大限度实现了装配与检测的合理性。

(3) 换挡操纵器总成装配线总体设计与工艺布局　根据装配操纵器总成的结构及性能特点，本着简单、高效、方便的原则，设计生产节拍40s，装配线共分5个工位，其中4个装配工位，1个在线检测及打码工位。具体安排：一工位——压装向心关节轴承、弹性圆柱销；二工位——压装换挡轴、弹性圆柱销；三工位——安装防尘罩，压装深沟球轴承、球铰衬套；四工位——压装选挡摇臂、锁销弹簧、孔用弹性挡圈；五工位——检测、打码。

随着科技的不断进步，商用汽车的换挡操纵器也添加了新的元素，例如中国重汽最新推出的2020版豪沃TH7牵引车，不但使用了铝合金变速器、铝合金油箱、铝合金气瓶、铝合金车轮等，还采用了换挡无忧新式换挡器——无忧换挡器。无忧换挡，挡把可以进行高度调节，也可以进行前后调节。传统的AMT是换挡结构，切换到手动挡的模式下是通过前推、后拉进行加减挡的。而TH7的无忧换挡与传统的手动挡操作模式一模一样，能够更好地适应用户的操作习惯。可以根据车辆运行工况自由切换挡位，A模式下自动加挡或减挡，司机只控制油门和刹车即可，配合E模式、E+模式和P模式，使车辆发挥极佳的动力性和经济性；M模式下可人工实时干预挡位切换，动力响应更好，更具驾驶乐趣；同时兼备2.0版AMT优点，换挡手柄更具操控感，调节方便。

第四节 汽车变速器壳体

目前重型汽车的变速箱一般有如下的几种类型：手动机械变速箱（MT）、自动变速箱（AT）、机械式自动变速箱（AMT）、带变矩器的手动变速箱（WSK）、带变矩器的自动变速箱（WSK）、带缓速器的手动变速箱（MT+IT）、带缓速器的自动变速箱（AMT+IT）。

在变速箱总成中齿轮、齿轮轴及变速箱壳体是变速器总成的主体。变速箱壳体是变速箱总成的基础件，它将变速器的输入轴总成、输出轴总成、各种齿轮、轴承、换挡机构总成等零部件按一定的相互位置关系装配成一个整体，并支撑输出轴按一定的传动比关系输出扭矩，即变速器壳体主要是支撑齿轮轴、保护变速器内的齿轮等部件，保证其润滑，不漏油。变速器壳体一般分为变速箱前壳、变速箱中壳、变速箱后壳及上盖等。传统的变速箱壳体主要以灰口铸铁为主，一般都由 HT200 或 HB180 铸造而成，铸铁成形容易，减振性好，成本低。随着用户对汽车驾驶舒适度要求的提高，汽车轻量化发展趋势的需要，铸铁壳体逐渐由铝合金、镁合金压铸壳体所取代，见图 3-17。即铝合金壳体在保证强度的同时，将变速器壳体重量进一步减轻，这就是所谓的轻量化设计。

图 3-17　重卡铝合金变速器内部结构

一、变速器壳体的设计

变速器壳体内装有输入轴、输出轴、倒挡轴和齿轮、轴承等。变速器壳体的主要作用是支承和密封作用，保证各轴之间的中心距及平行度，并保证变速器壳体部件与其相连接的其他部件的正确安装及润滑。

变速器壳体采用铝合金压铸工艺制成，是将加热至工艺温度的液态铝或铝合金浇入压铸机的入料口，经压铸机压铸成形。由于压铸工艺的局限性，变速器壳体过于复杂，因此在设计壳体时，需根据产品结构分解为 2～3 部分，即变速器前端盖、变速器中壳体或变速器后壳体等，变速器壳体各段之间需螺栓连接，因此各结合面平面度一定要求较高，螺栓连接孔对接要正，而且连接部位受力较大或支撑部位要重点加厚、加强，以保证组合以后满足变速器整体性能要求且不能漏油（箱体组装后还需进行密封性检测，检查其是否漏气、渗油、漏油）。

二、变速器壳体的制造

下面以变速器后壳体为例介绍变速器壳体的制造。

1. 产品三维图

如图 3-18 和图 3-19 所示为铝合金变速器后壳体产品的正、反面。

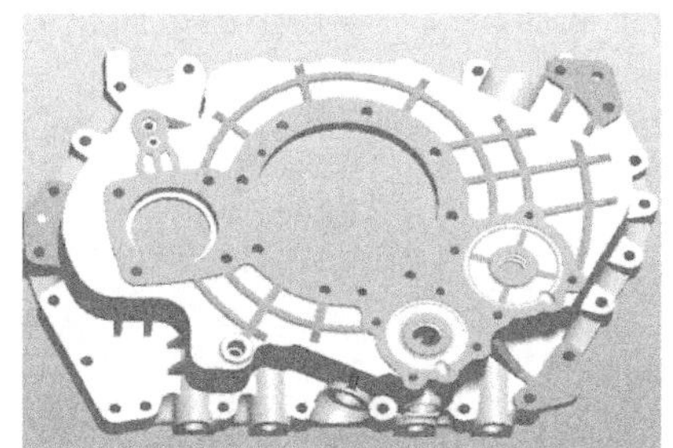

图 3-18　铝合金变速器后壳体正面（三维图）

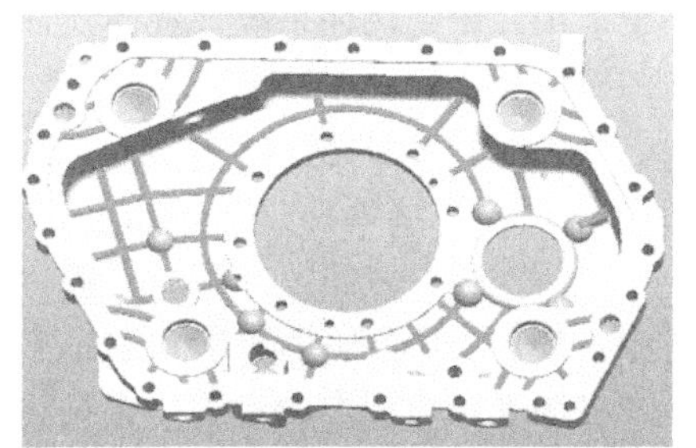

图 3-19　铝合金变速器后壳体反面（三维图）

2. 产品铸件图

根据产品图，绘制铸件图，加工面位置增加加工余量，增加拔模斜度，部分孔不铸出（图 3-20 和图 3-21）。

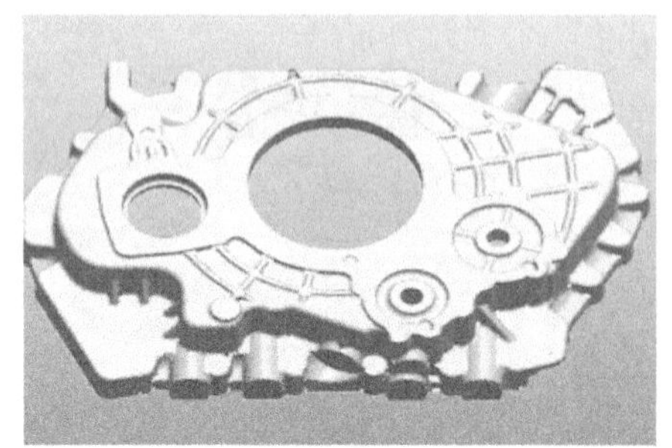

图 3-20　铝合金变速器后壳体正面（铸件图）

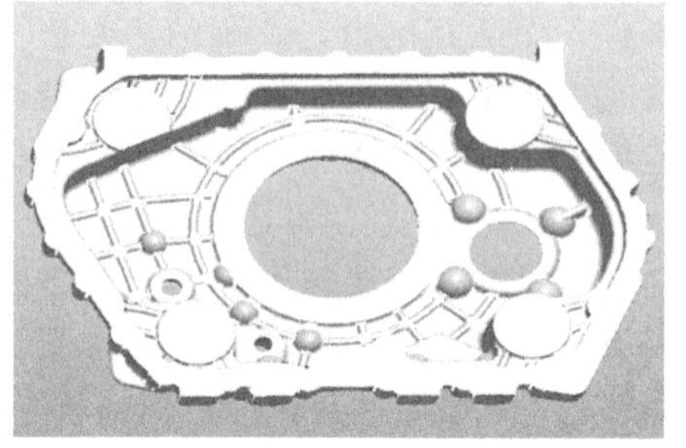

图 3-21　铝合金变速器后壳体反面（铸件图）

3. 工艺过程设计

由于金属型腔铸造冷却作用大，为了预防铝液过早失去流动性，浇注系统应保证铸件金属在规定时间内充满铸件，一般不希望浇注时间超过 20～25s，并且应尽可能地使金属液平稳进入型腔，不发生飞溅、喷射现象；在金属液进入型腔时，不能直接冲击金属型芯和型壁，不使金属型腔的局部温度过高。

（1）浇注系统的设计　浇注时间为

$$t=\frac{H}{v}$$

式中，H 为铸件的高度，cm；v 为液面最小允许上升速率，cm/s，铝、镁合金铸件 $v=\frac{2\sim4.2}{b}$（b 为铸件的壁厚），一般铸件高度较大时，则取较大的 v 值。

最小截面积为

$$F_{\min}=\frac{Q}{\rho t v_{\max}}$$

式中，Q 为通过浇注系统的金属液质量；ρ 为金属液密度（铝合金密度为 2.7g/cm^3）。

浇注时，为了防止金属液在流经浇注系统时产生较大的紊流，卷入气体，发生氧化，破坏浇注系统的挡渣、挡夹渣的作用，一般 $v_{\max}$ 不能太大，对于铝合金液 $v_{\max}<150\text{cm/s}$。

确定了浇注系统最小截面积 $F_{\min}$ 后，便可确定浇注系统中其他组元的截面积。浇注铝合金时，为防止铝液在充型时出现飞溅和二次氧化造渣现象，需要降低铝液进入型腔时的线速度，常采用开放式浇注系统，此时浇注系统中的最小截面积应是直浇道的截面积 F_Z，故各组元的截面积比例关系如下。

大型铸件（>40kg）　$F_Z:F_H:F_N=1:(2\sim3):(3\sim6)$

中型铸件（20～40kg）　$F_Z:F_H:F_N=1:(2\sim3):(2\sim4)$

小型铸件（<20kg）　$F_Z:F_H:F_N=1:(1.5\sim3):(1.5\sim3)$

式中，F_H 与 F_N 为横浇道和内浇道的截面积。

（2）浇注系统在型内的布置　根据内浇道在铸件高度上的分布位置不同，可把浇注系统分为顶注式、底注式、中注式、侧注式和综合式数种。根据产品的结构，可选择顶注式浇注系统，这种浇注系统可简化金属型腔结构，有利于建立自上向下对铸件补缩的条件且消耗的金属液少。横浇道、直浇道及内浇道采用搭接的方式，可使铝液在流动过程中，自身的压力得到保证，确保铝液的流动速度（图 3-22）。

(3) 冒口的设计　该产品质量为 13.5kg，产品件比较大、较重，需要很大的补缩，因此铸件四个圆柱上方设置冒口，冒口体积为所补缩铸件热节的 1.5～2.0 倍，并且在周边设置了冒口（图 3-23）。

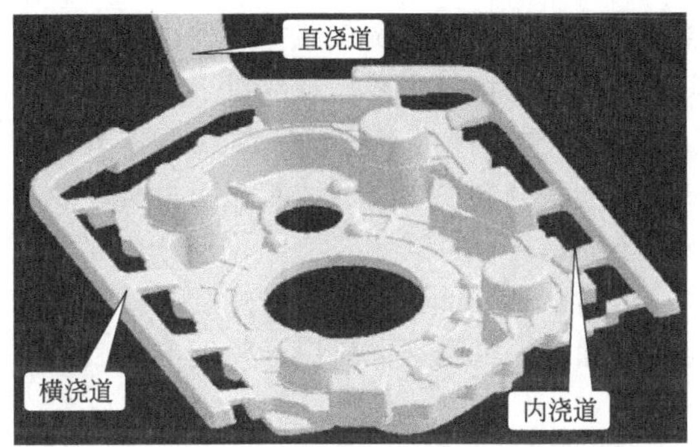

图 3-22　铝合金变速器后壳体浇注系统

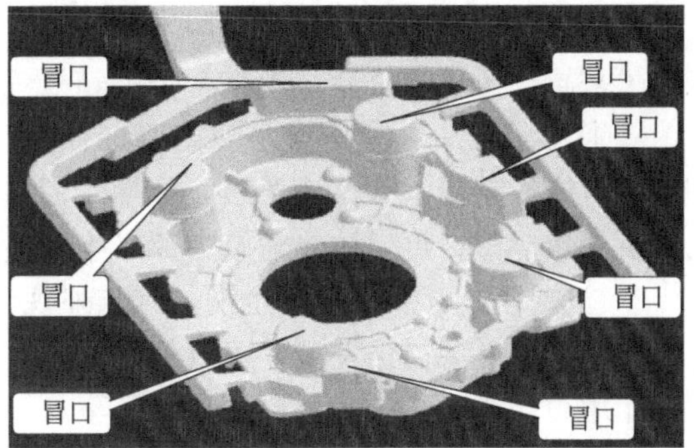

图 3-23　铝合金变速器后壳体冒口布置

(4) 涂料的涂刷　在金属腔型铸造中，需要在型腔的表面上涂覆涂料层，其目的如下。

① 保护金属型腔，可以减轻浇注时铝液对金属型腔的冲击，隔绝铝液对金属型腔表面的直接冲刷，防止铸件粘型；再取出铸件时可缓冲铸件对金属型腔和型芯的摩擦破坏，使铸件易出模。

② 调节铸件各部位在金属型腔中的冷却速率，控制铸件的凝固补缩顺序，保证获得薄壁铸件。

③ 改善铸件的表面质量，预防可能因铸型激冷作用太强而引起的铸件表面冷隔、流痕缺陷现象。

在模具型腔表面喷涂涂料时，先将模具预热至 160～200℃，用喷雾器将涂料喷涂在型腔表面；涂料一般厚度为 0.5mm，在浇口杯、浇道系统及冒口上厚度为 1～2mm。

(5) 浇注工艺的确定　根据对铸件浇注过程中温度（图 3-24）及压力（图 3-25）的模拟，铸件充型基本良好，将浇注时间定为 15～20s，将浇注温度定为 700℃左右，模具预热温度为 200～300℃，冒口温度为 380～450℃。

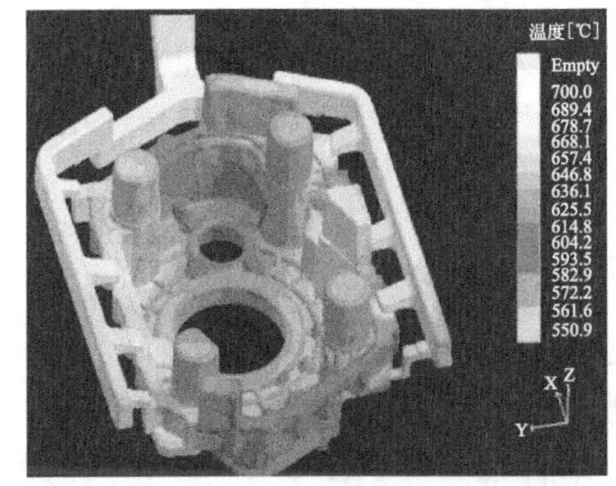

图 3-24　铝合金变速器后壳体温度模拟

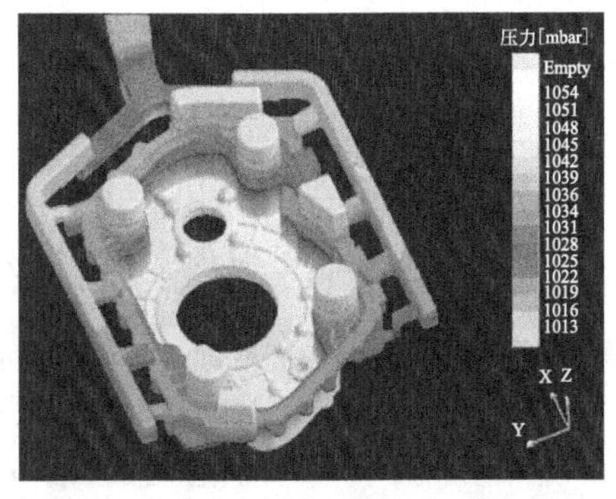

图 3-25　铝合金变速器后壳体压力模拟

第五节

汽车油箱、气瓶容器类铝合金产品

近年来，随着汽车轻量化的不断推进，铝合金、铝镁合金油箱及气瓶等容器类产品的应用越来越广泛。铝合金、铝镁合金油箱及气瓶容器类产品的特点主要表现在以下几个方面。

① 铝合金、铝镁合金材质防腐蚀性好，不易产生杂质。国内有些地区油质比较差，柴油中可能掺杂着水和其他杂质，长期使用中，柴油中的水分会慢慢腐蚀油箱，而铝合金油箱耐腐蚀性能好，可以防止油箱内部产生污垢而损坏燃油系统。

② 铝合金、铝镁合金油箱、气瓶外观漂亮，成形性好。铝合金油箱外观上不需要喷漆涂装，银色外观简洁美观，不仅使生产工艺简化了喷涂这一过程，同时银光闪闪的外表更容易让用户接受。

③ 铝合金、铝镁合金材质本身延伸性更好，碰撞时不易破裂。

④ 铝合金、铝镁合金油箱生产过程环保，寿命长。

⑤ 铝制材料可以再生利用，铝合金、铝镁合金油箱、气瓶报废后再生利用率在85%以上。各种类型铝合金油箱及气瓶见图3-26。

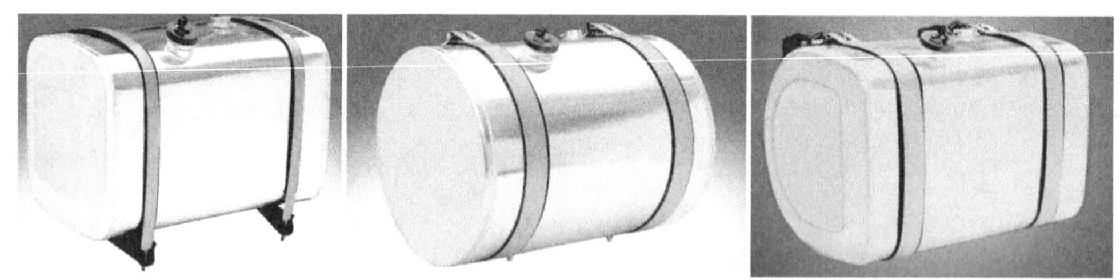

图3-26　各种类型铝合金油箱及气瓶

油箱、气瓶容器类因产品结构简单，设计时根据用户及产品需要选择容积大小及外部形状，比如油箱有圆形、方形、D形等形状，而气瓶大多是圆形，两端焊接要保证质量，焊缝均匀、牢固，符合焊接要求，不得漏气；适当的位置设计加油口、放油口或进、出气口等；油浮、油箱盖、进/排气阀、传感器等可由专业厂家供货，但是一定要严加控制，这些部件也是易出问题的地方，更是索赔的重点项；再就是为了确保汽车安全可靠，油箱上的锁现在比较流行的是三锁合一，即车门、油箱与点火开关，三把锁共用一把钥匙。

铝合金油箱相比铁质油箱最大的优点是耐腐蚀性能好，非常适合在对燃油洁净度要求较高的高压共轨发动机上使用。另外，铝合金油箱的制造过程也比较简单，用铝板冲压之后焊接起来即可，比制造塑料油箱简单很多。

一、汽车铝合金油箱传统的加工工艺

汽车铝合金油箱传统的加工工艺流程：铝合金板材下料→冲孔（企业标识及“3C”、加油口、放油口、传感器口等）→卷筒成形（方形采用折弯机折弯，D形筒体采用成形机成形）→外部直焊缝焊接→压装→内隔板焊接→油口焊接→外环缝焊接→气密性检验→装配其余配件。具体工艺流程如下。

① 采用国家标准的铝合金板材（长度方向尺寸公差为 4mm）。

② 冲孔工序：采用普通冲床冲孔，依次冲压，企业标识及“3C”、加油口、放油口、传感器口。

③ 筒体成形：方形采用折弯机折弯，D 形筒体采用成形机成形。

④ 直缝焊：采用人工定位，自动焊接。

⑤ 压装：操作者手工装配，采用自制的压装机进行压装。

⑥ 内隔板焊接：采用 TIG 手工焊接。

⑦ 加油口和放油口：采用 TIG 人工焊接。

⑧ 外环缝焊接：使用仿形模双人配合焊接。

⑨ 检测：往筒体里充气，保压，刷肥皂水进行人工观测检验。

⑩ 装配其余配件，完成汽车油箱总成装配。

二、汽车铝合金油箱新型加工工艺

制造工艺升级后，自动化程度越来越高，生产线上所需操作人员越来越少，还可以实现在线检测，将检测数据自动上传至质量管理办公室，汽车油箱的产品质量及生产效率也有很大提升，具体工艺流程如下。

① 采用全自动精裁机和数控卷板机，使筒体的长度尺寸和形状公差提升到 0.25mm，满足外环缝焊接的要求及图样设计尺寸的要求，避免折弯样在折弯时出现直面和拐弯过程中铝合金筒板窜动现象。

② 筒体成形后，再悬冲加油口、放油口和传感器口，保证三个口的位置精度和尺寸精度。

③ 内隔板采用卡锁工艺替代人工焊接，完全消除了热影响区，之后焊接漏油将不会再发生。

④ 加油口、放油口和外环缝焊接都采用激光跟踪焊接机器人自动焊接，提升了焊接水平并且克服了人为因素造成的焊接缺陷，保证了焊接质量。采用机器人焊接外环缝，能保证油箱的焊接过程始终采用更合理的焊接工艺，避免焊接缺陷。

⑤ 检测采用全浸水桶胆侧漏代替人工刷肥皂水的方式，最大可能地消除人为因素，全方位检测消除漏检现象。

⑥ 生产线物流采用自动传输功能进行搬运，最大量地做到无人化、少人化，降低生产成本，提高劳动效率。

第六节

汽车鞍座总成

汽车鞍座总成，也称牵引座总成，是商用汽车牵引车十分重要的部件，是连接挂车的部件，其主要功能为连接牵引车及挂车，在西方发达国家，也称载货牵引汽车的第五轮。在车辆行驶过程中，牵引座起到牵引及承载的作用，承受各种复杂载荷，见图 3-27。牵引车的鞍座是一块可以摆动的马蹄形耐磨钢板，拖车压力作用在这个钢板上（平时要涂黄油），它的中心有一个带缺口的半圆孔，孔壁由耐撞击的锻钢件制成。

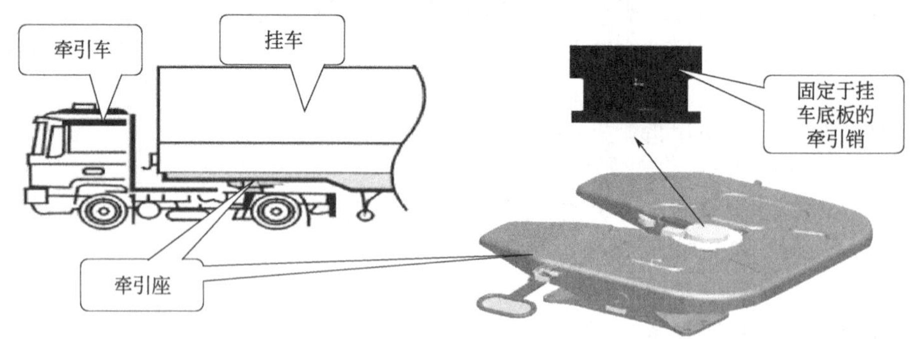

图 3-27　牵引座总成安装使用

鞍座总成结构见图 3-28。商用车牵引车鞍座总成大底板主体骨架一般由钢质板材冲压、压型、焊接而成，也有一部分是铸造而成。现在由于汽车轻量化发展的需求，再加上铝合金通过锻造也可以满足牵引座大底板的标准要求。选用铝合金锻造鞍座大底板，包括内侧的加强筋等都可以一次锻压成形，而且牵引座总成整体重量减轻不少，也不会出现锈蚀现象，只是牵引座总成整体价格没有降下来，这是今后需要重点关注的问题。

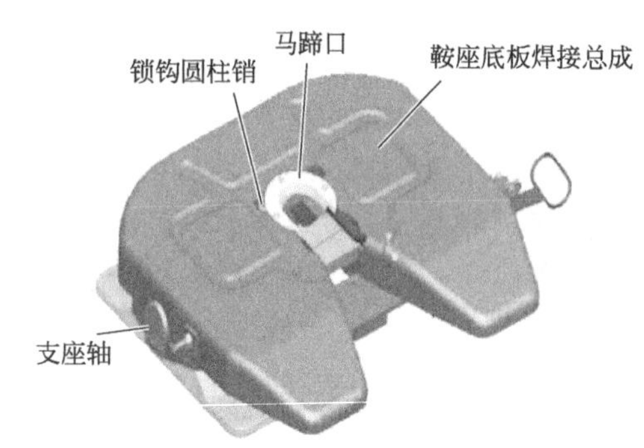

图 3-28　鞍座总成结构

轻量化鞍座总成的设计与制造，其实主要是鞍座大底板的轻量化设计，其他部件重量较轻。现在鞍座大底板有选用高强度钢板、铝合金锻造或高强度复合材料的趋势。选用高强度钢板时，可以在产品鞍座承载能力范围内选择薄一些的钢板，在加强筋布局上也可以适当优化，减少加强筋的数量或减小加强筋的尺寸，在选择焊接焊缝时要布局合理。注意焊接的先后顺序，采用断焊，不要连续焊缝焊接，可以有效避免焊接变形。另有一种轻量化锻造铝合金大底板鞍座（图 3-29），其工艺采用锻造成形，减重效果十分明显，并已成功运用到牵引载重汽车上。

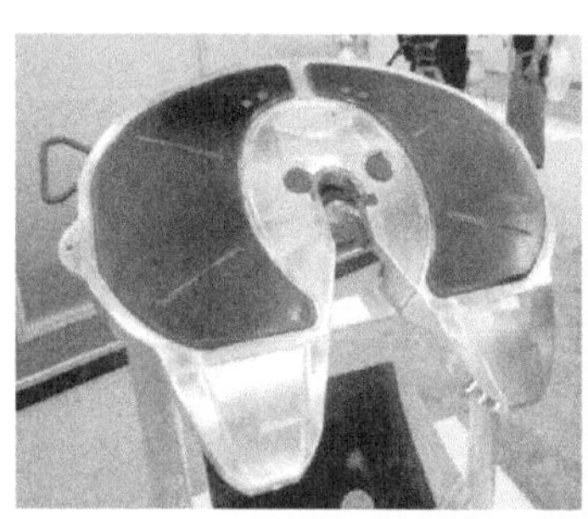

(a) 正面

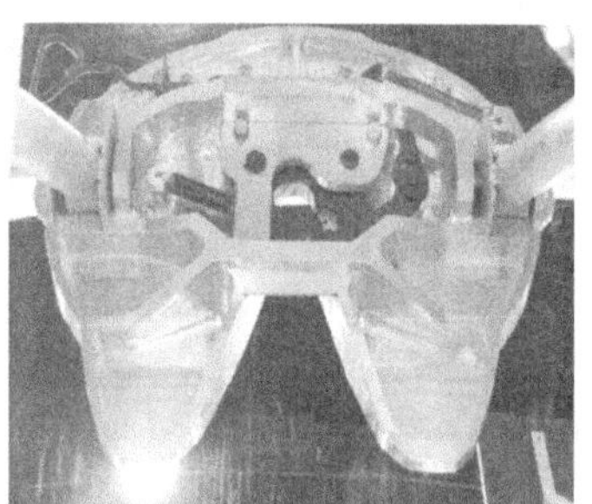

(b) 反面

图 3-29　轻量化锻造铝合金大底板鞍座

还有一种新材料尼龙牵引座总成，在汉诺威 2019 年国际车展上尼龙牵引座总成已经出现，也是值得关注的一个新的发展方向。相比传统的钢制牵引座总成，尼龙牵引座有自润滑性能好、无须抹黄油、重量更轻、不易磨损、抗冲击振动、耐腐蚀、寿命长等优点，而且尼龙牵引座一次注射成型，加工工艺简单，模具数量少，整体制造成本低。

第七节

汽车车轮轮辋体

随着商用车用户对舒适性和安全性要求的提高，整车行业对相关零部件的接收标准也在逐步提高。对车轮产品而言，跳动一直被汽车整车及车轮行业视为重要性能指标之一，原有的衡量标准已不能适应市场需求。车轮总成结构比较简单，一般分为两件（轮辋和轮辐）制或三件制（轮辋、轮辐和轮圈）两类。端调、径调等车轮国家标准有具体要求，企业要求会更严一些。

一、汽车车轮轮辋体的设计

在汽车车轮总成中，轮毂承受着汽车和车载物体的重量，受到车辆在启动、制动时动态扭矩的作用，是汽车上最重要的安全零件之一，还承受汽车在行驶过程中转弯、凹凸路面、路面障碍物冲击等来自不同方向动态载荷产生的不规则交变受力。因此，在进行汽车车轮轮辋体设计时要确保轮辋体的尺寸、形状及关键性能指标。轮毂的质量和可靠性不但关系到车辆及车上人员物资的安全性，还影响到车辆在行驶中的平稳性、操纵性、舒适性等性能，这就要求轮毂动平衡好、疲劳强度高、有好的刚度和弹性、尺寸和形状精度高、重量轻等。车轮总成如图 3-30 所示，车轮设计时在保证整车刚性及强度需求的前提下，轻量化是重点考虑的因素。

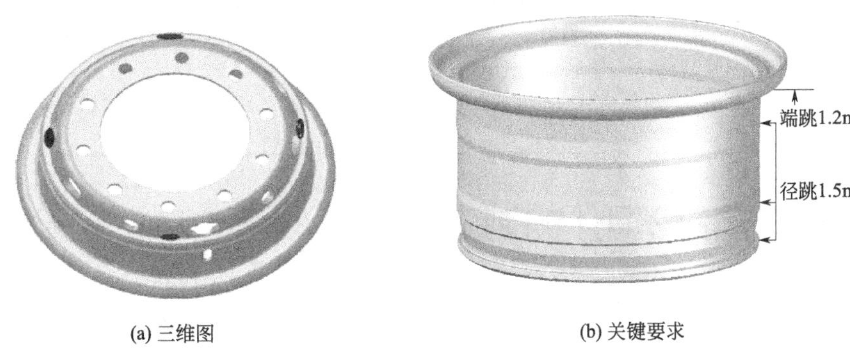

(a) 三维图　　(b) 关键要求

图 3-30　车轮总成

1. 车轮检验项目要求（表 3-3）

表 3-3　车轮检验项目要求

部件	必检项	抽检项
车轮	车轮外观	车轮弯曲疲劳及径向疲劳
	钢质车轮涂装	
	车轮尺寸	
	气门嘴孔位置	
	车轮跳动量	
	车轮静不平衡	

2. 车轮静不平衡量（按 QC/T 242 要求）（表 3-4）

表 3-4　车轮静不平衡量（按 QC/T 242 要求）

车轮名义直径/in			16	17.5	20	22.5
静不平衡量/(g·cm)	一件式(不含气门嘴)	钢制	600	1000	—	1500/1800
		铝合金	400	600	—	850
	两件式及三件式	钢制	1200	—	2500	—
		铝合金	—	—	850	—

注：两件式及三件式仅对车轮本体进行平衡，不需要安装锁圈、挡圈。

3. 车轮跳动量

车轮跳动量检测方法按 QC/T 717 执行，车轮轴向跳动量、径向跳动量要求应符合表 3-5 和表 3-6 的规定。

表 3-5　5°DC、SDC、FB 汽车车轮跳动量要求

名义轮辋直径/in	5°DC、SDC、FB≥16
径向跳动量/mm	1.5
轴向跳动量/mm	1.5

注：不需要带锁圈、挡圈测量，FB 车轮轮辋焊接处 100mm 范围的跳动除外。

表 3-6　15°DC 汽车车轮跳动量要求

名义轮辋直径/in	≥22.5(钢制)	≥22.5(铝合金)	<22.5(钢制)	<22.5(铝合金)
径向跳动量/mm	0.8～1.0	0.5	0.8	0.3
轴向跳动量/mm	0.8～1.0	0.5	0.8	0.3

二、汽车车轮轮辋体的制造

传统的汽车车轮一般都是钢制的。铝合金车轮由于其重量轻、强度尚可，能满足汽车车轮高速行驶的要求，现在铝合金车轮在轿车上应用已十分广泛，使用率可达 90%以上，商用车上也有一部分，主要是公路用牵引汽车，已经开始使用铝合金车轮。采用铝合金车轮，可以很大程度减轻汽车的自重。例如一辆载重 40t 的半挂牵引车，一共有 22 个车轮，加上备用的 2 个车轮，共有 24 个车轮，如果其钢质车轮全部换成铝合金车轮，整车则可以减重近 600kg；再加上铝合金材料具有散热好和防止轮胎橡胶老化的优点，装上铝合金车轮的载重汽车、大型客车、挂车等可减少 26%的轮胎消耗，节能减排效果十分显著。在美国、加拿大、欧洲、南非、澳大利亚等，大型商用汽车都已大量配装了铝合金车轮。我国国产的载重汽车，尤其是公路用车，也开始陆续配装高强度铝合金车轮；2020 年版豪沃 TH7 牵引车采用轻量化设计，并大量应用铝合金材料配件，如铝合金车轮总成及铝合金变速器、铝合金油箱、铝合金气瓶等。

铝合金车轮与钢制车轮相比，具有美观、舒适、节能和重量轻、跳动小等优点。铝合金车轮抓地性能好，具有更精确的转向能力，提高了汽车动作灵敏性和更好的转弯性能。铝合金车轮惯性小，可改善加速性和制动性。铝合金车轮具有良好的导热性，可提高制动系统的散热性能，能够大幅度地降低由高温导致的制动失灵。铝合金车轮还具有耐磨性、成形性好，减振性与动平衡性好，材料利用率高等诸多优势，符合现代汽车安全、节能、环保三大主体的要求，这对降低汽车自重、减少油耗、减轻环境污染和改善汽车操纵性能具有十分重要的现实意义，因此铝合金车轮已成为当今汽车车轮的发展趋势。

轻合金轮毂又以铝合金与镁合金产品为主，在目前的汽车市场中，大多数车型使用的都是铝合金车轮总成。制造铝合金车轮总成所使用的铝合金材料主要有A356、6061等。其中，A356被铸造铝制轮圈大量选用。A356铝合金具有密度小、耐侵蚀性好等特点，主要由铝、硅、镁、铁、锰、锌、铜、钛等金属元素组成，铝占92%左右，是一种技术成熟的铝合金材料。

1. 铝合金车轮总成

铝合金轮毂以其良好的综合性能满足了上述要求，在安全性、舒适性和轻量化等方面表现突出，博得了市场青睐，正逐步代替钢制轮毂成为更好的选择。

铝合金车轮总成比钢制车轮更适合乘用车，在乘用车尤其是轿车中，铝合金车轮总成已经很普遍，其工艺主要是铝合金铸造工艺，成本与钢制车轮总成相当。在商用汽车上，主要是牵引车，其前轮已有选装铝合金车轮总成的，但是其工艺多为铝合金锻造工艺，加工成本高，还没有大范围地采用。

目前铝合金车轮总成的制造工艺基本可分为两大类：第一类是铸造，目前大多数汽车厂商都选择使用铸造工艺，铸造工艺包括重力铸造、低压精密铸造和MAT旋压技术铸造；第二类是锻造，多用于高性能汽车、高端跑车以及高端改装汽车市场。

（1）铸造铝合金轮毂　铝合金轮毂铸造主要是指低压精密铸造，低压精密铸造是生产铝合金轮毂的最基本方法，也比较经济。低压铸造是利用一定的压力充型和补充，极大简化浇冒口系统结构，使金属液收得率可达90%，即把熔化的金属浇铸在模子里成形并硬化，在0.1MPa的低压下精密铸造。这种铸造方式成形性好，轮廓清晰，密度均匀，表面光洁，既能达到高强度、轻量化，又能控制成本，而且成品率高。但是低压铸造法也有其缺点：铸造时间较长，加料、换模具耗时长，设备投资多等。目前低压铸造已成为铝合金轮毂生产的首选工艺，国内多数铝合金轮毂制造企业都采用此工艺生产。集成灶生产线是目前高品质铝合金轮毂的主流制造方法。

汽车铝合金轮毂最主要的生产工艺流程是：熔化→精炼→低压铸造→X射线探伤→热处理→机械加工→气密性检验→涂装。

① 熔化。制造铝合金轮毂的熔化设备，按炉型分为塔式炉、感应炉、倾转炉、固定炉；按能源形式分为柴油、天然气、煤制气、电能。塔式炉熔化速度快、烧损少、能耗低；感应炉熔化速度快、合金成分均匀、生产环境好；倾转炉可以配料，也可以作为保温炉使用，使用安全、维护方便；固定炉可以配料，也可以作为保温炉使用，使用和维护简便；燃油热值高、熔化效率高、使用维护方便，燃气生产环境好、清洁、使用维护方便；煤制气经济实惠，电能容易控制、生产环境好。其中以燃油或燃气的塔式快速熔化炉为佳，同时配以铝屑熔化室，使用更加方便，是主选设备。熔化设备的关键在于炉温的控制，由于需要现场制造，故以国产为宜，而且施工维护便利。由于铝合金轮毂对Fe（铁）含量要求严格（≤0.15%），因此炉衬必须采用非金属材料制作，配料时选用高牌号的纯铝，回炉料的比例要严格控制。

② 精炼。铝液的精炼方法有气体法和熔剂法；处理方式有通入管路法、钟罩压入法、精炼机等。铝液精炼的设备，按形式分为固定式、移动式、吊装式、简易通管式；按精炼介质分为单一气体、双气体、气体加熔剂。固定式的设备运行平稳、可靠、精炼效果好，移动

式的设备则使用灵活、方便，吊装式的设备使用方便，简易通管式的设备使用简单。为了提高精炼效果，避免对环境的污染，采用双气体的固定式精炼机的使用效果最好，是主选设备，该精炼设备的关键在于控制系统的技术水平和设备的可靠性，进口和国产设备均可。

③ 低压铸造。汽车铝轮毂的成形工艺分为金属型重力铸造、低压铸造、挤压铸造、锻造工艺、旋压工艺，低压铸造具有生产效率高、铸件组织致密、自动化程度高等特点，可满足汽车铝轮毂的需要，成为近年来国际上的主流工艺。国内汽车铝轮毂成形技术中，总产量的85%以上是采用低压铸造工艺生产的，其余采用金属型重力铸造、挤压铸造和锻造工艺技术生产。低压铸造机的关键在于熔化炉压力的控制精度和设备的可靠性，国内厂家选用的低压铸造机以保温炉为熔池式的为主，模具以四开模的形式为主，模具冷却是水气并用。由于铝合金轮毂正在朝大型化方向发展，因此设备的刚性一定要好，并有足够的开合模的力量。

④ X射线探伤。铝合金轮毂X射线探伤设备采用的是工业实时成像系统，使用的X射线管为进口160kV·A的金属管，能穿透50mm以上级的铝合金，并能清晰地观察到缩松、针孔等缺陷。缺陷的识别有人工识别和程序自动识别等方式，并有图像处理和存储功能。该设备有进口产品和国产产品，但国产设备在可靠性和自动识别程序的开发上尚存在较大的差距，无法与国外设备相媲美，因此此类设备以进口带自动识别功能的X射线探伤设备使用效果最好，是主选设备。考虑到生产的自动化程度，在设备的进出口端要有输送料道系统，合格品与非合格品能够自动分离，带有生产统计软件功能的设备是行业中的应用发展趋势。

⑤ 热处理。铝合金轮毂的热处理工艺为T6热处理，工艺要求炉温均匀性≤±5℃。热处理设备按炉型分为周期炉、连续炉；按能源形式分为天然气、电能。轮毂在炉内的放置多采用料架，产品分开放置以防轮毂变形。连续热处理炉按传动方式又分辊棒式、吊筐式、推盘式、步进式。其中连续热处理炉的炉温均匀性好（±3℃）、产品质量好、生产效率高、节能，是大批量生产的主选设备，而燃气吊筐式和无料筐式连续热处理炉是该类设备的发展方向。小批量间歇式生产时可以使用周期炉。由于连续热处理炉的生产量大，因此设备的可靠性和控制水平十分重要，为了工艺的可追述性，要配备温度记录仪。为方便操作，提高车间面积利用率，热处理生产线以U形布置或双层布置为佳。该设备以国产为宜，施工维护便利。

⑥ 机械加工。在铝合金轮毂的加工方面，国内厂家一般是采用进口或国产的单轴立式或卧式数控机床，高精度CNC加工单元，切削液冷却，传统的加工顺序是在线外去除冒口，然后以毛坯外圆定位后先车削后钻孔，对于铝合金轮毂而言加工精度是足够的了。为了减少加工工序，提高生产效率和加工精度，同时满足环保的要求，新的技术是采用高精度CNC双轴立式加工单元，无切削液的干式加工——刀具微润滑空气冷却方式，加工顺序是先钻后车，以产品螺栓孔定位，车削转速至少为3000r/min，并将去冒口在钻床上完成，减少了钻冒孔口工序，是铝合金轮毂加工技术的新趋势。

⑦ 气密性检验。铝合金轮毂气密性检验的方法有水压试验和氦气质谱漏气试验。水压试验是在≥0.4MPa的气压下保压30s，通过目测观察水中铝合金轮毂漏气时的气泡来检验其漏气情况，这是国内绝大多数厂家选用的气密性检验方法，设备以国产为主。新的气密性检验方法是采用氦气质谱漏气试验，该方法是利用氦气质谱分析的原理，能够快速自动检测氦气的泄漏情况［漏气速率$\leqslant 1\times10^{-6}Pa/(cm^3\cdot s)$］，考虑到生产的自动化程度，在设备的工件进出口端要有输送料道系统，合格品与非合格品能够自动分离，该技术是气密性检验技术的新趋势，设备以进口为佳。

⑧ 涂装。铝合金轮毂的外观式样有涂装、轮辐车亮面涂透明漆、抛光涂透明漆、电镀等，涂装的颜色有银灰色、运动银、细银、烟灰色、黑色等。由于电镀工艺对环保的影响大，应用量正在逐步减少，涂装为主导工艺。

涂装是铝合金轮毂生产的最后一道工序，其目的是提高铝合金轮毂的耐腐蚀性和美感，为了确保涂装的质量，生产现场要求清洁无尘。涂装的方法有手动喷涂和自动喷涂，手动喷涂的涂层厚度及喷涂质量不易控制，自动喷涂可将涂层厚度的精度控制在 10mm 左右且均匀，厚度也可根据顾客的要求进行调节。喷枪有静电喷枪和空气喷枪，后者只适用于喷油漆。涂装的工艺流程是：预处理→喷底粉→喷色漆→喷透明粉，特殊的也有预处理→喷色漆→喷透明粉，或预处理→喷透明粉，但后两种工艺涂层的耐腐蚀性不如前者。目前采用的先进的工艺和设备是：预处理→喷底粉→喷色漆→喷透明粉的涂装自动生产线。

先进的涂装自动生产线由表面预处理、烘干、静电粉末喷涂、喷漆、固化等组成，传输系统以地面链的方式将铝合金轮毂水平放置，铝合金轮毂可自转为好，并带有搬运机器人、粉末回收系统、粉末更换系统和废水处理装置。采用的自动化涂装工艺装备中，选用了静电喷枪和高速静电旋杯喷枪技术（转速 20000r/min 以上）、环保型无铬化预处理技术、喷粉技术、环保型水性漆技术，由于生产线的生产效率高、节省涂料、对环境友好，是铝合金轮毂涂装技术发展的新趋势。

旋压技术最早在日本投入使用，严格来讲应算是铸造中的一种，指的是在轮辋体整体铸造出型后再利用专用设备对受力处进行旋转加压处理，使得被处理位置金属内部分子排列发生改变，具体的分割面相比一般铸造产品呈现密度更高的纤维状，从而改变整体金属力学的工艺方法。旋压技术制造的车轮总成的质量、强度、延伸性等特性都已接近于锻造轮圈，且对于锻造车轮总成来说，更易生产。总体来说，MAT 旋压技术既可相对保证轮毂制造成本，同时还可使铸造轮圈具有与锻造轮圈相近的重量和强度，只是技术还不成熟，成本较高，因此应用不多。

(2) 锻造铝合金轮毂　锻造铝合金轮毂就是通过压力机对固态的铝合金坯料施加巨大压力，使其挤压变形，形成一定的形状、强度和尺寸的制造工艺。锻造铝合金轮毂是将整块铝锭在一定的热状态下由大型的压力机在模具上直接压成车轮轮辋体形状，它的力学性能比铸造的要高，具有强度高、抗蚀性好、尺寸精确等优点。晶粒流向与受力的方向一致，因此强度、韧性与疲劳强度均明显优于铸造铝合金轮毂。同时，锻造铝合金轮毂的典型伸长率为 12%～17%，因而能很好地吸收道路的振动和应力；另外，锻造铝合金轮毂表面无气孔，因而具有很好的表面处理能力。用这种工艺制造的铝合金轮毂不仅密度均匀，成品檐沟表面平滑细致，轮毂壁薄而重量轻，材料强度高，而且可承受较大的压力；但是工序多，工艺复杂，制造成本较高。

锻造铝合金轮毂工艺流程：坯料锯切→坯料加热→锻压→强力冷旋压→强化热处理→精密数控加工→表面处理等工艺流程，具体工艺流程如下。

① 坯料锯切。每个铝棒必须经过超声波探伤仪进行 100% 检测，确保无裂纹、杂质、气孔、腐蚀斑点等缺陷。检测合格后，采用全自动切割机对铝棒进行自动切割，锯切精准高效，可使每件产品的质量严格控制在 ±0.1kg。切割后每个产品都要经过测重单元重量检测，不合格产品全部检出。

② 坯料加热。铝合金坯料需放入加热炉内获得适宜的锻造工艺温度。

③ 锻压。加热后的铝合金坯料，在高吨位压力机（可选择适配的热模锻压机及扩口切边机等）的作用下完成初锻、成形锻、扩胀、切边等分工序，以获得轮辋体初步的尺寸、形

状及致密的组织结构。

④ 强力冷旋压。锻造后的车轮还只是个毛坯，仅具有轮辋体的大致形状，要成形还需要经过旋压机强力冷旋压，才能初步实现产品尺寸、精度、外观质量的要求。

⑤ 强化热处理。对于冷旋压成形的轮毂体，还需在热处理炉里对其进行高温固溶、淬火、低温时效等一系列热处理，使轮毂体的内部铝合金组分稳定性，并进一步提升轮毂的机械强度和硬度，以确保产品性能满足设计的要求。

⑥ 精密数控加工。冷旋压后的轮毂还需在专用数控车床及加工中心上进行机械加工，才能符合产品图纸要求的尺寸及形状。

⑦ 表面处理。为了使产品外观更美观，机械加工后的旋压车轮还需进行表面的处理，去除车轮表面的污渍并进行抛光处理。

锻造铝合金轮毂还有一种挤压锻造工艺，即挤压锻造也称为液态模锻，是集铸造和锻造特点于一体的工艺方法，是将一定量的金属液体直接浇入敞开的金属型腔内，通过冲头以一定的压力作用于液体金属上，使之充填、成形和结晶凝固，并在结晶过程中产生一定量的塑性变形。优点：充型平稳，金属直接在压力下结晶凝固，所以铸件不会产生气孔、缩孔和缩松等铸造缺陷，且组织致密，力学性能比低压铸造件高且投资大大低于低压铸造法。缺点：与传统锻造产品一样，需要铣削加工来完成轮辐的造型。日本已有相当部分的汽车铝合金轮毂采用挤压铸造工艺生产，从浇注金属液到取出铸件整个过程都由计算机来控制，自动化程度非常高。目前世界各国都把挤压铸造作为汽车铝合金轮毂生产的方向之一。

锻造铝合金轮毂总成的主要优点如下。

① 自身轻。锻造铝合金轮毂的重量只相当于钢质车轮的1/2，以22.5×8.5规格的轮毂的为例，锻造铝合金轮毂为25kg，钢质轮毂总成为至少45kg。

② 节省燃油。选装铝合金轮毂总成以后，由于整车的重量降低，减少了车轮的转动惯性，使汽车加速性能提高，并相应减少了制动能量的需求，从而降低了油耗，再加上锻造铝合金轮毂特有的空气流动及滚动阻力，所以百公里测试节省2L燃油（更换锻造铝合金轮毂并使用空调以后的百公里油耗比使用钢质轮毂低2.5L油耗）。

③ 轮胎磨损降低26%。由于锻造铝合金轮毂的特性，它的平衡值为0，不容易变形，散温快（正常行驶温度比钢质轮毂低20～30℃），对悬挂系统的保护较好，所以对轮胎的磨损大大降低，使每条轮胎可多行驶5万～8万千米不等。

④ 刹车系统的维修费用降低。由于锻造铝合金轮毂的特性散温快，正常行驶温度低，所以对刹车系统不耐高温的材料及配件有特别的保护效果，从而大大降低了刹车系统的维修费用。

⑤ 承载能力高，锻造铝合金轮毂的承载能量是普通钢质轮毂的5倍。锻造铝合金轮毂在承受71200kg后才变形5cm，铁质轮毂只承受13600kg后已变形5cm，换句话说，锻造铝合金轮毂的强度是超越钢质轮毂的5倍。

⑥ 提高驾驶的舒适性。由于锻造铝合金轮毂的特性，安装后行车的方向感较轻，高速行驶特别平稳，从而提高了驾驶乐趣。

⑦ 安全性好。对于高速行驶的汽车来说，因轮胎着地摩擦、制动等产生的高温爆胎、制动效能降低等现象屡见不鲜。而铝合金的热导率是钢、铁等的三倍，加上铝合金轮毂因其结构的特征，极易将轮胎、车底盘所产生的热量排散到空气中。即使在长途高速行驶或下坡路连续刹车的情况下，亦能使轮胎保持适当的温度。不但能使轮胎及刹车鼓不易因经常高温而老化，更能降低爆胎率。

⑧ 冲击测试。日本JWL测试模拟一辆货车以时速50km撞向路边石，相当于910kg的质量从高处跌下撞向轮胎与车轮。根据镁铝锻造技术中心进行的日本标准测试的结果：锻造铝合金轮毂只有轻微损坏，而铁质轮毂损坏程度非常严重，铸造铝合金轮毂断裂成两部分。

⑨ 造型美观，车轮总成不会生锈。锻造铝合金轮毂外观设计自由度大，可以结合车型，做到车轮轮辐、轮辋为一体。

随着汽车轻量化的快速发展，铝合金轮毂以其舒适性、轻量化、材料可回收等特点正逐步代替钢制轮毂成为汽车轮毂的最佳选择之一，而且汽车用铝合金轮毂正在向大直径、轻量化、高强度、美观化等方向发展，汽车主流市场是以15～18in轮毂为主，16in轮毂所占市场份额最大。铝合金轮毂制造技术的主要发展趋势是自动化、智能化、节约、节能和环保，具体措施有：液态铝合金直送生产现场、铝液无污染精炼、铝液热分析、X射线自动探伤、氦气自动试漏、干式机械加工、高速静电旋杯喷枪、无铬化处理、喷粉和水性漆等新技术新工艺。

2. 镁合金车轮总成

镁合金是金属结构材料中较轻的金属，被誉为21世纪的绿色工程结构材料，其重量轻、比强度高、弹性模量低、加工性能优、可回收以及具有优异的减振性能等特点，目前已被应用在汽车零部件上。汽车轮毂作为汽车上最重要的部件之一，要求其重量轻，同时其受载复杂，包括行驶过程中的垂直压力，车辆在启动、制动时动态扭矩的作用以及车辆在行驶过程中转弯等动态载荷。为此，镁合金车轮便应运而生。镁合金车轮轮辋体结构，见图3-31，其在使用中具有良好的振动阻尼系数，减振量大于铝合金，用作轮毂可以减少振动、提高汽车的安全性和舒适性。镁合金制造的轮毂具有良好的铸造性能和尺寸稳定性、易加工，废品率低，能够降低生产制造成本，可进一步减轻汽车整车重量和油耗，其比强度高于铝合金及钢，但是其刚度低于铝合金及钢，自承受负荷不如铝合金及钢；镁合金外观漂亮、美观，仍是高档汽车轮毂推崇使用的材料。

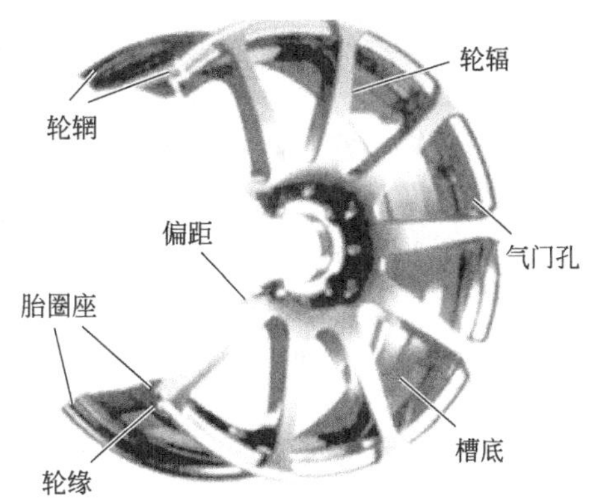

图3-31　镁合金车轮轮辋体结构

与铝合金轮毂一样，镁合金轮毂主要有锻造和铸造两种生产方式，且两种方式各有优缺点。

(1) 镁合金轮毂的特点　镁合金轮毂也有其独特的特点，以AZ80-0.5V-0.1Ti镁合金为例进行介绍。

① AZ80-0.5V-0.1Ti镁合金材料性能参数（表3-7）。

表3-7　AZ80-0.5V-0.1Ti镁合金材料性能参数

参数	数值	参数	数值
密度/(g/cm^3)	1.80	熔点/℃	588
抗拉强度/MPa	250	热导率/[W/(m·K)]	75
泊松比	0.34	杨氏模量/GPa	45
热胀系数/K^{-1}	2.68×10^{-5}		

② 成形温度的影响　成形温度是镁合金轮毂锻造的重要参数之一，因为镁合金的伸长率与温度有关，温度升高，镁合金塑性提高，有利于镁合金的轮毂锻造；但是，温度过高会导致腐蚀氧化，晶粒粗大，增大变形抗力。例如下模窗口处圆角半径为 30mm，模具工作速度为 6mm/s，摩擦系数为 0.1，成形温度分别为 350℃、370℃、390℃和 410℃，其仿真结果如图 3-32 所示。

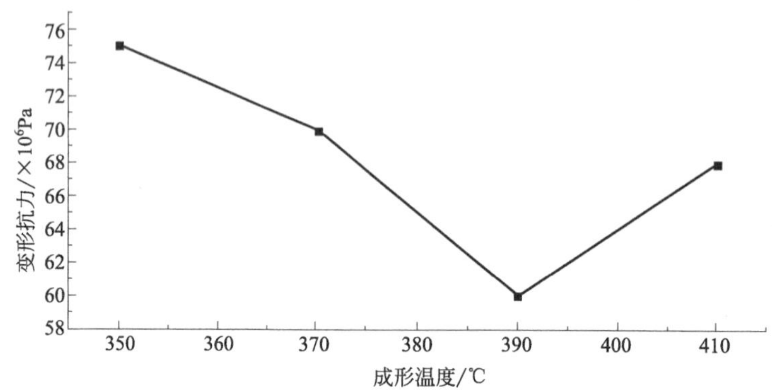

图 3-32　镁合金车轮轮辋成形温度与变形抗力的关系

锻件变形抗力与成形温度关系较大，成形温度的适当增加使得镁合金的塑性变形能力提高，有利于金属流动，变形抗力下降。但是，随着成形温度进一步升高，镁合金内部氧化，导致塑性降低、变形抗力上升。因此，成形温度选择在 370～390℃之间时，锻件外观质量较好。

③ 模具工作速度的影响。一般情况下材料的变形速度体现在模具的工作速度上，如成形温度为 380℃，摩擦系数为 0.1，下模窗口处圆角半径为 30mm，模具工作速度分别为 5mm/s、7mm/s 和 9mm/s。

模具工作速度的增大，导致变形抗力增加，见图 3-33。因此，结合实际生产情况和工作效率，模具工作速度选择在 5～7mm/s 之间，镁合金轮毂锻造成形质量较好。

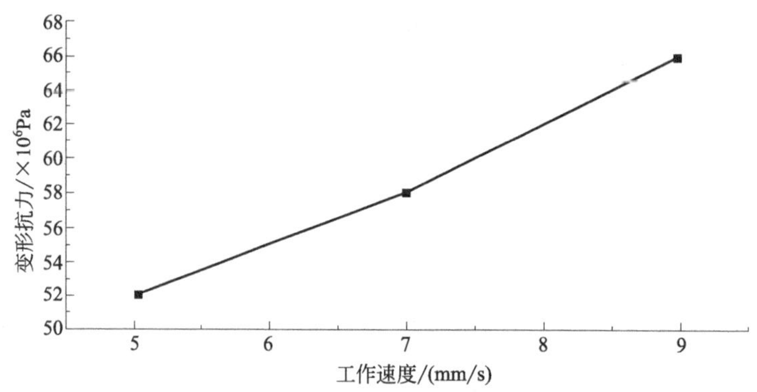

图 3-33　镁合金车轮轮辋模具工作速度与变形抗力的关系

（2）镁合金轮毂的缺点

① 熔炼过程中镁合金烧损严重，同时易产生金属夹杂和非金属夹杂。

② 镁合金极易氧化，表面防护困难。

③ 深加工性较差。

④ 熔炼过程的环境污染。

第八节

汽车方向盘铝合金/镁合金骨架

一、汽车方向盘骨架的设计

汽车方向盘有两辐、三辐、四辐等多种形式，尤其是现代社会，年轻人个性化需求各异，各式各样的方向盘便层出不穷。

汽车方向盘骨架的发展经历了钢制、木质、铝合金及镁合金、碳纤维等过程，见图 3-34。钢制方向盘主要以碳钢为主，碳钢具有高强度和硬度，良好的韧性，作为本体骨架材料，在汽车方向盘骨架的应用上一直占据着主导地位。木质方向盘刚度、强度有一定限制，但手感、视觉较好。铝合金方向盘骨架主要通过压铸一次成形，精度较高，但是铝合金骨架减振系数小，减振性能差。镁合金方向盘骨架密度小、衰减系数高，具有良好的减振、吸噪、阻尼性能，而且可以通过压铸一次成形，只是由于镁的燃点低，加工过程中存在一定的安全隐患。碳纤维方向盘重量较轻、强度高，可通过混合高压浇注一次成形，生产效率高，但是制造成本也高。

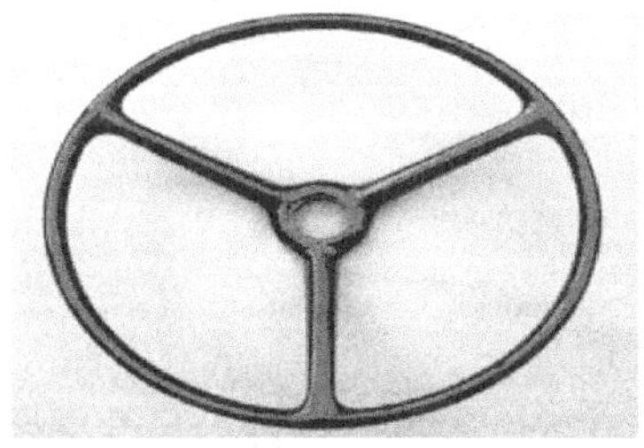

(a) 方向盘钢制骨架

(b) 戴姆勒公司早期生产的木质方向盘

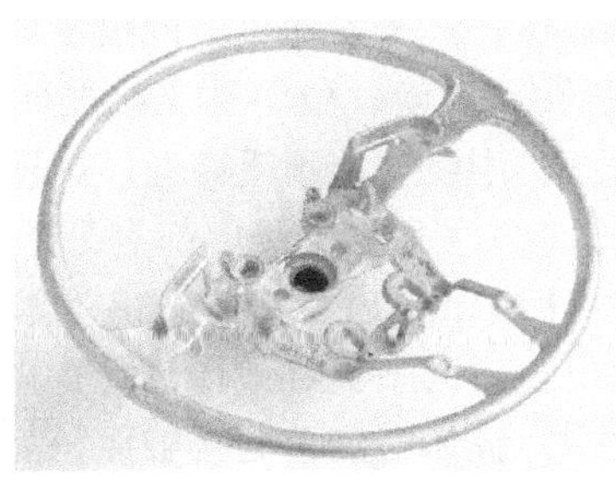

(c) 铝合金/镁合金方向盘圆形骨架压铸成形

(d) 碳纤维方向盘

图 3-34　汽车方向盘

不同材料的汽车方向盘骨架设计时要求也不一样，但都要结合其制造工艺，根据各自的加工工艺特点而设计。钢制骨架需圈圆、焊接。木质骨架一般手工制作，结构不能太复杂。铝、镁合金骨架一般一次压铸成形，设计时结构可以复杂一些，但要考虑压铸的特点及铝、镁合金的流动性。碳纤维骨架是混合高压浇注，设计时要考虑纤维的方向性，以避免强度达不到产品性能的要求。

二、汽车方向盘骨架的分类及制造

汽车方向盘按材质分为钢制、木质、铝合金及镁合金、碳纤维等多种。不同的材质有不同的制造工艺。

钢制方向盘骨架成形工艺是下料、圈圆成形、辐条焊接，制件精度低，不适合大批量生产。

木质方向盘一般手工制成，有的辐条还需选用金属材料加强，生产效率不高，产品一致性较差；方向盘的整体强度也不高，但是木质方向盘却受到一些贵族女性喜爱，也有一定的市场。

铝合金、镁合金方向盘骨架制造工艺是一次性压铸成形，然后修边、清理而成。首先将固态材料熔化成液态（铝：熔点 660.37℃，沸点 2467℃。镁：熔点 648.9℃，沸点 1090℃），然后将熔化好的金属液体注入压铸模具，再将熔化后的金属液体注入电枢形状的模具内。等待压铸完成后，打开模具，等铸件冷却后修边、清理。

碳纤维方向盘通过缠绕、浇注或混合、高压浇注一次性成形等工艺方式生产。

第九节 汽车发动机缸体、缸盖及缸盖罩、机油底壳

一、汽车发动机缸体、缸盖

1. 汽车发动机缸体、缸盖的设计

汽车发动机是汽车整车的核心部件，其主要结构有气缸盖罩、气缸盖、气缸垫、链条室盖、发动机缸体、机油底壳等。

汽车发动机缸体、缸盖是汽车发动机的重要支撑部件，汽车发动机上的很多重要部件都是安装固定在发动机缸体上的，因此发动机缸体的刚性、强度、稳定性、减振性等都很重要。汽车发动机缸体、缸盖设计时一定要有足够的强度、刚度，能承受高温、高压下机械应力和热应力的冲击，且变形小；另外，还要有良好的抗磨性，并保证内部有足够的润滑能力，避免拉缸或咬缸。发动机缸体壁在设计时一般设计成凹形，顶部和下部较厚、中间较薄。因为缸盖上的一部分热量需要通过缸体上部传递出去，为了更好地传热，将缸体上部设计得厚一些，同时，作为支承也减少了该处的应力集中。缸体与缸盖的接触面积为活塞顶面积的 35％～40％。在下部与曲轴箱支承的地方，为了提高强度，避免应力集中，用大的圆弧逐渐加厚支承凸缘。

传统的汽车发动机缸体、缸盖一般都是由铸铁材料制成的，随着汽车轻量化发展的需要，越来越多的汽车发动机采用铝合金、铝镁合金压铸而成，尤其是轿车及中、小型汽车发动机缸体、缸盖一般都采用铝合金材料压铸而成，见图 3-35。对于重型载重汽车发动机来说，由于其曲轴、活塞等部件仍需采用钢质材料且整体较重，发动机缸体、缸盖应用铝合金铸造还有待进一步研究，工艺上还有一定难度。但是也有某些载重汽车厂家研制出铝合金缸盖及缸体直列式六缸机，只是由于材料成本较高等因素，还没有进一步推广。

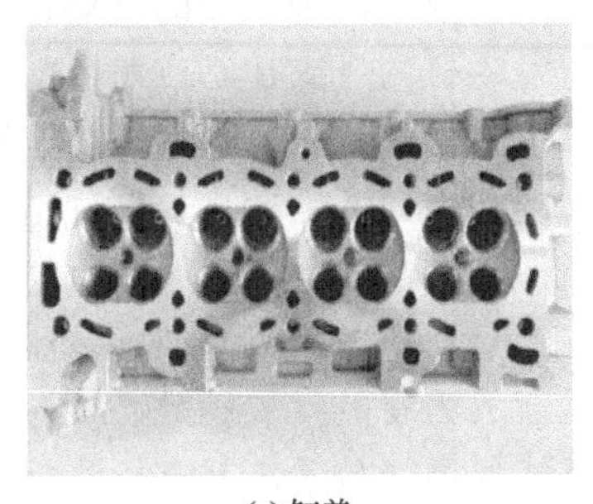

(a) 缸盖

(b) 缸体

图 3-35 轿车发动机铝合金缸盖和缸体

汽车发动机缸体、缸盖上，其众多孔的加工精度、位置精度也是重要的过程特性，设计时一定要满足汽车发动机装配的需求，发动机缸盖与缸体对应，保护安装在发动机缸体内的部件，并起到一定的密封作用，设计时也应保证与缸体对应的精度要求。汽车发动机的缸体、缸盖一般变化不大，除非产品有重大升级换代或排量增加或减少，设计时一定要考虑缸体、缸盖的通用性，一般的变形产品都可通用，这样可以节省制造时的生产成本。一般汽车发动机铸造生产线、压铸生产线自动化程度比较高，汽车发动机缸体、缸盖结构的变化会引起铸造生产线、压铸生产线的重大变更，甚至生产线整体报废，而发动机铸造自动生产线投资需以数亿元资金投入，因此一般要确保发动机缸体、缸盖结构的尺寸变化不大，并保持整体结构稳定性。随着汽车轻量化发展的不断推进，越来越多的企业开始采用铝合金缸体、缸盖，但是缸套仍广泛采用钢质、合金铸铁，或采用铁离子涂层或氮化、表面硬化处理等，以增加缸套的耐磨性、润滑性等。

2. 汽车发动机缸体、缸盖的制造

汽车发动机缸体、缸盖类铸件属于大型铸件，一般都是专业化流水线生产，产品结构较复杂，尺寸精度要求较高，铸造难度也较大，生产工序繁多，传统的铸造工艺，缸体、缸盖生产需要经过造型、制芯、浇注、冷却、落砂、清理、机加工以及热处理等诸多工序。

传统的发动机缸体、缸盖一般选用铸铁材料，并采用砂型铸造。该工艺的特点有：可生产形状任意复杂的制件，特别是内腔形状复杂的制件；适应性强，铸件大小几乎不受限制；材料来源广，废品可重熔，设备投资低；废品率高、制品表面质量较低、工作环境差。

近年来，随着人们对环保、轻量化的要求日益提高，越来越多的轻质材料被用于汽车零部件的生产，如铝合金、铝镁合金等因其具有优秀的特性将是首选材料，现已大批量地应用到包括轿车在内的中、小型汽车发动机的缸体、缸盖的制造上。ZL104 的比强度比铸造碳钢的比强度高约 38%，散热性能好，在汽车发动机缸体、缸盖、进气歧管、轴承座、离合器壳、变速器壳、活塞、汽车车轮等已得到了广泛应用。ZL104 材料性能见表 3-8。

表 3-8 ZL104 材料性能

材料	密度/(g/cm^3)	抗拉强度/MPa	硬度/HB	延伸率/%	比强度/(N·mm/g)
ZL104	2.65	≥280	≥65	≥1.5	1.06×10^5
A356	2.68	≥240	≥100	≥3.0	1.02×10^5
AlSiCu3	2.61	≥240	≥80	≥1.0	1.03×10^5
45 铸造碳钢	7.8	600	≥200	≥10	0.77×10^5

铝合金材质比铸铁的导热性更优秀，因此，使用铝合金缸体和缸盖的发动机在冷却能力上更有优势，对减少燃料的非正常燃烧的概率、提高发动机的压缩比都有积极的意义。

相比传统的铸造，采用压铸方式生产的汽车发动机缸体、缸盖，可缩短工艺路线，提高生产率，具有明显的技术优势和经济优势，铸件的强度和表面硬度较高，制件精度高，节能降耗，占地面积少。压铸生产也有其自身的缺点：压铸一次性投资较高，还存在气孔、缩孔、冷隔、裂纹和夹渣等铸造缺陷。尽管这一生产方式存在一些缺点，但随着压铸工艺水平的不断提高，人们将不断克服，缸体的压铸生产已逐渐成为新的发展趋势。

压铸工艺流程：熔炼至液体金属工艺要求的温度并保温→放置缸套→压注→冷却凝固收缩→机器人取铸件→光电检测渣包→去渣包→打码→冷却→去除浇冒口→探伤→清理（含抛丸等）→铸件。其中，熔炼工序又包括配料→加料→熔化→出铝→去渣→除气检测→转运→保温；要注意先对缸套质量进行检验，检查缸体内径、外径、长度及表面质量是否符合要求，缸套预热温度控制在（130±20)℃；模具也要进行检验，具体包括模具表面质量、模具水路和油路压力表是否正常。模具是否有漏水和渗水现象，模具预热温度要求控制在160～220℃等。现在压铸件一般选择压铸岛生产，布局比较紧凑，便于生产组织。压铸岛的设备主要有：压铸机（吨位从2000t到5000t不等，主要由产品投影面积和增压压力决定）、铝合金熔化炉、模温机、喷涂设备（可采用喷涂机器人）、取件设备（可采用取件机器人）、风冷架或水冷箱（根据不同厂家的要求、经验和缸体的特点而定）、切边机（用于去掉渣包和料道等）、缸套输送带（缸套作为镶嵌件需要用输送带送达相应位置，由机器人放入模具）、探伤设备（在线检测压铸件缺陷）等。

缸体压铸件质量对压射工艺参数的变化非常敏感。速度过快容易造成铸件中的气体增加，过慢则容易造成充填不良现象。压射压力过低，铸件中气孔、缩孔等缺陷增加；压力过高，飞边及毛刺等增加，对模具损害也大。压铸过程中应十分小心调整工艺参数，采取合适的压射速度，确定合理的速度转换位置，让模具型腔中的气体尽量排出，使残余气体在铸件内部呈弥散分布状态，而不至于穿透铸件断面，形成泄漏。此外，应注意及时增压，在凝固之前对铸件进行有效压实。实际上，缸体尺寸大、结构复杂、壁厚差异大，很难选取一个好的工艺规范。通常，缸体压铸的慢压射速度控制在0.2m/s左右，快压射速度控制在3～5m/s；或者填充速度控制在30～50m/s，压力一般不低于70MPa。缸体压铸对压铸温度更为敏感。对于常用合金，金属液的温度要控制在640～680℃，喷涂后模具的温度控制在150～200℃。要使用模具温度机对模具温度进行控制，实际上，模具温度机已成为缸体压铸中不可缺少的辅助设备。同时要设置足够的冷却/加热管道，保证对模具温度的有效控制。推荐采用独立进、出水冷却方式并且可调，冷却水可以按要求流量直接到达要求冷却的部位，充分发挥冷却作用。动、定模温差不能过大，否则容易造成铸件热应力增大，出现开裂现象。

应充分注意合金液质量，避免合金污染，必要时应进行除气和精炼处理。压铸时，真空方法也是缸体压铸的一个有效的质量保证措施，但会增加额外工序及制造成本。目前，许多压铸厂在生产缸体时不采用真空方法，也能压铸出合格产品。

二、汽车发动机缸盖罩、机油底壳

1. 汽车发动机缸盖罩、机油底壳的设计

汽车发动机缸盖罩是盖在发动机缸体上的罩壳，它可以防止外界杂质进入发动机内，同时起到密封的作用，它与缸盖一起形成一个近似密闭空腔，遮盖并密封气缸盖，同时还兼顾将机油与空气隔离、曲轴箱通风、充当机油加注口、作为传感器安装支座等功能。

传统的发动机缸盖罩的制造材料一直都是金属，近年来在轻量化应用的驱使下铝合金、非金属气缸罩的制造技术进步很大，如尼龙（图 3-36）、碳纤维复合材料等在汽车发动机盖罩上的应用也日趋成熟，发动机盖罩采用碳纤维复合材料不仅重量轻，而且便于生产，综合成本低于金属类产品。

另外，在汽车行业轻量化发展过程中，近年来出现的一个明显趋势就是零部件集成设计，气缸盖罩也不例外。通常这种集成包括气缸盖罩和空气滤清器壳体或进气歧管的集成。在一些情况下，空气滤清器壳体也适合集成到气缸盖罩内。由于考虑到更大的组装灵活性和更加简便的加工，空气滤清器可以成为更好的集成选择。如图 3-37 所示是发动机缸盖罩集成设计的案例，即进气歧管与气缸盖罩的集成。

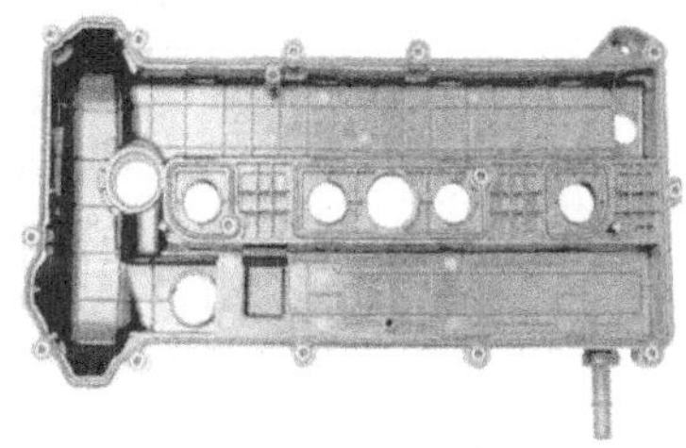

图 3-36　玻璃纤维增强尼龙（PA66）发动机缸盖盖罩

图 3-37　PA66 发动机缸盖罩与空气滤清器进气歧管的集成设计

油底壳是曲轴箱的下半部，又称为下曲轴箱，见图 3-38。作用是封闭曲轴箱作为储油槽的外壳，防止杂质进入，并收集和储存由柴油机各摩擦表面流回的润滑油，散去部分热量，防止润滑油氧化。

传统的油底壳一般是金属的，现在由于汽车轻量化发展的需要，轻金属铝合金及非金属油底壳也逐步成为潮流。

2. 汽车发动机缸盖罩、机油底壳的制造

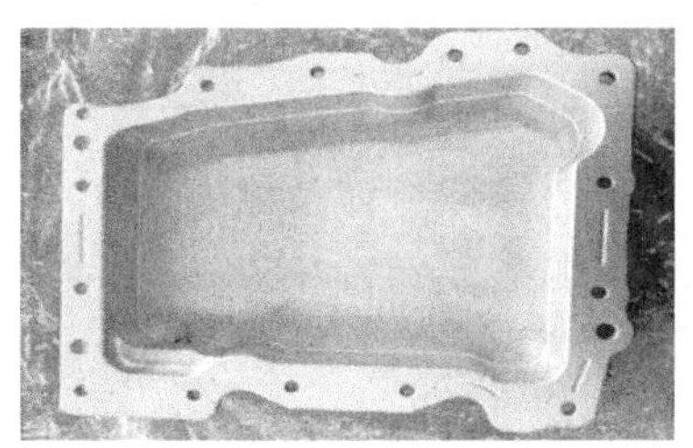

图 3-38　铝合金汽车发动机机油油底壳

发动机缸盖罩的结构相对简单，主要起隔热、装饰的作用，有的发动机盖罩还选用非金属如玻璃钢、尼龙、改性聚碳酸酯等。而发动机机油油底壳结构也不复杂，传统的油底壳多由薄钢板冲压而成，形状较为复杂的一般采用铸铁浇铸成形，现在比较流行铝合金压铸成形，还有一种由玻璃钢模压成形或者尼龙、改性聚碳酸酯等注塑而成。塑料油底壳还可以集成油道、吸油管、机油过滤器、单独的备用油口和防溅板等，进一步减少了空间占用、生产制造费用和装配费用。

第十节

汽车复合材料板簧

传统的汽车板簧一般使用钢板制造，重量大且易磨损。轻质、高质量的板簧一直是汽车行业的重要研究方向。汽车板簧绝大多数采用含碳量中等（0.50%～0.70% C）的各种弹簧

钢，有的还采用低碳马氏体钢制造的汽车板簧。20 世纪 70～80 年代，美国、英国和德国先后开发了复合材料（FRP）板簧，对板簧原材料、结构、成形工艺和设备等进行了深入研究，并把复合材料板簧成功地应用到了重型载货车、轻型车、大型客车和轿车上。复合材料具有重量轻、比强度及比刚度高、耐腐蚀、耐磨损、耐水、减振、隔声、尺寸稳定等特点。复合材料板簧不仅轻量化效果显著，同样尺寸的板簧可实现减重 60%～70%，疲劳寿命可以达到 30 万～60 万次；而且平顺性和噪声衰减性均优于钢板弹簧。“安全断裂”是复合材料板簧另一个主要的固有特点，所谓“安全断裂”就是严重超载时，复合材料板簧将沿长度方向分层开裂，虽导致其刚度降低，但仍可使车轴位置保持不变，因而汽车仍能安全行驶到修理厂。

一、汽车复合材料板簧的设计

汽车板簧是汽车悬架系统的重要承载部件之一，常用的金属板簧已有一套成熟的设计方法、标准及制造工艺，而复合材料结构的板簧由于出现时间较短，在设计时需对材料的选取、成形工艺的可行性、连接方式、性能的各种检测及实验验证等一系列的因素都要考虑在内，设计成本及制造成本都有所升高。

如何保证复合材料板簧具有较高的可靠性，在满足刚度和轻量化的要求之外，另一个需要重点考虑的问题，就是在设计过程中对主体结构、金属连接件及连接方式进行重点关注，在确保连接可靠的同时并能达到轻量化的效果。

设计复合材料板簧时，首先要了解汽车板簧工作状态下的载荷分布及性能参数，作为设计输入参数以确定设计目标值。复合材料性能见表 3-9。

表 3-9　复合材料性能

性能	数值/MPa
X_t 拉伸强度	51～951
X_c 压缩强度	152～798

刚度要求：如某载重汽车在载荷 $P=27528\text{N}$ 工况下，要求弧高变形量为（108±6）mm，刚度为 254.8N/mm；计算位移为 102mm，刚度为 269.9N/mm。实际制造过程中，厚层合板刚度会有较小的下降，因此设计产品的刚度要略大于目标产品的刚度要求。

（1）复合材料板簧主体的结构设计　复合材料板簧一般采用等强度设计，即保证板簧沿轴线各截面具有相同的强度，以此保证板簧具有较轻的重量。通过模型简化，给定设计限定应力，获得板簧厚度、剪应力和位移的结果；经过多轮参数比较，得到相对优化的板簧结构设计结果——单片式、变厚度、等宽度等结构形式。

目前国内外研发的复合材料板簧主体结构有两种：一种是变宽度变厚度的结构，多采用缠绕工艺；另一种是等宽度变厚度的结构，一般采用预浸料模压成形，通过调整各层纤维长度实现厚度变化。

复合材料板簧在设计开发过程中，先根据工厂的设备实际情况，选择板簧主体的结构类型，然后根据其安装尺寸要求确定长度尺寸、中部厚度范围、弧高等参数，最后采用优化迭代计算方法，确定最终的结构尺寸。

在设计复合材料板簧时，要适时运用有限元分析进行结构优化合复合材料板簧静载荷强度校核。复合材料板簧结构优化计算的目的是设计出能满足强度和刚度要求、重量最轻的板簧结构，一般采用优化迭代计算。首先设计板簧的尺寸，选取合适的设计变量，然后再以最小板簧重量为目标函数，以板簧的尺寸参数为设计变量，以板簧强度和刚度为约束条件，建立复合材料板簧的优化数学模型，选定某种特定工况（空载工况、最大静载工况、制动工况和转弯工况等）进行优化计算，最后计算出板簧在最小重量下的最佳尺寸。

下面是对板簧的空载工况、最大静载工况、制动工况和转弯工况进行有限元分析，将计算值与强度许用值进行比较。各种工况下的拉应力分布及计算结果见表 3-10。

表 3-10　各种工况下的拉应力分布及计算结果　　单位：MPa

校核应力	空载	满载	制动	转弯
X 拉应力	253	587	309	366
X 压应力	−253	−486	−313	−393
Y 拉应力	24.6	47.3	29.8	39.2
Y 压应力	−32.3	−62.3	−40.3	−53.4

复合材料板簧是主承载的功能部件，在工作状态下变形量非常大，板簧的应力水平也较高，安全系数较低。在产品制造过程中，当以最小板簧重量为目标函数进行优化，重量的优化效果并不明显时，可以采用最小的板簧最大主应力为目标函数进行优化，这样可以最大限度地提高复合材料板簧的安全系数。

在优化计算得到板簧的结构之后，需要进行空载工况、最大静载工况、制动工况和转弯工况校核，以确保在各种工况下，复合材料板簧的强度能够满足要求。

(2) 复合材料板簧的铺层设计　复合材料产品的性能取决于各独立铺层的方向，由于复合材料板簧是重要的安保功能件，其对于刚度和强度的要求非常高，为了确保复合材料板簧有最大的刚度和强度，要采用全 0°铺层。由于还要实现厚度变化，部分铺层的末端无法延伸到板簧的边缘。因此，需采取措施，将未延伸到板簧边缘的部分铺层应铺在板簧内部（该层要铺在板簧里面，不要在表面），且铺层应成对削减，即在板簧中心面每边各减去一层，最小斜度比应保持在 10∶1。

(3) 复合材料板簧压板结构设计　复合材料与金属直接接触容易引起应力集中和摩擦，从而导致复合材料产品破坏失效。因此，合理的压板结构设计能够大幅度提高复合材料板簧的使用寿命。

(4) 复合材料板簧卷耳连接结构的设计　复合材料板簧是汽车悬架的重要安保件，其卷耳的连接可靠性对汽车整车的行车安全尤为重要。

目前复合材料板簧卷耳主要有两种形式：一种是复合材料卷耳，与板簧主体一体化成形，该结构需要编织纤维后成形，需要严格的形式试验检测数据才可批量生产；另一种是金属卷耳，通过胶接或螺栓连接与板簧主体连接。目前正在使用的复合材料板簧，大多数都是采用金属卷耳，采用螺栓连接和胶接双重连接方式，并对胶接长度、螺栓连接部位进行严格要求，以确保复合材料板簧整车产品具有较高的可靠性。

二、汽车复合材料板簧的制造

板簧制造工艺方法的研究经历了模压法、缠绕法和拉挤法的发展过程。以纤维缠绕成形工艺成形的板簧的特点是强度高、疲劳性能好、产品质量稳定、工艺过程便于控制，但模具结构较复杂、成本较高。拉挤法的特点是可以连续拉制各种形状的板簧，各种成形工艺最终都需模压固定成形。目前主要采用上述几种方法研制复合材料板簧，复合材料板簧的具体成形工艺过程如下。

1. 缠绕工艺

制造板簧的复合材料由连续纤维束和基体材料组成，通过放置纤维束的转动轴不断运动，引导纤维向前和向后，以实现所需要的缠绕角度，纤维方向与板簧的长度方向相一致。为了满足所需要的纤维含量和材料性能要求并控制产品尺寸，必须在加热、加压的条件下进行固化；固化后，板簧两端的底部要进行切割以便于脱模。在缠绕过程中，可以进行纤维的预浸渍或者湿法缠绕。因此，变宽、变厚等截面的板簧适合于纤维缠绕成形。板簧缠绕工艺流程见图 3-39。

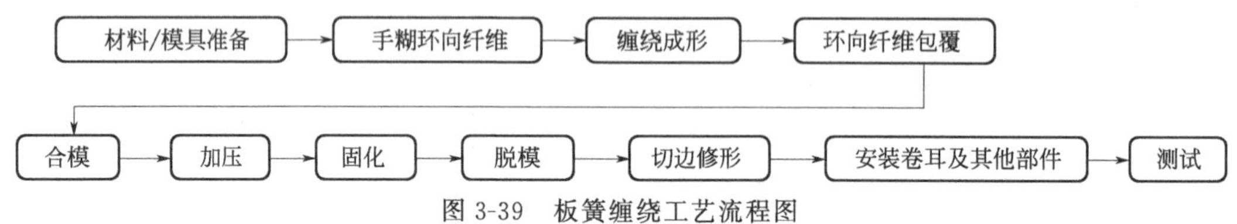

图 3-39　板簧缠绕工艺流程图

2. 拉挤工艺

拉挤工艺通常使用聚酯树脂，聚酯树脂的拉挤速率比环氧树脂拉挤速率快。拉出的连续的、浸渍树脂的纤维通过加热快速固化，当板簧固化程度达到 90%时，重新塑型的改变量就会很小。只要板簧中的纤维含量恒定，应用合适的模具就可以生产出形状或弧度变化的板簧。

3. 层压工艺

复合材料板簧层压工艺，也称为模压工艺，该工艺需要将预浸料切成预定形状并放进模具中，在加热的双面金属模具中进行预浸料的模压成形。厚度渐变的板簧可以通过叠放不同长度的预浸料来实现，叠放预浸料的过程可以手工完成，也可以通过预设定切割和叠放一系列程序的机器自动完成；该工艺生产效率较高，制品尺寸精确，表面光洁度好，产品一次成形，生产成本低，容易实现机械化和自动化，比缠绕工艺更容易实现规模批量生产，在生产实际中较常采用。

板簧层压成形工艺过程如下。

（1）预浸料的下料　按图纸下料，铺层的角度有 0°、90°、+45°、−45°。

（2）预浸料的铺放　将预浸料分组铺覆在模具的下模中，再采用辊筒将预浸料预压实。

（3）合模　将上模与铺完预浸料的下模进行合模，检查合模间隙，直至模具两边均匀。

（4）固化　模具开始升温，当温度升至 90～95℃，保温 1～1.5h 后，开始加压 0.5～0.6MPa；最后将温度升至 120～125℃，保温 2～3h；保持压力开始降温，直至模具达到 45℃以下。

（5）脱模　通过模具的顶出螺栓将固化后的板簧顶出模具，打去边缘的飞边。

三、复合材料板簧的发展方向

复合材料板簧在汽车工业中的应用日益广泛，新技术、新材料、新工艺的问世层出不穷，主要表现在以下几个方面。

（1）新结构应用　围绕节能、轻量化并结合新能源汽车悬架特点，加快开发诸如汽车后悬架横置板簧、金属-复合材料板簧等新结构设计应用技术。

(2) 板簧悬架功能拓展　在满足悬架基本承载功能要求的前提下，开发具有隔声降噪功能 NVH 高分子材料及其应用技术。

(3) 新材料应用　在目前材料体系（环氧树脂＋玻璃纤维，聚酯树脂＋玻璃纤维）基础上，考虑环保、可回收等法规要求的热塑性复合材料、天然玄武岩纤维复合材料，考虑更高承载性能要求的碳纤维复合材料技术。

(4) 先进制造技术　以 HP-RTM（高压树脂传递模塑成形）、CNC（数控加工）加工代表的先进成形制造技术，可满足未来汽车用板簧悬架开发需求。

(5) 完善标准体系　制定出在实验室条件下所采用的具体实验方法和要达到的目标值，完善各类复合材料板簧的实验方法，如刚度、强度、疲劳性能、最大承载力及永久变形等。

第十一节

汽车高强度传动轴总成

传动轴总成是汽车传动系统中传递动力的重要部件，它的作用是将来自发动机、变速器的输出动力可靠地传递给驱动桥及车轮，使汽车产生驱动力，并且当变速器输出轴与驱动桥输入轴之间的轴距和交角发生变化时，也能等速、可靠地把转矩传递给各驱动桥、驱动车轮，并保证车辆的正常行驶。商用汽车的传动轴总成一般都由钢管、滑动叉（也称花键接头/花键叉）、花键套、密封圈、凸缘、连接盘、十字轴万向节等组成，长一些的传动轴还需中间支撑（中间吊架），见图 3-40 和图 3-41。

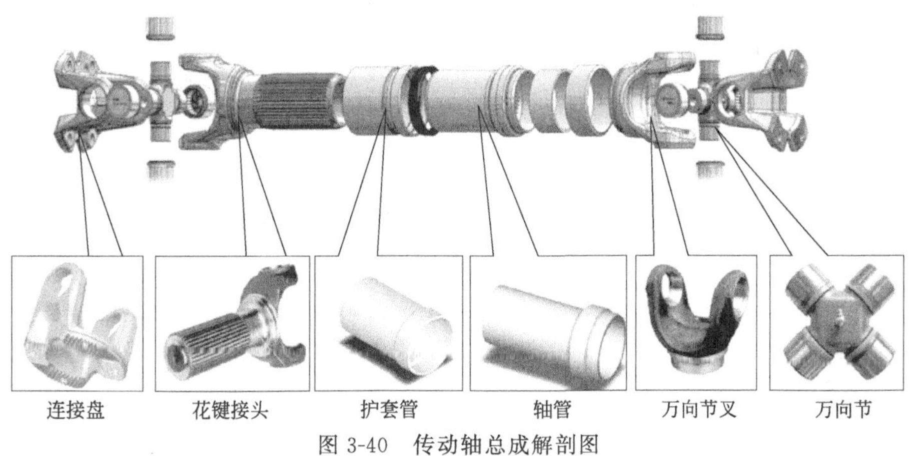

图 3-40　传动轴总成解剖图

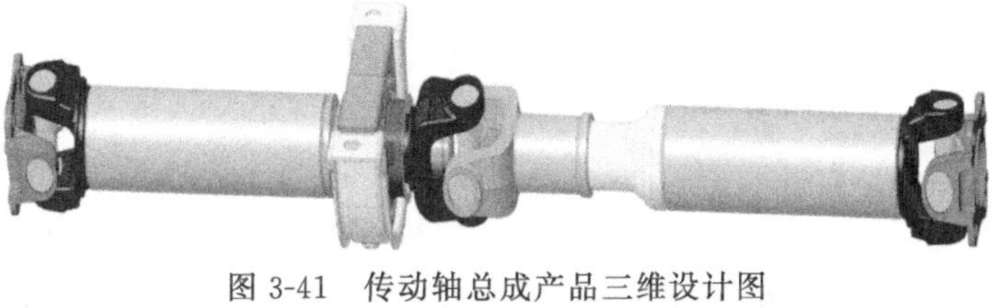

图 3-41　传动轴总成产品三维设计图

一、汽车传动轴总成产品的设计

1. 传动轴总成的重要性

① 连接传递动力的两个部件间的距离较大，且不在同一轴线上。

② 连接既要传递动力，夹角又要变化的两轴。

③ 连接理论上在同一轴线但实际上可能不在同一轴线上的两根轴。

2. 在商用汽车上传动轴总成的安装位置

传动轴总成在商用汽车底盘上主要安装位置及连接部件见图 3-42 和图 3-43。

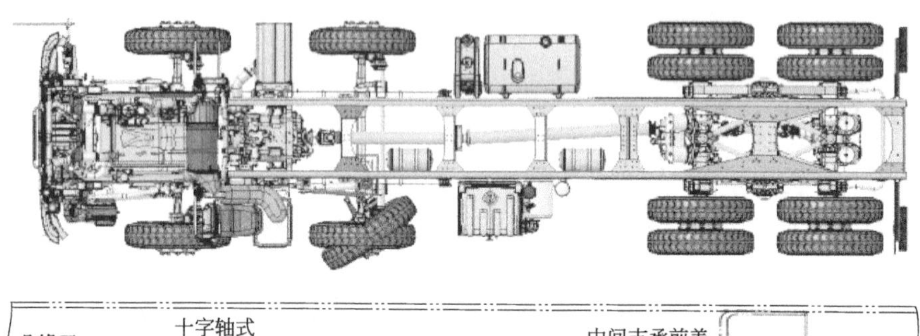

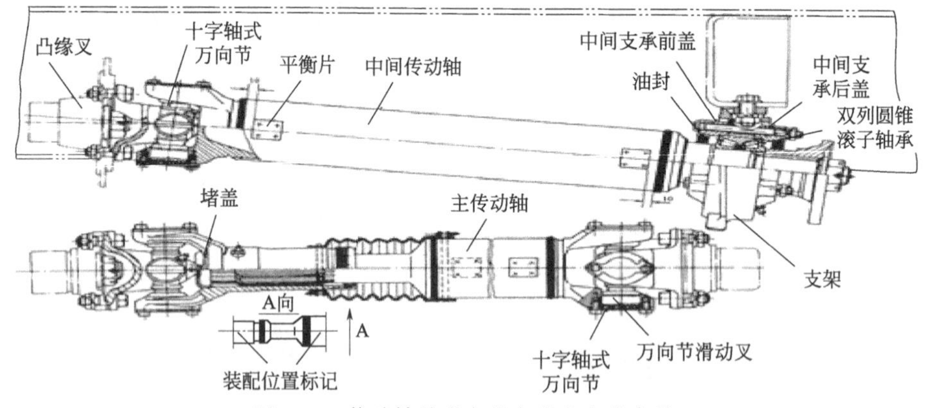

图 3-42　传动轴总成在整车底盘上的布局

3. 传动轴总成的临界转速

在确定传动轴轴管尺寸和总成长度时，必须保证传动轴有足够的强度和足够的临界转速，以便传动轴在低速大扭矩和高速行驶时都能可靠地工作。

实际生产的传动轴不可能绝对平衡，高速转动时，传动轴质量偏心产生的离心力会引起传动轴的弯曲振动。当传动轴的工作转速接近于其弯曲振动固有频率时，即出现共振现象，以致振幅急剧增加而引起传动轴弯曲折断，此时的转速称为传动轴的临界转速。临界转速的计算公式如下。

图 3-43　传动轴总成在整车底盘上连接的相关部件

$$n_k = 1.2 \times 10^8 \frac{\sqrt{D^2 + d^2}}{L^2}$$

式中，D、d 为传动轴的轴管外径和内径，mm；L 为传动轴总成的长度（万向节中心距离)，mm。

由于计算临界转速的公式是近似的，另外传动轴使用中的磨损、平衡的破坏等，都会使传动轴的临界转速下降，因此设计传动轴时，为安全起见，要使传动轴的最高转速小于 $0.7n_k$。

4. 传动轴额定载荷的确定

汽车在使用过程中，传动轴总成会出现各种耗损，尤其是轴距长的重型载货汽车，传动轴由多节组成，工作条件恶劣，润滑条件差，行驶在不良的道路上，冲击载荷的峰值往往会大大超过正常值，以致造成传动轴的弯曲、扭转和严重磨损，产生振动、异响、烧蚀等故障，从而破坏传动轴总成的动平衡特性、速度特性，传动效率降低，使万向传动装置技术状况变差，影响汽车的动力性和经济性。

传动轴的额定载荷是根据车型的配置参数计算出来的。先按发动机最大扭矩计算，再按车轮的最大附着力计算，取两者中的小值作为额定扭矩。

(1) 按发动机最大扭矩计算

$$M_g=\frac{M_{e_{max}}i_{k_1}i_{p_1}}{n}$$

式中，M_g 为按发动机最大扭矩计算时传动轴承受的扭矩，N·m；$M_{e_{max}}$ 为发动机最大扭矩，N·m；i_{k_1} 为变速器一挡速比；i_{p_1} 为分动箱低挡速比；n 为使用分动器低挡时的驱动轴数目。

(2) 按车轮最大附着力计算

$$M_{\phi_{max}}=Gr_k\frac{\psi}{i_0}$$

式中，$M_{\phi_{max}}$ 为按附着力计算时传动轴承受的扭矩，N·m；G 为满载时驱动轴上的载荷，N；r_k 为车轮的滚动半径，m；ψ 为轮胎与地面的附着系数（在良好的沥青路面上取0.8)；i_0 为减速器速比。

5. 传动轴系统当量夹角的计算

传动轴总成在整车底盘上安装位置及原理见图 3-44。

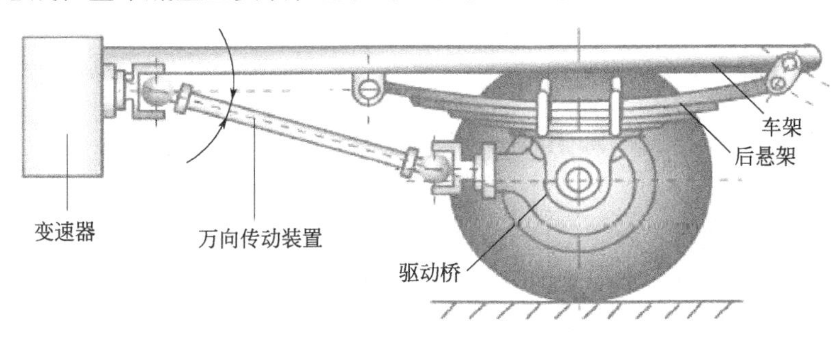

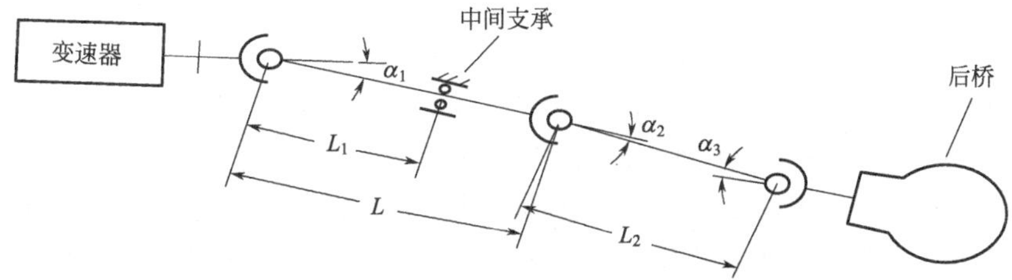

图 3-44 传动轴总成在整车底盘上安装位置及原理

假如多万向节传动的各轴轴线均在同一平面，且各传动轴两端万向节叉平面之间的夹角为0°或90°，则当量夹角 α_e 为

$$\alpha_e=\sqrt{|\alpha_1^2 \pm \alpha_2^2 \pm \alpha_3^2|}$$

式中，α_1、α_2、α_3 为各万向节的夹角。正负号是这样规定的：当第一万向节的主动叉处在各轴轴线所在的平面内，在其余的万向节中，如果其主动叉与此平面重合定义为正；反之，定义为负。

为使多万向节传动的输出轴与输入轴等速旋转，应使 $\alpha_e=0$。

在设计多万向节传动时，总是希望其当量夹角尽可能小，一般设计时应使空载和满载两种工况下的 α_e 不大于3°，这只是一种理想化的状态，实际生产中应确保中间传动轴两端的万向节叉在同一平面内，且传动轴两轴的交角要控制在≤5°，特种车辆和低速车辆也要控制在≤12°。

6. 十字轴万向节的设计计算

十字轴万向节总成由主动叉、十字轴、滚针轴承、油封、套筒、轴承盖以及被动叉组成，见图3-45。其工作原理为：主动叉受到转矩驱动旋转带动十字轴运动，在十字轴的物理特性下改变旋转轴向，驱动被动叉旋转，由此改变旋转方向。十字轴是万向节的核心部件，也是万向轴主要的受力部件，它的结构、尺寸以及材料性能决定了万向节的性能，见图3-46。

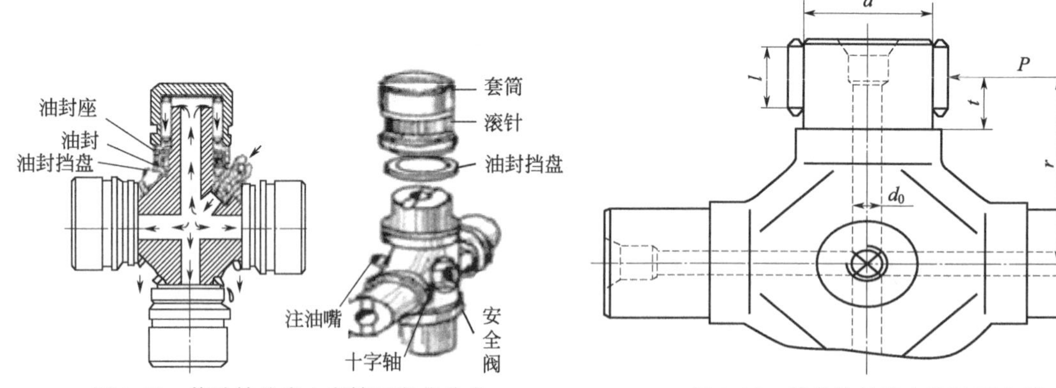

图3-45 传动轴总成十字轴万向节总成

图3-46 传动轴总成十字轴万向节

单个普通十字轴万向节是一种不等速万向节，其特点是当主动轴与从动轴之间有夹角时，不能进行等速传递，使主、从动轴的角速度周期性地不相等，而合理采用双十字轴万向节传动的设计方案可以实现等速传递。主、从动轴的角速度在两轴之间的夹角变动时仍然相等的万向节，称为等角速度万向节或等速万向节，准等速万向节是一种近似等速万向节，可以通过分度机构等部件实现主、从动轴之间的近似等速传递。

为了防止十字轴轴向窜动和发热，保证在任何工况下十字轴的端隙始终为零，有的结构在十字轴轴端与轴承碗之间加装端面止推滚针或滚柱轴承。

万向节在工作中承受着较大的转矩和交变载荷，其主要损坏形式是十字轴轴颈和滚针轴承的磨损、十字轴轴颈和滚针轴承碗工作面的压痕与剥落。通常认为当磨损或压痕超过0.25mm时，十字轴万向节就必须报废并更换。为了提高其使用寿命，常用包括润滑组合式密封要求。装置在内的多种设计方案，以用来润滑和保护十字轴轴颈与滚针轴承。

传统的毛毡油封由于漏油多，防尘、防水效果差，加注润滑油时，在个别滚针轴承中可

能出现空气阻塞而造成缺油，已不能满足需要。轿车常在装配时就封入润滑脂以减少车辆的润滑点，且采用密封效果较好的双刃口或多刃口橡胶油封。

滚针轴承中滚针直径的公差、轴承的径向间隙和周向总间隙应控制在合理范围内，避免由于间隙过大使受载的滚针数减少及滚针倾斜，或由于间隙过小引起受热卡死现象，以保证载荷分配的均匀性和正常工作。

单十字轴万向节两轴的夹角不宜过大，否则会严重缩短滚针轴承的使用寿命。当夹角由4°增至16°时，万向节中滚针轴承的寿命将下降为原来的1/4。

十字轴万向节失效形式主要有十字轴轴颈和滚针轴承的磨损，十字轴轴颈和滚针轴承工作表面的压痕与剥落，及轴颈根部处的断裂。当磨损和压痕超过0.25mm时十字轴和滚针轴承应报废。在设计万向节时，应保证十字轴有足够的抗弯强度和磨损寿命。十字轴危险断面大都发生在轴颈根部。

轴颈根部的弯曲应力σ为

$$\sigma_1=\frac{32dPt}{\pi(d^4-d_0^4)}\leqslant 350\text{MPa}$$

轴颈根部的剪切应力τ为

$$\tau=\frac{4P}{\pi(d^2-d_0^2)}\leqslant 120\text{MPa}$$

十字轴轴颈的接触应力σ_2为

$$\sigma_2=272\sqrt{\left(\frac{1}{d}+\frac{1}{d_z}\right)\times\frac{Q}{l}}\leqslant 3200\text{MPa}$$

式中，d为十字轴轴颈直径，mm；d_0为十字轴油孔直径，mm；t为轴颈危险断面至滚针中心距离，mm；d_z为滚针直径，mm；P为作用在十字轴轴颈上的力（$P=M_{max}/2r$），N；Q为每个滚针所承受的最大载荷（$Q=4.6P/i_z$），N。

7. 轴管的设计计算

轴管的扭转应力为

$$\tau_{max}=\frac{16DM_{max}}{\pi(D^4-d^4)}\leqslant 120\text{MPa}$$

式中，D为轴管外径，mm；d为轴管内径，mm。计算轴管扭转应力时，安全系数一般按1.5～2.0来确定。

8. 花键的设计计算

花键轴的扭转应力为

$$\tau=\frac{16M_{max}}{\pi d^3}\leqslant 300\text{MPa}$$

花键齿侧的挤压应力为

$$\sigma_{挤}=\frac{8M_{max}}{(D_1^2-D_2^2)Ln}$$

式中，D_1为花键轴花键大径，mm；D_2为花键孔花键小径，mm；d为花键轴小径，mm；n为花键齿数；L为花键啮合长度，mm。

计算花键轴的扭转应力时，安全系数一般按2～3来确定。对于齿面硬度大于35HRC的滑动花键，齿侧许用挤压应力为25～50MPa，对于不滑动花键，齿侧许用挤压应力为

50～100MPa。

渐开线花键应力的计算方法与矩形花键相似，只是计算的作用面是按其工作面投影进行的。

9. 传动轴连接螺栓的计算

连接螺栓的强度校核如下。(注：该计算公式为导颈螺栓连接方式的计算公式)。

拉应力
$$\sigma=\frac{4P}{\pi d^2}$$

剪切应力
$$\tau=\frac{4M_{\max}}{\pi n r d^2}$$

挤压应力
$$\sigma_{挤}=\frac{M_{\max}}{nrdL}$$

式中，n 为螺栓数量；d 为螺栓小径，mm；L 为突缘叉法兰厚度，mm；r 为突缘叉螺栓分布圆半径，mm；P 为每个螺栓承受的拉力（$P=M_{\max}f/nr$），N；f 为花键副的摩擦系数，校核计算时，螺栓的安全系数不能低于 3。

10. 中间吊架的计算

中间吊架的固有频率可按下式计算。

$$f_0=\frac{1}{2\pi}\sqrt{\frac{C_R}{M}}$$

式中，f_0 为中间支承的固有频率，Hz；C_R 为中间支承橡胶元件的径向刚度，N/mm；M 为中间支承的悬置质量，kg，它等于传动轴落在中间支承上的一部分质量与中间支承轴承及其座所受重量之和。

在设计中间支承时，应合理选择橡胶弹性元件的径向刚度，使固有频率对应的临界转速 $n=60f_0$ 尽可能低于传动轴的常用转速范围，以免共振，保证良好的隔振效果。传动轴共振有一阶共振、二阶共振和三阶共振，见图 3-47。

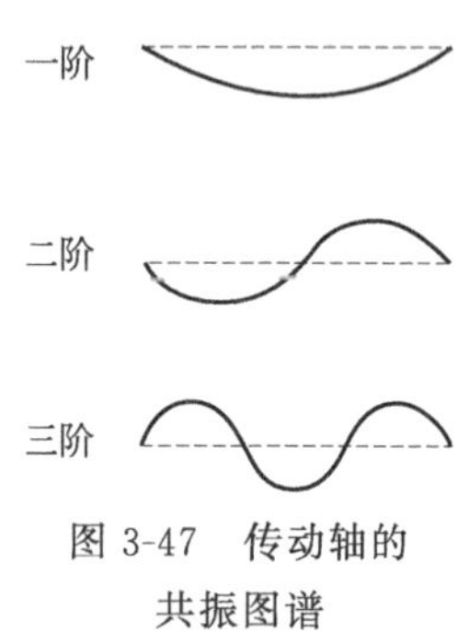

图 3-47　传动轴的共振图谱

传动轴的谐振：单根传动轴的谐振频率比较高，从激振试验的测试结果看，一阶振动频率就是设计计算中得出的临界转速，一般高出传动轴工作转速 1.5 倍以上，二阶、三阶则更高，都不在工作转速范围内，所以分析单根传动轴没有实际意义。两根传动轴及中间支承系统，通常有两个在传动轴工作转速范围的谐振频率，一阶振动频率为 20～30Hz，二阶振动频率为 40～50Hz，需要采取一定技术措施，防止严重的振动和噪声出现。至于三根传动轴及两根中间支承系统，情况更复杂。模态分析方法如下。

(1) 试验分析法　即用激振器给传动轴系统输入一个激振力，频率从低缓慢增加，测出谐振频率一阶、二阶、三阶，然后将激振器固定在谐振频率，多点测量振幅，画出振型曲线。这是基本的方法，结果可靠可信，但比较费事。

(2) 计算机模态分析法　有模态分析软件，并建成传动轴系统数学模型，合理确定边界约束条件，就可以进行实际系统的模态分析。它的优点是方便快捷，但结果的可信度决定于软件水平、数学模型仿真程度、边界约束条件合理性。传动轴模态分析系统的建立，应通过多次实验验证方可使用。

为了防止传动轴总成因工作在谐振状态而发生严重振动，在传动轴总成设计中运用模态分析的结果，可以获得显著的效果。把传动轴支承设置在振型的节点（即振幅为零的点），可以防止振动通过支承传到驾驶室。传动轴系统的一阶谐振往往是由支承频率决定的，降低支承的固有频率可以显著降低传动轴系统一阶振动，改善传动轴的工作性能。

11. 传动轴许用不平衡量的计算

例：某传动轴质量为 20kg，最高使用转速 3000r/min，平衡精度为 G40，求许用不平衡量 U_{per}。

平衡精度 $$G=\frac{e_{per}\omega}{1000}$$

许用不平衡度 $$e_{per}=\frac{U_{per}}{M}$$

式中，U_{per} 为许用不平衡量，g·mm；M 为传动轴质量，$M=20$kg；ω 为角速度，rad/s；$G=40$mm/s；$\omega=2\pi n/60=2\pi\times3000/60$(rad/s)；$n=3000$r/min。

（1）用计算法求许用不平衡量

$$G=\frac{e_{per}\omega}{1000}=\frac{U_{per}\omega}{1000M}$$

$$U_{per}=\frac{1000GM}{\omega}$$

$$=\frac{1000\times40\times20\times60}{2\pi\times3000}\approx2548(\mathrm{g\cdot mm})$$

每端允许使用不平衡量：2548/2=1274（g·mm）。

（2）用查曲线法求许用不平衡量　在 $n=3000$r/min 与 G40 的交点上查得对应值如下。

$$e_{per}\approx130\mu\mathrm{m}=0.13\mathrm{mm}$$

$$e_{per}=\frac{U_{per}}{M}$$

$$U_{per}=e_{per}M$$

$$=0.13\times20\times1000=2600(\mathrm{g\cdot mm})$$

每端允许使用不平衡量：2600/2=1300(g·mm)。

12. 传动轴台架试验

对于新开发的传动轴产品，需要做验证试验。对于目前生产的产品，需要每年做形式试验，以检验产品质量的稳定性。

常规试验项目如下。

① 静扭转强度试验，传动轴总成的安全系数不低于 2。

② 扭转疲劳试验，寿命不低于 30 万次。

③ 滑动花键副磨损寿命试验，寿命不低于 15 万次。

④ 万向节磨损寿命试验，寿命不低于 50h。

⑤ 冲击强度试验，当重锤在 1.25m 高度自由落下后，传动轴应无断裂损坏现象。重锤重量根据下式计算。

$$G=0.49\frac{M}{L}$$

式中，G 为重锤重量，N；M 为传动轴额定扭矩，N·m；L 为横臂长度，m。

⑥ 传动轴和传动轴系统的临界转速试验。

二、高强度轴管的传动轴总成

传动轴总成的轻量化，就是在保证传动轴总成的强度和安全性能的前提下，尽可能地从一个方面降低汽车的整备质量，从而提高汽车的动力性，减少燃料消耗，降低排气污染。实验证明，若汽车整车重量降低 10%，燃油效率可提高 6%～8%；汽车整备质量每减少 100kg，100km 油耗可降低 0.3～0.6L；汽车重量降低 1%，油耗可降低 0.7%。对于重型载货汽车，整车整备质量的降低就意味着承载质量的提高，从而增加汽车运营效益。

实现传动轴总成轻量化的途径有很多种，但目前最主要的措施是采用轻质钢铁材料。而钢铁是在汽车生产上使用最多的材料，要达到轻量化的目的，在保证工艺性能的前提下提高强度是最有效的手段。因此，越来越多的高强度钢用于汽车各零部件总成的制造。

1. 传动轴用高强度钢管

传动轴作为汽车传动系统中的重要总成之一，其最主要的技术性能要求是最小破坏扭矩。而轴管作为传动轴总成的“薄弱”环节往往是制约这一性能的关键因素。为了满足动辄 40000～50000N·m 的最小破坏扭矩，普通的传动轴轴管只能加大钢管的外径和壁厚来提高扭矩值，但随之而来的是重量的大幅增加，这恰恰与传动轴总成轻量化的理念背道而驰。

以屈服强度为 700MPa 级的高强度钢管替代原来 480MPa 级钢管。两种强度级别的不同规格钢管主要性能见表 3-11。

表 3-11　两种强度级别的不同规格钢管主要性能

屈服强度级别/MPa	轴管规格	理论屈服扭矩/(N·m)
480	ϕ120×6	33500
	ϕ120×8	42500
700	ϕ120×4	34300
	ϕ134×4	43300

(1) 化学成分分析　以牌号为 ZQS700Z 汽车用高强度热连轧结构钢，其化学成分见表 3-12。

表 3-12　以牌号为 ZQS700Z 汽车用高强度热连轧结构钢的化学成分

项目	C	Si	Mn	P	S	Al	Nb	V	Ti	Mo
标准值	≤0.12	≤0.20	≤2.10	≤0.025	≤0.010	≥0.015	≤0.09	≤0.20	≤0.15	≤0.50
实测值	0.06	0.15	1.85	0.012	0.007	0.02	0.058	0.04	0.12	0.13

由化学成分分析可知，这种热轧高强度钢通过低碳低合金设计降低了钢的碳当量和焊接裂纹敏感系数，在保证力学性能的前提下获得良好的可焊接性，为后续传动轴轴管与其他零件的焊接加工步骤提供了保障。

(2) 工艺性能

① 压扁试验。按照标准《传动轴用电焊钢管》(YB/T 5209)，对高强度钢管进行压扁试验。截取钢管长度为 30mm，试验设备为 60t 万能试验机，加载速度为 20mm/min，焊缝位置为垂直于加载方向。

如图 3-48 所示为压扁后的 ϕ120×4 高强度钢管。根据钢管壁厚，施压平板间距离为 $D/3$（外径），即 40mm。压扁后钢管焊缝及其他位置没有出现可见裂纹。

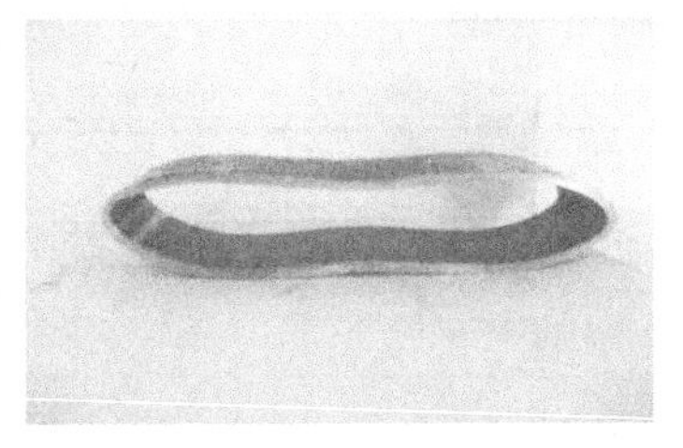

(a) 压扁内部

(b) 压扁外部

图 3-48 压扁后的 ϕ120×4 高强度钢管

② 扩口试验。按照标准《传动轴用电焊钢管》（YB/T 5209），对高强度钢管进行扩口试验。截取钢管长度为 150mm，试验设备为 60t 万能试验机，加载速度为 20mm/min，顶芯锥度为 60°。

如图 3-49 所示为扩口后的 ϕ120×4 高强度钢管。根据钢管壁厚，外径扩口率为 8%，即扩口后外径为 ϕ132mm。扩口后钢管没有出现裂纹、裂口及焊缝开裂。

图 3-49 扩口后的 ϕ120×4 高强度钢管

试验结果显示，ZQS700Z 高强度钢管的工艺性能良好，为后续传动轴生产中的压装、调校直工序提供了可靠保障。

(3) 力学性能 根据技术要求，ZQS700Z 高强度钢力学性能应达到表 3-13 中的标准。

表 3-13 ZQS700Z 高强度钢力学性能标准

牌号	屈服强度/MPa	抗拉强度/MPa	延伸率/%
ZQS700Z	≥700	750～900	≥13

在高强度钢管上截取标距为 50mm 的试样进行拉伸试验。试验设备为 60t 万能试验机，加载速率不超过 20mm/min，得到典型力学性能试验数据，见表 3-14。

表 3-14 典型力学性能试验数据

序号	抗拉强度 σ_b/MPa	屈服强度 $\sigma_{0.2}$/MPa	断后延伸率/%	断后收缩率/%
1	868	756	16	42
2	869	731	17	43
3	883	821	16	42

对应拉伸试验曲线如图 3-50 所示。由试验数据可得，ZQS700Z 高强度钢管力学性能优异，为小管径、薄壁厚钢管满足较大静扭矩值提供了可靠保障。

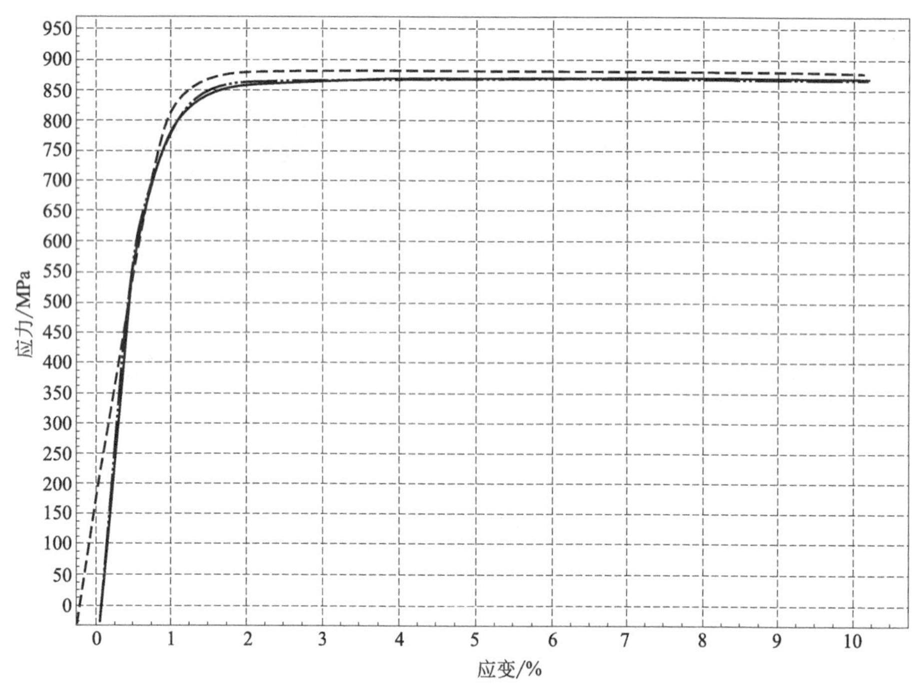

图 3-50　ZQS700Z 高强度钢拉伸试验曲线图

（4）静扭性能　静扭矩值作为传动轴总成最主要的技术性能，重型载货汽车对其有较高的要求。表 3-15 是两种规格传动轴扭矩技术要求。

表 3-15　两种规格传动轴扭矩技术要求

传动轴规格系列	工作扭矩/(N·m)	最小破坏扭矩/(N·m)
轻量化系列	17000	32000
1531 系列	23000	42000

早期采用屈服强度 480MPa 级的钢管，钢管规格需达到 $\phi120\times6$ 及 $\phi120\times8$ 才能基本满足扭矩要求。而采用 700MPa 级高强度钢管，其静扭性能大幅提高。

分别截取 $\phi120\times4$ 及 $\phi134\times4$ 高强度钢管 1000mm 制成静扭试样，进行钢管静扭试验。试验设备为 80000N·m 静扭试验机，加载速度为 2°/min。典型静扭性能见表 3-16。

表 3-16　典型静扭性能

轴管规格	屈服扭矩 $T_{p0.3}$/(N·m)	最大扭矩 T_b/(N·m)
$\phi120\times4$	35400	37500
$\phi134\times4$	44500	46800

其对应典型静扭曲线如图 3-51 所示。

由试验数据可得，ZQS700Z 高强度钢管静扭性能优异，$\phi120\times4$ 及 $\phi134\times4$ 规格钢管完全满足两种传动轴的最小破坏扭矩要求。

（5）试验效果　据试验数据显示，ZQS700Z 高强度钢管各项性能指标完全优于原来使用的 480MPa 级钢管，且减重效益明显。表 3-17 为两种强度级别钢管不同规格质量对比。

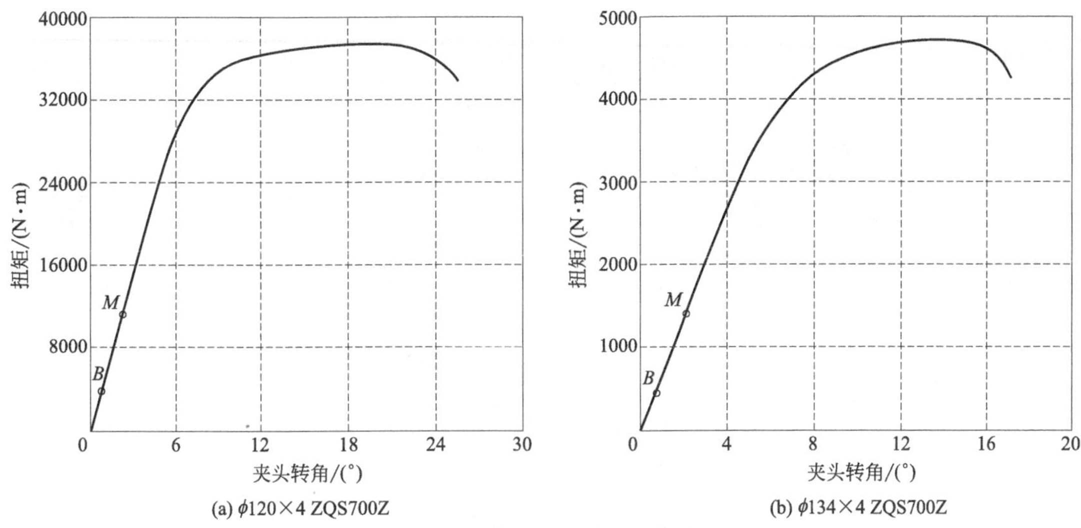

图 3-51　高强度钢管静扭曲线

表 3-17　两种强度级别钢管不同规格质量对比

强度级别	钢管规格	重量/(kg/m)	减重/%
480MPa	ϕ120×6	16.86	—
	ϕ120×8	22.09	—
700MPa	ϕ120×4	11.44	32(与 ϕ120×6 相比)
	ϕ134×4	12.82	42(与 ϕ120×8 相比)

由此可见，高强度钢管在传动轴总成上的应用，不仅提高了传动轴总成抗扭技术性能，同时大大降低总成重量，一定程度上实现了传动轴总成及整车轻量化设计的目标。

2. 另一种传动轴用高强度钢管

汽车传动轴轴管通过采用超纯净化及超细晶化技术，使其含碳量为 0.06%～0.09%，锰含量为 0.06%～0.09%，并具备极高的屈服强度和良好的韧性，抗拉强度可达到 750～950MPa，屈服强度在 700MPa 以上。因此，保证其在相同力学性能或超过其性能的前提下，传动轴轴管壁厚可以减薄，传动轴总成整体减重效果显著。普通级与高强度级汽车传动轴轴管力学性能对比，具体见表 3-18。

表 3-18　普通级与高强度级汽车传动轴轴管力学性能对比

钢号	规格	抗拉强度/MPa	屈服强度/MPa	延伸率/%	屈服扭矩/(N·m)
B480QZR	ϕ120×6	584	547	27	38274
		575	560	26	39183
		552	511	27	35755
	平均	570	539	27	37714
	ϕ120×8	588	568	26	50370
		571	557	25	49395
		559	529	24	46912
	平均	573	551	25	48863

续表

钢号	规格	抗拉强度/MPa	屈服强度/MPa	延伸率/%	屈服扭矩/(N·m)
B480QZR	ϕ108×7	578	549	25	34702
		564	528	27	33375
		558	519	26	32806
	平均	567	532	26	33628
	ϕ140×8	581	547	27	67981
		562	519	28	64501
		553	504	27	62637
	平均	565	523	27	64998
ZQS700Z	ϕ134×4	768	729	20	45081
		775	746	18	46133
		812	788	17	48730
	平均	785	754	18.3	46627
	ϕ120×4	819	765	19	37324
		826	805	15	39276
		830	774	16.5	37763
	平均	816	781	16.8	38121
	ϕ133×5	848	815	17	60620
		819	795	16	59132
		835	817	15	60768
	平均	834	809	16	60173
	ϕ120×4	903	838	18	41121
		928	900	17	44163
		869	850	20	39501
	平均	900	848	18.3	41611
	ϕ140×5	886	860	16	71285
		867	810	18	67141
		891	863	18	71534
	平均	881	844	17.3	69959
	ϕ133×5	913	893	18	66421
		875	845	20	62851
		927	898	16	66793
	平均	905	879	18	65355

以上数据表明，普通传动轴轴管和高强度传动轴轴管在传递相同扭矩的情况下，传动轴轴管可以在原设计轴管壁厚的基础上减薄30%以上，即ϕ120×6，用B480QZR材质的传动

轴轴管可以用 ϕ120×4 B700QZR 材质或 ϕ120×4 ZQS700Z 材质代替。ϕ108×7 B480QZR 材质的传动轴轴管可以用 ϕ120×4 B700QZR 代替。ϕ140×8 B480QZR 材质的传动轴轴管可以用 ϕ140×5 或 ϕ133×5 ZQS700Z 材质代替。ϕ120×8 B480QZR 材质的传动轴轴管可以用 ϕ133×5 B700QZR 材质代替。这样将充分挖掘汽车零部件的减重和轻量化潜力。汽车传动轴高强度轴管现状及技术指标对比见表 3-19。

表 3-19　汽车传动轴高强度轴管现状及技术指标对比

内容	发达国家现状	国内现状
使用状况	ERW 高强度传动轴管使用比例已达 90%以上	一般强度传动轴管(即屈服强度≤500MPa)国内可以生产,但是屈服强度高于 480～700MPa 的高强度汽车传动轴管目前国内生产厂家极少
生产工艺中所用设备与检测手段	先进的成形定径设备、高效高频设备、中频常化处理、无损检测(超声波、涡流、磁粉探伤)	从国外引进技术,已具备与国外同类企业同等水平的生产设备和检测仪器仪表等
钢管的力学性能	目前只有日本、德国、美国等发达国家可以生产 ERW 高强度传动轴管	由于原材料的屈服强度≥700MPa、抗拉强度≥750～900MPa、壁厚为 4mm,因此国内目前很多焊管企业无法生产高强度厚壁汽车传动轴管
钢管的尺寸偏差	执行 JASO"汽车传动轴用钢管"、ASYM A513"电阻焊碳钢和合金钢机械结构钢管"等标准	执行 YB/T 5209"传动轴用电焊钢管"行业标准
钢管焊缝检测结果	进行压扁试验,将外径压缩 1/3,焊缝及母材无裂缝	进行压扁试验,将外径压缩 1/3,焊缝及母材无裂缝
钢管扭矩检测结果	执行 JASO"汽车传动轴用钢管"、ASYM A513"电阻焊碳钢和合金钢机械结构钢管"等标准	国内目前有极少的焊管企业具有生产供货条件

三、铝合金传动轴总成

随着汽车轻量化的不断推进和发展，由于铝合金传动轴总成有其独特的优势，在商用汽车中、轻卡，尤其是高端中、轻卡中，已呈上升趋势。铝合金传动轴总成一般不会锈蚀，其力学性能基本上能满足中、轻卡商用汽车的装车要求。

传统的传动轴整体重量较重，因此采用铝合金材质的传动轴套管，而且应用于轻卡上。它有着减轻自重、提高传动轴的动平衡、降低油耗的优势，见表 3-20。

上汽跃进的轻卡蓝牌无忧 C500，除采用铝合金传动轴总成外，还选用了速比为 4.875 的铝合金桥壳的后桥及 SC50-AMT 变速器等，自重降幅效果显著，只有 2230kg。

表 3-20　部分铝合金汽车零部件减轻明细

序号	汽车部件名称	减轻质量/kg
1	铝合金传动轴轴管	12
2	铝合金变速器壳体	26
3	铝合金储气筒	10
4	铝合金轮辋体	46.5
5	铝合金后桥减速器桥壳	12
6	铝合金油箱及支架	6

东风汽车在2020版东风天龙旗舰牵引车上安装了铝合金传动轴总成。采用铝合金传动轴总成，可使传动轴总成降重30%，整车质量降低12kg，还可以降低转动惯量，提高传递效率，进一步降低汽车油耗，对整车NVH性能提高也有积极的促进作用。

四、碳纤维传动轴总成

碳纤维是一种含碳量在95%以上的高强度、高模量纤维的新型纤维材料，碳纤维外柔内刚，不仅具有碳材料本身的特性，还兼具纺织纤维柔软性和可加工性，重量轻、强度高，比模量高，而且还具有优秀的耐腐蚀能力，缺点是生产难度大、成本高。碳纤维刚开始主要应用在航空、航天及军事领域，现在主要在赛车及高档跑车上使用，随着汽车轻量化的发展及技术水平的进步与制造成本的优化，碳纤维材料在汽车制造行业也开始逐步推广应用。

1. 碳纤维传动轴的特点

（1）重量轻　碳纤维复合材料具有其他材料不可比拟的比强度和比模量，密度只有1.8g/cm³左右，远低于钢铁和铝，将其应用于车身及其他零部件的设计可降低整车重量的35%左右，可降低燃油消耗。例如宝马E92采用前置后驱的布置，传动轴的质量达10.6kg，采用碳纤维复合材料制作，使其拥有轻量化的特点，整根传动轴的质量仅为5.9kg，MF碳纤传动轴与原厂的相比，重量大大减轻，而取消的万向节的结构，动力损耗进一步减少，且噪声方面也有相应的削弱。其他细节方面，传动轴的末端（非球头端）则采用了6061-T6铝材，而传动轴两端具有10000r/min的模拟动平衡处理和高扭矩负载的测试，确保这款碳纤传动轴成为可靠传送动力的桥梁。

碳纤维材料与其他材料性能指标对比见表3-21。

表3-21　碳纤维材料与其他材料性能指标对比

材料种类		密度/(g/cm³)	拉伸强度/MPa	弹性模量/MPa	比强度/MPa	比模量/m
高强度钢		7.8	1000	214000	1.3	0.27
铝合金		2.7	420	71000	1.5	0.25
镁合金		1.79	280	45000	1.6	0.25
钛合金		4.5	942	112000	2.1	0.25
玻璃纤维复合材料		2.0	1100	40000	5.5	0.2
碳纤维复合材料	高强度型	1.5	1400	130000	9.3	0.87
	高模量型	1.6	1100	190000	6.2	1.2

（2）临界转速高　一个实心物体的转动惯量计算公式为$I=mr^2$，式中，m是质点的质量；r是质点与旋转轴心的距离（也称旋转半径）。而传动轴总成主体部分为空心圆柱体，其转动惯量计算公式为：$I=0.5m(r_1^2+r_2^2)$。

在汽车传动轴的诸多性能参数中，临界转速是很重要的一个参数，当传动轴的转速与它的弯曲振动的固有频率相同时，传动轴就会发生共振、抖动，有折断的风险。碳纤维复合材料传动轴具有优异的力学性能和位移补偿能力，单根轴管就能够达到使用上的要求。试验研究显示：在轴体直径一致的情况下，汽车传动轴的临界转速为8000r/min时传统金属传动轴的长度为1250mm，而碳纤维增强树脂复合材料传动轴的长度可达到1650mm。碳纤维复合材料有望实现传动轴一体化，传动轴长度与临界转速的关系见图3-52。

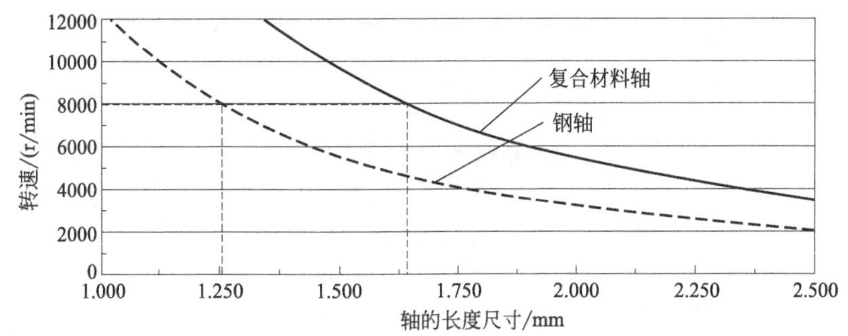

图 3-52 传动轴长度与临界转速的关系

(3) 强度高、安全性好、耐久性好 碳纤维复合材料主要由碳纤维丝束和树脂材料组成，碳元素化学性质稳定，无须进行表面防腐处理，其耐候性及耐老化性极好。经过高温碳化等特殊工艺加工成极细的纤维丝，可提高单丝强度，使一定量纤维的表面积增大很多，因此碳纤维复合材料的力学性能优于金属材料。其抗拉强度一般都在 3500MPa 以上，是普通钢材的 4～5 倍，刚度是普通钢材的 3～4 倍，耐疲劳度是普通钢材的 2 倍，是极具有发展潜力的纤维增强材料。碳纤维材料具有高强度、高模量、耐高温、耐磨、抗疲劳、耐久性及耐腐蚀性等诸多优异性能，能够使传动轴产品具有更长的使用寿命，其寿命为一般钢材的 2～3 倍。由碳纤维材料制作的驾驶舱，在碰撞中变形极小，可有效保护驾乘者的生存空间。例如，用同粗细的两根传动轴放置在扭力机上进行试验，当扭力机施加的扭矩达到 1376N・m 时，金属传动轴明显变形。而碳纤维传动轴在扭矩达到 4700N・m 左右时才发生了断裂，因此轻量化的碳纤维还有强度高的优势，能承受的扭矩是钢制传动轴的 3 倍多。

(4) 碳纤维产品具有方向性 汽车传动轴的受力情况比较复杂，尤其是要承受很大的扭矩，不同方向的碳纤维产品其力学性能及比强度相差很多，因此在使用碳纤维产品时要充分考虑到碳纤维复合材料具有方向性、比强度变化的特性。在特定纤维方向上碳纤维复合材料产品具有较高的比强度、比模量，而且碳纤维材料还自带减振吸声效果，对提高汽车 NVH 性能及改善驾乘人员的乘坐环境很有帮助。据有关实验证明：短玻璃纤维增强材料在加工制品过程中因玻璃纤维的取向性带来的性能差异化比较明显，对于 15%短玻璃纤维增强 PET 材料，顺着玻璃纤维取向方向的比垂直玻璃纤维取向方向的力学性能高出 40%左右，且随着玻璃纤维的增多性能差异会更明显。在与加工制品方向呈 90°截取的样条的拉伸强度只有顺着流动方向（0°方向）上样条强度的 51.9%，模量更是仅有 48.7%，如果成型制品更薄或更细长，则各向异性特点会更加明显。由样条测试结果可见，尽管短玻璃纤维增强材料中玻璃纤维平均长度也仅有 0.18mm，但在加工制品过程中产生的玻璃纤维取向仍会在很大程度上影响产品的力学性能，无论是产品刚度还是强度，具体实验结果见表 3-22 和图 3-53。

表 3-22 不同玻璃纤维取向样条力学性能

序号	位置	拉伸强度/MPa	拉伸模量/MPa	断裂标称应变/%
1	0°方向	56.5	3980	4.4
2	45°方向	40.7	2731	6.6
3	90°方向	29.3	1940	9.1
4	注射成型	73.0	4800	3.0

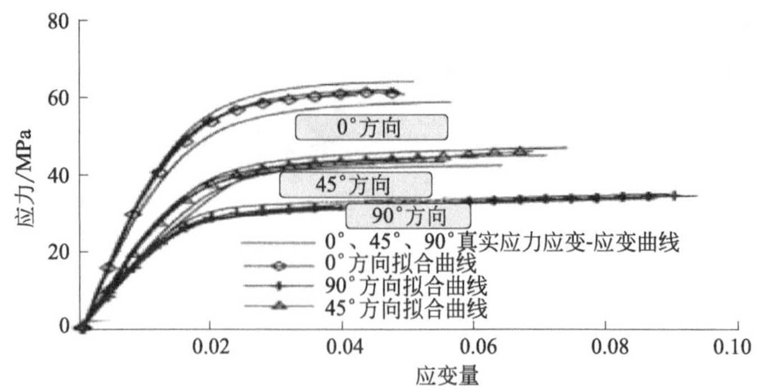

图 3-53　不同方向拉伸样条应力与应变量的拟合曲线

2. 碳纤维传动轴结构与制造工艺

以前汽车的传动轴一般使用钢铁材料制作，这种材料的传动轴弯曲固有频率比较小，在汽车高速行驶的过程中性能不佳，采用两段式结构也存在不少弊病。碳纤维复合材料汽车传动轴能够很好地解决这个问题，有效提升汽车的质量和性能，对于汽车轻量化的实现也有着重要的影响。

碳纤维传动轴除轴管采用碳纤维复合材料外，其他部件如花键连接盘、花键接头、十字轴万向节等需采用钢制或铝、镁合金等材料制成，传统金属采用焊接工艺（二氧化碳保护焊或摩擦焊等），而碳纤维传动轴则需要自己独特的工艺方法。

（1）传动轴轴管的缠绕成型工艺　缠绕成型工艺是生产复合材料传动轴最常见的成型工艺，缠绕成型可以精确地控制纤维的方向和轴管的直径，该工艺可具备较高的自动化生产能力。缠绕成型过程中主要控制的参数有缠绕线型和缠绕角度，这对碳纤维传动轴的力学性能有很大的影响。碳纤维的复合材料，一般是由环氧树脂作为定型剂和碳纤维纤维混合加工而成的。

当把树脂、固化剂等材料按照一定比例混合，然后再浸润碳纤维面料，经过一系列固化处理便形成了碳纤维复合材质，也就是我们在车上经常可以看到的黑格子材质。别看与塑料相似，但这种材质具有传统金属材料无法比拟的优点。但是碳纤维传动轴，并非完全由碳纤维组成，而是先以金属网状的材料制造出传动轴的骨骼，外面以一整束总长度超 100m 的碳纤维丝以螺旋状缠绕金属骨骼。碳纤维束具有强大的抗拉扯性能，那么螺旋状缠绕成“棒”形的碳纤维轴，在承受转矩的时候，就可以将转矩转换成对碳纤维丝在拉扯方向的拉力，从而发挥出碳纤维丝的最高强度。复合材料碳纤维汽车传动轴分为内外两层，外层多使用铝合金等轻型金属材质，内层使用碳纤维复合材料。利用制作工艺将碳纤维复合材料外覆金属表面，让复合材料避免腐蚀、外力等直接损害。碳纤维传动轴有着良好的扭转刚度和强度，承载能力较强，弯曲固有频率能够达到 229Hz 以上，同时自身重量相对于金属材质要轻很多。单层碳纤维混合轴的静态扭矩传递能力能达到 2700N·m 以上。

（2）齿纹式连接工艺　齿纹式连接分两种形式：一种是先将碳纤维传动轴体加工好之后，再将其与金属部件黏合连接；另一种则是在缠绕成型过程中将金属部件固定在缠绕芯模上，就像铝合金压铸时先放入模具里的钢质嵌件，在缠绕成型过程中就完成了黏合连接。不管是哪一种连接方式，金属连接部件的外表面都需经过齿纹处理，以增加连接强度。碳纤维传动轴轴管与其他部件连接方式及齿纹如图 3-54 所示。齿纹部分的齿纹角（顶角）一般为 45°～75°，推荐采用 60°。齿纹部分的外径为 70～75mm，齿纹顶尖厚度为 0.05mm，相邻齿纹顶尖宽度为 0.9～1.8mm，齿纹高度为 1.25mm，齿纹宽度为 1.5mm，齿形角数量为 145 个左右。

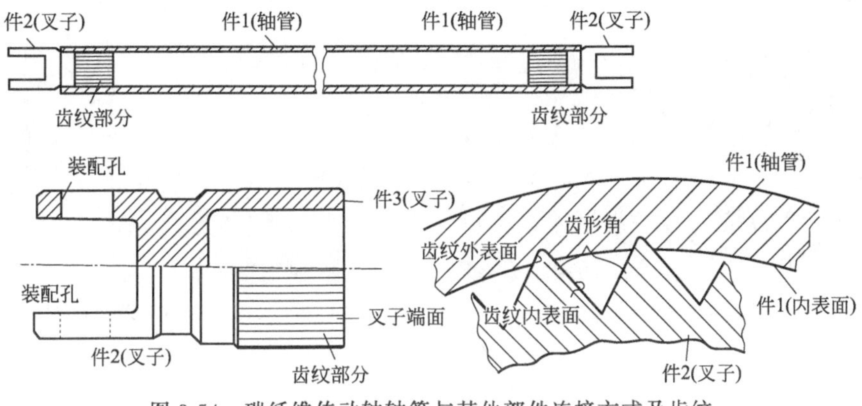

图 3-54　碳纤维传动轴轴管与其他部件连接方式及齿纹

（3）销钉或铆钉式连接工艺　碳纤维复合材料传动轴总成的连接也可以采用销钉或铆钉的方式，在相关连接件适当位置均匀延周用一定数量的销钉（需涂胶）或铆钉紧固，销钉连接部位外表面再用金属卡箍紧固。

碳纤维传动轴在冲击强度上还有一定不足，因此在传动轴的设计生产过程中在最外表面一层最好增加一层增强层，一般为玻纤复合材料，可在缠绕成型过程中一起完成，还可以采用喷射工艺将短纤维复合材料喷射在轴体表面固化成型加强层。

随着汽车工业的快速发展，科学技术的进步，高效、自动化、大批量生产等先进复合材料的应用正逐步成为现实，碳纤维复合材料在汽车工业上的应用也会越来越广泛。

第十二节 汽车保险杠支架

汽车保险杠分为前保险杠和后保险杠两种。前保险杠结构较为复杂，后保险杠结构相对简单。汽车保险杠不仅有装饰功能，更重要的是吸收和缓和外界冲击力、防护车身、保护车身及乘员安全。它的作用是保护汽车前、后车体，使汽车、物体及行人遭受突然撞击时各种损失降低到最小，具有吸振和减缓撞击功能，还具有一定的装饰功能。保险杠的几何形状既要考虑其与整车造型的一致，保证美观，也要符合力学特性和吸能等特性。本节以汽车前保险杠支架为例进行介绍。

一、汽车保险杠支架的设计

保险杠支架的几何形状既要考虑其与整车造型的一致，保证美观，也要有一定的强度和刚度，要符合力学特性，确保支撑和安装相关部件的功能。整体式汽车前保险杠支架是由一个圆形或方形管弯曲一定形状，其上焊接各种支架、支板、加强筋等，左右两端需要预留雾灯安装空间；或者经整体冲裁、压型、冲孔、焊接而成。整体式结构存在强度不够、车辆启动时容易发生震颤、车辆碰撞后损坏后需要整体更换保险杠支架、维修成本较高等问题，但是整体式保险杠支架安装位置较为准确，便于在整车装配线上装配。设计时注意各个安装配件的空间布局及安装固定孔的位置，不得出现干涉现象，且保证其功能的前提下，要注意整体美观、大方。整体式铝合金保险杠支架见图 3-55。

(a) 重卡铝合金前保险杠实物

(b) 新一代高强度6000系铝合金HSA6

图 3-55　整体式铝合金保险杠支架

二、汽车保险杠的分类与制造

汽车前保险杠支架是汽车驾驶室前部重要的支撑部件，为保险杠提供安装支点，在保险杠内部起到支撑加强作用，主要承载保险杠面罩、左右大灯等部件。保险杠支架有整体式和分体式两种。

整体式汽车保险杠支架需要下料、压型、冲孔、焊接等工艺。冲孔，包括汽车保险杠大灯清洗孔、保险杠摄像头孔等，冲孔方式包括气液增压缸体冲孔、超声波冲孔、油压式冲孔。

分体式汽车前保险杠支架由左支架、右支架、中段加强梁、两个雾灯安装支架及上固定支架、下固定支架等组成。分体式结构，在车辆发生碰撞造成保险杠支架损毁的情况下，可以根据损毁部位只更换损毁部分，降低维修成本。

第四章 汽车轻量化金属材料汽车部件的成形工艺及其工艺装备

第一节 铸造

铸造是将金属熔炼成符合一定要求的液体并浇入铸件型腔里，经冷却凝固、清整处理后得到有预定形状、尺寸和性能的铸件的工艺过程方法。铸造毛坯因近乎成形而达到免机械加工或少量加工的目的，降低了成本，并在一定程度上减少了制作时间。铸造是现代装置制造工业的基础工艺之一。

一、铸造的分类

铸造是一种古老而又发展较快的金属加工工艺方法，主要工艺种类见图 4-1。

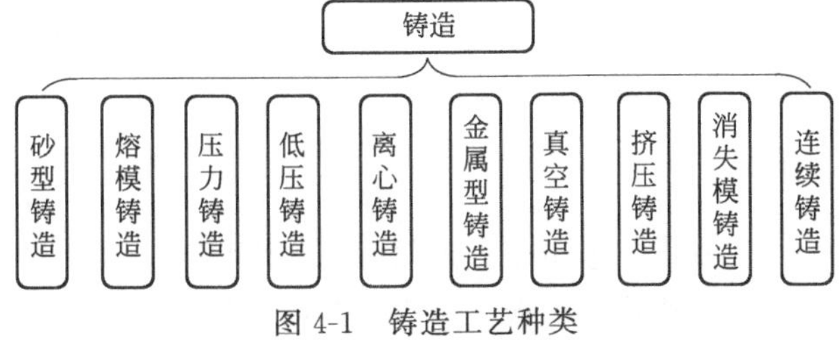

图 4-1 铸造工艺种类

铸造按大类分，可以分为砂型铸造和特种铸造两大类。

（1）砂型铸造　利用砂作为铸模材料，又称砂铸、翻砂，包括湿砂型、干砂型和化学硬化砂型三类，但并非所有砂均可用以铸造。好处是成本较低，因为铸模所使用的砂可重复使用；缺点是铸模制作耗时，铸模本身不能被重复使用，须破坏后才能取得成品。铸造方法为湿型砂型、树脂自硬砂型、水玻璃砂型、干型和表干型、实型铸造、负压造型等。

（2）特种铸造　除普通砂型铸造外，其余都可归结为特种铸造，如熔模铸造、压力铸造、低压力铸造、离心铸造、金属型铸造、真空铸造、挤压铸造、消失模铸造、连续铸造等。

金属模铸造又细分为重力铸造和压力铸造。

① 重力铸造。依靠金属自身重力将熔融金属液浇进型腔。

② 压力铸造。依靠额外增加的压力将熔融金属液瞬间压入铸造型腔的铸造就是压力铸造。压力铸造分为低压浇铸和高压铸造两大类，真空铸造、半固态铸造也是一种压力铸造。

二、铸造的工艺流程

铸型准备→铸造金属的熔化和冶炼→金属液成分化验（取样分析，在熔炼过程中要进行以控制质量为目的的各种检查测试，液态金属要保证在温度、化学成分和纯净度方面都符合预期要求，即达到各项规定指标后才能浇注）→浇注（留样化验分析）→铸件处理（去冒口、去飞边、去料把等一系列清理过程）→铸件热处理或整形（根据产品需要）→机械加工至产品图纸要求→产品检验→成品入库。

三、铸造的特点

① 可以生产形状复杂的零件，尤其是复杂内腔的毛坯。

② 适应性广，工业常用的金属材料均可铸造，质量从几克到几百吨。

③ 原材料来源广，价格低廉，如废钢、废件、切屑等。

④ 铸件的形状尺寸与零件非常接近，减少了切削量，属于无切削加工。

⑤ 力学性能不如锻件，而且组织粗大，缺陷多。

⑥ 砂型铸造中，单件、小批量生产，工人劳动强度大。

⑦ 铸件质量不稳定，工序多，影响因素复杂，易产生许多缺陷。

第二节 压力铸造

在汽车轻量化部件生产中常用的铸造工艺方法有压力铸造、重力铸造等，下面重点介绍一下压铸工艺。压力铸造，简称压铸，是金属铸造工艺中一种常用的加工方法。

一、压铸工艺

压铸是铸造的一种工艺方式，也是一种高效率、少切削或无切削的金属成形工艺。金属压铸是在高压的作用下，将液态或半液态金属以极高的速度填充模具型腔，并在压力作用下使之凝固而获得压铸件的方法。通常使用的压铸压力为50～500MPa，填充初始速度为20～80m/s，填充时间一般为0.01～0.03s；高温、高压和高速是压铸工艺的重要特征。

1. 压铸件的特点

① 压铸件表面粗糙度尚可，尺寸精度很高，粗糙度可达 $Ra3.2 \sim 0.4$，尺寸精度可达IT13～IT9。因此，一般压铸件可以不经过机械加工或仅对个别部位加工即可使用，且互换性良好。压铸可以制造形状复杂、轮廓清晰、薄壁槽深的铸件，压铸件通常壁厚为1～6mm。

② 压铸件的力学性能好，组织致密，既具有较高的强度和硬度，又具有良好的耐磨性和耐蚀性。

③ 材料利用率高。材料利用率可达60%～80%，毛坯利用率可达90%；废料、边角余料可以再利用。

④ 可以实现自动化生产。压铸工艺大多为机械化和自动化操作，生产周期短，生产效率高，适合大批量生产。

⑤ 方便使用镶嵌件。易于在压铸模具中设定定位结构，方便使用镶嵌件，满足压铸件局部特殊性能要求。

2. 压铸生产“三要素”

压铸模具、压铸机、压铸工艺是压铸生产的“三要素”，缺一不可，它们是保证压铸件产品质量、提高压铸件生产效率、降低压铸生产成本的重要因素。压铸模是“三要素”中的关键要素，压铸模要结构合理，具有良好的浇注系统、排气系统等，并保证一定的精度，这是具备压力铸造的重要条件。它可以弥补压铸机的某些不足，也可以放宽对压铸工艺参数相应的调整范围，这就给压铸生产带来极大的方便，使压铸工艺参数的调整方便很多，加大了保证压铸产品质量的可靠性。而压铸机也是压力铸造成功的一个重要条件，是压铸生产得以顺利进行的基础，它既是模具安装固定的基体，又是工艺参数设定和调整的控制界面。压铸机性能的好坏，直接影响到所生产的压铸件质量和生产效率高低。压铸工艺是将上面两大要素有机地加以综合运用的过程。压铸工艺中参数的设定也是压铸生产成功的重要前提条件，在压铸生产过程中压铸压力、压铸速度、浇注温度及压铸时间等是直接影响压铸件产品质量的关键因素，这些工艺因素又相互影响，相互制约，并且相辅相成。只有正确选择和调整这些因素，使之协调一致，才能获得预期的结果。因此，在压铸件产品的开发过程中不仅要重视铸件结构的工艺性，压铸模的先进性，压铸机性能、结构和精度，压铸合金材料选用的适应性和熔炼工艺的规范性，更应重视压铸压力、浇注温度、压铸速度和压铸时间等工艺参数对压铸件产品质量的重要影响。压铸件生产主要工艺过程见图4-2。

（1）胀型力与锁模力

① 胀型力。压铸过程中，填充结束并转为增压阶段时，作用于正在凝固的金属上的比压（增压比压），通过金属（铸件浇注系统，排溢系统）传递至型腔壁面，此压力称为胀型力（又称反压力）。当胀型力作用在分型面上时，便为分型面胀型力，而作用在型腔各个侧壁方向时，则称为侧面胀型力。胀型力可用下式表示。

$$F = \frac{Ap}{10}$$

式中，F 为胀型力，kN；p 为比压，MPa；A 为投影面积，是铸件在分型面上的投影面积，多腔模是各腔投影面积之和，一般另加30%作为浇注系统和溢流排气系统的面积，cm^2。

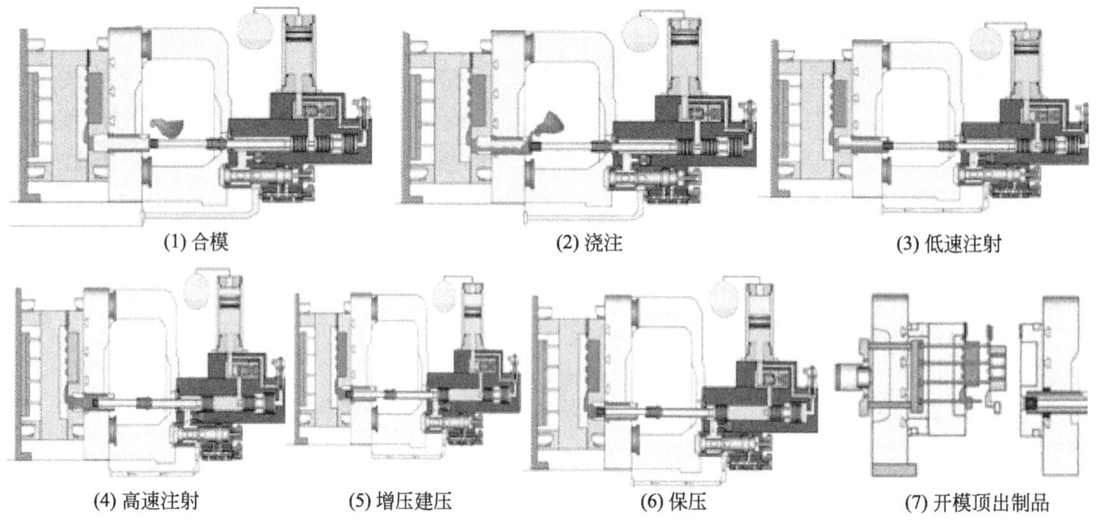

图 4-2　压铸件生产主要工艺过程

② 锁模力。锁模力（即合模力）是选用压铸机时首先要确定的重要参数。

通常情况下必须使锁模力大于计算得到的胀型力，否则在金属液压射时，模具分型面会胀开，从而产生金属飞溅，并使型腔中的压力无法建立，造成铸件尺寸公差难以保证，甚至难以成形。锁模力一般应满足下面公式的要求。

$$F_1 \geqslant KF$$

式中，F_1 为锁模力，kN；K 为安全系数，一般取 $K=1.3$；F 为胀型力，kN。

（2）压射力与比压　压力铸造中压射力的存在是压铸工艺区别其他铸造方法的主要特点。压射力通过压射冲头对金属液施加压力。施加压力的大小用比压表示。冷室压铸机的动态压射比压一般为 30～90MPa，增压压射比压一般为 50～300MPa，热室压铸机提供的压射比压可达 20～50MPa。

① 压射力。压射力是压铸机压射机构中推动压射活塞运动的力，它是压铸机的一个重要功能参数。压射力的大小，由压射缸的截面积和工作液的压力所决定。压射力的计算公式为

$$F_2 = p_2 S$$

式中，F_2 为压射力，kN；p_2 为压射油缸内工作液的压力，MPa；S 为压室截面积，$S=\pi D^2/4$，其中 D 为压射缸的直径（cm）。

② 比压。压室内熔融金属在单位面积上所受的压力称为比压。比压也是压射力与压室截面积的比值关系换算的结果，其计算公式为

$$p = \frac{F_2}{S}$$

式中，p 为比压，MPa；F_2 为压射力，kN；S 为压室截面积，cm^2，$S=\pi D^2/4$，其中 D 为压室直径（cm）。

③ 压力的作用。

a. 比压对铸件力学性能的影响：填充比压可克服浇注系统和型腔中的流动阻力，特别是内浇口处的阻力，使金属液流达到需要的内浇口速度。增压比压则决定了正在凝固的金属所受到的压力以及这时所形成的胀型力的大小。比压增大，结晶细，细晶层增厚，由于填充特性改善，表面质量提高，气孔影响减轻，从而抗拉强度提高，但延伸率有所降低。

b. 对填充条件的影响：合金熔液在高比压作用下填充型腔，合金温度升高，流动性改善，有利于铸件质量的提高。

④ 比压的选择。

a. 根据铸件的强度要求考虑。将铸件分为有强度要求的和一般要求的两类，对于有强度要求的，应该具有良好的致密度，这时应该采用高的增压比压。

b. 根据铸件壁厚考虑。压铸件的壁厚对压铸件的影响很大，压铸件的力学性能会随着压铸件壁厚的增加而降低，而且也会增加压铸件的重量和材料的用量。如果压铸件壁太薄也会导致成形困难，金属液熔接不好可能会出现压铸缺陷，影响铸件的强度，同时也会给压铸工艺带来困难。压铸件壁厚过大或者严重不均匀很容易产生内部缺陷，如缩孔、裂纹等。

在一般情况下，压铸薄壁铸件时，型腔中的流动阻力较大，内浇口也采用较薄的厚度，因此具有大的阻力，故要有较大的填充比压，才能保证达到需要的内浇口速度。对于厚壁铸件，一方面选定的内浇口速度较低，并且金属的凝固时间较长，可以采用较小的填充比压；另一方面，为了使铸件具有一定的致密度，还需要有足够的增压比压才能满足要求。对于形状复杂的铸件，填充比压应选用高一些。此外，如合金的类别、内浇口速度的大小、压铸机合模能力的功率及模具的强度等，都应做适当考虑。填充比压的大小，主要根据选定的内浇口速度计算得到。至于增压比压的大小，根据合金类别，可参考表 4-1 的数值选用。当型腔中排气条件良好，内浇口厚度与铸件壁厚的比值适当的情况下，可选用低的增压比压。而排气条件越差，内浇口厚度与铸件壁厚比值越小时，则增压比压应越高。

c. 比压推荐值见表 4-1。

表 4-1　比压推荐值　　单位：MPa

零件类型	铝合金	镁合金	锌合金	黄铜
一般载荷件	30～50	30～50	13～20	40～50
承载件	50～80	50～80	20～30	50～80
气密性或大平面壁薄件	80～120	80～100	25～40	60～100
电镀件	—	—	25～30	—

d. 压铸件上凡是壁与壁的连接，无论直角、锐角或钝角、盲孔和凹槽的根部，一般情况下都是设计为圆角，因为圆角有助于金属的流动，使气体容易排出，减少涡流或湍流。零件在进行电镀时，圆角就可以获得均匀镀层，防止尖角处沉积，还可以延长模具的使用寿命。圆角不宜过大或者过小，过大会导致缩孔，过小会使得压铸件容易产生裂纹。

e. 脱模斜度在压铸件结构设计中是不可忽略的一个环节，如果脱模斜度设计得不好，会对压铸件的合格率有一定的影响。在设计压铸件时，斜度的方向必须要与铸件的脱模方向一致，一般高熔点合金压铸件的脱模斜度大于低熔点合金压铸件，壁厚的脱模斜度大于薄壁的，形状复杂的脱模斜度大于简单的，内孔的脱模斜度大于外壁的。在满足压铸件使用要求的前提下，脱模斜度尽可能地取大值。压铸件脱模斜度一般最小推荐值见表 4-2。

表 4-2　压铸件脱模斜度一般最小推荐值

铸造合金类别	一般最小脱模斜度	
	外表面	内表面
铝合金	30′	1°
镁合金	25′	50′

续表

铸造合金类别	一般最小脱模斜度	
	外表面	内表面
锌合金	20′	40′
铜合金	40′	1°20′

（3）压射速度

① 压射速度的形式。压铸过程中，压射速度受压力的直接影响，又与压力共同对铸件产品内部质量、外部质量及轮廓清晰度起着重要作用。一般情况压射速度越快，金属流经浇口的速度就越快。与压铸有关的速度有压射速度和内浇口速度两种形式。

a. 压射速度又称为冲头的速度，它是压室内的冲头推动金属液的移动速度，也就是压射冲头的速度，它又可分为慢压射速度（又称低速压射速度）和快速压射速度。压射过程中压射速度是变化的，可以随着压铸工艺的需要而调整，通过压铸件的速度调节阀可进行无级调速。压射第一阶段（一般 0.1～0.2m/s）、第二阶段（一般 0.2～0.7m/s）是低速压射，要求将压室中的金属液充满压室，在不降低合金液的温度又有利于排除压室中气体的原则下完成，可防止金属液从加料口溅出，同时使压室内的空气有较充分的时间逸出，并使金属液堆积在内浇口前沿。低速压射的速度根据浇注到压室内金属液的多少而定，具体见表 4-3。压射第三阶段是高速压射。提高压射速度，动能转为热能，流动性好，使金属通过内浇口后迅速填充型腔，并出现压力峰，将压铸件压实，消除或减小缩孔、缩松，有利于消除流痕、冷隔等缺陷，提高力学性能和表面质量，但是压铸速度过高也有可能造成飞边，并产生严重裹包气，严重的会导致力学性能下降。低速压射速度推荐值见表 4-3。

表 4-3　低速压射速度推荐值

压室充满度/%	压射速度/(m/s)
≤30	0.30～0.40
30～60	0.20～0.30
＞30	0.10～0.20

b. 内浇口速度是金属液通过内浇口进入型腔的线速度。通常采用的内浇口速度范围为 15～70m/s。内浇口速度高低对铸件力学性能的影响极大。一般内浇口速度太低，铸件强度下降；内浇口速度提高，强度上升；内浇口速度过高，强度又下降。较高的内浇口速度，即使采用较低的比压也能将金属液在凝固之前迅速填充型腔，获得轮廓清晰、表面质量好的压铸件，并提高金属液的动压力。内浇口速度过高也会带来问题，主要是易包卷气体形成气泡，金属液呈雾状进入并黏附于型腔，与后来的金属液不能完全融合而造成表面缺陷和氧化夹杂，并加速压铸模的磨损等。选用内浇口速度时，应关注以下因素。

ⓐ 铸件形状复杂或薄壁时，内浇口速度应高些。

ⓑ 合金浇入温度低时，内浇口速度可高些。

ⓒ 合金和模具材料导热性能好时，内浇口速度可高些。

ⓓ 内浇口厚度较厚时，内浇口速度应高些。内浇口速度太小，易使铸件轮廓不清，内浇口速度太大，会使铸件产生气孔等缺陷。

② 速度选择。压铸时选择适宜的压铸速度是十分重要的。压射速度的选择需考虑以下因素。

a. 模具导热和比热性，凝固温度范围。

b. 模具温度低，速度可低；反之速度可高。

c. 复杂的铸件采用高压射速度，内浇口速度为 15～70m/s（金属液）。

d. 冲头压射速度与内浇口速度的关系：冲头压射速度越高，则金属液经浇口速度越高。

e. 直浇道速度 15～25m/s。

f. 横浇道速度 20～35m/s，内浇口速度一般选择原则：薄铸件（3mm 以下）选用内浇口速度 38～46m/s；厚铸件（5mm）选用内浇口速度 32～40m/s；较厚铸件（5mm 以上）选用内浇口速度 28～35m/s，具体见表 4-4。用调节器调整方法：调节器调整压射冲头速度，更换压室直径，改变内浇口截面积。

表 4-4　内浇口速度推荐值

压铸件平均壁厚/mm	内浇口速度/(m/s)	压铸件平均壁厚/mm	内浇口速度/(m/s)
1	46～55	3.5	36～44
1.5	44～53	4	34～42
2	42～50	5	32～40
2.5	40～48	6	28～35
3	38～46	7	25～30

注：目前也有超高压铸工艺，内浇口设计速度可以达到 60m/s 以上。

高速压射速度一般选择 2～2.5m/s；超高压压铸工艺，高速压射速度可以达到 4～5m/s。

③ 测定分析。

a. 压铸参数测试仪，一级、二级及增压转换点时间。

b. 增压起点对压铸质量的影响：当一级起始后填充 80%时，换二级及增压起始转换点时间，最后持压，否则将影响质量。

c. 压射冲头磨损受阻，压射不畅对压铸参数的影响。

d. 压射室和冲头磨损原因的分析：压射室与冲头的配合度间隙小于 0.1mm，冲头与压室来回摩擦产生高温易损，压室直径变大，冲头变小，冲头会有铝屑卡住，影响压室传递速度及压力，以致冲头需要使用耐高温的润滑油，压射杆必开通冷却水，同时也要选择冲头材料，一般选用球墨铁或铍青铜等。

（4）压铸温度　与压铸有关的温度主要是指浇铸温度和模具温度，见表 4-5。

表 4-5　各类压铸合金推荐的浇铸温度　　单位：℃

序号	合金种类	第一段熔炼	第二段精炼	第三段保温	第四段浇铸
1	铝合金 铝硅系	610～650	640～680	600～620	610～650
2	铝铜系	630～660	660～700	600～640	630～660
3	铝镁系	640～680	660～700	640～670	650～690
4	铝锌系	590～620	620～660	580～620	600～650
5	锌合金	420～440	430～450	400～420	420～440
6	镁合金	640～680	660～700	640～670	650～690
7	铜合金 普通黄铜	910～930	940～980	900～930	900～950
8	硅黄铜	900～920	930～970	910～940	910～940

注：浇铸温度一般以保温炉的金属液的温度来计量；锌合金的浇铸温度不能超过 450℃，以免晶粒粗大。

① 浇铸温度。浇铸温度是指熔融金属自压室进入型腔时的平均温度，由于对填充室内的温度测量不方便，一般以保温炉的温度表示，其温度一般高于金属液相线温度 20～30℃为宜。

熔融金属液的温度对铸件的力学性能的影响：随着金属液温度的提高，力学性能有所改善，但是超过一定限度后，性能恶化，主要原因如下。

a. 气体在金属液中的溶解度随温度的升高而增大，虽然在金属液中溶解气体，但在压铸过程中难以析出，影响力学性能。

b. 含铁量随金属液温度升高而增加，使流动性降低，结晶粗大，性能恶化。

c. 铝合金、镁合金随温度升高氧化加剧，氧化夹杂物会使金属液性能恶化。

② 压铸模具温度。在压铸过程中，模具需要一定的温度。模具的温度是压铸工艺中又一重要的因素，它对提高生产效率和获得优质铸件有着重要作用。浇注时压铸模具温度与熔融金属温度相差太大，会直接影响压铸件的产品质量。在填充过程中，模具温度对金属液流温度、黏度、流动性、填充时间、直充流态等均有较大影响。模具温度过低，表层冷凝后又被高速液流破碎，会产生表层缺陷，甚至不能完全成形，还会因收缩应力增大，铸件产生裂纹；模具温度过高，虽有利于获得好的表面质量，但是又会出现收缩凹陷现象。模具温度对铸件尺寸公差等级的影响：模具温度稳定，则铸件尺寸收缩液相对稳定，尺寸公差等级也得以提高。模具温度对模具寿命也影响很大，激烈的温度变化，会形成复杂的应力状态，频繁的应力交变会导致早期龟裂。因此，在压铸过程持续进行中，要采用一定的措施确保模具维持一定范围的工艺温度，见表 4-6 及图 4-3。

表 4-6　几种合金模具的推荐作业温度

合金类别	铝合金	镁合金	锌合金	铜合金
模具作业温度/℃	200～300	220～300	150～200	300～380

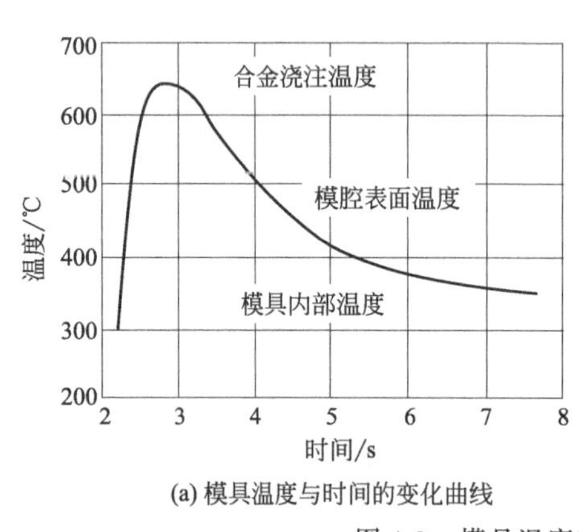

(a) 模具温度与时间的变化曲线

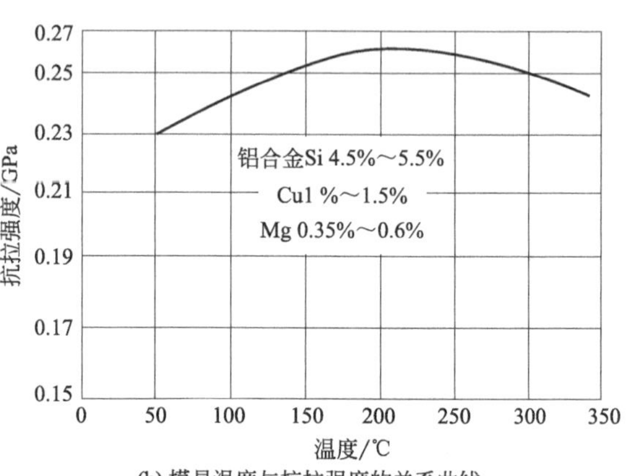

(b) 模具温度与抗拉强度的关系曲线

图 4-3　模具温度对压铸件力学性能的影响曲线

压铸模具表面温度的控制对生产高质量的压铸件来说，是非常重要的。不平均或不适当的压铸模具温度亦会导致铸件尺寸不稳定，在生产过程中顶出铸件变形，会产生热压力、粘模、表面凹陷、内缩孔及热泡等缺陷。模温差异较大时，对生产周期中的变量，如填充时间、冷却时间及喷涂时间等会产生不同程度的影响。另外，压铸模具设计时还要考虑压铸材料不同状况下的收缩率，各种压铸材料不同状况下的收缩率见表 4-7。

表 4-7 各种压铸材料不同状况下的收缩率

合金类型	收缩率/%		
	受阻收缩	混合收缩	自由收缩
铅合金	0.2～0.3	0.3～0.4	0.4～0.5
低熔点合金、锡合金、锌合金	0.3～0.4	0.4～0.6	0.6～0.8
铝硅系合金	0.3～0.5	0.5～0.7	0.7～0.9
压铸有色合金、铝合金、铝铜系合金、铝镁系合金	0.5～0.7	0.7～0.9	0.9～1.1
高熔点合金、铝锌系镁合金	0.5～0.7	0.7～0.9	0.9～1.1

(5) 压铸时间　压铸时间包括压铸填充时间、增压建压时间、压力升高时间、保压时间和留模时间等。压铸时间对压铸产品质量的影响也是很大的，它与压力、速度、合金溶体以及铸件的结构（壁厚和形状）、模具结构（浇注系统、排气系统）等因素密切相关。

① 压铸填充时间。熔融金属在压力下开始进入型腔直到充满的过程所需要的时间称为填充时间。填充时间有时还包括一段增压、建压时间（也可以单独另计），即熔融金属在充型过程中的增压阶段，从充满型腔的瞬时开始，直至增压压力达到预定值所需要的时间，也就是压射比压上升到增压比压所需要的时间。填充时间计算公式为

$$\text{填充时间(s)}=\frac{\text{铸件质量(浇口以上,单位 g)}}{\text{浇口面积(mm}^2\text{)}\times\text{浇口速度(m/s)}\times\text{金属液密度(g/cm}^3\text{)}}$$

备注：铸件质量（浇口以上）包含制件质量、渣包和排气，不包括冲头与流道，一般取渣包和排气为制件质量的 20%；一般铝合金密度选 2.64g/cm^3，镁合金密度选 1.75g/cm^3。

另外，填充时间还有一个经验公式，如下所示。

$$\text{填充时间}=\Delta\times\text{产品薄壁壁厚}^2$$

式中，Δ 取值，铝合金 0.007，镁合金 0.005。

选择填充时间还应注意以下事宜。

a. 合金浇注温度高时，填充时间就长些。

b. 模具温度高时，填充温度也长些。

c. 制品壁厚内浇口远时，填充时间要长些。

d. 熔化比热容高的合金，填充时间需长些。见表 4-8。

表 4-8 压铸件的平均壁厚和填充时间的关系

压铸件平均壁厚/mm	填充时间/s	压铸件平均壁厚/mm	填充时间/s
1	0.010～0.014	5	0.048～0.072
1.5	0.014～0.020	6	0.056～0.084
2	0.018～0.026	7	0.066～0.100
2.5	0.022～0.032	8	0.076～0.116
3	0.028～0.040	9	0.088～0.138
3.5	0.034～0.050	10	0.100～0.160
4	0.040～0.060		

② 增压建压时间和压力升高时间。增压时间是指在增压阶段的起始点上能够把升高的压力建立起来的时间，该时间越短越好，一般不少于 0.01s。压力升高时间是指从增压压力

建立起，直到压力升高到预定的数值所需的时间，压力升高的时间长短主要由型腔中金属液的凝固时间所决定。在金属液凝固的过程中，随着制品致密度的逐渐增加，所需要的压力也逐渐变大。压力升高的时间一般是可调的，其调整范围一般在 0.015～0.3s 为宜。

③ 保压时间。熔融金属充满型腔后，使熔融金属在增压比压作用下凝固的这段时间，称为保压时间，其作用是使压射冲头将压力通过还未凝固的余料及浇口部分未凝固的金属液传递至型腔，使正在凝固的金属在压力下结晶，从而获得致密的铸件。选择保压时间应注意以下事宜。

a. 压铸合金的特性，即压铸合金结晶范围大，保压时间就选长一些。

b. 压铸件壁厚大，保压时间就选长一些。

c. 浇注系统，内浇口厚，保压时间就选长一些。通常，熔融金属填充至完全凝固的时间很短，但是保压时间仍需 1～3s，而厚壁的大压铸件保压时间还需再长一些。

④ 留模时间。指压铸过程中，从保压终了至开模顶出铸件这段时间，其作用是足够的留模时间，可使压铸件在模具内充分凝固，且适度的冷却使制品强度更好，在开模和顶出时，压铸件不至于产生变形或拉裂。通常，留模时间以顶出制品不变形、不开裂的最短时间为宜，且留模时间不宜过长。

3. 压铸件常见缺陷及对策

在实际试制生产中压铸件由于各种原因还是出现了不少缺陷，如铸件表面有窝气，内腔有缩松；半圆球浇和加强筋浇不足；冒口下方圆柱收缩严重，并且有缩裂等。下面以变速器后壳铝合金压铸件为例详细说明。

（1）浇不足、冷隔的形成原因

① 铝液填充铸型的过程中，需挤走型腔中原有的气体和由于涂料及铸型表面受热作用而析出的气体，由于金属型材料本身没有透气性，很容易被挤赶入铸型内凹入的死角或者两股金属液流的汇合处，形成气阻，使液体金属不能充满该处而使铸件形成浇不足和冷隔缺陷（图 4-4）。

② 由于铸件本身结构壁比较薄，铝液在充型过程中，随着铝液温度降低、充型过程中铝液流速降低，都会导致铝液在未充满型腔时就会凝固，出现浇不足和冷隔缺陷（图 4-5）。

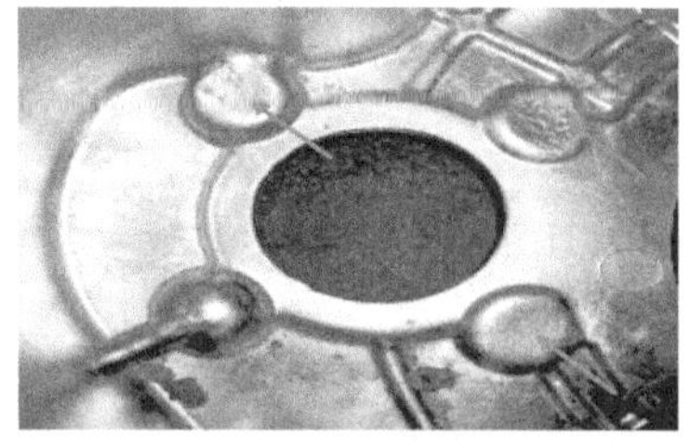

图 4-4　铝合金变速器后壳体浇不足

图 4-5　铝合金变速器后壳体冷隔

（2）热裂的形成原因　由于金属型没有退让性，再加上铸件壁厚不均匀，在铝液凝固至固相枝晶形成连续骨架时，铸件上这些壁厚不均匀部位产生的线收缩便会受到金属型的阻碍。在此情况下，铸件上收缩受阻的部位内出现拉应力，不能收缩的铸件部位呈现拉应力变形，其应力值 ε_1 可由下式粗略估算。

$$\varepsilon_1=\alpha_1(T_s-T_1)$$

式中，α_1 为铝合金在 T_s 至 T_1 温度范围内的线收缩率；T_s 为铝合金开始出现线收缩时的温度；T_1 为凝固至某一时刻铸件的温度。

当ε_1值大于铸件本身在温度T_1时的可允许变形率时，在铸件上就可出现热裂纹。尤其变速器铝后壳本身壁厚就不均匀，有些部位壁厚相差大，铸件收缩受阻的部位还有热节的存在，铸件上其他无热节收缩受阻部位的受拉应变值会向热节部位集中，促使铸件更易形成热裂（图 4-6）。

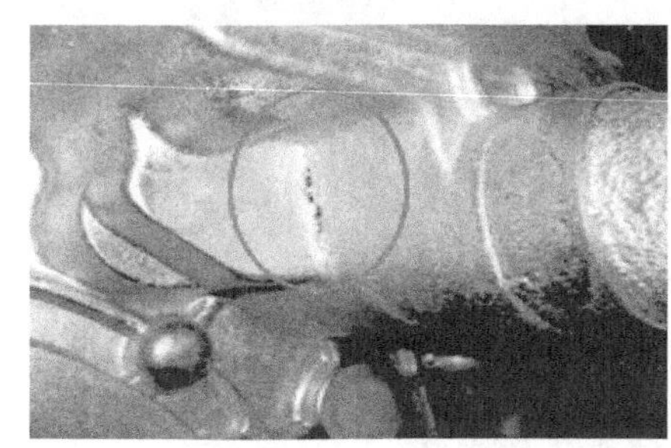
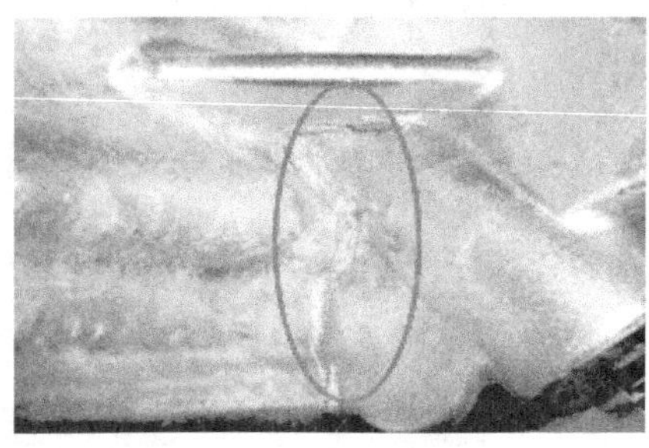

图 4-6　铝合金变速器后壳体热裂

（3）补缩不足的形成原因　缩裂是由于铸件所设计的冒口补缩效果未达到理想状态，补缩不到位，导致铸件冒口和其下方位置先凝固，中间部位最后凝固，不符合铸件顺序凝固的原理，而致使铸件产生缩裂（图 4-7），或者铸件表面未成形（图 4-8）。

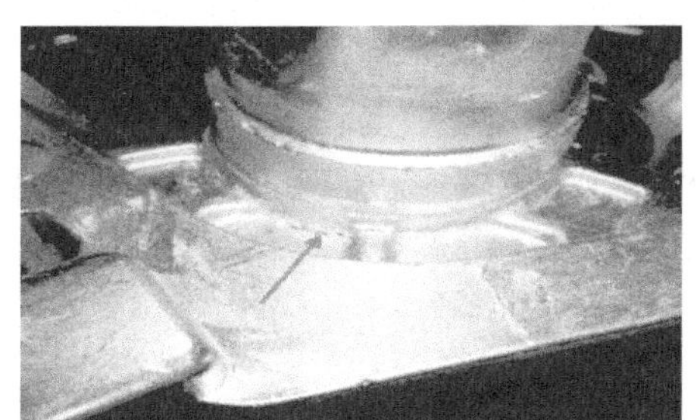

图 4-7　铝合金变速器后壳体缩裂

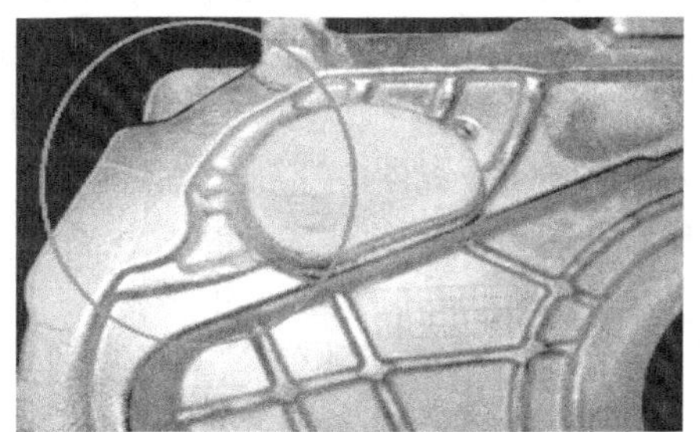

图 4-8　铝合金变速器后壳体表面未成形

（4）解决措施　进行小批量试制，根据铸件产生的缺陷情况，首先模具需要进行修改，主要还是模具排气不良造成的；其次是工艺方面，需要提高浇注温度，增加铝液的流动性，保证其充型能力。针对以上铸件出现的缺陷，对模具及工艺进行以下修改。

① 模具增加排气。模具排气差，气体排不出去是最主要的一个问题，所以将模具上加强筋的交汇处增加排气塞，在几个半圆球顶端增加排气塞，在大平面处根据铸件均匀布置排气塞，增强模具的排气效果，另外在铸件浇道及远离浇口位置处开设排气槽，保证在浇注过程中，利于气体的排出。

② 涂料的涂刷。针对图 4-4、图 4-5 所示出现的浇不足、冷隔缺陷，在模具型腔内刷保温涂料，减缓铝液的凝固速率，提高铝液的流动性及充型能力。针对图 4-6 所示铸件出现的热裂问题，涂料的涂刷是关键。在铸件容易出现应力的位置涂刷激冷涂料或者将涂料喷涂得薄一些或不喷涂涂料，加快铝液冷却速率，保证该处先凝固，增加强度以抵抗拉应力。

③ 加大冒口并提高保温效果。在初次试制时，铸件前端和后端的冒口，表面发亮，冒口也没有明显的收缩，证明其并没有起到补缩作用，所以将这两个冒口去掉（图 4-9）；四个圆柱形冒口高度为 50mm，冒口体积小，实际补缩效果不理想，导致冒口下方缩裂、不成形，所以将冒口加高到 70mm，增强其补缩能力。另外模具上该四处冒口套用石棉绳缠裹，套表面刷保温涂料，内腔也刷保温涂料，并且涂料要厚，以达到预期的保温效果，使冒口处

的铝液最后凝固，增强冒口的补缩能力。

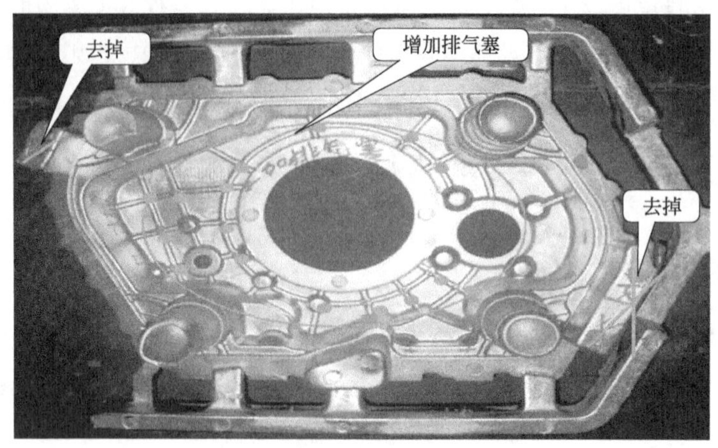

图 4-9 铝合金变速器后壳体模具优化

④ 其他。为了保证铝液的充型，将内浇道的截面积加大，保证铝液的流动性及充型能力；提高铝液的浇注温度，由之前的 700℃提高到 720℃，提高模具温度，在规定范围内按照偏上限执行；将图 4-6 处的热裂位置，加大铸造圆角，由 R_1 加大到 R_5 也可解决热裂问题。

根据修改后的方案，进行再一次试制，产品的上述问题基本得到了解决。

总之，对于金属型铸造而言，铸件的质量和尺寸稳定，尺寸精度较高，一般为 CT7～9 级，对于铝合金铸件可达到 CT6～8 级。铸件致密度大，力学性能高，工艺获得率较砂型铸造提高 15%～30%，并且生产效率高。然而，在初次试制变速器铝后壳，出现的一些质量问题也显现出了金属型铸造的缺点，解决措施如下。

① 增加排气塞及开排气道，解决冷隔和浇不足的缺陷。

② 采用暗冒口的形式为铸件补缩，冒口的体积必须大于补缩量。

③ 由于金属型铸件无退让性，会使铸件出现热烈情况，所以要合理控制留模时间，尽可能早地取件出模。

④ 根据铸件的情况，合理控制涂料的厚度，保证铸件顺序凝固，保证铸件内在质量。

⑤ 对于金属型铸造而言，浇注时间、浇注温度及模具温度等工艺参数都是相互联系的，可以根据实际的生产情况，合理控制各个参数，以达到生产出优质铸件的目的。

铝合金压铸件制品常见的缺陷、原因、方法与对策见表 4-9。

表 4-9 铝合金压铸件制品常见的缺陷、原因、方法与对策

序号	缺陷类型	产品缺陷原因	方法与对策
1	冷纹	熔液前端的温度太低，相叠时有痕迹	· 检查壁厚是否太薄（设计或制造），较薄的区域应直接充填 · 检查形状是否不易充填；距离太远、封闭区域（如鳍片、凸起）、被阻挡区域、圆角太小等均不易充填注意是否有肋点或冷点 · 缩短充填时间 · 改变充填模式 · 提高模温 · 提高熔液温度 · 检查合金成分 · 加大出气道可能有用 · 加真空装置可能有用

续表

序号	缺陷类型	产品缺陷原因	方法与对策
2	裂痕	·收缩应力 ·顶出或整缘时受力裂开	·加大圆角 ·检查是否有热点 ·增压时间改变(冷室机) ·增加或缩短合模时间 ·增加拔模角 ·增加顶出销 ·检查模具是否有错位、变形 ·检查合金成分
3	气孔	·空气夹杂在熔液中 ·气体的来源:熔解时、在料管中、在模具中、离型剂	·适当地慢速 ·检查流道转弯是否圆滑,截面积是否渐减 ·检查出气道面积是否够大,是否被阻塞,位置是否位于最后充填的地方 ·检查离型剂是否喷太多,模温是否太低 ·使用真空
4	空蚀	因压力突然减小,使熔液中的气体忽然膨胀,冲击模具,造成模具损伤	流道截面积勿急剧变化
5	缩孔	当金属由液态凝固为固态时所占的空间变小,若无金属补充便会形成缩孔,通常发生在较慢凝固处	·增加压力 ·改变模具温度 ·局部冷却、喷离型剂、降低模温 ·有时只是改变缩孔位置,而非消缩孔
6	脱皮	·充填模式不良,造成熔液重叠 ·模具变形,造成熔液重叠 ·夹杂氧化层	·提早切换为高速 ·缩短充填时间 ·改变充填模式、浇口位置和浇口速度 ·检查模具强度是否足够 ·检查销模装置是否良好 ·检查是否夹杂氧化层
7	波纹	第一层熔液在表面急剧冷却,第二层熔液流过未能将第一层熔解,却又有足够的熔合,造成组织不同	·改善充填模式 ·缩短充填时间
8	流动不良产生的孔	熔液流动太慢,或是太冷,或是充填模式不良,因此在凝固的金属接合处有孔	·同改善冷纹方法 ·检查熔液温度是否稳定 ·检查模具温充是否稳定
9	在分模面的孔	可能是缩孔或是气孔	·若是缩孔,减小浇口厚度或是溢流井进口厚度 ·冷却浇口 ·若是气孔,注意排气或卷气问题
10	飞边	·锁模力不足 ·模具合模不良 ·模具强度不足 ·熔液温度太高	·增加锁模力或更换锁模力更大的压铸机 ·维修模具,保证合模要求 ·维修模具,增加模具强度 ·调低熔液温度
11	缩孔	缩孔发生在压件表面下面	·同改善缩孔的方法 ·局部冷却 ·加热另一边
12	积炭	离型剂或其他杂质积附在模具上	·减小离型剂喷洒量 ·升高模温 ·选择适合的离型剂 ·使用软水稀释离型剂
13	冒泡	气体卷在铸件的表面下面	·减少卷气(同气孔) ·冷却或防低模

续表

序号	缺陷类型	产品缺陷原因	方法与对策
14	粘模	· 锌积附在模具表面 · 熔液冲击模具，造成模面损坏	· 降低模具温度 · 降低表面粗糙度 · 加大拔模角 · 镀膜 · 改变充填模式 · 降低浇口速度

二、压铸工艺装备

1. 压铸设备

压铸机就是在压力作用下把熔融金属液压射到模具中冷却成形，开模后得到固体金属铸件的设备。

压铸机的分类方法很多。通常，按设备结构和压射室的位置及其工作条件分类。压铸机分热压室压铸机和冷压室压铸机两大类。冷压室压铸机按其压室结构和布置方式又分卧式、立式两种形式。热压室压铸机与冷压室压铸机的合模机构是一样的，其区别在于压射、浇注机构不同。热压室压铸机（一般 50～800t）的压室与熔炉紧密地连成一个整体，而冷压室压铸机（一般 200～4500t）的压室与熔炉是分开的，见图 4-10 和图 4-11。

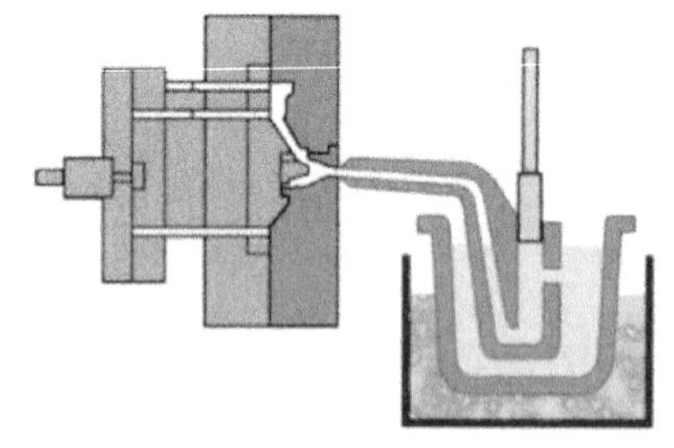
图 4-10　热压室压铸机原理图

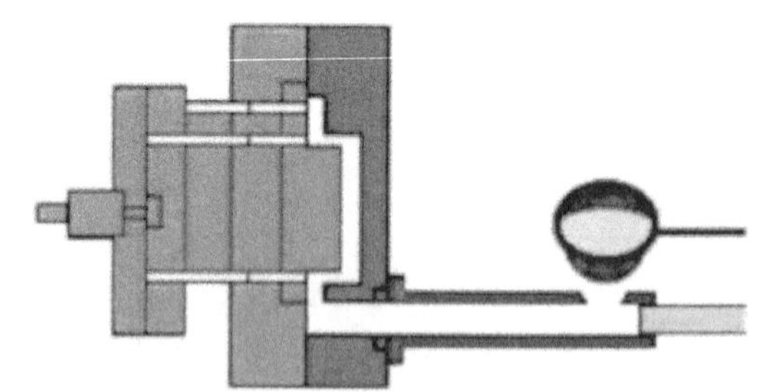
图 4-11　冷压室压铸机原理图

按使用范围分为通用压铸机和专用压铸机；按锁模力大小分为小型机（≤4000kN）、中型机（4000～10000kN）和大型机（≥10000kN）。我国生产压铸机的厂家主要有力劲、伊之密、海天等。

2. 压铸模具

压铸模具是压铸生产三大要素之一，是确保生产的压铸件质量合格的重要条件，一套合格的压铸模具在压铸生产中是十分重要的。

（1）压铸模具的设计流程

① 按照产品使用的材料类别、产品的形状和精度等各项指标对该产品进行工艺分析，确定工艺。

② 确定产品在模具型腔中摆放的位置，进行分型面、排溢系统和浇注系统的分析及设计。

③ 对各个活动的型芯拼装方式和固定方式进行设计。

④ 抽芯距和力的设计。

⑤ 顶出机构的设计。

⑥ 确定压铸机，对模架和冷却系统进行设计。

⑦ 核对模具和压铸机的相关尺寸，绘制模具及各个部件的工艺图。

⑧ 设计完成。

⑨ 模具制造与验证。

(2) 压铸模具的型腔表面处理　压铸模具是模具中的一个大类，在各种模具中，压铸模具的工作条件是较为苛刻的，既要高压、高速，又要高温。压力铸造是使熔融金属在高压、高速下充满模具型腔而压铸成形，在工作过程中反复与炽热金属接触，因此要求压铸模具有较高的耐热疲劳性、导热性、耐磨性、耐蚀性、冲击韧性、红硬性、良好的脱模性等。因此，对压铸模具的表面处理技术要求较高。

① 传统热处理工艺的改进技术。传统的压铸模具热处理工艺是淬火-回火，以后又发展了表面处理技术。由于可作为压铸模具的材料多种多样，同样的表面处理技术和工艺应用在不同的材料上会产生不同的效果。史可夫提出针对模具基材和表面处理技术的基材预处理技术，在传统工艺的基础上，对不同的模具材料提出适合的加工工艺，从而改善模具性能，提高模具寿命。热处理技术改进的另一个发展方向，是将传统的热处理工艺与先进的表面处理工艺相结合，提高压铸模具的使用寿命。如将化学热处理的方法碳氮共渗，与常规淬火、回火工艺相结合的 NQN（即碳氮共渗-淬火-碳氮共渗复合强化），不但得到较高的表面硬度，而且有效硬化层深度增加、渗层硬度梯度分布合理、回火稳定性和耐蚀性提高，从而使得压铸模具在获得良好心部性能的同时，表面质量和性能大幅提高。

② 表面改性技术应用。包括表面热扩渗处理、表面相变强化、电火花强化技术等。

表面热扩渗处理包括渗碳、渗氮、渗硼以及碳氮共渗、硫碳氮共渗等。渗碳工艺应用于冷作、热作和塑料模具表面强化中，都能提高模具寿命。如 3Cr2W8V 钢制的压铸模具，先渗碳，再经 1140～1150℃淬火，550℃回火两次，表面硬度可达 HRC56～62，使压铸有色金属及其合金的模具寿命提高 1.8～3.0 倍。进行渗碳处理时，主要的工艺方法有固体粉末渗碳、气体渗碳以及真空渗碳、离子渗碳和在渗碳气氛中加入氮元素形成的碳氮共渗等。其中，真空渗碳和离子渗碳则是近 20 年来发展起来的技术，该技术具有渗速快、渗层均匀、碳浓度梯度平缓以及工件变形小等特点，将会在模具表面尤其是精密模具表面处理中发挥越来越重要的作用。

③ 渗氮及有关的低温热扩渗技术应用。包括涂镀技术、化学镀等。

这一类型包括渗氮、离子渗氮、碳氮共渗、氧氮共渗、硫氮共渗以及硫碳氮、氧氮硫三元共渗等方法。这些方法处理工艺简便、适应性强、扩渗温度较低（一般为 480～600℃）、工件变形小，尤其适应精密模具的表面强化，而且氮化层硬度高、耐磨性好，有较好的抗粘模性能。3Cr2W8V 钢压铸模具，经调质、520～540℃氮化后，使用寿命较不氮化的模具提高 2～3 倍。美国用 H13 钢制作的压铸模具，不少都要进行氮化处理，且以渗氮代替一次回火，表面硬度高达 HRC65～70，而模具心部硬度较低、韧性好，从而获得优良的综合力学性能。氮化工艺是压铸模具表面处理常用的工艺，但当氮化层出现薄而脆的白亮层时，无法抵抗交变热应力的作用，极易产生微裂纹，降低热疲劳抗力。因此，在氮化过程中，要严格控制工艺，避免脆性层的产生。国外提出采用二次和多次渗氮工艺。采用反复渗氮的办法可以分解容易在服役过程中产生微裂纹的氮化物白亮层，增加渗氮层厚度，同时使模具表面存在很厚的残余应力层，使模具的寿命得以明显提高。此外还有采用盐浴碳氮共渗和盐浴硫氮碳共渗等方法。这些工艺在国外应用较为广泛，在国内较少见。如 TFI＋ABI 工艺，是在盐浴氮碳共渗后再于碱性氧化性盐浴中浸渍。工件表面发生氧化，呈黑色，其耐磨性、耐蚀性、耐热性均得到了改善。经此方法处理的铝合金压铸模具寿命提高数百小时。再如法国开发的硫氮碳共渗后进行氮化处理工艺，应用于有色金属压铸模具则更具特点。

(3) 压铸模具与注塑模具的不同

① 一般压铸模具腐蚀比较严重，外表面一般进行发蓝处理。

② 一般压铸模具型腔内要进行渗氮处理，防止合金粘模腔。

③ 压铸模具的注射压力大，因此模板要求相对要厚一些，防止变形。

④ 压铸模具的浇口与注塑模具不同，需要做分流锥分解料流的高压力。

⑤ 成形不一致，压铸模注射速度快，一段注射压力；塑胶模具通常分几段注射，保压。

⑥ 压铸模具为两板模一次开模；对于塑胶模具，不同的产品结构不一样，三板模常见，开模次数及顺序与模具结构相配合。

⑦ 压铸模具的分型面配合要求更高一些，因为合金流动性比塑胶好很多，高温高压的料流从分型面飞出来将十分危险。

⑧ 压铸模具型腔不需要淬火，因为压铸时模腔内温度超过700℃，所以每成形一次相当于淬火一次，模腔会越来越硬，而一般的塑胶模具要淬火到HRC52以上。

⑨ 与塑胶模具相比，压铸模具的活动配合部分（如抽芯滑块）配合间隙要大一些，因为压铸过程的高温会引起热膨胀，如果间隙过小会造成模具卡死。

⑩ 塑胶模具一般靠顶针、分型面等就可以排气，压铸模具必须开排气槽和集渣包（收集冷料料头）。高压注射导致填充模具的速度非常快，这样在任何部分凝固之前熔融金属就可填充满整个模具。通过这种方式，就算是很难填充的薄壁部分也可以避免表面不连续性。不过这也会导致空气滞留，因为快速填充模具时空气很难逃逸。通过在分型线上安放排气口的方式可以减少这种问题，不过就算是非常精密的工艺也会在铸件中心部位残留下气孔，大多数压铸可以通过二次加工来完成一些无法通过铸造完成的结构，例如钻孔、抛光。

第三节 半固态铸造

一、半固态铸造工艺

半固态铸造（Semi-Solid Metals，SSM）是先将铝液制成半固态浆料后而进行的铸造，其核心技术是半固态浆料的制作。制作浆料有两种途径：一是流变成形；二是触变成形。两种方式都可以采用压铸，也可以采用挤压铸造，称为半固态压铸和半固态挤压铸造。

挤压铸造是一种成形方法，也称液态模锻，是对进入铸型型腔内的液态（或半固态）金属施加较高的机械压力，使其在压力下成形和凝固，从而获得铸件（或铸锭）的一种工艺方法。

半固态技术最早诞生于瑞典。传统的压铸是把金属液倒入模具做成产品。半固态介于液体和固体之间，半固态铸造技术是在液态金属的凝固过程中进行强烈的搅拌，使普通铸造易于形成的树枝晶网络骨架被打碎而形成分散的颗粒状组织形态，从而制成半固态金属液，然后再将其压铸成坯料或铸件。

触变成形：金属浆液变浆料凝固成锭，按需要将此金属锭切成一定大小，然后重新加热（即坯料的二次加热）至金属的半固态温度区（金属锭称为半固态金属坯料）。利用金属的半固态坯料进行成形加工的方法为触变成形。其工艺过程包括触变坯料制备、二次加热、半固态成形（如压铸等）、锯切、固熔、时效、喷丸/抛丸。

流变成形：在金属液凝固过程中，控制金属的形核和其长大过程，得到一种液态金属母液中均匀地悬浮着一定球状初生固相的固-液混合浆料（固相组分一般为50%左右），即流变浆料，利用这种流变浆料直接进行成形加工的方法称为半固态金属的流变成形。流变成形的工艺过程包括熔炼、流变坯料制备、半固态压铸、锯切、固熔、时效、喷丸/抛丸。

半固态压铸成形技术始创于20世纪70年代的美国，在欧洲、美国、日本、韩国等发达国家和地区，半固态压铸成形件已在汽车领域得到批量化应用，后来由瑞典将该技术引入我国。

与一般压铸工艺相比，半固态铸造工艺具有以下特点。

① 半固态压铸成形可以有效控制铸件内部气孔缺陷含量。在流动过程中，半固态金属呈现出有序、可控的宏观流动状态，不同于液态金属的混乱、不可控的宏观流动状态。利用这一特性，可以使金属流体按设计顺序有序充填金属模具型腔，将型腔空气推至型腔末端，最后通过排气槽排出，避免型腔气体的卷入，减少气孔缺陷，提高铸件的致密性。

② 半固态压铸成形还可以有效控制铸件内部缩孔缺陷含量。金属从液态凝固到固态，需要经历液态收缩和凝固收缩两个体积收缩过程，从半固态凝固到固态，仅需要经历凝固收缩一个体积收缩过程。与液态金属相比，半固态金属在凝固过程中的体积收缩率较小。在自然凝固的条件下，同等体积的半固态金属产生的缩孔体积要比液态金属少。

③ 半固态压铸成形还能有效减少铸件的热裂倾向。热裂产生的根源是合金在凝固过程产生的内应力，半固态压铸成形技术，消除了枝晶搭接产生的内应力，同时减小合金收缩量，从而减小热裂的发生倾向。

④ 半固态压铸成形技术相比普通压铸工艺温度低70℃且无须保温，能耗降低60%，对模具的热冲击减小，延长模具寿命，加工余料可全部回收再利用。

⑤ 优质的半固态压铸成形件，由于内部没有气孔或气孔很少，铸件可进行高温热处理，从而可进一步提升产能，且铸件具有良好的可焊性。

⑥ 半固态压铸成形技术也沿袭了常规压铸成形生产效率高的特点，非常适合大批量零部件的制备。

二、半固态成形工艺装备

1. 半固态成形设备

半固态成形技术是对具有一定液相组分的固液混合浆料进行压铸、挤压或模锻成形，是一种介于普通铸造和锻造之间的成形方法。因此，半固态成形设备主要有压铸机、挤压铸造机、液态锻造机和制浆系统等。半固态压铸机结构见图4-12。

半固态制浆系统，包括用于对浆料进行搅拌的搅拌装置，搅拌装置又包括搅拌棒和用于驱动搅拌棒旋转的旋转驱动装置等。

2. 半固态成形模具

半固态成形工艺一般都是在高温下进行操作，为了确保产品质量，模具也要在液态金属

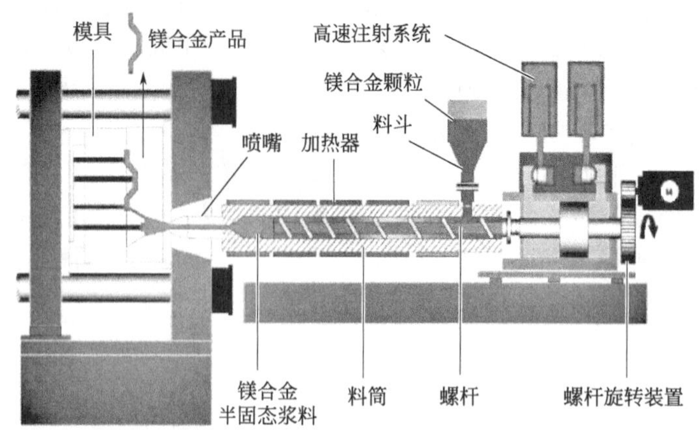

图 4-12　半固态压铸机结构

浇注时温度维持在一定的范围（模具温度一般为 250～300℃）才利于压铸件充型和凝固。因此半固态成形模具一般都选择耐热的模具钢，如 H13 等，而且半固态压铸模具设计过程中冒口和内浇道尺寸比液态压铸模尺寸要大。

第四节
锻造

锻造是一种利用锻压机械对金属坯料施加压力，使其产生塑性变形以获得具有一定力学性能、一定形状和尺寸锻件的加工方法，是锻压（锻造与冲压）的两大组成部分之一。锻造也是一种古老的金属加工方法。通过锻造能消除金属在冶炼过程中产生的铸态疏松等缺陷，优化微观组织结构，同时由于保存了完整的金属流线，锻件的力学性能一般优于同样材料的铸件。相关机械中负载高、工作条件严峻的重要零件，除形状较简单的可用轧制的板材、型材或焊接件外，多采用锻件。

一、锻造的分类

按照锻件锻造的温度，锻造可以分为热锻、温锻和冷锻。钢的开始再结晶温度约为 727℃，一般采用 800℃作为划分线，高于 800℃的是热锻；在 300～800℃之间称为温锻或半热锻；在室温下进行锻造的称为冷锻。用于大多数行业的锻件都是热锻，温锻和冷锻主要用于汽车、通用机械等零件的锻造，温锻和冷锻可以有效地节材。

锻造是金属被施加压力，通过塑性变形塑造要求的形状或合适的压缩力的物件。根据锻造成形机理，锻造可分为自由锻、模锻、碾环和特殊锻造。

（1）自由锻　指用简单的通用性工具，或在锻造设备的上、下砧铁之间直接对坯料施加外力，使坯料产生变形而获得所需的几何形状及内部质量的锻件的加工方法。

（2）模锻　金属坯料在具有一定形状的锻模膛内受压变形而获得锻件，模锻一般用于生产重量不大、批量较大的零件。模锻可分为热模锻、温锻和冷锻。温锻和冷锻是模锻的未来发展方向，也代表了锻造技术水平的高低。

(3) 碾环　碾环是指通过专用设备碾环机生产不同直径的环形零件，也用来生产汽车轮毂、火车车轮等轮形零件。

(4) 特种锻造　特种锻造包括辊锻、楔横轧、径向锻造、液态模锻等锻造方式，这些方式都比较适用于生产某些特殊形状的零件。

二、锻造的工艺流程

不同的锻造方法有不同的流程，其中以热模锻的工艺流程最长。锻造的工艺流程：锻坯下料→锻坯加热→辊锻备坯→模锻成形→切边→冲孔→矫正→中间检验（检验锻件的尺寸和表面缺陷）→锻件热处理（用以消除锻造应力，改善金属切削性能）→清理（主要是去除表面氧化皮）→矫正→检查（一般锻件要经过外观和硬度检查，重要锻件还要经过化学成分分析、力学性能、残余应力等检验和无损探伤）→机械加工→成品入库。

三、锻造的特点

与铸件相比，金属经过锻造加工后能改善其组织结构和力学性能。铸造组织经过锻造方法热加工变形后，由于金属的变形和再结晶，使原来的粗大枝晶和柱状晶粒变为晶粒较细、大小均匀的等轴再结晶组织，使钢锭内原有的偏析、疏松、气孔、夹渣等压实和焊合，其组织变得更加紧密，提高了金属的塑性和力学性能。

同材质锻件的力学性能要高于铸件的力学性能。锻造加工能保证金属纤维组织的连续性，使锻件的纤维组织与锻件外形保持一致，金属流线完整，可保证零件具有良好的力学性能与长的使用寿命。采用精密模锻、冷挤压、温挤压等工艺生产的锻件，都是铸件所无法比拟的。

锻造的缺点是模具成本高，加工周期长，作业环境差。

四、空心锻造

空心锻造是指成品中心有通孔的锻件，如各种圆环、齿圈、轴承环和各种圆筒、缸体、空心轴等，空心锻造是汽车轻量化工作中常用的一种锻造工艺。

空心锻造工艺的基本工艺流程：镦粗→冲孔→扩孔或芯轴拔长→倒棱→滚圆→校直等。

锻件制品常见的缺陷、原因、方法与对策见表4-10。

表4-10　锻件制品常见的缺陷、原因、方法与对策

序号	缺陷类型	产品缺陷原因	方法与对策
1	大晶粒	· 始锻温度过高 · 变形程度不足或终锻温度过高或变形程度落入临界变形区而引起的 · 终锻温度过高	· 选择适当的始锻温度 · 要让锻件达到充分的形变 · 选择适当的终锻温度
2	晶粒不均匀	· 坯料各处的变形不均匀 · 局部区域的变形落入临界变形区 · 高温合金局部硬化 · 淬火加热时局部晶粒粗大	· 要让坯料各处形变一致 · 要让各部形变充分 · 避免出现合金高温硬化现象 · 淬火加热时要使锻件组织晶化充分
3	冷硬现象	· 变形时温度过低 · 变形速度太快 · 锻造锻件后冷却过快	· 变形时要保证适宜的温度 · 变形时速度不宜过快 · 锻造后锻件也不宜冷却过快

续表

序号	缺陷类型	产品缺陷原因	方法与对策
4	裂纹	锻造时存在较大的拉应力、切应力或附加拉应力	· 首先消除坯料表面、内部的缺陷或微裂纹 · 锻件加热要选择适宜的温度 · 锻造时锻造速度不宜过快 · 锻造形变程度不宜过大，不能超过材料允许的塑性界限
5	龟裂	· 原材料中含有过多的易熔元素 Cu、Sn 等 · 高温长时间加热时钢料表面有铜析出、表面晶粒粗大、脱碳或经过多次加热的表面 · 燃料含硫量过高、有硫渗入钢料表面	· 原材料中不能有过多的易熔元素 Cu、Sn 等 · 避免高温长时间加热时钢料表面有铜析出及表面晶粒粗大、脱碳现象出现 · 锻件不能进行多次加热 · 燃料含硫量过高、有硫渗入钢料表面
6	飞边裂纹	· 在锻造时由于重击使金属强烈流动产生穿筋现象 · 镁合金锻模件切边温度过低，铜合金锻模件温度过高	· 在锻造时要避免重击使金属强烈流动穿筋现象出现 · 镁合金锻模件切边温度不能过低 · 铜合金锻模件温度不能过高
7	分模面裂纹	· 原材料中夹杂非金属 · 锻造时向分模面流动或集中或缩管残余在锻造时挤入飞边	· 原材料中避免夹有非金属 · 锻造时避免出现向分模面流动或集中挤入飞边现象
8	折叠	两股或多股金属液或一股金属液带着另一股金属液回流而成，与原材料和坯料形状、模具设计、制造工艺、润滑情况及现场操作等因素有关	· 避免两股或多股金属液或一股金属液带着另一股金属液回流造成锻造时出现折叠现象 · 要确保模具设计合理，选择正确的锻造工艺流程及参数，确保模具使用正确，操作无误等
9	穿流	两股金属液或一股金属液带着另一股金属液回流而成	避免两股金属液或一股金属液带着另一股金属液回流造成锻造时出现穿流现象
10	锻件流线分布不顺	· 模具设计不合理 · 锻造方法不正确 · 模具磨损严重	· 模具设计要正确、合理 · 要保证锻造方法正确 · 修复磨损严重的模具
11	锻造组织残留	· 锻造比不够 · 锻造方法不当	· 要确保锻造比足够 · 要保证锻造方法正确
12	碳化物偏析级别不符合要求	· 锻件中碳化物分布不均匀、碳化物偏析级别差 · 锻造比不够，锻造方法不当，热处理淬火时容易局部过热和脆裂	· 要确保锻件中碳化物分布均匀，不能出现碳化物偏析级别差的现象 · 要保证锻造比足够，锻造方法正确
13	带状组织	两相或两相疑似组织共存时塑性不足引起的	锻件加温时要选择适宜的温度，使其内部组织充分熟化
14	局部充填不足	· 锻造温度低 · 设备吨位不够或锤击力不足 · 锻坯模设计不合理，坯料体积或截面尺寸不合格 · 模腔内堆积氧化皮或其他杂料	· 要保证锻造时温度符合工艺要求 · 锻造时选择的设备吨位要足够，并保证锤击力满足工艺要求 · 锻坯模设计时，要确保坯料体积或截面尺寸符合成品要求 · 模腔内不能堆积氧化皮或其他杂料
15	欠压	· 锻造温度过低 · 设备吨位不足或锤击力不足 · 锤击次数不够	· 锻造温度要符合工艺要求 · 锻造时要选择的设备吨位足够，并保证锤击力满足工艺要求 · 锻造时要保证锤击次数足够
16	错移	· 滑块与导轨之间的间隙过大 · 锻模设计不合理，缺少消除错移力的锁口或导柱 · 模具安装不正确	· 滑块与导轨之间的间隙要适中 · 锻模设计时，要增加消除错移力的锁口或导柱 · 模具安装要正确

续表

序号	缺陷类型	产品缺陷原因	方法与对策
17	轴线弯曲	· 锻件出模时不正确 · 切边时受力不均 · 锻件冷却时各部分降温速度不一 · 清理或热处理不当	· 锻件出模时要正确 · 切边时用力要均匀 · 锻件冷却时各部分降温速度尽量保持一致 · 清理方法要正确或热处理选择要适宜

五、锻造工艺装备

1. 锻造设备

锻造设备是指在锻造加工中用于成形和分离的机械设备。锻造设备包括成形用的锻锤、机械压力机、液压机、螺旋压力机和平锻机，以及锻造操作机、开卷机、矫正机、剪切机等辅助设备锻压设备等。

锻造设备按原理可分为锻锤、曲柄压力机、液压机和旋转式锻压机四种类型。

(1) 锻锤　一般以气体为工作介质，将气体分子的内能转换成执行机构的动能，利用碰撞原理，产生巨大冲击力；属于冲击载荷锻压机，如空气锤、蒸汽-空气锻锤、电液锤、攻速锤等。

(2) 曲柄压力机　利用曲柄-连杆机构把传动部分的旋转运动变成滑块的往复运动；靠传动系统传递的扭矩迫使滑块给毛坯施加压力运动和载荷具有周期性，属于压力作用的机器，如热模锻压力机、拉深压力机、前切机、精压机、平锻机、冷锻机。

(3) 液压机　以液体为工作介质，利用帕斯卡原理，使执行机构产生巨大静压力的锻压机器，如水压机、油压机。

(4) 旋转式锻压机　利用碾压原理，使执行机构对毛坯局部产生持续压力，随着毛坯运动，塑性变形遍布整个锻件，如扩孔机、辊锻机、摆碾机等。

2. 锻造模具

锻造模具是指一种能使坯料成形为模锻件的工具，见图 4-13 和图 4-14。锻造模具是模锻件生产中必需的关键工艺装备，是设备每一行程都需要使用的工具，在模锻件生产中起着举足轻重的作用。锻造模具是在锻造工艺过程中使用的模具，原材料在外力的作用下在锻模中产生塑性变形，从而得到所需形状和尺寸的零件。锻造模具可根据锻造温度的不同分为热锻模、温锻模和冷锻模。热锻模因设备的不同还可分为锤锻模、螺旋压力机锻模、机械压力机锻模、平锻模和液压机锻模等。

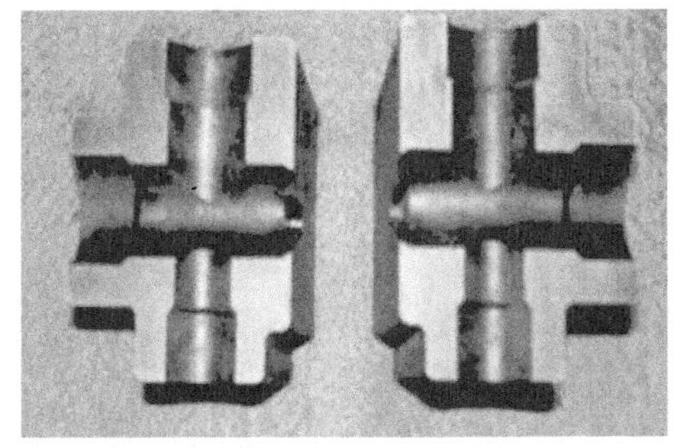

图 4-13　十字轴凸凹锻模

图 4-14　锻模

锻造模具的设计应遵循良好的使用性能、优异的加工性能和一定的经济性能三项原则。同时，要熟悉金属在锻造成形时的工艺特点，掌握各种锻压设备的基本结构和工作性能，从实际条件出发，设计出成形性好、服役寿命合理、便于安装调试和维修的模具。锻模设计要基于材料、成形工艺等因素并注意以下要点。

（1）锻件的外观　外观是产品直接效果，其结果以实际产出为最终定论。

（2）锻件的形状　形状复杂的锻件必须采用多模膛分散变形的方法，以减少模具载荷，降低压力机吨位，避免锻造缺陷产生。

（3）锻造设备　主要是锻压机、冷挤压机、锻压冲床。

第五章 汽车轻量化常用的非金属材料及其工艺条件

节能与环保是汽车技术发展的永恒主题，轻量化、舒适化、节能化以及安全与环保已成为汽车产品发展的趋势，使汽车对材料性能提出的要求越来越高。有关专家指出，受资源和环境因素的制约，轻量、节能的零部件一直是汽车业的研究方向。其中，开发具有较高强度的轻质、高性能新材料及设计新的轻量化结构，已经成为汽车零部件，尤其是汽车内饰件材料的必然选择。

第一节 塑料

一、塑料的特性

塑料是以合成树脂（聚合树脂或缩聚树脂）为主要成分，并根据不同需要而添加不同添加剂所组成的混合物。塑料在汽车工业上应用是自 20 世纪 50 年代开始，到目前已经有 70 年余的历史，它对汽车减重、安全、美观、舒适、节能、耐用等功不可没，这是因为塑料具有独特的性能。

（1）密度小　塑料的密度通常为 0.83～2.2g/cm^3，见表 5-1，是除木材外较为轻质的材料，当将其制成泡沫时，其密度更低，可为 0.010～0.050g/cm^3，而钢的密度为 7.8g/cm^3，铝的密度为 2.7g/cm^3，玻璃的密度 2.6g/cm^3，陶瓷的密度 4.0g/cm^3。每 100kg 塑料可替代其他材料 200～300kg，可减少汽车自重，增加有效载荷。

（2）物理性能良好　如果按单位质量来计算材料的抗拉强度，塑料并不逊于金属，有些塑料如工程塑料、碳纤维增强的塑料等还远远高于金属。塑料的柔韧性较好，手感好，耐磨，避振，吸声，对电、热、声都有良好的绝缘性能，可被广泛地用于制造电绝缘材料、绝缘保温材料以及隔热、吸声材料。

表 5-1　常用塑料的密度　　单位：g/cm^3

名称		密度	名称	密度
热塑性树脂			PTFE(聚四氟乙烯)	2.14
PE-LD		0.917～0.932	PVF(聚氟乙烯)	1.38～1.40
PE-HD		0.932～0.965	PVDF(聚偏氟乙烯)	1.77～1.78
PP	均聚	0.90～0.91	FEP(四氟乙烯-六氟丙烯共聚物)	2.12～2.17
	共聚	0.89～0.905		
PB(聚丁烯)		0.91～0.925	PEP	1.27
TPX(聚-4-甲基-1-戊烯)		0.833～0.835	MPPO(改性 PPO)	1.04～1.10
PEC(氯化聚乙烯)		1.13～1.26	PSU	1.24
PS	均聚	1.04～1.05	PPS	1.35
	高抗冲	1.03～1.06	PI	1.33～1.43
PA6		1.12～1.14	PEEK	1.30～1.32
PA66		1.13～1.15	LCP	1.35～1.84
PA11		1.03～1.05	热固性树脂	
PA12		1.01～1.02	EP	1.11～1.40
POM	均聚	1.42	PF	1.24～1.32
	共聚	1.40	UP	1.01～1.46
PC		1.2	PU	1.03～1.50
PBT		1.30～1.38	热塑性弹性体	
ABS		1.01～1.08	聚烯烃类	0.88～0.98
丙烯酸酯树脂		1.17～1.20	聚酯类	1.10～1.28
PVC	软质	1.2～1.4	PS-二烯烃类	0.90～1.20
	硬质	1.4～1.6		

(3) 耐化学品腐蚀性　塑料有抵抗酸、碱、有机溶剂、油料、气体、盐水、铜等化学品侵蚀的能力。在化学药品长期作用下，塑料会发生失光、变色、雾化、开裂、龟裂、翘曲、分解、溶胀、溶解、发黏等变化。此外，在受力情况下，会引发银纹和龟裂，引起环境应力开裂。聚四氟乙烯是化学性能非常稳定的材料。最常用的耐腐蚀材料是硬聚氯乙烯，它可耐浓度达 90%的浓硫酸，各种浓度的盐酸和碱液。汽车用塑料往往使用在相当苛刻的环境中，如热（发动机周围的高温、炎热夏季的高温和寒冷冬季的低温以及冷热交变）、油类（如汽油、柴油、润滑油、制动油等）、化学品（如冷却液、蓄电池液、汽车蜡、道路防冻剂——食盐等）和外界大气（主要是紫外线等），因此塑料的耐环境性相当重要。

(4) 设计自由度大　可制成透明、半透明或不透明的制品，外观多种多样，表面可制作具有特色的花纹。

(5) 着色性好　可按需要制成各种各样的颜色，如黑、灰、白等，也可制成桃木纹。

(6) 加工性能好　复杂的制品可一次成型，能采用各种成型法大批量生产，生产效率高，成本较低，经济效益显著，如果以单位体积计算，生产塑料制件的费用仅为有色金属的 1/10。

(7) 环保、节约能源　可回收利用，是满足人类可持续发展战略可大力推广的材料。

塑料的缺点：收缩率大，吸水性强，尺寸稳定性差，难以制得高精度制品，易燃，燃烧时产生大量黑烟和有毒气体，长期使用易老化、易变形，但通过改性可降低其缺陷。常用塑料的吸水率见表 5-2。

表 5-2　常用塑料的吸水率

名称	吸水率	名称	吸水率	名称	吸水率
PE	<0.01	PA6	1.5	TPX	0.01
PP	<0.01	PA66	1.5	PSU	0.22
PS	<0.1	PA12	0.25	PES	0.43
PVC	0.1	PTFE	<0.01	PPS	<0.05
PMMA	<0.3	PC	0.15	PEEK	0.14
ABS	<0.3	MPPO	0.06	PAR	0.26
AS	0.2	PBTP	0.09	LCP	0.02～0.03
POM	0.22	PETP	0.1	PAI	0.28

二、塑料的分类

由于塑料中可以加入各种各样的添加剂，其改性新品种层出不穷。目前，塑料品种到底多少，也许没有人能准确地说出，但是我们日常生活和工业生产中常见的约 50 多种。由于改性后的塑料兼具金属和自身的很多优点，因此近几年在汽车设计中常采用大量的塑料，这在一定程度上也综合反映出对汽车设计性能的要求，即轻量化、安全、防腐、造型和舒适性等，而且有利于降低成本，节约材料资源。

1. 按照使用特性分类

塑料分为通用塑料、工程塑料和特种塑料。通用塑料是指产量大、用途广、成型好、价格便宜的塑料，如聚乙烯（PE）、聚丙烯（PP）、聚苯乙烯等（PS）、聚甲基丙烯酸甲酯（PMMA）。

工程塑料指能承受一定外力作用、具有良好的力学性能和耐高、低温性能，尺寸稳定性较好，可以用作工程结构的塑料，如聚酰胺（PA）、聚碳酸酯（PC）、热聚性聚酯、聚砜（PSU）等。

特种塑料具有特种功能，如氟塑料和有机硅等。

2. 按原材料树脂合成途径分类

(1) 以加聚树脂为基础原料　通过加聚反应得到的合成树脂，常见的有 PVC、PE、PP、PS、PMMA、ABS 等。

(2) 以缩聚树脂为基础原料　通过缩聚反应得到的合成树脂，常见的有 PF、PU、UP、EP 等。

(3) 以天然高分子材料为原料的塑料　即以天然高分子材料为基础，经过化学加工并加入各种必要的添加剂而制成的塑料，常见的有硝化纤维素、醋酸纤维素等。

3. 按照理化特性分类

（1）热固性塑料　在受热或其他条件下能固化或具有不溶（熔）特性的塑料，是指在加工初期具有一定的可塑性，可制成一定形状的制件，如果继续加热或加入固化剂后则随化学反应的进行而变硬（固化），并使形状固定下来而不具有可塑性，且固化定型后的塑料质地坚硬、不溶于溶剂之中，即使再加热也不会软化或具有可塑性；如果继续加热，则因温度过高会发生分解。热固性塑料的优点是强度、耐热性好，受压不宜变形；缺点是成型工艺复杂，生产效率低。

（2）热塑性塑料　热塑性塑料是指在特定温度范围内能反复加热软化和冷却硬化的塑料，其优点是成型工艺简单，生产率高，具有一定的力学性能，可重复回收使用。缺点是耐热性差，刚度较低。

热塑性塑料和热固性塑料的分类见图 5-1。

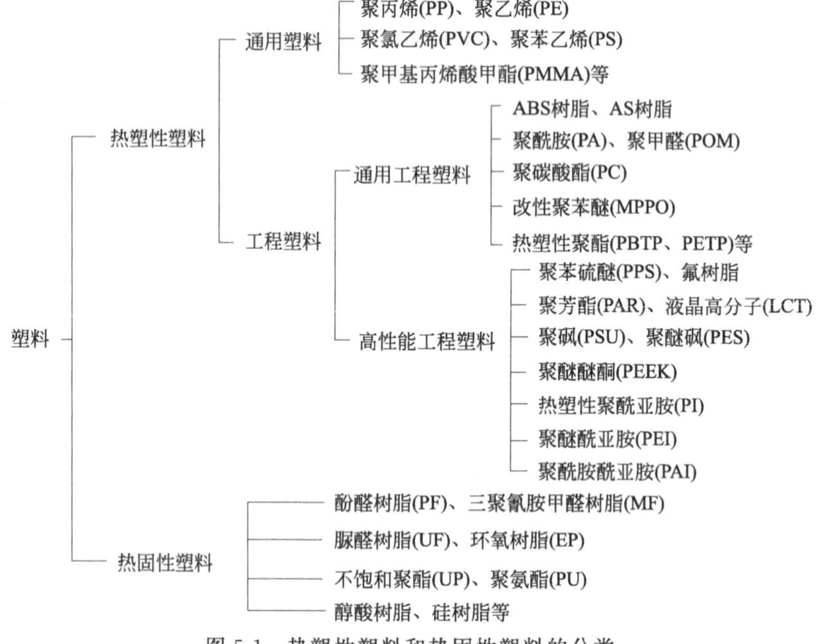

图 5-1　热塑性塑料和热固性塑料的分类

热塑性塑料和热固性塑料的比较见表 5-3。

表 5-3　热塑性塑料和热固性塑料的比较

种类	项目		
	成分	特点	成型方法
热塑性塑料	聚合树脂＋添加剂	有重复加工性	注射、挤出、吸/吹塑等
热固性塑料	缩聚树脂＋添加剂	不具有重复加工性	压缩、压注，也可注射

三、汽车内饰件应用最多的几种塑料

1. 聚烯烃（PO）塑料

聚烯烃（PO）塑料是通用塑料的一种，它主要包括聚乙烯（PE）、聚丙烯（PP）、

EVA 和 TPX 等高级烯烃聚合物。聚乙烯（PE）又分为高密度聚乙烯（HD-PE）、中密度聚乙烯（MD-PE）、线型低密度聚乙烯（LLD-PE）和低密度聚乙烯（LD-PE）等。聚烯烃（PO）塑料即烯烃的聚合物，是一类产量最大、应用最多的高分子材料，其中以聚乙烯、聚丙烯最为重要。由于具有原料丰富，价格低廉，容易加工成型，综合性能优良等特点，在现实生活中应用最为广泛，其在汽车上应用也越来越重要，并有逐步扩大之趋势。

(1) 聚乙烯（Polyethylene，PE） 聚乙烯是由乙烯单体经自由基聚合而成的聚合物，俗成软胶，其密度一般为 0.910～0.970g/cm^3。PE 树脂为无味、无毒的白色粉末或颗粒，外观呈乳白色，有似蜡的手感，吸水少。PE 易燃，燃烧时低烟，有少量熔融落滴，滴落物可继续燃烧，火焰上端为黄色、下部为蓝色，有石蜡气味。成形收缩率为 1.5%～3.6%，成形温度为 140～220℃。PE 的合成原料来自石油，原料来源丰富，生产工艺流程短，产量大，价格低廉，其产量自 1965 年超过聚氯乙烯（PVC）后一直位居第一。聚乙烯为线型聚合物，具有与烷烃相似的结构，属于高分子长链脂肪烃；分子对称无极性，分子间作用力小，力学性能不高，但综合性能良好；耐化学品性优良，在常温下几乎没有溶剂可溶解 PE；电绝缘性能良好，介电性优良，且不受高湿或浸水条件的影响；熔点低；印刷、涂装性能较差，易积累静电。聚乙烯分子链上含有短的甲基和长的烷基支链，含有少量的双链和醚基；不同品种 PE 上的支链数目的大小依次为 PE-LD＞PE-MD＞PE-HD，支链越多其耐光解和氧化能力越差。PE 可以氯化，辐照改性，可用玻璃纤维增强。低压聚乙烯的熔点、刚性、硬度和强度较高，吸水性小，有良好的电性能和耐辐射性；高压聚乙烯的柔软性、伸长率、冲击强度和渗透性较好；超高分子量聚乙烯冲击强度高，耐疲劳，耐磨。低压聚乙烯适于制作耐腐蚀零件和绝缘零件；高压聚乙烯适于制作薄膜等；超高分子量聚乙烯适于制作减振、耐磨及传动零件。

① 聚乙烯的分类及特点（表 5-4）。

表 5-4 聚乙烯的分类及特点

名称	英文缩写	密度/(g/cm^3)	结晶度/%	熔点/℃	备注
低密度聚乙烯	LD-PE	0.910～0.925	65～75	108～126	长支链
线型低密度聚乙烯	LLD-PE	0.913～0.930		118～140	近似直链状
中密度聚乙烯	MD-PE	0.926～0.940	80～90	126～135	
高密度聚乙烯	HD-PE	0.941～0.965	85～95	125～136	近似直链状

a. 低密度聚乙烯（LD-PE）：俗称花料或筒料，是一种半透明白色蜡状材料，密度比水小，柔软而且有韧性，略能伸长，无毒，无味；易燃，离火后能继续燃烧，火焰上端呈黄色，下端呈蓝色，燃烧时会熔融，有液体滴落，无黑烟冒出，同时散发出石蜡燃烧时的气味。

优点：耐酸碱，耐有机溶剂，电绝缘性优良，低温时仍能保持一定的韧性。

缺点：力学性能差，透气差，易变形，易老化，易发脆，易应力开裂，表面硬度低，易刮伤。难印刷，印刷时需进行表面放电处理，不能电镀，表面无光泽。

用途：用于挤出包装薄膜、覆膜、软管等，用于注塑常日用品及外壳，也用于挤出吹塑容器。

加工性能：低分子量的聚乙烯，熔点为 120℃，非常像石蜡，一般的聚乙烯熔点为 140℃，分解温度为 300℃，注塑温度的可调区间较大，常用于其他原料的换料洗机用。注塑加工时，一般常使用温度为 170～220℃，因是烃烯类塑料，不吸水，所以生产时不需做烘干处理，但为了产品质量，可在60℃烘干1h，以排出浮水。聚乙烯的熔体黏度大，流长比小，薄壁制品常出现的缺陷是缺胶，因此，浇口和流道设计得相对较大。制品易带静电，表面易吸附灰尘。收缩率为1.6%，溢边值为0.05mm。

b.中密度聚乙烯（MD-PE）：是一种双峰结构的树脂，分子结构中的支链数和性能均介于LD-PE和HD-PE之间的聚乙烯，密度为0.926～0.940g/cm^3，结晶度为80%～90%，拉伸强度为12～37.37MPa，悬臂梁缺口冲击强度＞853J/m，耐环境应力开裂（F50）为100～1000h，脆化温度为－60℃，热变形温度（0.45MPa）为49～74℃，长期使用温度为116～140℃，产品多用于电线包覆、防水材料、水管等。

c.高密度聚乙烯（HD-PE）：俗称硬性软胶。HD-PE本色是一种不透明白色蜡状材料，密度比水小，柔软而有韧性，但比LD-PE略硬，也略能伸长，无毒无味。易燃，离火后能继续燃烧，火焰上端呈黄色，下端呈蓝色，燃烧时会熔融，有液体滴落，无黑烟冒出，同时发出石蜡燃烧时的气味。

优点：耐酸碱，耐有机溶剂，电绝缘性优良，低温时仍能保持一定的韧性。表面硬度、拉伸强度、刚性等力学性能都高于LD-PE，接近于PP，韧性比PP高，但表面粗糙度比PP大。

缺点：力学性能差，透气差，易变形，易老化，易发脆，脆性低于PP，易应力开裂，表面硬度低，易刮伤。难印刷，印刷时需进行表面放电处理，不能电镀，表面无光泽。

用途：用于挤出包装薄膜、绳索、编织袋、渔网、水管等，用于注塑通常日用品及外壳、非承载荷构件、胶箱、周转箱，用于挤出吹塑容器、中空制品、瓶子。

加工性能：一般的HD-PE熔点为120℃，分解温度为300℃，注塑温度的可调区间较大。注塑常用温度为180～230℃，因是烃烯类塑料，不吸水，所以生产时不需做烘干处理，某些要求精度较高的产品，可在60℃烘干1h，以排出浮水。聚乙烯的熔体黏度大，流长比小，薄壁制品极可能缺胶，因此，浇口和流道相对较大。制品易带静电，表面易吸附灰尘。收缩率为1.6%，溢边值为0.05mm。

d.线型低密度聚乙烯（LLD-PE）：是一种不透明白色蜡状材料，密度比水小，柔软而有韧性，但比PE-LD略硬，也略能伸长，无毒无味。易燃，离火后能继续燃烧，火焰上端呈黄色，下端呈蓝色，燃烧时会熔融，有液体滴落，无黑烟冒出，同时发出石蜡燃烧时的气味。

优点：耐酸碱，耐有机溶剂，电绝缘性优良，低温时仍能保持一定的韧性。表面硬度、拉伸强度、刚性等力学性能都高于LD-PE，但低于HD-PE，LLD-PE的抗穿刺性是最好的，耐撕裂，特别适宜生产薄膜，生产出的薄膜比PE-LD薄，但强度高。

缺点：力学性能差，透气差，易变形，易老化，易发脆，脆性低于PP，易应力开裂，表面硬度低，易刮伤。难印刷，印刷时需进行表面放电处理，不能电镀，表面无光泽。

用途：用于挤出包装薄膜、胶带、电缆，生产薄膜等，注塑通常日用品及外壳等，挤出吹塑容器、中空制品、瓶子等。

加工性能：一般的LLD-PE熔点为170℃，分解温度为300℃，注塑温度的可调区间较大。注塑常用温度为200～260℃，它的表观黏度大，流动性差，单独的LLD-PE难以注塑，因此要加大注塑机的功率或加其他低分子量的塑料增加它的流动性。因是烃烯类塑料，不吸水，生产时不需做烘干处理，部分要求精度较高的产品，可用60℃烘干1h以排出浮水。线型低密度聚乙烯的熔体黏度大，流长比小，流动性低于LD-PE和HD-PE，注塑薄壁制品极可能缺胶，因此，浇口和流道相对较大。制品易带静电，表面易吸附灰尘。收缩率为1.6%，溢边值为0.05mm。

LD-PE 和 HD-PE 的差别主要是在密度上，从而引起力学性能上的差别，一个刚硬，一个柔韧，LLD-PE 与它们的差别主要是在分子结构上，有较多的支链，因此这种材料是又柔韧又刚硬。

e. 其他聚乙烯：很低密度聚乙烯简称 VPE-LD；超低密度聚乙烯简称 UPE-LD。它们目前被称为第四代聚乙烯。这两种树脂的突出特点是密度低，有更大的柔软性、韧性和耐环境应力开裂性，均为线型非极性聚合物，其柔性和强度介于低模量、低密度的乙丙橡胶（EPR）与高模量低密度的聚乙烯（PE-LD）之间。两者的密度范围为 0.870～0.920g/cm^3，其中 VPE-LD 的密度为 0.915～0.920g/cm^3，UPE-LD 的密度为 0.870～0.900g/cm^3。VPE-LD 可以作为优质的产品材料，而 UPE-LD 主要用作其他树脂的改性剂，例如利用其低温柔软性改性聚丙烯的性能，在汽车仪表盘、保险杠等方面已开始应用且效果良好。

② 聚乙烯应用范围。聚乙烯主要用在汽车扶手、盖板、柱套、转向盘、遮阳板、顶棚、后围和侧围的减振材料、暖风机空调的风管及燃油箱等。

③ 聚乙烯制品的成型方法。聚乙烯（PE）可用注塑、挤出、吹塑、压制、压延等方法加工，见表 5-5。PE 流动性好，加工温度低，黏度大小适中，是一种加工性能很好的塑料，很容易加工成型，几乎可适用所有成型加工方法，但不采用压延成型和 RIM 成型。其成型性能如下。

表 5-5　PE 压缩成型和注射成型工艺条件

名称	压缩成型		注射成型	
	温度/℃	压力/MPa	温度/℃	压力/MPa
LD-PE	135～177	0.7～5.5	149～371	55～206
MD-PE	149～190	0.7～5.5	149～371	55～206
HD-PE	149～232	3.5～5.5	149～315	69～138

一次成型时熔体流动速率（MFR）由小到大的顺序为：一次烧结成型＜片材、管材挤出成型＜中空成型＜挤出涂布＜薄膜吹塑＜挤出复合＜注射成型＜粉末涂装。

由于是非极性聚合物，表面能低，与此相关的二次加工成型困难，为适应涂装、印刷、黏结、金属喷镀等要求必须进行极性化处理，但脱模性好。结晶料，吸湿小，不需充分干燥，流动性极好，但流动性对压力敏感，成型时宜用高压注射，料温均匀，填充速度快，保压充分；不宜用直接浇口，以防收缩不均，内应力增大。注意选择浇口位置，防止产生缩孔和变形。收缩范围和收缩值大，方向性明显，易变形翘曲；冷却速率宜慢，模具设冷料穴，并有冷却系统。加热时间不宜过长，否则会发生分解，有被灼伤的风险。软质塑件有较浅的侧凹槽时，可强行脱模。可能发生融体破裂，不宜与有机溶剂接触，以防开裂。发泡倍率高（10～80 倍），可制得高发泡制品。与 PS 泡沫材料相比，柔软性、耐热性、耐化学药品性优良，环境问题少。表 5-6 所列为 PE 密度、MFR 与成型加工方法的关系。

表 5-6　PE 密度、MFR 与成型加工方法的关系

成型方法	密度/(g/cm^3)	MFR/(g/10min)
注射成型	0.914～0.970	1.5～70
中空成型	0.914～0.964	0.03～7
薄膜成型	0.916～0.960	0.04～8

续表

成型方法	密度/(g/cm³)	MFR/(g/10min)
管材成型	0.917～0.956	0.1～4
电线包覆	0.916～0.935	0.2～2
复合层压	0.915～0.936	2～12
拉伸成型	0.946～0.964	0.3～2
板材成型	0.918～0.960	0.1～4
粉末成型	0.914～0.955	4～200

① 注塑。PE因质软而易脱模，PE的流动性好，壁厚要求在0.8mm以上，PE-LD流动比为280∶1，PE-HD流动比为230∶1，脱模斜度为25′～45′。LD-PE的注射成型工艺条件：注射温度为180～240℃，模具温度为50～70℃，注射压力为80～100MPa。MD-PE的注射成型工艺条件：注射温度为200～240℃，模具温度为50～70℃，注射压力为80～100MPa。HD-PE的注射成型工艺条件：注射温度为180～250℃，模具温度为50～70℃，注射压力为80～100MPa。

② 挤出。LD-PE的挤出温度随制品不同而变化，管材为150℃，吹塑薄膜为163℃，片材为177℃，电缆为218℃。HD-PE的挤出条件：挤出温度为165～260℃，挤出压力为35～140MPa。

(2) 乙烯-乙酸乙烯酯共聚物（Ethylene-Vinyl Acetatecopolymer，EVA） 乙烯-乙酸乙烯酯共聚物是乙烯与乙酸乙烯酯通过高压聚合的方法形成的支链状共聚物，在汽车内饰中应用较多，俗称橡皮胶。其外观为半透明或半乳白色的粒料或粉料，易燃，离火不灭，火焰上端呈黄色、下端呈蓝色，燃烧时会熔融，有液体滴落，无黑烟冒出，同时发出乙酸味。乙烯-乙酸乙烯酯共聚物的结构：在无极性、结晶性的PE大分子链中引入极性、非结晶性的乙酸乙烯酯链段，形成一种支化度高的无规共聚物，增大了PE的极性，改善了其冲击强度和印刷、涂装性能；随着乙酸乙烯酯含量的增大，乙烯-乙酸乙烯酯共聚物的分子链间的距离增大，使EVA弹性、柔性和透明性比PE都高。EVA属无规共聚物，因此乙烯-乙酸乙烯酯共聚物具有良好的柔软性、韧性、弹性、耐低温性、低温翘曲性、耐候性、耐应力开裂性、热合性、焊接性、黏结性、透明性、高光泽性、耐化学药品性等性能。缺点是热稳定性、抗老化性差。注塑性能：一般的EVA熔点为120℃，分解温度为200℃；注塑时，一般使用温度为140～160℃；因是烯烃类塑料，不吸水，所以生产时不需烘干；产品质量要求高的，可在60℃烘干1h排出浮水；EVA热稳定性差，比较易分解，因此加工时熔料不易在螺杆中停留时间过长；分解时，有大量的乙酸气味放出；制品带静电，表面易吸尘埃；收缩率为0.9%；溢边值为0.05mm。乙烯-乙酸乙烯酯共聚物中因乙酸乙烯酯的含量不同，性能差别较大，从热塑性弹性体到塑料都有，而且其用途也不同。乙烯-乙酸乙烯酯共聚物通常分为以下三类。

① EVA树脂。乙酸乙烯酯的含量在40%以下，用高压体合成法制成。最常用的是含乙酸乙烯酯18%和28%的乙烯-乙酸乙烯酯共聚物。它的性能近似树脂，主要用于塑料和改性材料，可用于制造塑料制品、电线、电缆、塑料薄膜、汽车内饰隔声、阻尼材料等。

② EVA弹性体。乙酸乙烯酯的含量为40%～70%，用中压溶液法合成制成。它柔软又具有橡胶的弹性，拉伸强度小而伸长率大，主要用于具有减振、增韧、耐磨等性能的弹性体汽车部件。

③ EVA 乳液。乙酸乙烯酯的含量为 70%～95%，用乳液法合成，为聚乙酸乙烯的改性品种。产品为乳液状，主要用作汽车内饰黏合剂材料及涂料等。

(3) 聚丙烯（Polypropylene，PP） 聚丙烯是由丙烯单体经自由基聚合而成的聚合物，因疲劳强度极好而俗称百折胶。PP 树脂为白色蜡状固体，外观似 PE，但是比 PE 更透明、更轻，属于较轻的塑料品种，密度为 0.87～0.91g/cm^3，熔点为 164～170℃。PP 易燃，离火继续燃烧，火焰上端呈黄色、下部为蓝色，有少量黑烟，熔融落滴，有石油气味。PP 的成型收缩率为 1.0%～2.5%，成型温度为 160～220℃。聚丙烯（PP）的优点为电绝缘性和耐化学腐蚀性优良，力学性能和耐热性在通用热塑性塑料中最高，耐疲劳性好；经过玻璃纤维增强的 PP，具有很高的力学性能，接近工程塑料，因而常用作替代工程塑料。PP 的吸水性低，气体透过率低。PP 的成纤维性好，可用作丙纶的生产。缺点为低温脆性大和耐老化性不好。PP 易燃且表面惰性大，表面不易印刷、涂漆、电镀等。聚丙烯重量轻、比强度高、耐热性能好、价格低廉、易回收再用，因此，PP 在汽车工业上应用量最大，其应用量占汽车塑料用量的 30%以上。用于汽车上的 PP 塑料件具有耐热、抗冲、刚性高、涂装性能好、耐气候老化性能良好等优点。

① 聚丙烯的改性主要品种。

a. 增强 PP：增强 PP 常用玻璃纤维为增强材料，增强不仅保留了 PP 原有的优良性能，还使其拉伸强度、耐热性、刚性、硬度、耐蠕变性、线胀系数及成型收缩率等性能明显改善，如可使拉伸强度提高 1 倍，热变形温度提高 50%，线胀系数降低 1 倍，PP 与增强 PP 的性能比较见表 5-7。

表 5-7 PP 与增强 PP 的性能比较

性能	PP	20% GF PP	30% GF PP
相对密度	0.9	1.04	1.13
成型收缩率/%	1～2.5	0.004	0.003
拉伸强度/MPa	29	52	55
断裂伸长率/%	200～700	2.2	2.1
弯曲强度/MPa	50	98	120
剪切强度/MPa	—	34.5	41.3
压缩强度/MPa	41.3	44.8	48.2
弹性模量/MPa	1378	5768	6201
缺口冲击强度/(kJ/m^2)	0.5	7	9
邵尔硬度	R80～100	R107	R110
热变形温度(1.82MPa)/℃	102	149	152
热胀系数/($\times 10^{-5}K^{-1}$)	6～10	2.4	2.4

b. 填充聚丙烯（PP）：常用的填充材料为碳酸钙、滑石粉、云母及木粉等，填充前需进行偶联剂活化处理，以提高其兼容性。

填充 PP 在相对密度、刚性、硬度、热变形温度、耐蠕变性、成型收缩率及线胀系数等方面都有所改善，但拉伸强度、冲击强度及断裂伸长率等性能有所下降。表 5-8 所示为不同填料对 PP 性能的影响。

表 5-8　不同填料对 PP 性能的影响

性能提高幅度	滑石粉/%		云母/%	玻璃微珠/%	碳酸钙/%	
填料含量	20	40	40	20	40	60
相对密度	12	25	25	10	25	50
硬度	15	12	10	20	15	15
拉伸强度	0	0	−10	−20	−35	−40
弯曲强度	70	150	150	25	70	150
热变形温度	20	30	40	10	15	15

② 聚丙烯的应用范围。PP 价廉、耐热性好、重量轻、比强度高、回收再生容易，已被汽车工业大量应用。其应用量占汽车塑料总量的 30%左右，日本一般轿车上的 PP 汽车塑料件达 200～300 种，而且还有取代其他材料或其他汽车塑料的趋势。

用于汽车塑料件的 PP 可满足耐热、抗冲、刚性高、涂装性好、耐气候老化性能好等要求。表 5-9 所列为汽车用 PP 的技术要求。

表 5-9　汽车用 PP 的技术要求

用途	技术要求	使用例
外饰件	耐冲击、耐热、耐老化、刚性好、韧性好、涂漆施工性好	保险杠、散热器格栅
内饰件	超高流动性(不翘曲、不变形)、手感好、无机填料增强(耐热、耐划伤)	各种装饰件及支柱、仪表箱、控制箱

PP 在汽车上被大量用作内饰件、外饰件、发动机有关的零部件和空调机件，如保险杠、转向盘、仪表板、蓄电池壳、散热器面罩（卡车）、散热器风扇、暖风管道、转向柱护套、杂物箱盖、蓄电池壳、保险杠等。用于保险杠的 PP 材料有：PP/弹性体共混料、PP/TPO 共混料、PP/EPR 反应器合金。表 5-10 所示为汽车上常用的 PP 材料。

表 5-10　汽车上常用的 PP 材料

<table>
<tr><td>材料类型</td><td colspan="3">均聚物</td><td colspan="4">共聚物</td></tr>
<tr><td>特性</td><td colspan="3">热稳定,高温稳定</td><td colspan="4">光照稳定、易流动热稳定</td></tr>
<tr><td>应用范围</td><td>受热负荷<90℃的内饰件</td><td colspan="2">短时间受热负荷<140℃的内饰件</td><td>不受冲击负荷的外饰件</td><td colspan="2">形状复杂外饰件</td><td>受力外饰件</td></tr>
<tr><td>密度/(g/cm³)</td><td colspan="7">0.90±0.01</td></tr>
<tr><td>球压硬度(邵尔)</td><td colspan="3">≥65</td><td>≥65</td><td>≥48</td><td colspan="2">≥45</td></tr>
<tr><td>拉伸强度/MPa</td><td colspan="3">≥30</td><td>≥30</td><td>≥24</td><td colspan="2">≥22</td></tr>
<tr><td>弯曲强度/MPa</td><td colspan="3">—</td><td>—</td><td>—</td><td colspan="2">—</td></tr>
<tr><td>冲击强度/(kJ/m²)</td><td colspan="7">无损坏</td></tr>
<tr><td>冲击强度(缺口)/(kJ/m²)</td><td>≥3.5</td><td colspan="2">≥3.0</td><td>≥3.5</td><td>≥6</td><td colspan="2">≥16</td></tr>
<tr><td>材料类型</td><td colspan="3">滑石粉改性</td><td colspan="2">玻璃纤维增强(GF)改性</td><td colspan="2">弹性体改性</td></tr>
<tr><td>特性</td><td>20%滑石粉</td><td>30%滑石粉</td><td>40%滑石粉</td><td>20% GF</td><td>30% GF</td><td>—</td><td>—</td></tr>
<tr><td>应用范围</td><td>要求形状稳定性的部件</td><td>要求刚性好的部件</td><td>受热负荷刚性好的部件</td><td>要求高强度的部件</td><td>受热负荷高强度的部件</td><td>高冲击部件</td><td>汽车保险杠</td></tr>
</table>

续表

材料类型	滑石粉改性			玻璃纤维增强(GF)改性		弹性体改性	
密度/(g/cm^3)	1.05±0.02	1.12±0.02	1.22±0.03	1.05±0.02	1.15±0.03	0.87～0.92	0.87～0.92
球压硬度/MPa	≥80	≥80	≥85	≥75	≥110	65+5 (邵尔)	28±4
拉伸强度/MPa	≥30			≥38	≥50	—	≥14
弯曲强度/MPa	≥40	≥40	≥45	≥40	≥70	—	≥18
冲击强度/(kJ/m^2)	≥20	≥30	≥10	≥25	≥15	—	无损坏
冲击强度(缺口)/(kJ/m^2)	≥2.5	≥10	—	—	—	≥25	不断裂

③ 聚丙烯制品的成型方法。PP 可用注塑、挤出、吹塑等方法加工，其成型性能如下。

一次成型性优良，几乎所有的成型加工方法都可适用，但以注射成型（约 55%）和挤出成型（约 30%）为主。普通的 PP 树脂，因熔融时熔体强度低，难于高发泡成型，需采用特殊的方法。随着高熔体强度 PP 的问世，高发泡成型已成为可能。

结晶料，吸湿性小，易发生融体破裂，长期与热金属接触易分解。

流动性好，但收缩范围及收缩值大，易发生缩孔、凹痕、变形。

冷却速率快，浇注系统及冷却系统应缓慢散热，并注意控制成型温度。料温低方向性明显，低温高压时尤其明显，模具温度低于 50℃时，塑件不光滑，易产生熔接不良、留痕，90℃以上易发生翘曲变形。

塑料壁厚须均匀，避免缺胶、尖角，以防应力集中。

a. 注塑。选用通用注塑机，浇口随之重量量增大而增大。制品的最小壁厚不得小于 0.4mm，当壁厚为 2.2～3mm 时，极限流动长度与厚度比为 250∶1。模具脱模斜度为 0.5°～1.0°。具体成型工艺条件：料筒前段温度为 200～220℃、中段温度 180～200℃、后段温度 160～180℃，喷嘴温度为 200～280℃，模具温度为 60～80℃，注射压力 40～80MPa，注射时间为 20～60s，冷却时间为 20～60s。PP 注射成型工艺条件见表 5-11。

表 5-11　PP 注射成型工艺条件

MFR/(g/10min)	成型温度/℃		注射压力/MPa		模具温度/℃	
	活塞式	螺杆式	活塞式	螺杆式	活塞式	螺杆式
3	220～260	200～250	100～200	40～70	40～60	40～60
1	240～280	220～260	100～200	40～70	40～60	40～60
0.3	260～300	240～280	100～200	40～70	40～60	40～60

b. 挤出。挤出的工艺条件：加热段为 180℃，其他为 250～300℃，冷却条件对制品的透明性和冲击性能影响很大。

(4) 4-甲基-1-戊烯（TPX） 4-甲基-1-戊烯是一种高结晶透明塑料，密度为 0.83g/cm^3，是所有塑料中最轻的。表面硬度较低，无毒。透光性能介于有机玻璃和聚苯乙烯之间。能燃烧，离火后继续缓慢燃烧，有熔融滴落。

优点：TPX 的透光率不随加工条件的变化而变化，也不随产品的厚度而变化，因此适宜做透明制品。它的刚性大，100℃以上时超过聚丙烯，150℃以上时超过 PC。TPX 的电绝缘性能比聚丙烯好。耐酸碱，耐化学品腐蚀，耐有机溶剂，耐应力开裂，没有其他透明材料在使用时受去污剂作用而应力开裂的倾向。TPX 可以在 130℃蒸煮消毒 400 次不发雾，可经受 50 次 160℃的热空气消毒 1h，200℃以上消毒也可，它还能经受氧化乙烯和放射线杀菌处理。

缺点：耐环境性差，易氧化，光照后受辐射而降解，受热变黄。主要用于透明的医疗器械，微波炉的餐具及普通餐具，经改性后也可作为车窗玻璃、天窗玻璃等汽车零部件。

加工性能：TPX 为结晶性高聚物，有很好的成纤性，有明显的熔点，一般加热到 235℃就能熔化；注塑加工常使用的温度为 26～300℃。TPX 不吸水，一般不需烘干，有时为了保证产品质量，也可用 60℃的温度烘干 30～60min，以排出原料中的浮水，TPX 的收缩率为 2.2%。

2. 聚苯乙烯类塑料

聚苯乙烯类塑料（其实它们也是聚烯烃塑料，因其种类多且重要，故单列）主要有 PS、HIPS、ABS、AAS、AS、ACS 等。

（1）聚苯乙烯（General Purpose Polystyrene，PS） 聚苯乙烯类树脂是指苯乙烯的均聚物及其他单体的共聚物、合金等，学名为聚苯乙烯，俗称硬胶或响胶。聚苯乙烯本色是一种透明的类似玻璃状的材料，密度为 1.05g/cm^3，与水基本相同，刚硬而脆，敲打时，会发出金属般的“叮当”的声音，响声清脆，俗称“响胶”或“硬胶”。无毒，无味。纯 PS 生产的制品，掉在地上，发出清脆的响声后，就会马上碎裂。由于 PS 的流动性好，分解温度高，而且熔体的密度变化幅度较小，它成为注塑机测定塑化效率的指标性参数，世界各国的注塑机均采用 PS 标定注塑机的容量。聚苯乙烯易燃，离火后能继续燃烧，火焰上端呈金黄色，燃烧时会软化起泡，无液体滴落，发出浓烟黑柱，同时发出聚苯乙烯单体的“甜香味”。聚苯乙烯耐酸碱和低能醇，受许多烃类、酮类、高级脂肪酸等侵蚀而软化，溶于芳烃。其电绝缘性优良，是一种良好的高频绝缘材料，有优良的耐电弧性。聚苯乙烯是透明度极高的材料，有较高的表面光泽，容易印刷。能自由着色，无味无毒，不致菌类生长。聚苯乙烯的力学性能差，质硬而脆，易受溶剂侵蚀而应力开裂，表面硬度低，易刮伤，耐热性差，热变形温度低。

① 聚苯乙烯的应用范围。聚苯乙烯主要用于生产透明镜片、仿水晶类餐具等透明制品，用于注塑日用品及玩具外壳、灯罩等，用于挤出吹塑容器、中空制品、瓶子。

② 聚苯乙烯成型特点及加工方法。

a. 成型性优良，约 70%用注射成型，30%采用挤出成型。二次加工性优良，能用一般的金属或木材的加工工具，如钻、锯、切等进行机械加工，也可用金属丝热切割。GPPS 可用超声波焊接，热成型性良好，可用热或火焰进行抛光。

b. 热分解微分峰顶温度为 235℃，成型温度可设定为 190～230℃。

c. 吸水率小，成型前一般不必干燥。HIPS 如长期放置会吸湿，可在 80～90℃干燥数小时。

d. 成型收缩率小（0.4%）。

e. 超过 90℃迅速软化，可在 110～130℃进行双向热拉伸，因为非结晶性塑料拉伸后不存在残余热变形。双向拉伸的 OPS 膜透光率为 93%，拉伸强度为 70MPa，伸长率为 30%，撕裂强度为 0.706kN/m。

f. 发泡性良好，与发泡要求相适应的熔融黏度范围大，可获得高发泡的泡沫材料。

g. 临界表面张力为 33mN/m，与涂装、印刷、黏结等有关的二次加工性好。

（2）高抗冲聚苯乙烯（High Impact Polystyrene，HIPS） 高抗冲聚苯乙烯是苯乙烯和橡胶接枝共聚合成的嵌段共聚物，俗称不碎胶、高冲击胶。HIPS为亚白色，不透明，表面无光泽，柔韧不脆，无毒、无味。易燃，离火后能继续燃烧，火焰上端呈金黄色，燃烧时会软化起泡，无液体滴落，并发出浓烟黑柱，有飞灰。由于聚苯乙烯质硬而脆，易碎裂，不耐冲击，因此采用橡胶改性的方法来解决以上问题。HIPS最大的优点是冲击强度很高，比ABS高4倍以上，其电绝缘性优良。HIPS易着色，容易印刷，HIPS的表面硬度比较高。HIPS的抗冲击强度虽然很高，但是它的延展伸长率小于ABS，因此壳体上设计的螺栓孔比较易被自攻螺纹打破。由于橡胶成分的加入，表面的光泽也变得暗淡；HIPS的热稳定性差，耐热性不高。

① 高抗冲聚苯乙烯的应用范围。HIPS主要用于暖风机外壳、家电外壳、日用品及玩具外壳、中空制品等。

② 高抗冲聚苯乙烯成型特点及加工方法。HIPS的熔点为170℃左右，分解温度为260℃。注塑温度的可调区间比较大。可用于注塑和吹塑加工。注塑加工常使用温度为180～240℃；因为橡胶成分的存在，它吸少量水分，生产时需烘干，在75～90℃温度烘干1～2h即可。

(3) ABS (Acrylonitrile Butadiene Styrene) 塑料　ABS塑料为丙烯腈（23%～41%）、丁二烯（10%～30%）和苯乙烯（29%～60%）三种单体共聚而成的聚合物，俗称超不碎胶。ABS大分子主链由三种结构单元重复连接而成；ABS的外观为不透明呈象牙色的粒料，其制品五颜六色，并具有90%的高光泽度；ABS的相对密度为1.05，吸水率低。ABS是一种综合性能良好的树脂，无毒，在比较宽广的温度范围内具有较高的冲击强度，热变形温度比PA、PVC高，尺寸稳定性好，收缩率为0.4%～0.8%，若经玻璃纤维增强后可以减少到0.2%～0.4%，而且绝少出现塑化后收缩。同其他材料的结合性好，易于表面印刷、涂层和镀层处理，属易燃聚合物，火焰呈黄色，有黑烟，烧焦但不落滴。ABS有优良的力学性能，其冲击强度极好，可以在极低的温度下使用，ABS耐磨性优良，尺寸稳定性好又具有耐油性；ABS的热变形温度为93～118℃，在－40℃仍能表现一定的韧性，因此ABS可在－40～100℃的温度范围内使用。ABS的三种单体，其中丙烯腈耐化学品腐蚀性好、表面硬度高；丁二烯韧性好；苯乙烯透明性好、着色好、电绝缘性好、加工性能好。三种单体的一般比例为20∶30∶50，只要改变三者的比例，便会得到不同性能的ABS。比如增加丁二烯组分的含量，则其冲击强度会得到提高，但是硬度和流动性就会降低，强度和耐热性会变差；如丁二烯组分的含量增加到50%以上，则称为高胶粉，常用于ABS和PC/ABS的增韧改性。因此，不同厂家生产的ABS因结构不同，所以性能差异也较大。ABS的改性品种：ABS具有良好的混配性，可与多种树脂配混成合金，如耐热、耐冲击性能较好的ABS/PC，阻燃性能、耐腐蚀性能、抗撕裂性能较好的ABS/PVC，透光率较高的PMMA/ABS及PA/ABS、PBT/ABS等。

① ABS的应用范围。汽车工业中有众多零件是用ABS或ABS合金制造的，主要品种有ABS、AES、AAS、AS等苯乙烯共聚树脂及合金材料（ABS/PC、ABS/PVC等）。AIKS树脂首先被用于制造汽车后挡板和仪表板，如硬质仪表台；轿车中主要零部件使用ABS的，如仪表板用PC/ABS作为骨架，表面再覆以PVC/ABS制成薄膜。此外，车内装饰件大量使用了ABS，如手套箱、杂物箱总成采用耐热ABS制成，门槛上下饰件、水箱面罩采用ABS制成，另外还有许多零件采用ABS为原料。车用ABS位列汽车中所用塑料第三。在其他工业生产中，ABS的使用量也颇惊人。表5-12所列为苯乙烯类塑料在汽车工业中的应用。对汽车仪表板、暖风机、空调机壳材料的技术要求见表5-13。

表 5-12 苯乙烯类塑料在汽车工业中的应用

零件名称		种类	型号
外饰件	格栅	ABS	高抗冲型(电镀型)
		AAS	高抗冲型
	灯壳	ABS、AES	高抗冲型
	上通风盖板	ABS、AAS	亚耐热型
	车轮罩	ABS	高抗冲型
		MPPO	亚耐热型
	支架、百叶窗类	ABS	亚耐热型
	标志装饰	AES、ABS	高光泽型
	标牌、装饰件	ABS	一般电镀型
	后护板	ABS	一般型
	缓冲护板	AES	高光泽型
	挡泥板、镜框	ABS、AAS、AES	高光泽型
内饰件	仪表板	ABS	超耐热抗冲击型
		GF 增强 AS、ABS	耐热抗冲击型
	装饰件	ABS(改性 PPO)	超耐热型
	仪表罩(仪表类)	ABS	超耐热型
	收音机罩	ABS	耐热型
	门立柱装饰	ABS	亚耐热型
	工具箱	ABS	耐热或亚耐热型
	导管类	ABS	耐热或亚耐热型
	空气排气口	ABS、PC/ABS(MPPO)	超耐热抗冲击型
	控制箱、调节器手柄	ABS	一般型
	装饰件类、开关、旋钮、转向柱罩、转向盘喇叭盖	ABS	高刚性、耐热冲击性
	仪表板表皮	ABS/PVC 合金	高拉伸性、耐热型

表 5-13 对汽车仪表板、暖风机、空调机壳材料的技术要求

序号	项目	汽车仪表板	暖风机壳	空调机壳
1	材料	ABS	ABS 或改性 PP	超耐热 ABS 或改性 PP
2	成型方法	注射成型	注射成型	注射成型
3	拉伸强度/MPa	34	45	42
4	拉伸弹性模量/MPa	1800	2200	2200
5	弯曲强度/MPa	49	76	72
6	弯曲弹性模量/MPa	1800	2400	2200

续表

序号	项目		汽车仪表板	暖风机壳	空调机壳
7	悬臂梁冲击强度(缺口)/(kJ/m^2)	室温	196	>180	347
		−30℃	78	—	—
8	洛氏温度(HD)		95～105	107	102
9	热变形温度/℃	0.45MPa	95	—	—
		1.8MPa	—	89	106
10	维卡软化温度/℃		—	101	99(不退火)

② ABS制品的成型方法。ABS是一种加工性能优良的热塑性塑料，制品表面光洁度高，且具有良好的涂装性和染色性，可电镀成多种色泽。

ABS熔体黏度不高，流动性好，成型加工型优良，且90%以上采用注射成型，还可进行挤出成型、压延成型、吹塑成型等。成型制品在其热变形温度以下5～20℃退火2h则性能更佳。

ABS因含AN，高温下成型时易黄变。ABS熔融温度为217～237℃，热分解微分峰顶温度约为250℃，加工温度以低于230℃为好。因为ABS是非结晶性塑料，成型收缩率小(0.4%～0.8%)，但比GPPS和HIPS高。

ABS吸水率较低，一般情况下不经干燥也可成型加工，但极性基团的存在使得储存时往往会吸水，故成型前最好在80～90℃干燥约4h。当水含量小于0.1%时，制品表面光泽度更高。ABS因含丁二烯，表面上酸腐蚀容易，适于进行化学电镀。ABS和极性树脂相容性好，可与PVC、PC等树脂共混制得性能优良的高分子合金。因此ABS可用注塑、挤出、压延、吸塑、吹塑等方法加工，其中注塑应用最广。

a.注塑：ABS是吸水的塑料，室温下，24h可吸收0.2%～0.35%的水分，虽然这种水分不至于对力学性能产生重大影响，但注塑时若湿度超过0.2%，塑料表面质量会受大的影响，所以对ABS进行成型加工时，一定要预先干燥，而且干燥后的水分含量应小于0.2%。由于ABS黏度较PS高，所以用较大的圆形或梯形浇口和流道，适用的冷流道模具的流道，直径应为6～8mm，或同等的梯形流道，半圆形流道并不适用。ABS适用于多种模具，包括热流道、无流道等，如采用热流道模具，流道直径可为12～15mm，浇口可采用针状、薄膜形、潜水形和扇形。模具应设置排气孔，避免物料烧焦。如选择螺杆式注塑机，一般ABS的成型温度为160～220℃；不过不同品种的ABS成型温度不同，如ABS/PVC，阻燃ABS其熔体温度比一般ABS低，高温级的PC/ABS掺混料与ABS/SMA掺混料则需要较高的溶体温度，电镀级的ABS也要有较高的熔体温度。一般制品模具温度要求50～60℃，对表面光泽度要求较高的制品模具温度为60～80℃；薄壁制品的注射压力一般为130～150MPa；对于模具型腔脱模斜度的要求为40′～1°20′，型芯的脱模斜度为35′～1°20′。

b.挤出：L/D为(18～22)∶1，压缩比为2.5～83。挤出的工艺条件：料筒温度为160～180℃，机头温度为175～195℃。

c.吸塑：吸塑成型的加热温度可控制在140～180℃，最好为150℃。

(4) AAS (Acrylonirile Butadiene Styrene) 塑料　AAS塑料为苯乙烯-丙烯腈-丙烯酸酯三元嵌段共聚物。其本色是一种不透明的微黄色颗粒，密度为1.07g/cm³，略重于水，具有坚韧、硬质、刚性的特征。燃烧时比较缓慢，离火后仍能继续燃烧，火焰呈黄色，并发出大量的黑烟和烟束，燃烧时塑料软化烧焦，无熔融滴落。其耐候性比 ABS 高 10 倍以上，加工性能也好于 ABS。AAS 是三元共聚物，有良好的综合性能，其性能类似于 ABS。由于它有良好的耐候和耐老化性能，可以代替 ABS 用于室外和光照的场合的外壳及结构件等。AAS 的熔点一般是 170℃，分解温度为 300℃，注塑温度的可调区间比较大。注塑加工常使用温度为 180～240℃。它吸少量水分，生产时需烘干，在 80～90℃烘干 2～3h 即可。它的热稳定性好，不易分解。熔体黏度比 PS 大，使用普通的浇口和流道也能充满制品。收缩率为 0.5%，溢边值为 0.05mm。

(5) AS (Styrene Acrylonirile Copolymer) 塑料　AS 塑料为苯乙烯-丙烯腈共聚物，俗称透明大力胶。AS 本色是透明颗粒，密度为 1.07g/cm^3，略重于水，表面有较高的光泽，制品具有坚韧、硬质、刚性的特征。燃烧时比较慢，离火后仍能继续燃烧，火焰呈金黄色，燃烧时软化并发出大量的浓黑烟，同时放出腈纶的气味。它具有较高的透明性，也具有良好的力学性能，耐化学腐蚀、耐油脂、印刷性能良好，是优秀的透明制品的原料。它对缺口很敏感，有缺口就会有裂纹，不耐疲劳和冲击。多用于生产仪表表盘、透明盖、镜片、家用电器、餐具、日用品等。加工性能与 PS 相似。

(6) ACS (Acrylonitrile Chlorinatedpolyethylene Styrenecopolymer，ACS) 塑料　ACS 塑料为苯乙烯-丙烯腈-氯化聚乙烯三元嵌段共聚物。其本色是不透明的微黄色颗粒，具有坚韧、硬质、刚性的特征。很难燃烧。其力学性能略高于 ABS，耐室外环境、耐气候性高于 ABS 10 倍，也优于 AAS。其热稳定性优于 ABS，加工不易变色。其能进行简单的冷成型，不加抗静电剂也能抗静电，不加阻燃剂也能阻燃。但其不耐有机溶剂。由于其具有良好的耐候和耐老化性，可以代替 ABS 用于室外和光照的场合的外壳及结构件等。由于加入氯化聚乙烯，加工温度不可超过 200℃。

3. 乙烯基塑料——聚氯乙烯

聚氯乙烯 (Polyvinyl Chloride，PVC) 为氯乙烯单体经自由基而得的聚合物。PVC 树脂为白色或淡黄色的粉末，密度为 1.35～1.45g/cm^3，PVC 难燃，离火即灭，燃烧时火焰上端呈黄色，下部呈绿色、白烟，有强烈的刺激性气味，PVC 的突出性能为机械强度高、硬度大、耐化学品腐蚀性好，电绝缘性良好，仅次于 PP 和 PE，印刷和焊接性好、阻燃、价格低及软硬可调等。缺点耐冲击性不好，耐老化及耐寒性差。

PVC 塑料有硬质和软质之分，软质 PVC 塑料的增塑剂用量在 30%以上。因此，增塑剂是必不可少的组分。可依不同用途选用不同类型增塑剂及其加入量。必须指出，不同类型增塑剂除作用不同外，其增塑效率也不相同。

PVC 树脂在成型温度下，热稳定性很差，热稳定剂是至关重要的。热稳定剂的种类非常多，可依性质和作用选择。

在 PVC 成型加工过程中还需加入润滑剂等添加剂，润滑剂的作用是防止物料之间、物件与料筒之间的摩擦生热。此外，还根据工艺和功能的需要加入其他添加剂。汽车内饰用 PVC 薄膜的技术性能见表 5-14。

表 5-14　汽车内饰用 PVC 薄膜的技术性能

项目	技术要求					
	门立柱和顶棚		成型复合顶棚		门内板	遮阳板
外观	无孔	有孔	无孔	有孔	—	—

续表

项目		技术要求					
		门立柱和顶棚		成型复合顶棚		门内板	遮阳板
厚度/mm		0.35	0.35	0.25	0.30	0.35	0.40
拉伸强度/MPa	横向	>49	>39	>34	>39	>39	>49
	纵向	>39	>34	>24	>29	>39	>49
伸长率/%	横向	>170	>130	>150	>170	>180	>180
	纵向	>160	>130	>130	>170	>180	>180
固定负荷(78.5N)(纵向)/%		25～28	25～28	25～120	25～150	25～120	25～120
10min 伸长率(横向)/%		25～28	25～28	25～120	25～150	25～120	25～120
残余变形率/%	横向	<10	<10	<23	<30	<12	<7.5
	纵向	<12	<12	<15	<40	<14	<10
撕裂强度/MPa		>1.6		>1.4	>1.0	>1.6	>1.7
外表性		不得有颜色不均匀、皱褶、污点、印刷纹等缺陷					
黏着性		120℃×100h 后用手指检查有无黏着现象					
耐寒性		在−40℃温度下保持 10min 后落锤试验，锤重 500g，高度 25cm，不得出现裂纹					
雾度		100℃×5h 雾度试验条件下，雾度要求低于 20%					
热老化		120℃×100h 后试验伸长率大于 130%					
其他		耐光、耐磨、阻燃、收缩率、摩擦着色性等也要符合国家相关标准					

(1) 聚氯乙烯的应用范围　PVC 在汽车上的应用主要为内饰件及各种制品的表皮套、盖。如坐垫套、车门内衬、汽车顶棚衬里表皮、软饰仪表板表皮（有真空吸塑成型的 ABS/PVC 仪表板表皮和 PVC 粉料搪塑成型仪表板表皮两类）、后盖板表皮、操纵盖表皮、转向盘表皮、货箱衬里、窗玻璃升降器盖、备胎罩盖，地垫、地毯、遮阳板表皮及电线被覆等。

(2) 氯乙烯制品的成型方法　PVC 可用注塑、挤出、压延、吸塑等方法加工。

① 注塑。一般选用孔径较大的通用型喷嘴或延长喷嘴，喷嘴的孔径为 4～10mm，并配有加热装置。PVC 的流动比为 100∶1，脱模斜度为 1°～1.5°，主流道进口直径应比喷嘴直径大 0.5～1mm。注塑工艺条件：料筒温度为 160～190℃，喷嘴温度为 170～210℃，模具温度为 40～60℃；注射压力大于 90MPa；保压压力为 60～80MPa，螺杆转速为 20～50r/min。

② 挤出。挤出的工艺条件：PVC 硬制品要求料筒温度为 160～180℃，机头温度为 180～200℃，螺杆转速 25r/min；PVC 软制品要求料筒温度为 170～190℃，机头温度为 190～210℃，螺杆转速为 30r/min。

③ 吸塑。吸塑成型的加热温度可控制在 90～110℃，最好为 100℃。

4. 丙烯酸塑料 ［如聚甲基丙烯酸甲酯（PMMA）］

聚甲基丙烯酸甲酯俗称有机玻璃或亚克力。PMMA 是一种无色的透明颗粒，密度为 1.19g/cm^3，大于水，表面有较高的光泽，制品有坚韧、硬质、刚性的特征。PMMA 不易燃烧，离火后能继续燃烧，火焰下端呈蓝色，上端为黄色，顶端为白色，燃烧时软化起泡，同时放出花果腐烂时的气味。PMMA 具有以下特征：光学性能超群，透射率是所有塑料中最高的，可透过99%的阳光，比普通玻璃还高10%以上。透光范围宽，可透过从大部分紫外光（透过率73.5%，而普通玻璃仅0.6%）到大部分红外光（透过极限为2600nm）。PMMA对光线吸收率极小，因此可用作光线的全反射装置。耐候性优异，即使在热带气候下曝晒多年，其透明度和色泽变化极小。常温下具有较高的机械强度，弹性模量高（弯曲弹性模量3000～4000MPa）。双折射率小。冲击强度不高，将折射率与PMMA相近的丙烯酸酯橡胶微粒子分散在PMMA中形成的高分子合金，在保持透明性的同时，冲击强度可提高数倍。均聚PMMA的热变形温度较低，无法满足特殊用途；采用共聚物时，热变形温度可提高10～20℃。表面硬度较低，不耐划。采用固化或UV固化的硬质涂料表面硬化处理后，硬度可提高2～3倍。耐溶剂性不太好，但是涂装、黏结容易。最大吸水率约为2%，用于精密用途时有问题。

PMMA的工业化生产开始于1930年。成型用树脂主要采用悬浮聚合法生产，也有部分用连续本体聚合法、溶液聚合法生产；树脂板的生产有浇铸法、连续浇铸法和挤出法；涂料、胶黏剂、树脂加工助剂和抗冲改性剂等主要采用乳液聚合法和溶液聚合法生产。在悬浮聚合法中往往加入0.5%～15%的丙烯酸甲酯或丙烯酸乙酯，以防止成型时的降解。引发剂为偶氮化合物或有机过氧化物，一般采用硫醇作为分子量调节剂。聚合温度为50～100℃，聚合时间为1～3h。

(1) PMMA的应用范围　汽车上主要利用其光学性能、机械强度与绝缘性，用作窗玻璃、罩盖、油标、光学玻璃、汽车配件（车灯）、卡车的遮阳罩以及电气的透光、绝缘配件等，也利用其着色性，用作装饰件、标牌等。用于仪表罩的PMMA类树脂的技术性能：拉伸强度为80MPa，弯曲强度为100MPa，简支梁冲击强度（缺口）为12kJ/m^2，布氏硬度为12HB，透光率>92%，表面可涂硬质涂料，以提高其耐擦伤性，但不应损害其透明性。

(2) PMMA制品的成型方法　PMMA属易吸水性塑料，成型前必须充分干燥。通常采用80～100℃热风干燥2～3h。PMMA热分解峰顶温度仅为164℃，在200℃以下成型时会降解生成单体，这主要是注射成型和挤出成型成的问题，添加0.5%～15%的丙烯酸甲酯或丙烯酸乙酯，可避免成型过程中的降解。熔融黏度较高。标准的注射成型条件为：料筒温度200～230℃，注射压力90～140MPa，模具温度60～80℃，退火温度70～80℃。成型收缩率小，为0.3%～0.5%。二次加工性能良好，可机械加工、热塑加工等。其临界表面张力为39MN/m，可进行涂装、印刷、黏结等。

5. 聚酰胺（PA）

聚酰胺是聚酰胺类塑料的通称，为大分子链上含有酰胺基团重复结构单元的一类聚合物，主要由二元胺和二元酸缩聚或由氨基酸内酰胺聚合而成，英文为Polyamide，简称PA，俗称尼龙。它们在结构上都具有酰胺基团，性能上有相似之处。它们都是一类韧性、角质、从微黄透明到不透明的材料，一般的尼龙是结晶性塑料，也有无定形的透明尼龙。聚酰胺的外观为透明或不透明乳白或淡黄的颗粒，慢燃，离火后能继续燃烧或慢熄，火焰上端呈金黄色，下端呈蓝色，燃烧时材料熔融滴落，有气泡并伴有烧焦羊毛味。PA的最大优点是：具有优良的耐磨性和自润性，有较好的力学性能、耐热耐寒，在寒冷和炎热的季节也能保证很高的力学性能，耐油性优异，气体阻隔性好，耐疲劳性较好，易印刷，易染色，电性能优良。缺点：吸湿性大并对力学及电学性能影响大、耐酸性差、耐旋光性不好，在潮湿环境中尺寸变化较大。

(1) 聚酰胺的分类　目前，PA为第二大通用工程塑料品种；一般分为脂肪族PA、半芳香族PA、全芳香族PA和PA类TPE等。其中，脂肪族PA品种多，产量大，应用广泛，其命名由合成单体具体的碳原子数而定。尼龙树脂按结构有20多类，其商品牌号达700余种。常用的有PA6、PA66、PA610、PA1010、PA1212等。

① PA6是微黄半透明材料，PA6的化学物理特性和PA66很相似，然而它的熔点较低，而且工艺温度范围很宽。其燃烧特征与其他尼龙一样。PA6是尼龙材料中力学性能比较高的一种，但低于PA66。拉伸强度、表面硬度、刚性都高于其他尼龙类塑料，抗冲击性和柔性高于PA66。它的抗冲击性和抗溶解性比PA66要好，但吸湿性也更强。因为塑件的许多品质特性都受到吸湿性的影响，因此使用PA6设计产品时要充分考虑到这一点。为了提高PA6的力学特性，经常加入各种各样的改性剂。对于没有添加剂的产品，PA6的收缩率为1%～1.5%。加入玻璃纤维添加剂可以使收缩率降低到0.3%（但和流程相垂直的方向还要稍高一些）。

② PA66在聚酰胺材料中有较高的熔点，它是一种白色半透明的半晶体-晶体材料。PA66是尼龙材料中力学性能最高的一种，拉伸强度、表面硬度、刚性都高于其他尼龙类塑料，在较高温度下也能保持较强的强度和刚度。PA66具有较高的耐磨性，其耐磨性仅低于POM，而优于其他尼龙。PA66与盐酸在110℃下加热4h，有少量白色己二酸结晶沉淀析出。其燃烧特征与其他尼龙一样。PA66对许多溶剂具有抗溶性，但对酸和其他一些氯化剂的抵抗力较弱。为了提高PA66的力学特性，经常加入各种各样的改性剂。玻璃纤维就是最常见的添加剂，有时为了提高抗冲击性还加入合成橡胶，如EPDM和SBR等。PA66的黏性较低，因此流动性很好（但不如PA6）。这个性质可以用来加工很薄的元件。它的黏度对温度变化很敏感。PA66的收缩率为1%～2%，加入玻璃纤维添加剂可以将收缩率降低到0.2%～1%。收缩率在流程方向和与流程方向相垂直方向上的相异是较大的。PA66在成型后仍然具有吸湿性，其程度主要取决于材料的组成、壁厚以及环境条件。在产品设计时，一定要考虑吸湿性对几何稳定性的影响。在欧洲，常采用PA66制造汽车油门和离合器脚踏板，与焊接而成的金属踏板相比，塑料踏板形状可根据需要设计，运动间隙紧凑，抗振性好，轻量化50%～75%，可满足−40～80℃下上百万次的疲劳实验和撞击实验。另外PA66还可以用于制造汽车电线束接插件及紧固件。

③ PA610由己二胺和癸二酸缩聚而成，为奶白色半透明的材料，其燃烧特征与其他尼龙一样，PA610是尼龙材料中吸水性较低的一种，它的尺寸稳定性和电性能高于其他尼龙类塑料。其柔软性优于其他尼龙，能吸收有机醇酮、芳烃、氯代烃而增塑。

④ PA1010由癸二胺和癸二酸缩聚而成，半透明，质轻且坚韧，吸水性低于PA6、PA66，具有自润性和高耐磨性，使用温度高于100℃，长期与氧接触会氧化变成黄褐色、机械强度下降。

⑤ 透明尼龙是尼龙系中唯一的透明制品，透明度与有机玻璃相仿。透明尼龙是无定形聚酰胺，它除了有尼龙产品原有的强韧性外，并能得到透明的厚壁制品。它是添加了具有共聚和立体障碍的成分，来抑制尼龙的结晶，从而产生非光率高达90%～92%，热变形温度为125～160℃。透明尼龙可用于汽车视镜、透镜、仪表盘罩、玻璃等；而且它还有不被水果汁、咖啡、茶等污染，耐污染性良好，因此还可用来制作透明、耐油、耐污染的容器以及食品容器、高强度的开关等。

(2) 聚酰胺的应用范围　聚酰胺主要用于制造内饰功能件，比如暖风机齿轮、齿轮轴、水泵叶轮、风扇叶片、脚踏板、汽车电线束接插件和紧固件、安全气囊用原材料等。

(3) 聚酰胺制品的成型方法　PA可用注塑、挤出及吹塑等方法成型。在绝对干燥的状态下，几乎所有的一次成型加工方法都适用于PA。但PA的成型加工以注射成型和挤出成型为主，其他包括浇铸、烧结、吹塑、旋转和喷涂等成型加工方法。

PA吸水性较大，成型前必须在80℃热空气循环下干燥至含水量小于0.3%，以避免熔融时发生水解。

PA的成型收缩率大。成型收缩率与PA的种类、制品厚度、模具温度、注射压力有关。表5-15为模具温度与成型收缩率的关系。

表5-15　模具温度与成型收缩率的关系　　单位：10^{-5}/K^{-1}

模具温度/℃	PA6	PA610	PA66
30	1.9(2.4)	2.5(2.8)	2.7(3.3)
60	1.9(2.3)	2.7(2.9)	3.2(3.4)
90	2.2(2.2)	2.7(2.9)	3.2(3.5)

注：括号外为成型收缩率；括号内为成型收缩率和热处理收缩之和。

PA成型后存在热收缩和吸水收缩，如PA66和GF增强的PA66成型后制品尺寸变化率分别达到2.0%和1.3%（以模具尺寸为准）。因此，PA成型后应进行调温和调湿处理，即在100℃水中处理5.5～7.5h。未经调温和调湿处理的PA尺寸是不稳定的。

PA的极性强，临界表面张力大，如PA66的临界表面张力达46mN/m。因此涂装、印刷、黏结等二次加工性良好。

① 注塑。聚酰胺的熔融黏度较低，适合注射成型工艺。而在注射成型时，缩短成型周期是关键，只有这样才能获得急速结晶化的效果，获得均一的微结晶结构，以提高制品的各项性能。PA的黏度低，易流动，应采用自锁喷嘴；螺杆和料筒的间隙要小，一般要小于0.05mm，以防止产生逆流现象。螺杆为单头、全螺纹、压缩突变螺杆，压缩比为2～3，要设止逆环。模具要考虑排气，排气孔直径要小于0.025mm，以小于0.03mm的溢边值，脱模斜度为40′～1°30′，浇口尺寸为壁厚的（2/3）～(3/4)，但不小于0.8mm，主流道斜度为4°～6°，制品的流动长度与壁厚比为150～200，壁厚不小于0.8mm。一般情况：料筒温度为160～280℃，喷嘴温度为180～260℃，模具温度为40～60℃，注射压力为70～130MPa。具体而言，由于聚酰胺的品种不同，它的成型收缩率和流动性也不同，应根据不同的品种来考虑最佳工艺条件与模具设计，如PA6的成型温度为210～215℃，而PA66的成型温度为255～264℃。

② 挤出。聚酰胺的挤出成型性好，主要用于单丝和管材等产品的成型。一般来讲聚酰胺主要用作高强度和透明的制品。欲得到高强度产品，可采用拉伸工艺；欲得到透明制品，应选择适当的添加剂；要求既透明又柔软的制品，一般采用PA6/66共聚物，结晶度要小，选用排气式挤出机，L/D为（18～22）∶1，压缩比为3.2～4.1。一般情况：料筒温度为160～280℃，机头温度为210～250℃，口模温度为200～210℃，挤出压力为3.5MPa，螺杆转速为60r/min。具体而言PA6为225～280℃，PA66为260～280℃，透明聚酰胺为250～280℃。

③ 吹塑成型。吹塑成型时，挤出坯料的速度要慢，适合于高黏度的PA成型。

6. 聚苯醚酯

聚苯醚酯有POM、PC、PPO、PET、PBT、PTT、聚苯硫醚、聚芳酯、聚砜、聚芳砜等。

(1) 聚氧化亚甲基（Polyacetal或Polyoxymethylene Resin，POM）　聚氧亚甲基、POM、聚缩醛是指大分子链中含有氧化亚甲基重复结构单元的一类聚合物，学名为聚氧化亚甲基，俗称赛钢或夺钢。POM的外观为淡黄色或白色半透明或不透明的粉料或粒料，硬而质密，与象牙相似，它的密度是1.41～1.43g/cm^3。制品表面光滑并有光泽，成型收缩率最高可达3.5%。POM易燃，其氧指数仅为14%～16%，火焰上端为黄色，下端为蓝色，类似PP的火焰，燃烧有熔融物落滴，并有刺激性甲醛味和鱼腥味。POM的透气性小，仅为PE的几分之一。POM的力学性能优异，比强度可达50.5MPa，比刚度可达2650MPa，与金属十分接近。POM的冲击强度较高。POM的疲劳强度十分突出，在特定交变载荷作用后，疲劳强度可达35MPa，而PA和PC仅为28MPa。POM的摩擦因子小，耐磨性好，自润滑性好。POM的电绝缘性较好，几乎不受温度和湿度的影响。POM不耐强酸和氧化剂，对稀酸及弱酸有一定的稳定性。POM的耐候性不好，长期在紫外线作用下，力学性能下降，表面发生粉化和龟裂。

① POM的分类。POM为第三大通用工程塑料。POM依结构不同可分为均聚POM和共聚POM两种。均聚POM结晶度为70%～80%，熔点为170℃；共聚POM结晶度为60%～70%，熔点为165℃；均聚POM物理性能优良，共聚POM加工性能较好。

② POM的应用范围。POM产量的25%～30%被用来替代有色金属及其合金制造各种汽车零件，主要用作汽车暖风机水阀、开关、散热器箱盖、风扇、控制杆、齿轮外壳、车门调节器手柄、门锁零件、驾驶室内镜框、遮阳板托架等（表5-16）。

表5-16　POM在汽车零部件中的应用情况

名称	应用实例
内饰件	遮阳板托架及框架、门调节器手柄、门锁零件、驾驶室内镜框等
外饰件	门外侧手柄、铭牌、镜框支架等
结构件	油箱盖、单向轴阀(制动)、格栅、排水阀、水泵叶轮、燃油泵、制动泵壳体、燃料节流泵、化油器零件(空气入口)、减振器、各种排气控制阀、轴承保持架、悬置球节、转向臂、轴承垫、方向指示机构等
仪表、电气元件	速度表(记速器、小齿轮)、杠杆式开关(杆、旋钮、壳体)、启动开关、组合开关的各种零件、车窗密封的各种零件、小电动机零件、门灯开关、雨刷器(齿轮、枢轴)、各种开关滑动板等
其他	加热器风扇与操纵杆、空调与真空调节阀等

某汽车的钢板弹簧吊耳衬套长期处于压力较大、线速度低、温度不高的受力状态，需间歇式注入润滑油。采用POM制造该衬套只需一次注射成型（铸铁衬套要九道工序），因此工序简化，生产效率大大提高，寿命里程可增加到1×10^4km以上，且少油或无油润滑时不会烧结，优于铸铁衬套，相配的销子寿命也提高（表5-17）。

表5-17　不同材料钢板弹簧吊耳衬套台架试验结果

编号	材料	台架运转时间/h	最大磨耗量/mm	备注
66-6-1	可锻铸铁	221	磨穿	衬套磨穿宽18mm，销子烧结
66-6-2	MoS_2共聚POM	221	0.19	衬套良好，销子光亮
66-6-3	可煅铸件	138	磨穿	衬套磨穿宽15mm(100h时，磨穿宽5mm)，销子烧结
66-6-4	纯共聚POM	138	0.14	衬套良好，销子光亮

暖风机叶轮总成由底板、顶圈、轮叶、轴套、顶丝五个零件组成，质量为179.5g；改用POM后仅由叶轮、锁紧螺母、螺母三个零件构成，质量为78.5g，减轻约2/3。而且总成变形量小，产品质量和使用性能提高。风速高，平衡性好，除霜效果明显。

转向轴组合开关，由节气门开关、闪光灯、前照灯、雨刷、玻璃清洗、停车灯等多功能开关组装而成，其壳体采用 30%玻璃纤维增强 PA66 注射成型，代替钢板和铝材，零件则采用 PA 零件和 POM 零件匹配，以改善黏附性及由此引起的噪声。车门锁壳体结构复杂，利用 POM 冲击强度、弹性、耐摩擦磨耗和尺寸稳定性好的特点采用注射成型的一体结构代替原来的多件组合，达到重量轻、成本低、不生锈、设计灵活的效果。车门窗玻璃升降机构，利用 POM 力学性能优良、摩擦系数低、耐磨、尺寸稳定性好的特点，此机构的托架、导轨、滑轮、摇把等全由 POM 制成，制品噪声低，自润滑好。燃油箱液面计，采用杜邦公司 DELRIN500 制造，耐油、机械强度高、尺寸稳定好。

③ POM 制品的成型方法。POM 可适用多种成型方法，如用注塑、挤出及吹塑及二次加工等方法成型，并以注塑为主。

因其吸水率小，所以成型前不必进行干燥。制品吸水引起的尺寸变化率为 0.45%。因结晶度高，成型收缩率为 1.5%～3.5%，且有后收缩现象，制品薄、模具温度低、环境温度高，后收缩较明显。因此，模具设计和选择成型工艺时必须充分考虑。加工温度范围较窄。一般共聚甲醛的加工温度范围约 50℃，均聚 POM 仅为 10℃左右。因此，成型过程中应避免过热或停留时间过长，否则易引起热分解，释放 HCHO，并变色。230℃时，仅允许 POM 在料筒温度下停留不超过 15min。且酸性或碱性颜料能促进 POM 分解。POM 的凝固温度为 160℃，凝固速度快，体积收缩率大，制品表面易开裂变形，应充分注意冷却条件。可进行机械加工。但涂装、印刷、黏结、镀金属等二次加工性差，即使进行特殊的前处理、底漆处理，效果也不好。

a. 注塑：选用突变压缩螺杆、喷嘴大口径、逆向倒锥度止推喷嘴注塑机，以防止流延，喷嘴应单独冷却。模具采用短而粗的流道，锥度为 3°～5°。注射料筒温度为 190～200℃，模具温度在 80℃以上，注射压力为 40～100MPa，螺杆转速为 50～60r/min，背压要小，一般为 0.6MPa。

b. 挤出成型：挤出温度为 180～210℃，挤出压力为 8～15MPa。

(2) 聚碳酸酯（Polycarbonate，PC） 聚碳酸酯是指大分子链由碳酸酯型重复结构单元组成的一类聚合物，俗称透明金属或防弹胶。聚碳酸酯自 2000 年超过 PA 成为第一大通用工程塑料品种。PC 为透明、呈微黄色或白色硬而韧的树脂，其密度为 1.2g/cm^3，PC 的力学性能十分优良，具有刚而韧的优点。其冲击性能是热塑性塑料中最好的一种，比 PA、POM 高 3 倍之多，接近 PF 和 UP 玻璃钢的水平。PC 为最优异的光学塑料品种之一，其透光率可达 93%之多。PC 的突出性能为：优异的冲击性和透明性，优良的力学性能，PC 的耐高温、低温性能好，使用温度范围广（－130～130℃），尺寸稳定性好，耐蠕变性高，阻燃性能好，是塑料材料中集刚、硬、韧于一体的典型代表品种。PC 的主要缺点为吸湿性大、加工易产生气泡及银丝，制品易产生残余内应力、对缺口敏感性大，耐疲劳性低、摩擦性及耐磨性不好。PC 的分子链中含有多种基团，它所表现的宏观性能为各种基团的综合反映。

① 聚碳酸酯的分类。PC 的改性品种比较少，主要为增强 PC 和 PC 合金两类。增强 PC 的增强材料为玻璃纤维、碳纤维和硼纤维等。PC/ABS 合金为目前最成熟、应用最广泛、产量最大的塑料合金品种。

② 聚碳酸酯及聚碳合金的应用范围。汽车工业主要用 PC 的透明、高强度、抗冲击性、耐热性好等特点。

a. 灯具，尤其是灯玻璃。美国汽车信号灯玻璃中 40%为 PC。日本三菱瓦斯化学公司在美国亚利桑那州和佛罗里达州的室外曝晒试验表明，PC 灯玻璃符合 SAE 标准的要求。

b. 制造仪表标牌、遮阳罩、窗玻璃，也可制作保险杠、仪表板、风扇等。

c. 制造分电器盖，因可直接观察到火花的状态，推广迅速。

d. 制造烟灰缸、杂物盒及耐冲击的各种内饰盖板等。

③ 聚碳酸酯制品的成型方法。聚碳酸酯几乎可适用所有的成型加工方法，可用注塑、挤出、吹塑成型等方法加工制品，但以注射成型为主。

a. 注塑：选择螺杆式注塑机的成型温度为 270～320℃，料筒温度前段为 250～300℃，中段为 230～270℃，后段为 220～250℃，喷嘴温度为 240～290℃，注射压力一般为 80～120MPa，甚至高达 120～150MPa，注射速度要求要快。模具温度为 80～120℃。

b. 挤出：PC 的挤出温度一般要求为 230～300℃。

c. 吹塑成型：吹塑成型的模具温度为 100～120℃，吹塑压力为 0.4～0.8MPa。

(3) 聚对苯二甲酸丁二酯（Polybutylene Terephthalate，PBT/PBTP） 聚对苯二甲酸丁二酯为聚对苯二甲酸与丁二醇聚合物，俗称聚酯。PBT 是一种从不透明到半透明的白色材料，PBT 的非结晶密度为 1.227g/cm^3，结晶密度为 1.396g/cm^3，PBT 有较高的表面硬度而且有较高的表面光泽，薄膜呈透明状；慢燃，离火后能继续燃烧，火焰上端呈金黄色，下端呈蓝色，燃烧时发生熔融滴落，有浓烟和飞灰，并发出强烈的农药刺激性气味。PBT 最大的优点是在较高的温度下和较低的温度下，都具有优良的冲击性能，PBT 磨耗小，它的磨耗小于 POM；PBT 刚性大，虽然收缩率大，但制品尺寸稳定。PBT 介电性能好，无应力开裂，PBT 除了强的无机酸和无机盐外，其他溶剂对它无作用。PBT 最大的缺点是不耐高温，热稳定性差；PBT 不耐疲劳，不能自润滑。PBT 耐酸性差。

① PBT 的应用范围。PBT 主要用于替代铜、锌、铝、钢等金属材料、酚醛树脂、不饱和聚酯等热固性塑料及部分热塑性塑料。

增强 PBT 在汽车外装件、内饰件、电气元件中得到应用。属外装件的有转角格栅、发动机放热孔罩（要求耐热 150℃）等；属内饰件的有内镜撑条（替代锌铸件）、雨刷器支架（替代不锈钢或锌铸件）、控制系统阀等；属电气元件的有点火线圈绕线管、各种电气连接器等。表 5-18 所列为 PBT 制的汽车零部件及其用量。

表 5-18 PBT 制的汽车零部件及其用量 单位：g/辆

名称	使用量	名称	使用量
后侧天窗	910	空气调节器阀	20
前挡泥板罩	1360	变速电缆接合器	70
车牌板罩	210	配电盘盖	450
后车身装饰件	840	计算机组罩件	450

它主要用于汽车电气元件，如接插件、车内照明灯座、各种电气开关、电线束扎带、点火线圈、传感器及汽车顶棚、刮水器、行李架和格栅等。

② PBT 制品的成型方法。PBT 可适用多种成型加工方法，但作为工程塑料，大部分采用注射成型。增强 PBT 注射成型时料筒温度为 230～270℃，模具温度为 70℃；但通过共聚、添加成核剂等可在模具温度 70℃下成型。GF 增强 PBT 的流动性比 PBT 高 30%～50%，力学性能和热性能都有显著提高，而且 80%的 PBT 要经过改性后才使用，其中 97%是用于 GF 增强的。30% GF 增强 PBT 的电性能超过了同样 GF 用量增强的 PA、PC 和 POM，特别适合于替代热固性塑料，耐腐蚀性、阻燃性良好。

即使少量水分存在，也会使 PBT 制品表面异常或性能下降，故成型前必须充分干燥。

对于 PBT，必须干燥至水分在 0.03% 以下，干燥条件为 120～130℃、3～5h，如低于 100℃，即使长时间干燥也无济于事；若超过 150℃，物料会变色。未增强时成型收缩率比 PA6 大，比 POM 略小。增强后成型收缩率为 0.2%～0.8%，与非结晶性塑料相仿。但 GF 的加入，会使制品性能产生方向性。

(4) 聚对苯二甲酸乙二酯 (PET)　聚对苯二甲酸乙二酯俗称聚酯（纤维称涤纶的确良），是一种无色透明材料，PET 的非结晶密度为 1.335g/cm^3，结晶密度为 1.445g/cm^3，PET 是表面硬度较高而且坚韧的材料。PET 易燃，离火后能继续燃烧，火焰上端呈金黄色，下端呈蓝色，燃烧时材料爆裂成碎片。PET 最大的优点是既透明又有强韧性，它高于 PC 和 PA 3 倍，还可以定向拉伸。定向拉伸后，形成高强度的薄膜，与尼龙相比，力学性能优于尼龙，且尺寸稳定，无应力开裂性。PET 临界表面张力大，涂装、印刷、黏结等二次加工性能好，PET 可以金属化处理，可以电镀及真空镀膜。PET 耐碱性差，如果有氨水的情况下，情况更严重。

① PET 的应用范围。PET 主要用于替代铜、锌、铝、钢等金属材料，酚醛树脂、不饱和聚酯等热固性塑料，以及部分热塑性塑料。日本汽车工业需要的增强 PET 的量很大，约占 PET 总需求量的 20%。增强 PET 应用于汽车的结构件、电气元件、外装件等，如配电盘罩、点火线圈、各种阀门、排气零件、分电器盖、雾灯支架、过线盒、风机壳等。PET 纤维编织物被广泛用作汽车内饰面料。

② PET 制品的成型方法。PET 是结晶性塑料，有明显的熔点，250℃时熔化，360℃时就分解。PET 吸水，由于酯基的存在，在有水分的情况下，能引起分解，需要烘干，在 120℃烘干 2～4h 即可。PET 可适应多种成型加工方法，但作为工程塑料，大部分采用注射成型。增强 PET 注射成型时料筒温度为 260～290℃，模具温度必须达到 130℃。

(5) 聚对苯二甲酸丙二酯 (PTT)　聚对苯二甲酸丙二酯（PTT）是一种刚、韧兼有的塑料，是近几年才获得工业化生产的一种新型热塑性聚酯品种。PTT 与纯 PC 相似，在拉伸性能、耐高温方面仅低于 PA66。聚对苯二甲酸丙二酯（PTT）的电性能指标优良，是继 PET、PBT、PEN、PCT 之后的热塑性聚酯的又一个新品种，其结构介于 PET 和 PBT 之间，因此具有聚对苯二甲酸乙二酯（PET）的高性能和聚对苯二甲酸丁二酯（PBT）的易加工性，综合了两者的优点，而且聚对苯二甲酸丙二酯（PTT）的价格比聚对苯二甲酸丁二酯（PBT）低得多。聚对苯二甲酸丙二酯对玻璃纤维感性好，力学性能和耐热温度大幅度提高，尤其是弯曲弹性模量。与 PET、PBT 相比，PTT 具有高弹性、良好的连续印染特性、抗紫外线、抗内应力、低吸水性、低静电以及良好的生物降解性、可循环利用等多种优良特性，因此在地毯工业、服装材料、工程热塑料等众多领域应用前景十分广阔。PTT 综合了聚酯和聚酰胺的性质，适用于做纺织品和地毯，因分子中有附加的碳，因此易于染色用于服装，比常规聚酯拉伸性更好，柔软性更好，用于地毯，耐磨耐污。PTT 纤维具有比涤纶（PET）、锦纶（PA6、PA66）纤维更为优异的性能。PTT 纤维具有特别优异的柔软性和拉伸回复性，优良的抗褶皱性和尺寸稳定性，耐气候性、易染色性以及良好的屏障性能，能经受住 γ 射线消毒，并改进了抗水解稳定性，因而可用于开发高级服饰和功能性织物，由它制作的服装穿着舒适，触感柔软，易洗、快干、免烫，符合人们生活快节奏的要求。同时，PTT 纤维的拉伸回复性、耐污性与锦纶 66 相当，而其蓬松性与弹性、低静电、耐磨性及低的吸水性均优于锦纶，长丝与短纤维均适宜于加工地毯，成为铺地材料应用领域中最具竞争力的材料。除此之外，还有其他的一些应用新领域，比如可用于制作汽车地毯和座椅及内饰面料等。PTT 纤维与 PET、PBT、PA6、PA66 相比具有明显的竞争优势，将逐步替代

PET、PA6、PA66 成为 21 世纪的新型化纤。因聚对苯二甲酸丙二酯综合性能优异，所以被认为是 21 世纪最有希望大规模推广应用的一种新型工程塑料。

（6）聚苯醚（Polyphenylene Oxide，PPO） PPO 由于黏度较大加工性差，因此其与 HIPS 的改性品种 MPPO 应用较多，MPPO 的密度为 1.05～1.25g/cm^3，吸水率为 0.7%，热变形温度为 85～125℃，拉伸强度为 40～90MPa，抗弯强度为 70～120MPa，缺口冲击强度为 14～35kJ/m^2，成型收缩率为 0.5%～0.7%。PPO 与 MPPO 的外观均为琥珀透明色，难燃，离火即熄，火焰明亮有黑浓烟，并发出花果香臭气味；吸水率低，耐水及水蒸气，成型收缩率小，一般为 0.3%～0.8%，尺寸稳定性高。PPO 具有突出的力学性能，尤其以拉伸强度、冲击强度及耐蠕变性能最好，在 21MPa 负荷下 3000h，蠕变值仅为 0.75%，而且其力学性能随温度和湿度变化很小，在开水中浸 700h 后，拉伸强度无明显变化；PPO 的刚性和硬度都比较大，耐磨性好，摩擦因子低。PPO 与 MPPO 的电性能优异，介电强度高，介电常数和介电损耗都比较低。PPO 的缺点是在有机溶剂的作用下会出现应力开裂；不耐候，易受阳光的照射变色，流动性差，难加工。

① 聚苯醚的应用范围。聚苯醚主要用于汽车的电子、电气、开关、接插件、仪表板、扬声器格栅、座椅靠背、蓄电池板、阻流板、减振器、车轮罩等。

② 聚苯醚制品的成型方法。PPO 是结晶性塑料，有明显的熔点，217℃时熔化，但它的黏度大，难以有效地流动，360℃时就分解；PPO 吸水，在有水分的情况下能引起分解，需烘干，在 140℃烘干 2～4h 即可。PPO 可用注塑、挤出、压制等热塑性塑料的加工方法加工。

注射成型：螺杆的 L/D 应大于 25，压缩比应大于 2.5～3.5。成型温度：料筒温度前段为 320～340℃、中段为 320～340℃、后段为 315℃；喷嘴温度为 300～320℃；模具温度为 110～150℃，注射压力为 120～140MPa；螺杆转速为 28r/min。

（7）聚苯硫醚（Polyphenylene Sulfide，PPS） 聚苯硫醚是一种新型高性能热塑性树脂。PPS 本色是一种白色材料，是一种综合性能优异的特种工程塑料，结晶度高，硬而脆，密度为 1.64～1.98g/cm^3，成型收缩率为 0.3%～0.7%，成型温度为 300～340℃。PPS 具有优良的耐高温、耐腐蚀、耐辐射、阻燃、均衡的物理力学性能和极好的尺寸稳定性，被广泛用作结构性高分子材料，PPS 是工程塑料中耐热性最好的品种之一，长期使用温度为 200～240℃，短时使用温度为 260℃，热变形温度（1.86MPa）一般大于 260℃，在 400℃的空气或氮气中保持稳定，耐化学品性仅次于聚四氟乙烯，流动性仅次于尼龙，有优良的阻燃性，为不燃塑料。PPS 还具有阻燃性能好、耐振动疲乏性好等优点。PPS 电绝缘性（尤其高频绝缘性）优良，白色，硬而脆，跌落于地上有金属响声，透光率仅次于有机玻璃，着色性、耐水性、化学稳定性良好。PPS 塑料的缺点是脆性大、韧性差，耐冲击强度低，纯净的 PPS 因黏度大、流动性差，一般不能直接用于注射，只有改性后才可使用。经过改良以后的 PPS，可以获得十分优异的综合性能，市场出售的产品均为其改良的产品。通过填充、改性后广泛用作特种工程塑料。同时，还可制成各种功能性的薄膜、涂层和复合材料。

① PPS 塑料汽车工业应用范围。适用于排气再循环阀及水泵叶轮，及汽化器、排气装置、排气调节阀、灯光反射器、轴承、传感部件等。

② PPS 塑料的成型特点。PPS 是结晶性塑料，有明显的熔点，280℃时熔化，400℃时就分解；但它的黏度大，难以有效流动，流动性介于 ABS 和 PC 之间；主流道锥度应大，流道应短；模具温度为 100～150℃，一般加工温度为 300℃～340℃；PPS 吸水，在有水分的情况下，能引起分解，需烘干，在 140℃烘干 2～4h 即可；凝固快，收缩小，易分解，应选用较高的注射压力和注射速度。PPS 还可用 40% GF 增强，其注射成型温度为 280～

290℃、310～320℃、300～310℃，喷嘴的温度为 290～300℃，注射压力为 4MPa，注射周期为 40s。

(8) 聚砜 (PSF/PSU/PES) 聚砜是分子主链中含有链节的热塑性树脂。密度为 1.24g/cm^3，难燃，离火后熄灭，火焰呈黄色，塑料燃烧熔融而发出橡胶的焦味。聚砜有普通双酚 A 型 PSF（即通常所说的 PSF）和聚醚砜两种。PSF 是略带琥珀色非晶型透明或半透明聚合物，吸水率为 0.22%，摩擦系数为 0.4，拉伸强度为 72～82MPa，抗弯强度为 108～120MPa，缺口冲击强度为 8～15J/m^2，伸长率为 50%～100%。PSF 力学性能优异，刚性大，耐磨、高强度，即使在高温下也保持优良的力学性能是其突出的优点，其正常使用范围为－100～150℃，短期使用温度可为 190℃，热稳定性好，耐水解，尺寸稳定性好，成型收缩率小，无毒，耐辐射。PSF 可以金属化处理，即可电镀或真空镀膜。在宽广的温度和频率范围内有优良的电性能，化学稳定性好，除浓硝酸、浓硫酸、卤代烃外，能耐一般酸、碱、盐，在酮、酯中溶胀。缺点是耐紫外线和耐候性较差、耐疲劳强度差。PSF 成型前要预干燥至水分含量小于 0.05%。聚醚砜的分子结构由醚基、砜基和亚苯基组成。醚基使其具有熔融状态，流动性能好，而砜基赋予其耐热性，其综合性能非常好。PES 的连续使用温度为 180℃，在室温 20MPa 负荷下，三年后的蠕变只有 1%，成型收缩率为 0.6%，而且没有各向异性问题。PES 阻燃性能好，易加工成型，可注射、挤出、模压、溶液涂覆、粉末烧结、真空成型等。PES 的密度为 1.37g/cm^3，折射率为 1.65，吸水率为 0.43%，拉伸强度为 86MPa，抗弯强度为 132MPa。

① 聚砜塑料的应用范围。聚砜塑料主要用于电子电气、食品和日用品、汽车、航空、医疗和一般工业等领域，制作各种接触器、接插件、变压器绝缘件、可控硅帽，绝缘套管、线圈骨架、接线柱，印制电路板、轴套、罩、电视系统零件、电容器薄膜，电刷座，碱性蓄电池盒、电线电缆包覆。聚砜塑料还可做防护罩元件、电动齿轮、蓄电池盖、飞机内外部零配件、宇航器外部防护罩、照相器挡板、灯具部件、传感器，也可代替玻璃和不锈钢做蒸汽餐盘、咖啡盛器、微波烹调器、牛奶盛器、挤奶器部件、饮料和食品分配器。

② 聚砜的加工方法及成型特点。聚砜可进行注射、模压、挤出、热成型、吹塑等成型加工，注塑温度 280～320℃；熔体黏度高，控制黏度是加工关键，加工后宜进行热处理，消除内应力。可做成精密尺寸制品。

PES 的成型加工成型条件：成型前必须进行干燥（160℃，3h），注射时料筒温度为 300～330℃、330～360℃，喷嘴温度为 330～360℃、模具温度为 110～130℃、注射压力为 110～140MPa、螺杆背压为 5～10MPa、螺杆转速为 50～60r/min、成型时间为 20～40s。PES 进行挤出成型时料筒温度为 180℃、330℃、350℃。

(9) 聚芳砜 (Polyarylsulfone，PAS) 聚芳砜是由 4,4′-二磺酰氯二苯醚与联苯反应制得。聚芳砜为琥珀色透明颗粒。密度（在 4～25℃条件下）为 1.371g/cm^3，折射率为 1.652，耐热性比双酚 A 型聚砜高得多，热变形温度和连续使用温度均高 100℃左右。玻璃化温度为 288℃，连续使用温度为 260℃，热变形温度为 274℃（1.82MPa）。耐酸、碱、乙醇、丙酮、乙酸乙酯、烃类、燃料油、润滑油等。溶于二甲基甲酰胺、二甲基乙酰胺、*N*-甲基-2-吡咯烷酮、二甲基亚砜、四甲基亚砜等。吸水性大（3.1%），熔融黏度高，拉伸强度为 89MPa，弯曲强度为 118MPa，伸长率为 13%。聚芳砜的加工温度为 320～410℃，模具温度为 230～260℃，它吸湿性大，在加工前必须干燥，干燥温度为 260℃，烘干 2～4h。

(10) 聚芳酯 聚芳酯本色是一种透明材料，有自熄性和高耐热性，能燃，离火后自熄，燃烧时产生少量无毒烟雾。其主要特点：主链中含高密度芳香环，用玻璃纤维增强后耐热性很高，在重负荷下热变形温度为175℃，若以10℃/min的速率升温，到443℃时失重仅5%。冲击强度优异，屈服伸长大，弹性恢复好；表面硬度大，绝缘性优。这种聚合物结晶度很低，故透明度很好。聚芳酯热胀系数小，蠕变量小，吸湿性小，并耐酸和油类，但不耐碱和有机溶剂。

① 聚芳酯的应用范围　聚芳酯可用于制造汽车电气类、灯具类等部件及其他日用电气配件。其中透明耐油系列（U系列）如U-100是良流动、耐油、改善透气性的牌号，可制造照明开关、传感器开关、耐热容器、继电器壳体、药瓶等制品。透明系列（P系列，耐热性能），这个系列进一步改善了对U系列的耐热性、流动性和透明性，可用于汽车内灯玻璃、罩、盖、帽、管座、反射镜等透明部件。不透明系列（AX系列，耐药品性能），它改善了U系列与P系列的耐药品性能，可用于轴套、接插件、齿轮等方面。

② 聚芳酯制品的成型方法及注意事项。聚芳酯可采用注射、挤出、吹塑等一般成型工艺。并可使用一般工程塑料通用的注射、挤出设备。聚芳酯加工前必须干燥，干燥条件是在100～120℃的温度下，干燥4～6h，注射成型温度为330～350℃。在注射成型时应注意以下几点：聚芳酯在20℃、相对湿度65%时的吸水率为0.35%，原料中的水分在成型过程中会引起缩聚物水解。故在成型前原料需用循环热风预干燥。聚芳酯成型时螺筒温度高，应及时清除筒中的残料，以免升温时分解造成烧焦点。在每次开机时可先用高密度聚乙烯清除料筒中残料。模具温度过低会使制件翘曲变形，制件过厚尤其易产生残留应力。将制件用溶剂浸泡后测定其冲击强度可检出制品的残余应力。

（11）聚醚醚酮（PEEK）　它是一种耐高温性能十分突出的树脂，可在250℃下长期使用，瞬时使用温度可达300℃；其刚性大，尺寸稳定性好，线胀系数小，接近金属铝材料；PEEK化学稳定性好，对酸、碱及几乎所有的有机溶剂都有很强的抗腐蚀能力，同时具有阻燃、抗辐射等性能；PEEK耐滑动磨损和微动磨损的性能优异，尤其是在250℃下保持高耐磨性和低摩擦系数；此外PEEK易于挤出和注射成型，可用于汽车和航空发动机箱、发动机缸盖等。

7. 聚丙烯塑料发泡材料

聚丙烯塑料发泡材料（Expandedpolypropylene，EPP）是一种性能卓越的高结晶型聚合物/气体复合材料，EPP制品具有十分优异的抗振吸能性能，形变后回复率高，还具有很好的耐热性、耐化学品、耐油性和隔热性。EPP制品母粒是一种经发泡后的聚丙烯颗粒，由固体和气体两个相组成，呈黑色、粉红色或白色的颗粒状，直径大小一般为2～7mm。EPP颗粒的外壁是闭合的，内部充满了CO_2气体。通常，其固相成分只占总重量的2%～10%，其余部分均为气体，因此制成成品件的密度较小。根据孔隙的分布其密度可调整，一般为水的密度的（1/20）～(1/10)，可根据产品用途，选择不同的密度。EPP还是一种环保材料，不仅可回收再利用，而且可以自然降解，不会造成白色污染。EPP产品还具有绝缘性能，耐高低温性能好（－40～130℃），无毒无味，不吸水，有一定的强度（弯曲强度为714kPa），是一种新型抗压缓冲泡沫塑料。EPP材料的性能特点及应用范围见表5-19。

表5-19　EPP材料的性能特点及应用范围

应用领域	功能、效用
缓冲包装	能量吸收性、表面柔软
食品包装	卫生无毒、耐食用油、化学稳定性、耐热性
热绝缘	低热导率、耐热性

续表

应用领域	功能、效用
汽车领域	轻质、热成型性、能量吸收性、耐热性、吸声
建筑领域	低热导率、低水蒸气透过性、吸声
体育休闲	漂浮性、低吸水性、能量吸收性
工业应用	可压缩性、耐油性、漂浮性
民用	床垫、家具等

(1) EPP 的独特性能　EPP 与其他发泡材料相比具有独特的性能，具体见表 5-20。

表 5-20　EPP 与其他发泡材料的对比

项目	发泡聚丙烯(EPP)	发泡聚乙烯(EPE)	发泡聚苯乙烯(EPS)	PE/PS/EPO	泡棉(PU)
气泡构造	独立	独立	独立	独立	连续
机械强度	最强	强	强	强	差
最高使用温度/℃	130	85	80	80	120
耐冲击性	最佳	佳	差	略差	佳
耐油耐温性	最佳	最佳	差	略差	佳
吸水性	最小	小	小	小	大
环境污染	最小	小	大	大	最大

(2) EPP 在汽车行业的应用　EPP 非常适合于汽车制造业中对安全、环保、减轻重量等方面的需求。因此，EPP 自问世以来，便迅速在汽车制造领域得到了广泛应用。目前国内外的乘用车型大都已采用 EPP 材料作为缓冲吸能部件，常见的如后备厢备胎中的嵌装随车工具的泡沫块，另外像保险杠后的缓冲块、侧护板、门内板吸能保护垫、坐垫内芯、枕芯、遮阳板、工具箱等。

(3) EPP 与其他材料组合性能更佳　目前，在汽车制造业中，大多使用的是由多种材料制成的不同组件组合而成的成型产品。在对这些产品进行回收利用时，必须将各个组成部分分开，非常麻烦。随着全球对废弃汽车回收利用呼声的日益高涨，减少原材料的种类，以使回收过程简化，“材料一体化系统”已为众多汽车厂商所推崇。由于聚丙烯材料在汽车中的应用十分广泛，因此“EPP-PP 组件”受到的重视程度日益增加。

随着汽车工业的发展，人们对汽车产品的轻量化、安全性及环保越来越重视，EPP 材料以其独特而优越的性能，成为目前增长最快的轻量化抗压缓冲泡沫塑料。

8. 热塑性弹性体

热塑性弹性体（Thermoplastic Rubber，TPE/TPR)，又称人造橡胶或合成橡胶。热塑性弹性体在常温下显示硫化橡胶（弹性体）的性能，在高温下可产生塑性变形，用热塑性塑料加工设备可以进行成型加工；其产品既具备传统交联硫化橡胶的高弹性、耐老化、耐油性各项优异性能，同时又具备普通塑料加工方便、加工方式广的特点。可采用注塑、挤出、吹塑等加工方式生产，水口边角粉碎后 100%直接二次使用。既简化加工过程，又降低加工成本，因此热塑性弹性体 TPE/TPR 材料已成为取代传统橡胶的最新材料，其环保、无毒、手感舒适、外观精美，使产品更具创意。因此也是一种更具人性化、高品位的新型合成材料，也是世界化标准性环保材料。

(1) 热塑性弹性体（TPE/TPR）种类　热塑性弹性体可概括为通用 TPE 和工程 TPE 两个类型，目前已发展到 10 大类 30 多个品种。TPE 的主要品种有：苯乙烯类（SBS、SIS、SEPS、SEBS）、烯烃类（TPO、TPV）、双烯类（TPB、TPI）、氯乙烯类（TPVC、TCPE）、氨酯类（TPU）、酯类（TPEE）、酰胺类（TPAE）、有机氟类（TPF）、有机硅类和乙烯类等，几乎涵盖了现在合成橡胶与合成树脂的所有领域。

常用的热塑性弹性体（TPE/TPR）主要有苯乙烯类 TPE、烯烃类 TPE、二烯类 TPE、氯乙烯类 TPE、聚氨酯类 TPE 等。

① 苯乙烯类 TPE。苯乙烯类 TPE 又称 TPS，为丁二烯或异戊二烯与苯乙烯嵌段型的共聚物，其性能最接近 SBR 橡胶，是化学合成型热塑性弹性体中最早被人们研究的品种之一，是目前世界上产量最大的 TPE。代表性的品种为苯乙烯-丁二烯-苯乙烯嵌段共聚物（SBS），广泛用于制鞋业，已大部分取代了橡胶；同时在胶布、胶板等工业橡胶制品中的用途也在不断扩大。

② 烯烃类 TPE。烯烃类 TPE 是以 PP 为硬链段和 EPDM 为软链段的共混物，简称 TPO。由于它比其他 TPE 的密度小（仅为 0.88g/cm^3），耐热性高达 100℃，耐候性和耐臭氧性也好，因而成为 TPE 中又一个发展很快的品种。

③ 二烯类 TPE。二烯类 TPE 主要为天然橡胶的同分异构体，故又称热塑性反式天然橡胶（1-NR）。

④ 氯乙烯类 TPE。氯乙烯类 TPE 分为热塑性 PVC 和热塑性 CPE 两大类，热塑性 PVC 称为 TPVC，热塑性 CPE 称为 TCPE。TPVC 主要是 PVC 的弹性化改质物，又分为化学聚合和机械共混两种形式。机械共混主要是部分交联 NBR 混入 PVC 中形成的共混物（PVC/NBR）。现在 TPVC 和 TCPE 已成为代替部分 NR、BR、CR、SBR、NBR 橡胶和 PVC 塑料的新橡塑材料。目前 TPVC 材料在汽车领域应用量很大，已有 70%以上消耗用在汽车上，如汽车的方向盘、雨刷条等。

⑤ 聚氨酯类 TPE。聚氨酯类 TPE 是由与异氰酸酯反应的氨酯硬链段与聚酯或聚醚软链段相互嵌段结合的热塑性聚氨酯橡胶。

(2) 热塑性弹性体（TPE/TPR）制备方法　通常按制备方法的不同，热塑性弹性体主要分为化学合成型热塑性弹性体和橡塑共混型热塑性弹性体两大类。化学合成型热塑性弹性体是以聚合物的形态单独出现的，有主链共聚、接枝共聚和离子聚合之分。橡塑共混型热塑性弹性体主要是橡胶与树脂的共混物，其中还有以交联硫化出现的动态硫化胶（TPE-TPV）和互穿网络的聚合物（TPE-IPN）。现在，TPE 以 TPS 和 TPO 为中心，在世界各地获得了迅速发展，两者的产耗量已占到全部 TPE 的 80%左右。双烯类 TPE 和氯乙烯类 TPE 也成为通用 TPE 的重要品种。其他如 TPU、TPEE、TPAE、TPF 等则转向了以工程为主。

(3) 热塑性弹性体（TPE/TPR）产品加工方式　热塑性弹性体具有硫化橡胶的物理力学性能和软质塑料的工艺加工性能。由于不需再像橡胶那样经过热硫化，因而使用简单的塑料加工机械即可很容易地制成最终产品。它的这一特点，使橡胶工业生产流程缩短了 1/4，节约能耗 25%～40%，提高效率 10～20 倍，堪称橡胶工业的又一次材料和工艺技术革命。

制造加工热塑性弹性体的主要两种方法是挤塑和注射成型，模塑成型用得极少。通过注射成型来制造加工热塑性弹性体，既快速又经济。用于一般热塑性塑料的注射成型方法和设备均适用于热塑性弹性体。

热塑性弹性体还可通过吹塑、热成型以及热焊接进行加工，而这些方法均不能应用于热固性橡胶制品。

(4) 热塑性弹性体（TPE/TPR）产品特点

① 热塑性弹性体（TPE/TPR）产品的优点。

a. 可用一般的热塑性塑料成型机加工，例如注射成型、挤出成型、吹塑成型、压缩成型、递模成型等。

b. 能用橡胶注塑成型机硫化，时间可由原来的 20min 左右，缩短到 1min 以内。

c. 可用压出机成型硫化，压出速度快、硫化时间短。

d. 生产过程中产生的废料（逸出毛边、挤出废胶）和最终出现的废品，可以直接返回再利用。

e. 用过的 TPE 旧品可以简单再生之后再次利用，减少环境污染，扩大资源再生来源。

f. 不需硫化，节省能源，以高压软管生产能耗为例：橡胶为 188MJ/kg，TPE 为 144MJ/kg，可节能 25%以上。

g. 自补强性大，配方大大简化，从而使配合剂对聚合物的影响制约大为减小，质量性能更易掌握。

h. 为橡胶工业开拓新的途径，扩大了橡胶制品应用领域。

② 热塑性弹性体（TPE/TPR）产品的缺点。TPE 的耐热性不如橡胶，随着温度上升而物性下降幅度较大，因而适用范围受到限制。同时，压缩变形、弹回性、耐久性等同橡胶相比较差，价格上也往往高于同类的橡胶。

(5) 热塑性弹性体（TPE/TPR）产品在汽车上的应用　由于 TPE 材料密度小，容易回收利用，性能又介于塑料和橡胶之间，可用一般的热塑性塑料成型机加工，不需要特殊的加工设备，生产效率大幅度提高（比如用橡胶硫化注塑机时间由原来的 20min 缩短到 1min 以内）。TPE 具有很多优秀的特点，而且各种新型的 TPE 产品也不断被开发出来，作为一种高效、节能、环保的橡胶新型原料，发展前景会越来越好。因此，近几年来在汽车制造工业中得到迅速发展，见表 5-21。

表 5-21　热塑性弹性体用途

序号	分类	硬相	软相	主要用途
1	热塑性聚烯烃弹性体(TPO)	聚丙烯(PP)或聚乙烯(PE)	乙丙橡胶(EPDM、EPM)	汽车内饰表皮材料、门窗密封条、汽车保险杠、挡泥板等
		说明：目前在汽车制造工业中最活跃的热塑性弹性体是 TPO 材料，尤其是 20 世纪 80 年代出现动态硫化 TPO(EPDM/PP)之后更受到人们的重视。在汽车材料要求再生利用、轻量化、无公害的呼声越来越高涨的今天，更使人们的注意力集中在能够取代某些橡胶和塑料的 TPO 材料上。TPO 作为汽车内饰材料满足无氯化、材料再生利用和轻量化的要求，更加快了 TPO 材料在汽车内饰方面的应用		
2	热塑性聚苯乙烯弹性体(TPS)	聚苯乙烯(PS)	聚丁二烯(BR)、聚异戊二烯	SBS 用于改性塑料 SIS 用于黏结剂
		说明：TPS 作为黏结密封剂、塑料改性剂大量用于汽车中		
3	聚酯弹性体(TPEE)	高结晶性芳香聚酯(PBT)	非结晶性脂肪族聚酯或聚醚	等速万向节护套手制动滚轮
		说明：TPEE 在汽车上的主要用途为等速万向节护套：过去是用氯丁橡胶制造，但由于耐屈折疲劳性差，以及在高温环境下使用中经常发生破裂，要换新的很费力又浪费。自从改成 TPEE 之后，由于其材料的强度和耐久性非常好，在整个汽车使用寿命中不需要更换新的护套。TPEE 材料还可以用于吹塑成型，生产效率大大提高，而且质量也比原来橡胶的轻		

续表

序号	分类	硬相	软相	主要用途
4	聚氨酯弹性体(TPU)	短链多元醇异氰酸酯交联氨基甲酸酯结构	长链多元醇聚醚、聚酯	用于汽车换挡杆手柄、各种线束的接插件、连接轴套、密封环及垫片
		说明:TPU材料根据软相的成分可分为聚醚型和聚酯型。这种材料具有高性能聚氨酯弹性体的性能,而且能够热塑加工,如采用注塑、挤出、吹塑方法加工成片材、薄膜、管材以及各种结构的制品。TPU材料具有高耐磨性、高弹性、柔软性、耐老化、耐油脂等特点。用在汽车换挡杆手柄、各种联轴节的轴套和垫圈、各种线束的接插件、螺旋伸缩电线、电缆护套、齿形袋等汽车零件。另外,也可用于转向拉杆的轴套和垫片、悬挂联结铰链、液压气动悬挂隔膜、汽车减振器隔膜、弹簧限位块等		

9. 聚氨酯

聚氨酯（Polyurethane，PU或PUR）为大分子链中含有氨酯型重复结构单元的一类聚合物，全称为聚氨基甲酸酯。聚氨酯材料是汽车内外饰应用最多的一种热固性塑料材料。

四、塑料助剂

树脂（聚合物）是塑料的主要成分。从结构上说，它构成塑料制品中的连续相。在塑料中，树脂起黏结作用，同时赋予塑料良好的成型性能并最终决定制品的主要性能。然而塑料以其固有树脂成分的性能，可能还存在或多或少的缺陷，适应范围相对也就比较窄；不过塑料还有一个最大的优点就是，其中可以加入各种成分的助剂，而助剂的加入则会大大改善其工艺性能与使用性能，并因此滋生出很多新的塑料改性品种，这也是塑料品种多样化的原因。

塑料助剂是塑料加工过程中必不可少的添加剂，添加剂可改善塑料的工艺性能，影响其成型条件和成型效率，同时还起到改进制品的使用性能、降低制品成本、延长制品寿命等作用。通常所用的塑料助剂有十几类，随着塑料品种的增多、用途的扩大和加工技术的不断进步，塑料助剂的类别和品种也日益增多，成为一个品目十分繁杂而颇具规模的精细化工行业。添加剂的类别和品种比聚合物要多得多，通过各种添加剂的适当配合，可以赋予树脂更多的新性能，达到改性的目的，是一种简单且行之有效的方法。从助剂的化学结构看，既有无机物，又有有机物；既有单一物，又有混合物；既有低分子物；又有高分子物。从助剂的功能作用来看，有稳定化助剂，其中包括热稳定剂、光稳定剂、抗氧剂、防霉剂；提高机械强度的助剂有增强剂、偶联剂、抗冲改性剂、填充剂、交联剂；提高加工性能的助剂有润滑剂、加工改性剂、脱模剂、滑爽剂、防黏结剂；柔质化和轻质化助剂有增塑剂、发泡剂；改进制品表面和外观的助剂有抗静电剂、防雾滴剂、着色剂；难燃化助剂有阻燃剂；其他类助剂为驱避剂、金属钝化剂等。塑料助剂的选用原则如下。

① 要考虑助剂与树脂间的相容性。一般来说，助剂只有与树脂间有良好的相容性，才能使助剂长期、稳定、均匀地存在于制品中，有效地发挥其功能。如果相容性不好，则易出现“出汗”“喷霜”现象。有时相容性不好，制品要求不太严格，如填充剂与树脂间相容性极差，但只要填充剂的粒度比较小，如1250目或2250目，仍然能基本满足制品性能要求，当然最好用偶联剂或表面活性剂处理填料，才能充分发挥其功能。

② 要考虑助剂对加工条件的适应性。某些树脂的加工条件较苛刻，如加工温度高，此

时应考虑所选助剂会否分解，助剂对模具、设备是否有腐蚀作用。

③ 要考虑制品用途对助剂的制约。不同用途的制品对助剂的气味、毒性、电气性、耐候性、热性能等均有一定的要求。

④ 要考虑助剂的耐久性。助剂损失主要通过三个途径：挥发、抽出和迁移。主要与助剂的分子量大小、在介质中的溶解度及在树脂中的溶解度有关。

⑤ 要考虑助剂配合中的协同作用和相对抗作用。在同一树脂体系中，有时其中两种助剂会产生“协同作用”，比单独使用某一种助剂发挥效果功能大得多。但如果配合不当，两种助剂间产生“对抗作用”削弱每种助剂的功能，甚至使某种助剂失去作用，这点应特别注意，如炭黑与胺类或酚类抗氧剂并用就会产生对抗作用。

⑥ 要考虑添加助剂对塑料原料成本的影响。有很多助剂在改善塑料工艺性能的前提下，还能大大降低材料的成本。

第二节 聚氨酯

聚氨酯（PU）是由多异氰酸酯与聚醚型或聚酯型多元醇在一定比例下的反应物。其性能可在软质到硬质的宽广范围内变化，其产品以泡沫塑料（软质、半硬质、硬质）为主，其次为涂料和胶黏剂、弹性体和板材等。PU 涂料、胶黏剂涂料有单组分和双组分之分，但以双组分、多元醇固化型为主。异氰酸酯由于蒸气压高，安全卫生性不好，常用分子量 1000～2000 的预聚体。多元醇可以为聚醚多元醇、聚酯多元醇、丙烯酸多元醇等。有室温固化型和加热硬化型，以室温固化为主。近年来也出现了水性 PU 树脂；胶黏剂有溶液型、水分散型和单组分、双组分之分。

一、聚氨酯的合成工艺

1. 工艺材料

制造 PU 的主要原料见表 5-22。

表 5-22　制造 PU 的主要原料

种类	名称	主要用途
异氰酸酯	TDI(甲苯二异氰酸酯) MDI(4,4′-二苯基甲烷二异氰酸酯) PAPI(多苯基多亚甲基多异氰酸酯) HDI(六亚甲基二异氰酸酯) NDI(萘二异氰酸酯)	软质泡沫材料 涂料、胶黏剂、RIM 硬质泡沫材料 黄变聚氨酯 弹性体
多元醇	PPG(聚丙二醇)	一般用弹性体
聚醚多元醇	PTMG(聚四氢呋喃)	一般用弹性体
聚酯多元醇	缩合型(二元酸与二元醇、三元醇缩合)内酯型	弹性体、涂料、胶黏剂
催化剂	有机金属类(如二月桂酸二丁基锡、辛酸亚锡)、叔胺类(如三乙烯二胺)	弹性体、涂料

MDI 在室温下是固体，但 PAPI 在室温下却是液体，操作极方便。TDI、MDI、PAPI

都含有与—NCO直接连接的苯环，在光照下易黄变。HDI是耐候性不黄变的异氰酸酯。

多元醇的分子量为200～100000。用于软质泡沫塑料的多元醇一般官能团较少（2～3个），羟值较低（40～60mg KOH/g）、分子量较大（2000～4000）；硬质泡沫塑料用的多元醇官能团较多（3～8个），羟值较高（400～600mg KOH/g）、分子量较小。

发泡剂原来以CFC 11（CCl_3F）为主，因为环境问题改用HCFC-146b（CH_3CCl_2F），可采用注入发泡、喷涂发泡、块状发泡。通常采用反应注射模塑成型法（RIM法）。RIM是将高活性的反应物料分别计量后在撞击式混合头中快速混合后，立即充模，在极短的时间内边反应发泡边成型，一次获得成品。其生产效率高，能耗小，一次注射量可为1～50000g，甚至100000g。用玻璃纤维增强的反应注射成型则称RRIM。表5-23为RRIM聚氨酯的性能。

表5-23 RRIM聚氨酯的性能

序号	增强材料	拉伸强度/MPa	断裂伸长率/%	弯曲强度/MPa	弯曲弹性模量/MPa	热下垂(125℃×1h)/mm	线胀系数/$\times10^{-5}K^{-1}$
1	无	15.2	28.2	45.2	830	11.8	12.1
2	MS-3:30%	20.6	6.5	71.6	2580	5.2	5.9
3	ECS:15%	18.5	4.8	62.5	1360	1.1	4.5

（1）异氰酸酯　主要有甲苯二异氰酸酯（TDI），分2,4和2,6两种异构体，混合比例为80/20（TDI-80）和65/35（TDI-65）两种，可用于软质到硬质泡沫制品；二苯基甲烷二异氰酸酯（MDI），MDI又包括聚合MDI和纯MDI，聚合MDI主要用于生产聚氨酯硬泡、半硬泡等，广泛应用于汽车、冰箱、保温材料及建筑等行业，纯MDI主要应用于合成革、氨纶、胶黏剂、涂料、聚氨酯鞋底等行业。

（2）多元醇　主要有聚醚多元醇和聚酯多元醇两种。聚醚多元醇由多元醇、多元胺或其他含有活泼氢的有机化合物与氧化烯烃开环聚合而成，它具有黏度低、弹性大等优点，常用于软质PU中。聚酯多元醇由有机多元酸与多元醇经缩聚反应而成，二元酸与二元醇合成的线型聚酯多元醇主要用于软质PU，二元酸与三元醇合成支型聚酯多元醇主要用于硬质PU。聚酯多元醇的黏度大，不如聚醚型应用广，常用于绝缘、耐油、耐热、尺寸稳定及力学性能高的PU制品。

（3）催化剂　作用为加速聚合反应，有胺类和锡类两类；胺类如三乙烯二胺、*N*-烷基吗啡啉等，有机锡类如二月桂酸二丁基锡；一般两者协同加入。

（4）发泡剂　用于发泡制品，具体有水、液态二氧化碳、氟氯烷烃、氢氯氟烃、氢氟烃、戊烷及环戊烷等。

（5）泡沫稳定剂　用于泡沫制品，可降低表面张力、控制泡孔大小及泡孔壁强度等，常用水溶性聚醚硅氧烷。

（6）交联剂及扩链剂　常用甘油、三羟甲基丙烷及季戊四醇等。

2. PU合成方法

根据产品结构的不同，按特定配比加入异氰酸酯、多元醇及发泡剂、表面活性剂、阻燃剂、填充剂、增塑剂、脱模剂等各种添加剂可以制成不同性能的聚氨酯制品。通常其相对密度为0.03～1.05，拉伸强度为1.2～700MPa，弯曲模量为28～2800MPa（纤维增强后可达14000MPa以上），悬臂梁冲击强度大于1260kJ/m^2，热变形温度可大于285℃（1.82MPa），伸长率为1%～1000%，吸水率为0.2%～1.5%。

（1）预聚体法　也称两步法，首先由异氰酸酯与多元醇生成末端带有异氰酸酯的低分子预聚体，然后加入其他添加剂，进一步反应成最终制品。此法常用于聚醚型泡沫塑料制品。

（2）半预聚体法　将异氰酸酯与部分多元醇反应生成末端带有异氰酸酯的低分子预聚体，然后加入另一部分多元醇及其他添加剂，进一步反应成最终制品。此法常用于硬质和半硬质泡沫塑料制品。

（3）一步法　将参加反应的所有单体和添加剂等一起加入，一次反应完成。因工艺简单、投资少而普遍采用。

二、聚氨酯制品的分类和特点

1. 聚氨酯制品的分类

聚氨酯是一类用途十分广泛的合成材料，它由异氰酸酯和多元醇及助剂等反应而成，选用不同的原材料或采用不同的合成工艺，能生产出性能各异、形态不同的制品：从轻柔如棉花到坚硬如钢的聚氨酯泡沫塑料，耐磨性能优异的聚氨酯弹性体。

聚氨酯根据产品的软硬程度，分为软泡、半硬泡和硬泡，其中半硬泡又分为自结皮和填充料。聚氨酯根据分子结构分为线型的热塑性PU和体型的热固性PU两类。聚氨酯根据成型方法也可分为弹性体和泡沫塑料两类。

2. 聚氨酯制品的特点

（1）聚氨酯弹性体　PU弹性体是一种PU的密实制品，其性能介于橡胶与塑料之间，具有高回弹性、吸振性、耐磨性、耐油、耐撕裂、耐化学品腐蚀及耐辐射等性能。由于其加工方法越来越简单，应用越来越广泛，现已发展成为PU的主导制品。

PU弹性体可分为混炼型、浇铸型和热塑型三种。PU类热塑性弹性体由软段长链状多元醇和硬段二异氰酸酯、扩链剂、交联剂组成，调节两者的比例，可制备硬度从10A到70D的各种热塑性弹性体。多元醇使用以PTMG为主的聚醚多元醇和己二酸或内酯类的聚酯多元醇。聚醚多元醇耐水解性优异。二异氰酸酯以NPI最优秀。扩链剂、交联剂为低分子量的多元醇、芳香族多元胺。

① PU弹性体的结构。PU弹性体的种类很多，化学结构也十分复杂，但都是由聚酯或聚醚二元醇与二异氰酸酯反应生成的软段和由低分子二元醇和二异氰酸酯反应生成的硬段构成的嵌段聚合物。不同PU弹性体的差别只在于柔性链段与刚性链段的比例、连接和排列方式不同，从而导致整体性能的差异。

PU弹性体中的硬段对模量、硬度和撕裂强度有特殊的作用，而软段则主要影响制品的弹性及低温性能；也就是说，PU中的软、硬段分别赋予其不同的性能。PU弹性体也有不同程度的交联结构，其交联包括一级和二级两种结构。一级交联结构为多异氰酸酯、多羟基化物等反应生成的氨基甲酸酯、脲基甲酸酯等化学键形成的交联，它稳定和不可逆，在具体成型过程中形成，主要发生在混炼和浇铸型PU中。二级交联结构比一级交联要弱，它由分子间的氢键形成交联，使其具有很高的模量和力学性能；二级交联发生在PU热塑性弹性体中，交联程度越大，制品的密度越大、强度越大、刚性越大。

PU热塑性弹性体中存在两相结构：硬段互相规整、有序、紧密地排列在一起，形成结晶区，赋予弹性体以高强度、刚性和高熔点等性能；软段则无规卷曲排列，形成无定形区，赋予弹性体以柔性、弹性、吸湿性和耐低温性能。

② PU弹性体的性能。PU弹性体的性能介于塑料和橡胶之间。不同类型多元醇合成的PU弹性体的性能稍有差异，聚酯型PU的力学性能优异、耐油性好，但耐水性较差；聚醚型PU的耐低温性及耐水解性优于聚酯型，但耐油性和力学性能稍差一点；PU弹性体的硬度变化范围比较宽，可从邵尔A10到D80，断裂伸长率高达600%～800%。而天然橡胶的最高邵尔硬度仅为A70，断裂伸长率为550%。PU弹性体的撕裂强度较高，比天然橡胶大2～4倍。PU弹性体的回弹性高，减振效果好。PU弹性体的耐磨性好，一般耐磨性为天然橡胶的3～10倍。PU弹性体的耐热性较差，一般只能在80℃以下的环境使用，温度超过80℃会导致性能下降。但是PU弹性体的耐低温性较好，并以聚醚型为最佳，可在－70～70℃范围内使用。PU弹性体的耐臭氧和耐氧性好，耐紫外线和辐射性好，可长期在户外使用。PU弹性体的性能见表5-24。

表5-24 PU弹性体的性能

序号	项目		热固性(浇铸树脂)		热塑性
			聚酯型	聚醚型	
1	拉伸强度/MPa		25～50	21～42	32～50
2	伸长率/%		300～700	200～500	350～600
3	拉伸永久变形/%		5～50	0～85	15～70
4	模量/MPa	100%	2～4	7～35	4.5～21
		300%	3.5～28	14～21	10～28
5	邵尔硬度		60HA～75HD	70HA～75HD	80HA～60HD
6	撕裂强度/(N/cm)		100～450	50～250	200～350

③ PU弹性体应用范围。PU弹性体可替代天然橡胶、丁腈橡胶及氯丁橡胶，还可代替塑料或金属等材料；在汽车上主要用于仪表板、转向盘、后备厢盖、扶手、门把手、保险杠、挡泥板、阻流板等。

④ PU弹性体使用的工艺方法。浇铸型PU弹性体的成型极为方便，将液体反应物注入模具中，经加热即可固化成复杂制品，特别适合大型PU制品的制造。

热塑型PU弹性体因其形状与一般塑料差不多为颗粒状，适合注塑、挤出、吹塑和压延等方法加工，加工前需要进行干燥处理，干燥条件为93～110℃、1～2h，使其水分在0.1%以下。注塑时可选用通用注塑机，由于熔体黏度较低，流道可长一些；注射成型的料筒温度为170～220℃，模具温度为10～50℃，注射压力为15～20MPa。

混炼型PU弹性体的生产以一步法为主，所有反应组分先生成黏流状胶料，送入烘箱固化制得生胶；再加入混炼机中混炼，混炼温度为40～60℃，时间为15～25min；最后将混炼好的胶料注入模具中，交联成型即可。

(2) 聚氨酯泡沫塑料　聚氨酯泡沫塑料为聚氨酯最主要的品种，占整个聚氨酯制品的50%以上，PU泡沫塑料按制品的性能可分为软质、半硬和硬质三种，其中半硬泡又分为自结皮和填充料。

① 软质PU泡沫塑料。即软泡，俗称“海绵”，开孔率达95%，用量占整个泡沫塑料的60%以上。软质泡沫塑料的50%压缩变形量小于2%。以TDI为主，近年来也有采用低密度多元醇的MDI配方。通常使用聚醚多元醇，利用异氰酸酯与水反应生成的CO_2作为发泡

剂。产品为开口泡沫塑料（开孔率达 95%），密度为 0.020～0.040g/cm³，拉伸强度 0.10～0.18MPa，韧性好，压缩永久变形小，回弹快，吸声性好。

其生产方法有块状连续法和模塑法。前者是将反应物料分别计量后混合，浇注在连续运转的运输带上进行反应、发泡，形成宽约 2m、高约 1m 的连续泡沫材料，熟化后切片即得制品。后者是将反应物料计量、混合后充模，发泡成型后即成为最终产品。汽车坐垫等用此法生产，模具可用铸铝或 FRP 制造。

与 PVC 泡沫塑料相比，其拉伸强度高 20%，抗撕裂强度高 100%，压缩永久变形几乎接近于零，且几乎所有物料都是反应性的，没有添加剂挥发或分解，性能几乎不变，也没有 PVC 泡沫塑料那样由增塑剂引起的发霉现象。

软质 PU 泡沫塑料的配方：多元醇的分子量为 2000～4000、官能度为 2～3 的聚醚型，异氰酸酯为 TDI，用量为多元醇的 1.1 倍以下，发泡剂为水和物理发泡剂，催化剂为胺、锡并用，见表 5-25。

表 5-25　软质 PU 泡沫塑料的配方

序号	材料名称	比例(质量比)
1	聚醚多元醇	100
2	异氰酸酯(TDI)	110
3	硅酮(聚硅氧烷)泡沫稳定剂	1.3
4	胺、锡催化剂	0.9
5	二氯甲烷	6
6	水	3

软质 PU 泡沫塑料具有轻度的交联结构，回弹性高。在日常生活中应用较广，在汽车上主要用作座椅坐垫、靠背垫、暖风机风管界面处密封垫等。

② 半硬质 PU 泡沫塑料。即半硬泡，半硬质泡沫塑料的 50%压缩变形量为 2%～10%，有普通型和结皮型两类。前者密度为 0.06～0.15g/cm³，为开孔泡沫塑料，回弹性较好，可吸收 50%～70%的冲击能量，表面可用预制花纹的真空成型的 PVC 表皮包覆，能制成各种曲面及线条美观的汽车仪表板等品。后者为结皮型微孔泡沫塑料，发泡时可通过模具表面温度调节形成 0.5～3mm 的表皮，其产品密度为 0.55～0.80g/cm³，拉伸断裂强度为 0.98MPa，伸长率为 68%，耐磨性等与橡胶相仿，具有较理想的隔热、吸声、减振功能，可根据不同曲面、形状、线条要求注射发泡成型，并可按需要制成不同花纹、不同颜色的制品，装饰性良好，手感好，不打滑。在±60℃温度下循环多次，不粘手、不龟裂、不变形。半硬质 PU 泡沫塑料的用量较少，开孔率为 90%，交联度高于软质泡沫塑料，并具有很高的压缩强度。半硬质 PU 泡沫塑料在汽车上主要用作座椅头枕、转向盘、软质仪表板及保险杠等。

③ 硬泡。即汽车工业上用的硬质 PU 泡沫塑料，又称为“黑料”，常指高密度、由光滑而坚韧的外表皮与低密度泡沫芯同时形成的整体泡沫塑料；用量为泡沫塑料的 40%。硬质 PU 泡沫塑料的 50%压缩变形量大于 10%。其特点是在一定负荷作用下，不发生变形，当负荷大于某一值后发生形变，并不能恢复到原来形状。其具有闭孔结构，密度为 0.030～0.050g/cm³，压缩强度为 0.1lMPa 左右，并有良好的吸声性，热导率低。表 5-26 所列为常用绝热材料的密度和热导率。

表 5-26　常用绝热材料的密度和热导率

序号	绝热材料种类	密度/(g/cm³)	热导率/[W/(m·K)]
1	石棉板	0.277	0.063
2	玻璃棉板	0.100	0.037
3	木材	0.47	0.140
4	石膏板	0.80	0.198
5	混凝土板	2.30	1.105
6	PU 泡沫	0.050	0.034
7	PS 泡沫	0.030	0.030
8	FP 泡沫	0.012	0.033
9	PS	1.05	0.128
10	PU	1.2	0.221

硬质 PU 泡沫塑料配方为：多元醇的分子量为 400～800、官能度为 3～4 的聚醚型，异氰酸酯为 TDI、MDI 和 PADI，用量为多元醇的 1.3～1.5 倍，发泡剂为水和物理发泡剂，催化剂为胺、锡并用，见表 5-27。

表 5-27　硬质 PU 泡沫塑料配方

序号	材料名称	比例(质量比)
1	聚醚多元醇	100
2	异氰酸酯(PADI)	150
3	硅酮泡沫稳定剂	1.5
4	一氟二氯甲烷	40
5	水	3
6	三亚乙基二胺	0.3
7	二月桂酸二丁基锡	0.3

硬质 PU 泡沫塑料为高度的交联结构，基本为闭孔，开孔率为 10%左右，是一种绝热保温材料，它可在－200～150℃的温度范围内使用，耐化学稳定性好，但不耐强酸和强碱。硬质 PU 泡沫塑料的耐冲击强度低，常用聚氨酯＋环氧树脂＋有机纤维改进。硬质 PU 泡沫塑料的成型加工可用预聚体法、半预聚体法和一步法。对绝热保温材料，用铸塑发泡成型和现场喷涂的方法；对于结构材料，可用反应成型。硬质 PU 泡沫塑料在汽车上主要用于汽车发动机上隔热罩等。

三、PU 的燃烧性

与燃烧有关的数据如下。

① LOI：延迟燃烧性。

② 闪点：310℃（聚醚型泡沫塑料）。

③ 燃点：416℃（聚醚型泡沫塑料）。

④ 发烟性：硬质泡沫塑料的最高，应添加三聚氰胺类阻燃剂。

燃烧时往往会产生 HCN，应特别重视。

四、聚氨酯材料制品在汽车上的应用

聚氨酯材料制品在汽车内饰制品中占有无可替代的地位，表 5-28 为 PU 在汽车工业中的应用。

表 5-28　PU 在汽车工业中的应用

序号	品种	应用部位
1	块状软质泡沫塑料切块	遮阳板、顶棚衬里、门板内衬、中心支柱、装饰条、隔声板、三角窗装饰条等
2	软质模压泡沫塑料	坐垫、靠背、卧铺等
3	半硬质泡沫塑料	仪表板填充剂、门柱包皮、控制箱、喇叭、坐垫、扶手、头枕、遮阳板、保险杠等
4	硬质泡沫塑料	顶棚衬里、门板内衬等
5	整体结皮泡沫塑料	扶手、门柱、控制箱、喇叭、坐垫、转向盘、空气阻流板、头枕等
6	弹性 RIM 制品	保险杠、挡泥板、发动机罩、侧后支柱、车门把手、后备厢盖等
7	刚性 RIM 制品	散热器格栅、暖风壳、前阻流板、挡泥板垫、挡泥板、门板、发动机罩、后备厢盖、轿车地板等
8	浇铸型弹性体	防尘密封、滑动轴承套、转向节衬套、钢板弹簧吊耳衬套、锁头零件、门止块、电缆衬套等
9	热塑性弹性体	减振垫块、钢板弹簧隔垫、弹簧线圈护套、齿轮传动装置套、格栅、顶棚、车身部件等
10	涂料	涂装保险杠及其他部件
11	复合结构材料	坐垫套、隔声板、吸振片、门内衬、保险杠、覆盖件、顶棚等

（1）在汽车座椅及卧铺上的应用　软泡作为我国聚氨酯工业的龙头，在汽车上应用最多的是汽车座椅和重型汽车的卧铺。目前座椅上的坐垫、靠背和头枕基本上都是由软质高弹性的聚氨酯材料发泡制成。但是重型汽车的卧铺现在又新出现了一种叫“硬质棉”的材料有替代聚氨酯材料发泡的趋势。

（2）在汽车发动机罩衬垫及地垫上的应用　发动机罩衬垫及地垫是中、重型汽车及大型客车上的重要的内饰件，主要起到吸声、隔热、减振和美化车内环境等作用，它是聚氨酯材料应用较多的产品。现比较流行的做法是 PVC 皮革吸塑后与聚醚多元醇和异氰酸酯发泡［一般为（2～3）∶1］填充而成。中国重汽、豪沃轻卡和豪沃重卡的机罩及地垫就属于该类产品，其中豪沃轻卡的机罩、地垫单车需聚醚多元醇和异氰酸酯约 6kg；豪沃重卡的机罩、地垫单车需聚醚多元醇和异氰酸酯约 15kg。另外还有一种加工方法就是采用聚氨酯模压成型，类似聚氨酯塑胶场地，在欧洲国家已开始在汽车上使用。

（3）在汽车仪表板上的应用　仪表板是汽车上的主要内饰件，因壁薄、体积大以及上面开有很多方孔、圆孔等仪表孔，且为结构形状较为复杂的零部件，要求刚性一定要好。目前使用的仪表板可分两大流派，即硬质仪表板和软质仪表板两种。

硬质仪表板是由热塑性塑料注塑而成，或塑料板材吸塑成型，其加工工艺简单，但投资较大；产品使用寿命较长、耐高温、刚性好。软质仪表板主要由热固性塑料复合而成，加工工艺复杂，但投资较小；其产品使用寿命稍短，耐高温性差，但其隔热、隔声、减振效果好，质感也较好。软质仪表板由表皮、骨架材料、缓冲材料等构成。

目前，有一部分中档轿车和商用车采用钢骨架，或 ABS、改性 PP、FRP（玻璃纤维增强塑料）做骨架等，表皮采用带有皮纹 PVC/ABS 或 PVC 片材吸塑，并辅以半硬泡发泡填充而成。其加工工艺：先将表皮真空吸塑成型，将吸塑好的表皮修剪后备用，将修剪好吸塑表皮的置入发泡模腔内，再放上金属骨架或注射成型的硬质塑料骨架，然后注入缓冲类发泡材料（如 PU）而成型。由于半硬质 PU 泡沫的开孔性具有良好的回弹性，并能吸收 50%～70%的冲击能量，因此安全性高，耐热，耐寒，坚固耐用，且手感好。但是由这三种以上材料构成的仪表板，材料的再生利用极为困难，为了便于回收利用，正在发展用热塑性聚烯烃 TPO 表皮和改性聚丙烯 PP 骨架及聚丙烯发泡材料构成的仪表板。

（4）在车门内饰板上的应用　车门内饰板的构造类似于仪表板，由骨架、发泡和表皮革构成。以红旗轿车和奥迪轿车为例，车门内饰板的骨架部分由 ABS 注塑而成，再衬有 PU 发泡材料的针织涤纶表皮以真空成型的方法，复合在骨架上形成一体。欧洲汽车一般采用增强聚丙烯 PP 板材放填充物再包皮的结构，填充材料大多数采用薄的聚氨酯泡沫塑料片，表皮材料为 PVC，也有使用织物的趋向。

用泡沫聚氨酯制成的门板比玻璃纤维门板轻，强度、吸声性和安全性也好。近年来车门内饰板为满足耐候性和柔软性，已开始使用热塑性弹性体与 PP 泡沫板相叠合的结构，日本开发了一种冲压成型、连续生产全 PP 车门内饰板的技术，门板包括 PP 内衬板、PP 泡沫衬热层和 PP/EPDM 皮层结构。

（5）在方向盘上的应用　方向盘也是聚氨酯塑料材料应用较多的产品。方向盘一般采用自结皮 PU 泡沫材料高压或低压发泡而成，属半硬泡聚氨酯类产品。方向盘结构要求挺拔、坚固、轻便、外韧内软，并能耐热、耐寒、耐光、耐磨，骨架一般选用钢骨架与铝压注而成，现从轻量化考虑，有用玻璃纤维增强 PA 替代铁芯的趋势。

（6）在车内顶棚、后围和侧围上的应用　车内顶棚、后围（后围主要对重型车而言）和侧围是内饰件中材料和品种花样最多的一种复合层压制品。它的作用除了起装饰功能外，还起着隔热、隔音等特殊功能。顶棚、后围和侧围一般由基材和表皮构成，基材要求轻量、高刚性、尺寸稳定、易成型等特点，为此一般使用热塑性聚氨酯发泡内材、PP 发泡内材、热塑性毡类内材、玻璃纤维瓦楞纸、蜂窝状塑料带等。表皮材料可用织物、无纺布、TPO、PVC 等，我国轿车顶棚一般使用 TPO 发泡片材、玻璃纤维、无纺涤纶布材料层压成型。

顶棚的种类有成型顶棚、粘接顶棚和吊装顶棚，其中成型顶棚占 70%以上，成型顶棚基材一般用浸树脂的再生棉或玻璃纤维。聚苯乙烯泡沫材料板，填充材一般用聚氨酯或聚烯烃树脂发泡体。表皮材主要是 PVC 片材，同时逐渐增加织物。填充材和表皮材一起层压后贴在基材上。吊装型衬层是用钢上网吊起来的一种结构，表皮材料是 PVC 片材或 PVC 人造革、织物等。为了隔热和隔声，把绝缘材料放到顶板和衬层之间。粘贴型是把填充材料和表皮材层直接贴到顶棚上，填充材主要是聚氨酯发泡体、PVC 发泡体，表皮材主要是 PVC 片织物等。卡车也主要用成型顶棚，基材采用热固性或热塑性毡类，压制成型，表皮材料选用针织面料、无纺布、PVC 等。

（7）在遮阳板上的应用　遮阳板既是内饰件，又是功能件；一般既要求美观、轻便、手感好，又要求达到遮光的目的，它一般由骨架、表皮、PU 发泡材料组成；它也是应用聚氨酯材料较多的一类汽车内饰产品。

（8）在翼子板上的应用　翼子板是防止汽车在行驶过程中，被车轮卷起的砂石、泥浆溅到车厢底部的设置，对材料的要求是耐老化和良好的成型加工性。

除了在汽车内外饰件上的应用外，聚氨酯材料在汽车工业上的应用还很多，如在涂料、胶黏剂、密封件、安全及减振系统等方面。聚氨酯材料对汽车轻量化、节能化、舒适化、安全化、吸声、减振等方向的发展起到了非常积极的推动作用，但是由于聚氨酯材料的阻燃性、环保性、再生性和耐老化、耐候性稍差，所以在一定程度上也限制了其在汽车工业上的大规模应用。

汽车对各种材料的要求也越来越苛刻，随着汽车工业的飞速发展和科学技术的不断进步，更多的、更好的、低密度的、无毒的、高弹性的、阻燃的、抗老化的、耐候的或降噪、吸振等特殊功能强的、具有再生能力的新聚氨酯产品将陆续被研制出来，聚氨酯材料在汽车工业上的应用也会越来越广泛。

五、聚氨酯产品的发展前景

聚氨酯材料的正确使用，可以满足汽车在动力性、舒适性、外观、内饰软化、轻量化、使用寿命等方面的高性能要求，是现代汽车制造中不可缺少的重要材料。汽车上除了使用常见的发泡聚氨酯材料制作零件外，还大量使用非发泡聚氨酯材料，如热塑性聚氨酯弹性体、聚氨酯灌封材料、聚氨酯涂料和聚氨酯胶黏剂等。这些新型材料的应用，使汽车的行驶安全性和乘坐舒适性都得到了很大程度的提高。目前，聚氨酯材料在汽车工业中的应用越来越广泛，聚氨酯产品占汽车塑料用量的20%，车用泡棉用量则达60%，已经成为汽车上用量最大的塑料品种之一。因此聚氨酯材料是汽车上应用最多、最广泛的化工材料之一。据有关资料介绍，全球汽车制造业每年聚氨酯的使用量超过100万吨，在美国，聚氨酯在汽车上的应用超过其他车用塑料材料；在德国，聚氨酯的用量仅次于PVC，在日本，聚氨酯在汽车用塑料的品种中排列第三，由此可见汽车工业发达国家聚氨酯的应用量大而且广泛。由于我国汽车用塑料起步较晚，再加上比较保守，聚氨酯的用量还相对较少。因此，聚氨酯材料在汽车工业上的应用还是大有潜力可挖的。根据汽车构件的不同，聚氨酯以泡沫塑料、弹性体、胶黏剂等不同形态和性能来适应汽车的要求，比如聚氨酯泡沫塑料随着配方的改变，具有重量轻、隔热、回弹性好、舒适性好、低温性能好、耐用、安全性和吸振性较高等特点，其优越性是其他材料不能相比的。

热塑性聚氨酯弹性体取代传统金属部件及传统热塑件，可大大减轻汽车重量，并降低汽车能耗。以聚氨酯作为车身部件材料，生产商采用新的技术，降低生产成本，设计出流线型、富有时代感的汽车。在物理特性上，聚氨酯与钢质材料显著的不同是：碰撞变形时可吸收冲击力好；抗腐蚀、隔热、隔声、易于成型、着色和修复；工艺制作成本低。

热塑性聚氨酯弹性体的承载能力、吸收能量、抗切割性、耐磨性、低温冲击性以及耐油性、耐溶剂性、耐老化性等都很优异。

汽车和家电产品的废泡沫塑料回收已越来越受到人们的重视。最近，国外汽车生产商已经能够回收使用30%的回收废泡沫塑料。其生产过程是将废泡沫塑料进行清洗、粉碎、干燥，最后用胶黏剂将这些废泡沫塑料粘在一起，即可用于生产地毯衬背及其他垫材。从再利用、轻量化和高性能的角度考虑，TPU未来市场广阔，因此要加快推进中国汽车工业需要的TPU本土化进程。聚氨酯产品受到汽车内饰设计师、工程师、原材料采购专家及声学工程师欢迎，聚氨酯组合材料为现代轿车产品带来了增值服务，提高了轿车内饰的质量。

现代汽车制造业，内饰、减振等非金属材料的升级换代方面已经发展到一个新阶段。欧洲、美国、日本汽车行业对聚氨酯应用比例达到40%～50%，而我国汽车聚氨酯材料的使用率不到20%，仍处于低水平。受制于目前国内汽车市场降价的压力，我国汽车生产中聚氨酯材料的应用要达到国外同类水平尚需时日。

第三节
橡胶

橡胶是具有高弹性的高分子化合物的总称。分子量一般在几十万以上，有的甚至达到100万以上，是工业和日常生活中用途广泛的材料，在汽车内饰中也有广泛的应用。橡胶在外力的作用下，很容易发生变形，但是除去外力后它又很快恢复到原来的形状，这是其他材料所不具备的，也是橡胶区别于其他材料的主要标志。因此，橡胶的主要特性是：具有高弹性，即它能在很宽温度范围内保持优良的弹性，伸长率大而弹性模量小；此外橡胶还具有较高的强度，有防振、吸振的能力，并具有极高的可挠性，耐热、耐寒、耐燃、耐老化、耐辐射，具有较好的气密性及防水性、电绝缘性及其他优良的特点。未经硫化的橡胶还能与某些树脂改性组合成兼有塑料、橡胶两者特性的复合材料和复合制品。

橡胶的分子结构有线型的、支链型的和体型的三种。未经硫化的生胶和乳胶是线型的或含有支链型的分子。硫化后的橡胶则是体型的。硫化后，不同分子链之间互相连接成立体网状结构，它能使橡胶的物理性能得到全面增强。

橡胶的主要成分是生橡胶（包括天然胶和合成胶）。生橡胶是一种饱和的或不饱和的碳分子链，是线型的或含有支链型的长链状分子，分子中有不稳定的双键存在；这些双键给橡胶提供了高弹性和柔顺性，但也容易使橡胶老化。一般情况下，不能直接用于制造橡胶制品，因此，生橡胶只有经过特殊的物理、化学过程即硫化以后才能制成各种性能优良的橡胶制品。

橡胶在汽车工业上应用非常广泛，常见的有汽车轮胎、胶管、传动带、减振块、防尘罩、密封条等。

一、生胶

生胶通常是指固体橡胶，它是制造橡胶制品最基本的原料，也称为原料橡胶，包括天然橡胶（NR）、合成橡胶（SR）和再生橡胶。几种橡胶的性能见表5-29。几种橡胶的耐老化性能见表5-30。

表5-29 几种橡胶的性能

橡胶种类	密度 /(g/cm^3)	断裂强度 /MPa	断裂伸长率/%	100℃时的强度残余率/%	邵尔硬度（HA）	最高使用温度/℃	脆性温度 /℃	玻璃化温度/℃	击穿强度 /(kV/mm)	介电常数
天然橡胶	0.92～0.93	20～30	650～900	65	10～100	—	－70	－73～75	16～24	2.5
氯丁橡胶	1.2～1.3	15～20	800～1000	40	15～95	130	－50	－55	10～24	6.7
丁腈橡胶	0.96～1.0	2～4	300～800	25～33	10～100	103	－20	－26	4～12	7.1
硅橡胶	0.95～1.40	2～5	400～700	100	45～85	200～500	－70～120	－123	16～32	3.5～10
聚硫橡胶	1.3～1.6	0.7～1.4	300～700	33	40～100	80	－40	—	3.5～10	—

表 5-30 几种橡胶的耐老化性能

橡胶名称	耐老化	耐臭氧老化	耐大气老化
天然橡胶	劣→可	劣	劣
异戊橡胶	可→良	劣	劣
顺丁橡胶	良	劣	劣
丁苯橡胶	可	劣	劣
丁腈橡胶	良	劣	劣
氯丁橡胶	良→优	良	良
丁基橡胶	优	良	良
聚酯橡胶	良→优	良	良
乙丙橡胶	优	优	优
氯醇橡胶	良	良	良→优
聚硫橡胶	优	良→优	良→优
硅橡胶	优	优	优
氟橡胶	优	优	优
丙烯酸酯橡胶	良→优	良	良→优

(1) 天然橡胶　天然橡胶是一种重要的高分子材料，综合性能良好，人类大约在 11 世纪就开始利用它了，至今天然橡胶的消耗量约占橡胶总量的 40%以上。

天然橡胶是由胶乳制成的，胶乳中所含的非橡胶成分有一部分已留在固体的天然橡胶中。一般天然橡胶中橡胶烃占 92%～95%，非橡胶烃占 5%～8%。天然橡胶的大分子链结构单元是异戊二烯，分子量很大。天然橡胶在常温下是无定形的高弹态物质，但在较低的温度下或应变条件下可以产生结晶，因此天然橡胶是一种自补强橡胶，即不需要添加补强剂自身就具有较高的强度。

天然橡胶的密度为 0.92～0.93g/cm^3，能溶于苯、汽油中。天然橡胶受热时逐渐变软，在 130～140℃下软化，150～160℃下变黏，200℃左右开始分解，270℃急剧分解。天然橡胶的玻璃化温度为－70℃，在此温度下呈玻璃态。将天然橡胶冷却至一定温度或将其进行拉伸，可使橡胶部分结晶，天然橡胶在－26℃时结晶速率最大。

天然橡胶为非极性大分子，具有优良的介电性能，同时也使它的耐油、耐溶剂性差；因为天然橡胶分子结构中含有不饱和的双键，易进行氧化、加成等反应，耐老化性能不佳。

天然橡胶是最好的通用橡胶，用途广泛，是制造轮胎等工农业橡胶制品的主要原料，也是制造电器用品等的重要原料。

(2) 合成橡胶　合成橡胶可分为通用合成橡胶与特种合成橡胶两类，凡性能与天然橡胶相近，物理性能和加工性能较好，且能广泛用于轮胎和其他一般橡胶制品的橡胶称为通用合成橡胶；凡具有特殊性能，专供耐寒、耐热、耐化学物质腐蚀、耐溶剂及耐辐射等特定场合使用的橡胶称为特种合成橡胶。通用合成橡胶一般包括丁苯橡胶、顺丁橡胶、异戊橡胶等；特种合成橡胶一般包括丁基橡胶、丁腈橡胶、乙丙橡胶、硅橡胶、氯醇橡胶、聚氨酯橡胶、丙烯橡胶、聚硫橡胶、氯磺化聚乙烯及醇烯橡胶等。

丁苯橡胶是最早工业化的胶种之一。既是天然橡胶，有时又被称作合成橡胶，目前丁苯橡胶的产量约占全部天然橡胶的 55%，约占天然橡胶和合成橡胶总产量的 34%，是产量和消耗量最大的天然胶种，它主要用于轮胎等橡胶制品中。

聚丁二烯橡胶是一种通用合成橡胶，其消耗量仅次于丁苯橡胶和天然橡胶，居第三位。聚丁二烯橡胶的回弹性非常高，动态生热小，耐磨耗性优异，不需塑炼，压出性能好，而且适用于注射成型，生产效率高。但是聚丁二烯橡胶的强度低，特别是纯胶强度则更低，必须加入补强剂。聚丁二烯橡胶常与丁苯橡胶或天然橡胶并用，以补偿其自身的不足。

(3) 再生橡胶　再生橡胶是指废旧硫化橡胶经过粉碎、加热、机械处理等物理化学过程，使其从弹性状态变成具有塑性和黏性的能够再硫化的橡胶。

由于废旧橡胶化学成分复杂，因此废旧橡胶的再利用效果不是很理想，而且投入比较大。但是，实验证实：再生反应是一种强氧化-还原过程；常温塑化再生反应是放热反应，是不可逆反应，反应深浅程度随所用活化剂的品种、用量及含氧量成正比关系。反应的产品——常温塑化再生胶，在同一条件下存放，其门尼黏度值几乎不变。此反应对工艺条件要求不苛刻，低温塑化再生反应是与自动氧化反应同时进行的，添加活化剂可以加速断链，达到再生的目的。

再生橡胶主要用于橡胶制品的生产，按一定比例掺入，替代一部分生胶，以降低产品的制造成本，改善胶料的加工性能。因为再生胶混炼、压出、压延等比纯胶料低，硫化速率快，不易焦烧，耐老化性、耐酸碱性好，因此它不能用来制造物理性能要求较高的制品，但对物理性能要求不是很高的制品可以适量加入一定比例的再生胶以降低生产成本。

二、配合剂

虽然橡胶具有高弹性和其他优良的力学性能，但是单纯的生胶并不能直接得到满足各种特殊使用性能的制品。为了得到各种特殊使用性能的橡胶制品，必须加入各种化学物质以改善其工艺性能及降低生产成本。这些加入的化学物质叫作配合剂，橡胶配合剂种类繁多，多达几千种，其中主要的有以下几种。

(1) 硫化剂　硫化剂是一类使橡胶由线型大分子转变为网状大分子的物质，这种转变过程称为硫化。橡胶用硫化剂有硫黄、氧化物、含硫化物、酯类化合物等。其中硫黄类又包括硫黄粉、不溶性硫黄、升华硫黄、沉淀硫黄、胶体硫黄等；氧化物包括氧化锌、氧化镁等金属氧化物和有机过氧化物等；含硫化物包括二硫四甲基秋兰姆、二硫代吗啡啉、一氧化硫等；酯类化合物主要包括胺类化合物等。

(2) 硫化促进剂　硫化促进剂可加速橡胶的硫化过程，降低硫化温度，缩短硫化时间，并能改善硫化胶的物理性能。对硫化促进剂的基本要求是：有较高的活性，能缩短橡胶达到正硫化所需要的时间；硫化平坦线长，使正硫化期有较长的时间，不至于很快过硫化，避免硫化胶性能变差；硫化的临界温度较高，可以防止胶料的焦烧，对橡胶老化性能及物理力学性能不产生不良作用。主要的硫化促进剂有噻唑类、秋兰姆类、次磺酰胺类、胍类、二硫代氨基甲酸盐类、醛胺类、黄原酸盐类、硫脲类等。

(3) 硫化活化剂　硫化活化剂又叫助促进剂，起到辅助促进硫化的作用，主要是氧化锌和硬脂酸并用。

(4) 防老剂　使用或储存过程中，由于热、氧、臭氧、阳光等作用而导致分子链降解、支化或进一步交联等化学变化，从而使材料原有的性质变坏，这种现象称为老化。凡能抑制橡胶老化现象的物质都叫作防老剂。

防老剂一般分为物理防老剂和化学防老剂两种。物理防老剂主要有石蜡、微晶蜡等物质。在常温下，这种物质在橡胶中的溶解度较少，因而逐渐析出到橡胶制品表面，形成一种薄膜，起隔离基断链反应。化学防老剂包括偶抗氧类、屈挠免裂抑制类、抗臭氧类、有害金属抑制类、紫外线吸收类、防霉类等。防老剂一方面要求防老效果好；另一方面尽量不干扰硫化体系，不产生污染和无毒。

（5）防焦剂　橡胶在加工过程中，要经过混炼、压延、压出、硫化等工序，胶料或半成品要经受不同温度和时间的处理。在硫化以前的各个加工操作及储存过程中，由于机械作用产生的热量或者是高温条件，都有可能使胶料在成型之前产生早期硫化，导致塑性降低，从而使其后的操作难以进行，这种现象称为焦烧或早期硫化。防止橡胶早期硫化的添加剂，称为防焦剂。作为防焦剂应具有能延长焦烧时间、不能影响硫化速率、本身不具有交联作用、对硫化胶性能没有不利影响、无毒且成本低廉。主要的防焦剂有芳香族有机酸、亚硝基化合物等。

（6）软化剂　在胶料中加入能降低橡胶分子间作用力，使胶料容易加工并改善胶料某些性能的有机物质称为软化剂，又因能增加胶料的塑性也常称作增塑剂。软化剂的作用原理是由于作为软化剂的小分子加入橡胶中后，它们渗透、扩散到橡胶大分子中间，增加了分子链间的距离，减少了分子之间的作用力，使分子链活动性增大，从而增加了胶料的塑性。而各种软化剂应具备以下要求：化学稳定性好、与橡胶相容性好、在使用温度范围内挥发性低、不易喷在半成品或成品的表面、不加速硫化胶的老化速率和不降低硫化胶的物性。软化剂主要有石油产品、煤焦油产品、植物油产品和合成产品等。

（7）补强剂和填充剂　填充剂按用途可分为补强填充剂和惰性填充剂两种。补强填充剂简称补强剂，它是能够提高硫化橡胶的强力、撕裂强度、定伸强度、耐磨性等物理力学性能的配合剂。最常用的补强剂是炭黑，其次是白炭黑、碳酸镁、活性碳酸钙、活性陶土、树脂、木质素等。炭黑的补强作用在于它的表面活性分子与橡胶结合，炭黑的表面活性分子与它的粒子大小有直接关系，在一定填充量的胶料中，粒子越小，数目越多，总表面越大，炭黑的活性也就表现得越好，补强用炭黑的粒子直径通常为几微米。惰性填充剂又称增容剂，它对橡胶补强效果影响不大，仅仅是为了增加胶料的容积以节约生胶，降低生产成本或改善工艺性能。主要的增容剂有滑石粉、云母粉等。

三、橡胶制品的骨架、增强材料

骨架、增强材料主要用以增加橡胶制品的强度，并限制其变形，即降低延伸、提高抗冲击性等。用于橡胶制品的骨架，作为增强材料主要有纤维与织物、金属材料等。纤维按来源分为天然纤维和化学纤维；金属材料有钢板、铁板、铸件、型芯、钢丝、铁丝和铜丝等。

（1）天然纤维　用于橡胶制品骨架材料的天然纤维有棉、毛、麻等。

① 棉纤维。在棉纤维中，主要是使用纤维长度为 25～50mm 的优质长绒棉。棉纤维的基本性能是：湿强度较高、延伸率较低、与橡胶黏着性能好；但耐高温性能不佳（在 120℃下强度下降 35%）、强度较低、纤维较粗。因此，在要求强度高的橡胶夹布制品中，应增加线的根数或布的层数，致使制品重量和厚度增加，从而造成耐热和疲劳性能下降。所以对大多数制品来说，棉纤维作为骨架材料已不能满足现代橡胶工业的需要。

② 麻纤维。在麻纤维中，以使用苎麻和亚麻为主。前者主要用于胶管等制品，后者多用于胶带等制品。

③ 毛纤维。用于橡胶制品的毛纤维，主要指羊毛纤维。它弹性好，吸湿率高，耐酸性好，但强度低，耐热和耐碱性较差。毛纤维主要用于地毯、印刷胶板及某些鞋类。

（2）化学纤维

① 黏胶纤维。它是以短棉绒或木浆为原料制得的纤维素纤维。黏胶纤维干强度高，湿度强

度下降，而且还因高温纤维含水率降低使强度有所增加；回弹率不太高，耐磨性较差。黏胶纤维有普通型和强力型两种。黏胶纤维主要用于汽车轮胎、内车胎的帘布层，包括缓冲层帘布。

② 锦纶纤维。橡胶工艺中主要使用尼龙 6 和尼龙 66 两种。锦纶纤维强度高，与黏胶纤维相比，其单位质量强度高 1.5～1.8 倍，弹性好，抗冲击性强，耐磨性佳，但是耐热性不够好。锦纶帘布是重要的轮胎用帘布，尤其是载重轮胎、工程机械轮胎、飞机轮胎及严厉苛刻条件下的其他轮胎、汽车座椅气囊、安全气囊等，锦纶帆布也广泛用于胶管的增强材料。

③ 涤纶纤维。主要指聚对苯二甲酸乙酯纤维，它强度较高，且湿强度也几乎不降低，回弹性接近羊毛，尺寸稳定性好，耐热稳定性也较高，耐酸碱性也较好。与锦纶帘布相比，涤纶帘布热稳定性好、延伸率低、湿强度高，所以以涤纶帘布为骨架材料的轮胎尺寸稳定，没有“平点”，乘坐舒适，节约燃料，但是耐疲劳性及强度不如锦纶帘布，成本也较高，故经常用在潮湿条件下使用的轮胎和乘用车轮胎。涤纶帆布和线绳在胶管、带制品中的应用也日益发展，特别适用于传动带、消防胶管等。

④ 维纶。维纶是指聚乙烯醇缩甲醛纤维。维纶帘布的使用性能优于棉和黏胶帘布，可用于内车胎骨架材料，它的综合性能较好，也适用于胶带和胶管等橡胶制品的骨架材料。

⑤ 丙纶。聚丙烯纤维强度介于锦纶与涤纶之间，熔点较低，耐高温和耐寒性均较差。丙纶帆布密度小，耐湿性和耐化学性较好，在橡胶管、带制品中也有应用。

⑥ 高性能纤维。以芳纶为代表的高性能纤维因其强度远远高于常规纤维以及优异的耐高温、高热性能，是理想的橡胶制品增强材料，但是因其价格昂贵，仅在一些高速、高热、高压环境中才使用，如作为赛车轮胎的骨架材料，优质胶管的增强材料等。

(3) 金属材料　用于橡胶中的金属材料，主要作用是支撑、增强、定型等，如用于减振块中的钢板，用在橡胶护套中的钢丝，用在阀座中的铸钢件等。

四、汽车上常用的橡胶品种

汽车上常用的橡胶品种有天然橡胶、丁苯橡胶、氯丁橡胶、丁腈橡胶、三元乙丙橡胶、丙烯酸酯橡胶、氟橡胶、硅橡胶、聚氨酯橡胶和丁基橡胶等。

五、橡胶制品在汽车内饰及其他汽车部件上的应用

在汽车内饰中主要有车门缓冲密封条、车顶密封条、后备厢密封条、侧窗密封条、后窗密封条、车门风窗密封条、前挡风窗密封条、换挡手柄防尘套、座椅下部防尘套、扬声器密封垫及车身各种橡胶密封垫等。橡胶密封条的物理力学性能见表 5-31，橡胶密封条的选材见表 5-32。

表 5-31　橡胶密封条的物理力学性能

序号	项目	指标	耐老化性(70℃×70h)
1	邵尔硬度(HA)	65～75	≤10
2	拉伸强度/MPa	≥6	≤−25
3	伸长度/%	≥300	≤−35
4	永久变形/%	≤25	—
5	撕裂强度/(N/cm)	≥14	—
6	耐候性(用眼观察不发生裂纹)/个	正常日光下无明显裂纹	≥5
7	耐寒性(脆性温度)	−40℃不出现裂纹	—

表 5-32 橡胶密封条的选材

序号	产品名称	材料种类
1	风窗密封条	芯材：NR、SBR
		表皮：CSM、CR、EPDM/2R
2	侧窗密封条	EPDM、EPDM/SBR
3	车门密封条	EPDM、EPDM/SBR、CR

密封条的断面结构有实心的、有中空的、有金属与橡胶复合的。采用的橡胶品种主要有CR、EPDM和NR等，目前我国汽车工业主要以EPDM密封条为主。

防尘套有直筒型和变截面波型，要求具有耐热、耐寒、耐油、耐介质、耐老化等性能，一般选用CR、NBR和EPDM复合并用，可以达到较长的使用寿命。

橡胶在汽车工业上应用非常广泛，除在汽车内饰件方面大量应用外，在其他汽车部件上主要有：汽车轮胎、汽车油箱防护带、胶管、传动带、减振块或件、各类密封圈等。

汽车轮胎是使用橡胶较多的大型汽车零部件之一，一般都由专业的轮胎厂生产。胶管、传动带主要用于汽车发动机及其相关的部件上。减振块、缓冲件是汽车上应用较多的部件之一，也是形状较为复杂的橡胶件，种类繁多，一般都嵌有金属骨架复合而成。橡胶防尘套按形状可分为圆形的、方形的、椭圆形的等，主要有换挡手柄防尘套、座椅下部防尘套、进气道下端连接套等。油封广泛应用于汽车发动机、车桥。从规格上分，密封轴的范围从 ϕ10～300；从材料分有氟橡胶、氟硅橡胶、硅橡胶、丙烯酸酯橡胶、丁腈橡胶、加氢丁腈橡胶等油封，密封介质的使用温度范围为－50～250℃；从密封的介质压力可分为高压油封、普通油封，其密封的压力范围为0.5～16MPa；从结构形式可分为单向回流油封、双向回流油封、单唇油封、外包胶油封、外露骨架油封。密封圈又分为O形圈、Y形圈。O形密封圈采用精密加工的模具以及无废边设计，尺寸精度高，无错位现象，密封性能好。其规格为 ϕ10～300不等，分别采用丁腈橡胶、氟硅橡胶、三元乙丙橡胶等材料。Y形密封圈采用车削唇中加工工艺，唇中尺寸准确，密封质量高，主要用于汽车液压系统内的活塞密封。其规格为 ϕ12～800不等，从结构形式分为等高唇、内高外低唇Y形密封圈；根据密封介质的不同分别采用丁腈橡胶、三元乙丙橡胶。

第四节 汽车内饰用织物

汽车纺织品是指固定在汽车内部的织物，其寿命与整车相同。由于汽车长期置放在室外，要求内饰材料耐老化、耐光、耐紫外线、耐磨，并具有一定的抗张强度，与服装用纺织品相比，它在视觉效果和使用功能等方面应具有更高的要求。

一、汽车内饰用织物的分类

汽车内饰织物的分类见表5-33。

表 5-33 汽车内饰织物的分类

<table>
<tr><td rowspan="6">汽车内饰织物</td><td rowspan="3">机织物</td><td>平纹织物</td><td>普通平织物、提花织物</td></tr>
<tr><td>斜纹织物</td><td></td></tr>
<tr><td>绒纹织物</td><td>普通绒织物、提花绒织物、印花绒织物</td></tr>
<tr><td rowspan="2">针织物</td><td>经编织物</td><td>普通经编织物、起绒经编织物、印花经编织物</td></tr>
<tr><td>纬编织物</td><td>普通纬编织物、提花纬编织物</td></tr>
<tr><td>非织造布(又称无纺布)</td><td colspan="2">毛毡、树脂黏着非织造布、针刺毡非织造布、缝片非织造布、纺黏法非织造布等</td></tr>
</table>

机织物是织物的经纱和纬纱呈直角交织而成的织物。该类织物具有较好的强度，机织物又分为平纹织物、斜纹织物和绒纹织物。平纹织物的断裂强度较大；斜纹织物紧密、厚实而硬挺；绒纹织物的正反面有明显的区别，正面手感柔软，但是强度较低。

针织物是织物的纱线弯曲成线圈，纵串横联而成的织物，该类织物具有较好的强度和回弹性。按线圈的连接特征分为经编织物和纬编织物。

非织造布又称无纺布。从广义上说是不经过一般的纺纱、织造过程，有一定取向或随机排列组成的纤维层或由该纤维层与纱线交织，通过机械钩缠、缝合或化学、热黏合等方法连接而成的织物。非织造布主要有毛毡、树脂黏着非织造布、针刺毡非织造布、缝片非织造布、纺黏法非织造布等。

二、汽车内饰用织物基本性能要求和质量指标

1. 汽车内饰用织物基本性能要求

汽车内饰用织物除具有一般织物的性能外，还必须满足舒适性、功能性、装饰性，具有一定的抗剥离强度和尽可能小的雾化度及异味等。

(1) 舒适性　主要包括手感、摩擦阻力、透气透湿性、气味等。

(2) 功能性　主要包括耐磨、耐日晒、色牢度、抗紫外线、抗菌、防污、易清洁、阻燃等。

(3) 装饰性　主要包括织物的外观风格、花型色泽，组织结构等。

2. 衡量汽车内饰用织物质量的主要指标

衡量汽车内饰用织物性能和质量的主要指标有织物重量、织物厚度、颜色均匀度、图案的规则性、霜白疵、钩丝、耐磨性、抗起球、拉伸强度、撕裂强度、断裂强度、顶破强度、剥离强度、雾化度、耐光和耐紫外线色牢度、耐汗渍色牢度、耐摩擦色牢度、褶皱恢复性、永久变形、清洁与抗污性、抗静电性、热舒适性、抗老化性、透气性、阻燃性、雾化、内饰材料的气味、抗菌性、吸声和吸热性等。

(1) 拉伸强度　拉伸强度用拉伸断裂强度与断裂延长率表示。在织物经过日照、洗涤磨损后，也常以断裂强度来评定织物的内在质量。

织物的拉伸性能受织物密度与织物组织的影响，若经向密度不变而纬向密度增加则纬向强度增加而经向强度下降；反之亦然。机织物的强度和伸长率依下列次序减小：平纹织物→斜纹织物→绒纹织物。

(2) 撕裂强度　撕裂强度的大小与下列因素有关：经纬纱线间的摩擦力大则撕裂强度会变小；织物组织的影响是平纹组织撕裂强度最小，方平组织撕裂强度最大，绒纹和斜纹组织的撕裂强度介于两者之间。组织密度增加时，可能使撕裂强度提高，但组织密度增加也会使

纱线间的摩擦力增加，从而会影响撕裂强度。纤维自身强度高的，则组织的撕裂强度也就高。

(3) 顶破强度　将一定面积的织物四周固定，从织物的一面给予垂直的力使其破坏称为顶破。由各种纤维组成的经纬纱组织，一般表现为织缩率大而经纬向织缩率接近，则织物的顶破强度较高。若织物变形能力很大，顶破强度也可能非常高。

(4) 剥离强度　汽车内饰件多为层压制品，为确保织物和泡沫塑料或者泡沫塑料和底衬之间不会脱层，因此要求具有一定的剥离强度。

(5) 雾化度　雾化是一种在汽车挡风玻璃上形成的雾状的沉淀物，它影响视线，也很难去除。它是由所有内装饰材料的易挥发物质的蒸发产生的，如塑料板、聚氨酯泡沫，也包括织物。织物如果没有经过很好的拉幅或精炼，会因为在纱线染色、织造和整理过程中所使用的润滑剂的积累而产生很严重的雾凇现象；绒类织物正面的纤维表面积大，也容易产生严重的雾凇现象，它们会影响到汽车内的空气质量。

(6) 内饰材料的气味　在车内装饰物的染整加工中，特别是在泡沫塑料的黏合过程中所使用的胶黏剂，以及在阻燃整理中所用的阻燃剂，都会有残留的苯和甲醛等有害物质，而产生一些异味并刺激人体的呼吸道黏膜，影响人体健康。福特公司已经引进一种“电子鼻”用以检测并限制气味。

(7) 磨损　所谓磨损是指组织与另一物体由于反复摩擦而使织物逐渐损坏，耐磨性就是织物具有的抵抗磨损的特性。一般机织物的耐磨性比针织物好。

(8) 刚柔性　织物的刚柔性是指织物的抗弯刚度和柔软度。织物的刚柔性取决于组成织物的纤维与纱线的抗弯性能及结构，并随着织物厚度的增加而显著提高。

(9) 抗皱性　织物抵抗由于搓揉而引起的弯曲变形的能力称为抗皱性。影响织物抗皱性的因素有：纤维的性质和几何形状、尺寸，混纺织物混纺比，纱线与织物的结构等。其中尤以纤维的性质最为重要，此外，坯布的染整工艺也有很大的影响，涤纶织物的抗皱性要好于锦纶织物，棉、麻等织物的抗皱性最差。

(10) 手感　织物的手感是织物评定的重要内容，与织物的外观特征密切相关。手感的内容包括织物的硬挺、滑糯、丰满、蓬松等感官值。视觉方面包括纱及光泽是否柔和悦目，颜色是否鲜艳，花型是否美观，呢面是否平整等。汽车织物一般以手感、丰满、厚实、富于弹性的面料为佳。

(11) 起毛、起球　由于织物不断受到摩擦，使织物的表面出现许多毛茸，此即为“起毛”，这些毛茸绕缠在一起形成球形小粒称为“起球”。影响织物起毛的因素有：组成织物的纤维品种，纺织工艺参数和染整后加工。一般天然纤维织物很少产生“起球”现象，合成纤维的织物中，以锦纶、涤纶和丙纶等织物最为严重，维纶、腈纶等织物次之。

(12) 密度　密度是表示织物质地紧密程度的一个质量指标，它是以织物一定长度或宽度内的经线和纬线的纱线根数来度量的。织物的密度大时，则织物的强度就高。

(13) 单位面积质量　单位面积质量也称为每平方米的质量，它也是衡量织物紧密程度的一个质量指标，其绝对值的大小与织物的密度有关，也与纱线的粗细有关。

3. 内饰织物选用原则

汽车上的纺织品主要用在汽车内饰上，其中比较集中的部位有：座椅、卧铺（指卡车的中长、高顶驾驶室）、顶棚、侧围、后围（主要指卡车）、地毯、车门内护板饰面、后备厢护板饰面等，不同的使用部位对织物的要求也就不同。

(1) 座椅、卧铺织物的选择　汽车座椅、卧铺（指卡车的中长、高顶驾驶室）面料是包覆在座椅、卧铺表面的一层材料，直接与乘员接触，经常受到摩擦、冲击拉伸等外力作用，因此要求该类织物要有足够的强度，起到保护座椅、卧铺缓冲垫的作用，要有较高的耐磨性，不允许有磨损和起球，不允许出现霜白、发亮、光滑等现象。由于人体长期坐在椅子上，对织物褶皱的恢复性、抗静电性、热舒适性等有特殊的要求。座椅面料是固定在座椅上的，因此对水洗色牢度是最基本的要求，而且还要求具有耐汗渍牢度、耐摩擦色牢度。同时也要与车内的颜色、格调等相匹配，表现出良好的外观和触感。

目前，轿车座椅大部分采用纺织纤维（机织物和针织物）或皮革。另外为了座椅蒙皮的严整性、抗皱性、手感以及便于缝制，在卡车座椅、卧铺上通常使用一种复合结构蒙皮面料与厚度 2～5mm 的泡沫复合，底衬再复合上一种针织制品。

(2) 汽车顶棚用织物的选择　汽车顶棚装饰织物是覆盖在汽车钢板车顶下面的部件，它是汽车上单件使用织物面积最大的零部件之一。顶棚装饰物不仅起到装饰汽车内部的作用，而且还要具有使车体内外保温、隔热、减振、吸声、隔声的效果以及增加安全性。为了提高顶棚的使用效果，目前多采用复合片材结构形式，即将饰面材料（无纺布、针织布、人造革等）与隔热、吸声、减振纤维或泡沫片材（各种纤维毡、聚氨酯泡沫、聚氯乙烯泡沫等）和增强层（纤维铺网、复合纸板等）通过一定的方式黏合在一起。

轿车顶棚内衬材料常采用针织纤维面料，结实、密实、有良好的手感和外观。载货汽车一般使用无纺布和人造革等，载货汽车后围和侧围也是使用织物面积较大的部件之一，一般与顶棚材质和花色、格调保持一致。

(3) 车门内饰织物的选择　车门内饰材料可分为门板骨架、中间衬垫层和表面饰面蒙皮三部分。车门内板骨架可用纤维板、热塑性树脂板等材料；衬层材料有聚氨酯泡沫、聚氯乙烯泡沫，再生纤维毡等。蒙皮材料的选择也要考虑花纹、颜色、质地与座椅、仪表板和顶棚等材料相协调。

三、汽车内饰用织物应用范围

汽车内饰纺织品主要用于汽车内饰座椅面料、头枕、车门内饰板、地毯、顶棚及仪表板杂物盒盖板面料等（表 5-34），是集装饰性与功能性于一体的技术性织物，是技术灵感和纺织技术相结合的产物，它的原料选用、装饰设计紧密地与车型、性能、内饰风格等因素联系在一起，直接影响着汽车的舒适、美观、安全、环保。汽车纺织品由最初单一的汽车座椅和头枕面料，扩大到车门内饰板、顶棚、后备厢、安全带、气囊及仪表板杂物盒盖板面料，并且面料风格各异、颜色丰富、纹理多样。

表 5-34　汽车内饰用纺织品一览

序号	应用部位	用材	使用及要求
1	汽车座椅	包括覆盖材料、聚氨酯泡沫塑料、天然纤维等替代物，缝纫线、天然皮革、人造皮革、底衬织物、背面涂层、胶黏剂、尼龙搭扣等	座椅套、椅垫、背靠、包裹层等，座椅在汽车寿命中不更换，要求与座椅或与汽车同寿命
2	车顶棚	有的可达 7 层或更多层的多层复合结构，每一层都具有不同的功能。中间层多为聚氨酯泡沫塑料或再生纤维等，依次还有短切玻璃纤维毡、热融性胶黏剂、非织造底衬、聚氨酯泡沫、表面装饰织物等	具有隔声、减振、改善汽车内部结构和外观的重要作用。要求：质轻、厚度小、刚度高、不变形、不弯曲、不颤动、尺寸稳定、吸声、美观、手感好、有防污性能等
3	车门内板	衬板材料：热塑性聚烯烃 TPO、聚氨酯、PVC 或 PVC/ABS、再生废旧纤维板、木板等。车门底部的“踢脚”通常采用非织造覆盖材料	通常采用装饰织物和泡沫层，包括整体化门板的扶手，或是纺织品的镶嵌块

续表

序号	应用部位	用材	使用及要求
4	行李架	主要采用聚丙烯纤维、聚酯纤维针刺非织造布做的表面装饰材料	由于行李架位于宽大的玻璃窗下，所以在抗紫外线、耐老化、抗热分层和变形方面的要求很高，还具有耐磨、吸声等性能
5	后备厢内衬	覆盖材料为针刺聚酯或聚丙烯织物，还有天然纤维、麻纤维、再生废旧纤维等材料	要求隔声、降噪；每车用量约 $4m^2$
6	地毯	主要用植绒法或针刺法制造地毯。植绒地毯用尼龙膨体变形长丝；针刺地毯用聚氨酯纤维或聚丙烯纤维。地毯背面附有可吸收噪声、防止振动的聚氨酯泡沫塑料或棉絮粘垫	要求美观、舒适、降噪、减振；轿车地毯用量为 $3.5\sim4.5m^2$/辆；地毯胶黏剂涂层用于稳固织物，固定纤维，其用量为 $70\sim100g/m^2$
7	安全带	采用高强度聚酯长丝织成多层机织斜纹织物或多层缎纹织物	要求具有耐光照、耐汗渍、抗脱色、抗静电等性能
8	安全气囊	典型的安全气囊是用高强度尼龙 66 复丝织成的机织物	有前部安全气囊、侧面安全气囊，欧洲还开发汽车外部安全气囊。要求织物必须能经得住触发装置释放出的化学物质的热冲击，不渗透，体积小，无腐蚀损害
9	仪表板	意大利采用在普通的塑料薄膜中衬垫织物的方法制成	仪表板形状变化大且复杂，三维针织技术比较适合这种用途
10	遮阳板	美国采用经编起绒织物，欧洲大量使用 PVC	阳板要求耐光、耐热、安全。非织造布可以用于这个领域

四、汽车内饰面料的生产工艺

① 用海绵填充是目前生产汽车面料共同采用的工艺。

座椅面料：一面用编织物与海绵复合；另一面与小克重经编布复合而成。

门板面料：一面用编织物与海绵复合；另一面不用复合。

欧洲近两年比较流行采用三维经编织物做汽车座椅面料，是一种直接成型法，可直接做成做一套，从而简化了生产工艺，减少了由于复合而造成的空气污染。

② 地毯主要用植绒法或针刺法制造，地毯背面一般附有可吸收噪声、防止振动的聚氨酯泡沫塑料或棉絮粘垫。

③ 安全气囊用高强度尼龙 66 复丝织成的机织物再与一层橡胶复合而成。

第五节 纤维复合内饰材料

塑料、橡胶、纤维并称为三大合成材料，纤维是指长度比直径大很多倍，并具有一定柔性的纤细物质。随着汽车工业对环保材料的要求，近几年来利用天然纤维苎麻、亚麻、剑麻、黄麻为主要原料生产的热塑性麻纤维复合板材已获得汽车行业的认可。热塑性麻纤维板是一种由长切麻纤维、丙纶纤维、涤纶纤维、低熔点复合纤维等，经非织造布工艺织网成毡、热黏合成型工艺制成的热塑性复合材料。热塑性麻纤维复合板材不仅具备高强度韧性、拉伸强度大、伸长率高、吸声隔热、耐候性好、燃烧速率低、环保、可回收利用等特点，且成型工艺具有低压模压成型、节省设备和模具的投资、较低的成本优势，也可采用一步模压成型法完成坯材层、装饰层等复合工艺，热塑性麻纤维复合板材在加热中还表现出对模具的磨损、侵蚀作用较低，密度小，重量可较其他材料降低10%～40%，顺应汽车轻量化要求。该板材中没有有毒气体、辐射等有害物质产生，因而热塑性麻纤维板材广泛应用于汽车内饰非结构材料方面，如卡车顶、围、侧窗、门护板、仪表板支架；客车前、中、后顶；商务车、微车、轿车用顶盒门护板系列等。

一、热塑性麻纤维复合板材

热塑性麻纤维复合内饰板材是一种由长切纤维、PET纤维、PP纤维、ES纤维、PET无纺布和热熔粉等材料组成的复合材料。热塑性麻纤维复合板材一般由胶面层、麻纤维和PP纤维混合层、ES纤维和PET纤维混合层经梳理、铺网、针刺成毡，再由无纺布、针刺毡、热熔粉经热压成型、冷压定型制成板材；部分内饰件生产厂家还采用一步模压成型法直接加工成型所需形状的内饰件。

1. 热塑性麻纤维复合内饰板材的特点

具有较高强度的韧性；隔热、吸声效果好；耐候性好；拉伸强度大、伸长率高；定型后刚性好；环保；可回收再用等。热塑性麻纤维复合内饰板材的物理特性和工艺特性不仅受混合纤维材料长度、粗细、比例、麻纤维制品和特性等影响，且受梳理、铺网、针刺、热黏合成型、热压成型、冷压定型等工艺影响较大。

2. 热塑性麻纤维复合内饰板材的主要品种

(1) 麻纤维复合内饰板材　由于麻纤维复合内饰板材的主要基材是天然麻纤维，因此它具有天然麻纤维优良的物理性能和化学性能（表5-35），具有高强度的拉伸性能、良好的韧性、环保、质轻等特点。天然麻纤维的主要组成为纤维素，含量一般为60%～80%，并含有木质素、果胶等。其密度为1.3～1.55g/cm^3。麻纤维素耐碱不耐酸，麻纤维吸湿放湿快，回潮率在14%左右；纤维素的降解温度为300℃，因此麻纤维毡通常需要在210℃以下烘燥、烘焙加工。

表5-35　天然麻纤维的性能

序号	名称	单纤维长度/mm	线密度/(g/cm^3)	断裂伸长率/%	拉伸强度/MPa	初始模量/GPa
1	黄麻	15～50	1.45	1.5	550	13
2	亚麻	20～30	1.5	2.4	1100	100
3	大麻	5～55	—	1.6	690	—
4	苎麻	20～200	1.5	1.2	870	128
5	剑麻	3～20	1.45	2.0	640	15
6	青麻	5～20	—	—	—	—

(2) 聚丙烯纤维复合内饰板材　聚丙烯纤维结晶度高，密度小（0.90～0.92g/cm^3），熔点为170～175℃，分子量一般为15万～70万，与其他聚烯烃相比，聚丙烯分子量的分布较宽。聚丙烯有较好的强度和刚性，尤其具有突出的耐弯曲疲劳性能。缺点是蠕变较差。聚丙烯为非极性高聚物，有优良的电绝缘性能，更兼有优良的耐热性。此外，它还有良好的化学稳定性，聚丙烯几乎不吸水，除对强氧化性的酸外，几乎都很稳定，耐碱性也很突出。

(3) 聚酯纤维复合内饰板材　聚酯纤维是一类由多元醇和多元酸缩聚反应得到的大分子主链上具有酯基重复结构单元的树脂。涤纶纤维的熔点为260℃左右，对水和一般氧化剂水溶液是稳定的，在一般浓度酸碱溶液中，室温下胶稳定，在大于50℃时有明显的侵蚀作用。

它在室温条件下可溶于氯代乙酸和酚类，但不溶于脂肪烃。涤纶纤维耐光化学的降解性能、耐气候性以及耐辐射性能都十分优良。

二、热塑性及热固性纤维结构复合内饰材料

（1）热塑性基材　热塑性基材经加热软化，在常温模具中受压冷却后成型。面料可在成型前与基材复合好，也可在成型时复合面料。选用热塑性材料成型模具简单，投资小，成型时能耗较低。试制样品时使用石膏或环氧树脂模具即可，这样不仅可节约试制经费，还可缩短试制周期。正式模具可使用低熔点合金，这种模具成本低，制造周期短，修整方便。

典型的红外线加热炉内有相对的两排水平安装的红外线加热器，钢丝运输带（网状的或平行铜缆绳式运输带）载着片材，沿上下两排加热器之间的中心面通过，使片材的上下面都均匀地加热。加热炉内设3～5个加热区。每个加热区的片材量足能冲压一个制品。片材依次通过每个加热区。钢丝运输带由电动机驱动，而电动机由冲程计时器（Traval Timer）或区间闭锁计时器控制。

（2）热固性基材　这类材料主要是PF材料，其成型为模压成型，即将PF树脂、填充剂、固化剂按配比混合后，放入高温模具中交联固化成型。热压成型时能耗较大，而且有较刺激的气味。这种基材的填充剂有很多种，比如天然的麻纤维、木纤维或回收的化学纤维等。

（3）热塑性及热固性结构纤维复合材料在汽车工业中的应用　车身部件顶棚、后围、侧围、门板、四门立柱、地垫、机罩、隔热层等。

三、汽车用再生纤维及毛毡

利用废旧的纤维或废旧织物经过去污、水洗、烘干及特殊工艺处理后可以制成再生纤维毡。因其价格低廉、减振、隔热效果好，在汽车内饰上也得以大量选用。再生纤维毡在轿车、乘用车和商用车上都有使用，比如用在轿车前挡板的上部、中部及左右两侧，仪表板的左右两侧及右下护板；变速杆顶部，前后门里护板，顶棚、后围、侧围和后备厢等部位。汽车用再生纤维毡的性能指标见表5-36。

表5-36　汽车用再生纤维毡的性能指标

项目	指标	项目	指标
单位面积质量/(kg/cm^2)	40～70	气味性常温下	无令人不愉快的气味
压硬度(压缩50%,100℃×100h后)/×10^{4}Pa	2～4 2～3.5	气味性(80℃×5h后)	无令人不愉快的气味
断裂强度/(N/5cm)	>50	防霉菌性	无霉菌滋生和气味
撕裂强度/(N/50cm)	>2	吸声系数	按客户要求
收缩率(100℃×100h)/%	≤0.5	燃烧速率/(mm/min)	≤100
褪色性(100℃×100h)	允许有轻微变色		

再生纤维毛毡的材料来源广泛，天然棉、麻和植物纤维、动物毛、化学合成纤维均可成为制造毛毡的好材料。成毡的工艺有两种：一种是针刺成毡工艺，它是先将废纤维铺成所需要的厚度，然后用数千枚特殊结构的钢针，穿过纤维网反复上下运动，将上层纤维逐渐压入下层纤维或带向上层，整个纤维网就变成了相互缠绕、致密的毡状结构；另一种是用酚醛树脂加固黏结废纤维成网状结构的毛毡。也有采用低熔点的树脂作废旧纤维胶黏剂的。

有的毛毡是由化学纤维构成的，有的由化学纤维和棉纤维混合构成，有的由化学纤维、

棉纤维和毛纤维混合构成。化学纤维的耐磨性、弹性恢复率比天然纤维好，适合用于减振和耐磨部位；天然棉纤维和毛纤维隔热、吸湿性好，适合用于座椅和人体接触的部位。

四、汽车用纤维板

纤维板由木质纤维素纤维交织成型并利用其固有胶黏性能制成的人造板。制造过程中可以施加胶黏剂和（或）添加剂，具有材质均匀、纵横强度差小、不易开裂等优点。

1. 纤维板的分类

① 纤维板按密度分为中密度板和硬质密度板。中密度板的密度为 0.5～0.8g/cm^3，又称半硬质纤维板，结构均匀，密度和强度适中，有较好的再加工性，产品厚度范围较宽，应用广泛。而硬质密度板的密度则≥0.8g/cm^3，产品厚度范围较小，为 3～8mm，强度较高。

② 根据国家标准《中密度纤维板》（GB/T 11718）规定，纤维板按照其公称密度分为三种：80 型板，是公称密度≥0.80g/cm^3 的板材；70 型板，是公称密度为 0.70～0.79g/cm^3 的板材；60 型板，是公称密度为 0.60～0.69/cm^3 的板材。

③ 纤维板按层数又可分为三合板、五合板及七、九、十一合板等。制作纤维板时要遵守：一是对称原则，对称层的单板厚度、树种、含水率、木纹方向、制造方法都相同，以使各种内应力平衡；二是奇数原则，比如有三合板、五合板及七合板等。

2. 纤维板的应用

纤维板在汽车制造中主要作为内饰材料使用，如车门内板、车内护板及卧铺铺板等。

五、汽车用纤维增强复合材料

纤维增强复合材料统称为 FRP，是一种纤维和塑料经过一定工艺流程复合而成的材料。纤维增强复合材料（FRP）是聚合物基复合材料的一种，用作增强纤维的有玻璃纤维、碳纤维、高强度合成纤维（如芳纶、超高强度聚乙烯纤维）、硼纤维等。用作基体材料的聚合物相当一段时间内以热固性树脂（如不饱和聚酯、环氧树脂、酚醛树脂等）为主，随着环境问题的出现，现已发展到各种热塑性树脂（如 PP、PA、PBT 等），而目前用量最大的仍是玻璃纤维增强的不饱和聚酯。FRP 的比强度如表 5-37 所示。

表 5-37　FRP 的比强度

材料	密度/(g/cm^3)	拉伸强度/MPa	顺向弹性模量/MPa	强度特性/cm		刚度特性/cm	
				σ_D/ρ	$\sigma_b^{1/3}/\rho$	E/ρ	$E^{1/3}/\rho$
高强度钢	7.8	686～1372	2×10^5	$(9\sim18)\times10^5$	1.1～1.5	2.7×10^8	7.3
铝合金	2.4	500	7×10^4	21×10^5	2.6	2.7×10^8	16.7
钛合金(6A14V)	4.4	980	1.1×10^5	22×10^5	2.3	2.6×10^8	11
GFRP(单向增强)($v_f=0.6$)	2.0	1176	4×10^4	59×10^5	5.2	2.0×10^8	16.7
GFRP(双向增强)($v_f=0.5$)	1.9	490	1.7×10^4	26×10^5	3.5	0.9×10^8	12.8
毡($v_f=0.3$)	1.7	190	1.2×10^4	12×10^5	2.6	0.7×10^8	12.8
CFRP	1.6	1568	1.3×10^5	98×10^5	7.9	8.7×10^8	31
Kevlar	1.3	1274	7×10^4	98×10^5	8.8	5.3×10^8	137

1. FRP 材料的特点

相对密度小（1.5～2.0），比强度和比刚度大，甚至超过钢材。利用此特点，可大幅度减轻汽车自重，满足降低燃料消耗、节能的要求。耐腐蚀性能优良，无生锈、腐蚀问题，特别是无寒冷地区冬季防路面结冰撒盐引起的盐腐蚀之忧。耐化学药品性优良，可根据运输各种化学品的需要，选用不同树脂制造的储罐车及电动汽车。

吸收冲击能大，抗冲击性能好，安全系数较大。热导率低（仅为金属的 1/100），保温性好，适于制造冷藏车。此外，电绝缘性好，可将电线直接埋于 FRP 板材中。可自由着色。可以将不同厚度的零件、凸起部、筋、棱等一体成型，减少零部件数和装配工序。设计灵活，可在满足美观的前提下，制成各种形状的曲面。强度、刚度调节余地大，可根据产品结构、受力情况，通过树脂、纤维品种、配比及编织排列方式进行调整，达到最优化。

耐热性、耐燃性差。FRP 的材料制造和支配成型往往是同时完成的，FRP 材料的特性受到原材料种类、组成、成型方法和成型工艺条件、试验方法等多因素影响，物性离散性大，可靠性差，将给设计带来诸多不确定因素。只能用铆接或机械连接，不能焊接，与黏结、涂装等有关的二次加工性差。成型速度慢，SMC 的固化时间一般需 2～3min，生产效率低，无法满足大规模生产的要求。一般只能用目视、敲打等经验方法监测质量，难以用超声波、X 射线探伤等无损检验方法。回收利用困难，特别是热固性 FRP 更成问题。

2. FRP 在汽车工业中的应用

手糊成型（HLU 法）最早应用于汽车工业，可制各种复杂的大型件，制品质量不稳定，只能用于少量产品生产，如试验车、小型车、体育车的车身，客货两用车顶棚，客车车身等。

喷射成型适于批量较大的产品，如货车罩盖、挂车车身等。RTM 产品更大些。替代以上两种加工方法生产的零部件。SMC（片状模塑料复合材料）可能成为汽车轻量化的主要材料。BMC（块状模塑料复合材料）以粒料形式提供给零部件生产商，利用模型成型生产汽车零件。GMT（玻璃纤维毡增强热塑性复合材料）可用于制造发动机罩、车顶盖、后备厢盖等水平受力的汽车部件，而且该材料可回收利用。

冲压成型片材已进入实用阶段，如 AZDEL 制的轿车前端部支架、坐垫骨架、通风百叶窗、后备厢里、制动防尘罩、差速器罩等。AZDEL 的坐垫骨架可使每辆车减重 9.7kg。STX363 制的发动机油底壳（宽 163mm，深 257mm），可减 50%，一次冲击成型（用钢板制造时需经 18 个金属模具、18 道工序完成）制造费节省 25%。CFRP 在汽车上的应用情况所有研究均表明 CFRP 具备作为汽车材料的优良特性。但因其成本太高，仅停留在应用试验阶段。

3. 汽车上常用的纤维增强复合材料

纤维增强复合材料（FRP）又称为高分子复合材料或树脂基复合材料。汽车用纤维增强复合材料（FRP）主要有：SMC、BMC、冲压成型片材（Stampable Sheet）、反应注射模压成型方法 RIM 和增强反应注射成型法 RRIM 等。与其他材料相比，复合材料具有很高的比强度、比模量和抗疲劳性能，破损安全性好，独特的成型工艺（可整体成型），减少了零部件紧固和接头数目等优异性能。

复合材料在汽车上的应用主要集中在内饰件、外装件和功能件等。内饰件的应用特点是安全、环保和舒适，主要有仪表板、车门内板、副仪表板、杂物箱盖、座椅及各类护板等。外饰件的应用特点是以塑代钢，减轻汽车自身重量，主要有保险杠、挡泥板、车轮罩、导流板、前后翼子板、举升门等。功能和结构件的应用以采用高强度复合材料为特点，主要有油箱、散热器水室、空滤器罩、风扇叶片以及发动机进气管、气缸盖罩等。

(1) 片状模塑料复合材料（Sheet Molding Compound，SMC） 片状模塑料复合材料因其具有较好的力学性能和成型加工性，得到了迅速应用，SMC 工艺综合了预混料的优良成型性和吸附预成型制品的良好强度，操作简便，生产效率高，制品尺寸稳定性好，表面质量好，模压温度、压力要求不高，且能适应自动化、机械化生产的要求。SMC 的使用和推广，开创了现代汽车工业中大量使用 FRP 的新局面。SMC 是把低黏度的树脂化合物浸到玻璃纤维中制成的连续的片状预成型材料。玻璃纤维切成短纤维后落在塑料薄膜上成为片状的垫，也可以直接使用玻璃纤维毡垫。浸渍用树脂含增黏剂，把黏度调整到在成型时可以流动的程度。这种方法不用滚炼的方式，而直接把树脂浸到纤维垫中，因而纤维不受破坏，强度比较高。另外 SMC 材料是片状，有利于模压成型，可以提高生产效率。SMC 的物理力学性能在某些方面不如长纤维 FRP，但是却改善了制品表面粗糙度、尺寸稳定性和生产效率。

SMC 材料的构成与 SMC 制品的成型工艺：SMC 由树脂糊充分浸渍的短玻璃纤维组成，上下两面为薄膜所覆盖，树脂糊含有不饱和树脂、增稠剂、抗收缩剂、引发剂、脱模剂、着色剂、填料等。不饱和树脂是 SMC 材料最基本的组成部分。汽车用 SMC 主要是用低收缩性树脂体系，低收缩性树脂由不饱和聚酯树脂和低收缩性添加剂组成。不饱和聚酯树脂由不饱和酸和乙二醇反应制得。

SMC 材料在加热的模具内可以流动，因此便于制造带有筋、凸起、不等厚的大型覆盖件。普通的 SMC 和高强度的 SMC 还可以混合使用，比如 SMC 材料成型的汽车车门，外表层用光洁性好的 SMCR-30，中间层用高强度的 C30/R20，内层用美观、易着色、低收缩的 SMC，三种 SMC 材料叠加起来热压成型为一体的制品。

SMC 的成型温度为 130～150℃，汽车前端部成型时加压时间为 80s，成型周期为 2min 左右，制品厚度为 2.5～3mm。当制品厚薄均匀时，可以缩短加压时间，厚度越厚，成型加压时间越长。模具的上、下部温度不同，要求粗糙度较好的模具温度应当高出 10～15℃。

(2) 块状模塑料复合材料（Block Molding Compound，BMC） 块状模塑料复合材料与 SMC 相似，只是 SMC 是将纤维制成纤维毡，而 BMC 的增强材料为短切纤维，BMC 是把树脂、填料、玻璃纤维等 FRP 所必需的各种成分混炼成粒状料，然后再模压成型。BMC 在成型过程中虽然解决了玻璃纤维流动的问题，但是在混炼过程中却因玻璃纤维受破坏而降低了制品的强度，BMC 成型大型制品时强度不如 SMC 好。BMC 除了可以模压成型外，还可以注射成型，可以成型具有复杂结构的零件。

(3) 玻璃纤维毡增强热塑性复合材料（Glass Mat Reinforced Thermoplastics，GMT） 玻璃纤维毡增强热塑性复合材料以玻璃纤维（毡）为增强材料，以热塑性树脂为基体。以玻璃纤维毡为增强骨架的板片状结构材料，基体树脂可以是 PP、PA、PET 等，纤维可以是玻璃纤维毡或切短的纤维等。通过加温、加压制成复合材料，GMT 材料具有韧性好，强度高，密度小，优良的耐腐蚀性和耐热性，成型性好，保存期长和废料可再生利用等优点，是低能耗、无环境污染的环保材料，有广泛的应用领域，是目前国际上极为活跃的复合材料开发品种，被视为 21 世纪的新材料之一。

轻质高强度的GMT片材，通过结构优化设计，可取代部分金属材料，获得显著的减重效果，而且节省模具费用（仅为金属冲压模具的10%～20%），并有利于多种零件组合，形成模块化生产方式。用GMT片材可较原金属件减重30%～80%，能耗仅为钢制品的60%～80%，铝制品的35%～50%，价格低于同体积的金属制品。

GMT片材在汽车工业中的应用，已达40多种，主要有座椅骨架、保险杠、仪表板、发动机罩、电池托架、脚踏板、前端、地板、护板、后牵门、车顶棚、行李托架、遮阳板、备用轮胎架等部件。与金属相比，GMT材料具有重量轻、设计灵活性大、耐化学腐蚀性能及尺寸稳定性好等优点，其主要性能见表5-38。

表5-38　GMT片材主要性能

玻璃纤维含量/%	拉伸强度/MPa	弯曲强度/MPa	弯曲模量/GPa	冲击强度/(kJ/m^2)	热变性温度/℃	密度/(g/cm^3)
25～40	55～240	110～230	3.5～8.5	15～130	149～165	1.0～1.24

（4）长纤维增强热塑性复合材料（LFT）/短切纤维增强热塑性复合材料（LFT-D）
长纤维增强热塑性复合材料（LFT）/短切纤维增强热塑性复合材料（LFT-D），其组成材料可以是玻璃纤维、芳基纤维、碳纤维、钢纤维和其他能够形成连续纱的纤维。LFT-G的基体聚合物可以是各种热塑性塑料，常用的有PP（56%），尼龙（32%），其他的还有ABS、PPS、TPU、POM、HDP等。为了改善界面强度，通常还需要界面改性剂，如偶联剂以及相容剂等。

LFT材料现在广泛应用于汽车工业中，如车门内侧板、轿车后门等。

第六节
汽车用玻璃

玻璃是以石英砂、纯碱、长石和石灰石等为主要原料，经熔融、成型、冷却固化而成的非结晶无机材料。它具有一般材料难以具备的透明性，具有优良的力学性能和热工性质。而且，随着现代玻璃技术的发展，不断向多功能方向发展。玻璃的深加工制品能具有控制光线、调节温度、防止噪声和提高特殊视觉效果等功能。

一、汽车用玻璃的性能要求

汽车玻璃在汽车中占据着十分重要的位置，可以说它既是内饰件又是功能件，还是外饰件。汽车用玻璃必须满足《汽车安全玻璃》（GB 9656）的要求。汽车用玻璃的作用不仅是防风沙、雨雪，还要防撞击、保护驾驶员和乘客、扩大驾乘人员的视野，而且遇到特殊情况还能保证驾乘人员成功脱离险境等，因此要求汽车用玻璃必须抗冲击、抗磨、耐光照、耐辐射、耐高温、耐湿、耐热，另外汽车用安全玻璃的厚度、尺寸、弯曲度、吻合度、外观质量等都要符合要求。具体而言汽车用玻璃的主要性能要求：透光率不低于80%；在任何角度下通过玻璃观察物象不发生歪曲；无气泡、缺口和爆边，尺寸偏差、弯曲度、耐冲击性等符合指标要求；产品厚度偏差不超过±0.5mm；经偏光计检查，其内应力应均匀；能满足安全及其他具有特殊性能方面的要求。

二、汽车用玻璃的分类

根据形成主要氧化物的不同可分为石英玻璃、硅酸盐玻璃、硼酸盐玻璃、磷酸盐玻璃及其他结构的玻璃。

汽车用玻璃是汽车车身附件中必不可少的，主要起到防护作用，能承受较强的冲击力。汽车玻璃都是安全玻璃，主要包括夹层玻璃、双层中空玻璃、电热玻璃、区域钢化玻璃和钢化玻璃。汽车玻璃按所在的位置分为前挡风玻璃、侧窗玻璃、后挡风玻璃和天窗玻璃四种，国家强制规定前挡风玻璃必须是夹层玻璃，侧窗玻璃是钢化玻璃，后挡风玻璃一般是带电加热丝的钢化玻璃。

(1) 夹层玻璃　夹层玻璃以塑料为中间层，将两块或两块以上的玻璃黏合起来，有一定几何尺寸的汽车用玻璃。受到外力作用时，即使玻璃发生破损，由于中间膜的作用也不会使碎片飞散伤人，还能保持一定的视野，但是成型工艺复杂，价格高，强度较低，在汽车上应用受到一定的限制。

(2) 双层中空玻璃　用铝方管在两片玻璃四周边缘做框架，用胶黏剂密封，玻璃中间充入清洁干燥的空气而成。中空玻璃有较好的隔声、隔热性能，主要用于严寒地区、有空调设施的玻璃窗。

(3) 天线夹层玻璃　采用印制电路板，即利用含银发热线的导电性可直接用于无线信号接收，该类玻璃主要用于车内电视、CD、DVD、AM、FM 收音机及卫星导航系统信号的接收等。近年来，因信息量增大和对接收质量的高要求，印制电路板电线的图像趋于复杂化，针对这一情况和美观的需求，一种隐蔽且不显露网格的透明膜天线便应运而生。薄膜天线是利用热线反射玻璃金属薄膜的导电性而实用化的，其接收性能包括灵敏度和指向性，不仅与玻璃本身的性能有关，还受到天线玻璃与收音机等的相对位置、与颠簸的角度、车身形状等诸多因素的影响。因此，汽车上收音机等设备与天线玻璃的组合尤为重要。

(4) 调光夹层玻璃　随着对汽车舒适性、居住性的要求越来越高，对窗玻璃的控制环境功能的要求也越来越高。采用一种光的透射率和散射度可变的玻璃，可达到遮挡太阳光、防止紫外线或需要时适宜采光等功能，如在车顶天窗使用的氧化钨玻璃等。

(5) 除霜玻璃　采用网版印刷法将导电性胶印刷在玻璃上，然后在玻璃加热成型时黏附，这种印制电路可加热玻璃并起到除霜的作用。也可以将钨丝以正弦形粘贴在夹层玻璃的中间膜上，达到通电除霜的目的。还可以利用喷镀法把金属薄膜镀到外侧夹层玻璃的内表面上，通以电流即可使冰融化。

(6) 钢化玻璃　钢化玻璃是将玻璃淬火处理或用化学方法处理而制得的制品。钢化玻璃有平、弯两种。淬火钢化玻璃不能切割、磨边。经化学处理的钢化玻璃可以切割。钢化玻璃适用于做长期受振动和可能受冲击的汽车的门玻璃和驾驶室的风窗玻璃，也用于工业部门的观察窗玻璃和保护玻璃等。淬火处理是将制品加热至接近其软化温度，使玻璃完全退火，然后进行迅速冷却（淬火处理）。因此产生均匀的内应力，从而使玻璃表面产生预加应力的结果，增加了抗弯、抗冲击、抗扭曲变形的能力。钢化玻璃在受冲撞时，冲撞点处的玻璃片脱落，表面附加的应力一旦被消除，整个玻璃就像雪崩样的破碎，被分割成小碎片。碎片越细，对人体伤害越小。冲撞时，驾乘人员头部、面部会撞到前面的玻璃，产生二次冲撞。钢化玻璃也会抑制二次冲撞引起的伤害。但是单纯的钢化玻璃也有缺陷，如果汽车在行驶中，突然前面玻璃全面破碎，呈蜘蛛网样的裂纹会大大影响驾驶员的视野，由此可能引起二次交通事故。因此，为了弥补钢化玻璃的这一缺陷，采用区域钢化玻璃，即在驾驶员视野范围内采用碎片加大的办法。

(7) 电热玻璃　在夹层玻璃中间或钢化玻璃表面上附有很细的电热丝，通电后可加热玻璃，防止结霜，保持玻璃的透明度，有较好的视野，一般用于汽车前、后风窗。

(8) 热反射、热吸收玻璃　用热喷涂法和真空镀膜法在玻璃表面上形成一层薄膜，也有直接在玻璃表面粘一层膜。其颜色有咖啡色、金黄色、蓝色、灰色等。应用于汽车内饰具有良好的隔热和防紫外线效果，可降低空调的能耗，又可改善车内的色调，从而改善车内环境，给人以优雅、舒适的感觉。而且这种玻璃具有单向透视功能，白天可从车内透过玻璃清晰地看到外部景物，而外部却不能通过玻璃看到车内景物，从而起到帷幕的作用，主要用于中、高档汽车。

三、汽车用玻璃的发展方向

现代汽车玻璃的发展趋势是安全、美观、多功能、轻而薄，还出现了许多新技术，如减速玻璃、吸热玻璃、带印刷陶瓷花边玻璃、带印制电路的防霜玻璃、带印刷天线的玻璃，光敏玻璃、热敏玻璃、电敏玻璃等特殊车用玻璃也应运而生。在满足安全性能的前提下，车用玻璃的轻量化也是目前的发展方向之一，现在前照灯玻璃已开始使用表面涂有有机硅硬层(主要使防划伤)的透明塑料。随着材料、机械和模具技术的进步，聚碳酸酯的应用范围将逐步扩大到汽车玻璃窗的制造。将聚碳酸酯材料应用于汽车玻璃窗，则为汽车外形的设计提供了一个全新的世界，与普通汽车玻璃相比，聚碳酸酯玻璃的重量将大大减轻。为了使聚碳酸酯玻璃具有更优异的耐摩擦、抗划痕、抗紫外线和抗老化特性，以及良好的光传导性能和抗反射特性，有必要开发出更先进的涂层技术，这使得独特的“湿涂层”配方以及新的湿涂层、等离子喷涂技术应运而生。

第七节
汽车内饰及车身用胶黏剂

汽车工业是胶黏剂最大的应用领域之一，几乎涵盖了所有类型胶黏剂，而且应用范围越来越广，整车用量比例越来越高，汽车内饰及车身是汽车上应用胶黏剂最多的部位，它对提高汽车的舒适性及汽车结构的增强、密封防水、减振降噪、隔热消声、紧固防锈、美化装饰及简化工艺、减轻车身重量、促进新型结构材料在汽车上的应用等方面起着十分重要的作用。胶黏剂主要用于金属、塑料、织物、纤维、玻璃、复合内饰板材、座椅等相互之间，以及和涂漆表面的结构连接、固定和密封。

一、汽车用胶黏剂功用及要求

随着汽车制造技术的发展及其不断提高的性能要求，胶黏剂密封胶作为汽车生产所必需的一类重要辅助材料，应用越来越广泛。粘接技术在汽车制造上的应用(图 5-2)，不仅可以起到增强汽车结构、紧固防锈、隔热减振和内外装饰的作用，还能够代替某些部件的焊接、铆接等传统工艺，实现相同或不同材料之间的连接，简化生产工序，优化产品结构。在汽车向轻量化、高速节能、延长寿命和提高性能方向发展的道路上，胶黏剂发挥着越来越重要的作用。对汽车用胶黏剂的性能的要求，具体见表 5-39。

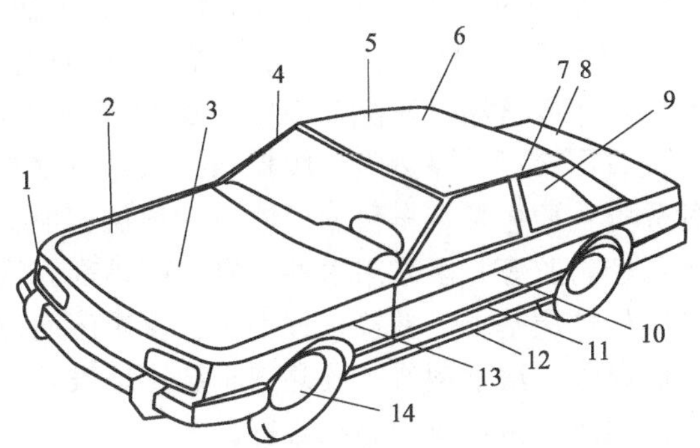

图 5-2　胶黏剂在汽车上的使用部位示意

1—车灯胶；2—发动机罩减振胶；3—发动机变速器密封、锁紧；4—车窗粘接、密封；5—顶棚粘接；6—隔热材料粘接；7—顶盖流水槽密封；8—后备厢内衬粘接；9—内饰粘接；10—防振胶黏剂；11—车外装饰条粘接；12—车底防石击涂料；13—点焊密封胶；14—刹车蹄片粘接

表 5-39　汽车用胶黏剂的性能的要求

序号	性能上的要求	生产使用中工艺要求
1	充分满足汽车材料要求，在保养在修里程或预期使用寿命里始终保持所承担的使命	具有良好的施工工艺性能，涂布工简单易行（刷涂、滚涂、挤涂、喷涂、浸涂等）
2	具有良好的耐寒性和耐热性，以满足汽车在不同气候条件下行驶所经受的考验和使用部位上的要求	适应不同条件下的生产装配线的步调，要求具有一定的初始强度及瞬时粘接能力
3	具有优异的耐湿、耐盐雾腐蚀的能力，在潮湿、多盐的气候和高速公路上行驶时不丧失机能	如果需要加热固化，一般要求其固化温度在汽车涂装烘干设备的加热温度及时间范围内，而且在此温度下不能分解，烘干前不流淌
4	具有良好的耐油性，包括各种润滑油、汽油、柴油等，不被油所溶解，失去耐油性会导致粘接失效，出现漏水、漏气现象	通过油漆前处理工序的胶黏剂和密封胶，要经受住清洗、磷化液的冲击，不溃散，不污染电泳液，尤其不含有机硅树脂成分，以免影响涂装质量
5	环境友好，无毒害，无污染	使用时无挥发性有毒、有害气体或悬浮颗粒

二、汽车用胶黏剂的分类和几种主要类别

1. 汽车用胶黏剂的分类

按使用功能可分为焊装工艺用胶黏剂、涂装工艺用胶黏剂、内饰件用胶黏剂、装配件用胶黏剂、特殊工艺用胶黏剂等。

车身焊装是车身制造的重要工序，为了提高车身的密封、防锈蚀性，减轻振动，需要在车身钣金搭接处涂覆密封胶。近来，以粘接代替点焊或部分代替点焊组装车身技术的发展，使胶黏剂在车身装配中又有了新的应用。在焊装线使用的胶黏剂、密封胶，除了要具备汽车用胶的一般性能外，最重要的是对涂装工艺不会产生不良影响，能承受涂装前处理工艺的冲洗，不污染电泳液及涂层质量。车身焊装用胶黏剂多为结构性、半结构性胶，起到减少焊点、代替焊接、增强结构、密封防锈、降低振动噪声的作用。这类胶与油面钢板有良好的附着性，通常无须专门设立加热固化设备（在电泳及其他油漆烘干炉中加热固化），对清晰、磷化、电泳等涂漆工艺没有任何不良影响。车身焊装用胶黏剂包括点焊胶、折边胶、增强防振胶、结构补强胶和高膨胀阻尼填充胶。

车身涂装用胶黏剂：汽车制造过程中涂装工艺非常关键，虽然在该工艺中用胶品种不多，却是目前用胶量最大的，单车平均用量在10kg左右。目前使用的大多为塑溶胶产品。该类产品具有很好的触变性，可以挤涂、喷涂，在中涂漆和面漆施工后不会产生变色现象。它主要包括焊缝密封胶、抗石击涂料、隔热阻尼胶板和指压密封胶等。

汽车内饰用胶黏剂的分类主要包括汽车顶棚、地板、地毯、地垫、仪表板、门板等装饰用胶黏剂及车窗玻璃密封用密封胶等。多采用水性聚氨酯胶黏剂。汽车内饰用泡沫背衬乙烯基塑料、织物与纤维板和其他硬质基材的粘接，过去一直使用溶剂型胶黏剂，随着环保法规的健全以及人们环保意识的增强，溶剂型汽车胶黏剂将会逐渐被环保型胶黏剂如水基胶黏剂所取代，尤其是水基汽车内饰胶的推广应用势在必行。

装配件用胶黏剂密封胶：汽车发动机、变速器、底盘装配用胶黏剂密封胶，其应用和作用主要表现在各种平面、孔盖、管接头的密封和螺栓的锁固方面，可以防止油、水、气的泄漏和螺栓的松动，直接关系到汽车的正常运行，其主要用胶品种有厌氧胶和硅酮（聚硅氧烷）密封胶。

特殊工艺用胶黏剂：主要包括汽车模型用胶，汽车制造工艺过程中还要用到多种其他胶黏剂和密封胶，如刹车蹄与摩擦片黏接用的刹车蹄片胶，是以改性酚醛树脂为基材的胶黏剂，代替铆接工艺能保证可靠的粘接强度，降低噪声，延长摩擦片使用寿命；滤芯器生产用的滤芯胶，是增强树脂补强的PVC塑溶剂，能耐油、耐热老化，满足流水线作业要求；微孔堵漏用的浸渗剂，在粉末冶金件和发动机缸体等零件砂眼缺陷的弥补上作用明显；汽车装配过程用的压敏胶带，可以保护车身免于污染、磕碰，或协助零件装配时固持定位；铸造行业用的合成树脂胶黏剂，主要有酚醛树脂、呋喃树脂及少量改性脲醛树脂三种，广泛应用在发动机缸体、缸盖等零件的铸造工艺上。

2. 几种主要的汽车用胶黏剂

（1）焊缝密封胶　有带状和糊状两种状态。糊状用量大，主要用于车身焊缝、接缝区域以及车身蒙皮与骨架间的密封部位；带状主要用于流水槽、车顶、外焊缝等的密封，胶层具有弹性、耐候性，与面漆有极好的相溶性和黏结性。焊缝密封胶固化后成为具有一定黏结强度的弹性体，能有效地起到密封、防漏（防止空气、雨水、灰尘进入车内）、增强车体防锈能力和增强车体美观性的作用。而车底抗石击涂料可以抵抗砂石对车底的冲击，提高防腐蚀能力，延长车体寿命，同时可以降低车内噪声。另外还有低温塑化型焊缝胶，这类焊缝胶可在120～125℃、30min内塑化，与通用型焊缝胶相比，塑化温度降低了20～30℃，具有明显的节能特性；高强度、高延伸型焊缝胶，其抗拉强度可达2.0～2.5MPa，扯断伸长率可达300%～400%；湿碰湿型焊缝胶，具有优异的油漆配套性，无须预胶化过程，在施胶后可直接喷涂中涂漆或面漆；低密度多种用途焊缝密封胶，该产品的密度只有1.1g/cm^{3}左右，较通用型PVC塑溶胶的密度1.4～1.6g/cm^{3}降低不少，更重要的是该产品既可用作焊缝型密封胶，也可用作防石击涂料，具有多种功能；油面黏结型焊缝密封胶，耐腐蚀性好（主要是前处理液），耐油面黏附性好，可以将车身所有焊缝、板缝、接缝、卷边等，在进入前处理线之前全部密封；带状焊缝密封胶，以胶带代替糊状，特别适用于车身外焊缝密封，除了操作方便和环境清洁外，产品外观平整光滑，大大提高了车身的密封防锈和美观性。

（2）点焊胶　车身焊装后，在整体洗油、磷化、电泳时，酸碱溶液容易侵入点焊搭接部位的缝隙中造成腐蚀。点焊胶的作用是涂于点焊搭接缝内部起密封防锈作用。其技术指标：密度≤1.5g/cm^3；点焊强度下降率<10%；发泡膨胀率20%～60%；储存稳定性≥6个月；不挥发分≥98%；剪切强度0.4～1.0MPa；硬度（A）20～40。涂覆工序使用的PVC型焊

缝密封胶在涂装过程中很容易产生分解，释放出有害气体，现在已逐步扩大以合成橡胶为主体材料配制成的点焊胶以替代 PVC 型焊缝密封胶。

(3) 膨胀胶　多用于汽车车门、发动机盖、后备厢盖、顶棚等部位加强筋与外板之间的黏结，起减振降噪、结构增强及连接等作用，是汽车胶黏剂中品种较多、用量较大的胶种之一。主要特点是低硬度、高弹性和较好的机械强度。膨胀胶有高发泡型、低发泡型和非发泡型，其技术指标如下：黏度 $(6\sim10)\times10^{5}$mPa·s 或带状；不挥发分≥98%；硬度（A）20～60；剪切强度，发泡型≥0.3MPa，非发泡型≥1.5MPa；膨胀率 0～200%；储存稳定性≥6 个月。

(4) 高膨胀填充胶　有片状和糊状两种，胶片材料在焊装工序施工中，对于立柱盒形件，先黏结胶片，后焊接成型；单组分胶糊在涂装工序从工艺孔注入，随面漆固化。主要用于汽车 A 立柱和 B 立柱空腔的填充，起阻隔、降噪、减振作用，同时增加了立柱的结构强度。其技术指标见表 5-40。

表 5-40　高膨胀填充胶技术指标

序号	项目	膨胀胶片	膨胀胶糊
1	外观	黑色片状	浅黄色糊状
2	密度/(g/cm³)	1.4～1.6	1.3～1.5
3	不挥发物含量/%	≥90	≥85
4	体积膨胀率/%	≥500	≥800
5	剪切强度/MPa	≥0.2	≥0.08
6	固化条件	170℃,30min	130℃,30min
7	储存期(室温)/天	≥120	≥120

(5) 补强胶片　也称薄钢板增强材料，是近几年新发展起来的一种结构补强材料，用于汽车制造的焊装工序。随着汽车向轻量化、节能方向发展，车身外覆盖件钢板厚度越来越薄，导致大面积外板刚性下降、噪声上升，同时在车门拉手、锁孔、拉延角等应力集中部位强度不足，板易产生裂纹，影响整车寿命。补强胶片的应用有效地解决了钢板变薄引起的弊端，因此得到了快速发展。补强胶片的技术指标见表 5-41。

表 5-41　补强胶片的技术指标

序号	项目	指标
1	油面固定性	无位移、无分离
2	密度/(g/cm³)	1.3～1.5
3	不挥发物含量/%	≥98
4	固化收缩率/%	0～5
5	剪切强度/MPa	≥6
6	固化条件	140～160℃,20～30min
7	储存期(室温)/天	≥180

(6) 折边胶　用于车门、发动机盖、后备厢盖折边处的结构胶黏剂。以前的折边胶强度很低，需与点焊并用，现在由于高剥离强度折边胶的出现，可完全不用点焊制造车门等覆盖件，见图 5-3。近几年又出现便于施工的带状折边胶。折边胶性能见表 5-42。

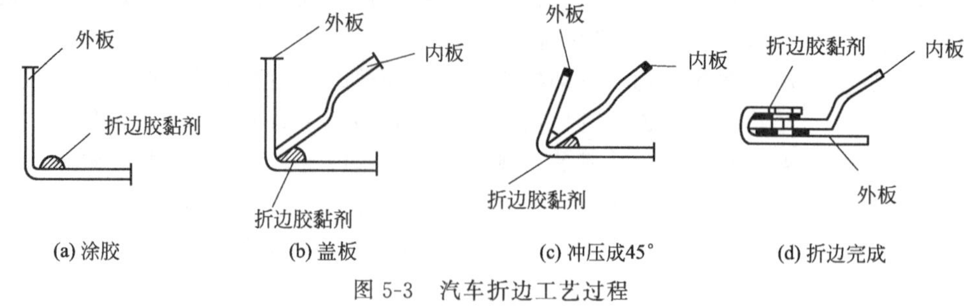

图 5-3 汽车折边工艺过程

表 5-42 折边胶性能

序号	项目	膏状折边胶	高剥离强度折边胶片
1	油面固定性	不位移	不位移
2	密度/(g/cm^3)	≤1.6	1.4～1.6
3	不挥发物含量/%	≥98	≥98
4	T 形剥离强度/(N/25mm)	≥100N/25mm	≥150N/25mm
5	剪切强度/MPa	≥20	≥25
6	固化条件	170℃,30min	140～160℃,20～40min
7	储存期(室温)/天	≥90	≥120

(7) 隔热阻尼胶板　可以阻隔发动机的热量和振动传递到车内。目前大部分采用沥青型，它属于黏结性阻尼材料，以沥青为基料，配入无机填料等混合而成。由于其价格低，结构损耗因子可达 0.1 以上，黏附在汽车车身顶棚、侧围、地板、仪表等易产生共振处，可起到隔声、降噪、减振作用，大大提高了乘坐舒适性，改善了车内环境。隔热阻尼胶板主要有热熔型、自黏型、磁吸型、发泡型四大系列。

(8) 指压密封胶　用于车身制造过程中出现的工艺孔和较宽缝隙局部补漏及密封用胶。指压胶的主要技术指标如下：外观，白色或灰色腻子状；成型性，可方便手工成型；固化条件，120～140℃，30min；剪切强度，1.5MPa；耐寒性，－30℃不开裂；储存稳定性，3～6 个月。

(9) 抗石击涂料　在汽车生产中所用到的数十种胶黏剂中，抗石击涂料用量最大，每辆车用量可达 5～10kg，抗石击涂料就主体材料组成而言虽然有很多种，但是目前绝大多数汽车厂家采用的是以 PVC 糊树脂为主体材料的热固化型塑熔胶。PVC 抗石击涂料有较好的弹性、硬度、伸长率、黏附力、抗拉强度、抗冲击、耐冲刷、耐腐蚀、耐老化，且价格便宜、喷涂施工性好，已成为国内外抗石击涂料最重要的品种，在国内外汽车上广泛使用。另外水性涂料在国外被广泛使用，它以主料环保、液料环保的突出特点得到汽车生产厂的青睐，但它的抗石击性不如 PVC 涂料。聚氨酯类涂料、丙烯酸类涂料虽然性能较好，但是因其成本较高限制了其推广使用。

(10) 顶棚、侧围、后围及后备厢等复合材料结构件用胶黏剂　主要用于顶棚、侧围、后围及后备厢等复合材料基材中，作为成型板材、片材的胶黏剂，是用胶量较大的内饰部件。地板、地垫用胶黏剂用于复合地板、地垫表皮与基体的黏结。

(11) 车窗玻璃密封用胶黏剂　如图 5-4 和图 5-5 所示，用于挡风玻璃、侧窗玻璃等可直接黏结密封，取代传统的装配工艺，提高整车的安全系数。主要有聚氨酯玻璃胶黏剂、氯丁橡胶胶黏剂等。单组分湿气固化聚氨酯胶黏剂用于汽车挡风玻璃、侧窗玻璃的黏结以及车身内外板缝的密封。聚氨酯胶黏剂使用时不散发有毒有味的气体，固化后形成高强度、坚韧的黏结力，具有立面涂覆不流淌，施工方便，耐水、耐油、耐老化、耐低温、耐振动疲劳等特点。PU胶黏剂的基料分子中含有氨酯基（NHCOO）和/或异氰酸酯基（NCO），是常用的密封胶，耐磨性好，性能可调节，应用范围广，机械强度大，低温柔软性，优良的复原性，可用于动态接缝的密封。但也有缺点，如不能长期耐热，易受紫外光老化，许多场合需要底涂。聚氨酯密封胶在汽车方面的应用有车窗（挡风玻璃）的装配密封，车身与其他部件的装配等。近几年，我国聚氨酯胶黏剂年需求量以平均30%的速度增长。

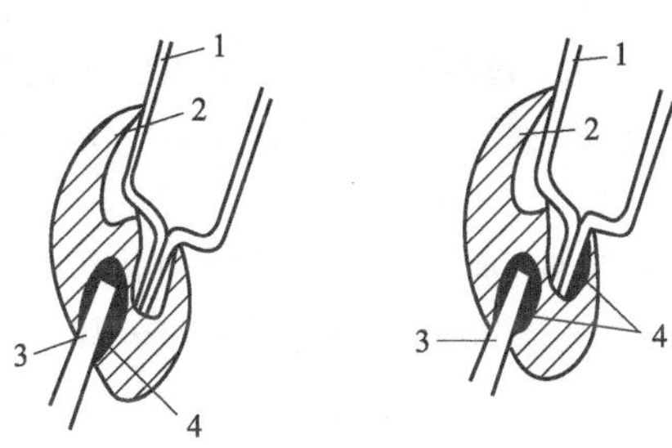

图5-4 汽车窗密封胶涂位置示意

1—车身；2—密封条；3—玻璃；4—密封胶

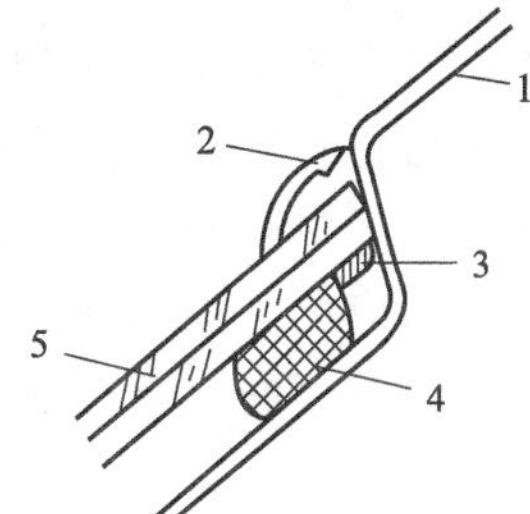

图5-5 汽车窗玻璃直接黏结示意

1—车身；2—装饰条；3—橡胶条；4—胶黏剂；5—安全玻璃

三、汽车用胶黏剂的发展方向

近年来，汽车用胶黏剂的新技术和新产品的不断涌现，尤其是有机硅端基聚氨酯密封剂、水基内饰胶、高性能减振胶、高强度结构胶的成功研制和推广，进一步扩大了胶黏剂在汽车尤其是内饰部件上的应用范围。高性能、低成本、无毒、无污染、绿色环保是胶黏剂永远的发展方向和追求目标。

第八节 汽车内饰件用材料的发展趋势

随着汽车向轻量化方向的发展，塑料在汽车上的用量日益增加，特别汽车内饰件对材料提出了更高的要求。利用塑料的质轻、防锈、吸振、设计自由度大的特点，现代汽车用塑料结构件取得了长足的发展，并且是今后的重点发展方向之一。塑料制品不仅能够减轻零件重量，在降低噪声方面也起到了很好的作用。生产厂家应利用塑料制品易成型的特点，尽量使多个零件一体化，减少数目，设法达到一次成型复杂零件的目的。汽车上塑料的使用量每年呈增长趋势，可以预测：这种趋势在今后还将继续。在汽车设计的诸多条件中，为了轻量化及降低成本，更多地采用塑料具有重要意义。今后的车用材料有从金属向塑料过渡的趋势。从世界各国对汽车用材料的研究情况来看，主要有下面几个发展趋势。

一、汽车内饰新材料、新技术的应用与推广

（1）纳米复合材料的应用　热塑性聚烯烃（TPO基）纳米复合材料，应用于汽车内、

外装饰件，优点是质轻、尺寸稳定性提高、强度更高、低温抗冲击性能更好。TPO系纳米复合材料汽车踏脚板，已用于通用汽车公司生产的轿车，其具有较高的硬度，重量轻、低温下不发脆，而且容易回收。

纳米粒子的介入，不仅改善了聚合物的强度、刚性、韧性，而且还有利于提高聚合物的透光性、阻隔性、耐热性及防紫外线性等，由于加工简便，效果明显，业内对聚合物纳米复合材料的市场前景，持乐观态度。

(2) 可喷涂和免喷涂塑料　美国通用公司开发的可导电的聚苯醚/聚酰胺材料使车身塑料件能与金属冲压件一起进行阴极电泳（即可实现全在线喷涂），从而消除汽车车身非金属件与金属件的色差问题。

此外，用于制造汽车车身板的PC/PBT材料与SLX膜通过模内装饰注射成型工艺制造塑料车身外板、前后翼子板及后车厢门等，可以达到油漆的效果，降低生产成本。该技术在国外轿车车身板的生产中开始使用，国内应引起关注。

(3) 塑料玻璃的应用　美国绝大部分客车采用丙烯酸树脂板，风窗玻璃塑料化可以达到节能和保护乘员安全的目的。美国在风窗玻璃的三层安全玻璃里面又贴附了20μm厚的聚氨酯膜。

(4) 纤维增强热塑性塑料　长纤维增强热塑性塑料（LFRT）是新型轻质高强度工程结构材料，因其重量轻、价廉、易于回收重复利用，在汽车上的应用发展很快。

用天然纤维如亚麻、剑麻增强塑料制造车身零件，在汽车行业已经得到认可。用亚麻增强聚丙烯制作车身底板，材料的拉伸强度比钢要高，刚度不低于玻璃纤维增强材料，制件更易于回收。对操作工人，可免除因玻璃纤维引起的皮疹和呼吸性疾病。我国江阴一些企业已经开始生产这类材料。

(5) 开发塑料功能件　用玻璃纤维增强热塑性塑料（GMT）制造支架、托架和多功能制件等；应用塑料制造进气歧管可减轻重量40%～60%，且表面光滑，流动阻力小，可提高发动机性能，并在提高燃烧效率、降低油耗及减振降噪方面有一定作用。开发在基体聚合物中掺入电导性填料的“复合型电导性塑料”，和塑料本身具有电导性的“电导性高分子化合物”，以其高功能性能供汽车生产厂商选用。

(6) 仪表板、内饰系统　国外许多汽车厂用泡沫聚氨酯制造门板，不仅减轻重量，强度、吸声性和安全性能也好。由于聚丙烯价格低廉，在美国汽车市场上得到广泛应用，不仅用聚丙烯替代ABS，而且有些车型内饰全部使用聚丙烯。目前国内使用的仪表板可分为硬质仪表板和软质仪表板两种。硬质仪表板一般为改性聚丙烯，采用注射成型，在经济型车上使用。软质仪表板为聚氨酯反应发泡成型，通常用于中高档轿车。

二、国际汽车塑料应用发展趋势

国际汽车塑料应用正在向着技术含量高、电子化、模块化、舒适、安全、环保性方向发展。

(1) 模块化供货趋势　美国李尔公司已将车厢内饰件全部实现了模块化供货，车厢内被简化为前座、后座、仪表板、车门衬、车门和后备厢衬六大件，率先在车身件上实行了模块化。这些部件及所有电气、机械设备都已预先装配好，可在整车装配线上直接安装。

德尔福公司也推出了包括座舱模块、车门模块、前端模块、制动模块、空气/燃油合成模块等在内的系统化集成模块，将模块化的领域进行了扩展。

(2) 电子化　例如，豪华轿车的座椅总成具备电动调整、预热等功能，还有的具备腰部按摩功能，并逐步向经济型轿车扩散。

(3) 准时化供货　由于内饰产品可供选装的配置在各总成中种类最多，所以内饰行业基本上都要与主机厂实行同步生产，准时化供货，避免产生大量的库存。

(4) 安全、环保性　在欧洲和美国对汽车塑料环保的定义很严格，涉及一个产品的整个生命周期：使用环保的原材料、在环保的条件下制造生产、在使用和回收过程中不会对人的健康和环境有任何危害。汽车塑料部件在选材时，选择的塑料品种应趋于集中统一，便于分类回收和整体回收，这是塑料回收、再生和利用的基础。例如：用回收的废旧保险杠造粒生产仪表板、护板等，用回收的座椅泡沫材料再生后作为汽车内衬；仪表板表皮用热塑性聚烯烃，骨架用聚丙烯注塑件，填充用聚丙烯泡沫，这样便于将来仪表板整体回收。国外各大汽车公司都成立了专门的汽车回收试验中心。

(5) 以 PP 及其改性材料为主导的市场　轿车零部件消耗的热塑性塑料仍然以年均超过6%的速度递增，而由于 PP 价格低廉且性能优越，所以汽车内外饰件的发展将以 PP 及其改性材料为主，现在市场上使用的 PP 零件占市场份额的 42%，且有望以每年 8%的速度增长，特别集中的汽车内饰方面。

(6) 开发复合型材料　复合型材料在汽车零部件上的应用也越来越显示其强大的生命力。汽车上使用复合材料的零部件主要是仪表板、门护板、顶盖内护板、地毯、座椅及包裹架护板，它们基本上由表皮（塑料、织物、地毯）、隔声减振部分（泡沫或纤维）和骨架部分组成，这种形式的零件除满足一定的使用功能外，又使人感到舒适美观，而且由于该种材料生产工艺简单、成本低廉、适用性强而发展得比较迅速，它将是今后汽车内饰材料的主要发展方向。比如 VersaMat 吸声棉和 AcoustiMax 吸声基材是欧文斯科宁公司新开发的两种复合材料。VersaMat 吸声棉是一种 100%的 PET 隔声隔热材料，主要应用于汽车车顶内衬、车门饰板、发动机引擎罩、后搁板以及后备厢饰件隔声垫、主地毯隔热层等方面；它不仅具有优良的吸声性能，而且耐高温、耐候性更好，同时更质轻，成型性好，能够制成各种复杂形状的产品。AcoustiMax 吸声基材是新型轻质的 PP 加玻璃纤维复合材料，可以用作汽车顶棚、衣帽架、后备厢饰件、车门内饰板、座椅靠背等半结构部件的基材；该产品吸声效果好，热膨胀率高，可以制成各种变截面产品，增加了设计自由度。

钢塑复合材料出现的意义是重大的，其未来的用途是多种多样的，特别是在汽车制造中。例如，汽车头部的保险杠承担着吸收和缓和外界冲击力、保护车身及乘员安全的功能，因此保险杠通常由钢铁制成。但现在，这一部件不一定非要完全由钢铁制成，它也可以由同时兼具高强度和轻量性的钢塑复合材料打造。不仅具有塑料的耐腐蚀和轻量性，同时具备钢铁的硬度和强度，也为汽车轻量化材料的运用开创了新的可能。

驾驶舱横梁同样可以使用这种材料，相对于纯钢，其轻量性可以给汽车带来更少的能耗，只需螺钉便可固定的模具也大大提升了汽车生产过程中的灵活度。就目前所掌握的技术来看，汽车的前照灯、仪表板和冷却系统等，都可以使用这种钢塑复合材料。

(7) 工程塑料的需求量将逐年增大　工程塑料，尤其是高性能工程塑料因其具有良好的力学性能、综合力学性能，耐热、耐酸，寿命长，可靠性好，因而越来越广泛地用于汽车工业，其前景非常好。

(8) 向安全性方面发展　在现今交通事故不断、乘客安全受到威胁的情况下，部分内饰零件的安全性检验已纳入议事日程。比如，仪表板上表面的头部冲击试验；其下边缘的膝盖撞击试验；座椅靠背的身体冲击试验等，均要求被检验的内饰塑料不能碎裂，更不能碎片四溅或出块状棱角伤人。因此，汽车内饰零件不仅要求舒适美观，更要求能保护乘客安全。

（9）材料通用性　为了有效合理利用能源及原材料，降低汽车成本，不同类型汽车内饰件使用的材料可以归结到统一使用的几种材料上，这样势必会扩大这几种原料的生产规模，无论是在材料质量方面还是在成本方面都是最经济的。

（10）废旧塑料的再生性　随着人们环境保护意识的增强以及所面临的全球性能源和原材料危机，如何处理与利用好这些废旧塑料将是摆在世人面前的一大难题。无论是从充分利用地球资源角度，还是从环境保护的立场来看，都必须积极开展汽车废旧塑料的回收利用技术工作的研究。材料回收利用技术工作还应当配合环保法规的制定和废旧材料回收体系的建立，因此也是一项系统工程。

塑料废弃物回收利用的一般流程见图 5-6。

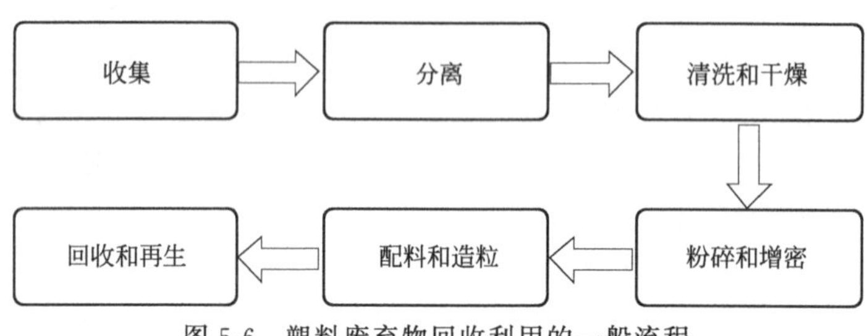

图 5-6　塑料废弃物回收利用的一般流程

第六章 汽车内饰件的设计与制造工艺

现代汽车内饰越来越现代化，车内配置越来越丰富，操控越来越电子化、智能化。总之，安全、节能、驾乘舒适、环保和智能化是汽车工业发展的永恒主题。21世纪人类面临更加严重的资源短缺、能源紧张等新问题，迫切期待着汽车产业发展观念的历史性创新及技术进步的革命性突破。新能源汽车的研究制造，新材料、新工艺、新技术的应用就成为今后相当长时间内汽车产业的发展方向。因此轻量、安全、舒适、环保也就成了汽车技术行业研究的重要课题，表现在汽车内饰件上则主要是使用安全化、用材轻量化、乘坐环保、舒适化、操纵智能化并要满足个性化的追求。

① 安全。安全是人们对汽车最起码的要求，也是最基本的要求。塑料的弹性变形特性能吸收大量的碰撞能量和振动能量，对强烈撞击有较大的缓冲作用，减少汽车在撞击时对人体的损伤，对车辆和乘员起到保护作用，提高汽车的安全系数。因此今后汽车部件会更广泛地采用塑料制品，以增强缓冲作用，ABS防抱死系统、安全气囊、座椅安全带等在汽车上的应用也是人们要求安全的必然结果。另外，塑料还具有吸收和衰减振动和噪声的作用，可以提高乘坐的舒适性。

② 轻量化。当前，轻量化是世界汽车材料技术发展的一个重要目标，减轻汽车自身的重量是降低汽车排放、提高燃烧效率的最有效措施之一，汽车的自重每减少10%，燃油的消耗可降低6%～8%。为此降低整车成本及其重量，增加汽车的有效载荷，增加密度较小的非金属材料等在汽车中的使用量便成为关键。因此，国际上越来越重视新型车用塑料材料与配件的开发，塑料零件在汽车中的用量迅速上升，发达国家已将汽车用塑料量作为衡量汽车设计和制造水平高低的重要标志。塑料在汽车中的应用范围正在由汽车内饰件扩展到汽车外部结构件、功能件等；除聚烯烃材料近来在汽车领域的应用量大增外，聚氨酯、增强复合材料等在汽车行业的运用也日益广泛。

③ 环保。我国是一个环境状况相对较差的国家，国民经济快速增长和城镇化、工业化的快速推进，已经引起严重的环境污染问题。而汽车保有量的迅速增长、汽车尾气的排放进一步加剧了环境污染的严重性，这个问题在发达城市已经表现得更为突出。为保护环境、减少污染，控制汽车尾气污染的排放已是环保部门、汽车生产厂家及社会各界的一项迫在眉

睫、刻不容缓的责任。防治车内空气污染，改善车内环境质量，已成为当今社会发展的一种必然趋势。

④ 舒适化。汽车的舒适性，首先是车身外形的美观，要求车身造型使人联想到是一件高雅的艺术作品，有一种爱不释手的感觉；其次，打开车门，内外要和谐统一，车内要给人一种惬意、舒适的感觉，让人有一种急于进入并喜欢停留在里面的感觉，即给人以视觉享受。提高驾驶舱内的舒适程度，这是汽车制造厂家不断追求的目标。驾驶员的工作环境改善以后，驾驶疲劳程度会大大减小，行车安全性也将随之提高。

⑤ 智能化、电子化、集成化。电子化、智能化是未来汽车发展的必然趋势。将先进的信息处理技术、计算机技术、数据通信技术、传感器技术、电控技术、全球卫星定位技术等高新技术综合运用于一身。通过应用电子信息技术，使车辆实现高智能化，极大地改善车辆人机系统的安全性。汽车与信息技术相结合适应了当今社会快节奏的生活方式，其智能化、网络化是信息社会发展的必然。未来，由于汽车将广泛应用电子和通信技术，借助卫星和先进的摄像及计算机系统，在汽车上接通互联网，收发电子邮件，很快会变成现实。随着电子工业的发展，计算机被越来越多地应用到汽车上，并且日益发挥着巨大的作用。计算机在汽车上的广泛运用主要表现在“智能型”汽车上，现在研制的智能汽车，可以方便地为驾驶者提供各种有用信息。未来的汽车将会出现更多的造型奇特、新颖别致、性能卓越的新成员。

⑥ 汽车内饰件供货模块化，实现内饰与整车同步开发，甚至先于整车的开发。汽车内饰件供货模块化即要求汽车内饰生产厂家给汽车主机厂提供模块化的内饰装配部件，就像发动机厂家直接将发动机总成提供给汽车主机厂，方便主机厂装配需要。例如美国李尔公司已将车厢内饰件全部实现了模块化，将车厢内划分为 6 大块，即前座、后座、仪表板、车门衬、车门和后备厢衬，这些部件及所有电气、机械设备都已预先装配好，可在整车装配线上直接安装。现在汽车内饰行业，有许多内饰企业是独立的法人机构，与汽车主机厂是配套关系。如果内饰生产厂家实现内饰与整车同步开发，甚至先于整车的开发，则内饰生产厂家可以主动出击，把先进的内饰新材料、新技术应用于汽车内饰件的生产，引导内饰发展潮流，引导汽车主机厂采用新技术、新内饰，以实现双赢并达到共同快速发展的目的。

⑦ 汽车内饰整体设计风格独特，时尚，突出个性需求。汽车内饰的设计要符合社会发展的潮流，要反映时代的文化和时代精神，符合个性化需求、讲求舒适性，布局灵活、方便使用。汽车内饰的设计只有上升到一定的文化背景和知识理念后，才能标新立异，才能满足不同消费者的需要。

总之，随着汽车工业的发展，对汽车的要求越来越重要，如安全可靠、节能、环保、智能、美观及乘坐舒适，这成为今后汽车内饰发展的方向和主旋律。

第一节 汽车仪表台

仪表台总成也叫仪表板总成、汽车仪表盘总成等，它是汽车上最重要的内饰件，起着安装仪表、显示屏、蓝牙、娱乐系统、空调系统、各种功能开关等作用。它壁薄，体积大，上面开有很多方孔、圆孔、异性孔等，且结构形状十分复杂。仪表台是整车操控与显示的集中部位，要求其强度上能承受各种仪表、操纵系统及其他电子操纵系统的静态负荷和使用时的动态负荷，并能承受太阳光的辐射热和发动机散热引起的高温；从安全角度考虑应具有吸收冲击能量，在汽车发生碰撞时保护前排的驾驶员和副座乘员；另外，还要有阻燃和防目眩的功能。总之汽车仪表应具有如下功能：要有足够的强度，能够承载各种安装附件的负荷；良好的吸收冲击能量的能力，保护前排驾乘人员的安全；要有良好的尺寸稳定性，能够在－40～120℃的范围内保证不变形；耐老化性好，可长期耐紫外线的辐射；耐各种酸、碱及油类的腐蚀；有良好的视觉感，最好表面亚光，不使前排驾乘人员产生炫目、刺眼的感觉；不允许产生使汽车玻璃出现模糊的挥发物，应有适宜的装饰性并能满足不同消费人员的需求等。

汽车仪表台集中了全车的仪表、绝大多数的开关、按钮等，它好像一扇窗口，尤其对于高档轿车，它直接显示了当今汽车电子工业发展的最新成就，见图 6-1。

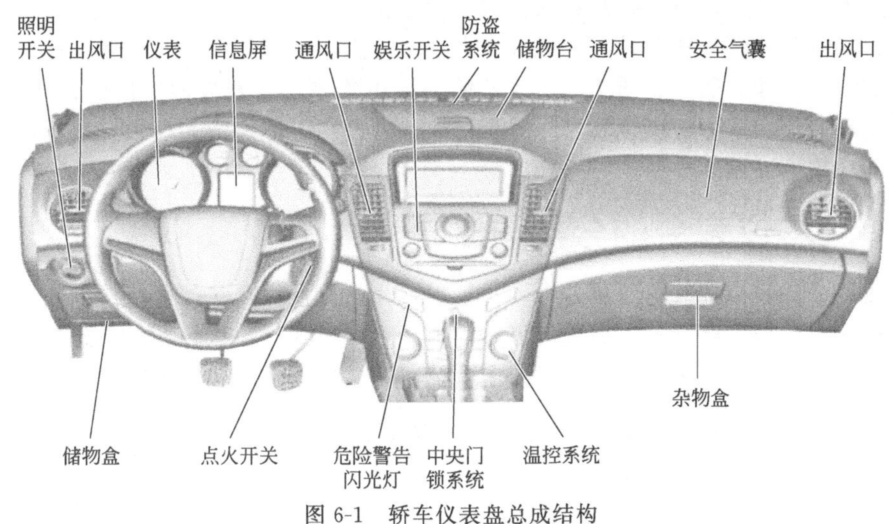

图 6-1　轿车仪表盘总成结构

一、汽车仪表台的组成

仪表台的组成，按其功能一般划分为驾驶操控区和乘用功能区两部分。驾驶操控区即主仪表区，指操控车辆行驶的有关功能区，一般集中在方向盘前面，如行车仪表（含车速里程表、转速表、机油压力表、冷却液温度表、燃油表、充电表等）、灯光开关、刮水器开关等；乘用功能区即副仪表区，指空调旋钮、音响控制、收放机、储物盒等，一般集中在仪表板的中部及右部。

传统仪表台一般是采用机械式仪表盘和内嵌式中控液晶屏，各个系统是相互独立的。现代仪表台通过搭载智能化/网联化的车载设备或服务，比如数字化仪表、中控液晶大屏、流媒体后视镜、抬头显示（HUD）、智能空调、智能氛围灯、语音和视觉交互等，使得“人-车-路-云”之间的交互内容更加丰富，各系统信息充分融合，可以实现个性化定义，使驾驶人和乘车人有更佳的体验。

二、汽车仪表台的设计

汽车仪表台作为汽车内部看得见的最重要、最复杂的汽车内饰件之一，一直是新设计方法和新材料的搜选目标。同汽车一样，仪表板也因安全特性、美学要求、附加功能以及其他发展趋势的综合要求而不断创新。近年来，由于侧碰撞保护要求更加严格，仪表板也采取了增强结构。目前，在许多情况下，仪表板的基础结构已经对汽车车身扭力强度有一定影响。

通过膝垫、杂物箱门以及附加的驾驶员、乘员安全气囊的一体化赋予关键的安全功能。

在现代汽车中，绝大多数的操控开关都是驾驶员专用的，因此仪表台的设计首先以驾驶员位置对仪表的可视性和对各种操控件的操作方便性为依据，仪表板的设计重点是对驾驶员操作区域的设计。在视觉效果上，仪表板位于室内视觉集中的部位，其形体对驾乘人员也有很强的视觉吸引力。在布置仪表时，要根据相关标准来选用和确定所用仪表、显示器和主要操纵控制件的位置，此外还要从结构空间上进行人机工程实验，其中包括视野性、手脚活动范围、肘部空间、手伸及界面、按钮区布局等诸多方面。同时在设计时，还需注意仪表板面的反光效果，既要提高仪表的可见度，又要通过表罩的漫反射方法减少眩光，还要防止仪表板上的高点在前风窗玻璃的内表面形成反射影像，以免干扰驾驶员的视觉。必须对仪表板表面进行消光或亚光处理，以获得舒适安全的驾驶感觉。

仪表台上安装的仪表和各种器件大都来自不同的生产厂家，设计时要保证各不同生产厂家的器件的安装尺寸、颜色、质感、纹理的统一，还要注意仪表表面、指针、屏显、数字、警示灯、刻度盘等的形体、颜色及灯光效果一致，这些在方案设计初期都要处理妥当，为后期的细化和局部设计做好准备。

三、汽车仪表台的分类与制造

目前使用的仪表台按其材料可分为硬质仪表台和软质仪表台；按其结构可分为整体式仪表台和组合式仪表台；组合式仪表盘又可分为上、下分块式仪表板，左、右分块环抱式仪表台，左、中、右分块式仪表台，中置式仪表台等。硬质仪表台与软质仪表台对比见表 6-1。

表 6-1　硬质仪表台与软质仪表台对比

项目	硬质仪表台	软质仪表台	
制造方法	注射成型 手糊成型 冲压成型	表皮:真空吸塑成型 骨架:注射成型、冲压成型、吸塑成型或模压成型 填充材料:PU 浇注成型	表皮:搪塑成型 骨架:注射成型、冲压成型、吸塑成型或模压成型 填充材料:PU 浇注成型
使用材料	改性 PP ABS ABS/PC PPO	表皮:PVC/ABS 膜 填充:半硬泡 PU 骨架:ABS、钢板、PP、PP/木粉、木纤/塑料等	表皮:PVC 粉料其他填充、半硬泡 PU 骨架:ABS、钢板、PP、PP/木粉、木纤/塑料等
外观手感	差	较好	好
表面花纹	差	较好	好
生产周期	短	较长	长
制造成本	低	中等	高
适用车型	大客车、卡车及其他中、低档车	中档车	高档车

1. 硬质仪表台

硬质仪表台常用于轻、小型货车和大货车、客车或者 SUV 上使用，一般采用增强 PP、PP＋EPDM＋T20、ABS、ABS/PC、PC 等一次性注射成型。这种仪表板表面有花纹，尺寸很大，无蒙皮，表面质量要求很高，对于材料要求耐湿、耐热、刚性好、不易变形。但由于采用多点注射成型，易形成流痕和粘接痕，同时添加色母不均，容易产生色差，因此表面需经涂装才能使用，且最好选用亚光漆涂装。硬质仪表台的技术要求见表 6-2。

表 6-2 硬质仪表台的技术要求

性能		要求
熔体流动指数/(g/10min)		5～7
拉伸强度/MPa		20～30
缺口冲击强度/(J/m^2)	23℃	>100
	−30℃	>40
断裂伸长率/%		≥100
弯曲强度/MPa		40
弹性模量/MPa		1200
洛氏硬度(HA)		>70
热变形温度/℃		>120
阻燃性		GB 8410/Ⅱ级
冷热变形		110℃、4h→23℃、0.5h→30℃、1.5h→23℃、0.5h为一个循环，共进行两个循环，产品不产生明显变形
耐光性		在氙灯箱内照射400h内不变色和不褪色
表面消光性/%		20℃<0.35 60℃<3.5

2. 软质仪表台

软质仪表台由注塑骨架、发泡和表层三部分组成。如PP骨架+PUR发泡层+PVC表皮，一般用于中、高档轿车中上，如桑塔纳、一汽捷达、一汽红旗及奥迪等都选择软质仪表台。其加工工艺流程：ABS/PVC片材按工艺尺寸下料、真空吸塑成型、修剪多余尺寸、把骨架放入发泡模内、浇注发泡材料、取出修整、包装入库，即先按工艺尺寸下料，再将表皮真空吸塑成型，然后将吸塑好的表皮修剪后备用，置入发泡模腔内，再放上骨架，注入填充类发泡材料（如PU）而成型，最后修整多余部分并包装入库。其中一定要注意ABS/PVC片材真空成型的工艺参数：ABS/PVC片材加热温度（100±5)℃，真空度<40kPa，冷却时间>10s，冷却时可以用冷水喷淋。浇注发泡是将异氰酸酯和聚醚多元醇充分混合后注入发泡模内并迅速合模发泡而成。由于半硬质PU泡沫的开孔性，因此它具有良好的回弹性，并能吸收50%～70%的冲击能量，安全性高，耐热，耐寒，坚固耐用，且手感好。但是由这三种以上材料构成的仪表板，材料的再生利用极为困难，为了便于回收利用，正在发展用热塑性聚烯烃TPO表皮和改性聚丙烯PP骨架及聚丙烯发泡材料构成的仪表台。部分车型的仪表台材料见表6-3。

表 6-3 部分车型的仪表台材料

序号	车型	表皮/泡沫层	部件数/个	其他部件材料
1	日产梯诺	PVC/PUR		PP+EPDM+T20
2	福特蒙迪欧	TPO/XLPO		PPE+PS+GF10
3	雷诺拉古那	TPO/XLPO		ABS+PC
4	标致307	PVC/PUR	2	PP+EPDM+T10,PP+T20
5	雪铁龙C5	PVC/PUR	1	PPTD20
6	迷你1型	PVC/PUR	2	ABS,PC+ABS

续表

序号	车型	表皮/泡沫层	部件数/个	其他部件材料
7	宝马紧凑型	PUR/PUR	1	SMA+GF10
8	雷诺威赛帝	PVC/PUR	2	ABS+PUR+GF25
9	欧宝威达	PVC/PUR	1	SMA
10	梅赛德斯-奔驰 E 级车	PUR/PUR	1	PP+GF
11	大众途安	PVC/PUR	2	SMA+GF,PP+TV30

汽车软质仪表台应满足以下技术条件。

(1) 尺寸及结构　软质仪表台的结构型式及尺寸应符合经规定程序批准的产品图样要求。

(2) 性能要求　软质仪表台整体性能应满足的技术要求见表 6-4。

表 6-4　软质仪表台整体性能应满足的技术要求

检测项目		单位或条件	要求	试验方法
聚氨酯泡沫容重		kg/m^3	按图纸	从成品上取 20mm×30mm×4mm 的纯泡沫 3 件，测量后计算出其平均密度
邵尔硬度		HA	半硬泡:40～50 硬泡:按图纸	用 A 型邵尔硬度计，在厚度大于 4mm 的成品件正面测量 10 点，求出邵氏硬度的范围
高低温性能		-40～110℃	无明显变化	取 3 件成品，平放于(110±2)℃烘箱中恒温处理 5.5h，取出平放于室温处理 0.5h，再将其平放于(-40±2)℃低温箱中处理 3.5h，然后平放于室温处理 0.5h。以上过程为一个周期，共进行三个周期
耐液体性	耐洗涤性		表面无变化	用一块以 0.5%肥皂清洗液浸湿的亚麻布涂擦试品表面，1h 内 10 次，允许抹布有轻微染色，而试件表面不允许有变化
	耐 90 号汽油性			方法同上，但是亚麻布每次都要用适当的实验液浸润一下
	耐柴油性			
	耐 ASTM3 号油			
冲击性		-40℃,8kg	允许有轻微变形，不许破裂	从成品上取 40mm×200mm×4mm 的试样 3 件，放在(-40±2)℃低温箱中处理 4h，然后正面朝上，用冲击头直径为 8mm 的 QCJ 漆膜冲击器以 8kg 冲击力在 1min 之内在每块试样上均布冲击 3 处
阻燃性		mm/min	<100	按 GB 8410 进行
耐候性		氙光老化 1000h	表面无裂纹，无变形，无褪色	用成品制成的试样，在“氙光 150”型实验箱中进行，时间 1000h

① 表面应色泽均匀，仿皮革粒面花纹应美观自然，不允许有气泡、气孔、鳞片、皱纹、裂纹、缺损、伤痕、凹凸不平。软质仪表台表皮层技术要求见表 6-5。

表 6-5　软质仪表台表皮层技术要求

性能		要求
邵尔硬度(A)		55±3
拉伸强度/MPa	纵向	12～25
	横向	12～25

续表

性能		要求
断裂伸长率/%	纵向	>150
	横向	>150
耐寒性(-40℃、16h,500g 钢球在 100cm 高度落下)		不裂
阻燃性/s		≤60
耐热性(170℃、5min)/%	纵向尺寸变化率	≥-10
	横向尺寸变化率	≤4
耐光性(氙灯箱内照射 400h)		表面不褪色和变色
雾度/%	普通轿车	<30
	高级轿车	≤10
表面消光性/%	20℃	<0.35
	60℃	<3.5
花纹保持性		好

② 成品件中的骨架要求预埋牢固、不松动，其中金属骨架应采取防锈措施，不得生锈。

③ 成品件不应有刺激性、不愉快的气味，发泡层应满足表 6-6 所示技术条件。

表 6-6　软质（半硬泡）仪表台发泡层技术要求

性能	要求	性能	要求
相对密度	0.14	阻燃性/s	<35
拉伸强度/MPa	>0.14	撕裂强度/MPa	>19.6
断裂伸长率/%	>50	压缩强度/MPa	>0.115
压缩永久变形/%	<25		

生产厂家有下列情况之一时，应进行型式试验：新产品定型时，产品设计、工艺或材料有改变时，产品停产半年以上重新恢复生产时，批量生产时，每两年不少于一次，汽车生产厂家提出进行型式检验要求时。

3. 搪塑成型仪表台——一种软质仪表台加工工艺

搪塑成型仪表台，即 PP 骨架+PVC 搪塑表皮，是指搪塑表皮和骨架之间，通过发泡工艺产生微孔结构，从而产生一种自然绵软的感觉，见图 6-2。其中，制作表皮的工艺为搪塑工艺，搪塑表皮一般 1～1.5mm 厚，局部大于 2mm；填充发泡层的工艺为发泡工艺，发泡层厚度为 3～15mm，过薄则填充困难、出现缺料现象，过厚则会出现侧塌缩或者局部太软，不挺实。搪塑工艺又称旋转成型，其实是将粉末原料均匀地撒布于加热的模具表面。旋转过程中，粉末进入模具使其熔融并保持一定时间。使此间的物理、化学双重反应充分进行后冷却

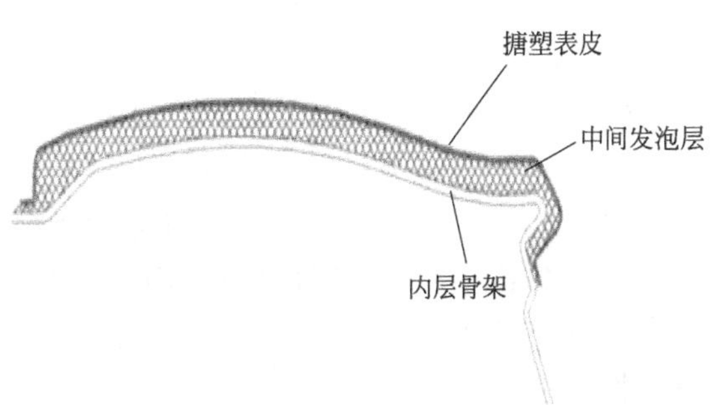

图 6-2　搪塑成型仪表台结构解剖图

定形，得到模具形状的产品。这种工艺制造的产品可具有各种外形并且具有持续的厚度，范围为 0.5～15mm。目前材料主要是 PVC、TPO、TPU 等。

搪塑成型仪表台的技术性能优于真空吸塑成型仪表台。搪塑表皮无应力、不易开裂、尺寸稳定、厚薄均匀、表皮的纹理清晰而更接近天然皮革，手感好、耐老化性能好；与真空吸塑成型仪表板的不同之处在于仪表板表皮的制造，其余工艺基本相同。主要制造设备由搪塑加热炉、成型模具、转台式浇注机和修边机等组成。

搪塑成型还可以实现软质零件上的假缝线特征。首先，搪塑成型工艺是在搪塑模具制作的过程中已将缝线的特征体现到模具上，粉末材料放入搪塑模具中加热翻转即可随表皮一起成型。搪塑成型的“假线缝”可以凸出 0.3mm，有时可接近“真缝线”的效果。

(1) 搪塑仪表台的工艺流程　模具涂消光剂、加热、装入 PVC 粉料、旋转、冷却、取出制品、放入骨架、浇注发泡、修整、包装，见图 6-3。

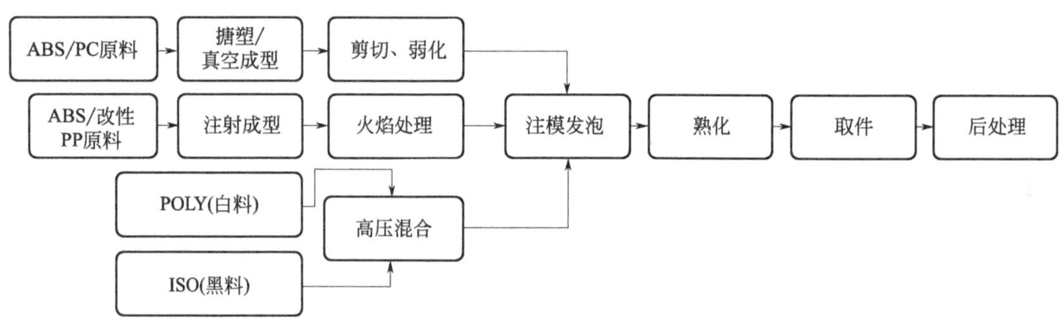

图 6-3　搪塑及注模发泡软质仪表台典型工艺流程

(2) 粉料制备　加工中先将 PVC 树脂投入高速混合机内混合 2min，然后相继投入增塑剂、分散剂，最后加入润滑剂。混合温度 (100±5)℃，混合达到干点后，将粉料立即进行冷却，温度不要高于 120℃，混料时间也要适当，否则将导致树脂凝胶结块。在混合后期，加入 5%～10%的分散剂，由此制得的 PVC 干混料的静止角为 22°。

(3) 表皮成型方法工艺　表皮成型工艺采用加热炉加热方法，工艺如前述。炉温为 380～400℃。加热源为煤气，生产周期为 12min。这种成型方法工艺见表 6-7。

表 6-7　表皮成型方法工艺

项目	温度/℃	时间/s	项目	温度/℃	时间/s
模具加热	400	450	塑化	400	40
加料	380	10	冷却	40	90(水冷)

(4) 填充发泡材料　汽车仪表台的填充物普遍使用半硬质 PU 泡沫，它与软质泡沫相似，开孔率在 90%以上。两者的主要区别是半硬质泡沫具有较高的压缩强度，变形后，半硬质泡沫复原速度较慢。在相同试验条件下，软泡压缩永久变形为 4%～8%，而半硬泡则为 15%～30%。半硬泡的减振性能优良，非常适合作头枕、吸振垫等，对保护乘坐人员的安全能起到非常重要的作用。PU 的原料主要是异氰酸酯和高活性聚醚。

(5) 发泡工艺　根据浇注类型不同可分为开模浇注和闭模浇注。

① 开模浇注工艺流程。清理模具型腔→固定骨架→固定表皮→浇注→合模→熟化→开模→取件→后加工。

② 闭模浇注工艺流程。清理模具型腔→固定骨架→固定表皮→合模→浇注→熟化→开

模→取件→后加工。

开模浇注与闭模浇注的特点见表 6-8。

表 6-8　开模浇注与闭模浇注的特点

浇注类型	优点	缺点
开模浇注	・可调整浇注路线，原料可合理地根据模具的结构进行分布，避免出现气孔现象 ・原料在模腔内流动距离较短，有利于降低密度，降低制造成本 ・模具结构简单，模具成本低	・后加工成本高 ・无法使用反应速率很快的填充体系 ・需要机器人浇注，先期投入成本高
闭模浇注	・可使用反应速率较快的填充体系，生产效率高 ・无须投入机器人，后加工成本低 ・工艺稳定性好	・脚口处有原料损失，浇口处需处理好密封性 ・需要较大的填充量，制造成本高 ・工艺调整难度大，很难避免气孔的产生

(6) 发泡的工艺参数选择

① 模具温度和压力。发泡反应是放热反应，反应开始后，温度很快达到 100℃，因此浇注模具不需要加热。但有时会因气候变化而引起泡沫质量不稳定，这是由于模具温度变化引起的。温度低时，化学反应虽然能进行，但是速率较慢。温度较高时，则化学反应因为太快而不易操作。如将模具温度控制在 25～40℃，料温控制在 (35±5)℃，泡沫质量则比较稳定。

② 模具内压力。发泡反应时放出二氧化碳，使模具内产生压力。随着时间的增加，压力逐渐上升，调节模具内的压力就可得到不同密度的产品。也可以通过填充不同量的树脂来控制产品的密度。生产中常加入过量 15%的树脂以便得到密度为 120～150kg/m^3 的半硬泡沫。浇注发泡工艺参数见表 6-9。

表 6-9　浇注发泡工艺参数

项目	温度/℃	时间
浇注泡沫	30	8s
熟化	室温	480s
后熟化	室温	24h

③ 脱模时间。异氰酸酯和聚醚多元醇混合后，经过乳白、起发、熟化等过程而迅速充满整个模具。2min 内反应混合物达到最高温度，模具内压力很高，如这时脱模会使皮层与泡沫分开，产生空洞。当发泡 5min 后，压力逐渐释放，这时可以取出制件，放置后熟化的过程使剩余的异氰酸酯之间发生缩聚，增加泡沫交联密度，而使硬度进一步提高。半硬质泡沫性能要求见表 6-10。

表 6-10　半硬质泡沫性能要求

项目	技术要求	项目	技术要求
黏结力/N	≥2.0	断裂伸长率/%	≥30
密度/(g/cm^3)	0.12±0.03	压缩永久变形/%	≤5
40%压缩强度/kPa	120～180	尺寸稳定性	90℃×200h 湿热处理
拉伸强度/kPa	≥150		

4. 微发泡注射成型仪表台——一种精密注塑软质仪表台加工工艺

微发泡注射成型工艺是一种革新的精密注塑技术，靠气孔的膨胀来填充制品，并在较低且平均的压力下完成件的成型，见图 6-4。其基本工作原理：微孔发泡成型过程可分三个阶段——第一，将超临界流体（二氧化碳或氮气）溶解到热熔胶中形成单相溶体；第二，通过开关式射嘴射入温度和压力较低的模具型腔；第三，由于温度和压力降低引发分子的不稳定性，从而在制品中形成大量的气泡核，这些气泡核逐渐长大成微小的孔洞。该工艺的特点是属精密注塑的一种，它突破了传统注塑的局限性，可显著减轻制件的重量，缩短成型周期，极大地改善了制件的翘曲变形和尺寸的稳定性，产品质感性很强。

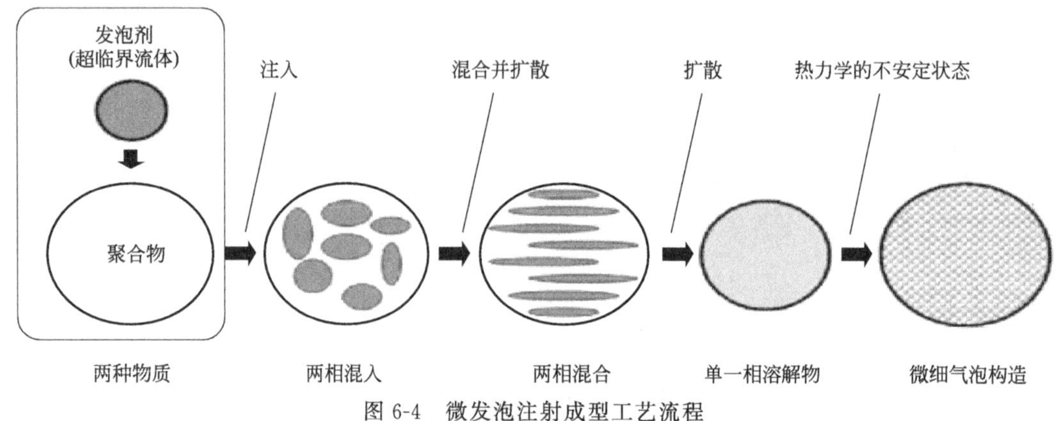

图 6-4　微发泡注射成型工艺流程

5. LFI 成型工艺仪表台——一种半硬泡仪表台加工工艺

LFI 工艺是长玻璃纤维增强聚氨酯反应注射成型工艺，是近年来开发的一种新型聚氨酯成型工艺。该工艺具有自动化程度高、成型周期短、产品轻量化和制造成本低等优点，在汽车行业具有良好的应用前景，LFI 工艺可用于生产汽车仪表台及顶棚等汽车部件。

（1）LFI 工艺的特点

① 双组分聚氨酯原料和玻璃纤维充分混合，分布更加均匀，能显著提升力学性能，能降低产品的厚度，使产品更加轻量化。

② 可以根据产品不同部位的负载来在线实时调整玻璃纤维的长度和含量，更大限度地节省原料，降低成本，满足产品局部不同的硬度要求。

③ LFI 工艺不需要预成型，可以节省预成型模具的相关费用，据统计可以节省 15%～20%。

④ LFI 工艺中玻璃纤维呈现无规则分布，从而使产品趋于各向同性，避免产品出现翘曲和变形。

⑤ LFI 工艺由于其一次注射成型的特点，避免了后期切割、开孔等工艺过程，可以节省原材料成本和时间，提高生产效率。因此在大型开孔零部件的制造上，具有独特的技术及成本优势。

（2）LFI 生产的工艺流程（图 6-5）

（3）LFI 仪表板成型的主要工艺参数（表 6-11）

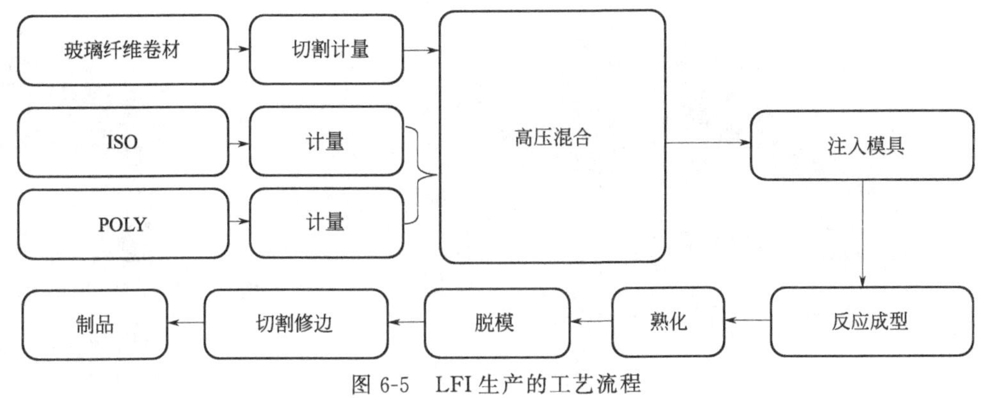

图 6-5　LFI 生产的工艺流程

表 6-11　LFI 仪表板成型的主要工艺参数

项目	参数基准	项目	参数基准
聚氨酯存储温度	23℃	振荡气压	0.35MPa
外界环境温度	25℃	吹扫气压	0.4MPa
模具温度	39℃	浇注＋合模时间	42s
纤维长度	25mm	排气定时	30s
纤维含量	20%	保压时间	300s
聚氨酯料比(B/A)	1.85	保压压强	10MPa

（4）LFI 仪表板的主要性能（表 6-12）

表 6-12　LFI 仪表板的主要性能

序号	项目	测试标准	结果
1	密度/(g/cm^3)	—	0.530
2	拉伸强度/MPa	GB/T 1040	19.7
3	冲击强度/(kJ/m^2)	GB/T 1043	49.3
4	弯曲强度/MPa	GB/T 9341	20.1
5	弯曲模量/MPa	GB/T 9341	684

（5）LFI 工艺仪表板和半硬泡仪表板生产成本的对比

① LFI 工艺生产的仪表台减少了骨架的表面处理，以及注塑、搬运、储存安装等费用，同时缩短了生产时间。

② 半硬泡仪表板的主体制作需要骨架的注塑模具和发泡模具，而 LFI 工艺只需要发泡模具，这就节省注塑模具的费用约 100 万元。

③ 统计显示采用 LFI 工艺可节省生产成本 20%～30%。

（6）LFI 工艺生产设备、模具及发泡生产线（图 6-6）

6. 汽车仪表台的发展方向

随着电子技术的应用，电子设备、电子控制功能的增多，将把高度的控制技术、发动机前置前轮驱动操纵系统以及气囊感应器、自动导航系统、中控屏、尖端的 HVAC（即加热、

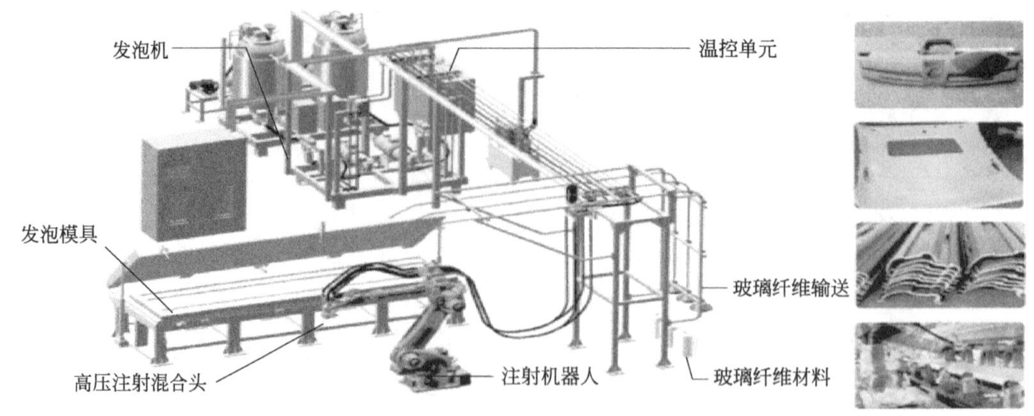

(a) 玻璃纤维增强发泡生产线 (b) 玻璃纤维增强材料生产的汽车内饰产品

图 6-6 LFI 工艺生产设备、模具及发泡生产线

通风以及空气调节)、高级音响系统等其他中央控制系统集中在仪表板周围，因此仪表板也变得越来越复杂，而且仪表和中控都呈现出大屏化、多样化人机交互。整个交互趋势也是从按钮转向语音、手势，并加入了生物识别。仪表板通过对噪声、内部温度和湿度的控制进一步改善了驾驶室的内部环境；通过色彩、织物及装饰的不断改进使驾乘人员在视觉上达到舒适和协调。

第二节 汽车车门门内饰板

汽车车门门内饰板占据了驾驶室内左右两个侧面，是汽车内饰中重要的功能件和装饰件之一，使用十分频繁，门内护板上装有门锁内手柄、门锁开启按钮、玻璃升降器手柄、扶手、杂物袋、扬声器等，并对肘部活动空间有直接影响。

一、汽车车门门内饰板的设计

汽车车门门内饰板覆盖于车门内板之上，除装饰车门外，还具有车门开关方便、支撑肘腕、隔声吸振、防尘防水以及车辆冲撞时保护人体的功能。作为汽车内饰重要的组成部分，汽车车门门内饰板的舒适性、可靠性、美观性越来越成为人们追求的目标。对其正确设计，将会给产品试制、批量生产、整车商品性带来事半功倍的效果。早期汽车车门门内护板只是一块平坦的板件，类似居室内围墙的装饰板。近几年来，汽车的内部设计理念注重充分利用空间，再加上汽车室内功能的增多，门内饰板的设计开始向立体化发展，与仪表板及座椅连成一体，许多仪表板控制件和座椅的扶手都布置在门内饰板上，于是门内饰板的形体也就很自然地成为仪表板和座椅的延伸部分。

1. 内开扳手框设计

内开扳手框是一个内开扳手的装饰件，目前多采用 ABS 材料＋电镀工艺。一般采用螺钉或卡扣方式固定在门内饰板本体上，具体设计要求见表 6-13。

表 6-13　内开扳手框设计内容与标准要求

序号	设计内容	标准要求/mm
1	I/S 扣手度	68～7605
2	从打开开始的位置	420～480
3	与竖立把手开始位置	120～140
4	内开扳手框周围手件的间隙(前、后方向)	2
5	内开扳手框周围手件的搭接量(前、后方向)	3
6	内开扳手框周围手件的间隙(上、下方向)	1
7	内开扳手框周围手件的搭接量(上、下方向)	2
8	内开扳手框周围手件的搭接量部分配合间隙	0

2. 摇窗机手柄设计

摇窗机手柄总长度一般设计为 120mm 左右，配合升降扭矩进行校核，具体设计要求见表 6-14。

表 6-14　摇窗机手柄设计内容与标准要求

序号	设计内容	标准要求/mm
1	摇窗机手柄与人体模型肩部转点最大长度	670～730
2	从乘坐参考点开始到摇窗机手柄中心高度	≥130
3	与车门储物盒的距离	≥160
4	摇窗机手柄端面与肘靠的距离	≥90
5	摇窗机手柄连杆端面与肘靠的距离	≥60
6	与仪表台的距离(水平方向)	50～60
7	与座椅坐垫的距离	2
8	手柄臂背面与门板平行度	0.3

3. 电动控制钮的布置设计

电动控制钮主要遵循人机工程，排布整齐，方便操作，对位置、角度、距离等都有相关的要求，具体设计要求见表 6-15。

表 6-15　电动控制钮设计内容与标准要求

序号	设计内容	标准要求
1	电动控制钮前端布置与人体模型肩部转点要求	620～715mm
2	从把手开始的位置	≥140mm
3	从把手开始的角度	≤18°
4	前后倾斜角	0°～10°,前面提升至 10°
5	左右倾斜角	0°～5°,扶手表面
6	与内饰表面的距离	≥25mm

4. 扶手设计

扶手属于汽车内饰系统，作用是使驾驶员能够放置胳膊而得到休息，避免长时间驾驶时产品僵硬/麻木情况，提高驾车舒适性。扶手可以是独立的，也可以与门板设计成一体，总体格调要与门内饰板一致，具体设计要求见表 6-16。

表 6-16 扶手设计内容与标准要求

序号	设计内容	标准要求
1	对应室内冲击必要条件的场合	≥60mm，纵面倾斜 15°以内
2	对应室内内部突出物的必要条件的场合	R≥3.5mm
3	肘靠面与本体内侧壁形成圆角	R≥4mm，适用于肘靠与门板一体成型
4	扶手上面的高度(H)	从 SRP(JM95%)开始
5	扶手的长度(SRP 的前侧)L_1	(170±20)mm，HP(JM50%)
6	扶手的长度(SRP 的前侧)L_2	(110±20)mm，HP(JM50%)
7	扶手上面的前后倾斜角	5°～6°
8	扶手上面的左右倾斜角	0°～5°
9	扶手上面的宽度	35～70mm

5. 扬声器网格设计

扬声器罩分整体式和独立式两种，整体式与本体一体成型。但是扬声器罩的格调、色彩应与门内饰板一致，具体设计要求见表 6-17。

表 6-17 扬声器网格设计内容与标准要求

序号	设计内容	标准要求
1	网格部位的开口率	40%，开口形状优选圆孔，加强筋造型视外观而定
2	高音用网格部位的开口率	50%

6. 车门把手设计

车门把手不仅是启、闭门的功能件，而且也是装饰件。因此，汽车车门把手的设计要注意它的实用性和观赏性，驾乘人员开、关门要方便，要符合人手扣、抓的人体力学特点，不能有尖角与毛刺，而且还要有一定的强度。

(1) 开关门水平把手的设计　开关门水平把手功能比较简单，设计时主要考虑人机工程、操作的便利性以及手部空间，具体设计要求见表 6-18。

表 6-18 开关门水平把手设计内容与标准要求

序号	设计内容	标准要求
1	把手部位的长度	100～120mm
2	把手部位的宽度	30～40mm
3	手抠(盒)部位的深度	≥35mm
4	开放型把手的宽度 b	25～35mm
5	开放型把手的厚度 h	20～25mm

续表

序号	设计内容	标准要求
6	手抠(盒)部位的角度	8°～13°
7	把手部位的刚性	6kg/mm
8	把手位置	50～150mm
9	把手外露边沿 R 角要求	≥0.5mm
10	把手盖与座的配合间隙	≥0.5mm

(2) 纵把手的设计　一般采用螺钉连接结构，使纵把手与饰板本体及门内板连接牢固，确保纵把手在承受拉力时不会松脱，纵把手按结构类型分整体式与分体式两种，具体设计要求见表 6-19。

表 6-19　纵把手的设计内容与标准要求

序号	设计内容	标准要求
1	从 SPP 到把手的距离	(350±50)mm
2	角度	20°～30°
3	把手部位宽度	宽度方向 20～25mm,高度方向 25～30mm
4	有效长度	≥110mm
5	到摇窗机手柄的距离	≥90mm
6	P/W 控制钮间隔的距离	≥80mm,界限 13°
7	纵把手布置区域	≤520mm

(3) 汽车车门把手的分类与制造　汽车车门把手按材料可分为金属的、塑料的、合金的等几种。最初的门把手大都选用的是金属的，后来随着塑料在汽车工业上的应用，现在一般都是以 POM、改性 PP、PA66+30%GF、PC/ABS 合金等材料注塑而成。如桑塔纳的门把手是用改性 PP 经注塑而成，表面带皮纹，在接缝处有注塑而富有手感的线痕迹，PC/ABS 注塑门把手可电镀以增加轿车的饰点。汽车车门把手技术要求见表 6-20。

表 6-20　汽车车门把手技术要求

序号	项目	技术要求
1	外观	表面不得有划伤、光泽要均匀,不得有烧伤、污染、划痕、熔接痕等
2	力学性能	在实际工作状态下悬挂 2000N 负荷时反复 100 次试验保证无任何变形,不破坏
3	耐溶剂性:在汽油、制动液、机油、柴油等溶剂中放置 1h,再送入 70℃烘箱中保持 3h	无任何裂纹、变色、脱落等异常现象
4	热空气老化性(80℃×300h)	不允许出现裂纹、变色、脱落等异常现象
5	拉伸强度/MPa	≥18
6	伸长率[在 240%、100℃、24h(最大)]/%	≤1

二、汽车车门门内饰板的分类与制造

车门内饰板按其材料可分为软质的和硬质的，按其结构分为整体式的和组合式的。门内饰板既是功能件又是内饰装饰件，它上面嵌有扬声器、玻璃升降器（电动的按钮或机械的摇把）及门内把手，因此要求它有一定的刚性。因它所处的安装位置与侧围、顶棚相连，又与仪表台相邻，从整体性考虑，要求它既与侧围、顶棚融为一体，又要与仪表台风格相搭配；既要考虑美观，又要考虑隔音性。由此可见对汽车车门内饰板的设计要求也是相当高的，同时还要工艺实现的可行性。

（1）软质车门内饰板　软质车门内饰板一般是由骨架、发泡材料和表皮材料构成的。

常见的车门内饰板骨架部分由塑料注塑而成，然后再用真空成型的方法，将带有 PU 发泡材料的针织涤纶表皮复合在塑料骨架上，便形成了一体的车门内饰板。还有部分汽车内饰板采用织物，欧洲汽车一般采用增强聚丙烯 PP 板材放填充物，再包皮的结构，填充材料大多数采用薄的聚氨酯泡沫塑料片，表皮材料为 PVC，也有使用织物的趋向。

用于高档轿车上的车门内饰板：近年来采用低压注塑-压缩成型方法越来越多地运用到中高档轿车上。低压注塑是把表皮材料放在还未凝固的聚丙烯毛坯上，经过压缩层压成为门内饰板。常见的表皮材料为衬有 PP 软泡层的 TPO，这类门饰板易回收再生。部分车型的门内饰板材料见表 6-21。

表 6-21　部分车型的门内饰板材料

序号	车型	门内板	表皮/泡沫层	其他零件材料
1	大众帕萨特	PET/PUR	PVC/PUR	ABS
2	福特福克斯	PET/PUR	PVC/PUR	PFWF90WZ2
3	斯柯达法比亚	PET/XLPO	PVC/PUR	PPWF＋HCPP
4	雷诺拉古娜	PET/PUR	PVC/PUR	木材＋P/E
5	奥迪 A4	PET/PUR	PVC/PUR	ABS
6	标致 307	PET/PUR	PVC/PUR	P/ETD20
7	雪铁龙 C5	PET/PUR	PVC/PU	Γ/E
8	雷诺威赛帝	PET/PUR	TPO/XLPO	木材

用于中低档汽车的车门内饰板：通常采用木粉填充改性 PP 板材或废纤维层压板表面复合针织物的简单结构，即没有发泡缓冲结构，有些货车上甚至使用直接贴一层 PVC 人造革的门内饰板。

（2）硬质车门内饰板　硬质的车门内饰板一般是用 ABS、PP、PP＋EPDM-T20、PP-T20、ABS、PC＋ABS 塑料注塑而成，然后再组装成型；PP＋EPDM-T20 材料，PP 作为基材，滑石粉提供刚性和耐热性，EPDM/POE 提供韧性，助剂提高材料的耐候性、耐刮擦性及长期热稳定性等。在美国，门内装饰板用 ABS 或 PP 注射成型的居多，现在豪沃重卡采用增强 PP 注射成型的产品。PC＋ABS 合金，PC/ABS 树脂，是车内门把手发展最快、应用最广的材料，此款合金具有 PC 的高强度和 ABS 的易电镀性能，主要分为电镀和喷涂两种类型，经过电镀的 PC＋ABS 材料制作的门把手表面更具金属感，看起来更高档。目前，这款材料仍然是国内门把手材料的主流。

（3）复合车门内饰板　近年来车门内饰板为满足耐候性和柔软性，已开始使用热塑性弹性体与 PP 泡沫板相叠合的结构，日本开发了一种冲压成形、连续生产、全 PP 车门内饰板的技术，包括 PP 内衬板、PP 泡沫衬热层和 PP/EPDM 皮层结构。

（4）车门内饰板的成型设备　车门内饰板的成型设备主要有各类注塑机、真空复合机、焊接机等。

第三节 汽车内饰顶棚、侧围与后围

汽车内饰顶棚、侧围与后围（后围主要用于商用汽车）是内饰件中材料和品种花样最多的一种复合层压制品，是汽车整车内饰的重要组成部分，其主要作用是提高内饰的装饰性，同时还可以提高与车外的隔热、绝热效果，降低车内噪声，提高吸声效果，提高乘员乘坐的舒适性和安全性。

一、汽车内饰顶棚、侧围与后围的设计

汽车内饰顶棚、侧围与后围是汽车驾驶室内的重要组成部分，它既是装饰件，又是功能件，因此在设计时，一定要考虑美观、养眼，符合所属汽车产品的风格，又要求其具有一定的刚性、可装配性及其支撑功能。

（1）顶棚总成　顶棚总成由遮阳板、后顶灯、安全拉手、车顶控制台、顶棚及其他饰品等组成，见图 6-7。

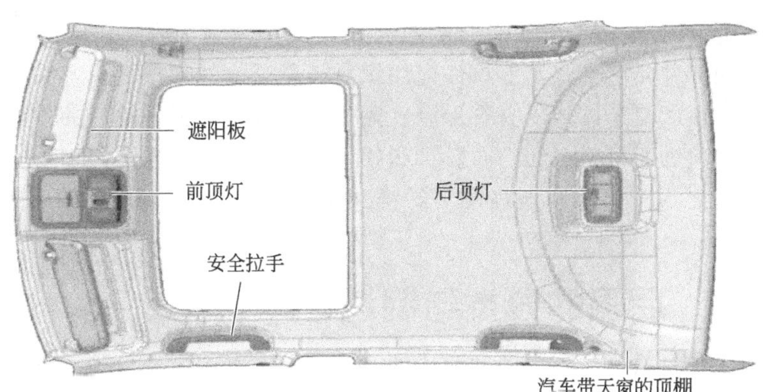

图 6-7　某轿车内饰顶棚总成

（2）侧围护板总成系统　侧围护板总成系统由 A 柱上下护板、B 柱上下护板、C 柱上护板、后门槛护板、D 柱护板、后侧围护板等组成，见图 6-8。

（3）后围护板总成系统　后围护板总成由后围护板、扣钉、饰盖、挂衣钩等组成。

顶棚、后围的设计主要考虑与驾驶室的顶部和后部相符合，且与整个驾驶室的内部结构和色调相一致。要注意天窗和后窗的对应及四周搭接处的吻合，而且还要有一定的强度和刚度。对于不同地区的客户最好设计不同风格、不同档次的产品，比如对于北方地区，由于冷的时间较多，可选择淡黄、黄等较浅一点的暖色色调；而对于南方地区，因高温的时间较长，设计时可选择浅灰、灰等较深一点的冷色色调。对于高消费者，表面复合面料可选择高

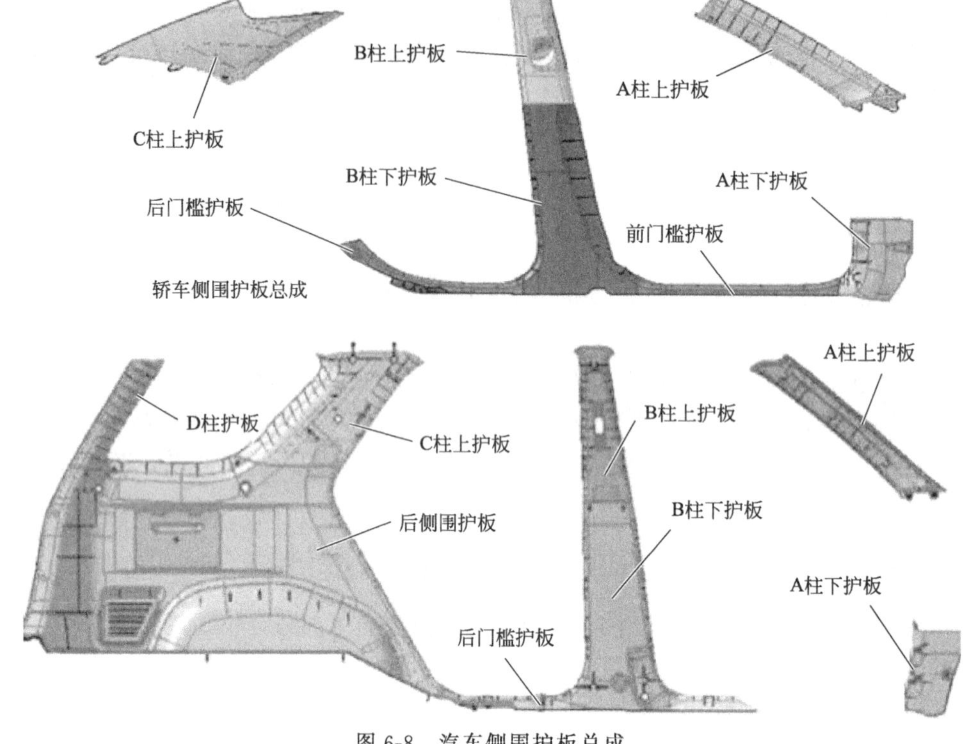

图 6-8 汽车侧围护板总成

档无纺布或植绒面等；对于中低消费者，从经济角度考虑，表面复合面料可以选择中低档无纺布或直接用带有 PVC 表皮的复合板材吸塑而成。汽车顶棚、后围、侧围装饰织物是覆盖在汽车车身内侧的部件，它是汽车上单件使用织物面积最大的部件之一，它不仅起到装饰美化、舒适的作用，还能使车体内外具有保温、隔热、吸声、减振、隔声的作用。目前多采用复合结构形式，即将饰面材料（无纺布、针织物、人造革等）与隔热吸声层（各种纤维毡、聚氨酯泡沫、聚乙烯泡沫等）和增强层（纤维铺网、复合纸板等）通过一定的方式黏合成一体。

二、顶棚、后围的分类与制造

顶棚、后围按其材料分为硬质的和软质的；顶棚按其加工方法分为成型顶棚、粘接顶棚和吊装顶棚。硬质顶棚一般由玻璃钢模压再喷涂上面漆而成，或 PVC、EVA 板材吸塑成型，这类顶棚、后围一般隔热、隔声效果较差，但强度、刚性较好。软质顶棚一般由基材和表皮构成，基材要求轻量、高刚性、尺寸稳定、易成型等，为此一般使用热塑性聚氨酯发泡内材、PP 发泡内材、麻毡纤维板等热塑性毡类内材、玻璃纤维瓦楞纸、蜂窝状塑料带等。表皮材料可用织物、无纺布、TPO、PVC 等，我国轿车顶棚一般使用 TPO 发泡片材、玻璃纤维、无纺涤纶布材料层压成型。

汽车内饰顶棚中成型顶棚占 70%以上，成型顶棚基材一般用浸树脂的再生棉或玻璃纤维及麻毡纤维板。麻毡纤维板也是不错的汽车内饰顶棚、侧围、后围的材料，麻毡纤维板强度高，深幅拉伸性能优异，定型性好，被广泛用作豪华客车、卡车、商务车与轿车内饰件基材。它主要适用于汽车顶棚、侧围、后围、衣帽架、门护板及客车前后顶和风道等内饰件上。

聚苯乙烯泡沫材料板，填充材一般用聚氨酯或聚烯烃树脂发泡体。表皮材主要是 PVC 或 EVA 片材，同时逐渐增加织物。填充材和表皮材一起层压后贴在基材上。吊装型衬层是用钢上网吊起来的一种结构，表皮材料是 PVC 片材或 PVC 人造革、织物等。为了隔热和隔声，把绝缘材料放到顶板和衬层之间。粘贴型是把填充材料和表皮材层直接贴到顶棚上，填充材主要是聚氨酯发泡体、PVC 发泡体，表皮材主要是 PVC 片织物等。卡车也主要用成型顶棚，基材采用热固性或热塑性毡类，压制成型，表皮材料选用针织面料、无纺布、PVC 等。部分车型顶棚所采用的材料见表 6-22。

表 6-22 部分车型顶棚所采用的材料

序号	车型	PUR GF 质量/kg	主要材料
1	梅赛德斯-奔驰 A 级车	1	PUR GF,PET
2	梅赛德斯-奔驰 C 级车	2	PUR GF,PET
3	梅赛德斯-奔驰 E 级车	2.2	PUR GF,PET
4	标致 206	1.3	PUR GF25,PET
5	标致 307	1.4	PUR GF,PET
6	标致 607	2.2	PUR GF,PET

近几年研制出一种新型复合材料——“泡沫铝合金”，也开始在汽车顶棚生产中应用。泡沫铝合金是一种在金属基体中分布有无数气泡的多孔材料，这种材料的重量更轻，强重比更高，并具有更高的吸能特性、高阻尼特性和吸振特性。泡沫铝材料构件的重量可比钢件轻约 25%，而构件的稳定性可提高 30%。将泡沫铝填充于两个高强度外板之间制成的“三明治板材”，用于车身顶棚时，可提高刚度、减重并改善保温性能。

还有一种汽车内饰顶棚成型工艺——LFI 工艺，是近年来开发比较成功的一种新型聚氨酯成型工艺，即长玻璃纤维增强聚氨酯反应注射成型。该工艺具有自动化程度高、成型周期短、产品轻量化和制造成本低等优点，在汽车行业具有良好的应用前景。

第四节 汽车暖风机、空调

汽车暖风机、空调是汽车重要的功能件，冷暖一体化空调作为汽车的重要零部件之一，已成为提高汽车市场竞争力的重要标志，冷暖一体化空调在汽车上的应用，也是这种激烈竞争的结果，随着汽车内饰技术水平的全面提升，冷暖一体化空调在汽车上的应用将越来越广泛。

随着国民经济的持续发展和人们对生活质量要求的日益提高，我国的空调业有了较大的发展，空调作为民用轻工业产品已成为国民经济的一项支柱产业，但作为汽车空调，可以说在 20 世纪 70 年代以前我国汽车空调事业几乎是个空白。由于我国在这方面起步较晚，汽车空调厂家的设计力量不足，技术落后，国内汽车空调整体设计和制造水平低于国外。由于近几年我国公路事业及物流的高速发展，为了改善驾驶员人员的工作环境，冷暖一体化空调在载重汽车上的应用便显得越来越重要。冷暖汽车空调作为空调技术在汽车上的应用，它能创造车室内热微环境的舒适性，保持车内空气湿度、温度、流速、洁净度、噪声和气压等在热舒适的标准范围内，不仅有利于保护驾乘人员的身心健康，提高其工作效率，而且还对增加汽车行驶安全性具有积极作用。因而汽车空调技术正成为提高汽车市场竞争力的重要因素之一，也成为人们生活水平提高和汽车工业发展的重要标志。

一、汽车暖风机、空调的简介

暖风机、空调作为汽车的重要功能件、关键件之一，它主要由风机、散热器、蒸发器、冷凝器、膨胀阀、储液罐和壳体等组成，其总成壳体及风机壳体都由塑料注塑而成。以中国重汽的豪沃、“汕德卡”商用车为例，其塑料件重约 6kg，其上、中、下或左、右壳体由 PP＋70％玻璃纤维增强注塑而成，其通风管是由 LDPP 吹塑而成，转动板、臂、拨叉、齿轮由增强 PA66 注塑而成，出风口总成、操纵面板、旋钮等也由塑料注塑而成。

1. 汽车暖风机

汽车驾驶室内使用的暖风，属于发动机余热再利用，不会耗费油量。汽车暖风是以发动机排出的热水为工作介质，在风机的作用下，由不同的风口吹到车内以达到取暖、通风和除霜的目的。在进风方式上它主要有两种状态：一种为车内空气循环；另一种为室外新风进入车内进行通风循环。

当汽车启动时发动机开始预热，等发动机温度指针指到中间位置后（5～10min），先打开暖风空调，同时把空气循环设置为外循环，让车内的冷空气排出车外，等待 2～3min 后，再将空气循环设置为内循环即可。

如遇雨雪天气，车内外温度相差比较大时，前挡风玻璃很容易出现雾气，只需要将暖风的出风方向调整到吹前挡风玻璃的挡位，几分钟就可以去除雾气。

2. 汽车空调

空调是空气调节器的简称，从蒸发器出来的低压气态制冷剂流经压缩机变成高压高温气体，经过冷凝器散热管降温冷却变成高压低温的液体，再经储液干燥器除湿与缓冲，然后以较稳定的压力和流量流向膨胀阀，经节流和降压最后流向蒸发器，制冷剂一遇低压环境即蒸发，吸收大量热能，车厢内的空气不断流经蒸发器，车厢内温度也就不断降低。

二、汽车空调的特点

汽车空调系统作为影响汽车舒适性的主要总成之一，为汽车提供制冷、取暖、除霜、除雾、空气过滤和湿度控制功能。

采暖系统可使乘员避免过量着装，为车窗提供除雾和除霜功能，提供舒适性和安全服务；冷气系统则通过制冷、除湿来提供舒适性，通过使司机保持警醒、允许关窗等措施提供了安全服务；采暖和冷气系统还可提供除尘、除臭的功能，这些功能已成为车辆必不可少的要求。虽然目前轿车的燃油余热足够提供轿车内的采暖和除霜的需要，但近期研制的高效汽油、柴油发动机的余热会进一步减少，电动车和混合动力车则不得不牺牲驱动性能来提供采暖和制冷，因此必须通过提高汽车空调系统的效率来减轻汽车的动力负担。汽车空调使用环境的特殊性、复杂性、流动性及密封性较差等因素决定了它在结构、材料、安装、布置、设计、技术要求等方面与普通空调及民用空调的较大差别。

① 在动力源的处理上，汽车空调比普通民用空调要困难得多，至今为止，其压缩机不

是靠主发动机驱动，就是靠辅助发动机驱动。

② 冷凝器紧靠着发动机的散热器，所以其运行工况比其他空调装置恶劣。汽车室内密封性较差，其热、湿负荷大，气流分布难以均匀，要求所配备的车用空调制冷量、制热量都要大，降温迅速，升温及时。

③ 汽车本身结构非常紧凑，可供安装空调的空间极为有限，所以对汽车用空调的外形、体积、重量等都有很高的要求，一般要根据不同的车型量身定做。

④ 汽车行驶过程中，空调装置运行时振动较大。尤其对于载重汽车，其运行条件一般比较恶劣，要能适应道路颠簸等各种情况，对包括汽车空调系统各组成部件在内的汽车零部件振动、噪声、安全、可靠等方面的技术要求更严格。汽车空调装置是移动式车载空调装置，由于道路不平，汽车在行驶中颠簸振动大，所以装置中连接管道应采用挠性制冷剂管道。

⑤ 汽车用空调装置结构、外观设计和布置，除必须与车身内饰外观协调、统一，保持整车的完美之外，还必须考虑其对汽车底盘、车身等结构件及汽车行驶稳定性、安全性的影响，这是普通及民用空调设计不会遇到的。

三、汽车空调的分类

1. 按汽车空调蒸发器布置方式分类

(1) 顶置式冷暖汽车空调　顶置式冷暖汽车空调主要用在 6～9m 长的客车上或部分载重汽车上。其布置方式：蒸发器、冷凝器、送风管道都在车顶盖上。

(2) 后置式冷暖汽车空调　后置式冷暖汽车空调主要安装在 10m 以上的大客车上，它是将车用空调机组除压缩机之外的蒸发器、膨胀阀、冷凝器、风机、干燥过滤器、储液器等全部设计成一个整体，安装在发动机后置的发动机舱上部。

(3) 底置式冷暖汽车空调　底置式冷暖汽车空调也主要适用于客车上，它一般都安装在汽车大梁的下部，靠前端较为紧凑的空间部分。

(4) 内置式冷暖汽车空调　内置式冷暖汽车空调又分为前置、中置、侧置和后置几种，主要适用于轿车、载重汽车上，有的也用在大客车上。中置式布置方式是当今载重汽车较为流行的方式。豪沃、“汕德卡”载重汽车冷暖一体化空调就属于此种类型。

2. 按动力来源汽车空调分类

(1) 独立式空调　有专门的动力源（如第二台发动机）驱动整个空调系统的运行。一般用于长途货运、高地板大中巴等车上。独立式空调由于需要两台发动机，燃油消耗高，同时造成较高的成本，并且其维修及维护十分困难。

(2) 非独立式空调　直接利用汽车的行驶动力（发动机）来运转的空调系统。非独立式空调由主发动机带动压缩机运转，并由电磁离合器进行控制。接通电源时，离合器断开，压缩机停机，从而调节冷气的供给，达到控制车厢内温度的目的。其优点是结构简单、便于安装布置、噪声小。由于需要消耗主发动机 10%～15%的动力，直接影响汽车的加速性能和爬坡能力。同时其制冷量受汽车行驶速度影响，如果汽车停止运行，其空调系统也停止运行。尽管如此，非独立式空调由于其较低的成本（相对独立式空调），可靠的质量，已逐渐成为市场的主导产品。目前，绝大部分小汽车和载货汽车都使用这种空调。

四、汽车冷暖一体化空调的结构与特点

商用汽车冷暖一体化空调主要由以下几个部分组成：风机总成、散热器总成、蒸发器、

冷凝器、膨胀阀、储液干燥器、视液镜、压缩机总成、电控离合器、壳体总成、控制机构、传动机构等几大部分。其制冷剂已基本完成了从 R12 到 R134a 的转变，其暖风热源主要是利用发动机的循环水。

（1）风机总成　风机总成一般采用离心式结构，蜗壳及壳体总成，上壳体采用流线型设计，气流畅通，最大限度地减小风阻，电动机的额定电压为 24V，由汽车蓄电池提供。该电动机采用开放式结构，便于电动机长时间运转，不至于因风机过热而烧毁电动机，同时还可以降低系统抗电磁干扰能力。

（2）散热器总成　散热器总成是决定暖风效率的关键部件之一，散热器两端的水室、水管、水阀可选用塑料材料——增强塑料，这样既可提高总成的性能指标，又可延长总成的使用寿命，也可降低总成的重量，还可大大降低其加工成本。

（3）冷凝器、蒸发器及膨胀阀　冷凝器和蒸发器，虽然叫法不一样，但结构类似，它们是汽车空调系统中两个重要的部件，其作用是实现两种不同温度流体之间的热量交换，通常又称为换热器。冷凝器是将压缩机排出的高温高压过热制冷剂蒸气，通过金属管壁和翅片放出热量，经冷凝器外的空气，从而使过热气态制冷剂冷凝成高温高压的液体的换热设备。它们都是在一排弯绕的管道上布满散热用的金属薄片，以此实现外界空气与管道内物质的热交换的装置。冷凝器的冷凝指的是其管道内的制冷剂散热，从气态凝成液态。其原理与发动机的散热水箱相近（区别只在于水箱的水一直是液态而已），所以它经常被安装在车头，与水箱安装在一起。蒸发器与冷凝器正好相反，它是制冷剂由液态变成气态（即蒸发）吸收热量的场所。蒸发器与膨胀阀相连，是经膨胀阀节流后的低温低压液体态制冷剂，在其中吸热气化到制冷效果的设备，它的作用原理，正好与冷凝器相反。膨胀阀的基本功能是节流降压，使进入蒸发器的制冷剂在低温低压下蒸发气化吸热实现制冷。另外还能根据外界热负荷大小，调节进入蒸发器的制冷剂流量，使蒸发器在最佳状态下工作。蒸发器与膨胀阀一起一般安装在壳体内，而冷凝器一般安装在中冷器的前面。

（4）储液干燥器　在载重汽车的空调系统中，冷凝器的出口，一般都装有储液罐，又叫储液干燥器，实际上是一个储存制冷剂及吸收制冷剂水分、杂质的装置。一方面，它相当于汽车的油箱，为泄漏制冷剂多出的空间补充制冷剂；另一方面，它又像空气滤清器那样，过滤掉制冷剂中掺杂的杂质。储液干燥器中还装有一定的硅胶物质，起到吸收水分的作用。

（5）视液镜　视液镜也叫观察窗，就像水管上的水表，其功用是在加注制冷剂时观察制冷剂加注量是否到位，也用来判断载重汽车空调系统不足是否是由制冷剂泄漏导致制冷剂减少而引起的。它一般安装在储液干燥器上。

（6）压缩机总成　压缩机是空调制冷系统的“心脏”，它是一种使制冷剂在系统内循环的动力源。它的作用是使制冷剂完成从气态到液态的转变过程，达到制冷剂散热凝露的目的。同时在整个空调系统，压缩机还是管路内介质运转的压力源，没有它，系统不仅不制冷而且还失去了运行的动力。

压缩机根据结构分为活塞式和斜盘式两种。

① 活塞式。活塞式压缩机的结构酷似发动机，有曲轴、连杆、活塞、气缸等，但因为它并不产生能量，所以喷油嘴、火花塞等就没有了。长途货运车或大客车因为空间较大，所以体积较大、损耗较小的活塞式压缩机常被使用。

② 斜盘式。一般的轿车、小型商用车所使用的都是斜盘式压缩机。因为其体积小、重量轻，易于在狭小的发动机室内安装排布，所以广为使用。

虽然结构上有很大的区别，但实际上这两种压缩机都是把来自发动机转动的动能转化成压缩机内活塞的往复运动，并以此对空调系统的管路形成压力，达到压缩制冷剂的目的。

压缩机根据压缩气体排量分为普通压缩机和变排量压缩机两种。

普通压缩机所压缩调节的气体量是一定的，不会随着负荷的大小而变化。而变排量压缩机可以根据负荷大小调节制冷剂循环量，即该压缩机具有智能节能的功能。变排量压缩机其动力源也来源于汽车发动机，通过皮带相连。目前，在德国大众汽车公司使用的外部调节的变排量压缩机主要有电装公司的 7SEU16、7SBU16 和 6SEU12。其工作原理与内部调节的变排量压缩机相似，不同之处在于控制阀具有电磁单元，操纵和显示单元从蒸发器出风温度传感器获得信号作为输入信息，从而对压缩机的功率进行无级调节。外部调节的变排量压缩机的优点：压缩机一直运转，无接合冲击，提高了舒适性；通过调节蒸发器的温度使制冷量和热负荷及能量消耗完美匹配，减少了再加热过程，使出风口的温度、湿度恒定调节；由于排量可以降低到近零，省去离合器可使质量减轻 20％（500～800g）；压缩机的功率消耗下降，燃油消耗下降；新结构的皮带轮用于皮带传动和空调压缩机之间的力传递，消除了力矩波动同时起到过载保护的作用。现今的方法是对制冷装置进行一定量的过量充注而得到过冷，从而使制冷功率得到改善，通过制冷剂向冷凝器的倒流使一部分传热面用于过冷。这种方法的缺点在于，过冷度在不同的行驶状态下将有很大的变化；在制冷剂有较小损失的情况下，过冷度很快就没了。除了由此产生的功率损失外，液体管中饱和状态的液态制冷剂在接收到较少的热量或有较少的压力损失时马上沸腾，产生的蒸气使得膨胀阀达到其调节范围的极限，这导致蒸发器出口处制冷剂的过热度提高，从而使蒸发器传热面积的利用率下降。在压缩机频繁通断的工作过程中，由于压力变化的叠加作用加强了沸腾过程，液体管中的蒸气量大得可以在膨胀阀处产生严重的超高的脉冲噪声。冷凝器组件避免了上述缺点，储液干燥器下部的液态制冷剂通过开口进入冷凝器的过冷段以得到进一步的冷却。通过选择过冷器的面积可以从结构上确定一个需要的过冷度的值。冷凝器组件的优点如下：降低了汽车生产厂在生产、物流和安装方面的费用；降低了维修工作量；降低了系统所需的制冷剂的量，从而进一步改善了空调装置的环保性。最终用户将得益于在较大的充注量范围内能长时间保持优化的功率和舒适性。

(7) 电控离合器　压缩机的旋转轴是通过磁性离合器及皮带与发动机曲轴相连取得动力的。当装在蒸发器出风口的传感器感知出风的温度不够低时，它就会通过电路使压缩机的磁性离合器闭合，这样压缩机随发动机运转，实现制冷。而当出风温度低于设定的温度，它则控制磁性离合器切离，这样压缩机不工作。如果这一控制失灵，那么压缩机将不断工作，使蒸发器结冰，造成管道压力超标，最终破坏系统甚至造成损坏。

(8) 壳体总成　壳体总成一般分为上、中、下或左、右两个壳体，一般都由 PP＋20％玻璃纤维增强注塑而成，其外形要适应各类车型特点，结构紧凑，设计合理，且能较好地保护内部空调核心部件的稳定正常运转。

(9) 控制机构及传动机构　控制机构主要由三个精密配合的直齿轮组和一个双曲柄摆杆机构组成。齿轮组所采用的材料是耐磨性能优越的增强 PA66，通过尺寸精度较高的双曲柄摆杆机构，一个旋钮可同时操纵两根拉丝，实现两组风门同步转动，操纵面板上旋钮转动灵活，标识与面板对应准确，稳定性好。

传动机构主要控制各风门位置，分别实现内循环风、除霜、脚暖等暖风走向，其动作全部通过控制面板操作拉丝实现，拉丝操纵具有较强的抗干涉能力，最大限度地减少了对装车空间体积的要求，拉丝钢芯材料采用优质弹簧钢。

电动风门的汽车空调通过微型电机带动各转向器控制风门等各系统的转动，取消了拉丝等有关构件，进一步缩小了空调的体积，减轻了空调自身的重量；数字化汽车空调控制系统则采用 VFD（荧光）显示，采用嵌入微电脑控制，无级调速，具有操作简单，清晰度高、亮度高，无视觉方向影响，控制温度精度高（精度可达到±0.5℃），自动化程度强，受外界环境变化的影响不大等特点。可随机设定温度和风级数，系统可根据温度自行控制空调开关及风级数增减，并具有故障报警功能。

（10）制冷剂　制冷剂是制冷过程中完成制冷循环的工作物质。空调制冷中主要是采用卤代烃制冷剂，其中不含氢原子的称为氯氟烃（CFC），含氢原子的称为氢氯氟烃（HCFC），不含氯原子的称为氢氟烃（HFC）。空调制冷剂对大气环境的影响主要有两个方面：一是对大气臭氧层的破坏；二是使全球气候变暖的温室效应。目前大部分汽车上用的制冷剂都是 R134a，R134a 是一种新型环保制冷剂，具有无毒、无色、不燃不爆、热稳定性好等性质，更重要的是 R134a 制冷剂不损害臭氧层。

五、目前存在的问题及发展方向

全球高新技术日新月异，人们对保护环境和节约能源更加关注。汽车空调作为乘驾舒适度的必要条件之一，成为现代汽车上必不可少的关键部件。汽车空调又有了许多新的发展课题，尤其新材料、新技术的发展，新制冷剂的应用，对汽车空调将有更高、更严的要求，只有我们不断地探索和研究，才能实现这一目标。

汽车空调行业应该朝着更环保、节能、高效、舒适的方向发展。新一代的空调系统能比传统空调系统节省能 30%以上，为变排量空调，空调结构紧凑、体积小、重量轻、效率高、节省动力、噪声低、工作可靠、启动性能好。运用多传感器技术使得 HVAC 能自动控制车内的湿度、温度、空气流速和阳光照射，既能很好地控制出风温度、冷凝风扇速度，实现 ECU 自动控制，去除车内异臭及有毒气体，很好地防止眼睛和呼吸黏膜的不适，减少冷凝风扇的噪声，也能很好地防止车窗玻璃起雾，确保行驶安全，同时避免在空调运行中使空气变干燥。采用自动内循环模式，由一个环境污染传感器控制，当传感器检测到外界空气中有一氧化碳和二氧化氮等有毒气体时，内循环风模式自动启动，将有毒外界空气隔绝在驾驶室外。第五代空调应用新型环保制冷剂，空调管路中软管和接头的密封朝着低泄漏的方向发展。在汽车空调设计上将出现虚拟环境舒适工程，主要流程是通过 CFD 计算分析模拟整车运行工况，并加入人体模型，仿真计算人体表面舒适度。运用虚拟环境舒适工程可以显著缩短汽车空调的开发进度，减少设计开发成本。

① 汽车空调压缩机的设计正朝着减少重量和体积、降低噪声和增加振动稳定性的方向发展。

② 向全自动数字化方向发展。

③ 高效节能，向小型轻量化方向发展。

④ 随着世界上能源紧缺形势的日趋严重，国家对工业产品节能、环保的要求日趋严格，一些符合节能环保要求的新型汽车空调压缩机得到人们的青睐。发展绿色制冷剂是大势所趋，符合环保要求的新型制冷剂的应用，也将成为制冷压缩机行业的一个热点问题。其中二氧化碳等一些新型环保制冷剂得以应用和发展。

⑤ 未来新型空调系统的开发必须与汽车开发同步，以适应新的变化，如发动机效率提高、电气化、混合驱动动力及其他新型零部件使用后导致空调系统特性的变化，汽车动力的更新和新技术的应用，对汽车空调系统提出了新的挑战，也给许多新技术的应用创造了机会。

随着我国经济的稳步增长，人们对汽车驾乘舒适性的要求有了更高的标准，我国汽车空调行业正在进入新的发展阶段。

第五节

汽车遮阳板

汽车遮阳板位于汽车整车内饰前部，靠近前挡风玻璃，其主要作用是遮挡阳光，另外兼有其他功能，如化妆镜、照明灯、地图带、乘员警告标识及车库门开关等。遮阳板（帘）既是内饰件，又是功能件。高档轿车上的遮阳板还增加了可调节色差的防眩目功能。

一、汽车遮阳板的设计

遮阳板的设计一般要注重其美观、轻便，且操作方便、灵活，又要求达到遮光的目的。

① 遮阳板的骨架的要求：遮阳板的骨架一般要求最大直径不超过 5mm；遮阳板本体应使用吸能减振的材料或表面覆盖柔性材料或设计成吸能减振的结构；边缘零件的圆角 R 不应小于 3.2mm；本体厚度小于 3.2mm 时，圆角 R 取厚度的 15%～50%；而且要求骨架左右旋转中心线同轴，旋转轴心都在旋转轴线上；要求遮阳板骨架旋转中心线与固定座 A、固定座 B 的安装轴心垂直；旋转轴与固定座 A 之间通过圆柱标识定位，防止安装方向错误。遮阳板固定座要求圆角半径≥3.2mm，设计时要求≥3.5mm，并且检测零部件的宽度大于头部中心在测量的过程中下降的值。

② 遮阳板的旋转的折弯角度一般都不是 90°，根据每个车的顶棚的实际型面校核。大部分角度都为 86°～87.5°。

③ 镜子的圆角半径校核：如果化妆镜带镜盖，则要求检测镜盖在打开和闭合两种状态下圆角半径≥3.2mm，设计时要求≥3.5mm；碰撞过后要求镜片没有尖锐的碎片产生（要求玻璃的黏结性强）。

④ 固定座 B 与顶棚及钣金的配合：一般要求固定座 B 压顶棚 1.5～2mm。

⑤ 遮阳板本体与顶棚的配合：遮阳板本体与顶棚的配合间隙一般要求在 10mm 以上，避免遮阳板前翻时前端与顶棚干涉，但这个间隙不是绝对的，要根据具体车型布置而定；为了减小配合间隙，遮阳板在闭合状态还考虑设计成－4°角，即关闭时遮阳板后端与顶棚略微干涉；遮阳板后端顶棚一般需要设计凸台结构，凸出高度一般为遮阳板厚度的一半，以能遮挡遮阳板的接缝线为佳；在顶棚设计时还需考虑遮阳板的扣手位置，扣手位置左、中、右都有，一般要求能伸进去两个手指。

⑥ 汽车遮阳板还应满足阻燃性能要求：燃烧速率≤75mm/min；耐高低温性能及高低温交变性能要求如下。

a. 遮阳板的颜色、纹理应符合经规定程序批准的色板或样品，其表面不应有毛刺、裂纹、污点、凸凹及松弛等缺陷，且表面无开裂、变形、变脆。

b. 遮阳板周边应平整，无开裂现象；若遮阳板周边采用热合接缝，则焊缝宽度应小于 1.5mm，每 30mm 长度的焊缝承受拉力应不小于 50N。

c. 遮阳板应操作灵活、平稳、无噪声，并能停止在任意位置上。

d. 表面无明显的褪变色、开裂、变形、变脆等缺陷。耐光性能要求：色牢度等级≥4 级。

二、汽车遮阳板的分类与制造

遮阳板按数量可分为单件的，左、右两件组成的，左、中、右三件组成的（主要用于大型货车、客车等）。遮阳板按软硬程度可分为硬质遮阳板和软质遮阳帘两种。硬质遮阳板一般由骨架、表皮、PU 发泡材料组成。金属骨架和 PU 材料一起发泡后，外面再蒙上带花纹的 PVC 薄膜热合而成。软质遮阳帘一般用在商用汽车上，一则减轻整车重量，二则经济实用，可降低整车成本；它一般由缝制的不透光、耐高温、耐低温的聚酯织物和支撑杆件组成。对于硬质遮阳板，必须要求有较好的刚性；对于软质遮阳帘，一般采用耐高温、耐光照的尼龙材料，必须具有耐磨、耐老化、不起皱、不易卷曲等特点。

1. 遮阳板本体加工工艺

汽车遮阳板本体加工工艺见表 6-23。

表 6-23　汽车遮阳板本体加工工艺

序号	工艺方式	材料	特点
1	吹塑	PP	结构简单，成本低，但强度较弱，无法满足多功能件的连接
2	注塑	PP	强度较好，可进行复杂的结构设计，但成本较高
3	发泡	PU＋钢丝骨架	结构简单，成本较低，但无法满足复杂结构的设计
		EPP	质轻，强度高，耐冲击，但成本较高

2. 表皮包覆工艺

汽车遮阳板制造工艺流程：遮阳板本体加工→表皮包覆工艺→总成装配。

汽车遮阳板表皮有 PVC 和面料两种。一般根据车型定位和内饰风格选择。对于 PVC 表皮，一般采用热合方式将遮阳板本体包覆起来。对于面料表皮有以下两种包覆工艺。

① 采用反面缝制后将毛边折在里面，留一边作为开口后，将遮阳板本体套入面料，最后将面料开口塞进本体夹层中，利用本体内部结构将面料夹紧。

② 面料裁片对折后，将边缘折进两片式本体中间，在折边区采用胶粘方式完成包覆。遮阳板表皮材料及特点见表 6-24。

表 6-24　遮阳板表皮材料及特点

序号	工艺方式	表皮材料	特点
1	热合	PVC	价格低，容易清洁，但表面易龟裂、品质感低
2	热合/黏结/缝制	针织面料	品质感高、手感好，但不宜清洁
3	热合/黏结/缝制	仿鹿皮	触感舒适、品质感强，但价格高

第六节
汽车方向盘

汽车方向盘又称转向盘，它是控制汽车行驶方向的功能件，也是内饰装饰件。在保证控制汽车方向的前提下，应具备手感舒适、外韧内软的特点，以保证在发生意外碰装时起到缓冲作用，保护驾驶员的安全。

一、汽车方向盘的设计

早期的方向盘功能单一，只有转向功能。随着技术的发展，现代汽车的方向盘集合了多种功能，在其上可布置一些操控件和按钮。这样一来驾驶员在手不离开方向盘的情况下就可以进行许多操作，既方便，又安全。此外轿车方向盘内都装有安全气囊，以保证汽车发生意外时的被动安全性。

方向盘一般由方向盘毂、圆周和盘辐及附件等组成，见图 6-9。方向盘的尺寸和形状直接影响到转向操纵的轻便性，选用较大直径的方向盘虽然操纵轻便，但是会使驾驶员进出驾驶室困难；选用较小直径的方向盘时，会要求驾驶员施加较大的力，从而使汽车操纵趋于困难。在现代汽车中，一般都有转向助力装置，转向力不需要很大，从而提高了操纵舒适性。方向盘的尺寸一般有 380mm、400mm、425mm、450mm、475mm、500mm、550mm 等几种。前三种适用于轿车、小型客车，后两种适用于大客车、重型载货车，450mm、475mm、500mm 适用于中型客车、中型载货车。

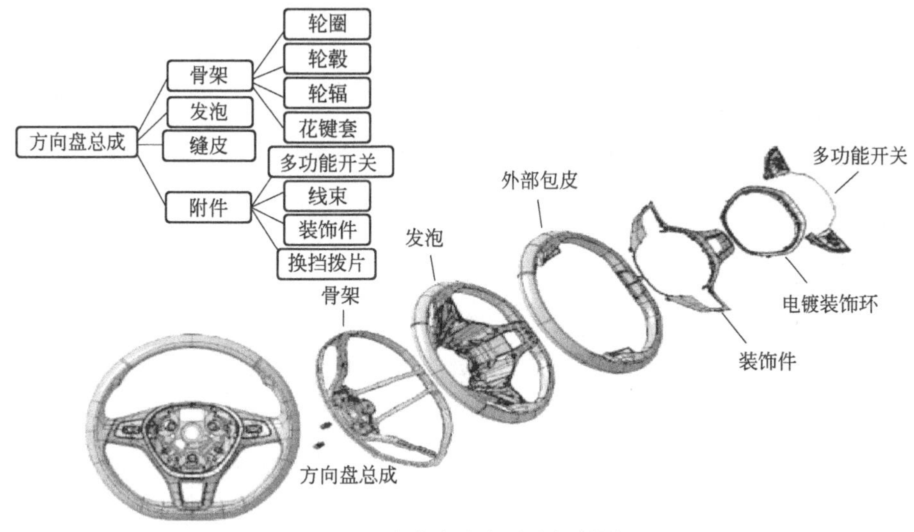

图 6-9　汽车方向盘总成解剖图

在设计方向盘盘辐和中部轮廓时要避免有过于坚硬的棱线出现，要保证手掌握持舒适，过于坚硬的棱角和凌乱的线条会使驾驶者产生不舒适和不安全感，此外还要保证在各个不同转角条件下都有良好的握持性。

二、汽车方向盘的分类与制造

1. 汽车方向盘的分类

根据方向盘的材料可分为硬质转方向盘、软质方向盘、皮革方向盘、桃木纹方向盘等类型，根据盘辐的多少可分为两辐式、三辐式和四辐式等几种类型。方向盘结构要求挺拔、坚固、轻便、外韧内软，并能耐热、耐寒、耐光、耐磨，包覆物多用改性 PP、PVC、PU、ABS 等树脂。骨架一般选用钢骨架与铝合金/镁合金压铸而成，或圆、椭圆金属弯制并焊接而成。现从轻量化考虑，有用玻璃纤维增强 PA 替代铁芯的趋势。为了追求豪华、舒适、手感好，现在的方向盘表面部分增加了桃木饰纹或真皮包皮等，但是桃木饰纹必须在硬质塑料上，真皮包皮必须缝在软质（相对而言）PU 发泡层上。

2. 汽车方向盘的制造

硬质方向盘一般都由骨架与 PVC 注塑成型。软质（相对而言）方向盘一般采用自结皮 PU 泡沫材料高压或低压发泡而成，即发泡模塑成型工艺。由于发泡机分低压发泡机和高压发泡机，因此方向盘的发泡模塑成型工艺也就分为低压发泡法和高压发泡法。低压发泡法是将 A 组分（异氰酸酯）、B 组分（聚醚多元醇＋发泡剂＋催化剂＋其他辅料）经计量泵输送到浇注头的搅拌室中，经搅拌均匀后浇入发泡模内成型，这种方法的缺点是每次浇注后都要用溶剂将搅拌室中的残余料清洗干净，浪费溶剂，污染环境，但是设备投资低。高压发泡工艺（图 6-10 和图 6-11）是将 A 组分（异氰酸酯）、B 组分（聚醚多元醇＋发泡剂＋催化剂＋其他辅料）经高压泵送入高压浇注头的混合室中，在 15～18MPa 的压力下，经瞬间混合后即浇入模内发泡成型。这种方法的优点是混合均匀，不需要溶剂清洗，但是设备投资较高。

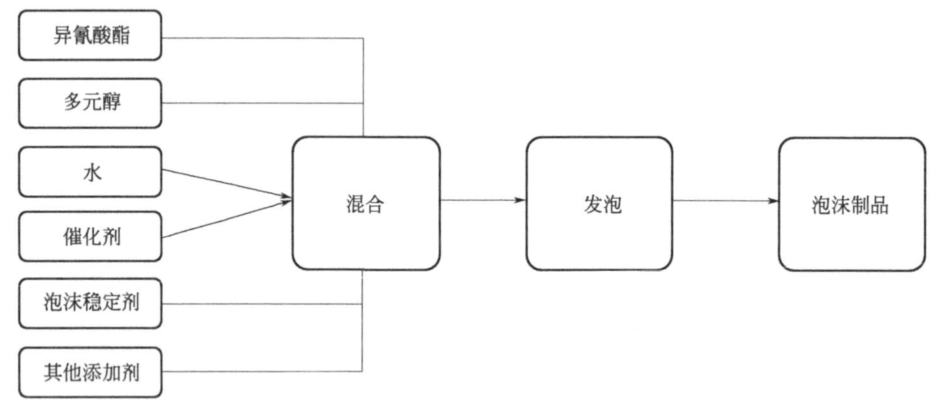

图 6-10　方向盘高压发泡原理图

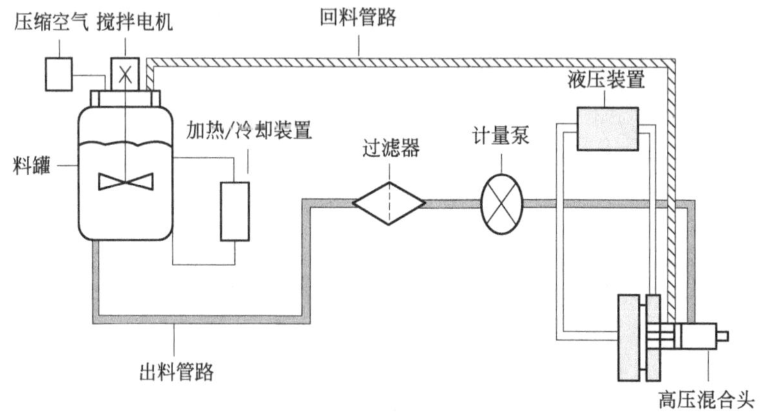

图 6-11　高压发泡机原理

自结皮 PU 泡沫方向盘反应注射成型工艺：将加工合格的骨架作为嵌件放入模具中，用反应注射成型工艺加工方向盘的 PU 发泡层。软质泡沫塑料的模塑制品的表皮较薄，必须在泡沫体表面再覆盖表皮，因此整个工艺较为复杂，流动生产率低，占地面积大。近年来发展了整皮模塑工艺，即在模塑时，使低密度的中心泡沫结构和高密度的光滑表层同时一次形成，而不需要另外黏结表皮。强韧表皮和外观优良的模塑制品必须选择适宜的配方和加工工艺参数。

典型的整皮模塑工艺流程：将模具加热到工艺规定的温度→清理模具→将骨架准确地放入模具中定位→闭合模具浇注成型→保压、固化→开模取出制件→喷脱模剂→修整飞边→喷漆、烘干→入熟化→装配→检测→包装入库。自结皮 PU 泡沫方向盘反应注射成型工艺见表 6-25。

表 6-25　自结皮 PU 泡沫方向盘反应注射成型工艺

项目	模温/℃	模具倾角/(°)	A 组分料温/℃	B 组分料温/℃	浇注时间/s	保压时间/s	后熟化时间/h
工艺条件	40～50	15～30	15～25	20～25	6～10	30～90	48～72

整皮模塑和通常成型模塑配方是不同的。整皮模塑要求表皮必须保持光滑而没有气孔，因而原料中一般不采用异氰酸酯和水反应生成的二氧化碳作为气泡来源，而只能用外发泡剂——氟烃作为气泡来源。但因气泡中没有水，分子链中缺乏脲基，强度和刚度有所降低。为了弥补这一缺点，可在配方中添加芳香族二胺、短链二元醇或其他低分子交联剂，亦有以 MDI 代替 TDI 以增加刚性连接比例来改善强度。

在模塑过程中，模温控制极为重要，模温越低，表皮密度越大，皮层越厚。然而模温越低，模塑周期越长，固化越差，将影响制品的压缩变形性能。所以一般采用高导热率的铝合金模具，并在热模表面采取急速冷却的方式，将表面的反应热迅速带走，阻止在表面层发泡。形成表皮后，依靠物料中心反应温度进行发泡和硫化，这样既提高了制品质量，又能保持高效率的生产。第二脱模剂对制品表皮的质量影响很大，合适的脱模剂既容易脱模，又不影响制品对涂料的亲和力，否则在制品涂漆过程中必须增加清洗工序。

方向盘外部缝皮包覆工艺：为了使方向盘美观且手感好，在方向盘发泡层外用单线或双线缝制一层真皮、人造皮革或超纤合成革等。如宾利添越车型的大部分内饰都是纯手工制作，使添越颇具吸引力，其方向盘也采用了手工缝纫的方式，在英国克鲁郡的宾利工厂内，工匠们要耗费 6h 完成该道工序。方向盘包覆层最早采用酚醛塑料模压制造，后来采用 HDPE 和改性 PP（聚氨酯硬质塑料）注射成型，目前使用最多的是 PU（聚氨酯发泡材料）料 RIM 制造工艺。

① 清理发泡方向盘并检查皮子是否有缺陷。

② 皮子冲裁、布皮和定位。

③ 粘轮辐正面，展平皮子皱褶。

④ 粘轮辐背面，展平皮子皱褶。

⑤ 用线缝制。

⑥ 拉紧缝线。

⑦ 擀平皮子。

⑧ 清理方向盘。

⑨ 完成。

三、汽车方向盘的发展方向

汽车方向盘作为汽车最重要的功能件之一，其发展从手动驾驶→部分自动化→条件自动化→高度自动化→全自动化。随着现代科技的飞速发展，汽车方向盘也增添很多新功能，而且为了便于驾驶员操控，很多电子功能向方向盘集中，如包括音响控制、空调调节、车载电话等，还有的将定速巡航键也设置在方向盘上。驾驶员可以直接在方向盘上操控车内很多的电子设备。现在流行物理按键向触摸屏的转变，方向盘上也开始安装液晶大屏幕。随着无人驾驶智能网联汽车的发展，还出现了方向盘在自动驾驶中不会自动折叠收回，而另一种方向盘在不使用时会折叠到仪表板中，而在使用时则可以自动弹出。在自动驾驶环境下，驾驶员也可以对汽车进行操作。另外，高度自动化方向盘——无方向盘也是一种发展趋势。

第七节 汽车座椅、卧铺

汽车行驶时应确保驾乘人员坐在汽车的座椅上既安全、方便又能自由调节变换体位，舒适且不易疲劳。汽车座椅的设计是一个很复杂的问题，要想设计出一个适合各类人群的安全舒适的汽车座椅是非常困难的。座椅设计涉及机械、化工、纺织、喷涂、热处理、美学、力学、人体工程学等多门学科的知识。

随着汽车工业的飞速发展，作为汽车主要功能件之一的座椅，也越来越引起人们的关注。汽车座椅的主要功能是为驾乘人员提供安全、舒适、便于操纵、不易疲劳的驾驶座位，汽车座椅生产也属于劳动密集型产业。

一、汽车座椅的类型

汽车座椅根据结构、用途及驾乘人员的不同分为固定座椅和旋转座椅；可调节座椅和不可调节座椅；可翻转座椅和不可翻转座椅；带减振的悬挂座椅和不带减振的汽车座椅以及专用汽车座椅等。悬挂座椅又可分机械悬挂座椅和空气悬挂座椅；可调节座椅又分机械调节座椅、气动调节座椅、电动调节座椅等。

汽车座椅根据功能不同安装在汽车驾驶室的相应位置，其下部固定安装在座椅座盒上，见图 6-12。

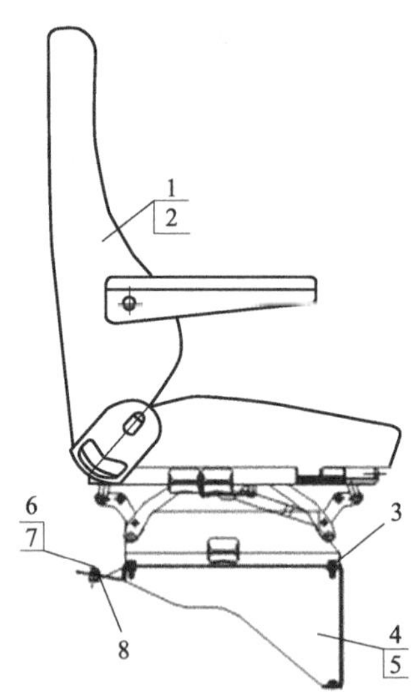

图 6-12　汽车座椅安装状态示意

1,2—汽车座椅总成及靠背垫；3—固定螺栓；4,5—座椅座盒总成及护板；6～8—固定螺栓、弹簧垫圈

二、座椅设计的基本原则

汽车座椅的设计是一项复杂的系统工程，它涉及机械、化工、纺织、喷涂、热处理、美学、力学、人体工程学等多门学科，设计时应依据人体工程学原理综合考虑座椅的舒适性、减振性、安全性以及座椅的合理布置；要考虑人体生理特征及尺寸，量身定做。由于中国人的人体尺度与欧美国家的人有较大差异，因此要以《中国成年人人体尺寸》为基本设计参数来开发设计适合中国人生理特征的座椅，提高座椅的乘坐舒适性。

（1）安全　首先设计时要绝对保证驾乘者的安全，因此保证座椅有足够的强度是至关重要的，即在发生碰撞时，座椅不会或可以减轻对乘坐者造成伤害，并能起到一定的保护作用。

新版汽车座椅国家标准《汽车座椅、座椅固定装置及头枕强度要求和试验方法》（GB 15083—2019）已于 2019 年 10 月 14 日正式发布。

① 新标准实施日期为 2020 年 7 月 1 日，新申请强制性产品认证的汽车座椅及头枕产品，应按新版标准实施认证、检测工作。

② 对已经按旧版标准获证的产品（包括在本通知发布之日前已经完成了型式试验的申请认证产品），相关企业应于新版标准实施后、下一次跟踪检查之前，向有关认证机构申请换发新版标准证书。

（2）操纵方便　设计的座椅还需操纵方便，布置的调整手柄、按钮必须是在驾乘者伸手可及的位置，应能顺应常人的习惯且操纵力量适中。

（3）乘坐舒适　乘坐舒适，即设计的座椅必须能使乘客保持良好的坐姿，使其脊柱自然弯曲，保证合理的体压分布并使其肌肉松弛，上体通向大腿的血管不受压迫，血液循环正常，并具有腰椎依托感、腰背部贴合感和侧向稳定感。能有效隔离或衰减路面不平产生的振动，满足大多数驾乘者坐姿舒适性要求。

三、汽车座椅主要部件的设计

座椅部件主要包括坐垫、靠背、头枕、骨架、蒙皮、减振机构、调整机构等。设计原则是：坐垫、靠背的造型和曲线应与人体放松状态下的背部曲线和臀部曲线相吻合，能支撑到腰椎部位，不会因血液循环不良而引起肢体麻木，长时间乘坐不易感到疲劳。座椅骨架及各机构应能满足强度（安全）要求和使用要求，通过对座椅的前后上下、靠背的倾斜角度、头枕前后上下等位置的有限调节，使大部分人处于舒适状态。

1. 靠背的设计

靠背的设计主要指强度设计和造型设计，设计时要注意靠背的高度、形状符合人体曲线，使背部肌肉处于放松状态，并能给背部、肩部有效可靠的支撑，使驾驶员保持稳定的坐姿。有足够的侧背支撑，可以避免在高速转弯时的横向滑动。设计时一般取靠背高 600mm、宽 480mm 左右。汽车分车型座椅靠背和坐垫外形尺寸标准见表 6-26。

表 6-26　汽车分车型座椅靠背和坐垫外形尺寸标准　　单位：mm

车型	坐垫宽度	坐垫深度	靠背高度	靠背下部宽	靠背上部宽
工程机械	430～500	215～315	150～400	300～500	300～500
轿车	450～500	380～500	500～650	450～500	350～500
货车	450～480	380～460	500～650	450～500	350～500
客车司机	≥450	400～460	≥450	440～480	440～480
客车乘客	420～860(含双人)	≥400	≥450	420～860(含双人)	420～860(含双人)

不同靠背倾角会导致不同的椎间盘内压力及背部肌肉负荷。当靠背倾角在 110°以上时，椎间盘压力显著减小，所以设计时应考虑合理的靠背倾角。为了提高舒适性，满足驾乘人员在休息时的需求，靠背倾角一般为可调式并且调整范围尽可能大些。一般载重汽车取 100°～115°，大客车取 95°～135°，轿车取 80°～170°，且调整范围内为任意可调，除此之外，腰部支撑和

扶手也可以减少椎间盘的压力。腰部支撑要有一定厚度、硬度和透气性，确保体重能够均匀地分布于坐骨结节区域。腰部支撑的位置应处于第三至第五腰椎部位，且支撑厚度应以 5cm 左右为宜。腰部支撑分机械支撑和空气支撑。机械支撑是通过机械装置支撑人体，支撑部位为刚性，舒适性差。空气支撑是用空气气囊来支撑人体，通过气囊控制阀控制气囊的充放气，使腰部得到良好的保护和有效支撑。腰支撑气囊一般采用 0.4～0.8mm 厚的聚氨酯板经高频焊接而成，其工艺简单、成本低、耐磨性好、耐老化、使用寿命长，并已得到广泛推广。腰支撑气囊控制阀除可以控制气囊的进排气外，还起溢流保护的作用，即当气囊内压力超过气囊的额定压力时，气囊控制阀溢流卸压，保证气囊的安全使用。

目前国内新开发设计出了一种新型空气腰部支撑装置，见图 6-13，该装置可以按一定的顺序、一定的频率有规律地对颈部、肩部、腰部等气囊进行充气、放气，利用气囊有规律的瘪、胀，实现对腰、肩、颈等部位的挤压，达到局部按摩的目的，大大提高了舒适性。

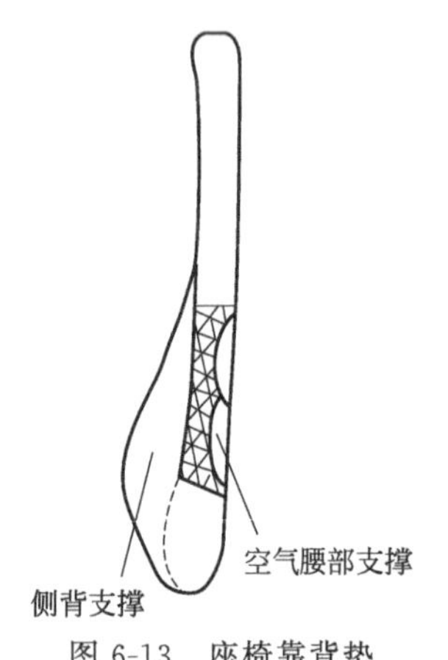

图 6-13　座椅靠背垫

座椅扶手的安装位置应符合人体坐姿时肘部的高度尺寸，一般安装在距坐垫水平面高 250mm 左右处，座椅扶手有固定式、角度可调式、可翻转式。可翻转式又有横向翻转式和纵向翻转式。

2. 坐垫的设计

坐垫设计主要是坐垫深度和坐垫倾角的确定。坐垫深度设计原则是在充分利用靠背的情况下，使臀部得到合理支撑，人体在坐姿状态下，坐骨与小腿足部构成稳定的人体支撑，坐垫深度过大时，造成人体躯干相对前移，腰部得不到良好的支撑，腰部易疲劳，坐垫深度过小时，会因大腿得不到良好的支撑而感到不舒适，因此坐垫的深度应按臀部至大腿表面全长 3/4 来设计，一般取 400～480mm。为适应不同的人群，提高舒适性，一些豪华汽车座椅的坐垫设计为相对于靠背前后位置可调。

从安全的角度来讲，有一个合理的坐垫倾角，可以保证驾驶员有一个正确的坐姿，不易产生滑移，但倾角过大会造成腿部血液循环不畅通，使腿部肌肉、神经组织产生酸麻感，对乘坐舒适性不利，因此坐垫的倾角应安全性和舒适性兼顾，一般取 2°～10°。在可调式座椅中，坐垫的倾角一般设计为可调式。如 STER 座椅的坐垫倾角即为 0°～12°，1～7 挡可调。

3. 头枕的设计

汽车座椅的头枕是为提高汽车乘坐舒适性和安全性而设置的一种辅助装置。头枕的设计必须符合《汽车座椅头枕强度要求和试验方法》(GB 11550) 和《汽车座椅、座椅固定装置及头枕强度要求和试验方法》(GB 15083)。头枕主要的作用是安全性，一旦汽车发生追尾碰撞，汽车受冲击力作用瞬间急速向前，由于惯性作用乘员的头部却会突然向后仰，颈椎承受到很大的加速度而容易伤害。有了头枕的承托，减少头部自由移动的空间，可以降低对颈椎的冲击力，起到避免或减轻乘员颈部受伤的作用。按照国家标准，汽车座椅头枕属于汽车整车强制认证检测项目之一。国家标准规定，汽车前排座椅应装有头枕。

头枕分可调节式和固定式，可调节式又分手动调节或电动调节，用以调节头枕的上下高度和前后角度。现在汽车的座椅头枕多是手动调节式。调节头枕可以使得头枕与乘员颈背形状更加贴合，贴合越好安全性越高。

头枕要起到保护颈椎的作用，其正确位置十分重要。头枕应该安装在至少与耳朵上沿平齐的地方，后脑与头枕之间的距离最好不要超过 10cm 左右。最简单的方法是将头枕调整到与自己后脑勺最贴近的位置。头枕一般设计成与人体头形后脑部相似的形状，R 一般取 180mm 左右。

目前沃尔沃公司首先在 S80 型车上推出了一种称为 WHIPS 颈椎保护系统，它由一个安全头枕和一个设计合理可有效而均匀地承受乘员身体运动的椅背支撑结构，以及位于椅背和坐垫连接处的内置式能量吸收机构组成，可提供均匀的支撑功能。一旦发生追尾撞车事故，椅背与乘员一起向后移动，在稍微向后倾斜之前首先做平行运动。由于在椅背和坐垫之间的连接件上安装了可变形部件，从头枕、椅背到坐垫连接成一体，给乘员的躯体有效支撑，从而进一步减轻碰撞力对乘员背部的冲击。

4. 座椅蒙皮的设计

座椅蒙皮是包裹在座椅总成表面的一层材料，它直接与乘员接触，一方面对座椅泡沫有保护作用，另一方面又可直接体现设计者的设计意图。座椅蒙皮必须阻燃，其燃烧特性必须符合《汽车内饰材料的燃烧特性》(GB 8410) 要求。汽车座椅蒙皮除了色泽要与车内其他内饰色泽协调，花色、图案要美观大方以外，还应具有特殊的性能：与人体触感良好、柔软、不粗糙；有良好的吸湿性、能及时散发人体的热量，使人乘坐舒适；有一定的强度、弹性和延展性、无坐痕，具有良好的耐磨、防滑、防污、阻燃、抗静电等性能。普通蒙皮面料与真皮、人造革或人造麂皮使用性能对比，见表 6-27。

表 6-27　普通蒙皮面料与真皮、人造革或人造麂皮使用性能对比

项目	普通蒙皮面料	真皮	人造革或人造麂皮
取得性	容易获得，但染色过程中有污染，加工简单	前加工过程中，对环境污染大，加工工艺复杂	前加工过程中，对环境污染大，加工工艺复杂
批量一致性	好	差	好
色彩	色彩丰富，一款面料中可变化	颜色单调，一般为一色	可以有多种颜色并存
风格	变化多样，甚至迥然不同	单一	一般
裁剪性、缝纫性	好，裁剪过程中损耗小，缝纫性好	差，裁剪过程中损耗大，缝纫性差	差，裁剪过程中损耗大，缝纫性差
摩擦系数	大，乘员与座椅结合性好，不易滑动	小，乘员与座椅结合性差	小，乘员与座椅结合性差
柔软度、弹性	好，包覆性能好，座椅不易变形	差，包覆性能差，时间长后易变形	差，包覆性能差，时间长后易变形
易去污性	差，污染后不易清除	优，污染后易去污	优，污染后易去污
热导率	差，乘坐时无明显不适感，不易结露	好，适应时间长，冬冷夏烫，有时会结露	好，适应时间长，冬冷夏烫，有时会结露
透气性	好，汗易挥发	差，汗不易挥发	差，汗不易挥发
耐老化性能比较	好	差，时间长会开裂，漆层脱落	差，时间长会出现龟裂，漆层脱落
气味性	小，加工过程中助剂使用少	大，加工过程中助剂使用较多	大，加工过程中助剂使用较多
成本	低	高	一般
高档感觉	一般	好	较好

一般高档车的座椅蒙皮选用真皮，顶级豪华车一般都选用整张小牛皮。真皮面料柔软舒适，透气性好且耐磨，耐老化且不易褪色。经过特殊工艺处理后防水防烫，让驾驶者在炎热的夏天也不会感到闷热。高档车的普通座椅通常采用的也是牛皮，但选择部位不同，为了节省成本，通常是分开裁剪而成。还有一部分座椅，蒙皮前部与驾驶员身体贴近的一面选用真皮，其余部分用人造革或人造麂皮代用，这些并不影响使用，成本却可大大降低。

很多轿车常选用人造麂皮，它具有柔软、透气性好、易清洁、无异味、使用寿命长和价格低廉等特点。它与真皮座椅相比唯一的劣势就是透气性稍差一些。因为普通真皮座椅与人造麂皮座椅之间的性能差距不大，但成本相距悬殊，并且存在着环保等其他因素，因此不久的将来普通真皮座椅可能会被仿真皮座椅取代。

廉价的仿真皮座椅实际上就是 PVC 人造革质地的面料，它的特点是比针织面料显得稍有档次，但质地坚硬，柔软性、透气性很差。时间长了表面会产生龟裂现象，表面易打滑，给人非常不舒适的感觉。由于成本低，目前仍在部分汽车上使用。

由于廉价的仿真皮座椅的种种弊端，很多设计师放弃了华而不实，取而代之的是针织织物和化纤面料。针织和化纤面料通常根据车型档次的不同选择的侧重点不同，一般轿车上选用的面料应具有良好的与内饰相协调的外观效果和良好的毛形触感，在蒙皮材料性能上则侧重于良好的耐光、耐磨耗色牢度、透气性、较高的强度和优良的抗静电性能。中重型载货车用于不同环境和条件下的运输，其内饰档次较低，在选择蒙皮材料时侧重于良好的强度、耐磨性及较好的透气性、抗静电性。而轻型载货车则介于两者之间，在考虑手感和外观的同时，还要求蒙皮材料有一定的强度及良好的抗静电性。

针织和化纤面料色彩丰富，类型繁多，价格低廉，透气性好，重量轻，也不用担心被划破。但缺点是在夏天会吸汗，清洁起来有一定的难度。针织和化纤面料主要的类型有机织提花、绒类、绒类提花、纬编双面、单面提花绒、立体织物、间隔织物等。

5. 泡沫软垫的设计

坐垫性能主要表现在：静刚度、振动衰减特性、共振传递比、疲劳寿命等。静刚度是评价坐垫软硬程度的指标，静刚度大，坐垫就硬；静刚度小，坐垫相对就软；静刚度太小驾乘人员一坐到底，不方便使用。泡沫塑料坐垫的振动衰减系数为 0.165，共振传递比为 3.03；而弹簧坐垫的振动衰减系数为 0.128，共振传递比为 4.8。实验证明，两种坐垫在台架疲劳实验中，弹簧坐垫中的弹簧在 25 万次时折断，而泡沫塑料坐垫中的泡沫实验进行了 60 万次还未损坏。软质聚氨酯泡沫塑料生产方式及具体性能指标见表 6-28。

表 6-28　软质聚氨酯泡沫塑料生产方式及具体性能指标

序号	项目		单位	热硫化方式	冷硫化方式
1	密度		kg/cm^3	0.34～0.46	0.34～0.65
2	拉伸强度		kPa	100～200	100～120
3	伸长率		%	120～170	100～200
4	负荷特性系数			>2.3	>2.8
5	硬度			相对较小	相对较大
6	反复压缩	厚度变化	%	<10	<10
7	压缩永久变形	30℃、50%压缩	%	≤8	≤8
8	回弹率		%	>35	>35

目前坐垫、靠背缓冲用软垫基本上由软质聚氨酯泡沫塑料发泡而成，在汽车上应用较多的是高回弹软质聚氨酯泡沫塑料。用于座椅坐垫、靠背型芯的泡沫密度一般≥65kg/m^3，回弹率≥55%。软质聚氨酯泡沫塑料分块状泡沫塑料和模塑泡沫塑料，其中模塑泡沫塑料工艺适用于汽车座椅、靠垫的生产，工艺大致分“热硫化”和“冷硫化”两种。

热硫化工艺是把A、B两种组分浇入模内以后，需在160℃以上的温度下硫化10～14min，模具冷却后制件脱模。这种工艺需要把模具反复加热和冷却，消耗大量的能量，而且需要采用铝合金或钢模，还必须使用适宜的脱模剂。但是热硫化法利用较廉价的聚醚多元醇即可得到具有低密度、高伸长率、压缩永久变形小的制品；尤其是靠垫和后排座的泡沫垫，而且在加工过程中，需要添加阻燃剂。日本和欧洲仍喜欢采用此方法成型。

冷硫化模压法生产汽车坐垫的工艺是把A、B两种组分浇入模具后，不需要加热，在较短的时间内硫化，但是模具温度最好控制在（55±5)℃。冷硫化不需要投入较高的模具和设备费用，非金属模具即可，而且生产效率较高。“冷硫化”制造的聚氨酯泡沫是通常说的高回弹软质聚氨酯泡沫，它阻燃性比较好。目前，在国内比较流行冷硫化模压法。

考虑到座椅的舒适性和人体坐姿时的体压分布，需将泡沫软垫的密度设计为不同，即“软硬兼施”。主要生产方法有两种：一是嵌件法，见图6-14，就是在浇注软垫时，在模具中相应部位放入高密度泡沫塑料嵌件，然后在周围浇注低密度泡沫塑料，这种方法可以解决体压分布和横向支撑问题，并且工艺适合批量生产；二是拼接法，见图6-15，将坐垫前端与大腿接触的部分用低硬度泡沫塑料，与坐骨处接触的部分用中硬度泡沫塑料，下部及两侧用高硬度泡沫塑料。这种方法工艺繁杂且效率低，一般生产极少采用。

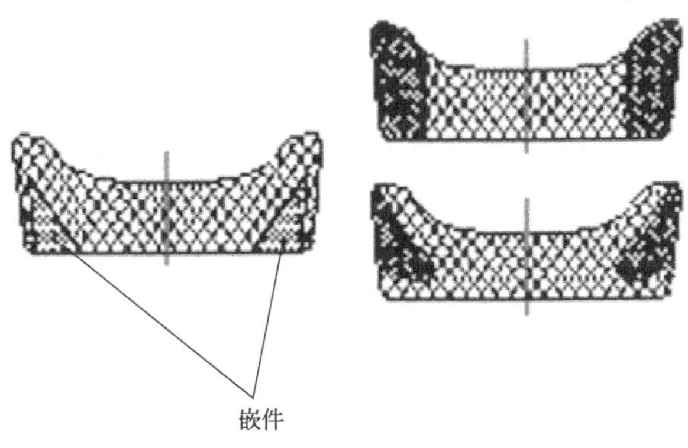

图6-14 座椅坐垫嵌件法横截面

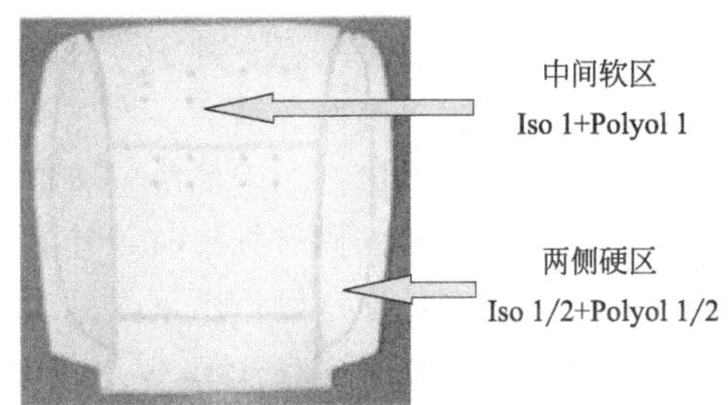

图6-15 拼接缝部位不同硬度的座椅坐垫

“Iso”是异氰酸酯英文isocyanic acid的简称，“Polyol”是多元醇英文。“Iso 1+Polyol 1”是指1份Iso+1份Polyol反应而成，该部位稍软点；“Iso 1/2+Polyol 1/2”是指0.5份Iso+0.5份Polyol反应而成，该部位稍硬点

6. 座椅骨架的设计

座椅骨架（图6-16）就像人体骨骼支撑人体一样支撑着座椅的坐垫和靠背软垫，它必须能够承载一定的载荷，通常所指的座椅强度其实就是座椅骨架的强度，它属于汽车整车强制认证检测项目之一，具体应符合《汽车座椅、座椅固定装置及头枕强度要求和试验方法》(GB 15083）标准要求。

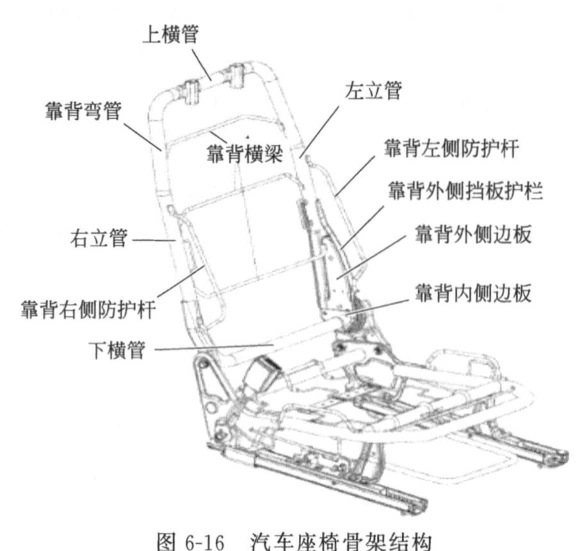

图 6-16 汽车座椅骨架结构

靠背及坐垫骨架的形状，应以能满足人体生理特征、给驾驶人员提供安全和有效支撑为目的进行设计。例如：为了避免因靠背型芯偏软而造成的侧背支撑在急转弯时减小或失效，在靠背骨架两侧加焊凸起的侧支撑板或支撑筋，将泡沫型芯加以支撑衬垫，保证支撑的有效性。为了保证驾驶员腰部、肩部有良好的支撑而在靠背骨架上设计出符合背部曲线的弧度。对于高靠背而言，为使腰部、背部及肩部同时紧贴靠背，更好地起到支撑和安全保护作用，设计师把靠背设计成上下两部分，并且角度可分别调整等。

座椅骨架一般为钢质材料焊接而成，现代化汽车设计新趋势是轻型化、小型化，给汽车内部留有尽可能大的空间，在这种趋势下，汽车座椅薄型化是非常必要的，其中骨架是座椅薄型化的关键，骨架的材料也有所不同，热塑性塑料成型的座椅骨架和镁制座椅骨架正在推广应用。

7. 座椅减振机构设计

座椅减振机构主要包括弹性元件和减振元件，弹性元件在机械悬挂座椅中一般指弹簧，在空气悬挂座椅中指空气气囊，它能产生使座椅恢复到初始位置的回复力。减振元件一般是指减振器，它设计有固有的阻尼值，阻尼值越大阻尼力越大。

对于座椅的振动来说，外力使座椅减振系统发生振动，弹性元件使座椅恢复到初始位置，阻尼力使振动衰减、消失。在座椅设计时，必须对座椅的刚度、阻尼进行优化设计，座椅的刚度决定固有频率，阻尼决定座椅的振动衰减性，由隔离振动理论可知，当激励频率接近或等于振动系统的固有频率时，其振幅急剧放大，只有振动系统的固有频率比激励频率低得多时，振动系统在激励作用下，振动加速度最小，隔振能力最强。人体在 4～8Hz 时对振动最为敏感，所以希望在 4Hz 以上为减振区，因此人与座椅系统固有频率小于 3Hz 为好，同时要避开汽车悬挂系统的固有频率。但人与座椅系统固有频率也不是越小越好，因为固有频率太小，弹簧太软，在路况较差阻尼不够大时，座椅动挠度会很大，造成较大的冲击。因在非减振区，阻尼增大，传递率随之减小，而在减振区刚好相反，所以在设计座椅刚度和阻尼时，要根据整车的振动特性充分考虑人体生理特点综合选择最佳值，使车身振动得到衰减。为了使设计的座椅阻尼和刚度能更合理搭配，工程师们将座椅刚度和阻尼均设计为可调节式，如机械悬挂座椅，是通过调整弹簧的预紧力来调整座椅的刚度。空气悬挂座椅则设计有高度控制阀，可以根据不同人的体重，自动调节空气气囊内的压力，达到调整座椅的刚度的目的。

8. 座椅调节机构

汽车座椅的调节机构主要包括座椅高度调整机构、座椅前后位移调整机构（即座椅滑道）、座椅靠背仰角调整机构（即调角器）及坐垫前倾角调整机构等。传统的座椅一般选用调角器式的，但由于频繁使用，其卷簧容易失效。而齿板齿条式的只要材料、热处理达到设计要求，其寿命和使用效果还是比较好的。

（1）座椅高度调整机构　座椅高度调整机构是调整座椅在车厢内垂直位置上下移动的机构，有机械调整机构、可控空气弹簧调整机构、气动调整机构和电动调整机构等。机械调整机构一般是多杆机构，这种操纵机构结构简单且安全可靠。例如STER座椅高度调整机构是采用七杆相连组成的多杆机构。可控空气弹簧调整机构是通过调整空气弹簧的伸缩量来控制座椅的高度，该机构结构简单，操作方便，已被普遍应用于重型卡车的副驾驶椅上。气动调整机构是通过调整高度阀相对于充放气控制部件的相对位置，来实现对空气囊充气和放气，从而达到调整高度的目的。电动调整机构是在可塑性直流电动机的驱动下，带动蜗轮转动，从而带动齿轴旋入和旋出，使座椅上升、下降。机械调整、气动调整机构一般应用于载重汽车驾驶椅，而电动调整机构一般应用于高档轿车上。高度调整的范围应根据人机工程学原理，以能满足大部分人群的使用要求为目标进行设计确定，一般调整范围取0～100mm。

（2）座椅滑道　座椅前后调节一般是靠滑道来完成的，滑道是调整座椅在车厢纵向水平位置前后位移的机构，有单锁止滑道和双锁止滑道之分，滑道的选用一般根据锁止强度确定。例如：当安全带固定点不在座椅上时，一般选用单锁止滑道。当安全带固定点在座椅上时，选用双锁止滑道或加强双锁止滑道。滑道位移的尺寸即座椅前后调整的距离需根据相应人体尺寸和人机工程学原理确定，一般取向前或向后调整范围为0～100mm。

（3）调角器　座椅调角器是对座椅的靠背、坐垫夹角进行调整和锁止的机构。锁止强度必须能满足《汽车座椅、座椅固定装置及头枕强度要求和试验方法》（GB 15083）标准要求。座椅调角器分为机械调角器和电动调角器。机械调角器又有机械板式调角器、机械杆式调角器、双联动调角器等。机械板式调角器一般采用棘轮棘爪或齿条齿板工作原理及板簧式复位结构，最大能够实现180°的有机调节及折叠，一般用于各类汽车驾驶员座椅的靠背调整。机械杆式调角器由可控气弹簧和连接件组成，一般用于大客车上乘客座椅的靠背调整。双联动调角器是指左右两套调整锁止机构在一套调整机构控制下同时动作，同时锁止，具有锁止强度高等优点。一般用于各类载重汽车驾驶员座椅的靠背调整。电动调角器一般采用齿差行星齿轮传动原理或齿差双联摆线针轮行星齿轮传动原理，具有传动平稳、强度高、调解范围大等优点。一般用于高档汽车驾驶员座椅的靠背调整。

（4）坐垫前倾角调整机构　坐垫前倾角调整机构一般是机械调整机构，多采用安全可靠、结构简单的多杆机构。

四、汽车座椅在驾驶室内的合理布置

汽车座椅在驾驶室中的位置直接影响驾驶者的舒适性，因此合理的布置非常重要，应根据人机工程学原理合理布置。

在传统的汽车设计使用中，常以百分位人群来划分，经常用的人体尺寸百分位数有P5、P50、P95三种。可调节式汽车座椅通常选用P95和P5作为尺寸上、下限值的依据，它涵盖了90％的人群。例如身材矮小的女子和身材高大的男子使用的座椅相对于固定踏板、仪表、方向盘、变速杆等零部件的位置及相互的距离尺寸是不一样的，设计时以坐在座椅上的高大男子的手臂触及范围确定出仪表板等零部件相对于座椅的位置，通过调整座椅水平及垂直方向的位置，来满足身材相对矮小的驾驶员，这样它可以适应身材高大的人群，同时也可以适应身材矮小的人群。座椅前后位移的距离和高度调整的距离也就随之确定。

目前的汽车设计，是根据目标人群的基本数据采用计算机辅助设计，用专门软件来测定汽车的设计是否符合人体工程学。

五、汽车座椅其他相关附件

1. 汽车安全带

汽车安全带是汽车紧急制动或碰撞时，防止或减轻乘员所受伤害的带结构安全装置，它的缓冲作用能吸收大量动能，减轻驾乘人员的伤害程度，被国家认监委列入第一批强制性认证产品。按其安装点的不同主要分双点安全带、三点安全带、四点安全带等。只对驾乘人员的腰部实现约束的安全带称双点安全带。对驾乘人员的肩部和腰部同时实现约束的安全带称三点安全带。对驾乘人员的双肩和腰部同时实现约束的安全带称四点安全带。

安全带的固定点的安装应符合标准 GB 14167 的要求，固定点根据情况可以固定在车身本体上，也可固定在座椅上。当安全带固定在车身上，座椅的位置调整时，安全带固定点位置不会相应调整，影响乘坐的舒适性。当安全带固定点安装在座椅上，安全带和座椅的相对位置不会因座椅的调整而改变，从而提高了乘坐舒适性，但要求座椅的强度必须符合标准中安全带安装的要求。

2. 座椅加热装置

汽车座椅加热装置是一套安装在座椅内部产生热量的装置，通过恒定地释放热量来改善和提高座椅的舒适度。主要有传统的电阻丝加热系统和较先进的碳纤维加热系统。

传统的座椅加热装置是由一根以 S 形或正弦形，由上而下或由左至右波浪般布置在加热垫上的热电阻丝组成，如果这根电阻丝在加热垫的使用过程中任何一处损坏或断开，结果是加热垫大面积不能工作，直至整个加热系统完全失效。

碳纤维加热装置是由发热体、线束、继电器、集成温控、开关和保险，通过粘连、镶嵌、端部固定、走线、设计固定开关来完成安装，不会破坏座椅外观。独立的电路设计和保险装置不会影响车内包括座椅的其他功能。碳纤维具有高强度、耐高温、抗疲劳、质轻、易加工等多种独特而优异的性能，用碳纤维制成的发热体发热时，电阻固定，升温迅速、均匀，热效率高，可低温低压启动，是目前世界上首选的高性能材料，正逐渐取代传统材料。在碳纤维加热技术上，还广泛应用了网联技术，如果有一根碳纤维在某处损坏，则结果只是在受损区域上有局部热损失，而加热垫其他部分仍然能够正常工作。这就使得加热垫可根据所需尺寸的大小进行裁剪、打孔、密布或折叠，而不影响座椅外观及功能。碳纤维座椅加热装置热载荷小，在加热垫中均匀密布，保证热量在座椅加热区域均匀释放。温度分布均匀，确保了加热垫长期使用，并保持座椅表面的平整完好，不产生纹路痕迹和局部变色。碳纤维座椅加热装置还能自动控制座椅温度，产生适宜人体吸收的红外线波长，具有促进健康的保健作用，更增加了实用性。

汽车座椅加热装置在国外已有 30 多年的发展历史，早已形成完整的工艺制造流程和安全技术标准。座椅加热更安全、舒适和人性化，2～3min 就可感受到温暖，长时间保温，也不会产生燥热的感觉。

座椅加热装置并非只为高档车所独有，随着碳纤维技术的不断推广，国内不少中档汽车及载重汽车为了提升车辆整体性价比，已将碳纤维加热装置定为标准配置。

六、汽车卧铺的设计与制造

汽车卧铺主要用在商用汽车中长、高顶载货汽车上，有的高顶驾驶室还配有上卧铺，平时可以折上去，使用时可以放下来，很方便，上卧铺一般都配有自锁机构，很安全。由于现在载重车向豪华、舒适方向发展，再加上长途驾驶员比较辛苦，需要有一个舒适、优美的环境，就像我们日常居住的起居室，微波炉、车载冰箱等电器一应俱全，由此卧铺要求也相应高一些，卧铺结构就相对复杂一些。卧铺底部可设计为盒式结构，掀起铺板，里面可以放一些杂物，但是制造成本较高，且装配时间较长，影响生产节拍；还有一种卧铺底部只有一个卧铺框架，结构简洁明了，这种结构安装方便，制造成本也较低。卧铺铺板根据结构不同，可分为整体式和分体式，如图 6-17 所示就是分体式的，卧铺铺板由五块铺板组成，安装比较烦琐，但使用时较为方便；整体式安装时方便，但是，使用时取放杂物麻烦。卧铺铺板根据结构还可分为舒适型和经济型。舒适型卧铺铺板类似家庭用席梦思床垫，为了防止路途颠簸，由五层组成，即最外层是卧铺面料；第二层是缓冲材料，比如泡沫、硬质棉或棕垫等；第三层是纤维板；第四层是席梦思叠簧；第五层是纤维板。经济型卧铺铺板类似家庭用平板床垫，一般由三层组成，即最外层是卧铺面料；第二层是缓冲材料，比如泡沫、硬质棉或棕垫等；第三层是纤维板。

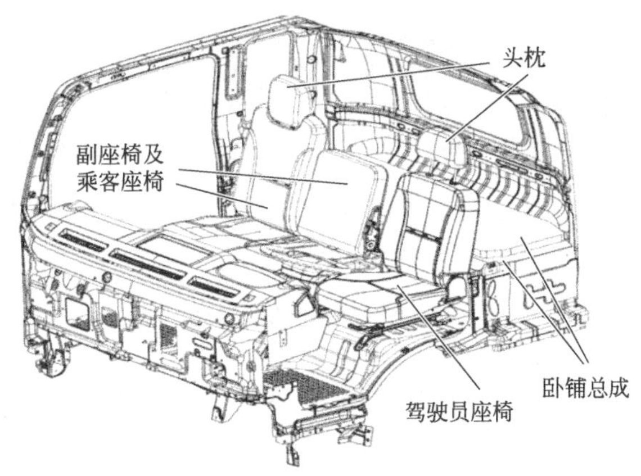

图 6-17　卧铺总成在驾驶室内的安装位置

配有卧铺的载重汽车，一般还应配有阅读灯、窗帘、挂衣钩和水杯架等，以方便驾驶员或乘客路上阅读、休息和生活。

下面重点介绍一款轻量化的商用汽车卧铺，为 EPP 材料的轻量化卧铺总成。传统的汽车卧铺结构一般是在钢板焊接工具箱上放一个软垫，其重量较大，另外隔热、隔声效果也不够理想，舒适度也不理想，如图 6-18 所示为老式商用汽车卧铺总成。为了减轻重量等原因，又保证其使用功能，现流行选择采用 EPP 材料来制造汽车卧铺总成。

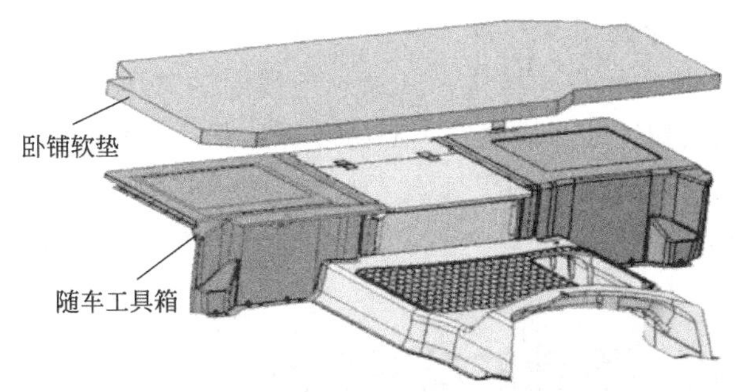

图 6-18　老式商用汽车卧铺总成

EPP 材料一般用在受力很小或不受力的产品上，作为结构件使用则较少。作为卧铺支撑，需承受人体的坐、卧、冲击等，受力较大，强度必须满足要求。低密度的 EPP 材料虽然优点很多，但强度不太高，因此必须选择密度较大的 EPP 材料来进行设计，并对产品结构进行了反复优化，经试验验证完全能满足使用要求。如图 6-19 所示为 EPP 材料的汽车卧铺总成。

整个卧铺分成了 5 个零件（左盒体、中盒体、右盒体、盖板、卧铺软垫），结构上采用中盒体压住左右盒体，使其不能上翻；设计上采用了曲面、加强筋的形式来增加强度和刚度。此 EPP 工具箱卧铺在满足睡觉功能的同时，下部具有多处分隔的空间，可用来放置工具及各类随车物品，其有效储物空间相比原工具箱显著增大。图 6-19 为 EPP 材料卧铺零件组成图。与老式结构卧铺相比，EPP 结构卧铺总成具有以下特点。

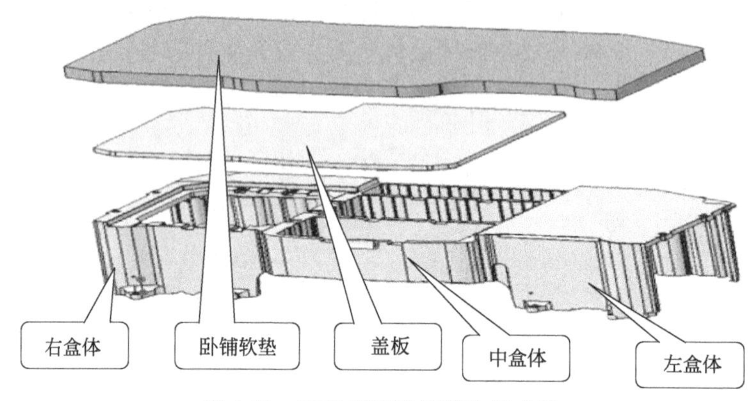

图 6-19　EPP 材料卧铺零件组成图

（1）重量轻　原工具箱卧铺结构由钢板冲压＋胶合木板装配而成，重量较大，采用 EPP 材料后，整个工具箱的质量比原工具箱降低了约 10kg，有效降低了整车质量。另外在成本上也有所降低。

（2）制造工序少　原工具箱卧铺由钢板＋胶合木板装配而成，钢质材料需下料、落料、成型、焊接、喷漆；胶合木板需下料、钻孔修边、喷漆、装配，工艺复杂。现工艺采用模具一次发泡成型，工艺过程得到简化。

（3）隔热、隔声性能好　一般商用车，发动机功率都较大，发动机的热辐射及噪声也是一个很大的问题。EPP 制品的独立泡孔结构，表现出低的热传导率、优异的隔声效果。EPP 工具箱卧铺正好是在发动机的上面，能有效地隔离发动机产生的热量、噪声进入驾驶室内部，相比金属工具箱有效减小了空腔噪声。

（4）吸能减振好　一般商用车，发动机的功率都较大，人在卡车上，总感觉振动得厉害，由于 EPP 制品具有特殊的泡孔结构，其通过泡孔中的气体滞流和压缩作用来吸收逸散能量，具有优异的抗压吸能性能。人躺在上面感觉更加舒适、自在。

（5）具有良好的表面保护性　EPP 工具箱卧铺是半硬质成型件，具有适度的硬度、柔软性，不会擦伤、碰伤与其接触的物体，具有较好的表面保护性，对人也是一种很好的保护。

七、汽车座椅、卧铺的发展方向

汽车座椅、卧铺的主要功能是为驾乘人员提供安全、舒适、便于操纵、不易疲劳的驾驶座位。随着汽车工业的高速发展，作为汽车主要功能件之一的座椅和卧铺，尤其是座椅越来越引起大家的关注。人们对汽车座椅的挑剔也越来越多，为了进一步提高座椅的舒适性及安全性，必须加大力度进行座椅的研发工作，全球各大汽车公司及汽车零部件公司都在座椅的新结构、新工艺、新材料的研发及应用上苦下功夫，不断研制出各类悬挂座椅、电动座椅、电脑记忆座椅等。按摩装置、辅助冷热智能空调座椅、智能座椅等各类辅助装置不断诞生，使车辆整体性价比不断提升。总之安全、环保、舒适、减轻疲劳、方便驾乘人员使用是汽车座椅和卧铺发展的必然趋势，随着汽车工业的飞速发展，汽车座椅和卧铺的设计及制造水平一定会上升到一个新的水平。

第八节 汽车发动机罩衬垫、地垫、脚垫、地毯

汽车驾驶室内的空间狭小，而且密封性要求越来越好，驾驶员在里面工作一般要连续好几个小时，有时需连续十几个甚至二十几个小时，很容易引起头疼、目眩、困乏等疲劳症状。因此，对驾驶室内的工作环境要求也越来越高，以舒适、美观、环保为发展方向。现在，新式内置式暖风、空调、豪华航空仪表板、车门等新内饰也应运而生，但影响驾驶室内环境的因素很多，对于载重汽车来说，发动机前置较多，驾驶室离发动机很近，发动机工作产生的大量热量及振动产生的噪声很容易传到驾驶室内，所以在驾驶室内就要求对发动机及其周围进行隔热、吸声、减振处理，以便改善驾驶室内的工作环境。

一、汽车发动机罩衬垫及地垫

发动机罩及地垫属中、重型汽车及客车的重要的内饰件，它的主要功能是吸声、隔热、减振和美化车内环境等作用。地垫对于轿车来说主要起装饰、防污和防滑等作用。

1. 汽车发动机罩衬垫及地垫的设计

商用汽车的发动机罩和地垫的设计一般要求必须与驾驶室下部发动机金属壳体贴合一致，其上面又必须与仪表板下部相吻合，还要留出换挡手柄及其他附设装置的安装位置，而且还必须美观、大方并与驾驶室的色调浑然一体，见图 6-20。轿车的地垫的设计主要以美观、漂亮为出发点。

2. 汽车发动机罩衬垫及地垫的分类与制造

商用汽车的发动机罩衬垫和地垫按成型材料可分为棉质的、橡胶的、PVC 发泡复合的、橡胶发泡复合的等几种。现在比较流行的做法是 PVC 皮革吸塑后与聚醚多元醇和异氰酸酯发泡填充而成，或橡胶热压成型后与聚醚多元醇和异氰酸酯发泡填充而成。轿车中的地垫一般都采用美观、漂亮的复合成型垫（如橡胶、PVC、毛、麻类），橡胶的可热压成型，PVC 的

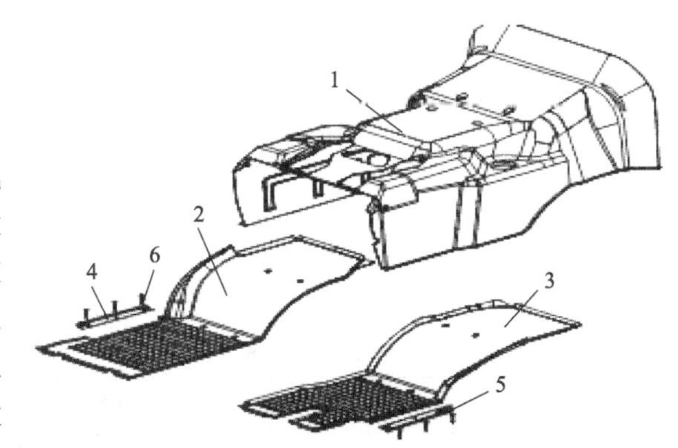

图 6-20　汽车发动机罩衬垫、地垫组成

1—汽车发动机罩衬垫；2—左地垫；3—右地垫；4—左压条；5—右压条；6—自攻螺钉

可注射成型。

3. 商用汽车地垫及发动机罩衬垫技术条件

商用汽车地垫及发动机罩衬垫的结构型式及尺寸应符合经规定程序批准的产品图样要求，见表 6-29。理化性能应满足的指标见表 6-30。

表 6-29 载重汽车地垫及发动机罩衬垫的结构型式及尺寸要求

簇状绒织物饰面复合材料衬垫				
簇状绒织物	100%聚酰胺	绒毛重 420g/m^2	网距 1/10	
涂层	低密度聚乙烯约 400g/m^2		三元乙丙橡胶 EPDM 约 4500g/m^2	
减振层	聚醚型聚氨酯泡沫板 8～10mm，单位体积质量 28～30kg/m^3			
保护层	聚氨酯薄膜 50μm，黑色			
聚氯乙烯饰面复合材料衬垫				
聚氯乙烯薄膜	纺织胶合并轧出花纹聚氯乙烯有效层 0.8mm			
	地板垫约 1100g/m^2		发动机罩衬垫约 1500g/m^2	
涂层	低密度聚乙烯约 400g/m^2		三元乙丙橡胶 EPDM 约 4500g/m^2	
减振层	聚醚型聚氨酯泡沫板 8～10mm，单位体积质量 28～30kg/m^3			
保护层	聚氨酯薄膜 50μm，黑色			

表 6-30 理化性能指标

检测项目		单位或条件	要求	试验方法
耐热性		(80±2)℃，24h	无变色、裂纹等明显变化	在热空气老化箱中，(80±2)℃，24h，取出观察表面
耐寒性		-40℃，24h	无断裂、保持弹性	在低温箱中，-40℃，24h，试验后，观察表面及弹性状况
整体强度			试验后，能恢复弹性且无裂纹等异常现象	取 100 倍消声元件自身载荷，保持 24h，而后观察表面
耐臭氧性		25℃，50×10^{-6}，24h	0 级、无裂纹	在臭氧老化试验机中，25℃，50×10^{-6}，24h，观察表面
阻燃性		mm/min	<100	取 356100mm 的试样，在标准状态下预处理 24h，把表面起毛或簇绒的试样平放在平整的台面上进行梳理，用水平燃烧仪测试火焰传播速度
耐液体性	耐洗涤性		不得有变色、粘手、溶胀等异常现象	用干净抹布蘸取该介质擦涂在簇状绒织物或聚氯乙烯薄膜表面同一处，每隔 5min 涂一次，共涂 10 次，观察擦涂处的情况
	耐甲醇性			
	耐 90 号汽油			
	耐机油			
黏合力			最小 0.2N，不允许出现面积大于 2mm^2 不粘区	用拉力机进行检测，用肉眼观察粘接断面的情况
隔声性能			在 20℃，200Hz 时，在 1mm^2 钢板上损耗系数不小于 0.05	在实验室测量管道吸声程度，做管道吸声程度-频率曲线，找出 20℃、200Hz 下的损耗系数

生产厂家有下列情况之一时，应进行型式试验：新产品定型时；产品设计、工艺或材料

有改变时；产品停产半年以上重新恢复生产时；批量生产时，每两年不少于一次；汽车生产厂家提出进行型式检验要求时。

4. 汽车发动机罩衬垫、地垫制造工艺的演变过程

如何提高汽车发动机罩衬垫、地垫的隔热、吸声、减振效果？尤其对于载重汽车来说，发动机罩的形状比较复杂，且整体落差较大，因此生产加工难度很大。

(1) 第一代发动机罩衬垫、地垫的生产工艺　刚开始由于汽车生产量不大，发动机罩衬垫、地垫最原始的加工方法是手工缝制，材料多选用棉质或皮革，但由于该产品使用寿命较低，且与本体符合性太差，隔热、吸声、减振效果也不是很好，再加上不适合批量生产，所以很早就淘汰了。

(2) 第二代发动机罩衬垫、地垫的生产工艺　橡胶硫化成型的工艺流程为：模具加热至(150±5)℃→开模铺放生橡胶（复合）坯料→合模加热至橡胶硫化成型（约 20min）→开模取件后修剪多余部分。

该工艺特点如下。

① 投入较大。大型压力机（约 100 万元/台），热压模（约 20 万元/台）。

② 耗能大。模具加热时间较长，适合大批量生产，但制品质量受加热温度不均匀、压力不稳定等影响，不容易控制，易起泡，填不满料，厚薄不均，加工成本较高，而且该产品在驾驶室内长期使用易老化、变色、变硬，因此隔热、吸声、减振效果也大打折扣。另外，制品较重，增加了车辆自重。

(3) 第三代发动机罩衬垫、地垫的生产工艺　随着汽车工业的发展，竞争日渐激烈，对发动机罩、地垫的要求越来越高，既要求外形美观、符合性好，又要求进一步提高隔热、吸声、减振效果，同时还要求降低成本。经过反复试验，把生产仪表台的吸塑、发泡填充工艺引入发动机罩、地垫的生产。

① 吸塑。把发动机罩衬垫的外表皮真空吸塑成型，选用拉伸性能较好的并带有橘皮纹的 PVC 革，这样可保持外形美观，因按本体吸塑其符合性也好。

② 发泡填充。将发动机罩衬垫的内层由原来的聚醚多元醇、异氰酸酯混合发泡而成，该组织结构呈“　”形，海绵状半硬泡，弹性好，吸声、隔热、减振性能好，又节省材料。

5. 吸塑、发泡、填充工艺

第三代发动机罩衬垫、地垫的生产工艺为吸塑、发泡、填充工艺，其工艺流程：下料→加热→吸塑成型→发泡填充成型→修掉多余部分（注：发动机罩衬垫形状不复杂的可以把吸塑和发泡成形合在一起）。

(1) 下料　根据所选 PVC 革的收缩率（一般 3%～5%）及发动机罩、地垫形状计算出工艺尺寸。该工序十分关键，是吸塑成型的基础。

(2) 加热　在专用烘箱内加热。加热要求均匀，最好上下两层加热，温度及时间要控制好，一般为 (100±5)℃，加热时间为 5～7min，直到 PVC 革刚好软化为止。

(3) 吸塑成型　迅速将加热软化的 PVC 革放置在吸塑模上，打开真空泵，吸塑成型，并用冷水喷雾定型，该工序十分关键，若吸塑不到位或回缩太大，则影响发泡工序。有时尺寸不稳定，主要与该工序操作有关。

(4) 发泡填充成型　将吸塑成型的发动机罩衬垫外皮放入发泡模内，迅速将混合好的 A、B 两种发泡料浇入发动机罩外皮内和侧腔内，刮平，合模，固化时间为 15～20min。A、

B两种料分别为聚醚多元醇、异氰酸酯。

（5）修掉多余部分　开模后将熟化好的发动机罩衬垫放在案子上修剪，修剪去多余部分即可。

6. 目前存在的问题及努力方向

目前存在的问题主要是因吸塑模、发泡模自动化程度不高，再加上聚醚多元醇、异氰酸酯发泡工艺条件的制约，生产效率不高，生产一件发动机罩衬垫所用工时为25～30min。另外，PVC革吸塑后回缩大也是一个难点。

采用吸塑、发泡工艺生产出来的发动机罩衬垫，视觉效果好，外表美观舒适，起泡少，回复性好，吸声、隔热、减振效果大大提高，且生产成本大大降低，一次性投资也较少（15万～20万元），并适合大批量生产，产品质量也比较稳定，是生产汽车发动机罩、地垫行之有效的工艺方法，必将广泛用于汽车工业。

二、汽车用地毯

汽车地毯作为一种汽车内饰件应用具有集实用性与装饰性于一身的特点。汽车用地毯除应有良好的外观、美观、舒适、隔热、阻燃、吸声、防滑、踏感、优良的保温性、吸湿性、吸尘性外，还应具有耐磨性、耐水性、耐稳定性及与底板的良好吻合性。与民用地毯相比，汽车用地毯生产工艺复杂，技术难度大，技术指标多，质量标准要求高，评价汽车用地毯主要表现在以下几个方面。

（1）剥离强度　剥离强度反映了地毯面层与起保护作用的背衬之间结合的牢固程度。剥离强度高的地毯在使用时若遇水则耐水能力强。

（2）耐磨性　作为地面装饰材料，地毯在使用过程中会受到磨损，使表面的绒毛层磨去而露出背衬，所以耐磨性越好，地毯的使用寿命越长。一般织地毯时所用绒线质量越好，绒毛长度越长，地毯的耐磨性越好。对于手工羊毛地毯，道数越多，地毯越致密，耐磨性也越好。

（3）弹性　地毯铺设使用后，会受到重压，人们在其上行走也会施加压力，弹性不好的地毯，其厚度就会减少，使地毯的平整度降低。一般化纤地毯的弹性不及纯毛地毯，丙纶地毯的弹性不及腈纶地毯。目前我国生产的化纤地毯的弹性尚未赶上国际同类产品的水平。

（4）阻燃性　各种地毯遇火时都会产生燃烧，所以认定地毯阻燃性是以燃烧速率≤100mm/min方为合格。若地毯的阻燃性不符合要求，则在使用过程中遇到火星将会产生大面积燃烧，甚至会对人产生很大危害，严重时会危及人的生命。

（5）黏合力　黏合力是衡量地毯的绒毛在背衬上黏结的牢固程度。

（6）静电性能　当人们在地毯上走动时，由于摩擦作用会在地毯表面产生静电，而地毯的材料又是绝缘的，静电不容易放出，所以化纤地毯若不经过处理，所带电荷比羊毛地毯多，容易吸尘，难以清扫。因此在合成纤维的生产中，常掺入适量具有导电能力的抗静电剂，但我国生产的化纤地毯的抗静电能力尚未赶上国际水平。

（7）抗老化性　抗老化性主要是对化纤地毯而言的。这是因为化学合成纤维在空气、光照等因素作用下会发生氧化，使其性能下降，缩短使用寿命。

汽车地毯主要有针刺地毯和簇绒地毯两大类。在北美洲几乎是簇绒地毯一统天下，而西欧和日本则是针刺地毯和簇绒地毯各占一半。簇绒地毯所用纤维原料95%以上是聚酰胺纤维，其优点在于优异的回弹性和耐磨性。针刺地毯所用纤维主要是聚酯和聚丙烯。由于聚丙烯价格上的优势，所以国内一般以针刺地毯为主。

针刺地毯的工艺流程：称重投料→开松→混合加油→定量喂料→机械梳理→成网→牵

伸→预针刺→牵伸→主针刺→定型→浸胶→预烘→烘干→切割卷绕→检验→包装。

人们一般在选购地毯时比较注重地毯的花色、图案、颜色等直观特征，也很注意地毯的毛色、手感等，而常常忽视了直接影响地毯使用寿命的物理性能。以有色中粗（6.7～30dtex）空气变形卷曲与机械卷曲丙纶短纤维为主是汽车用地毯、室内地毯及装饰毯的原料。其特点是：纤维断裂强度及断裂伸长适宜，断裂功较大，卷曲弹性好。

目前，在高、中级轿车中主要大量使用针刺地毯，植绒地毯多用于后备厢中。针刺地毯的主要性能要求见表 6-31。

表 6-31 针刺地毯的主要性能要求

序号	项目	性能指标	试验方法
1	外观	由供需商定	目视法
2	断裂强度/MPa	≥500	—
3	定负荷伸长率/%	5～20	—
4	残余变形率/%	≤4	—
5	撕裂力/N	≥120	拉伸速度 100mm/min
6	耐磨耗色牢度/级	3～4,无颜色突变	—
7	90℃、5h 后外观	成品形状稳定,不得翘曲变形	目视法
8	90℃、5h 尺寸距离变化/%	±1.5	—
9	常温 30min 干燥后外观	成品件不得有卷曲、凸起或变色	—
10	气味	使用过程中无令人不愉快的气味	—
11	阻燃/(mm/min)	≤100	GB 8410
12	抗菌性能	在使用过程中不能有霉菌滋生	—

现在比较流行的汽车成型地毯坯料，一般采用各种纤维原料混合加工而成。该产品强度高、耐磨、阻燃；经二次成型加工后尺寸稳定，能保持原坯料面的弹性与丰满度，不变色。成型地毯坯料经过模压成型即可得到驾驶室地毯和后备厢地毯等。

另外还有一种复合成型地毯，产品外观要求颜色均匀，花纹、光泽、手感符合相关标准，产品应平整，可见的表面不能有气泡、杂质等有损外观及性能的缺陷。部分车型复合成型地毯所用材料见表 6-32。

表 6-32 部分车型复合成型地毯所用材料

序号	车型	地毯主要材料/质量(kg)
1	梅赛德斯-奔驰 A 级车	PUR/1.1
2	梅赛德斯-奔驰 C 级车	PUR/7.9
3	梅赛德斯-奔驰 E 级车	PUR/4.8
4	标致 206	PUR/0.3
5	标致 307	PVC/7.2
6	标致 607	PUR/5.8
7	奥迪 A4	PUR/1.7
8	大众途安	PUR/2.6
9	雷诺柯里欧	PUR/1.0

续表

序号	车型	地毯主要材料/质量(kg)
10	雷诺拉古娜	PVC/0.5
11	雷诺威赛帝	PE+EVAC/13.9
12	雷诺风景	PUR/3.8
13	日产梯诺	PUR/1.8
14	欧宝可赛	PUR recycled/2.5
15	迷你1型	PUR/1.9
16	宝马紧凑型轿车	PUR/4.1

三、汽车用脚垫

汽车脚垫有如新房铺地板，是汽车装饰中必不可少的一部分，在轿车中尤为重要。它的作用是保护车内的地毯，防水、防污染、防摩擦、防滑，易清洁、结实耐用等，好的脚垫还是一件精美的艺术品，上表面有优美的图案。根据汽车脚垫材料的不同，可分为亚麻脚垫、纯羊毛脚垫、PVC脚垫、橡胶或塑胶板脚垫等。根据汽车脚垫材料多少不同，可分为单一材料结构脚垫、复合材料结构脚垫等。根据汽车脚垫结构不同，可分为平面结构脚垫、立体结构脚垫等。

第九节 汽车杂物箱及烟灰缸

汽车杂物箱及烟灰缸是汽车重要的功能件，也是装饰件。

一、杂物箱及烟灰缸的设计

汽车杂物箱的设计要考虑其实用性和方便性，要求耐磨、耐冲击，杂物箱盖的要求不变形、不翘曲、耐划伤并且饰纹和格调与仪表板要统一。杂物箱的技术指标见表6-33，杂物箱盖的技术指标见表6-34。烟灰缸的设计要考虑其使用性和观赏性。烟灰缸是一个复杂的小总成，若设计好了，可以作为一个艺术品，既享受了使用它的乐趣又具有观赏性。它可以通过使用卷簧、弹簧、齿条、齿轮等结构达到阻尼的效果，轻轻一按，它就会慢慢打开。

表6-33 杂物箱的技术指标

序号	项目	单位	技术指标
1	外观	—	不得有裂纹、飞边、毛刺等
2	拉伸强度	MPa	≥23
3	缺口冲击强度(23℃)	J/m^2	>49
4	断裂伸长率	%	>73
5	弯曲强度	MPa	≥25
6	热变形温度	℃	≥46

表 6-34 杂物箱盖的技术指标

序号	项目	单位	技术指标
1	外观	—	不得有裂纹、飞边、毛刺及划痕等
2	冷热交变实验[(80℃×4h)→(室温×0.5h)→(－30℃×1.5h)→(室温×0.5h)两个循环]	—	不得有任何异常
3	拉伸强度	MPa	＞24.5
4	缺口冲击强度 20℃ －30℃	J/m^2	＞49 ＞25
5	弯曲强度	MPa	39.2
6	断裂伸长率	%	＞100
7	开关耐久实验(在开闭试验机上)	次	≥12000，无任何异常

二、杂物箱及烟灰缸的分类与制造

杂物箱按材料和加工方法可分为玻璃钢糊制的和塑料注射成型的。玻璃钢糊制的杂物箱较重且生产效率不高，但由于其加工成本较低且玻璃钢易着色等优点，所以这种加工方法还有一定的市场。现在比较流行的加工方法一般都是选用 ABS/PC 注塑而成，杂物箱盖一般选用 PP 复合材料或纯 PP 注塑而成。

烟灰缸按安装方式可分为固定式和移动式。固定式一般安装在仪表板上，移动式仅附设在仪表板或其他部位，烟灰缸可以作为一个单独的器件拿出来使用。烟灰缸内体和缸盖材料必须耐高温并阻燃。一般都是 PC、PC 合金或玻璃纤维增强尼龙等材料注塑而成，烟灰缸外体可用 ABS 注射成型。

第十节 汽车天窗总成

汽车天窗安装于车顶，能够有效地使车内空气流通，增加新鲜空气的进入，同时汽车天窗也可以开阔视野以及满足移动摄影摄像的拍摄需求。

汽车天窗主要用在乘用车上和部分商用汽车如客车、公交车等，汽车天窗不仅是汽车重要的功能件，也是装饰件，而且一般是选装件。

一、汽车天窗总成的设计

汽车天窗总成包括玻璃总成、框架总成、机械组件、挡风条总成、排水系统总成、电机总成、遮阳板（帘）总成等，见图 6-21。

汽车天窗在汽车的顶部，最高点，其主要功能是在人们疲劳或困倦时打开天窗更换一些新鲜的空气。若打开侧窗会有漩涡状气流，噪声很大，也会有灰尘或烟气进入，而使用汽车天窗可以避免以上困境，其优势显而易见，见图 6-22。

汽车天窗对风噪的要求如下。

① 一定车速下，打开汽车天窗会产生一定的噪声，在产品设计时要控制这个噪声源。

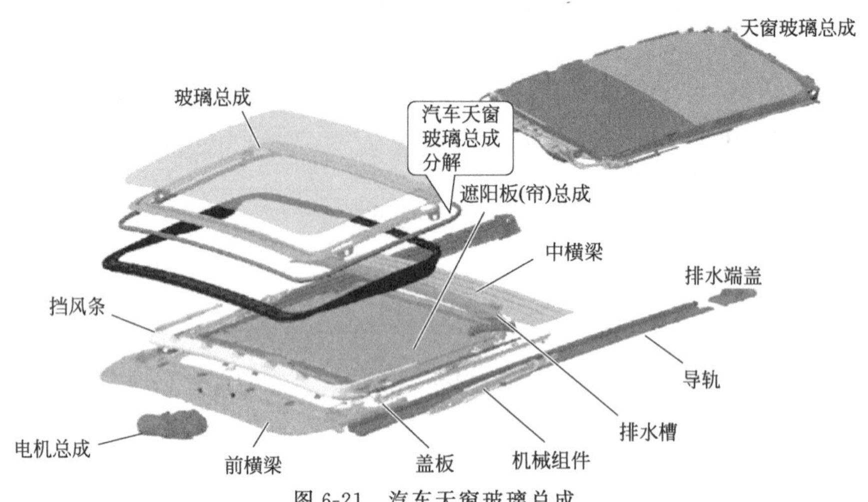

图 6-21　汽车天窗玻璃总成

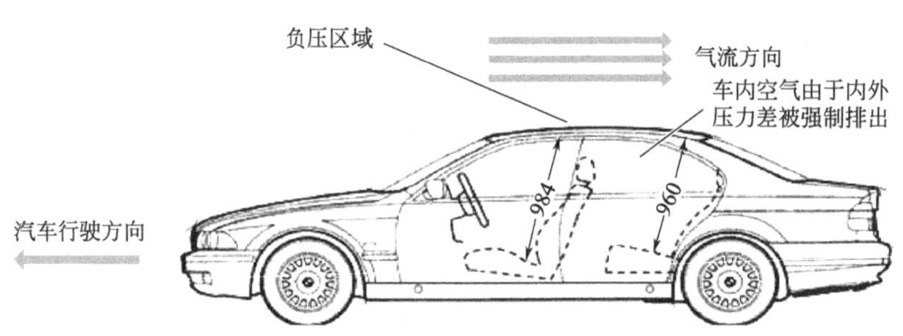

图 6-22　汽车天窗换气过程

通常在车速为 25～110km/h 时，产生的风噪不能超过 9dB。

② 汽车天窗玻璃密封条与车身结合的部位也可能产生噪声，在产品设计时也要考虑结合部位的间隙以及平整度，要将其噪声对车内的影响控制在 2dB 以内。

③ 汽车天窗的空气导流板也可能产生风噪，设计时要注意其形状、角度和高度，要将其产生的风噪控制在 3dB 以内。

汽车天窗还有一个重要功能是可以自然采光，车内光线明亮清晰，并可营造一种浪漫的气氛。

汽车天窗是重要的安保件，安全是第一位的，密封性要好，不能漏雨，要求做到天窗玻璃沿滑槽前后移动自如，不能有卡滞现象，能倾斜启闭，且按要求停留在任意位置。

1. 汽车天窗的密封排水及挡风设计

顶盖天窗设计中最重要的问题是防漏水。天窗内侧应设计流水槽和嵌有密封橡胶条的框架，从缝隙漏入的水通过流水槽和排水管流出车外。移动玻璃窗一般为褐色，可反射阳光，内侧设有遮阳板，打开遮阳板后光线可射入车厢。设计天窗周围的密封条时一定要保证与车顶翻边的密封条相结合，阻挡灰尘及雨水的进入，天窗总成内部需要设计排水槽及排水管，排水方向从车顶最高处分前后、沿两边，以便将少量从密封条与车顶结合处渗入的雨水排到车身外部去。要求挡风条网起翘后，挡风条由 PP 材料注塑而成，而且要求其高出车顶 10mm。

2. 天窗玻璃总成

天窗玻璃总成一般由专业厂家提供。玻璃一般选用厚 5mm 厚的钢化玻璃，要求透光度好、清晰明亮、安全可靠。玻璃四周用软 PVC 包边，密封条选用 EPDM 材料，与金属加强件由 PU 胶黏结而成，天窗玻璃总成由螺钉固定在框架总成上。汽车天窗玻璃的性能还要满足几个指标的要求：透光率、光反射率、总能量传导率、总能量反射率、紫外线传导率。

3. 汽车天窗的遮阳板总成

汽车天窗的遮阳板设计时其风格和色调一定与汽车顶棚保持一致，并有一定的刚性，能确保达到遮阳的目的。

4. 汽车天窗的机械结构总成及控制单元

汽车天窗的机械结构及控制单元主要有滑动机构、连接机构及操控机构等。滑动机构主要由驱动电机、驱动齿轮滑动螺杆、前枕座等部件构成。工作时，驱动电机所产生的转矩由驱动齿轮传送给滑动螺杆，直至后枕座，根据驱动电机的正转和反转，来决定向前滑动还是向后滑动，也就决定了车顶玻璃打开还是关闭。连接机构由后枕座、软轴、连杆、导向柱、托架等组成。汽车天窗的连接机构由电动机提供动力，电动机带动驱动齿轮转动，两导向柱向前后移动并配合电机传动软轴带动，以实现汽车天窗的闭合与开启。为防止发生玻璃窗移动时受阻导致电动机超负荷运转，还需设置超载保护离合器等。汽车天窗的操控机构主要由电源、电源继电器、车顶开关（滑动和倾斜）、限位开关（限位开关 1 和限位开关 2）、电子控制器（ECU）、执行器（驱动电动机）等组成。该机构的工作有多种状态，如滑动打开、滑动关闭、全关闭前 200mm 处停止、从停止到全关闭、全关闭时的停止、倾斜、斜升提醒、斜降、斜降至全关闭位置时的停止等。

二、汽车天窗总成的分类与制造

1. 汽车天窗总成的分类

汽车天窗总成可大致分为外滑式、内藏式、内藏外翻式、全景式和窗帘式等。按固定方式又可分为固定式天窗和活动式天窗，活动式天窗又可分为手动式天窗和电动式天窗。

（1）内藏式天窗　内藏式天窗是滑动总成置于内饰与车顶之间的天窗。其优点是天窗开口大，外形简洁美观。大部分轿车多采用内藏式天窗。但是如果是加装，这种内藏式天窗价钱就相对较高，而且因为要将车顶内饰重新做一遍，所以要求的施工技术也很高。

（2）外掀式天窗　外掀式天窗具有体积小、结构简单的优点，另外汽车天窗安装于车顶，能够有效地使车内空气流通，增加新鲜空气的进入，为车主带来健康、舒适的享受。同时汽车天窗也可以开阔视野，也常用于满足移动摄影摄像的拍摄需求。汽车天窗主要安装于商用 SUV、轿车等车型上。天窗倾斜升高，打开一定角度，但是开口大小很有限。

（3）全景式天窗　全景式天窗实际上是相对于普通天窗而言的。一般而言，全景式天窗面积较大，甚至是整块玻璃的车顶，坐在车中可以将上方的景象一览无余。全景式天窗的优点是视野开阔，通风良好。不过全景式天窗也有一些缺点：成本较高；落尘需要清理，否则影响视线；车身整体刚度下降，安全系数降低。但无论怎样，全景式天窗超大视野的享受，还是受到众多消费者的青睐。

2. 汽车天窗总成的制造

汽车天窗总成包括框架总成、玻璃总成、遮阳板总成、机械机构总成、电机、控制单元等，每种总成内都由若干子零件组成，见图 6-23 和图 6-24。因此，汽车天窗的装配也需严格的装配工艺流程及生产线才能保证其产品质量。汽车天窗装配生产线集成了铆接、涂胶(机器人涂胶)、链条总成装配、末端盖装配、电机装配、遮阳板总成装配、排水槽总成装配、挡风条总成预装配、玻璃总成和挡风条装配、天窗自动传送、防夹力检测、总成在线检测、在线质量监控等先进的生产技术，实现供电插头自动插拔、天窗轮廓检测及相对位置检测等功能，采用机械视觉及传感器技术将检测数据通过上位机上传至 MES 系统。

图 6-23　轿车天窗总成

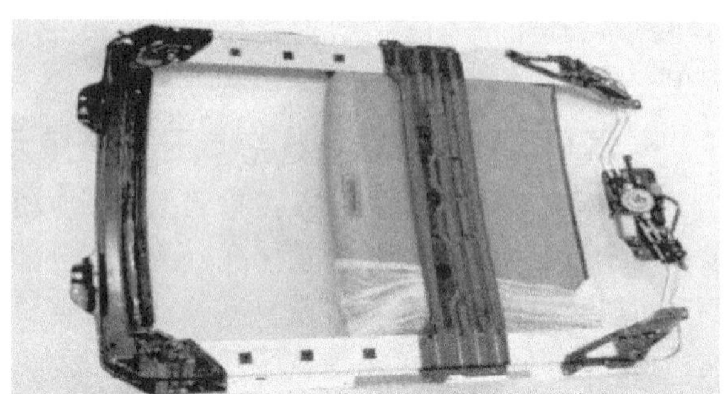
图 6-24　轿车天窗导轨总成

第十一节

汽车用密封条

密封条产品广泛用于汽车车门、后备厢盖、汽车玻璃与车身之间的密封与配合，也广泛用于发动机舱、车身内部及车身外部的其他地方。橡胶密封条是汽车应用橡胶较多的部件之一。密封条具有密封、隔声、降噪、防尘、防水、减振、防剐蹭，并起到美观装饰的功能。近年来，它对改善车内环境发挥了十分重要的作用。

一、汽车用密封条的设计

车身上的门窗、孔盖等活动部位的间隙密封属于动态密封，这种密封主要是靠密封条的压缩变形来实现的。不仅能隔热保温，防止风雨和尘埃侵入，而且还能缓和车门关闭时的冲击和汽车行驶中的振动，动态密封是车身内饰密封设计的重要部分。橡胶密封条主要是利用本体结构中唇空腔凸缘等部位的弹性与组装的装饰件（如玻璃）等接触物体的表面产生接触压力而起到密封和装饰的作用，一般要求在－50～80℃范围内使用。因此橡胶密封条的设计应注意以下两点。

（1）断面的设计　橡胶密封条的断面结构一般包括密封和安装面两个主体部分。有时也在产品剖面加有备注装饰面的要求，如植绒、涂膜等。密封部分根据密封空间位置及其大小、密封部分的受压方向和最适宜的压缩量进行设计或选型。安装部分则取决于固定部位尺寸的大小和固定方式，固定方式有嵌入式固定、机械式固定和黏合固定等。因此密封条断面形状的设计有很大的选择性，形状设计中若靠密封唇起密封作用时，密封唇的腰部尺寸应沿着根部逐渐加厚，以保证密封唇有足够的弹性和接触压力，减少压缩的变形。

（2）空腔形的设计　要求其壁不能过厚，也不宜过薄。厚的弹性虽好但是关闭时费力，太薄则密封部位缺乏挺起性而易变形，密封效果不好。采用的橡胶品种主要有 CR、EPDM 和 NR 等，目前我国汽车工业主要以 EPDM 密封条为主。

二、汽车用密封条的分类与制造

汽车用密封条根据结构可分为实心条、海绵条、空心条和复合条等。根据车型可分为轿车用密封条、客车及商用车用密封条、低速载货车用密封条等。根据用途可分为车门缓冲密封条、车顶密封条、后备厢密封条、侧窗密封条、后窗密封条、车门风窗密封条、前挡风窗密封条等。一般来说车窗以及玻璃使用实心橡胶密封条，车门以及发动机罩、后备厢等的密封使用海绵橡胶条。橡胶密封条具有防水、防尘等密封作用，在车身轻微振动时，能防止玻璃摆动，同时还可以使车身部位得到缓冲、减少噪声。此外还能减小汽车尺寸误差及装配不齐，使装配更加容易。因此要求密封条材料具有以下特性：优良的耐候性、耐臭氧性；对自身没有污染性；拉伸应力随温度变化小。通用汽车门窗密封条胶料的物理性能指标见表 6-35。客车用门窗密封条胶料物理性能指标见表 6-36。

表 6-35　通用汽车门窗密封条胶料的物理性能指标

序号	项目	单位	Ⅰ组，普通胶料		Ⅱ组，耐寒胶料	Ⅲ组，耐热胶料		Ⅳ组，海绵胶料
			Ⅰ-1	Ⅰ-2		Ⅲ-1	Ⅲ-2	
1	硬度(邵尔 A 型)		60±5	70±5	60±5	60±5	70±5	
2	扯断强度(最小)	MPa	7	7	7	7	7	
3	扯断伸长率(最小)	%	350	250	350	250	250	
4	压缩永久变形 70℃×22h(最大)	%	50	50	50			
	压缩永久变形 100℃×22h(最大)	%				50	50	
	压缩永久变形 23℃×70h，压缩量50%(最大)	%						积累数据
5	撕裂强度(最小)	kN/m	15	15	15	15	15	
6	热空气老化 70℃×70h 扯断强度变化(最大)	%	−25	−25	−30			
	热空气老化 70℃×70h 扯断伸长率变化(最大)	%	−25	−25	−35			
	热空气老化 100℃×70h 扯断强度变化(最大)	%				−25	−25	
	热空气老化 100℃×70h 扯断伸长率变化(最大)	%				−25	−25	
7	耐臭氧性(2×10^{-6}，拉伸 20%，40℃×70h)					不出现龟裂		
8	污染性(23℃×168h)	在试样上允许有轻微的浅黄色污染轮廓						
9	脆性温度(不高于)	℃	−30	−30	−50	−50	−50	
10	表观密度	mg/m^3						0.35～0.6

表 6-36　客车用门窗密封条胶料物理性能指标

序号	项目			单位	指标	
1	硬度(邵尔 A 型)±5			度	60	70
2	扯断强度		≥	MPa	6.86	
3	扯断伸长率		≥	%	300	200
4	撕裂强度		≥	MPa	14.7	
5	热空气老 70℃×70h	硬度变化	≤	度	+10	
		扯断强度变化	≤	%	−25	
		扯断伸长率变化	≤	%	−35	
6	压缩永久变形(70℃×22h)		≤	%	50	
7	脆性温度		≤	℃	−35	
8	耐臭氧性(2×10^{-6},拉伸 20%,40℃×72h)			—	无龟裂	
9	耐候性(拉伸 20%,63℃×300h)			—		
10	污染性(63℃×100h+16h,载荷 4.41N)			—	无污染	

1. 车窗密封条

汽车的前风窗或后窗是闭式的，在车身的风窗与风窗玻璃之间用橡胶密封条连接，密封条起密封与缓冲的作用，还可以防止车身受扭转导致窗口变形时损坏风窗玻璃。这种密封条用挤压成型的方法制造，一般是闭环密封条，在设计时对硬度要有特定的要求，在图纸上要标注出来。为了防止水和灰尘渗入车厢内，最好在密封条和玻璃以及车身风窗口法兰边之间填有不干的密封胶。选择密封条材料时，应从形状复杂程度、小圆弧断面、所要求的尺寸精度、挤压成型的加工性和成本等方面考虑。最好在表面采用耐候性好的合成橡胶膜，而中间的橡胶则具有必要的强度和硬度。设计时要特别注意在根据设计要求装配好之后，在使用时密封条免受到大的张力，因为张力大的情况下工作的橡胶材料极易老化。用挤压加工方法制成的密封条，其圆弧部分的最小半径值为 60mm，半径小于此值或成为尖角时，转角部分就需采用模具成型方法加工。目前我国已引进了国外流行的模压接头，在转角处采用特殊的模压硫化工艺和橡胶型材预硫化成型工艺，保证密封型材与玻璃拐角曲率半径的一致性。此外，设计断面形状时必须考虑便于安装密封条和填入填料。

近年来采用硫化密封层或异丁烯橡胶密封条的方法来装配风窗逐渐增多。目前有的采用进口的三元乙丙橡胶（EPDM），这种橡胶密封条制品抗老化性能非常好，工作环境温度可在−40～120℃。硫化密封层时采用密封剂，喷涂在玻璃边缘和车身风窗口法兰边上，直接黏结而成。硬固时间，可通过密封剂的成分进行控制，在十分钟到几小时的时间内便成为橡胶状的物质，硬度在 50 度左右。异丁烯橡胶密封条是在异丁烯橡胶中添加炭黑和胶黏剂，用挤压成型的方法制成。

2. 车门密封条

（1）车门框密封条　主要由密实胶基体和海绵泡管组成。密实胶基体内含有金属骨架，加强定型与固定作用。海绵泡管有受压变形、卸压反弹的功能，保证关门时的密封作用。此外，唇边部分有装饰作用。如由彩色胶构成或贴有织物，色调更加美观。

（2）车门头道密封条　这是一种同门框条配合使用的密封条，它可以是密实胶基底加上海绵胶唇边，也可以是全海绵胶的泡管，用来增加车门与车体间的密封作用。

3. 车用密封条的制造

车用密封条主要以合成橡胶（EPDM）、塑料（PVC）、热塑性弹性体（TOV）为主要原料，经由炼胶（橡胶制品）、骨架预成型、挤出、硫化（橡胶制品）、表面植绒或喷涂、打孔、冲切、接头、注射接角、注射连接等工序制成成品。

密封条产品结构以橡胶为原料的简单产品有硬胶、软胶和海绵胶部分，复杂产品还包括金属骨架、加强线、表面植绒或喷涂、多种材料共挤出。以塑料和热塑性弹性体为原料的产品不需要硫化部分，生产线比较短，设备也简单。

EPDM 挤出工序电加热高频微波硫化工艺已经普遍采用，受能源资源的制约，电加热高速热空气箱、燃气加热硫化箱及高速热空气箱普及不够，导致国内生产线速度普遍低于国外。注射成型和模压成型工艺与国外相当，一模双腔在国内还很少见到。模具设计和模具制造水平尚有待提高。

玻璃与 PVC 之间的摩擦系数大于 1，而植绒后的 PVC 型材可将摩擦系数从 1 减小到 0.25～0.3，因而 20 世纪 90 年代 PVC 植绒密封条被广泛应用于汽车门窗的密封，以达到减小摩擦阻力，提高防尘、防振及缓冲性能的目的。在线或离线表面植绒或喷涂工艺国内外差别不大，只是还需要进口大量的植绒设备，短纤维带直接黏结在产品表面，国外已有，国内尚未出现；彩色 EPDM、PVC、TPV 表面技术国内外差别不大，绒布黏结在大众汽车产品上已经出现，但是还未推广开来。车用密封条制造工艺及制造技术应用一览见表 6-37。

表 6-37　车用密封条制造工艺及制造技术应用一览

序号	制造方法	原材料	工艺过程	中国	欧洲	美国	日本	韩国
1	挤出	EPDM	盐浴硫化	√	√	√	减少	减少
			超高频微波电加热硫化	√	√	√	√	√
			超高频微波燃气加热硫化	√	√	√	√	√
			电热空气箱加热	√	√	√	√	√
			燃气热空气箱加热	√	√	√	√	√
		TPE	密实 TPE	开始研究	√	√	√	√
			发泡 TPE	开始研究	√	√	√	√
			密实 TPE 与 EPDM 复合	开始研究	√	√	√	√
		PVC	密实 PVC	√	√	√	√	√
			PVC 与 EPDM 复合	开始研究	√	√	√	√
2	成型过程	EPDM	注射成型	开始应用	√	√	√	√
			压力成型	√	√	√	√	√
			一模两腔成型	×	√	√	√	√
		TPE	注射成型	开始研究	√	√	√	√
			一模两腔成型	×	√	√	√	×
		PVC	注射成型	√	√	√	√	√

续表

序号	制造方法	原材料	工艺过程	中国	欧洲	美国	日本	韩国
3	表面处理	植绒	在线植绒	√	√	√	×	×
			离线植绒	√	√	√	×	×
			植绒带粘贴	×	√	√	×	×
		涂层	在线喷涂	√	√	√	√	√
			离线喷涂	√	√	√	√	√
		表面着色	产品表面粘贴色带	×	√	√	未用	未用
			EPDM 产品表面着色	未开始	√	开始研究	开始研究	开始研究
			TPE 产品表面着色	未开始	√	开始研究	开始研究	开始研究
			PVC 产品表面着色	未开始	√	开始研究	开始研究	开始研究

第十二节 防护套

一、防护套的设计

防护套（图 6-25）在汽车内饰中主要用于座椅下端及换挡手柄下端等处，起到防尘、消声、降噪、减振及美饰作用，既是功能件又是装饰件。由于座椅和换挡手柄都是频繁运动的部件且有一定幅度的伸缩或摆动行程，因此要求防护套在设计时必须适应上述功能，外形要适合对应部件的形状并留有一定伸缩余量。汽车座椅防护套主要是用在驾驶室内驾驶员座椅和座椅下端，若裸露，一不美观，能露出钢板、弹簧及支架等；二是灰尘易进入，不易清洗。所以该处配置防护套，其目的有三：一是美观；二是防尘；三是消声、减振，即座椅产生的振动及噪声在防护套内可减弱，其形状一般与座椅下端相符，以美观适中为原则。

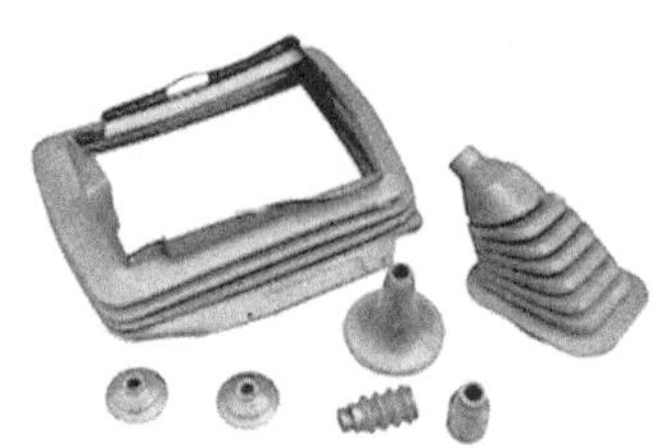

图 6-25　各种防护套

二、防护套的分类与制造

根据形状可分为方形防护套、圆形防护套、长方形防护套、圆柱形防护套等；根据材料可分为橡胶防护套、聚氨酯弹性体防护套、软 PVC 防护套等。橡胶防护套一般采用模压硫化成型，硫化成型时间较长，生产效率低。软 PVC 防护套可以注射成型，成型时间短，生产效率高，表面质量好，还可以带有各种图案的皮纹，是重点发展方向。防护套成型以后经修边、切口（根据装配时有无干涉而定）、装配（辅以弹性较好的细钢丝，保持其形状）、包装入库即可。防护套技术指标见表 6-38。

表 6-38 防护套技术指标

序号	项目	单位	技术指标
1	常态硬度	邵尔 HA	(50～60)±5
2	耐溶剂性(常温放入制动液中 1h 后,在 100℃烘箱中保持 3h)	邵尔 HA	(50～60)±10 (50～60)±15
3	热空气老化(在 100℃保 70h,硬度与状态变化)	邵尔 HA	(50～60)+(−5～10)
4	脆性温度(不高于)及外观状态	℃	−40 无裂纹
5	耐臭氧性能(5×10^{-7},拉伸 12%,在 40℃保持 70h)	—	无龟裂

第十三节 汽车安全带设计与制造

汽车安全带（图 6-26）是汽车紧急制动或发生碰撞时，防止或减轻乘员所受二次碰撞所造成伤害的带状结构安全装置，它的缓冲作用能吸收大量动能，减轻驾乘人员的伤害程度。由于车用安全带是关系到人的生命安全的特殊产品，因此汽车安全带被国家认监委列入第一批强制性认证产品。1968 年，美国规定轿车的前排座位均要安装安全带，由此安全带开始快速发展。我国有关标准也规定从 1999 年 7 月 1 日起，所有小型客车（包括轿车、吉普车、面包车和微型车）在行驶时，驾驶员和前排乘员都必须使用安全带。

图 6-26 汽车安全带

一、安全带的作用

当汽车遇到意外情况紧急制动时，它可以将驾驶员和乘客束缚在座椅上，以免前冲，从而保护驾驶员和乘客免受二次冲撞造成伤害。

根据美国运输部的调查，使用三点式安全带，驾驶员座位上的负伤率可降低 43%～52%（因车速不同而异）；副驾驶员座位上的负伤率可降低（37%～45%），而且在≤95km/h 的碰撞速度下，不会有死亡事故发生。如果不装用安全带，即便是在 20km/h 的碰撞速度下也会有死亡情况发生，两点式安全带的效果比三点式要差一些，但又比不装用安全带的伤亡率降低很多。

二、汽车安全带的性能及特点

（1）高强度　安全带是采用高强度聚酯长丝制成的多层机织斜纹或缎纹织物，宽 48～50mm、厚 1.2～1.5mm，要求抗拉强度大于 28kN，以抵御高速行驶中的撞击所产生的巨大惯性力，这一指标远远高于同密度其他工业织物带。上海欧爱织带有限公司开发用于福特、沃尔沃高档轿车的安全带，其抗拉强度可达 30kN 以上。

（2）低伸长　在具有高强度的同时，织带还必须具有较小的延伸率，以保证撞击时只产生很小的位移，从而避免乘员与方向盘或座椅的碰撞。现在汽车厂对配套安全带又提出更加苛刻的要求，要求不同位置的座椅安全带应具有不同的延伸率，如此加大了开发研制与生产安全带的难度。

（3）超耐磨　要求具有很高的抗摩擦性能。根据 GB 14166 标准，经高频摩擦试验后，仍能保持初始抗拉强度的 60%。上海维欧爱织带有限公司依澳大利亚 AS-1735 标准开发的织带，其摩擦次数比国家标准规定的指标增加了 1 倍，其抗拉强度能够保持初始值的 80%。另外，要求安全带经摩擦磨损试验后仍能保持平整、不弯曲、不变形。

（4）阻燃性　要求具有阻燃性能，按 GB 8410 规定的要求，其燃烧速率<100mm/min。

（5）耐光性　欧洲和美国的国家标准，要求织带在人造日光氙弧和碳弧灯照射下（相当于日光暴晒一年的能量），其抗拉强度仍能保持初始强度的 75%，同时只允许有 AATCC 4 级以上的褪色（PV 1303、SAE 1885、STM-E-42）。

（6）环保标准　为大众汽车公司和通用汽车公司配套的安全带必须通过气雾试验、甲醛排放试验、碳的总含量试验及气味试验，能够以满足车辆内部空间的环保要求。

除此之外，还要求安全带有很强的耐污染性、耐高温、耐低温、耐汗渍、耐微生物性及抗静电性能。东南汽车的 ESX 60250 标准提出了更高的要求：用标准洁布和脏布分别擦拭织带，要求洁布上不能残留污渍，脏布上的污渍不能残留在织带上，这些要求即使在民用纺织品上也是相当苛刻的。

三、安全带的分类

1. 按固定方式分

安全带可分为双点式、三点式、四点式三种。安全带的固定点的安装应符合标准 GB 14167 的要求，固定点根据情况可以固定在车身本体上，也可固定在座椅上。当安全带固定在车身上，座椅的位置调整时，安全带固定点位置不会相应调整，影响乘坐的舒适性。当安全带固定点安装在座椅上，安全带和座椅的相对位置不会因座椅的调整而改变，从而提高了乘坐舒适性，但要求座椅的强度必须符合标准中安全带安装的要求。

（1）双点式安全带　只对驾乘人员的腰部实现约束的安全带称双点安全带。双点式安全带是与车体或座椅仅有两个固定点的安全带，这种安全带又可分为腰带（或膝带）式和肩带式两种。腰带式是应用最广的形式，它不能保护人体上身的安全，但能有效地防止乘客被抛出车外。肩带式也称斜挂式，盛行于欧洲，但美国、日本、澳大利亚等国家并不采用。

双点式安全带的软带从腰的两侧挂到腹部，形似腰带，在碰撞事故中可以防止乘员身体前移或从车内甩出，优点是使用方便，容易解脱。缺点是乘员上身容易前倾，前座乘员头部会撞到仪表板或挡风玻璃上。这种安全带主要用在轿车后排座位上。

（2）三点式安全带　对驾乘人员的肩部和腰部同时实现约束的安全带称三点式安全带。三点式安全带是在双点式安全带的基础上增加了肩带，在靠近肩部的车体上有一个固定点，可同时防止乘员躯体前移和上半身前倾，增强了乘员的安全性，是目前使用最普遍的一种安全带。三点式安全带由腰带式和肩带式组合而成。按照腰带式和肩带式方式的不同，又可分为 A 型和 B 型两种。

A 型三点式安全带——可分离型三点安全带，安全带的一端与腰带带扣和锁舌插入同一个卡槽中，另一端固定在靠近肩部的车体上，成为三个固定点的安全带。

B 型三点式安全带——连续性三点式安全带，安全带的主要特点是腰带肩带为一条连续织带，带扣的锁舌套在织带上并可沿织带滑动，在肩部固定点附近装有一个长度调节件，因此比 A 型三点式安全带使用方便。

(3) 四点式安全带　对驾乘人员的双肩和腰部同时实现约束的安全带称四点式安全带，它是在双点式安全带上连接两根肩带而构成的。四点式安全带一般用于赛车上。

2. 按智能化程度分

按智能化程度来分，安全带分为被动式安全带与预紧式安全带。

(1) 被动式安全带　需要驾驶员或乘员自己操作才能起到保护作用。

(2) 预紧式安全带　这是一种自动约束驾驶员或乘客的安全带，即在汽车发生碰撞时，不需驾驶员或乘客自己操作就能起到自动保护的作用。有的预紧式安全带还配有限力装置，限力装置可以将作用于安全带的力限制在一定程度内，以缓解给乘员胸部带来的冲击，一般来说当安全带受到的压力超过 450N（后排座位为 650N）时，限力装置会将安全带反向释放出 10cm，以缓和安全带收紧时对乘员胸部造成的冲击，以免安全带过紧而导致驾驶员、乘坐人骨折、死亡。大约是相当于胸部受力超过 400kg，骨盆受力为 600kg 的力的强度。具备限力装置的预紧式安全带几乎是高档车必备的装备。

近年在汽车上应用最多的是预紧式安全带，这种安全带的特点是当汽车发生碰撞事故的一瞬间，乘员尚未向前移动时会首先拉紧安全带，将乘员紧紧地固定在座椅上，锁止织带防止乘员身体前倾，有效保护乘员的安全。预紧式安全带由织带、安装固定件和卷收器等部件组成。如图 6-27 所示，预紧式安全带中起主要作用的是卷收器，除了有普通卷收器的收放织带功能外，还有控制装置和预拉紧装置，在车速发生急剧变化时，能够在 0.1s 左右加强对乘员的约束力，起到保护作用，因此它由控制装置和预拉紧装置组成。预紧式控制装置分有两种：一种是电子式控制装置，这种预紧式安全带通常与辅助安全气囊组合使用；另一种是机械式控制装置，这种预紧式安全带可以单独使用且应用较广。预拉紧装置则有多种形式，常见的预拉紧装置是一种爆燃式的，由气体引发剂、气体发生剂、导管、活塞、绳索和驱动轮组成。当汽车受到碰撞时预拉紧装置受到激发后，密封导管内底部的气体引发剂立即自燃，引爆同一密封导管内的气体发生剂，气体发生剂立即产生大量气体膨胀，迫使活塞向上移动拉动绳索，绳索带动驱动轮旋转后驱动轮使卷收器卷筒转动，织带被卷在卷筒上，使织带被回拉。最后，卷收器会紧急锁止织带，固定乘员身体，防止身体前倾，避免与方向盘、仪表板和玻璃窗相碰撞。

另外有一种新型预紧式安全带已开始在荣威 550 上使用，该安全带是 TRW 公司的研发科技成果。荣威 550 所配的是齿轮齿条型预收紧前卷收器，电子控制单元在碰撞事故发生的瞬间引发齿轮齿条运动，立即收紧并锁止安全带，以防止乘员身体前倾，加大了安全保护。在正常行驶状态下，这种预收紧安全带与一般安全带无异，织带可根据乘员需要自由伸缩，保证舒适。当车辆的电子传感器感知到加速度或其他急剧变化因素时，电子控制单元向预收紧装置发出进行预收紧的信号，安全带中的机构能将织带回拉，把乘员身体有效束缚在座椅上。一般的安全带由于织带缠绕间隙、织带与乘员身体之间的间隙及织带本身的伸长率，在发生事故时，乘员仍有一定的向前移动量。而预收紧式安全带通过织带的预先收紧，消除织带与身体的间隙，在二次碰撞前将乘员身体的前移拉回座椅，从而更有效地防止二次碰撞可能带来的伤害。同时，如果拉紧的安全带在事故中对乘员的约束力过大，会造成伤害。因此，荣威 550 预收紧安全带还配置了一种限力装置，见图 6-28。当作用在织带上的力达到一定程度时，安全带的一个扭力杆装置通过自己的变形来吸收部分能量，从而避免作用在乘员身体上的力量过大。在非常紧急的刹车并造成事故时，特别是当发生严重撞车事故，座位安全带的预张紧使安全带自动张紧，将驾乘人员固定在座椅上，以避免过度前倾（预紧的作用，同时气囊弹出），接着安全带稍微“松开”一些（限力器的作用），在安全气囊充分发挥作用之前“温和”地保护乘员。

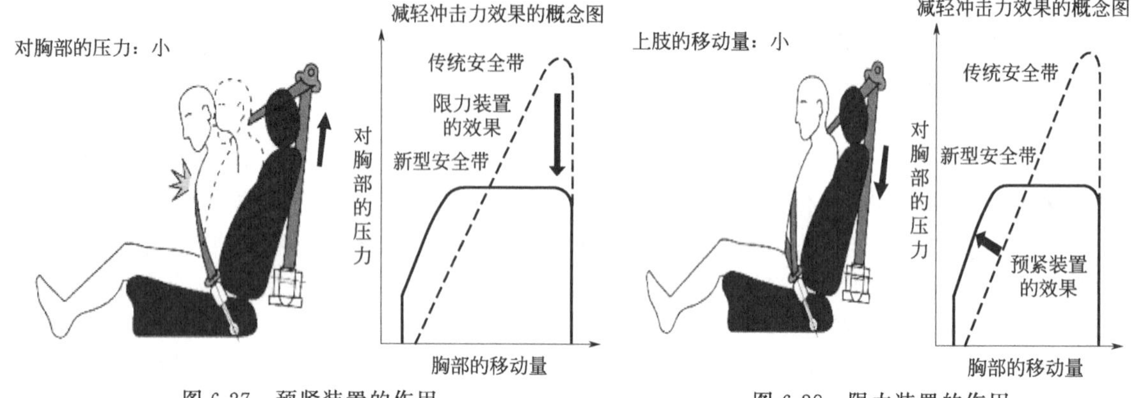

图 6-27　预紧装置的作用

图 6-28　限力装置的作用

第十四节 汽车安全气囊

安全气囊是安装在汽车上特定位置（图 6-29），在紧急情况下能紧急启动并保护驾驶员及乘客的安全的特殊装置。

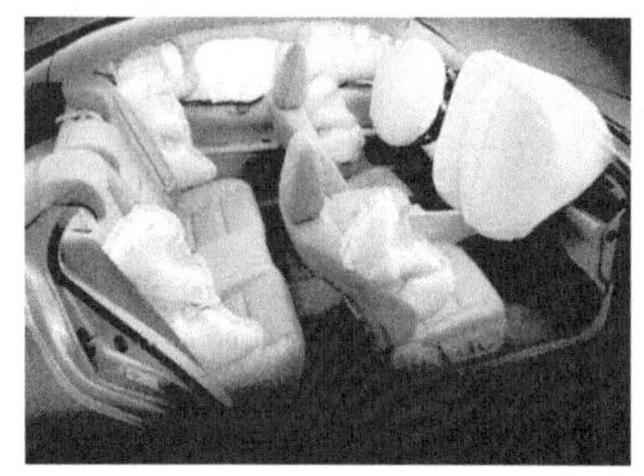

图 6-29　汽车安全气囊在座舱内的布局

一、汽车安全气囊的发展历史

安全气囊的雏形是美国人发明的安全气垫。1952 年 Hetrick 发明了他自己自称为“汽车安全气垫”的装置，用来减轻急刹车或正面碰撞带来的严重伤害。这是一种纯机械装置，用于使气囊膨胀的压缩空气储存在一个压力容器中，连接着弹簧的质量块用来感应汽车的减速度。当质量块产生位移时，能打开一个阀使压力空气从压力容器中冲出来，以使气囊膨胀。汽车用安全气囊在技术纺织领域里具有极其重要的用途。历经半个多世纪的发展，从军用安全技术系统，转向民用小汽车防护系统，从气体发生器到气囊各个环节都取得了许多技术进步。这种安全装置不仅在国外发展速度很快，而且在国内也正在小汽车中逐步实现普及，如上海大众汽车厂、长春第一汽车制造厂及其他企业生产的中、高级轿车，也都在驾驶员及前排副驾驶席前安装了安全气囊。

二、汽车安全气囊的作用及性能要求

1. 汽车安全气囊的作用

根据美国高速公路车辆碰撞问题研究部门（NHTSA）的报告显示，美国驾驶员应用安全气囊后，减少了约 30%人员的伤亡，安全带使用的磨损率也已降低了 50%。目前，我国的汽车工业作为支柱产业发展很快，汽车的安全行驶已经成为汽车生产厂家和广大乘员关注的热点。汽车安全气囊就是随着这个热点应运而生的新生事物。随着用户安全意识的提高，为了减少汽车发生正面碰撞时由于巨大的惯性力所造成的对驾驶员和乘员的伤害，现代汽车装用安全气囊系统越来越普及。根据有关资料显示，国内汽车配备了安全气囊后，车辆正面冲撞时乘员死亡率约降低30%，前部撞车时死亡率约降低18%。

注意：安全气囊一般与安全带配合使用，国产车大都使用普通安全带，而国外开发了限力式、预紧式安全带。限力式安全带可减少撞击时的冲击力，预紧式安全带可感知碰撞信号并使得原来松垮在乘客身上的安全带瞬时拉紧，以减少冲击力。系好安全带的乘员在车祸中的受伤程度也有所减轻。越来越多的出厂汽车装备了安全气囊系统，安全气囊已成为汽车的标准部件。

2. 汽车安全气囊的性能要求

作为安全气囊系统中的重要组成部分，安全气囊的重要性能毋庸置疑，然而要保证安全气囊系统能稳定地发挥出应有的保护效果，安全气囊必须在密封性、机械强度、实用性等方面满足基本使用要求。

① 安全气囊需要有稳定的整体密封性能。

② 安全气囊材料对氮气或者混合气体应具有适当的阻隔性。

③ 安全气囊材料应具有满足使用要求的冲击性能。

④ 安全气囊材料的耐撕裂性和拉伸性能满足实际使用要求以及密封性要求。

⑤ 安全气囊材料内外两层不能出现剥离情况。

⑥ 安全气囊材料的表面摩擦系数应满足安全开启的要求。

⑦ 安全气囊材料应具有一定的耐高温性能。

⑧ 安全气囊材料应具有良好的抗揉搓性，能满足折叠存放的密封和机械强度要求。

三、汽车安全气囊的分类、组成以及制造

1. 安全气囊的分类

安全气囊可装在方向盘中、手套箱门上、仪表板上部以及前排座椅的靠背。根据保护乘员的不同，可把气囊分为驾驶员气囊、副驾驶员气囊及其他乘员气囊等几种。根据保护方式的不同，将气囊分为正碰撞气囊、侧碰撞气囊及其他气囊。目前已广泛采用驾驶员和副驾驶员的正碰撞气囊。侧碰撞气囊的应用也逐渐增多。安全气囊安装位置不同，保护人体的侧重点也有所不同，如安装在方向盘下方的安全气囊可保护膝盖在正碰撞中免受伤害；安装在制动踏板下的安全气囊可保护脚和踝关节在正碰撞中免受伤害；安装在前座椅靠背上的安全气囊可保护后座乘员；安装在汽车发动机罩下的安全气囊可保护行人；安装在前挡风玻璃边框的安全气囊可减少行人与汽车相撞时头部的损伤。

2. 安全气囊的组成

汽车安全气囊主要由识别系统（传感器）、充气系统（气体发生器）和气囊三部分组成。当汽车发生碰撞时，由安装在汽车前保险杠上的一对传感器来识别冲击强度，当超过预定强度时，传感器将发出信号，触发气体发生器中的推进燃料，由此产生的高温高速气流将原先折叠安装的气囊充胀展开，以保护乘车人员的安全。安全气囊的识别系统（传感器）即传感器，目前主要使用压电传感器，可在正面、侧面、垂直三个方向感应汽车碰撞过程中的加速度变化，并输出模拟信号，较为先进的传感器集成了A/D转换模块，可以直接输出数字

信号。

未来对传感器的要求：一是可靠性，应能够在日常使用中长期可靠工作，并能够抵抗碰撞过程的大冲击；二是智能化，能实现自诊断、滤波、A/D 转换等功能；三是集成化，可减小传感器及其周边器件的数量，提高可靠性；四是成本要低，因其直接关系到系统的造价。

3. 安全气囊的制造

安全气囊材料不仅要承受高低温的考验，同时要有高的冲击强度和撕裂强度。安全气囊材料主要由橡塑材料组成，即橡胶和热塑性弹性体。安全气囊外套则采用增强工程塑料或热塑性弹性体制造。在安全气囊用织物市场中，聚酰胺占据 99%的份额，其余是聚酯及其他纤维，而多组分原料也将成为未来研究的热点。涤纶工业丝是开发车用安全气囊的优异材料。欧洲市场上的各种安全气囊以较细的纤维长丝作为织物原料，以减少空气流通，每根丝的细度为 6D 左右。国际上一般采用美国 DuPont（杜邦）与日本 Toray（东丽）两家公司的安全气囊。DuPont 与 Toray 生产的 3.5D 长丝织物的安全气囊都涂以硅层。欧洲生产的安全气囊 Eurobag 体积较小。而汽车用的安全气囊的袋也是用中低旦涤纶工业丝织成的囊状织物，安全气囊的特殊工作环境对气囊织物提出了很高的性能要求，为了承受来自高温高速气体的瞬时冲击，气囊织物不但应具有高强度，同时要有良好的伸长性能、高弹性回复性和能量吸收性。此外，由于高温气体把热能传给气囊织物使织物承受热负荷，气囊织物必须有一定的耐热性和耐老化性。为了使气囊易于折叠安装并能快速展开，气囊织物应该重量轻、柔软性好；为了使气囊能在短时间内展开以起到保护乘车人员安全的作用，但又不至于因为织物透气率过小使其中的气体不能及时释放而造成对乘车人员头部的过度撞击，非涂层气囊织物应有精确的透气性，以避免过热空气透过灼伤乘车人员。

由于气囊的性能要求，目前用作气囊织物的原料主要从锦纶纤维与涤纶纤维两大类中选用。锦纶纤维具有初始模量低、断裂伸长率大、弹性好及热焓量高等特点，自气囊发明以来一直占有绝大部分的市场份额，尤其是锦纶 66 长丝。涤纶纤维的耐高温性和耐冲击性不如锦纶织物，但随着气囊织物整理技术的发展，涤纶纤维以其成本低、强度高、耐化学品性好、受湿度变化的影响不明显等优点而逐渐被用于气囊织物的加工。在设计气囊织物时，选用低旦长丝，可降低气囊质量，使之易于折叠安装。在非涂层织物的开发中，涤纶纤维以其优异的特性成为现今安全气囊原料的研究热点。涤纶纤维因其回潮率比锦纶 66 纤维低（前者 3%、后者 4.5%），织物透气性增加。开发非涂层涤纶织物可以免除上胶工艺，可以降低昂贵的后加工费用，减少安全气囊的体积和单重，提高柔软性；涤纶纤维原料价格比聚酰胺 66 纤维便宜，采用涤纶纤维可以有效地降低安全气囊袋的生产成本。

气囊织物为高密织物或超高密织物，有很大的加工难度。非涂层气囊织物的结构一般为平纹。平纹织物具有很小的织物透气性、很高的结构稳定性和很大的织物强度。缝制型安全气囊织物的织造加工设备有专用织机。全成形型气囊的成型方法采用全成形原理，国外一些公司已经加工出袋状织物，并获得相关专利。其囊身部分为平纹组织，四周封边部分为斜纹编织。车用安全气囊织物的织造方式大致分为两类：一类是由匹状织物经裁剪、缝制加工而成；另一类是可用多臂织机加工成全成形气囊。其中匹状织物的织造，一般是经织前准备后在剑杆织机、片梭织机或喷气织机上织造。织前准备主要是为了提高长丝纱的可织性，无捻长丝纱集束性差、抱合力小，通过加弱捻（10～20 捻/10cm），分条整经后，进行低上浆率上浆，增加其抱合力，提高其强力和耐磨性，使织造时梭口清晰，布面质量均匀。织造工艺对织物的强度、伸长率和透气性能有着极大的影响。对涂层织物，其透气性与耐热性主要靠涂层来实现，而其强度与柔软性受经纬纱密度影响，因而在满足织物强度的要求下，应尽量采取低密度使织物柔软。对非涂层织物，经纬纱密度选择在150～200根/10cm，由于经纬纱密度较大，织物的强度和耐热性已满足气囊的性能要求，所以经纬纱密度的选择应主要从气囊织物的透气性考虑。气囊织物采用的组织主要是平纹，它的平均浮长较小。对于非涂层气囊织物，当经、纬纱线密度和织物经、纬纱密度相同时，平均浮长较小的平纹组织的气囊织物，透气量最小，气密性最佳。一次全成形气囊是为了消除因缝制可能造成部分透气而开发的新型加工技术，产品有方形和圆形两种。方形气囊在配有10片以上综框的多臂织机上可以完成，而圆形气囊由于每根经纱的沉浮规律和屈曲程度各不相同，加工只能在提花机上完成。

气囊袋已由最初的织物表面涂覆氯丁橡胶、缝制型的第一代产品发展到现在的非涂层、全成形的第四代产品。然而，涂层和非涂层的织物各有优缺点。涂层织物不易磨损，易于切割和缝纫，空气孔隙率控制得更好；未涂层织物更轻、更软、体积更小、更易回收处理。对于涂层织物而言，车用安全气囊织物经过织造加工后，再经过一系列的处理工序，以达到所需要的性能要求。首先是洗涤工序，因为在织造加工过程中，涤纶纤维一般经13%丙烯酸的上浆和1.5%矿物油的上油，坯布必须经过退浆和去油处理，最终的油、浆残留率应控制在0.3%以下，以达到气囊10年使用寿命的要求。

为了降低气囊织物的透气性，可对其进行轧光整理。轧光整理就是使织物通过一对或几对液压辊筒，辊筒一般都是加热的，压力为10MPa，温度为150℃左右。通过轧光处理，可消除织物孔隙，从而达到减小织物透气率的效果。涂层整理其最大优点在于，让涂层气囊只能通过底部的2个气孔排气，从而使人们可较方便地设计气孔大小及部位，精确控制透气量，并且阻燃性较好，可避免热气喷出时灼伤乘车人员。氯丁橡胶最早被用作安全气囊涂层材料，具有价格较低、环境适应性和化学稳定性好等优点，但氯丁橡胶加工困难，在高温下，会分解出氯气，产生一种酸性环境氛围，使纤维织物脆化，从而降低了气囊的使用寿命。因而，硅酮（聚硅氧烷）橡胶逐渐取代氯丁橡胶。硅酮橡胶具有良好的环境稳定性，在高、低温度下能长期地保持原有的性能。硅酮橡胶化学性能稳定，和其他物质接触时，不会产生有害的影响，而且硅酮橡胶涂层织物的耐磨性能和耐久性能都优于氯丁橡胶涂层织物。另外，由于硅酮橡胶的耐热性优于氯丁橡胶，对相同面积的织物涂层时硅酮橡胶的用量比氯丁橡胶少，制得的气囊重量轻、易折叠。硅酮橡胶与聚酰胺的相容性较氯丁橡胶为好，其耐热性、耐老化性能也更为优越，高温下硅酮涂层涤纶纤维织物的力学性能明显优于氯丁橡胶涂层涤纶纤维织物。因此，汽车用安全气囊技术一定会在不断的发展中取得更加完善的技术进步。

4. 安全气囊相关检测要求

汽车安全气囊能否正常使用对驾乘人员的生命安全将起着非常重要的作用，要确保汽车安全气囊系统的正常使用，必须全方位地考察气囊整体以及气囊材料的各项性能指标。从气囊的使用角度来看，要确保安全气囊系统能稳定地发挥出应有的保护效果，气囊的密封性、机械强度、实用性等方面的指标必须满足标准规定的基本性能要求及产品的设计标准，气囊的相关检测指标及内容主要有以下几个方面。

（1）气囊密封性测试　根据气体泄漏的速度及位置可分为气囊整体的密封泄漏检测和气囊材料的阻隔性检测两种。泄漏是气体通过裂缝、微孔或两材料间的微小间隙泄出气囊，在连接部位出现泄漏的概率较高。而渗透是指气体从高浓度一侧进入气囊材料表面，通过材料扩散至低浓度一侧，渗透速度的快慢主要取决于包装材料的阻隔性能，即气体透过率，因此选择气体透过率适当的气囊材料可以有效调节囊内气体的泄漏速度。

① 密封泄漏检测。安全气囊在传感器感受到意外信号后的30ms内迅速膨胀、打开，其弹开充气的速度可高达320km/h，所承受的瞬间压强是极大的。同时，在如果气囊材料或者接缝处无法承受如此大的压力而破裂，不但无法起到对驾乘人员的保护，灼热的填充气体还会给驾乘人员带来危险。因此，安全气囊的密封泄漏检测至关重要，不但包括气囊所能承受的最大压力测试，还需要检测气囊能够维持高压不破的时间。而且，针对在现代气囊中的泄压孔设计，检测在指定压力下泄压孔能否发挥功效也相当重要。

泄漏与密封强度测试仪可以完成安全气囊该项指标的检测，Labthink 博每 TMLSSD-01 泄漏与密封强度测试仪可以进行以下三种测试。

a. 破裂测试（Burst Test）：通过测试设备向试样内加压直至破裂。此试验方法可以测得安全气囊的最大破裂压力（气囊破裂前所能承受的最大压力）。

b. 蠕变测试（Creep Test）：向试样内施加一定的压力，同时维持这个压力到一个规定的时间，完好无泄漏的试样被判为“合格”，否则被判为“不合格”。

c. 蠕变到破裂测试（Creep to Failure）：向试样内部增压到一个规定的压力，保持压力直到试样出现泄漏，相对于蠕变测试，这里的压力值设置更高，以保证试样在一个合理的时间内被破坏。此方法测得的是施压后气囊能保持压力直至泄漏的间隔时间。

通过使用测试附件，利用该设备还可以模拟试样自动膨胀时的受压测试以及膨胀受限时的受压测试，能为气囊的实际运用提供更全面的检测数据。

② 阻隔性检测。尽管安全气囊的实际使用时间很短，但是阻隔性能也应成为选择气囊材料的重要参考指标之一。安全气囊的快速充气确保了驾乘人员的安全，当驾乘人员身体碰到安全气囊时，气囊内的高压气体会排出一部分以避免对驾乘人员的冲击过大。因此，需要限制气囊内气体的排出速度以避免缓冲功能的快速降低，这就要求气囊材料应具有适当的阻隔性能。

气囊的基材是尼龙织物，气体透过率很高，其上所涂覆的涂层在很大程度上缓解了基材阻隔性的缺陷，但是整体阻隔性的提高与涂层的均匀程度、质量与厚度密切相关，因此需要使用阻隔性检测设备进行测试。

安全气囊的主要填充气体是氮气，在实际使用时气囊内外具有显著的压力差，因此在进行阻隔性检测时应首选压差法。第一，压差法测试气体种类不限，可以是纯氮气，也可以是实际气囊内填充气体；第二，压差法可任意设定材料两侧的气体压力差，创造与实际一致的测试条件，这些是等压法所无法实现的。此外，Labthink 博每 TMVAC-V 系列气体渗透仪还具有温度控制功能，可以实现对实际温度的模拟。

安全气囊在实际使用前需要经过长期的压缩叠放，材料的阻隔性与其材料表面的褶皱密封相关，材料（尤其是涂层）耐折性的优劣会成为使用的安全隐患，因此在评价材料的阻隔性时需要将其耐折性考虑在内，通常配合揉搓试验进行检测。

（2）气囊材料的机械强度测试　气囊充气及其对驾乘人员的保护都要求气囊的材料具有良好的力学性能，以避免由于强度不足而导致出现气囊破裂的情况。通常气囊材料需要检测的力学指标有：冲击性能、撕裂性能、耐撕裂性能、拉伸性能和剥离性能。

① 冲击性能测试。安全气囊在使用时会先后受到来自气囊内外部的冲击，内部冲击由气体的快速充入引起，而外部冲击为气囊在对驾乘人员进行保护时来自驾乘人员的冲击。外部冲击应尤其得到重视，因为驾乘人员与气囊接触时，气囊的局部位置的冲击力相当大，倘若材料的耐冲击性能较差，以至于在冲击过程中损坏，则对驾乘人员的保护就无从谈起了。

检测安全气囊材料的耐冲击性能可防止因材料强度问题而导致安全气囊破裂。该项检测需要采用冲击试验仪进行，当前的材料冲击试验仪依据冲击方式的不同主要有落镖（落锤）、摆锤两种，分别模拟直线冲击和弧线冲击两种冲击力施加方式。

② 耐撕裂性能测试。由于安全气囊的充气时间非常短，因此气囊的局部位置，尤其是在气体充入方向的气囊材料瞬间会承受较大冲击力作用，倘若材料存在微小裂口而且材料自身的耐撕裂性能不好，则裂口会随着气囊充气压力的增加而迅速扩大，因此耐撕裂性能是选择气囊材料的基本指标之一。然而，尽管材料的耐撕裂性能检测方法较多，但是对于以尼龙织物为基材的气囊材料来讲一般拉力试验机可以完成的裤形撕裂试验数据比较实用。

③ 拉伸性能测试。当驾乘人员与安全气囊接触时，气囊将会为驾乘人员所受冲击提供一个缓冲。然而要良好实现气囊的缓冲功能，气囊材料必须具有合适的拉伸强度和伸长率，气囊材料的拉伸性能过好或者过差都会影响到缓冲效果。如果拉伸性能过好，则气囊在实现缓冲的同时可能自身变形过大，降低了缓冲效果；如果拉伸性能过差，则气囊在充满气后更像是一个坚硬固体，不但大大降低了对驾乘人员的保护，而且还可能会带来潜在的危险。合适的材料拉伸性能指标需要研究人员不断摸索，同时还需要注意对气囊不同层材料拉伸性能的综合考虑。材料拉伸性能的测试需要利用拉力试验机完成，Labthink 博每 TMXLW 系列智能电子拉力试验机可以检测多类材料的拉伸、变形、撕裂、穿刺、剥离等项目，提供多种试验速度，整个试验过程自动完成，特别适合复合材料、涂层材料的检测。

④ 剥离性能测试。安全气囊由外层的尼龙材料与内衬的橡胶复合而成，由于汽车安全气囊需要长期储存以备紧急使用，因此汽车安全气囊应具有比较好的抗剥离能力，从而避免紧急打开时因橡胶层剥离而无法完全充气或者出现充气失败等问题。气囊材料的剥离性能也需要利用拉力试验机进行检测，而且一般材料的裤形撕裂、拉伸性能以及剥离性能都可以使用同一款拉力试验机进行检测。

（3）气囊的实用性指标测试　安全气囊的实用性关系到气囊设计与实际汽车部件的配合使用效果，虽然在气囊的实际使用过程中会受到多种因素的影响，但是有些检测可以帮助我们更好地了解气囊的实际使用情况，以纠正或者改良材料所存在的问题或缺陷。例如，气囊是否容易打开，在不同的使用温度下材料性能是否存在变化，以及折叠后材料的性能是否发生变化。

① 耐热性能。温度骤升是安全气囊使用中存在的普遍问题，由于高温灼伤驾驶人的报道屡有发生，因此气囊材料必须具有一定的耐高温性能，以保证材料的力学性能在高温条件下不会出现显著的降低。在高温环境中进行试验，或者检测高温处理后的材料是常用的评价材料耐热性能的方法。不过由于气囊的充气时间只有 30ms，因此并非每项检测都需要在高温环境下进行，例如密封泄漏试验以及冲击性能试验。

② 材料的表面摩擦系数。安全气囊应具有良好的滑爽性能和易开行。安全气囊长期备用，因此在关键时刻的一触即发有着重要的意义。安全气囊材料衬有橡胶层，长期叠置可能会引起橡胶层黏附以致气囊的打开使用出现问题，然而气囊材料与车体部件的摩擦也会引起气囊的磨损，成为气囊材料机械强度降低的诱因，因此气囊材料摩擦系数的检测非常重要。但是需要特别关注气囊内部快速充气式的问题骤升，试验已经证明对于一些材料，尤其是高分子聚合物，其摩擦系数随环境温度升高而变化显著，因此在检测安全气囊材料的摩擦系数时也需要进行高温测试。Labthink 博每 TMFPT-F1 摩擦系数/剥离试验仪可以检测试样在室温至 99.9℃下的动、静摩擦系数，并且还可以进行复合膜、胶黏制品在高温下的剥离强度试验。

③ 材料的抗揉搓性能。抗揉搓性能是指材料经受曲折（挠曲）以及受压变形的作用，在外力撤销后保持自身性能稳定性的能力。揉搓过程会对材料的物理性能（如阻隔性能）产生影响。过去，尽管有一些人已经认识到材料抗揉搓性能的重要性，但是人工模拟方式在试验频率以及力度上都难以量化，因此对材料的抗揉搓性能也只能给出定性评价。ASTM F392 是世界首个专门用于检测材料抗揉搓性能的方法标准，通过该项试验可以很好地模拟材料的抗揉搓、折压等行为，通过检测试样在揉搓试验前后针孔数量的变化或阻隔性的变化来判断材料的抗揉搓性能。Labthink 博每 TM FDT-01 揉搓试验仪可以很好地完成这项检测，检测数据表明，复合材料和涂层材料的抗揉搓性能需要特别关注。

第十五节 汽车空气弹簧减振器

随着汽车工业的飞速发展，公路运输业的大幅度提升，货运驾驶员对驾乘舒适性提出了更高的要求，原来采用螺旋弹簧减振器支撑驾驶室的机构已不能满足这一要求。从另一方面讲，提高了驾乘舒适性，对提高行驶的安全性也至关重要。因此，空气弹簧减振器在重卡驾驶室上的应用也成为行业发展的必然趋势。

一、空气弹簧减振器系统的组成及工作原理

空气弹簧减振器系统的组成如图 6-30 所示，包括空气弹簧、筒式液压减振器、高度控制阀、连接杆、空气管路等。工作原理如图 6-31 所示。

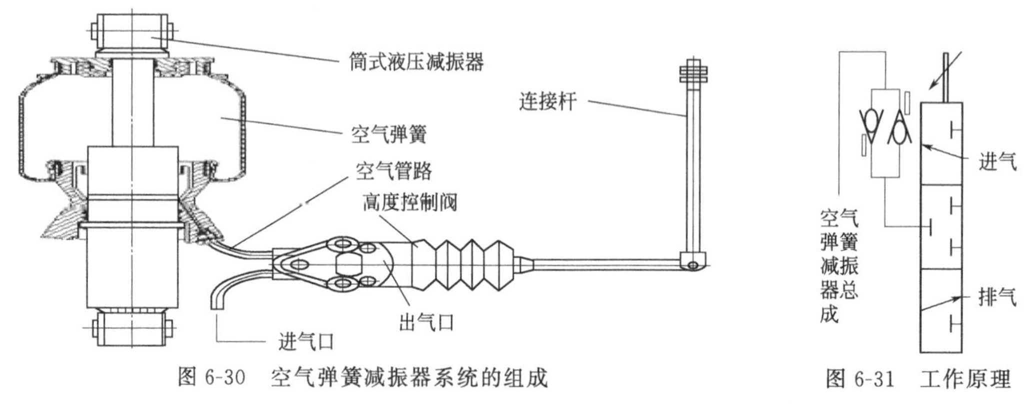

图 6-30 空气弹簧减振器系统的组成

图 6-31 工作原理

高度控制阀实质上是一个机械可变行程控制式的三位三通换向阀与一个并联组合单向阀而合成的一个气路控制单元。驾驶室安装完毕后，在重力作用下，驾驶室会下移，带动连接杆使高度控制阀的阀芯向下移动，进气通路接通，压缩空气克服单向阀Ⅰ的阻力，向空气弹簧内充气，内压升高，空气弹簧的刚度增加，使驾驶室举升，同时也带动连接杆使高度控制阀的阀芯向上移动，直到空气弹簧的举升力等于驾驶室的重力为止。此时，高度控制阀阀芯处于中间位置，关闭进气通路，驾驶室的重力与空气弹簧的举升力达到平衡，驾驶室处于相对静止状态。

驾驶室在外力的作用下迅速向下移动时，连接杆带动高度控制阀的阀芯向下移动接通进

气通路，压缩空气克服单向阀Ⅰ的阻力向空气弹簧内充气，橡胶囊下端也向下滚动，空气弹簧刚度增加，与筒式液压减振器一起阻止驾驶室快速向下移动。

驾驶室在外力的作用下快速向上移动时，连接杆带动高度控制阀的阀芯向上移动，接通排气通路，空气弹簧内的气体克服单向阀Ⅱ的阻力排入大气，橡胶囊的下端向上滚动，空气弹簧的刚度减小，与筒式液压减振器一起阻止驾驶室快速向上移动。

在不断变化的空气弹簧举升力和筒式液压减振器阻尼力作用下，驾驶室便以一个较小的振幅和较慢的速度上下移动，进而提高了驾乘舒适性。

二、空气弹簧的组成及功用

空气弹簧由上盖、橡胶囊、上箍环、下箍环、空气弹簧活塞、O形橡胶密封圈、缓冲块等组成（图6-32）。上盖与橡胶囊的一端连接，用上箍环把橡胶囊紧紧地扣压在上盖的外圆周上，上盖的内孔有环形槽，装有O形橡胶密封圈，与筒式液压减振器的活塞杆配合，起到密封作用。上盖端面装有缓冲块，当驾驶室突然大幅度下降时，缓冲块与筒式液压减振器的上端接触，起缓冲作用，以保证筒式液压减振器不被撞坏。空气弹簧活塞与橡胶囊的另一端连接，用下箍环将橡胶囊紧紧地扣压在活塞上端的外圆周上，活塞内孔有环槽，内装有O形橡胶密封圈，与筒式液压减振器外筒配合，起密封作用。空气弹簧活塞上有通气孔，装有空气接头，以便充放气。

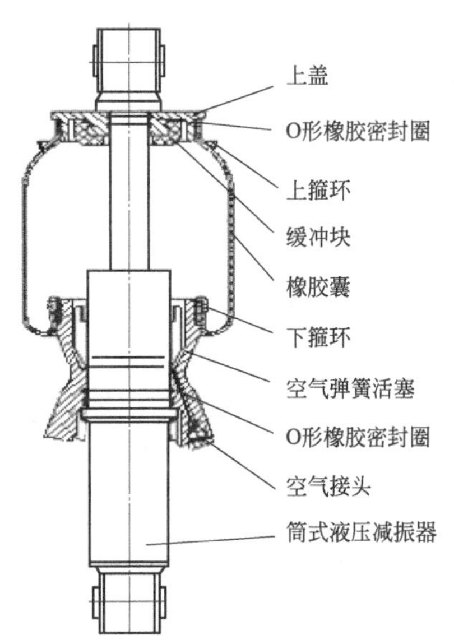

图6-32　汽车空气弹簧减振器总成

这样，上盖、橡胶囊、空气弹簧活塞与筒式液压减振器一起便形成一个密闭的空间。通过充放气，上盖上下移动，橡胶囊在空气弹簧活塞外圆上上下滚动，从而使空气弹簧的刚度不断发生变化，以适应驾驶室在外力作用下运动力的不断变化。

三、空气弹簧的设计与制造

1. 上盖的设计

上盖与橡胶囊接触带的总抗拉强度应大于上箍。在扣压后，橡胶囊和上箍环在接触带产生塑性变形，而上盖的接触部位仍在弹性变形区域，从而保证了扣压以后的紧固性、密封性，且不易松动拉脱。

在上盖与橡胶囊的接触部位，设计多道小环形槽，与橡胶囊形成迷宫形密封，在扣压后，保证密封性与紧固性，增大摩擦力，防止橡胶囊被拉脱。上盖内凸起的外圆周上设计凹环槽，缓冲块倒挂其上，防止缓冲块与减振器上端撞击时脱落。上盖的内孔设计两道环槽，安装O形橡胶密封圈，以增加其密封效果。

2. 空气弹簧活塞的设计

活塞与橡胶囊接触部位的设计与上盖的设计相同。空气弹簧活塞的材料最好与上盖相同且导热性能良好。同样在活塞的内孔加工出两道环槽，安装O形橡胶密封圈，保证密封可靠。在活塞内圆周上设计多道加强筋，增加强度，提高抵抗扣压时的变形能力，同时增加与

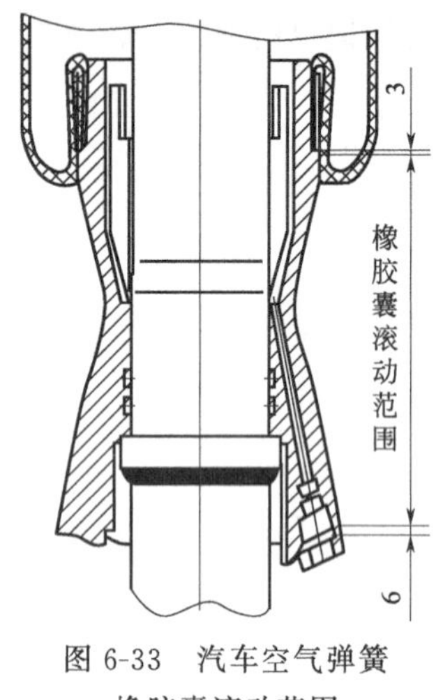

图 6-33 汽车空气弹簧橡胶囊滚动范围

气体的接触面积，提高导热性。

空气弹簧活塞高度的确定是一个重要问题：一是要保证筒式液压减振器在复原行程极限位置时，橡胶囊的下端与空气弹簧活塞接触带应低于扣压部位的结合处，以防止橡胶囊滚动时在扣压部位被划伤；二是要保证筒式液压减振器在压缩行程极限位置时，橡胶囊在滚动时其下端不能超过空气弹簧活塞的下边缘，且应有足够的余量。也就是说，在筒式液压减振器的全行程内，橡胶囊的滚动范围，都应该在空气弹簧活塞设定的工作区域内（图 6-33），避免橡胶囊的早期磨损。

空气弹簧活塞外部形状是一个值得讨论的问题，在相同的气压条件下，即使橡胶囊相同，如果空气弹簧活塞的外形不同，则空气弹簧刚度曲线也有很大的差异，对驾驶室的最小举升力及驾乘舒适性有很大的影响，这只能通过试验来确定。如图 6-34 所示为几种不同外形活塞的空气弹簧刚度曲线。

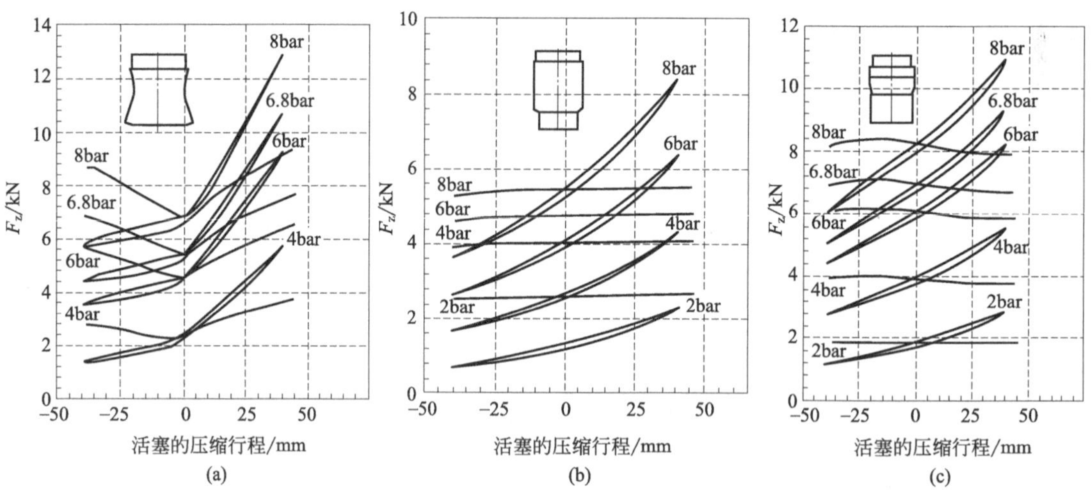

图 6-34 几种不同外形活塞的空气弹簧刚度曲线

双线曲线表示内压曲线（即内压变化）；单线曲线表示恒压曲线（即内压不变）；1bar=10^5Pa

3. 上、下箍环的设计

箍环与橡胶囊接触带的抗拉强度应分别小于活塞与橡胶囊及上盖与橡胶囊接触带的抗拉强度，这样才能保证空气弹簧的内压在达到设定的最大破坏力之前，橡胶囊不被拉脱，且箍环也不失效。

上箍环设计为喇叭口形状，喇叭口部位的最大内径大于橡胶囊滚动范围内空气弹簧活塞的最大外径，即 $D_{1最大}>D_{4最大}$（图 6-35），以保证橡胶囊在充气后向空气弹簧活塞方向翻滚。下箍环的最大外径在扣压后与空气弹簧活塞上端的最大外径大致相等，即 $D_{2最大}\approx D_{3最大}$，以减少橡胶囊被划伤的概率。

4. 缓冲块的设计

缓冲块一定要选用抗冲击性好、弹性好的材料。缓冲块的下端内孔应大于筒式液压减振器的油封唇外径，避免筒式液压减振器在压缩极限位置时，缓冲块撞击油封唇，使筒式液压减振器发生漏油失效。缓冲块的下端制造出放气槽，防止缓冲块与筒式液压减振器接触时形成瞬时高压，损害油封，使筒式液压减振器发生漏油失效。

5. 橡胶囊的设计

橡胶囊多采用 2 层帘布结构，少数采用 4 层帘布结构。橡胶囊的设计很关键，除能保证空气弹簧在内压达到国家标准的破坏性压力之前不失效外，还应能满足以下几点要求。

（1）橡胶囊的长度　保证在筒式液压减振器行程范围内，橡胶囊在空气弹簧活塞设定的工作区域内滚动。

（2）橡胶囊的直径　既能满足驾驶室最小举升力的要求，又要保证在橡胶囊外径最大时与汽车上相邻零件不能发生干涉。空气弹簧充气后橡胶囊的下部形状如图 6-36 所示。橡胶囊在与活塞的接触处形成了两道相切的圆弧，两道圆弧的关系为 $R_2 \approx 2R_1$。也就是说，R_1 约占 H 距离的 1/3，这是由于压缩气体一方面把橡胶囊向活塞的方向挤压；另一方面又把橡胶囊向外侧挤压所致。且 H 的距离也很重要，直接影响到橡胶囊的使用寿命。由试验得知，当 $H < 18\text{mm}$ 时，橡胶囊的寿命会大大降低，因此设计时，应保证 $H \geqslant 18\text{mm}$ 为好。

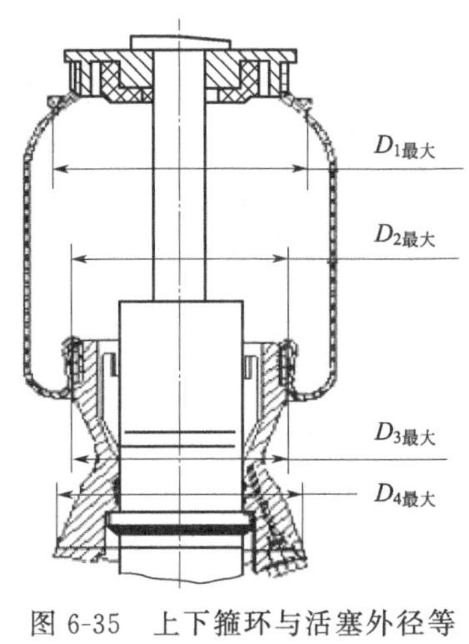

图 6-35　上下箍环与活塞外径等直径的对应关系

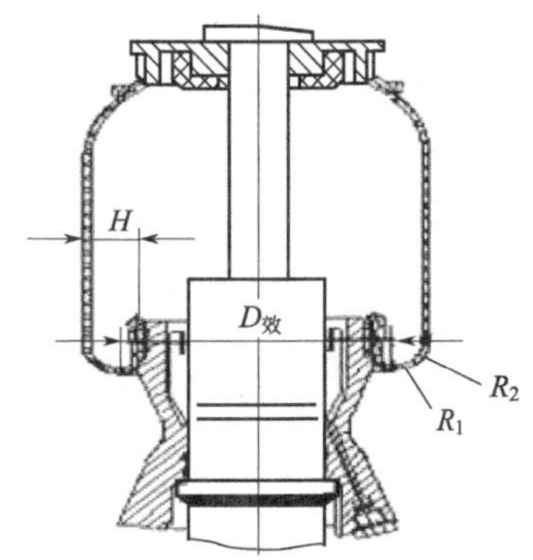

图 6-36　空气弹簧充气后橡胶囊的下部形状

四、空气弹簧的有效直径

空气弹簧的有效直径是指空气弹簧在充气后通过橡胶囊最低点的连线，该线段的长度即空气弹簧的有效直径 $D_{效}$（图 6-36）。它是影响空气弹簧举升力的重要参数，而且是一个变量，与橡胶囊结构、空气弹簧活塞的外形及充气压力均有关。在整车设计时，驾驶室静止状态的最大重力，就是空气弹簧的最小举升力。

$$F_1 = F_2 = \frac{1}{4}\pi D_2^2 p_2$$

式中，F_1 为驾驶室静止最大重力；F_2 为空气弹簧的最小举升力；D_2 为空气弹簧的有效直径；p_2 为空气弹簧的充气压力。

p_2 值可以设定，然而 D_2 值确定则很困难，目前还没有一种好的方法可以确定，只能通过试验的方法求得。试验时充入设定压力的空气，在刚度试验机上进行试验，可以得到空气弹簧的最小举升力，再用下述公式计算。

$$D_2=2\sqrt{\frac{F_2}{p_2\pi}}$$

由此可对空气弹簧活塞各处的形状进行修正，以期得到满意的空气弹簧刚度曲线，并与筒式液压减振器的阻尼力值进行匹配，以提高驾乘舒适性。空气弹簧是在柔性密闭容器中充入压力空气，利用气体的可压缩性实现弹性作用的一种非金属弹簧。它与普通钢制弹簧比较有许多优点，与筒式液压减振器组合使用，其减振效果更加优越，随着我国汽车工业的飞速发展，它必将广泛用于汽车工业。

第十六节 汽车保险杠的设计与制造

汽车的保险杠属于车身附件，位于汽车的前部和车尾部，前部的称为前保险杠，后部的称为后保险杠。两车相撞一般是后车的前保险杠与前车的后保险杠接触并碰撞。

汽车前、后端安装的保险杠，不仅有装饰功能，更重要的是吸收和减缓外界冲击力、防护车身、保护车身及乘员安全功能的安全装置。同时，保险杠是汽车外饰中结构最为复杂、零部件数量最多的总成部件。保险杠的外观质量和风格决定了客户对整车外饰的评价，它包括许多功能性的零件，如吸能、牌照安装、各种灯具安装、防撞报警器、传感器等零件，所以保险杠的设计有着较高的设计难度。

汽车保险杠总成是吸收及缓和外界冲击力，防护车身前后部的安全装置。

一、汽车保险杠的设计

1. 汽车保险杠的设计原则

（1）主动安全性　在最大限度满足使用功能的基础上，保险杠的设计应符合例如汽车外部突出物等法规，设计要贯彻安全可靠、设计合理的原则。

（2）被动安全性　汽车与外界发生碰撞时，保险杠作为安全装置，要起到保护前后车体的作用，要具有优良的吸能特性。

（3）美观和谐　无论是外部造型、色彩，还是质量感知上，不能只追求保险杠个体的特性，要确保与整车造型及色彩保持和谐一致，与整车浑然一体。

（4）便于安装与维修　保险杠与相邻零部件不能有干涉现象，装配间隙应合理，安置点的设置要符合人机工程。

2. 汽车保险杠的设计要求

① 首先要满足国家各项强制性法规要求，安全性是第一位的。

② 保险杠罩外表面以及形状设计应充分考虑对行人的碰撞安全保护。

③ 在满足撞击条件下，力求小型化、简单化和低成本，以及实现轻量化设计要求。

④ 结构简单可靠，工艺简便合理，易装配固定和拆卸，符合人机工程。

⑤ 保险杠外表面必须与造型面一致，提高其装饰性，采用一体化设计方法。

⑥ 结构上应实现部分附件和部分电气功能件的承载及安装固定。

⑦ 保险杠塑化是当下保险杠设计的主流。

⑧ 提高车辆空气动力性能，通过改变空气流动方向，有效改善整车流畅性，降低整车油耗。

⑨ 保险杠设计时应尽量壁厚均匀、厚度适当、不应有突变，厚度不同时应逐渐过渡。各种塑料均有一定的壁厚范围，一般为0.5～3mm，当壁厚超过3mm时，将引起冷却时间过长、产生缩痕等问题，应考虑改变产品结构。满足功能要求时尽量减小壁厚。壁厚不均会引起表面缩印，如PP、POM、PE、PA更为显著。汽车塑料件一般壁厚取（2.50＋0.25）mm，大型件如保险杠取（3.00＋0.25）～(3.50－0.25)mm。

二、汽车保险杠的分类及制造

1. 汽车保险杠的分类

汽车保险杠按材料分为金属保险杠和非金属保险杠；按结构可分为整体式保险杠和分体式保险杠；按安装位置还可以分为前保险杠和后保险杠。

金属保险杠主要是钢板冲压成U形槽钢，表面镀铬，与车架纵梁铆接或焊接在一起，与车身有一段较大的间隙，不太美观，但是防撞击功能好些。早年轿车前、后保险杠主要是钢板保险杠，现在还有一些载重汽车在用金属保险杠。还有一种新型的铝合金压铸成形保险杠，符合轻量化产品发展的方向，只是制造成本要高一些。

非金属保险杠主要由塑料、增强玻璃纤维或玻璃钢等制成，非金属保险杠耐腐蚀、易塑型、易加工等特点。大部分人认为保险杠对于抵御撞击时将起到重要作用，它直接关系车辆安全，其实不然，汽车刚性并不是靠保险杠来承担的，主要由整车的车身框架设计而定，也就是说保险杠的薄厚和材质，并不直接决定车辆的安全性。所以综合来看，不同材质的保险杠可能会在小磕碰上存在差异，但对于较大的碰撞来说都是不堪一击的。其实塑料保险杠的安全性能并不低，由于材质原因，比金属更具有弹性以及更好吸收撞击能力，当汽车在中低速行驶时，如果与其他车辆、物体或者行人发生碰撞时，塑料保险杠也能起到一定的缓冲作用，保险杠在发生变形的同时，也会吸收大部分的能量，这样也会减少对人或物体伤害。如果是高速发生碰撞时，即便是换成薄薄的一层金属，也根本起不到什么作用，对结果都不会有太大的影响，所以说塑料保险杠的安全性能并不低。非金属保险杠现在已成为行业的主流产品。

塑料保险杠按结构形式可分为以下几类，见表6-39。

表6-39 塑料保险杠按结构形式的分类

序号	结构形式	适用范围
1	整体注射成型，只包含前后保险杠本体，不涂装	微型车，低档轿车，商用车
2	整体注塑保险杠，包含前护栅、进风口网格栅、侧支架，含涂装	微型车，中、低档轿车，商用车
3	整体注塑保险杠，可包含前护栅、网格栅、侧支架、牌照支架、装饰条、保险杠骨架、吸能泡沫横梁，含涂装	中、高级轿车

塑料前保险杠一般由外板、缓冲材料和横梁三部分组成；外板和缓冲材料均是非金属，横梁由冷轧薄板冲压成U形槽，冷轧薄板的厚度一般1.5mm。非金属材料主要是聚丙烯和聚氨酯类材料。

目前国内汽车非金属前后保险杠一般都采用增韧（改性）聚丙烯（PP）材料作为原料注射成型，具有熔点高（可达167℃）、耐热、密度小（0.90g/cm^3）等特点，是目前通用塑料里最轻的一种，有较高的耐腐蚀性（抗张强度为30MPa），其制品的强度、刚性和透明度都相对较好，高刚性、抗冲击、耐划伤和可涂装性；缺点是耐低温性能差（由抗冲PP共聚物、苯乙烯类弹性体和聚烯烃类橡胶三种组成共混改性材料。注射成型保险杠装车后，受

8km/h 的冲撞不碎裂，并具有复原的弹性，性能与 PU 差不多，成本则降低 10%～20%)。丰田汽车公司将纳米 PP 复合材料用于汽车前、后保险杠，使原来保险杠的厚度由 4mm 降至 3mm，制品重量减轻约 1/3。目前，北美洲 90%以上的保险杠系统都用聚烯烃基材料生产。北美洲汽车工业热塑性弹性体（TPO）使用量的年增长率超过 10%。TPO 在北美塑料保险杠市场所占份额达 75%，而使用 RIM 和 PC/PBT 材质的保险杠的用量则下降到 20%和 1%。

还有些保险杠是由其他材料制作的（如玻璃钢、碳素纤维等材料），因其环保性能及可回收性较差或成本较高等因素，均不如改性 PP 材料制成的保险杠。而普通 PP 料本身的尺寸稳定和耐低温性较差，故今后几年里制作汽车保险杠的材料还会以改性的 PP 材料和日渐成熟的热塑性弹性体（TPO）为主导。

汽车保险杠按安装位置可分为前保险杠和后保险杠，其作用是当汽车受到前、后方向意外的轻度低速冲撞时，缓和冲击力，吸收冲撞的能量，降低汽车的损害，保证驾乘人员的安全。对于一个完善的车身结构而言，由发动机舱和后备厢两个溃缩吸能区，以及车身中部的高强度乘员舱组成。以车身前部结构为例，一般来说，发动机舱作为溃缩区域被分为三级变形区：第一级变形区位于发动机舱前部，用于保护行人和降低车辆在低速下碰撞对于车辆的破坏；第二级变形区位于发动机舱中部，即相容区，当两车相撞时，通过这部分变形区的溃缩最大化吸收和分散能量；第三级变形区则靠近发动机舱后部，位于乘员舱之前，最大限度保持乘员舱完整性，也被称为自身保护区。前保险杠的位置处于第一变形区，保护行人和降低低速碰撞对于车辆的破坏是其主要作用。

当车辆发生碰撞时，前保险杠防撞横梁可以将任何形式的偏置和正面碰撞产生的能量尽可能均匀地分布到两个吸能支架上，使能量最大限度均匀地被吸能支架所吸收，并将碰撞力均匀地传递到其他吸能部位。而当汽车在市区道路发生的低速追尾等碰撞时，前保险杠防撞横梁对保护翼子板、散热器、发动机罩和灯具等部件起着一定作用。后保险杠防撞横梁则可以减少后备厢、尾门、后灯组等部位的损害。

2. 汽车保险杠的制造

（1）金属保险杠的制造　金属保险杠主要是钢板冲压成 U 形槽钢，表面镀铬，与车架纵梁铆接或焊接在一起，与车身有一段较大的间隙，不太美观，但是防撞击功能好些。早年轿车前、后保险杠主要是钢板保险杠，现在还有一些载重汽车在用金属保险杠。还有一种新型的铝合金压铸成型保险杠，符合轻量化产品发展的方向，只是制造成本要高一些。

（2）塑料保险杠的制造　塑料保险杠的制造主要是用增强 PP 注塑而成。

（3）玻璃钢保险杠的制造　玻璃钢除了保持原有的保护功能外，还有一个特点就是涂装性能好，从外观上看，可以很自然地与车体结合在一块，浑然成一体，具有很好的装饰性，与车体造型和谐、统一，并使车身轻量化。这种保险杠的强度、刚性和装饰性都较好。

玻璃钢材质的保险杠一般采用手工糊制或模压成型，生产效率不高，表面质量也受一定限制，产品一致性差，但是制造成本低，主要用在商用车或中低档轿车上。

三、汽车保险杠的发展方向

汽车轻量化是汽车的发展趋势，保险杠也不例外。目前，国际上一些汽车品牌开始使用铝合金材料来制造防撞横梁。保险杠防撞横梁作为车身结构中相对并不太复杂的组件，铝合金保险杠将很可能代替现有的钢制保险杠。铝合金的密度是钢的 1/3，而同样体积的铝合金其重量也只有钢的 1/3。钢制保险杠防撞横梁通过提高钢板抗拉强度来减小厚度，提高材料吸收能量性能。而铝合金保险杠防撞横梁则是反其道而行之，通过优化结构设计设置不同厚度，从而提高吸能性能。经过合理设计的铝合金保险杠防撞横梁不仅比钢制保险杠防撞横梁更轻，并且能够吸收更大的能量。

总之，未来汽车保险杠的开发也向着高性能、安全、可靠、低油耗、低成本、轻量化、吸能、美观方向发展。

第十七节 汽车空气滤清器总成

空气滤清器一般由进气导流管、空气滤清器壳体（左、右壳体或上、中、下壳体等）、滤芯及其相关附件等组成。汽车发动机用空气滤清器有油浴式空气滤清器、纸滤芯空气滤清器、离心式及复合式空气滤清器等多种结构形式，下面以油浴式空气滤清器为例进行介绍。油浴式空气滤清器按壳体材料可分为金属油浴式空气滤清器和非金属油浴式空气滤清器。

油浴式空气滤清器是汽车空滤器的一种，也是汽车发动机进气系统的一个重要功能件，为发动机提供清洁、充足的空气，其品质好坏直接影响到发动机的动力性能、可靠性及使用寿命。

一、油浴式空气滤清器的设计

1. 油浴式空气滤清器的外形设计

油浴式空气滤清器外形设计是根据汽车产品的安装位置及产品的性能而定的。在满足发动机进气空气流量要求的前提下，其外部结构尽可能紧凑，以不与其他部件产生干涉为准，还要适当考虑保养与维修的便利性。油浴式空气滤清器由上壳体、下壳体（也称底壳）两部分组成，进、出气口与上壳体设计成一体。

2. 油浴式空气滤清器的整体结构及工作原理

油浴式空气滤清器由上壳体（壳体上有进、出气口）、壳体内腔、底壳总成（带有油池）、下滤芯总成（装有旋流扇）、上滤芯总成Ⅰ、上滤芯总成Ⅱ等零件组成，其结构及工作原理见图 6-37。

油浴式空气滤清器工作原理：急速旋转的气流进入进气口后将机油带起，利用机油的黏性吸附住空气中的杂质，而机油所产生的油液颗粒则会被钢丝滤芯所吸附和拦截，一部分灰尘在气流的惯性作用下与油面撞击被油黏附；另一部分灰尘随气流对油面进行撞击产生油雾。油雾很轻，通过旋流扇，与改变方向的气流一起经过钢丝滤网（钢丝滤网在制造时经滚压成多个连续的双 S 形，且多层缠绕，具有一定的密度）。含有油雾的空气在此经过时，油雾会被滤网阻拦而湿润滤网，随发动机吸气量的不断增加，被带到滤网上的油雾和灰尘也越来越多，油雾逐渐形成油滴，由于重力而下落，将黏附

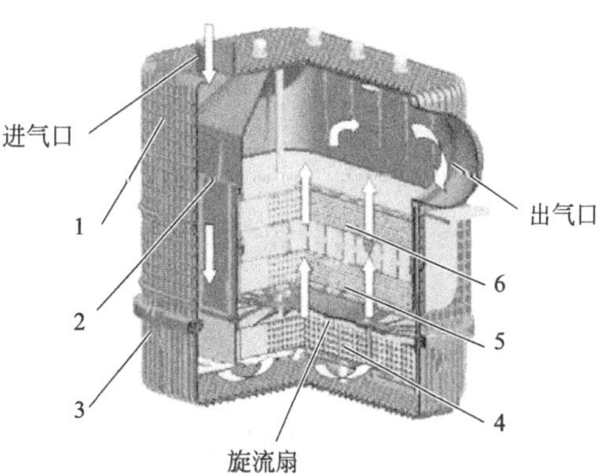

图 6-37 非金属壳体油浴式空气滤清器结构及工作原理

1—上壳体总成；2—壳体内腔；3—底壳总成；4—下滤芯总成；5—上滤芯总成Ⅰ；6—上滤芯总成Ⅱ

在金属网上的灰尘洗刷下来，这样构成油流的循环，形成了油浴现象，增强了滤清效果。

3. 设计方案的确定

(1) 匹配适应性及通用性　设计时，考虑了新设计的大流量油浴式空气滤清器与目前使用重型卡车发动机功率的匹配适应性，并与现产品有一定的继承性、通用性，使其形成系列，同时尽量降低成本，简化保养工作，方便用户使用和保养。

(2) 降低失油率　为提高密封性，降低失油率，将进气道和过滤气道设计成了两个完全独立的系统。

(3) 降低空气阻力　在保证整车空间位置的前提下，为减少空气阻力，提升吸附灰尘能力，增大了上、下滤芯总成截面面积，原有滤芯总成截面面积为 110400mm^2，增大后的滤芯总成截面面积为 134400mm^2。

4. 参数的选择和计算

(1) 额定空气体积流量 q_{we}　空气滤清器的额定空气体积流量，要根据发动机在额定工况下工作时所需要的空气量来确定。国内重型车发动机都采用增压方式，气缸数多为 6 个以上。根据设计要求，空气滤清器的额定空气体积流量要满足发动机 WD615.69（功率 247kW）所需的流量要求。

$$q_{\text{we}}=\frac{Pg_{\text{e}}\alpha A_0}{1000\gamma_{\text{a}}}=\frac{247\times235\times2\times14.3}{1000\times1.2}\approx1383.4(\text{m}^3/\text{h})$$

式中，q_{we} 为额定空气体积流量，m^3/h；P 为发动机额定功率，kW；g_{e} 为发动机额定功率时的燃油消耗率，g/(kW · h)，约 235g/(kW · h)；α 为额定功率时的过量空气系数（增压发动机取 2.0）；A_0 为燃烧 1kg 燃料所需的理论空气量，kg/kg，柴油为 14.3kg/kg；γ_{a} 为空气密度，kg/m^3，标准状态下的空气密度为 1.2kg/m^3。

(2) 进、出气口尺寸的确定　根据额定空气体积流量确定进气口的尺寸，如果尺寸选择过大，它的过滤效率就会降低；相反如果尺寸选择太小，易造成失油，含杂质的油会随空气一起被发动机吸起，黏附到干式滤芯上，造成滤芯堵塞，情况严重时还可能通过滤层被吸到发动机中，造成发动机损坏。根据《流体力学》（第 2 版）中的公式 $q_{\text{we}}=\upsilon_1 A$，在已知 q_{we}、υ_1 的条件下，可求出 R 值。

$$\upsilon_1=\frac{q_{\text{we}}\times10^3}{\pi R^2\times3.6}$$

$$R=\sqrt{\frac{q_{\text{we}}\times10^3}{3.6\pi\upsilon_1}}=\sqrt{\frac{1383.4\times10^3}{3.6\times3.14\times22}}\approx74.6(\text{mm})$$

式中，υ_1 为进气口的气流速度，m/s（通过台架性能试验及经验值，约为 22m/s）；R 为进、出气口半径，mm。

根据进气道的结构和发动机的接口尺寸，进气口设置为椭圆口（通过计算：长轴取 280mm、短轴取 96mm），出气口取 $R=75\text{mm}$。

(3) 过滤面积的确定　在保证整车空间位置的前提下，尽可能地增大过滤面积，降低空气阻力。

$$S=\frac{10^3 q_{\text{we}}}{\upsilon_2\times3.6}=\frac{10^3\times1383.4}{2.8\times3.6}\approx1.372\times10^5(\text{mm}^2)$$

式中，υ_2 为通过滤网的气流速度，m/s（通过台架性能试验及经验值，约为 2.8m/s）；

S 为滤网过滤面积，mm^2。

根据整车空间位置，取 $S=134400mm^2$ ［滤网尺寸（长×宽）：480mm×280mm］。

（4）钢丝滤芯透孔率的确定　根据《内燃机油浴及油浸式空气滤清器滤芯技术条件》（JB/T 6007—2007）：钢丝横截面积应不大于 $0.071mm^2$，钢丝滤网的透孔率应不大于 97%。

$$\alpha=\frac{V_O-V_m}{V_O}\times 100\%=\frac{6720000-224359}{6720000}\times 100\%\approx 96.7\%$$

式中，α 为钢丝滤芯透孔率，%；V_O 为滤芯所占空间体积，mm^3（$480mm\times 280mm\times 50mm=6720000mm^3$）；$V_m$ 为钢丝体积，mm^3。

$$V_m=\frac{G_m}{\rho_m}\times 1000=\frac{1750}{7.8}\times 1000\approx 224359(mm^3)$$

式中，G_m 为钢丝质量，g（钢丝直径取 0.3mm，质量取 1750g）；ρ_m 为钢的密度（$7.8g/cm^3$）。

（5）油池油面高度的确定　油池的油面高度对滤清效率和进气阻力、失油率都有很大影响，通常需要试验才能选择一个最佳的油面高度，根据经验和油池的容积，将油面高度 H 初定为 30mm（4L）。

5. 性能试验

新设计的大流量油浴式空气滤清器，完成产品试制后，对产品进行台架性能试验。

（1）总成原始阻力值的试验（未加油）　在额定空气流量为 $1400m^3/h$ 条件下，单级滤清器总成的原始阻力应小于 2.5kPa。在现场试验中，随机抽取了三台油浴式空气滤清器，利用 AF3000 型全自动空气滤清器性能试验台测定其在不同空气流量下的原始阻力值，样品 1 试验数据见表 6-40。

表 6-40　样品 1 在不同空气流量下的原始阻力

时间	序号	流量/(m^3/h)	标准流量/(m^3/h)	压差/kPa	标准压差/kPa
17:25	1	0	0	0.03	0.03
17:30	2	614.06	603.40	0.34	0.34
17:35	3	913.42	897.59	1.00	0.98
17:40	4	1204.64	1183.68	1.63	1.61
17:45	5	1492.32	1466.36	2.45	2.41

根据表 6-40 试验数据，得出流量-阻力试验曲线，见图 6-38。

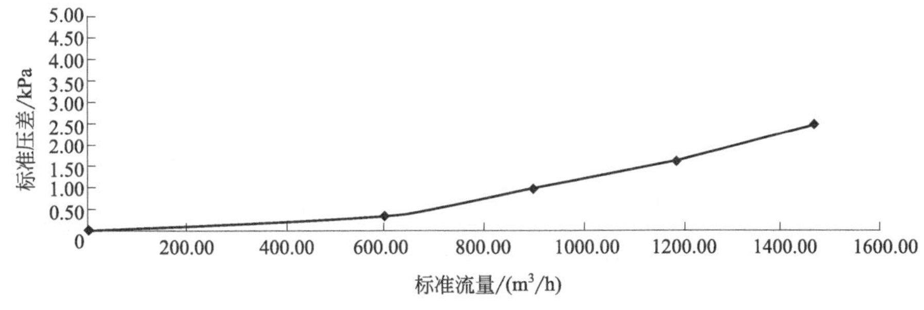

图 6-38　流量-阻力试验曲线

通过对三份样品的试验数据进行汇总分析，得出检验结论，见表 6-41。

表 6-41 检验结果及结论

检验项目	技术要求	检验结果			结论
		样品 1	样品 2	样品 3	
原始阻力(未加油)	额定流量 1400m^3/h 时，原始阻力应≤2.5kPa	2.41kPa	2.42kPa	2.40kPa	合格

(2) 失油试验 在额定空气流量为 1400m^3/h 的条件下，对油浴式空气滤清器进行了失油率试验，其结果见表 6-42。

表 6-42 总成在额定空气流量为 1400m^3/h 条件下的失油率

检验项目	技术要求	检验结果	结论
失油率	额定流量 1400m^3/h，油池的油面高度 H 为 30mm(4L)，失油率应不大于 0.002g/m^3	0.0014g/m^3	合格

(3) 滤清效率试验 在额定空气流量为 1400m^3/h 条件下，对油浴式空气滤清器进行了滤清效率的试验，其结果见表 6-43。

表 6-43 额定空气流量为 1400m^3/h 条件下的滤清效率

检验项目	技术要求	检验结果	结论
滤清效率	额定流量 1400m^3/h，油池的油面高度 H 为 30mm(4L)，滤清效率应不低于 98%	99.56%	合格

(4) 容灰试验 在额定空气流量为 1400m^3/h，油池的油面高度 H 定为 30mm (4L)，采用试验灰为国产 270 目石英粉，最大压力降为 6kPa 时，容灰量应不小于 9000g。在现场试验中，随机抽取了三台油浴式空气滤清器，利用 AF3000 型全自动空气滤清器性能试验台测定其在不同压降下的容灰量，得出其试验数据，样品 1 试验数据见表 6-44。

表 6-44 样品 1 储灰能力和全寿命滤清效率

时间	累积加灰量/g	总成压力降/kPa	时间	累积加灰量/g	总成压力降/kPa
10:50	0.4	2.77	15:50	6297.3	4.11
11:50	1397.9	2.96	16:50	7695.5	4.85
12:50	2794.9	3.28	17:50	8394.5	5.23
13:50	3494.4	3.4	18:50	9792.5	6.08
14:50	5596.6	4.11	19:50	9923.4	6.50

根据上述试验数据，得出容灰量试验曲线，见图 6-39。

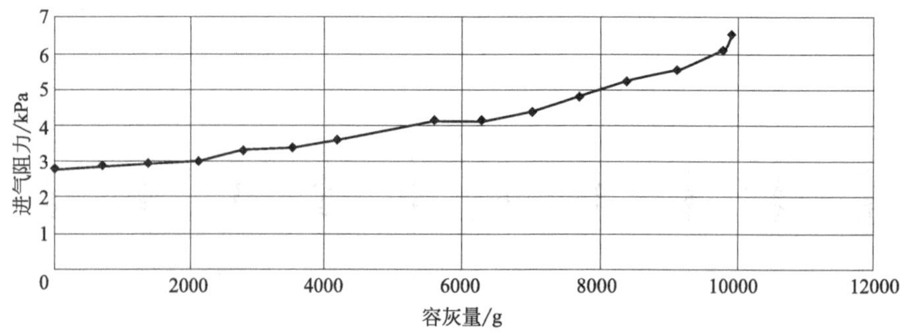

图 6-39 滤清器容灰量试验曲线

通过对三份样品的试验数据进行汇总分析，得出检验结论，见表 6-45。

表 6-45 检验结果及结论

检验项目	技术要求	检验结果			结论
		样品 1	样品 2	样品 3	
容灰试验	在额定流量 $1400m^3/h$,油池的油面高度 H 为 30mm(4L),采用试验灰为国产 270 目石英粉,总成压力降最大为 6kPa 时,容灰量应≥9000g	9792.5g	9298.3g	9360.5g	合格

(5) 振动试验 为验证油浴式空气滤清器总成壳体及支架的强度，对其进行了累计 630 万次的耐振性能试验，结果见表 6-46。

表 6-46 耐振性能试验

检验项目	技术要求	检验结果
振动试验	加速度峰值 $\pm 49m/s^2$,频率 15～36Hz,递增常量 $\Delta f=3Hz$,循环 10 次,每点最终累积振动 7.8×10^5。共振动 8 点:15Hz、18Hz、21Hz、24Hz、27Hz、30Hz、33Hz、36Hz。每点累计振动 6.3×10^6 次后,支架及滤清器总成不应有开裂、漏油等现象	支架及滤清器总成无开裂、漏油等现象

二、空气滤清器的分类与制造

1. 空气滤清器的分类

汽车发动机用空气滤清器按内部滤芯及原理不同可分为油浴式空气滤清器、纸滤芯空气滤清器、离心式及复合式空气滤清器等多种结构形式。复合式可以是上部纸滤芯空气滤清器、下部油浴式空气滤清器组合，两种方式的过滤效果更佳。油浴式空气滤清器按壳体材料可分为金属油浴式空气滤清器和非金属油浴式空气滤清器。

2. 空气滤清器的制造

(1) 金属壳体的空气滤清器制造 金属壳体的空气滤清器其外壳体经金属薄板下料、冲裁、压型、拉伸、焊接而成，零部件需进行喷漆防锈处理，总成装配后要防止划伤及磕碰，以免影响外观质量及使用寿命。

(2) 非金属壳体的空气滤清器制造 非金属壳体的空气滤清器其外壳体主要由增强 PP 注塑而成，工艺过程简单，总成装配后不用涂装处理，但是其耐冲击性能稍差一些。

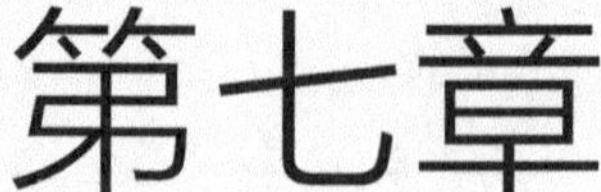

第七章 汽车内饰制品的成型工艺及装备

第一节 注射成型

注射成型是将干燥好的粒状或粉状的塑料原料加入（或吸入）注塑机料斗内，原料依靠自重落入加热料筒内，在电热圈的作用下，随着螺杆的旋转塑化成具有良好的熔体，在螺杆的推动下（高压状态）熔体快速进入模具型腔内，经保冷（热塑性）或加热（热固性）等工艺固化成型。

注射成型根据注射设备的不同一般分为柱塞式注射法和螺杆式注射法。柱塞式注射法适合特殊结构、注射量较小的制品，而且生产效率不高，现在生产中常采用的是螺杆式注射法。

注射成型是热塑性树脂最典型的一种成型工艺，注射成型也称为注塑成型，现已广泛用于汽车工业及日常生活中。注射工艺流程：干燥原料、加料、塑化、注射（包括充模、保压、倒流、冷却、顶出）、修边去料把、后处理。

一、注射成型的工艺参数

注射成型的工艺参数：注射压力、锁模力、螺杆背压、料筒温度、喷嘴温度、模具温度、注射速度、螺杆转速、成型周期、顶出力等。

（1）注射压力　注射压力是指注塑机在克服模具、料筒内材料等各种阻力，把熔融状态下的树脂注入模具型腔所需要的最小压力。注射压力过高会造成制品粘模、料道粘模，压力太低又会影响产品质量、充不满模、制品不完整等。

（2）锁模力　锁模力也称注射安全压力或工艺。锁模力是注塑机在正常注射工作前提下克服模具自身产生的压力与注射压力之和，保持设备正常生产所需要的压力。注塑机在最大注射量或额定状态参数下的锁模力称为额定锁模力或最大锁模力，为确保注射的可靠性，必须保证工艺锁模力小于注塑机的额定锁模力，一般工艺锁模力取 0.8～0.9 倍额定锁模力。因此锁模力都大于注射压力。锁模力不足说明设备需要维修或更换更大锁模力的设备。

（3）螺杆背压　为了增进熔融材料的塑化和混炼，注塑机螺杆后退时，通常注塑机料筒内保持一定的压力，而且控制螺杆一边后退、一边旋转，此时称加于注射料筒的压力为螺杆的背压。

（4）料筒温度　料筒温度也称材料温度，是指加热料筒内熔融材料的温度或料筒表面的加热温度。料筒温度因材料的不同而不同，一般来说以材料的流动温度为下限，料筒温度稍高一些为好，但是过高会发生热分解，使制品产生烧伤、黑纹及变色等缺陷。注塑机料筒一般都较长，由于热量的损耗再加上料筒温度可以自动控制，现注射时一般都根据料筒的前、中、后设定三个温度段，即料筒的前段温度、中段温度、后段温度。有的注塑机也设成五段温度，即第一至第五段温度。后段温度是指靠近料斗处的固体输送段，也称加料段温度或第一段温度，该段温度要低一些；中段温度也称压缩段温度或第二段温度，是物料处于压缩状态并逐渐熔融，该段温度的设定比所用塑料的熔点或黏流温度高出 20～25℃；前段温度也称为计量段温度或第三至第五段温度（为了提高注塑产品质量和控制的精确性，第三～第五段温度是计量段温度的进一步细化），物料在该段处于熔融状态，在预塑终止后形成计量室，储存塑化好的物料，该段温度设定一般比中段温度高出 20～25℃，以保证物料处于熔融状态。

（5）喷嘴温度　喷嘴是连接料筒和模具的重要部件，具有加速熔体流动、调整熔体温度和使物料均化并引导熔料顺利地自料筒进入模具的作用。在注塑过程中，喷嘴与模具接触，由于喷嘴本身热惯性很小，与较低温度的模具接触后，会使喷嘴温度很快下降，导致熔料在喷嘴处冷凝而堵塞喷嘴孔或模具的浇注系统，而且冷凝料注入模具后也会影响制品的表面质量及性能，所以需要控制喷嘴的温度。喷嘴的温度一般情况下低于料筒温度 10～20℃，一方面这是防止熔体产生“流延”现象；另一方面，由于塑料熔体在通过喷嘴时产生的摩擦热使熔体的实际温度高于喷嘴温度，若喷嘴温度过高，还会发生树脂分解，反而影响制品的质量。

（6）模具温度　模具温度是指与制品接触的模腔表面的温度，它是确定模具内材料的流动性和成型周期等制品率的重要成型条件，同时也与制品外观质量、尺寸精度和内在性能等产品质量有很大影响。

不同材料的制件对模具温度的要求是不一样的。模具温度与流道长度有关，而且对于熔合纹强度、注塑内应力大小以及外观都有影响。

般情况下注射时需要模具保持适当的温度，提高模具温度可提高熔合纹强度，降低内应力，提高表面光洁度，但会加深凹痕深度。如果模具温度太高，由于成型材料固化慢，从而保证材料在模具内的流动性，但是冷却时间必须加长，使得制品成型周期变长，导致产品的生产成本增高。如果模具温度太低，材料在模具内的流动不充分，则由于对于熔融物整体不具备均匀的成型压力，不仅会发生外观上的缺陷，而且会造成制品力学性能不强。

（7）注射速度　注射速度是指把熔融状态的材料射入模具的速度。一般情况下，注射速度高一些较好，但是过高会产生银纹、毛头等缺陷。注射速度太低又因填充不佳会出现明显的熔合纹，有时还会对制品的强度造成不良影响。

（8）螺杆转速　螺杆转速是直接关系注塑物料在螺杆中输送和塑化周期等因素的重要参数，它直接影响塑化能力、塑化质量和成型周期。随着螺杆转速的提高，塑化能力、熔体温度及熔体温度的均匀性提高，但是螺杆转速太高则塑化作用有所下降。

(9) 成型周期　成型周期是指完成一次注射模塑过程所需要的时间。它一般包括注射时间（又包括充模时间和保压时间）、模内冷却时间。在整个成型周期中以注射时间和模内冷却时间最为重要，它们对制品的质量起着决定性的作用。

① 充模时间。注射时间中的充模时间越短，则注射的速度越快。此时熔体的密度就高，温差也小，有利于提高制品的精度，但制品上易产生溢边、银纹、气泡等缺陷；通常时间为3～5s。对于熔体黏度高、冷却速率快的大型、薄壁、精密制品以及玻璃纤维增强制品、低发泡制品等，为提高制品质量，应采取快速注射。

② 保压时间。保压时间就是对型腔内塑料的压实、补缩时间。在整个注射时间内所占的比例较大，一般为20～120s，特别厚的制品可达3～5min，而形状简单的制品保压时间可以很短。

③ 模内冷却时间。冷却时间是指热塑性材料制品在完全充分成型以后完成制品定型所需要的时间。冷却时间针对不同的材料、制品的大小、制品的薄厚而有所不同，太长会影响生产效率，太短会影响产品质量。

(10) 顶出力　当制品从模具上脱模时，需要一定的外力来克服制品与模具的附着力，该外力就称为顶出力。顶出力太小，制品不能从模具上脱下来，顶出力太大或顶出力不均匀，会使制品产生翘曲变形，甚至顶坏制品。

二、典型的树脂注射成型工艺参数

常用塑料的料筒温度和喷嘴温度（螺杆式注塑机）见表7-1。

表7-1　常用塑料的料筒温度和喷嘴温度（螺杆式注塑机）

序号	塑料	料筒温度/℃			喷嘴温度/℃
		后段	中段	前段	
1	PE	160～170	180～190	200～220	220～240
2	HD-PE	200～220	220～240	240～280	240～280
3	PP	150～210	170～230	190～250	240～250
4	PS	150～180	180～230	210～240	220～240
5	PCTFE	250～280	270～300	290～330	340～370
6	PMMA	150～180	170～200	190～220	200～220
7	POM	150～180	180～205	195～215	190～215
8	PC	220～230	240～250	260～270	260～270
9	PA6	210	220	230	230
10	PA66	220	240	250	240
11	PUR	175～200	180～210	205～240	205～240
12	CAB	130～140	150～175	160～190	165～200
13	CA	130～140	150～160	165～175	165～180
14	CP	160～190	180～210	190～220	190～220
15	PPO	260～280	300～310	320～340	320～340

续表

序号	塑料	料筒温度/℃			喷嘴温度/℃
		后段	中段	前段	
16	PSU	250～270	270～290	290～320	300～340
17	ABS	150～180	180～230	210～240	220～240
18	SAN	150～180	180～230	210～240	220～240
19	线型聚酯	70～100	70～100	70～100	70～100
20	醇酸树脂	70	70	70	70

三、注塑制品成型的后处理

在注塑过程完成并脱模后，制品内部还存有一定的内应力没有释放出来，由此可能导致塑件在使用过程中产生开裂或变形，因此注塑制品成型后，需用退火处理或调湿处理等方法消除内应力。

（1）退火处理　将刚注塑完成的塑料制品放在设定温度的加热介质中或热空气循环的烘箱中静置一段时间，然后缓慢冷却；退火温度一般比制品实用温度高 10～20℃，退火时间为 4～24h。常见塑料制品后处理的工艺条件见表 7-2。

表 7-2　常见塑料制品后处理的工艺条件

塑料	加热温度/℃	保温时间/h
ABS	79	2～4
PA1010	90～100	4～10
PA66	100～110	4～10
PC	100～130	2～8
POM	20～145	4
PPO	150	4
PS	70	2～4
PSU	60～185	2～4
聚甲基丙烯酸甲酯	70	4～6
聚酰亚胺	150	4
增强聚对二甲酸乙二酯	130～140	0.33～0.5(甘油)
	110～130	2～8(空气)

退火处理的目的如下。

① 使熔体在冷却过程中某些来不及松弛便冻结的大分子获得松弛机会，释放应力。

② 对于结晶塑料，由于冷却较快来不及结晶，或者结晶度较低，制品硬度达不到要求的，需二次结晶。

③ 在高速充模时，某些材料容易产生取向，造成制品韧性太差的，通过退火处理以降低制品的硬度，提高韧性。

（2）调湿处理　有些刚注塑完成的塑料制品在高温下与空气接触时会氧化变色，有些在空气中使用或存放时容易吸收水分而膨胀，在这种情况下需要很长时间才能得到稳定的尺寸

（如 PA 类制品），为此，可以把刚从模具中取出的制品放在热水中，使之与空气隔绝，防止氧化，并使塑件快速达到吸湿平衡，这种方法就叫调湿处理。调湿温度为 100～120℃，调湿时间≥2h。

四、精密注射成型

精密注射成型是指以高的注射压力、快的注射速度和精确的温度控制，通过精密注塑设备生产出来的塑胶制品的尺寸精度，可以达到 0.01mm 以下，通常为 0.001～0.01mm 的一种注射成型技术。精密注射成型制品的基本尺寸与公差见表 7-3。

表 7-3　精密注射成型制品的基本尺寸与公差　　单位：mm

基本尺寸	PC、ABS		PA、POM	
	最小极限	实用极限	最小极限	实用极限
<0.5	0.003	0.003	0.005	0.01
0.5～1.3	0.005	0.01	0.008	0.025
1.3～2.5	0.008	0.02	0.012	0.04
2.5～7.5	0.01	0.03	0.02	0.06
7.5～12.5	0.015	0.04	0.03	0.08
12.5～25	0.022	0.06	0.04	0.10
25～50	0.03	0.08	0.05	0.15
50～75	0.04	0.10	0.06	0.20
75～100	0.05	0.15	0.08	0.25

（1）精密注塑成型的特点

① 制件的尺寸精度高，公差范围小，即有高精度的尺寸界限。精密注塑制件的尺寸偏差会在 0.01mm 以内，有的甚至小到微米级，检测工具依赖于投影仪。

② 制品重复精度高。主要表现在制件重量偏差小，重量偏差通常在 0.7%以下。

③ 模具的材料好，刚性足，型腔的尺寸精度、光洁度以及模板间的定位精度高。

④ 采用精密注塑机设备。

⑤ 采用精密注射成型工艺。精确控制注射量、模具温度、成型周期、制件重量、成型生产工艺。

⑥ 选择适应精密注射成型的材料，如 PPS、PPA、LCP、PC、PMMA、PA、POM、PBT、加玻璃纤维或碳纤维的工程材料等。

（2）影响精密注射成型的主要因素　精密注塑件的精度包括尺寸精度、形位精度和表面精度，分别对应尺寸公差、形位公差和表面粗糙度，三者是相互关联、相互影响的，其中尺寸精度最为重要。而影响制件尺寸精度的主要因素有材料选择、模具设计和加工、注射成型工艺、操作人员的技术水平以及注射成型机的选择等。

（3）精密注射成型中制件收缩应注意的问题　精密注塑制品不仅有尺寸公差、几何精度、表面光洁度的概念，而且有重复精度要求，对日、月、年以及应用环境稳定精度的概念。这些精度不仅与成型材料的性质、模具精度有关，而且与影响制品精度的成型收缩有关。影响制品收缩的因素有热收缩、相变收缩、取向收缩、压缩收缩与弹性复位四种。

① 热收缩。热收缩是成型材料与模具材料所固有的热物理特性。模具温度高，制品的

温度也高，实际收缩率要增加，因此精密注射的模具温度不宜过高。

② 相变收缩。由于结晶型树脂在定向过程中，伴随高分子的结晶化，体积减小而引起的收缩，称为相变收缩。模具温度高，结晶度大，收缩率大；另外，结晶度提高会使制品密度增加，线胀系数减小，收缩率降低，因此实际收缩率由两者综合作用而定。

③ 取向收缩。由于分子链在流动方向上的强行拉伸，使在冷却时的大分子有重新卷曲恢复的趋势，在取向方向将产生收缩。分子取向程度与注射压力、注射速度、树脂温度及模具温度等都有关，但主要的是注射速度。

④ 压缩收缩与弹性复位。一般塑料都具有压缩性，即在高压下体积发生显著变化。在一般温度下，提高压力后成型制品体积会减小，密度会增加，线胀系数减小，收缩率会显著下降。对应于压缩性，成型材料具有弹性复位作用，使制品收缩减小。影响制品成型收缩的因素与成型条件和操作条件有关。

五、多组分注射成型

多组分注射成型是用两个或两个以上注射单元的注射成型机，将不同品种或不同色泽的物料，同时或先后注入模具内实现制品成型。用此法可生产具多种色彩的分色制品，或多种塑料的复合制品，如可制成外层为硬皮、内层为泡沫结构的结构泡沫塑料制品等。

1. 多组分注射成型技术的典型形式

（1）双重注射　将两种原料同时或按一定顺序注入一个模腔。该技术通常是根据预设的注射速度和模腔的几何形状来决定原料的分布及两种原料的合模点，多用于一些灵活性的注塑场合，如加工因原料流动性较差而受阻的部件或者将部件的功能作为重点考虑的加工对象。

双色同步注射就是双重注射中的一种，在汽车市场，彩色仪表板渐呈流行趋势。要获得两种不同颜色的仪表板外观，就传统技术而言，喷漆是唯一的选择。福特、伟世通、赫斯基共同合作推出的同步注射成型技术，使双色仪表板的成型技术揭开了全新的一页。这种工艺可以将两种不同颜色的物料从同一注塑机的两个独立的注塑单元同时注入模腔，省却后期的喷漆工序。通过采用新工艺可以降低仪表盘基架和组装后可能产生的噪声；提高外形美感和耐刮擦性能；降低成本。

（2）复合注射　也称夹层注射，其加工原理是利用同一射嘴将两种原料注入模内。考虑到成本方面原因，廉价原料可作为产品的内层或外层。复合注塑多用于聚酯瓶坯、外壳类产品和汽车部件等产品加工。

（3）多重注射　即将三种（含三种）以上的原料同时或按一定顺序注入一个模腔内使制品具有特殊颜色、功能或其他特殊要求的成型方法。

2. 实施多组分注射成型技术考虑的因素

（1）材料特性　在多组分注塑中，将不同材料结合起来必须要有一个界面，即不同物理特性的材料在一起的接触面。这需要研究材料的相关特性：材料线胀系数（CLTE）差别、材料的不同收缩率、不同材料的黏结性。

通常选择两种通过化学键能够结合在一起的材料。如果由于某些原因选择了两种无法黏合在一起的材料，就必须设计一种能够连接这两种材料的方法。例如，可以在平整的第一次成型部件上设计一个小孔，让二次成型材料流入，在部件的后部生成一个柄。当二次成型材料冷却后，该柄无法从小孔中拔出，从而将不相容的材料互连在一起。

（2）加工顺序　在多组分注射成型工艺实施过程中，通过对加工过程中先后顺序的控制，可以减少不同的收缩率和 CLTE 的不匹配对制品的影响。

（3）制件结构设计　变形可以通过以下几种结构设计方法来实现最小化：将制件设计成对称形状，这样可以平衡应力，减少或消除变形；将材料实际接触面的跨距或对其他部分的牵扯减至最小；增强相关部位，通过对受不同收缩率和不匹配影响最多的部位进行增强，可以将变形最小化；改进加工工艺，选用收缩率更低的材料并控制加工温度，降低出模的收缩程度。

3. 多重注射的形式

（1）转盘注射　即动半模可旋转，只有定半模部分会受到产品几何形状的影响，可利用此技术实现单边的良好的设计构思。由于该技术允许进行同步注塑，因此可节省加工周期。主要用于饮用杯、把手、盖子和密封件等。

（2）转位注射　也称转模芯注射，该技术多用于部件的第二部分注塑或产品形状必须改变的加工场合。利用这一技术，可大大提高产品设计的自由度，因此常用于汽车用调节轮、牙刷及一次性剃须刀等的加工。

（3）移位注射　利用机械手将预注塑工件第二位置再注塑，从而给予第一和第二注塑加工最大的自由度。该技术主要用于工具手柄、牙刷和工艺性注塑等加工领域。

（4）多组分共注射成型与其他注射方式配合使用　如新型水注射配合多组分共注射成型。水注射系统与两个熔体注射系统一样，均整合入注塑机的整体驱动与控制系统。在用玻璃纤增强工程塑料生产发动机冷却系统管材和支管时，外层采用玻维增强尼龙，内层则采用非增强改性聚丙烯。采用气体注射系统可以得到较平滑的内部表面。然而，在气体辅助注射过程中，由于某些流变因素影响，玻璃纤维可能会突出到零件表面并可能在后期使用过程中脱离，对泵或阀系统造成损坏。为了解决这一问题，采用共注射技术和水注射成型系统结合在一起。最终这一两层复合材料不仅彻底解决了玻璃纤维可能导致的危险，而且改进了壁面对制冷剂的化学阻力。

六、多级注射成型

多级注射成型是指在注塑过程中，当螺杆向模腔内推进熔体时，不同位置采用不同的注射压力和注射速率，即采用注射压力与速率的变量来调整截面塑料熔体的流速及流量的关系。多级注射成型工艺可以消除注塑制品的多种缺陷，改善制品的质量，缩短成型周期。多级注塑工艺适合薄壁制品、长条形、大型制品、精密注射制品以及型腔配置不均衡等物品生产。而这种多级注射工艺的控制，现在已经完全能够在注塑机中实现。目前生产的注塑机已具备多级注射的控制要求，计算机控制的注塑机可以实现 3～8 级注射要求，同时实现 2～4 级的保压要求，两级以上的预塑控制功能，这为多级注射技术的推广提供了发展的契机。

多级注射成型是根据熔体的流动原理，分别在不同的区段提供不同的注射速率，因而集中了高速注射和低速注射两者的优点（表 7-4），使制品满足以下要求。

表 7-4　高速注射、低速注射两者的优点

高速注射优点	低速注射优点
增大塑料熔体的流动距离	防止发生成品溢边、出现胀模现象
提高制品的表面光泽	防止产生流动纹
提高熔接痕的强度，表面熔接纹现象减轻	使模具的排气性能增强
防止产生冷却变形	防止注射时空气带入模腔
缩短注射时间	分子不易取向、变形

① 缩短成型周期，减少运转加速时间。

② 使薄壁长流道制品的成型过程更容易。

③ 降低锁模力，节约能源。

④ 减小制品的重要误差，使制品不易产生飞边或者缺料。

⑤ 减少制品的流动纹和注射纹。

⑥ 减小制品的表面光泽的不匀。

⑦ 防止因注射速率过小而造成空气绝热，造成制品表面灼伤。

⑧ 减少缩孔，防止翘曲和变形。

⑨ 提高制品的可镀性、可涂性。

⑩ 减小熔接线，提高熔接强度。

七、气辅注射成型

气辅注射成型（Gas-Assisted Injection Molding，GAIM）是使用惰性气体辅助注射成型的一种注射成型技术，它从 20 世纪 80 年代开始实际使用，使传统的注射成型工艺发生了根本的变革，特别适用于大型塑件的注射成型加工。目前几乎所有的热塑性塑料（适用于注射成型）和部分热固性塑料都可以采用气辅注射成型。

气辅注射成型技术已经成为工业发达国家及地区生产超大型、超壁厚及超薄壁塑料件的必不可少的生产方法。我国虽然对 GAIM 技术的应用较晚，但一些大型的塑料加工企业已经使用多年，并且获得了大量的经验资料。如在加工过程中参数的控制、制品及模具的设计原则等。

1. 气辅注射成型原理

GAIM 的基本工作原理是借助气体的作用将熔融的塑料注入模腔，利用受压气体在塑料熔体内的膨胀使熔体形成中空断面，且保持完整的外形。充填过程首先是塑料熔体的注入，当塑料熔体注入模腔达到适当的时候（70%～95%），注入高压气体，推动熔融塑料继续充填模腔，用气体保压来代替塑胶保压的过程。这时气体的主要功能是：驱动塑料熔体继续流动以充满模腔；使模腔中的塑料呈中空状，减少塑料用量，减轻成品的重量，缩短冷却时间，更有效地传递注射和保压压力。

2. 气辅注射成型的类型

气辅注射的不同方法依据进气的方式不同分为三种：封闭式气体注射方法是把气体直接注入模腔内，使塑胶成品呈现中空状态，无须采用活动阀，也可从浇注系统直接进气，在同一模具上可设单个或多个注气点，气体被塑胶料封闭，气体的压力由气辅主系统来控制；注塑机射嘴进气方法是在注塑机上安装一个特别的进气嘴；表面气体成型方法是将气体注入塑模制品的一个表面，形成压力，使另一个表面形成压力与模腔壁紧贴。

3. 气辅注射成型的工艺流程及特点

（1）气辅注射成型的工艺流程　气辅注射成型的流程分为三个阶段：充模、保压和脱模。

① 充模阶段。分为熔体注射与气体注射两个时期。熔体注射是注塑机将定量的熔体填充入型腔内。所需的熔体量首先经过核算，然后依据试验确定，要保证一定理想的体积中空状态，又不能使气体冲破熔体所形成的表面。当熔体形成的壁厚达到一定尺寸时（确保制品满足足够的性能），进入充气阶段，注入的气体必须达到要求的容积与压力，在这个时期考

虑的是熔体与气体切换的时间，注入气体的压力及注入气体的时间。

② 保压阶段。在型腔充填完毕后（气体的注入时间），仍要保持一定的气体压力对成型制件进行保压。在保压阶段，沿着气道连续注入气体以弥补物料冷却而引起的收缩。由于气体压力始终使物料紧贴在型腔壁面，塑件壁厚较厚的部位不易形成凹陷，从而提高了制品的表面质量。

③ 脱模阶段。制件冷却后，泄气使模内气压至大气压力，然后开模、取出产品。

（2）气辅注射成型的特点

① 气辅注射成型的优点。气辅注射成型克服了传统注射成型和发泡成型的局限性，具有以下优点。

a. 制件性能良好，消除气孔和凹陷。在制件不同壁厚连接处所设的加强筋和凸台中合理开设气道，欠料注射后气体导入，补偿了因熔体在冷却过程中的收缩，避免气孔和凹陷的产生。减少内应力和翘曲变形。在制件冷却过程中，从气体喷嘴到料流末端形成连续气体通道，无压力损失，各处气压一致，因而降低了残余压力，防止制件翘曲变形，增加制件的强度。制件上中空的加强筋和凸台的设计使强度质量比比同类实心制件高出大约 5 倍，制件的惯性矩大幅度提高，从而提高制件使用强度。

b. 提高设计的灵活性。气辅注射可用来成型壁厚不均的制品，使原来必须分为几个部分单独成型的制品实现一次成型，便于制件的装配。例如国外一家公司原来生产的以几十个金属零件为主体、形状复杂的汽车门板，通过 GAIM 技术并采用塑料合金材料实现了一次成型。

c. 成本低，节约原材料。气辅注射成型在制品较厚部位形成空腔，可减少成品重量达 10%～50%。降低设备费用。气辅注射较普通注射成型需要较小的注射压力和锁模力（可节省 25%～50%），同时节约能量达 30%，相对缩短成型周期。由于去除了较厚部位芯料，缩短冷却时间可达 50%。

② 气辅注射成型的常用塑料材料及应用范围。理论上讲，所有能用于常规注射成型方法的热塑性塑料均适用于气辅注射成型，包括一些填充树脂和增强塑料。一些流动性非常好但难以填充的塑料如热塑性聚氨酯成型时会有一定困难，黏度高的树脂所需气体压力高，技术上也有难度，玻璃纤维增强材料对设备有一定的磨损。

在气辅成型过程中，由于制件的成型壁厚和表面缺陷在很大程度上由原料性能决定，改变过程参数对其影响并不很大，因此成型原料的选择极为重要。表 7-5 所示为常用于气辅注射成型的塑料。

表 7-5 常用于气辅注射成型的塑料

无定型塑料	部分结晶型塑料
PA，ABS	PE，PP，PP/EPDM，PA6，PA66
PC，PC/ABS，PC/PBT，PMMA，PPE，PES，PAR	POM，TPU，PBT，PET，PPS，LCP，PEEK，PA10

PA（聚酰胺）和 PBT（聚对苯二甲酸丁二酯）具有独特的结晶稳定性，尤其适合用于气辅注射成型。PA6、PA66、PP 也经常被用于气辅成型。一些部分结晶树脂，成型时内部靠近气道一侧，由于冷却速率相对较慢，无明显无定型边界层产生，但外侧因为模壁的快速冷却会产生无定型边界层，从而影响制品质量。对于玻璃纤维增强塑料，在模壁处会产生轻微的分子定向，且在模壁下一定距离处（约距制品外表面 1mm 处）沿料流方向达到最大。成型高强度制件可选用具有较高弹性模量的树脂，实际生产过程中应根据制件使用要求和具

体成型条件选择合适的树脂材料。

气辅注射成型的应用范围：适用于成型大型平板状制品，如桌门板等；大型柜体，如家用电器壳体、电视机壳、办公机械壳体等；结构部件，如底座、汽车仪表板、保险杠、汽车大前灯罩等汽车内外饰件。

气辅注射成型的应用实例：适宜于具有粗大柱孔或厚筋的制品以及胶粒粗大、内部有孔穴的制品（如手柄类、进气道类），汽车仪表板采用气辅注射成型工艺，可节省原材料 10%～20%，并大幅度降低锁模力。

冰箱顶盖板是大型平板注塑件，质量要求高，其模具采用直浇口入胶，在传统注塑时极易产生变形，影响冰箱的装配。采用气辅注射成型后，变形量得到有效控制，拱曲变形量由原来的 1.7～2mm 减少到 0.5mm 以下。

空调器的横向风板是长条形结构，截面形状“不规则”，由于表面不允许有熔接痕，模具采取单点注口入胶，料流程长，用传统注塑极易产生变形和缩痕，装在空调器上会影响风向电动机的转动，严重者甚至会烧毁电动机，因此，改善变形量显得尤为重要。采用气辅工艺后此问题迎刃而解，变形量由原来的 3～4mm 降为 1mm 以内。

手柄则是另一类型的制品，在气辅注射成型出现前它由两件制品装配而成，需要做两副模具而且装配后强度不够，整体也不够美观。采用气辅后可以合二为一，省略一副模具及装配工序。

③ 气辅注射成型的工艺特点。

a. 注气参数：气辅控制单元是控制各阶段气体压力大小的装置，气辅参数只有两个值——注气时间（s）和注气压力（MPa）。气辅注射成型过程是在模具内注入塑胶熔体的同时注入高压气体，熔体与气体之间存在着复杂的两相作用，因此工艺参数控制显得相当重要。

b. 注射量：气辅注射成型是采用所谓的“短射”方法，即先在模腔内注入一定量的料（通常为满射时的 70%～95%），然后再注入气体，实现全充满过程。熔胶注射量与模具气道大小及模腔结构关系最大。气道截面越大，气体越易穿透，掏空率越高，适宜于采用较大的“短射率”。这时如果使用过多料量，则很容易发生熔料堆积，料多的地方会出现缩痕。如果料太少，则会导致吹穿。如果气道与流料方向完全一致，那么最有利于气体的穿透，气道的掏空率最大。因此在模具设计时尽可能将气道与流料方向保持一致。

c. 注射速率及保压：在保证制品表现不出现缺陷的情况下，尽可能使用较高的注射速率，使熔料尽快充填模腔，这时熔料温度仍保持较高，有利于气体的穿透及充模。气体在推动熔料充满模腔后仍保持一定的压力，相当于传统注塑中的保压阶段。因此，一般气辅注塑工艺可省却用注塑机来保压的过程，但有些制品由于结构原因仍需使用一定的注塑保压来保证产品表现的质量，但不可使用高的保压。保压过高会使气针封死，腔内气体不能回收，开模时极易产生吹爆。保压过高亦会使气体穿透受阻，加大注塑保压有可能使制品表面出现更大缩痕。

d. 气体压力及注气速率：气体压力与材料的流动性关系最大，流动性好的材料（如 PP）采用较低的注气压力。气体压力大，易于穿透，但容易吹穿；气体压力小，可能出现充模不足、填不满或制品表面有缩痕。注气速率高，可在熔料温度较高的情况下充满模腔。对流程长或气道小的模具，提高注气速率有利于熔胶的充模，可改善产品表面的质量，但注气速率太快则有可能出现吹穿，对气道粗大的制品则可能产生表面流痕、气纹。常用塑料气辅注射使用的气压见表 7-6。

表 7-6 常用塑料气辅注射使用的气压

塑料种类	熔体流动速率/(g/10min)	使用气压/MPa
PP	20～30	8～10
ABS	1～5	20～25
HIPS	2～10	15～20

e. 延迟时间：注塑机射胶开始到气辅控制单元开始注气时的时间段，可以理解为反映射胶和注气“同步性”的参数。延迟时间短，即在熔胶还处于较高温度的情况下开始注气，显然有利于气体穿透及充模，但延迟时间太短，气体容易发散，掏空形状不佳，掏空率亦不够。

气辅注射成型工艺参数调试的注意事项及解决方法如下。

ⓐ 对于气针式面板模具来讲，气针处压入放气时，最容易产生进气不平衡，造成调试更加困难，其主要现象为缩孔。解决方法为放气时检查气体流畅性。

ⓑ 塑胶料的温度是影响生产的关键因素之一。气辅产品的质量对塑胶料温度更加敏感。射嘴料温过高会造成产品料花、烧焦等现象；料温过低会造成冷胶、冷嘴、封堵气针等现象，产品反映出的现象主要是缩水、料花。解决方法为检查塑胶料的温度是否合理。

ⓒ 手动状态下检查封针式射嘴回料时是否有溢料现象，如有则说明气辅封针未能将射嘴封住。注气时，高压气体会倒流入料管。主要反映的现象为孔口位大面积烧焦和料花，并且回料时间大幅度减少，打开封针时会有气体排出。主要解决方法是调整封针拉杆的长度。

ⓓ 检查气辅感应开关是否灵敏，以免造成不必要的损失。

ⓔ 气辅产品靠气体保压，产品缩孔时可适当减胶。主要是降低产品内部的压力和空间，让气体更容易穿刺到胶位厚的地方来补压。

4. 气辅注射成型的工艺系统

气辅注射成型采用惰性气体作为辅助，因而气辅注射成型所需的设备主要是注塑机。一般的普通注塑机均可作为气辅注塑机用，但还需气体注射装置。气辅设备包括气辅控制单元和氮气发生器装置。它是独立于注塑机外的另一套装置，与注塑机的唯一接口是注射信号连接线。注塑机发出一个注射信号（使用注气开始的时间控制器或者螺杆给料的控制信号传递给气辅控制单元），便开始一个注气过程，随后开始注气工艺程序。

气辅注射系统所用的气体必须是惰性气体（通常使用氮气），气体最高控制压力大于35MPa，特殊情况下大于70MPa，氮气纯度≥98%。氮气注射装置由气体压力制备系统、喷气嘴和气压控制元件等组成。

气辅注射系统由多种工业器件组成。储气部分一般使用工业气瓶。气压制备部分可使用柱塞式气缸升压，使用比例调节阀调控，使用气体换向阀实现充气与放气等交换动作。要求整个气体压力制备过程是独立过程，与注射循环过程相匹配，应当与注射过程中计量过程同时发生，控制部分应与注射过程相连接，可实现同步、连续控制。

气体控制单元是控制注气时间和注气压力的装置，它具有多组气路设计，可同时控制多台注塑机的气辅生产，气辅控制单元设有气体回收功能，尽可能降低气体的耗用量。

八、内饰注塑制品注塑时产生缺陷的原因及对策

内饰注塑制品的质量完全体现在注射加工形成的注塑制品上。注射成型质量分为内部质量与外部质量两部分，一般内部质量包括制品的内部结构形态、密度、制品的物理性能和熔

接状态，以及与塑料的收缩特性有关的制品尺寸和形状精度等；外部质量主要指制品的外观质量，主要表现在制品表面有凹陷、缩孔、气孔、流纹、暗斑、暗纹、印纹、鱼白、剥层、烧焦、变形扭曲、失去光泽、颜色不均、交口裂纹、表面龟裂以及溢边等。

1. 内饰注塑制品中的残余内应力

塑料注塑制品中普遍存有内应力，内应力的存在常常会使制品在储存和使用过程中出现翘曲变形和开裂等现象，并影响制品的光学性能、电学性能及其他物理性能。因此针对塑料注射制品存有内应力的特点采取相应的措施消除多余的内应力。

（1）内饰注塑制品中内应力的产生　应力是指注射成型时，热熔体在模腔内所受到的外力，在冷却定型阶段未完全达到平衡，残留在熔体内部单位面积上的作用力。按其性质可分为主动应力与诱发应力两大类型，其中诱发应力很容易保留在注射成型后的塑料制品的内部，从而转化为制品中的残余应力。

① 主动应力是与外力（注射压力、保压压力等）相平衡的内力，也称作成型应力。成型应力的大小，取决于塑料品种的大分子结构、链结构、链段的刚硬性、熔体的流变学性质，以及制品形状的复杂程度和壁厚尺寸的大小等许多因素。除非工艺特别要求，一般不需要较大的成型压力，否则残余应力越大越容易造成制品发生应力开裂和熔体破裂的缺陷。

② 诱发应力的形成原因很多，如塑料的熔体因变形滞后效应在制品中产生的时效应力，模腔中塑料熔体各部位温度的差别会造成收缩程度的不均匀，以及塑料熔体因流动取向引起的内应力，诱发应力在得不到平衡时产生的残余应力。

③ 残余应力可以定义为无外力的作用下，存在于物体内部任意部位的局部应力，残余应力产生的合力或力矩必须为零，残余应力分布应均匀，以避免因应力的作用使制品发生翘曲现象。

内饰注塑制品中的残余内应力主要来源于两个方面：一是注射和保压阶段的热熔体聚合物在模腔的非等温条件下，流动产生的应力与剪切应力，这类应力在冷却凝固阶段残存在制品的内部，称为残存流动应力；二是模腔中热熔聚合物，迅速地冷却形成的应力，当黏弹性聚合物冷却，并通过玻璃化温度时，不均衡的密度变化和不均匀的冷却形态都会产生残余应力。

（2）流动残余应力　流动应力主要表现在型腔充填阶段，保压阶段是对流动应力的保持和补充。在注射过程中，塑料熔体的高压应变速率引起了剪切应力，与此同时，熔体还受拉伸应力的作用，因此这种应力是由外力引发的，属于非常典型的外力应力，因为此时形成取向，也称为取向应力。

凡影响大分子取向的工艺参数（熔体温度、模具温度、注射压力、保压压力、浇口尺寸、充模塑度等），同时也必然影响取向应力，其中熔体温度对取向应力的影响最大。提高熔体的温度，熔体的黏度下降，因而剪切应力和取向程度降低。同时在高的熔体温度下，取向应力的松弛程度也会增大。如果熔体的温度偏低，则熔体的黏度较大。充模如果选用较大的压力，则会引起剪切速率提高，导致取向力增大。

模具温度直接关系到熔体进入模腔的冷却速率，对取向大分子在熔体停止后的取向有显著的影响。提高模具温度，减缓熔体的冷却速率，有利于缓解大分子的取向应力。

提高注射压力和延长保压时间都会因剪切速率的提高而使取向应力增大，直至保压时间随浇口的“冻结”而停止。

另外取向应力与制品的壁厚有关，壁厚制品的取向应力较小。

（3）热残余应力　由于模腔中各部位的冷却不一致，造成的温度差，而引起收缩的不均匀，产生的应力，称温度应力或热残余应力。当注射模塑厚壁制品时，高温的熔体进入模腔，熔体与模腔的温度差较大，由于塑料的比热容大，热导率小，靠近模具的熔体迅速冷却而形成凝固表层，会阻碍制品内部继续冷却时的自由收缩，结果在制品的内部产生应力。

制品的表面积与体积之比越大，表面的冷却越快，取向应力和温度应力增大。

除了流动应力与热残余应力之外，还有体积不平衡应力及变形应力等，这些应力往往不是应力的主要方面，同时对制品的物理力学性能的影响不是主要的。

(4) 内饰注塑制品中内应力的消除与分散　内饰注塑制品中内应力对制品的性能和质量有一定程度的影响，因而在加工时，要采取适当措施尽量使残存的应力分布均匀或者减少直至消除内应力。

① 内饰注塑制品工艺条件的控制。使用较高的料筒温度，保证物料的良好塑化，各组分分散均匀。随着注射温度的提高，熔体黏度下降，流动性增加，更容易充模，可降低熔体的取向度而达到减少内应力产生的目的。提高模具温度，易于充模，同样也可以降低注射压力，不但降低应力的产生，同时也有利于大分子的解取向。制品在模腔内的冷却速率较缓，冷却也变得均匀，消除因收缩的不均衡而产生的应力。注射压力、保压压力、保压时间对大分子的取向均有影响，随着压力的增大、压力作用时间的延长，都会增大制品的内应力，因而在选择时应选适宜的参数。

② 内饰注塑制品及模具设计时应注意的问题。制品设计时，表面积与体积的比值应尽量减少，制品的壁厚较均匀。在厚、薄壁过渡处应选用圆角过渡，制品应尽量避免缺口、直角、锐角等。应尽量避免制品内应力的形成，预防内应力的集中。

模具设计时，对浇口的大小、位置、流道的截面积及形状都要有合理的选择，并且依据制品的几何形状、壁厚的情况等进行设计。因为这些是内应力形成的客观结构因素。制品带有金属嵌件时，对金属嵌件的形状、位置和材料的选择都会对应力的形成产生影响。模具的冷却系统的设计应保证冷却均匀，要求制品的收缩程度均匀，可降低制品的内应力。

③ 内饰注塑制品原材料的要求。内饰注塑制品的内应力分布与塑料材料的分子结构密切相关。如分子链的刚性以及分子间的相互作用，分子链上取代基的极性以及取代基的体积大小对塑料制品的内应力都有影响。分子链刚性较大、熔体黏度较高时，大分子活动性差，在受到外力引起高弹性变形时，由于聚合物的减少，变形后的状态不稳定，分子活动性变差，则易产生内应力。分子链中含有极性较大的基团，如酯基、腈基等，由于分子之间的相互作用，使分子结合紧密，从而使得分子链的刚性增加，因此塑料制品的内应力较大。结晶型塑料在球晶与非晶界面产生内应力：结晶型塑料中加成核剂时，将生成大量小球晶，制品的内应力较小，因此随着结晶结构和结晶度的不同，制品的内应力大小也不同。质量要求较高的制件，常采用后处理的方法消除被暂时“冻结”的高弹性变形，同时使结晶型塑料结晶完善，降低制品内应力。常见塑料的内应力见表 7-7。

表 7-7　常见塑料的内应力

塑料	分子链刚性	相态	制品中的内应力
PVC	大	无定型	大
ABS	中	无定型	中
PS	较大	无定型	较大
PA6	较小	结晶型	较小
PE-HD	很小	结晶型	小
PSF	大	无定型	大

2. 内饰注塑制品的密度分布与收缩

内饰注塑制品的力学性质除受取向、残余应力的影响外，还受密度是否平衡的影响。此外，光的折射率与密度有关，故密度分布不均匀还影响内饰注塑制品的光学性能，同时密度与制品的收缩率也有关联。

（1）内饰注塑制品密度与分布　内饰注塑制品密度分布不均匀，主要有两个方面的原因：一是内饰注塑制品冷却通过玻璃化温度时，由于迅速冷却而使不均匀的密度冻结；二是由于残余应力的影响。在研究冷却条件对塑件密度的分布影响时，发现迅速冷却的制件要比缓慢冷却的制件密度低；在低冷却温度下，聚合物大分子本身不可能排列成平衡相态，而是冻结成具有较高容积（低密度）的非平衡相态，这就引起了倾向于实现平衡相态的内力。然而，由于低于玻璃化温度时，聚合物的大分子的可动性能降低很多，故造成塑料制品的物理力学性能在较长时间内发生变化。内饰注塑制品的密度变化不仅与冷却状态有关，同时与熔体的温度、注射保压、所需要的压力和时间等有关。熔体的温度高，大分子链段伸展较大，占据的空间大，密度偏低；注射的压力和保压压力较大时，模腔的塑料比较密实；模腔的温度低时，大分子链冻结得较快。因而，熔体的温度高，内饰注塑制品的密度较小；保压、注射压力较大及保压时间较长，制品的密度增大；而制品的冷却速率越快，制品的密度越小。

（2）内饰注塑制品的成型收缩率　内饰注塑制品在模具型腔内冷却过程中体积要发生变化，脱模后制品尺寸缩减的性能称为收缩性，制品收缩的大小及在各注射周期之间的稳定性，是决定制品尺寸精度的主要因素。

根据收缩的起因，内饰注塑制品的成型收缩可分为热收缩、结晶收缩、取向收缩和负收缩。

① 热收缩。高温塑料熔体在注射模内冷却定型为塑料制品，塑料材料大多遵循热胀冷缩的物理规律，此时的收缩现象称为热收缩。

② 结晶收缩。对于结晶型塑料来讲，成型时的冷却过程，塑件材料内部会发生一定结晶现象，结晶程度受冷却条件的影响。结晶使塑料大分子的构成由无规线团状态转变为规整的紧密排列，于是制品的体积将会发生收缩现象，制品的外形尺寸相对减少。结晶型塑料中的收缩值中，结晶收缩属于主要部分。

③ 取向收缩。在注射过程中，由于注射压力的作用，使塑料材料沿分子链的方向发生一定的取向作用，熔体在注射系统中流动时将会产生非常显著的取向结构，取向作用对塑料件的收缩有一定的影响，由于取向原因引起的收缩称为取向收缩。取向收缩量与取向方位和取向程度有关，通常取向收缩沿着取向方位表现显著，而在与取向垂直的方位上收缩值较小。此外，取向收缩的数量，一般与取向程度有关。

④ 负收缩。有些品种的塑料在脱模后，会因模腔压力的突然消失而产生弹性体积膨胀现象，塑料制品的体积可压缩性与体积弹性膨胀是相对立的，因而弹性效应可称为负收缩。负收缩与塑料品种、成型温度以及成型时的各种压力因素有关。

（3）内饰注塑制品的收缩过程　内饰注塑制品冷却时的收缩一般分为三个阶段进行，第一、第二阶段在注塑模内进行，从充模开始到脱模时为止，称为模塑收缩；第三个阶段在脱模后进行，直到制品冷却到环境温度为止，称为后收缩。第一阶段的收缩主要取决于模内压力，并在很大程度上可通过压实过程得到补偿，在保压期内物料温度下降，密度增大，最初进入模腔的物料发生体积收缩后，在适当的保压压力及保压时间下，可以获得不同程度的补偿。第二阶段的收缩是在浇口外的塑料凝固后才开始，并延续到制品脱模时为止。第二阶段保压压力已无法传递到模腔内。模内的物料的总重量不再改变。在这种情况下，无定型塑料的收缩是按体积膨胀系数进行的，收缩的大小取决于冷却速率，模温越低，收缩越小。结晶型塑料由于结晶，注塑制品的尺寸减小很多，一般模温越高，结晶越彻底，由结晶引起的收缩越大。第三阶段的收缩已转化为自由收缩阶段，此时制品已完全脱模，体积的缩小取决于制品脱模时的温度与环境温度之差及热胀系数。

（4）影响收缩的因素　内饰注塑制品的收缩性常用收缩率表示，测量收缩率一般是指在24h之内的尺寸变化。注塑模塑制品脱模后，在6h产生的收缩占总收缩量的90%，剩余的收缩一般在10天内产生。然而有的制品的后收缩可能需要很长时间，有的需要几个月甚至更长的时间才能使尺寸稳定下来。

影响内饰注塑制品收缩的因素很多，主要有塑料的特性、料筒温度、模具温度、注射压力、保压压力、保压时间、制件厚度、浇口尺寸等。

① 塑料的特性。无定型塑料的收缩小，半结晶和结晶型塑料收缩大。结晶度越高，收缩程度越大。无定型塑料聚苯乙烯的收缩率为0.5%～0.6%，聚氯乙烯为0.4%～0.5%，而结晶塑料聚丙烯的收缩率为1.8%～2.1%。对于同种塑料，分子量高、分子量分布宽的塑料收缩大。塑料中添加无机填充剂、增强剂等收缩率较小。由于充模的取向作用，往往在料流方向由于分子松弛作用，产生的收缩较大，而垂直于流动方向产生的收缩率偏小，如PE-HD在流动方向上的收缩率为2.8%～3.2%，垂直于流动方向则为1.8%～2.0%。

② 料筒温度。提高料筒温度就提高了注射温度，降低物料的体积变化，提高制品的密度，减少收缩率。

③ 模具温度。模具对收缩率的影响体现在模具温度决定着熔体的冷却速率状况。无论对结晶塑料还是无定型塑料，冷却速率越快，收缩越小。

④ 注射压力与保压压力。注射压力与保压压力对收缩的影响最为显著，提高注射压力、保压压力则制品密实，收缩小。对形状复杂的制品，可减少收缩差别。提高保压压力，可以补偿模内产生的收缩。

⑤ 保压时间。保压时间越长，越利于保压补料，收缩越小。

⑥ 制件厚度与浇口尺寸。制件越厚，收缩越大。制件浇口的位置及尺寸会影响熔体在模腔内流动的特性、制品的收缩及变形。当浇口位置设置在扁平制品的中心时，由于沿垂直的各方向上的收缩率不同，制品易发生翘曲变形。浇口尺寸大有利于传递压力，补缩性强。

（5）内饰注塑制品成型收缩率的控制

① 工艺参数的控制。模具温度控制要准确；料温要适当，不宜太高；适当提高注射压力；提高注射速率；适当延长保压时间。

② 材料选择方面的要求。成型材料要颗粒均匀；要选择流动性较好的物料；要严格控制物料的水分含量，某些物料加工时，必须干燥。

③ 对模具的要求。在条件允许的情况下，适当增大浇口截面积；尽量缩短分流道；选择较好的模温控制系统以便精确地控制模温。

3. 内饰注塑制品常见的缺陷及方法与对策

（1）内饰注塑制品的熔接痕

① 熔接痕的形成及类型。

a. 熔接痕的形成。注塑制品在加工时，熔体从浇口流到模腔内，当有多股料流状态时，这些料流最终要在模腔内汇合，汇合时以线状或非点状结合，必然会产生熔接痕。

形成多股料流，一般由于下列情况引起，即模具上采用多浇口结构，或者制件上带有孔、嵌体。形成熔接缝处一般为三维结构，它们对制件的外观及性能的影响取决于熔接的状况。

b. 熔接痕的类型。最常见的熔接痕有两种：充模开始形成的称为早期熔接痕；充模终止时，两股料最后对接，形成的熔接痕称为后期熔接痕。也可分为冷、热熔接痕，在嵌件周围产生的为冷熔接痕。

通过对各种熔接痕的研究发现，在注射制品的线及点状熔接痕，事实上还是一个三维区域，熔接区的各种性能低于制品其他部位，熔接区的结构形态决定着它的性能。

② 熔接区的结构与形态。假设两股料流属于稳态流时，由于熔体在型腔壁上严重黏附，充模时，从波前中央产生向型腔壁的方向流动，使熔料流体前段的熔体流动方向发生取向，熔接区必然含有许多垂直于流动方向的取向分子。当卷入空气时，两个波或更多波前集中时，表面上便形成气泡或凹槽。从微观看，熔接区的分子聚集状态与其他区域差别较大。

对于结晶型塑料，它的熔接区情况更复杂，除分子取向外，还与结晶度、球晶大小和冷却速率有关。慢速冷却有利于结晶生成，球晶越来越大，结晶度高；急速冷却，有利于晶核生成，球晶较小，结晶度低，球晶微观分布均匀，非晶区多。

③ 影响熔接痕的因素。

a. 聚合物的结构形态对熔接痕的影响。注塑制品产生熔接痕，因熔接痕的强度较低，所以提高熔接痕强度比较重要。对熔接痕强度影响的因素较多，如注射成型工艺条件、浇口的数量及位置、模具在熔接痕附近有无冷料穴以及制品的壁厚尺寸等，更重要的是聚合物的结构形态。结构形态对熔接痕强度的影响主要表现在结晶与非结晶，以及有无取向结构或取向程度等。实验表明，在注射成型工艺条件下，非结晶型塑料在熔接痕处的强度比较低。如将塑料熔接痕处的抗拉强度与其取向方向的抗拉强度相比，半结晶型高密度聚乙烯和半结晶型聚乙烯可以分别取值 0.87～0.95MPa 和 0.73MPa，而非结晶有机玻璃、聚苯乙烯、ABS、AS 等只能分别取值为 0.30～0.37MPa、0.6～0.8MPa、0.15MPa 等。单从冲击韧度上讲，熔接痕处的冲击韧度常常大于其他部位，这是由于取向的影响。一般这样解释，不同流向的塑料熔体汇合在一起，不仅没有取向效应，而且还会将各股熔料中已有的取向结构破坏，所以大分子在熔接痕处呈无规团状，冲击韧度显得高一些。但熔接时，若不能减轻取向作用，则熔接痕处的冲击韧度会较低。

b. 注射工艺参数对熔接痕的影响。

ⓐ 熔体温度：注塑制品的熔接痕强度在很大程度上是由料流波前的分子缠结数目确定的，因而需要大的分子流动性。随着分子热运动的提高，分子相互缠结程度较高，缠结率增大。

ⓑ 模具温度：模具温度高，可避免熔体快速冷却，使其在成型周期内能够保持较高的分子流动性，同时也补偿了流道和型腔对熔体波前的快速冷却，有利于大分子更多缠结，以提高熔接痕强度，但是对于结晶塑料的情况则不一样，模温高，结晶度偏高，力学性能则影响较大。

ⓒ 注射速率：选用熔体流动速率（MFR）低的树脂注射时，随着注射速率的增加，熔接痕强度有所增加，对于 MFR 较低树脂，注射速率的提高对熔接痕强度影响较小。

ⓓ 冷却时间：一方面与冷却速率有关，另一方面与制品定型有关，对熔接痕强度有影响，但并不太大。

ⓔ 制品厚度与浇口位置：制品厚度增大后，有利于熔接强度提高。制品厚度增大，熔接区域汇合的接触面积增大，因而熔接强度提高。浇口位置决定着熔接痕的区域、位置，因

而浇口位置选在流动行程相对较短的位置，可增强熔接痕强度。

④ 消除或减轻熔接痕的措施。熔接痕除影响制品的强度外，对制品的表面质量也有影响，为了消除或减轻熔接痕的缺陷，可采取以下几条措施。

a. 合理选择浇口位置及浇口尺寸：熔接痕产生的部位与制品形状及浇口位置等因素有关，因而必要时，应改变浇口的位置及浇口尺寸来调整熔接痕的位置及影响情况。

b. 提高塑料熔体的流动性：塑料熔体在充模过程中，如果流动性较差时，则不同方向的料流汇合处温度及压力变化较大，势必造成熔接痕外观明显及强度降低的缺陷。因而必须提高熔体的流动性，或通过提高注射压力、加大浇口尺寸等方式，改善熔料的流动性。

c. 改善模具的排气功能：塑料熔体充模时，须排除模腔的空气，如果在熔接区夹杂空气，轻则烧伤，重则不能完全熔合，所以必须保证模腔的排气功能。有的模具依靠拼块、顶出杆等结构，有时还需要设专门的排气槽排气。

在注射成型中，还有脱模剂及着色剂等引起熔接痕质量下降的原因，因而在使用上尽量控制。

熔接痕形成的原因复杂，造成熔接痕处强度较低的原因也很复杂，上述仅为一些实际上经常发生的应对措施，还有待在实践中进一步完善。

(2) 内饰注塑制品的其他缺陷　内饰注塑制品的缺陷种类很多，除上面介绍的熔接痕外，还存在以下几种主要表类型。

① 制品不完整（表 7-8）。

表 7-8　制品不完整

序号	制品缺陷原因	方法与对策
1	塑料温度太低	提高熔胶筒温度
2	射胶压力太低	提高射胶压力
3	射胶量不够	增加射胶量
4	浇口衬套与射嘴配合不正,塑料溢漏	重新调整使其对正
5	射胶时间太短	增加射胶时间
6	射胶速度太慢	加快射胶速度
7	低压调整不当	重新调节
8	模具温度太低	提高模具温度
9	模具温度不均	重新调整模具温度,使其均匀
10	模具排气不良	适当增加排气孔
11	射嘴温度太低	提高射嘴温度
12	进胶不均匀	重新调整模具溢口位置
13	料道或溢口太小	适当加大料道或溢口
14	塑料内润滑剂不够	适当增加润滑剂
15	背压不足	适当增大背压
16	过胶圈磨损严重	更换过胶圈
17	熔胶螺杆磨损严重	更换熔胶螺杆
18	射胶量不足	更换大规格的注塑机
19	制品太薄	使用氮气射胶

② 制品收缩（表 7-9）。

表 7-9 制品收缩

序号	制品缺陷原因	方法与对策
1	模内进胶不足	增加进胶量
2	熔胶量不足	增加熔胶量
3	射胶压力太低	提高射胶压力
4	背压压力不够	提高背压压力
5	射胶时间太短	增加射胶时间
6	射胶速度太慢	提高射胶速率
7	溢口不平衡	适当调整模具溢口大小或位置
8	射嘴孔太细，塑料在料道内凝固，减低背压效果	更换孔大一些的射嘴
9	料温过高	适当降低料温
10	模温不当	调整适当模温
11	冷却时间不够	适当延长冷却时间
12	蓄压段过多	射胶应终止在最前端
13	成品本身或其筋、柱等处过厚	调整制品设计尺寸
14	射胶量过大	更换射胶量较小的注塑机
15	过胶圈磨损严重	更换过胶圈
16	熔胶螺杆磨损严重	更换熔胶螺杆
17	浇口太小、塑料凝固失去背压作用	加大浇口尺寸

③ 制品粘模（表 7-10）。

表 7-10 制品粘模

序号	制品缺陷原因	方法与对策
1	填料过饱	适当减少填料
2	射胶压力太高	适当降低射胶压力
3	射胶量过多	适当减少射胶量
4	射胶时间太长	适当减少射胶时间
5	料温太高	降低料温
6	进料不均匀，使部分过饱	变更溢口大小或位置
7	模具温度过高或过低	适当调整模温使其符合制品要求
8	模内有脱模倒角	修理模具，去除倒角
9	模具表面不光滑	模具进行抛光处理
10	脱模造成真空	开模或顶出减慢或模具增加进气装置
11	注塑周期太短	加强冷却
12	脱模剂不足	适当增加脱模剂用量

④ 料道粘模（表 7-11）。

表 7-11 料道粘模

序号	制品缺陷原因	方法与对策
1	射胶压力太高	适当降低射胶压力
2	塑料温度过高	适当降低塑料温度
3	料道过大	修改模具
4	料道脱模角不够	修改模具,加大脱模角度
5	料道冷却不够	延长冷却时间或降低冷却温度
6	浇口衬套与射嘴配合不正	重新调整其配合
7	料道内表面不光滑	进行抛光处理
8	料道无脱模倒角	修改模具,增加脱模倒角
9	料道有损伤	检修模具
10	填料过饱	降低射胶量、时间及速度
11	脱模剂不足	适当增加脱模剂用量

⑤ 飞边、毛头（表 7-12）。

表 7-12 飞边、毛头

序号	制品缺陷原因	方法与对策
1	塑料温度太高	降低塑料温度,降低模具温度
2	射胶速度太快	降低射胶速度
3	射胶压力太高	降低射胶压力
4	填料过饱	降低射胶时间、速度及剂量
5	合模线或吻合面不良	检修模具
6	锁模压力不够	增加锁模压力或更换具有较大锁模力的注塑机

⑥ 开模时或顶出时制品开裂（表 7-13）。

表 7-13 开模时或顶出时制品开裂

序号	制品缺陷原因	方法与对策
1	填料过饱	降低射胶压力、时间速度及射胶量
2	模温过低	升高模温
3	部分脱模角不够	检修模具
4	有脱模倒角	检修模具
5	制品脱模时不能平衡脱离	检修模具
6	顶杆不够或位置不当	检修模具
7	脱模时局部产生真空现象	开模或顶出过慢,增加进气装置
8	脱模剂不足	适当增加脱模剂用量
9	模具设计不合理,制品内有过多内应力	改进模具结构
10	制品设计不合理,制品内有过多内应力	改进制品结构
11	侧滑快动作的时间或位置不当	检修模具

⑦ 结合线（表 7-14）。

表 7-14　结合线

序号	制品缺陷原因	方法与对策
1	塑料熔融不佳	提高塑料温度、背压，加快螺杆转速
2	模具温度过低	提高模具温度
3	射嘴温度过低	提高射嘴温度
4	射胶速度太慢	加大射胶速度
5	射胶压力太低	提高射胶压力
6	塑料不洁或掺有其他杂料	检查塑料
7	脱模剂用量太多	适当减少脱模剂用量
8	料道及溢口过大或过小	调整模具
9	熔胶结合处离料道口太远	调整模具
10	模内空气排出不及时	增开排气孔或检查原有排气孔是否堵塞
11	熔胶量不足	使用较大的注塑机

⑧ 流纹（表 7-15）。

表 7-15　流纹

序号	制品缺陷原因	方法与对策
1	塑料熔融不佳	提高塑料温度、背压，加快螺杆转速
2	模具温度过低	提高模具温度
3	模具冷却不当	调整模具冷却液管
4	射胶速度太快或太慢	适当调整射胶速度
5	射胶压力太高或太低	适当调整射胶压力
6	塑料不洁或掺有其他杂料	检查塑料
7	溢口过小产生射纹	加大溢口
8	制品断面厚薄相差太大	变更制品设计尺寸或溢口位置

⑨ 银纹、气泡（表 7-16）。

表 7-16　银纹、气泡

序号	制品缺陷原因	方法与对策
1	塑料含有水分	塑料彻底烘干或提高背压
2	塑料温度过高或塑料在料筒内停留过久	降低塑料温度，更换较小射胶量的注塑机，降低射嘴及前段温度
3	塑料中其他添加物如润滑剂、色母等分解	减少其使用量或更换耐温较高的替代品
4	塑料中其他添加物混合不均	彻底混合均匀
5	射胶速度太快	减慢射胶速度
6	射胶压力太高	降低射胶压力
7	熔胶速度太慢	提高熔胶速度

续表

序号	制品缺陷原因	方法与对策
8	模具温度太低	提高模具温度
9	塑料粒粗细不均	使用粒状均匀的原料
10	熔胶筒内夹有空气	降低熔胶筒后段温度、提高背压、减小压缩段长度
11	塑料在模内流程不当	调整溢口的大小及位置、模具温度保持均匀，制品厚度突变不要太大

⑩ 制品表面不光泽（表 7-17）。

表 7-17 制品表面不光泽

序号	制品缺陷原因	方法与对策
1	模具温度太低	提高模具温度
2	塑料剂量不够	增加射胶压力、速度、时间及剂量
3	模内有过多的脱模剂	擦拭干净，减少脱模剂用量
4	塑料干燥处理不当	按标准要求干燥处理
5	模内表面有水	擦拭并检查是否漏水
6	模内表面不光滑	抛光模具

⑪ 制品变形（表 7-18）。

表 7-18 制品变形

序号	制品缺陷原因	方法与对策
1	成品顶出时尚未冷却	降低塑料温度，降低模具温度，延长冷却时间
2	塑料温度太低	提高塑料温度，提高模具温度
3	制品形状及厚薄不对称	模具温度分区控制，脱模后以定型架控制或变更制品设计
4	填料过多	减小射胶压力、速度、时间及剂量
5	几个溢口进料不均匀	改进溢口
6	顶出系统不平衡	改善顶出系统
7	模具温度不均匀	调整模具温度
8	近溢口部分的塑料太紧或太松	增加或减少射胶时间
9	保压不良	增加保压时间

⑫ 制品内有气孔（表 7-19）。

表 7-19 制品内有气孔

序号	制品缺陷原因	方法与对策
1	填料量不足以防止成品过渡收缩	增加足够的填料补充收缩所用
2	制品断面、筋或柱过厚	变更产品设计或溢口位置
3	射胶压力太低	提高射胶压力
4	射胶量及时间不足	增加射胶量及时间
5	浇道及溢口太小	加大浇道及溢口

续表

序号	制品缺陷原因	方法与对策
6	射胶速度太快	调慢射胶速度
7	塑料干燥不彻底,含水分	塑料彻底干燥
8	塑料温度太高以致分解	降低塑料温度
9	模具温度不均匀	调整模具温度
10	冷却时间太长	减少模内冷却时间,使用水浴冷却
11	水浴冷却过急	减少水浴时间,提高水浴温度
12	背压不够	提高背压
13	熔胶筒温度不当	降低射嘴及前段温度,提高后段温度
14	塑料的收缩率太大	采用其他收缩率较小的塑料

⑬ 黑点(表 7-20)。

表 7-20 黑点

序号	制品缺陷原因	方法与对策
1	塑料过热部分附着熔胶筒内壁	彻底空射,拆除熔胶筒清理,降低塑料温度,缩短加热时间,加强塑料干燥处理
2	塑料混有杂物	检查塑料,彻底空射
3	射入模内时产生焦斑	降低射胶压力及速度,降低塑料温度,加强模具排气孔,适当降低关模压力,更改溢口位置
4	熔胶筒内有使塑料过热的死角	检查射嘴与熔胶筒间的接触面,有无间隙或腐蚀现象

⑭ 黑纹(表 7-21)。

表 7-21 黑纹

序号	制品缺陷原因	方法与对策
1	塑料过热	停止加热,检验塑料还能否使用,如变色或有其他改变则不能使用;如外观变化不大,可在温度降低至适宜温度再使用
2	塑料温度太高	降低塑料温度
3	熔胶速度太快	降低熔胶速度
4	螺杆与熔胶筒偏心而产生非常的摩擦热	检修设备
5	射嘴孔过小或温度过高	重新调整孔径或温度
6	射胶量过大	更换较小射胶量的注塑机
7	熔胶筒内有使塑料过热的死角	检查射嘴与熔胶筒间的接触面,有无间隙或腐蚀现象

九、注塑机

注射成型的原理是将粒状或粉状的原料加入注塑机的料斗内，原料经加热熔化呈流动状态，在注塑机的螺杆或活塞的推动下，经喷嘴和模具的浇注系统进入模具型腔内，在模具型腔内硬化定型，其工作原理见图 7-1。

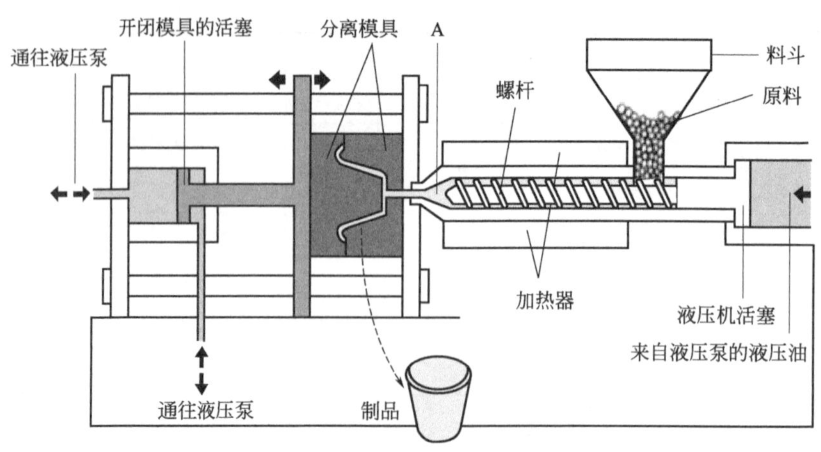

图 7-1　注塑成型工作原理

1. 注塑机的种类

（1）按操作方式分类　注塑机分为肘杆式（机械式）、全液压式、全电动式、电动液压复合式四类。目前在我国肘杆式注塑机在市场中仍占主导地位。全液压式注塑机其特点是锁模过程受力均匀、锁模重复精度高、磨损非常小，与机铰链机相比，加工同样的产品，模具寿命可延长两倍，常用于生产齿轮、镜片、光盘等精度要求较高的产品。全电动式注塑机只有少数几个企业生产出样品，其精度高，环保，无污染，噪声小，省电，比如振雄及上海东芝机械有限公司等生产的产品。电动液压式注塑机作为一种集液压和电动驱动于一体的新型注塑机，它融合了全液压式注塑机高性能的优点和全电动式注塑机节能的特点，已成为当今精密注塑机发展的方向，目前该注塑机在我国仍是空白。

（2）按功能分类　注塑机可分为单色注塑机、双色注塑机和多色注塑机。

（3）按结构分类　注塑机又可分为立式机和卧式机，三板机和两板机，柱塞机和螺杆机等。

（4）按制品质量程度分类　注塑机可分为一般注塑机和精密注塑机

（5）按注射量大小分类　可分为大型注塑机（注塑量≥6000g）、中型注塑机（注塑量1000～6000g）和小型注塑机（注塑量≤1000g）。

2. 注塑机的结构

注塑机的结构一般都包括机架、锁模、射胶、机门、电气计算机及液压等几部分。

（1）机架部分　机架部分是注塑机的主体和基体。一般都由优质钢板焊接而成，要求刚性好，振动小，牢固、平稳。锁模、射胶、机门、电气及液压等元件都安装在机架的相应位置。

（2）锁模部分　这一部分是注塑机的关键部位，主要由四个格林柱（即导柱）和锁模模板等组成。模板一般都是铸造件，模板有的是三板即三板机，有的是二板即二板机。三板机是通过机铰的机械死点提供锁模力的；二板机是直锁式结构，即直接用高压油缸来实行高压锁模；二板机对液压系统要求较高，锁模相当准确。二板机的锁模力产生的过程是：当快速合模油缸把动模板合上之后，位于动模板上的旋转螺母与格林柱锁死，然后位于头板上的四个高压锁模油缸起高压；起高压时，先由液压系统供油，起到一定压力后由一个高压小泵供油，使四个高压油缸内的压力达到锁模力要求；当高压锁模力达到要求后，高压油路切死形成锁模力，由于油的压缩量很小，再加上油路有特殊的防漏设计，在注射时绝对避免高压油缸卸压保证锁模力，所以二板机对模具的保护性好。还可以有效减小产品的变形，尤其对长条形及薄壁产品更为明显。二板机容模空间大，调模方便。相同规格的三板机和二板机，由于二板机省掉了尾板和调模机构，所以节省30%的空间。由于二板机没有机铰，这样可以使开模行程变大，在二板机参数里模板最大间距减去模具厚度就是开模行程，即容模空间也就相应较大。调模方便，有过三板机使用经验的人都知道，三板机的调模是比较麻烦的，因为三板机的锁模是通过锁模高压换算过来的，也就是说模具夹得越紧锁模力越大，高压是在计算机参数上设定的，在调模时必须使实际锁模高压的系统压力和计算机参数相同。而液压系统的实际压力的产生是靠负载（阻力）来实现的。注塑机使用人员在调模时，特别是调到最后，由于人手在按调模键时很难控制精确无误，这样就会产生按一下调大了锁不上模，按小了锁松了，一般很难一次性达到要求，还需人工调模来进行校正。而二板机调模则避免了上述问题，其调模非常简单，在安装完模具后设好锁模力，选取“格林柱调校”，点按调模键，即开始自动调模，自动调模完成后，会有报警提示。在我国比较成熟的二板机生产厂家有广东的东华、振雄等。

格林柱一般都采用特殊钢且经过必要的热处理，设计时要经过有限优化分析，对其加工工艺及精度要求较高，必须耐磨，因为模板都安装在其上且动模板又往复滑动。

（3）射胶部分　射胶部分是注塑机的关键部分之一，中小型注塑机其射胶与锁模是一体的，都安装在一个机架上；而大型的射胶部分机架与锁模机架是分开的，中间靠螺栓连接。射胶部分主要包括射座、料筒、螺杆、加热装置、上料和干燥装置（针对中大型机）及进退油缸、防护罩等。电子尺或解码器控制注射行程，电子尺能记忆，抗干扰能力强；解码器停电还原为零，不能记忆，但精度高，两者各有优缺点，用户一般根据自己的需要进行选择。

（4）机门部分　机门部分是注塑机的“脸面”，一般都是主体喷乳白色，并点缀黄色、绿色、蓝色或红色标志，以简洁、明快为基调。透明部分为有机玻璃，便于观察机内工作情况，机门一般都设有电气开关、液压保护和机械锁。中大型机多以电动或气动为主，以减轻人力频繁推拉之苦。

（5）电气计算机　注塑机的控制技术历经了继电器、接触器控制及可编程序控制器控制和专用计算机控制的发展过程。现在计算机控制部分大都选用国外名牌产品，比如日本富士、美国BBC、奥地利的贝加莱等，计算机部分一般都备有中文、英文、日文等语言操作界面。对位置采样用的电子尺模拟量信号，具有高精度、高稳定性的特点。闭环注塑进行全过程的控制，一般包括闭环射胶、保压、熔胶控制，可精确控制重要成型参数，使制品质量实现高精度、高产量。射胶为全闭环速度控制，速度控制段数自由扩充，最多可达十段，并有自动追踪学习功能，可实现高速度、高精度、高品质的注射工艺要求。

（6）液压　液压部分是注塑机的核心部件，就相当于人的心脏和血管，一般包括液压缸、液压马达、泵、各种阀、液压管等部件。液压元件一般都选用国外优质名牌产品，比如美国的威格士、德国的博士、力士乐、日本的油研等。另外由于节能的需求，现在液压泵比较流行的是变量泵逐步替代定量泵。

3. 精密注塑机

精密注塑机是带有射胶闭环控制的注塑机，通常注射压力和注射速度是采用闭环控制的。所谓闭环控制，也叫反馈控制，指的是在控制系统中，通过检测元件对控制系统的输出信号进行检测，将检测信号再传递到控制器，控制器对该检测信号进行运算处理，从而实现输出信号与系统要求的输出信号一致，使输出信号更接近于期望值，系统输出偏差最小。简单地讲，闭环控制就是更接近期望值的自动调节控制。由于注塑机采用了注射闭环控制，大大提高了注射成型的重复性和稳定性，减小了制件的尺寸波动，也就提高了制件的尺寸精度和尺寸稳定性。注塑机要实现闭环控制，对于液压式注塑机而言，则必须采用伺服阀，实现液压系统压力和流量的闭环控制。超精密型注塑机除了采用伺服阀之外，还会配加使用伺服控制板，伺服控制板配合计算机控制系统，进一步提高液压系统输出压力和流量的重复精度，实现超精密注射成型。注塑过程是把塑料从固态（粉料或粒料）向液态（熔体）又向固态（制品）转变的过程。从粒料到熔体，再由熔体到制品，中间要经过温度场、应力场、流场以及密度场等的作用，在这些场的共同作用下，不同的塑料（热固性或热塑性、结晶性或非结晶性、增强型或非增强型等）具有不同的聚合物结构形态和流变性能。凡是影响到上述“场”的因素必将会影响到塑料制品的物理力学性能、尺寸、形状、精度、外观和质量。这样，工艺因素与聚合物的性能、结构形态和塑料制品之间的内在联系会通过塑料制品表现出来。分析清楚这些内在的联系，对合理地安排注塑机和其他加工设备都是非常重要的。因此精密注塑与普通注塑在注射压力和注射速率上也有区别，精密注塑通常会采用高压或超高压注射和高速注射以获得较小的成型收缩率。

（1）精密注塑机的标准　精密注塑机要求制品尺寸精度一般为 0.01～0.001mm；制品重量重复误差≤0.5%。因此，通常衡量精密注塑机有两个重要指标：一个是制品尺寸的重复偏差；另一个是制品重量的重复偏差。前者由于尺寸大小和制品厚薄不同难以比较。而后者代表了注塑机的综合水平，而一般普通注塑机重量的重复偏差在1%左右，较好的机器可达到 0.8%，小于 0.3%为超精密机。另外，许多精密注塑还要求注塑机具有高的注射压力和注射速度；要求合模系统具有足够大的刚性和锁模精度。所谓锁模精度是指合模力的均匀性、可调、稳定和重复性高，开合模位置精度高；要求对压力、流量、温度、计量等都能精确控制到相应的精度，采用多级注射，保证成型工艺的再现和制品的重复精度等。

（2）精密注射成型对注塑机的要求

① 技术参数方面。注射压力：普通注塑机为 147～177MPa；精密注塑机在 216～243MPa；超高压注塑机在 243MPa 以上，通常为 243～392MPa。

精密注塑机可实现高压成型的好处如下。

a. 提高精密制品的精度和质量。注射压力对制品成型收缩率有明显的影响，当注射压力达到 392MPa 时，制品成型收缩率几乎为零。而这时制品的精度只受模具控制或环境的影响。实验证明，注射压力从 98～392MPa，制件的机械强度可提高 3%～33%。

b. 可减小精密制品的壁厚和提高成型长度。以 PC 为例，普通机注射压力 177MPa 可成型 0.8mm 壁厚的制品，而精密机注射压力在 392MPa 时可成型厚度在 0.45mm 以上的制品。超高压注射机可获得流长比更大的制品。

c. 提高注射压力可充分发挥注射速率的功效。为达到额定注射速率，有两种方式：一是提高系统最高注射压力；二是改造注射装置或注射系统参数，包括螺杆参数。

精密注塑机的注射速度要求高：精密液压式注塑机的注射速度要求达到 200mm/s 以上；全电动式注塑机的注射速度可达到 300mm/s 以上。

② 控制方面。对注射成型参数的重复精度（再现性）要求高，宜采用多级注射反馈控制，包括多级位置控制、多级速度控制、多级保压控制、多级背压控制、多级螺杆转速控制。位移传感器的精度至少要求达到 0.1mm，这样可以严格控制计量行程、注射行程以及余料垫的厚度（射出监控点）。保证每次注射量准确，提高制品成型精度。

料筒及喷嘴温度控制要精确，温控系统升温加热时超调量要小，温度的波动要小。精密注塑采用PID比例、积分、微分温度控制，使温度控制精度在±1℃之间，超精密注塑机的温度控制精度达±0.1℃，温度偏差可稳定控制在±0.2℃。

注塑机液压油的温度需要控制。注塑机油温的变化导致注射压力的波动，必须对液压油采用冷却装置，把油温稳定在50～55℃为宜。

对模具温度要求控制。模具温度对制件的后期热收缩有相当大的影响，也会影响制件的表观质量和结晶度，还会影响制件的力学性能。若冷却时间相同，模具型腔温度低的制品的厚度，要比温度高的制品的厚度尺寸大。

③ 液压系统。油路系统需要采用比例压力阀、比例流量阀或闭环变量泵系统。

注塑机液压系统需要采用比例压力阀、比例流量阀，实现系统不同的工作压力和流量。无论是定量泵液压系统，还是变量泵液压系统，都存在比例阀，以控制油泵输出的工作压力和工作流量，并实现比例线性调整。

在直压式合模机构中，把合模部分油路和注射部分油路分开。

这种要求是针对直压式注塑机而言的，因为直压式注塑机是在合模起高压后的瞬间，开始注射熔体，填充模具型腔。与此同时，必须有油液充填合模油缸，形成合模高压力，否则中板会因受到充填压力和胀模力的作用而后退，这是不允许发生的。这就要求合模油路和注射油路分离，否则会发生因油液同时充填合模油缸和注射油缸而发生油泵过载问题，并且会影响注射速度和系统稳定性。

由于精密注塑机具有高速性，为此必须强调液压系统的响应速度。精密注塑大多是在高射压和高射速的情况下完成的，充填时间非常短，一般只有零点几秒。这要求系统具备高应答性能，否则会出现响应迟滞现象，最终导致系统输出信号与输入信号的要求偏差较大，成型工艺调试困难，生产中也会直接影响制件的尺寸或重量稳定性。

注塑机的高应答性取决于控制器的扫描时间、油泵的响应时间、油阀的响应时间。对于加装伺服阀的液压系统，在响应方面和重复精度方面则有相当的优势。

对于变量泵注塑机，因为油泵的压力和流量输出是通过油泵斜盘摆角调整的，因此具备高响应性与高应答性，油泵的重复精度可达到0.2%以下。

精密注塑机的液压系统，要充分体现机-电-液-仪一体化工程。

当前注塑机普遍采用全计算机控制，功能逐渐完善，具备“人机对话”、故障自诊断、成型状态监控、SPC品质监测等智能化功能。注塑机液压系统是注塑机各动作发生的动力部件，控制器是液压系统管控中心，各类仪表是机台运行状态的辅助监控部分。注塑机其实是机、电、液、仪有机结合的智能体。

④ 其他方面的要求。

a. 由于精密注塑机注射压力高，这就要求合模系统的刚度高，动、定模板的平行度控制在0.08～0.10mm。

b. 要求对低压模具的保护及合模力大小精度的控制。因为合模力的大小会影响模具变形的程度，最终影响到制件的尺寸公差。

c. 启、闭模速度要快，一般在60mm/s左右。

d. 塑化部件：螺杆、螺杆头、止逆环、料筒等，要设计成塑化能力强、均化程度好、注射效率高的结构形式；螺杆驱动力矩要大，并能无级变速。

4. 全电动式注塑机及节能型注塑机

全电动式注塑机与液压式注塑机相比，在实现全闭环注射控制上，要有很大的优势。全电动注塑机的计算机运动控制器，对伺服电动机进行控制驱动，再通过逻辑控制器对传感器反馈的信号进行逻辑运算，实现对注塑动作包括注射、塑化、开合模、顶针动作的全闭环控制，位置控制可达到0.01mm，制件的尺寸精度更高，机台的稳定性和重复精度也就高得多。在实现高精密控制和大幅度节能的同时，避免了液压注塑机常有的噪声、发热和油液泄漏现象，是典型的绿色环保产品。在注塑构造上，采用了螺杆柱塞混合式结构和PID温度控制方式，有效保证了塑化和计量的稳定性，从通用树脂到工程塑料，都能够进行高质量的注射成型，特别适合于微电子产品、通信、电气、仪器、仪表、自动化器件等各个领域的精密注塑件的生产。全电动注塑机、节能注塑机其液压泵由定量发展为变量控制，由恒定调速发展为变频调速控制。随着全球经济的发展，能源供给日益贫乏，煤、电、油等需求矛盾日益加剧，在我国这种矛盾更为突出，所以节能型注塑机也是大势所趋。全电动注塑机是节能型注塑机的一种，它不仅节能30%～50%，而且比较环保、精确、迅速，也是注塑机的发展方向。

十、注塑模具

1. 注塑模具的分类

注塑模具的基本结构分类见表7-22。

表7-22　注塑模具的基本结构分类

模板结构		成型零件结构 整体、拼镶	流道、浇口	推出机构	侧向成型处置
基本形式	二板式 三板式 无流道	整体{单型腔 局部拼镶 多型腔} 拼镶{单型腔 多型腔}	直接浇口 侧浇口{限制 膜状} 二次流道{侧浇口 直接浇口} 绝热流道 热流道{针状浇口 直接浇口}	推杆 推套 推件板 气压推出	滑动型芯{位于定模 位于分型面} 瓣合模 倾斜杆 活镶件 旋转脱模 强制脱模
特殊	多层模具		热流道，针状浇口		

（1）按注塑材料分类　注塑模具分为热塑性塑料注塑模具、热固性塑料注塑模具（发泡模或反应注射成型模）、弹性体塑料（橡胶）注塑模具、结构泡沫塑料注塑模具。

（2）按模具结构分类　注塑模具分为两板式注塑模具、三板式注塑模具和多层注塑模具。

（3）按有无热流道分类　注塑模具分为冷流道注塑模具和热流道注塑模具。

（4）按照浇口形式分类　注塑模具分为直浇口注塑模具、侧浇口注塑模具和点浇口注塑模具。

（5）按型腔数量分类　注塑模具分为单腔注塑模具、二腔注塑模具和多腔注塑模具。

（6）按顶出结构分类　注塑模具分为点顶出注塑模具和面顶出注塑模具。

2. 注塑模具的基本结构及有关名词

（1）注塑模具的基本结构（图7-2）　注塑模具是安装在注塑机上使用的，靠设备的动作来控制模具的开合。

（2）有关注塑模具的几个概念

① 主流道：是从模具接触注塑机喷嘴起到分流道止的一段流道。由于主流道经常与高温塑料和注塑机喷嘴反复接触和碰撞，一般磨损较严重，为了便于修理和更换，主流道通常

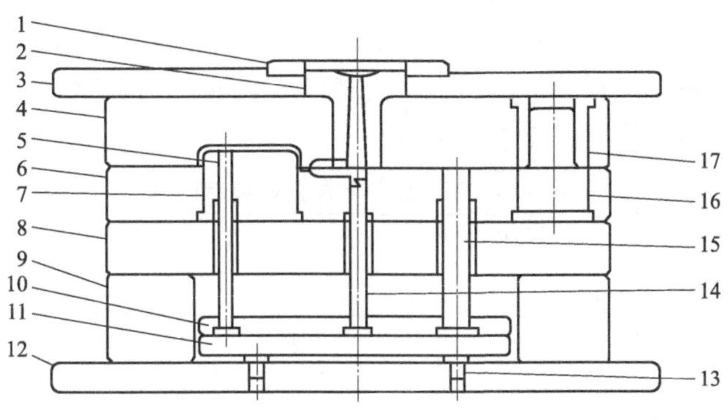

图 7-2 注塑模具的基本结构（二板式）

1—定位圈；2—浇口套；3—定模安装板；4—定模型板；5—推杆；6—动模型板；7—型芯；8—动模垫板；9—支脚；10—上推板；11—下推板；12—动模安装板；13—止位钉；14—主流道锁杆；15—复位杆；16—导柱；17—导套

开在一个浇口套上，而不是直接开在定模板上。浇口套镶在定模板上。主流道顶部呈凹球形，以便于与凸球形喷嘴保持良好接触。为了便于取出流道凝料，从与喷嘴接触处向内，主流道直径应逐渐增大，呈锥形，单边锥角取 1°～2°。主流道直径直接影响料流速度及充模时间，应根据制品大小合理选择，一般为 4～8mm。在满足成型条件下，主流道长度应尽可能短，以减少压力、温度损失和回收料量等。

② 分流道：是指浇注系统中连接主流道与浇口的一段熔体通道。单腔简单的模具可以不设分流道，但是多腔模具或单腔复杂的模具必须设分流道。分流道的作用是使物流方向得到平稳转换并将熔料均匀地分配到各个型腔或制品各部。分流道的断面形状可为圆形、半圆形、U 形、梯形等，其中以梯形最为常用，因为这种形状的分流道加工方便，热量和压力损失都不大。分流道的截面尺寸及长度应根据制件壁厚、成型体积、形状复杂程度及所用塑料的特性等因素确定。在满足成型需要下，应尽可能减少分流道尺寸，以减少回收料。分流道表面粗糙度要求较高，尽可能地减少熔料在流道内的阻力，加快熔体的流动速度。

③ 热流道：是一种特殊的分流道，热流道是具有独立加热系统的一个分流道单元存在于模具中，通过加热来保证注塑模具内流道和浇口的塑料保持熔融状态。

④ 冷料穴：是设在主流道或分流道末端的一个空穴。它的作用是不捕集和储存两次注射间隔中产生的冷料头，防止其进入模腔或堵塞浇口造成制品内应力或影响充模。冷料穴的形状及尺寸取决于脱模机构形式和拉料杆头结构。冷料穴的设计应便于使浇注系统凝料与塑料制品一起脱模。

⑤ 浇口：是连接分流道或主流道与模腔的通道，它通常是浇注系统中截面尺寸最小的一部分，一般只有分流道截面积的 3%～9%，其截面形状多为矩形或半圆形。浇口的作用：使熔融塑料在进入模腔时产生加速度，以达到迅速充模的目的；充模及补缩作用完成后，浇口首先冷凝，封闭型腔，防止型腔中熔料倒流，避免因此造成塑件上出现缩孔和凹陷；便于浇注系统凝料与塑件分离；使通过的熔料受到较强的剪切作用而升高温度，提高流动性及充模性。

⑥ 收缩量：是指为最终得到所需形状和尺寸的制件，模腔和模芯加工时应考虑的余量，它一般与原材料有直接关系，不同型号的材料收缩量是不一样的；同一型号的材料，因生产厂家不同，材料的收缩量也会不同。影响收缩量的因素还有：模腔压力、制件厚薄、模具温度、熔融温度、冷却时间等。

成型材料的收缩特性：塑料的收缩特性是塑料固有特性之一，它对塑料件尺寸稳定性和精度起着重要的作用。这一特性是塑料热收缩、弹性恢复、塑性变形、后收缩和老化收缩的综合反映。它表现为成型过程和使用过程中受环境影响而发生的线性收缩率和体积收缩率的变化。常用塑料材料的收缩率汇总见表 7-23。

表 7-23 常用塑料材料的收缩率汇总

序号	塑料名称、类型		模塑收缩率/%
1	ABS	高耐冲击	0.5～0.7
		耐热	0.4～0.5
		中等耐冲击	0.5
2	POM		2.0～3.5
3	氯化聚醚		0.6～0.8
4	尼龙	PA66	1.0～2.5
		PA6	0.7～1.5
		PA610	1.0～2.5
		FG 填充	0.5～1.0
5	聚乙烯	PE-LD	1.5～3.5
		PE-HD	1.5～3.0
6	聚丙烯		1.0～3.0
7	聚苯醚		0.7～0.8
8	聚砜		0.8
9	聚苯乙烯	通用	0.2～0.8
		耐热	0.2～0.8
		增韧	0.3～0.6
10	聚四氟乙烯		5.0～10.0
11	聚氨酯弹性体		1.0
12	聚氯乙烯	未增塑	0.2～0.4
		硬质	0.2～0.4
		半硬质	0.5～2.5
		软质	1.5～3.0
13	苯乙烯-丙烯腈共聚物		0.2～0.6
14	苯乙烯-甲基丙烯酸甲酯		0.2～0.6
15	醋酸纤维素	硬	0.2～0.5
		中等硬度	0.2～0.5
		软	0.2～0.5
		高乙酰基化	0.2～0.5

⑦ 注塑内应力：是指在注塑过程中由于模具结构、模具温度、熔融温度、制件形状、厚薄等复杂因素的影响会产生一定的应力集中，如果得不到及时有效的释放可能会影响制件

力学性能和外观质量等。注塑内应力主要集中在浇口、孔穴、小半径转角、截面的急骤过渡区和熔合纹周围。

⑧ 熔合纹：是料流遇到障碍物的时候形成的“龟裂纹”，它直接影响制件的强度和外观质量。

⑨ 拔模斜度：也称脱模斜度，即为了便于制件出模，在不影响制件结构的前提下而设计的工艺斜度，一般取 0.5°～2°。常用塑料的脱模斜度见表 7-24。

表 7-24 常用塑料的脱模斜度

序号	塑料名称	脱模斜度
1	聚乙烯、聚丙烯、软聚氯乙烯	30′～1°
2	ABS、尼龙、POM、氯化聚醚、聚苯醚	40′～1°30′
3	硬聚氯乙烯、聚碳酸酯、聚砜、聚苯乙烯、有机玻璃	50′～2°
4	热固性塑料	20′～1°

⑩ 模具型腔：模具型腔数要根据注塑机的注射量、产品结构和生产纲领等因素确定，一般以经济高效为准则。型腔的布置尽可能地做到：第一，流道短，不带弯道；第二，每一个模腔的供料量保持平衡，这一点对于精密注塑尤为重要，均衡的供料保证了任一注塑参数的任意变化将以同样的方式影响各个型腔。

3. 汽车内饰制件用模具的设计与制造

现代生产、生活中越来越多的产品特别是各种塑料制品及大型覆盖件等产品形状结构比较复杂，单使用图纸已很难正确和详尽地表达产品的形状及结构，这就要求模具设计制造者必须使用计算机辅助设计文件描述的手段，同时要求模具制造者必须充分掌握产品的各种资料，包括产品的形状、尺寸、原料的特性、精度要求、特殊表面效果等。有些产品还需客户提供实物或模型。当前，我国工业生产的特点是产品品种多，更新换代快，市场竞争残酷激烈。在这种情况下，用户对模具制造的要求是制件质量好，交货期越短越好，模具精度越高越好，模具价格越低越好。由此，现代塑料模具的制造应与当前经济发展的形势及以上要求相适应。工业经济的飞速发展也推动了模具工业的发展，特别是汽车轻量化、环保化发展的需求，要求越来越多的塑料类产品应用到汽车上。现在汽车行业的激烈竞争，已大大加快了各种新车型的推出，而更换最频繁的就是汽车内饰件、外饰件。汽车上的内饰件、外饰件则主要是靠塑料类模具来生产的。其实新产品的竞争就是时间的竞争，而时间的竞争主要集中在模具的设计与制造上。

（1）现代塑料模具的设计　将客户提供的图纸或文件资料输入计算机，使用计算机辅助设计与加工系统（CAD/CAE）进行设计并做模拟试验，得出所需要的计算机文件。在此设计过程中，系统可进行图形编辑处理，尤其是对含有三维自由曲面的图纸可做进一步修正和编辑。如曲面的结合、融合、截面圆角及光滑处理等。设计完成的模具零部件可使用计算机系统的实体成型功能将其显示出来，以便观察设计的正确性及可能需要进行优化处理，之后还可以借助系统功能进行强度、模温、塑料流动状态等模拟测试。如果发现设计有误可重新修改设计。

① 塑料模具设计的内容。模具设计是随工业产品零件的形状、尺寸与尺寸精度，表面质量要求以及其成型工艺条件的变化而变化的，所以每副模具都必须进行创造性的设计。模具设计的内容为：产品零件（常称为制件）成型工艺优化设计与力学计算，尺寸与尺寸精度

确定与设计等，因此模具设计常分为制件工艺分析与设计、模具总体方案设计、总体结构设计、施工图设计四个阶段。

制件工艺分析与设计塑件的形状如图 7-3 所示。

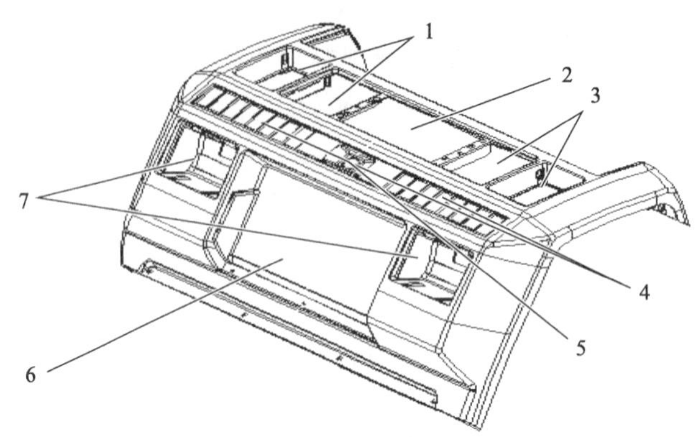

图 7-3 制件工艺分析与设计塑件的形状

1—左出风口座；2—仪表板安装孔；3—右出风口座；4—各种操纵按钮孔；5—点烟器座；6—杂物箱安装孔；7—左右烟灰缸安装座

如图 7-3 所示的制件为载重汽车“金王子”仪表台主体部分，体积约为 800mm×600mm×300mm，质量为 3010g，材料为 ABS（丙烯腈-丁二烯-苯乙烯共聚体）。其特点是具有良好的综合性能、高的冲击韧性、高硬度、良好的机械强度、良好的尺寸稳定性及良好的性价比，但吸湿性强，含水量应小于 0.3%，收缩率为 0.5%，因此对模具内表面粗糙度要求较高，而且材料要求长时间的预热、干燥。该塑件形状十分复杂且要求整体边角呈弧形圆滑过渡，要求有良好的装配性能，在塑件上设有与其一体的暖风机出风口座、点烟器座、烟灰缸座及其他各种控制按钮安装孔等，所以对该件表面的质量、尺寸精度要求较高。

根据该件的结构特点、尺寸、形状和具体要求，模具必须在 6000g 以上的注塑机上使用，模具外形尺寸约为 1500mm×1200mm×1200mm，模具设计成三板式，增加了一个可移动的中间板、热流道、双顶出板、二级脱模机构、油缸辅助抽芯等。要求模具分型面轮廓保持清晰，要有良好的冷却系统，冷却液路应排布均匀；模具滑块应滑动平稳，无卡滞现象且开模后应定位准确可靠；模具其他标准件应符合国家相关标准。

“金王子”仪表台主体注塑模具见图 7-4。

② CAD/CAE 技术的应用。CAD/CAE 计算机辅助设计和辅助工程包括概念设计、优化设计、有限元分析、计算机仿真、计算机辅助绘图、计算机辅助设计过程管理等。应用 CAD 技术可以设计出产品的大体结构，再通过 CAE 技术进行结构分析、可行性评估和优化设计。采用模具 CAD/CAE 集成技术后，制件一般不需要再进行原型试验，采用几何造型技术，制件的形状能精确、逼真地显示在计算机屏幕上，有限元分析程序可以对其力学性能进行检测。借助于计算机，自动绘图代替了人工绘图，自动检索代替了手册查阅，快速分析代替了手工计算，模具设计师能从烦琐的绘图和计算中解放出来，集中精力从事诸如方案构思和结构优化等创造性的工作，在模具投产之前，CAE 软件可以预测与模具结构有关参数的正确性。例如，可以采用流动模拟软件来考察熔体在模腔内的流动过程，以此来改进浇注系统的设计，提高试模的一次成功率。可以用保压和冷却分析软件来考察熔体的凝固和模温的变化，以此来改进冷却系统，调整成型工艺参数，提高制件质量和生产效率，还可以采用应力分析软件来预测塑件出模后的变形和翘曲。模腔的几何数据能相互地转换为曲面的机床

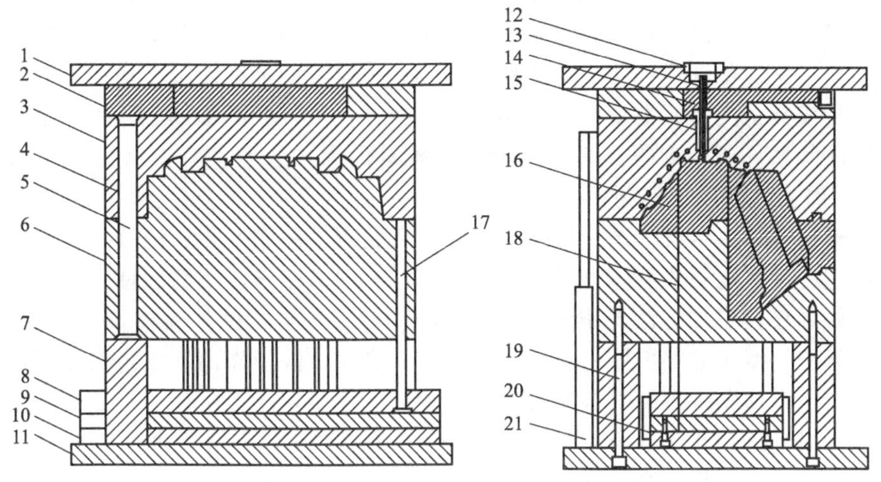

图 7-4 “金王子”仪表台主体注塑模具

1—上模固定板；2—上模垫板；3—型腔板；4,5—导柱；6—型芯固定板；7—模脚；8—推板Ⅰ；9—推板Ⅱ；10—推板垫板；11—底板；12—浇口环；13—喷嘴；14—流道板；15—热流道；16—型芯镶块；17—复位杆；18—推杆；19,20—螺钉；21—油缸

刀具加工轨迹，这样可省去木模或树脂模制作工序，提高型腔和型芯表面的加工精度及效率。当今的概念设计已不仅仅是停留在对外观和结构的设计上，它已经扩展到对模具结构分析的领域。对于运用 CAD 技术已经设计出的塑料模具可运用先进的 CAE 软件（尤其是有限元软件）对其进行强度、刚度、抗冲击实验模拟、跌落实验模拟、散热能力、疲劳和蠕变等分析。通过这些分析，可以检验前面的概念性结构设计是否合理，分析出结构不合理的原因和部位，然后在 CAD 软件中进行相应的修改。接着再在 CAE 中进行各种性能的检测，最终确定满足要求的模具结构。当今 CAD 技术的发展使得概念设计思想体现在相应的模块中。概念设计不再只是设计师的思维，系统模块也融合了一般的概念设计理念和方法。目前，世界上大型的 CAD/CAE 软件系统如 Pro/Engineer、EDSUnigraphics、Solidworks、Alias、Softmage、EUCLID、Autodesk 等，都提供了有关产品早期设计的系统模块，称为工业设计模块或概念设计模块。例如：Pro/Engineer 包含一个工业设计模块——ProDesign，用于支持自上而下的投影设计，以及在复杂产品设计中所包含的许多复杂任务的自动设计。此模块工具包括概念设计的二维非参数化的装配布局编辑器。这些系统模块的应用大大减少了设计师的工作量，节约了工作时间，提高了工作效率，使设计师把更多的精力用在新产品的开发及创新上。

③ 精密注塑模具设计中应注意的问题。精密注塑件的精度主要取决于模具型腔尺寸精度、型腔定位精度、分型面精度。精密注塑要求尺寸稳定在精密注塑中，模具是用以取得符合质量要求的精密塑料制品的关键之一，精密注塑用的模具应切实符合制品尺寸、精度及形状的要求。但即使模具的精度、尺寸一致，其模塑的塑料制品的实际尺寸也因收缩量差异而不一致。因此，有效地控制塑料制品的收缩率在精密注塑技术中就显得十分重要。模具是精密注塑的关键因素，模具设计得合理与否会直接影响塑料制品的收缩率，由于模具型腔尺寸是由塑料制品尺寸加上所估算的收缩率求得的，它不仅与模具的浇口形式、浇口位置与分布有关，而且与工程塑料的结晶取向性（各向异性）、塑料制品的形状、尺寸、到浇口的距离及位置有关。影响塑料收缩率主要有热收缩、相变收缩、取向收缩、压缩收缩与弹性回复等

因素，而这些影响因素与精密注塑制品的成型条件或操作条件有关。为此设计精密注塑模具时除考虑一般模具的设计要素外，还须考虑：采用适当的模具尺寸公差，防止产生成型收缩率误差；防止发生注塑变形；防止发生脱模变形；使模具制造误差降至最小；防止模具精度的误差；保持模具精度等。总之模具的设计精度、加工精度要高，模具浇口的充模性能要好、模具的冷却系统要均匀等。一般精密注塑模具的尺寸公差，应控制在制品尺寸公差的1/3以下，同时要注意以下问题。

a. 精密塑料模具的材料。选择机械强度高的合金钢。制作型腔、浇道的材料要经过严格的热处理，选择硬度高（成型零件要达到HRC52）、耐磨性好、抗腐蚀性强的材料。

b. 精密塑料模具可加工性与刚性。在模具结构设计中，精密塑料模具型腔数不宜过多，而底板、支承板、型腔壁都要厚一些，避免零件在高温、高压作用下发生剧烈弹性形变。

c. 精密塑料模具浇注系统中料流的分布要均衡。在多腔注塑模具中，如果浇注系统的塑料熔体不能同时到达和充满各个型腔，则这个浇注系统的表现为不平衡。对于精密注塑的要求是，需要达到一个平衡式浇注熔料模式，尽量避免这一不良现象。否则熔体到达和充满型腔的压力均不同，各型腔的熔体密度不一致，制品的收缩率不一致，因此，很难保证各个型腔形成的制品的精度及稳定性。

d. 精密塑料模具型腔的布排尽量使模具的温度保持热平衡。型腔的布排形式不仅影响浇注系统的平衡性，而且还与模具的温度场的热平衡有很大的关系。如果模具的温度场不能够保持热平衡，则制品的收缩率也就无法保持均匀和稳定。实践证明，为了保持温度场的平衡及浇注系统的料流平衡，多型腔在模具中的布排一定要达到平衡，而且温控系统中的加热或冷却也要达到均衡。

e. 精密塑料模具制品脱模性。精密塑料模具要尽量采取少的型腔数、少而短的流道以及比普通模具有更高的光洁度，这样有利于脱模，并充分考虑模具的脱模力及平衡顶出。精密注塑采用的注射压力较大，产品的收缩率较小，而且大多数产品存在加强筋，因此模具的脱模力很大，如果不充分考虑模具的脱模力，很可能造成制品因脱模困难而发生变形现象，以致严重影响制品的精度。具体可采用以下措施。

在模具中难脱模的部位采用增加顶出装置的办法，达到各部位的顶出力、脱模行程均衡，使制品顺利脱模并有效防止变形。一般在最难脱模的加强筋部位设置直径很小的顶杆或者矩形顶杆并且很均衡配置。在可以使用脱模板顶出的情况下，可以采用脱模板与顶杆并用，还可以采用活动镶件及顶杆并用方式。

f. 对精密塑料模具使用环境的要求。为了使制件保持不形变的能力，用精密注塑机代替常规注塑机并采用精密成型工艺，采用超高压、高速注射方式以减少成型时的收缩或采用多级注塑，精确控制注射参数及模具温度等。

④ 气辅注射成型时塑料制品及相关模具的设计注意问题。气辅模具与传统注塑模具无太大差别，只增加了进气元件（气针），并增加气道的设计。所谓“气道”可简单理解为气体的通道，即气体进入后所流经的部分，气道有些是制品的一部分，有些是为引导气流而专门设计的胶位。气针是气辅模具很关键的部件，它直接影响工艺的稳定和产品质量。气针的核心部分是由众多细小缝隙组成的圆柱体，缝隙大小直接影响出气量。缝隙大，出气量也大，对注塑充模有利，但缝隙太大会被熔胶堵塞，出气量反而下降。

采用气辅注射成型工艺塑料制品的设计应考虑以下因素。

a. 设计时先考虑哪些壁厚处需要形成中空，哪些表面的缩痕需要消除，再考虑如何连接这些部位成为气道。

b. 大的结构件形成较大的薄壁面，局部设加强筋形成厚壁作为气道。

c. 气道应沿主要的物料方向均衡地配置到整个模腔上，同时避免闭路式气道。

d. 气道的截面形状应接近圆形以使气体流动顺畅，气道的截面大小要合适，气道太小可能引起气体渗透，气道太大会引起熔接痕或者气穴。

e. 气道应延伸到最后充填区域（一般在非外观面上），但不需延伸到型腔边缘。

f. 主气道应尽量简单，分支气道长度尽量相等，支气道末端可逐步缩小，以阻止气体加速。

g. 气道能直则不弯，弯越少越好，气道转角处应采用较大的圆角半径。

h. 对于多腔模具，每个型腔都需由独立的气嘴供气。

i. 可能的话不让气体的推进有第二种选择。

j. 气体应局限于气道内，并达到气道的末端。

k. 精确的型腔尺寸非常重要。

l. 制品各部分匀称的冷却非常重要。

m. 采用浇口进气时，流动的平衡性对均匀的气体穿透非常重要。

n. 准确的熔胶注射量非常重要，每次注射量误差不应超过 0.5%。

o. 在最后充填处设置溢料井，可促进气体穿透，增加气道中空程度，消除迟滞痕，稳定制品品质。在型腔和溢料井之间加设阀浇口，可确保最后充填发生在溢料井内。

p. 气嘴进气时，小浇口可防止气体倒流入浇道。

q. 进浇口可置于薄壁处，且和进气口保持 30mm 以上的距离，以避免气体渗透和倒流。

r. 气嘴应置于厚壁处，并位于离最后充填处最远的地方。

s. 气嘴出气口方向应尽量和料流方向一致。

t. 保持熔胶流动前沿以均衡速度推进，同时避免形成 V 字形熔胶流动前沿。

u. 采用缺料注射时，进气前未充填的型腔体积以不超过气道总体积的一半为准。

v. 采用满料注射时，应考虑塑料的压力、体积和温度关系，使气道总体积的一半约等于型腔内塑料的体积收缩量。

⑤ 气辅模具的设计原则。

a. 气道的设计。气道设计是气辅成型技术中最关键的设计因素之一，它不仅影响制品的刚性，也影响其加工行为，由于其预先规定了气体的流动状态，所以也会影响到初始注射阶段熔体的流动，合理的气道选择对成型较高质量的制品至关重要。常见气道的几何形状：对于带加强筋的大型板件，气辅注射成型时，其基板厚度一般为 3～6mm，在气体流动距离较短或尺寸较小的制件中，基板厚度可减至 1.5～2.5mm，加强筋的壁厚可达到与其相连接部分壁厚的 100%～125%而不会产生凹陷，气道的几何形状相当于浇口应是对称或是单方向的，气体通道必须连续，体积应小于整个制件体积的 10%。

b. 制件的强度分析。制件强度随受力大小和其形式不同变化很大，虽然采用加强筋可增大制品刚度，但若对其施加局部集中应力，就会大大削弱制品刚度。成型传统带加强筋的制件经常出现凹陷、翘曲变形等缺陷，采用气辅注射成型，既保证了制品强度，又克服了传统注射成型的缺点。

c. 气道尺寸。气道的尺寸设计与填充气体的流动方向密切相关，气体在流道内总是沿着阻力最小的方向流动，稳定的牛顿流体通过直径为 D 的圆管，其压降公式为

$$\Delta p=\frac{32\mu vL}{D}$$

式中，μ 为流体黏度；v 为平均流速；L 为流体段长度；D 为管径。

因为气体黏度极小，低于树脂的 0.1%，且压降在长度方向上可被忽略，因而只需考虑树脂压降产生的阻力。

假塑性流体在圆管中流动的压降公式与牛顿流体形式相似，因此利用上述公式而不必考虑实际流体及气体的状况。比较基于气体近浇点不同方向的压降 Δp（即比较各段的 L 和 D 的大小），就可定性地解决气体流动方向问题，Δp 小的方向即为气体的优先流动方向。

改变流道尺寸直接导致不同方向压降的变化，从而改变其他的流动方向，并影响制件的成型质量。

气辅模具设计，应考虑的主要因素如下。

a. 由于气辅注射成型采用相对较低的注射压力和锁模力，所以除可采用一般模具钢制作模具外，还可采用锌基合金材料制造。气辅注射成型过程的模具设计与普通注射成型相似，模具及制件结构设计造成的缺陷并不能通过调整成型中的参数来弥补，而是应及时修改模具和制件结构的设计，普通注射成型中要求的设计原则在气辅注射成型过程中依然适用，以下主要介绍其不同部分设计时应注意事项。

b. 要绝对避免喷射现象。虽然现在气辅注射有朝着薄壁制品、生产特殊形状弯管方向发展的趋势，但传统的气辅注射仍多用于生产型腔体积比较大的制件，料流通过浇口时受到很高的剪应力，容易产生喷射和蠕动等熔体破裂现象。设计时可适当加大进浇口尺寸、在制品较薄处设置浇口等方法来改善这种情况。

c. 进行型腔设计时由于气辅注射中欠料注射量、气体注射压力、时间等参数很难控制一致，因此气辅注射时一般要求一模一腔，尤其制品质量要求高时更应如此。实际生产中有过一模一腔的例子，采用多型腔设计时，要求采用平衡式的浇注系统布置形式。

d. 对于浇口设计，一般情况只使用一个浇口，其位置的设置要保证欠料注射部分的熔体均匀充满型腔并避免产生喷射。若气针安装在注射机喷嘴和浇注系统中，浇口尺寸必须足够大，防止气体注入前熔体在此处凝结。气辅注射中最为常见的一个问题是气体穿透预定的气道进入制件薄壁部分，在表面形成类似指状或叶状的气体流纹，甚至少数几个这样的“指纹”效应对制品的影响也是致命的，应该极力避免。研究表明，形成这类缺陷的主要原因是进浇口尺寸和气体延迟时间设置不当，而且这两种因素常常相互作用，比如当采用较小的浇口和较短的延迟时间时，就极易产生这种不良后果，既影响了制品外观质量又极大地降低了制件强度。一般可采用缩短气道长度、加大进浇口尺寸、合理控制气体压力的方法避免这种不利情况的发生。

e. 流道的几何形状相对于浇口应是对称或单方向的，气体流动方向与熔融树脂流动方向必须相同。

f. 模具中应设计调节流动平衡的流溢空间，以得到理想的空心通道。

(2) 现代塑料模具的制造　现代经济的飞速发展，推动了我国模具工业的前进。CAD/CAE/CAM 技术的日臻完善和在模具制造上的应用，使其在现代塑料模具的制造中发挥越来越重要的作用，CAD/CAE/CAM 技术已成为现代塑料模具的制造的必然趋势。

① CAD/CAE/CAM 计算机辅助设计、模拟、制造一体化。CAD/CAE/CAM 一体化集成技术是现代塑料模具制造中非常先进和合理的生产方式。使用计算机辅助设计、辅助工程与制造系统，按设计好的模具零件分别编制该零件的数控加工程序是从设计到制造的一个必然过程。具有现代塑料模具设计制造能力的工厂，该过程都是从 CAD/CAE/CAM 系统内进行的，其加工程序直接由联机电缆输入加工机台，在编制程序时可利用系统中的加工模拟功

能进行细致的模拟，将零件刀具、刀柄、夹具、平台及刀具移动速度、路径等显示出来，以便观察整个模具零件的切削过程和前后的形状，以检查程序编制的正确性，这对于复杂的多曲面的模具零件尤为重要。在模拟检查中，如果有需要调整产品的不当的地方，如某处刀具过大，不能按设计要求切削出理想的某两个面接合处圆角等，可以重新给出适当的刀具，或决定该处使用直径较小的刀具，多进行一次或多次切削加工。如果发现模拟的过程效益太低，则可重新修改走刀路径或加大粗切的刀具直径，以提高加工效率等。总之在CAD/CAE/CAM系统内编制和模拟加工程序可以充分了解发现的问题，从而在加工之前，将整套加工程序做好完善修改工作，这对于高效、准确的加工模具零件有着相当重要的意义。

② 先进设备在现代塑料模具制造中的作用。现代塑料模具制造的必然趋势，就是机械加工尽可能地取代人工加工，这就确定了先进设备在现代制造中的作用，尤其现在加工中心、数控高速成型铣床、数控铣床、数控车床、多轴联动机床、数控模具雕刻机、电火花加工机床、数控精密磨床、三坐标测量机、扫描仪等现代化设备在工厂中的广泛使用，而且这些设备大部分所用的程序基本上都是应用CAD/CAE/CAM系统产生的，机台与计算机联机，加工程序是通过联机电缆输入机台的，操作人员按照规定的程序装夹工件，配备刀具和操作，机台就能自动地完成该机台上应该完成的加工任务，并将理想的模具零件制造出来或为下一加工工序完成规定的部分。操作人员的熟练程度和情绪变化不太影响加工质量和加工效益，这也是现代模具加工优于传统机械加工的一个方面。

③ 手工加工在现代塑料模具制造中的作用。由于模具加工的特殊性，模具都有机械加工无法完成的部分，现代塑料模具加工也是如此。这就决定现代塑料模具加工中，还要依赖具有丰富经验的技术工人去完成模具的组装，各零件之间的配合及复杂不规则型腔的抛光等。由于现代模具加工的软、硬件的不断改进，手工加工的比例逐渐减少，对型腔的抛光主要是在一些工具的辅助下由手工完成的。因此，现在研究抛光的自动化、智能化已成为模具业比较关注的课题。但不管设备如何先进，由于模具型腔形状复杂，任何一种研究抛光方法都有一定的局限性，手工加工在现代塑料模具制造中仍具有一定的位置，其作用也不容忽视。

④ 现代塑料模具制造中的检测手段。模具的零部件除了有高精度的几何要求外，其形位精度要求也较高，所以一般的量具很难达到理想的目的。这时就要依赖精密零件测量系统，这种精密零件测量系统的英文是Coordinde Measuring Machine，缩写为CMM，即数控加工中心的一种变形，它的测量精度可达0.25μm，其测量工件的方式如下：经由CAD/CAM系统或CMM专用软件所产生的零件数据传送至CMM的计算机系统，经过适当的设置后，即按照所给出的数据去测量工件，将所得结果与原始数据比较，得出工件加工后的误差。如果原始数据是从设计图纸得来的，则可直接将设计数据送入CMM专用软件，然后进行测量，将取得的加工误差数据进行质量分析，以判断工件的加工质量。如果检测的不是单个零件而是若干个零件的组件，则由各零件的误差积累而导致总偏差被显示出来。

(3) 反向工程（Reverse Engineering） 反向工程即先对制件（所加工的产品）进行扫描，生成多种格式的CAD数据，再在另外的CAD/CAE/CAM软件中进行改型设计，该技术是现代塑料模具制造中非常流行的模具制造技术。

其工作原理：对已有的实物模型进行扫描，采集其表面的坐标数据信息，根据采集的数据生成模型表面的线框模型，之后可根据需要对模型进行凹凸模转换、比例缩放、旋转、平移等处理，再自动生成模具的加工程序。自动生成模具的加工程序可适用于广泛的数控系统。例如，英国雷尼绍公司专门为塑料模具制造开发生产的扫描系统，就可以成功地应用于塑料模具制造的反向工程中，它不仅可以改善数控机床的性能，扩大数控机床的功能，而且还能提高数控机床的效率。雷尼绍公司的 Retroscan、Renscan200 及 Cyclone 高速扫描机已被青岛海尔、济南轻骑、国家模具中心等单位采用。

(4) 快速成型制造（RPM） 快速成型制造（RPM）技术是美国首先推出的。它是伴随着计算机技术、激光成型技术和新材料技术的发展而产生的，是一种全新的制造技术，是基于新颖的离散/堆积（即材料累加）成型思想，根据零件 CAD 模型，快速自动完成复杂的三维实体（模型）制造，RPM 技术是集精密机械制造、计算机、NC 技术、激光成型技术和材料科学最新发展的高科技技术，被公认为是继 NC 技术之后的一次技术革命。

RPM 技术可直接用于塑料模具制造。首先是通过立体光固化（SLA）、叠层实体制（LOM）、激光选区烧结（SLS）、三维打印（3D-P）、熔融沉积成型（FDM）等不同方法得到制件原型。然后通过一些传统的快速制模方法，获得长寿命的金属模具或非金属的低寿命模具。主要有精密铸造、粉末冶金、电铸和熔射（热喷涂）等方法。这种方法制模，具有技术先进、成本较低、设计制造周期短、精度适中等特点，从模具的概念设计到制造完成，仅为传统加工方法所需时间的 1/3 和成本的 1/4 左右。

RPM 技术也可以间接用于塑料模具制造。首先用 CAD/CAM 设计、模拟的模具所生产的产品，由于装配的复杂性，需要快速成型的制品进行试装，再根据装配需要进行修改制品数模，待定型后再把修改后的数据输入 CAD/CAE/CAM 系统进行模具加工。这样既可以节省新产品开发的时间，又可以提高新产品的开发的成功率，避免走弯路。

(5) 现代塑料模具制造的发展方向和前景 随着计算机软件的发展和进步，CAD/CAE/CAM 技术也日臻成熟，其在现代塑料模具中的应用将越来越广泛。由此该技术也推动了现代塑料模具工业的发展，它不仅缩短了塑料模具的设计和制造周期，而且也提高了产品开发的成功率，并增加塑料模具的价值和市场竞争力。可以预料不久的将来，模具制造业将从机械制造业中分离出来，而独立成为国民经济中不可缺少的支柱产业，与此同时，也进一步促进了模具制造技术向集成化、智能化、益人化、高效化方向发展。加入 WTO，经济的全球化使企业之间的竞争由过去的局部竞争演变成全球范围的竞争，同行业之间，跨行业之间的相互渗透、相互竞争日益激烈。为了适应快速变化的市场的需求，企业必须以最快的速度，最好的质量，最低的成本，最优质的服务，来满足不同用户的需求，而模具制造业的竞争更是如此。CAD/CAE/CAM 集成技术就是在这种情况下应运而生的。它已成为现代塑料模具制造技术发展的必然趋势，并以科学合理的方法给塑料模具制造者提供了一种行之有效的辅助工具。使塑料模具制造者在模具制造之前能借助于计算机对制件、模具结构、加工、成本等进行反复修改和优化，直至获得最佳结果。总之，CAD/CAE/CAM 技术能显著地缩短塑料模具设计与制造时间，降低塑料模具成本，并提高制件的质量，是现代塑料模具制造中不可缺少的辅助工具，它与“反向工程”及现代先进加工设备等一起成为现代塑料模具制造业中流行且具有竞争力的必要条件。

4. 热流道模具

热流道是指通过加热的办法来保证流道和浇口的塑料保持熔融状态。由于在流道附近或中心设有加热棒和加热圈，从注塑机喷嘴出口到浇口的整个流道都处于高温状态，使流道中的塑料保持熔融，停机后一般不需要打开流道取出凝料，再开机时只需加热流道到所需温度即可。因此，热流道工艺有时称为热集流管系统，或者称为无流道模塑。热流道自 1950 年在美国发明以来，多年一直没有很大发展。原因是其成本太高，而且刚开始不但由于其制造成本高，使用成本也很高，在使用过程中还经常出问题，以致影响生产任务，所以热流道没有迅速推广开来。随着汽车工业的发展，塑料在汽车工业上的应用也越来越广泛，因此塑料模具也得到了迅速的发展。在塑料模具发展的同时，热流道模具也得到了迅速推广。

(1) 热流道的结构　热流道通过加热来保证注塑模具内流道和浇口的塑料保持熔融状态。由于在流道附近或中心设有加热棒或加热圈，从注塑机喷嘴出口到浇口的整个流道都处于高温状态，使流道中的塑料保持熔融，停机后一般不需要打开流道取出凝料，再开机时只需加热流道到所需温度即可。因此，热流道工艺有时称为热集流管系统，或者称为无流道模塑，也可以说把热集流管视为机筒和注塑机喷嘴的延伸部分。

热流道一般由流道板、喷嘴、加热元件和温度控制器四部分组成，四部分都很重要，缺一不可。

① 流道板是根据注塑模具的需要而定做的，其主要作用是起到流道布局和固定加热元件的作用，并恒温地将熔体从主流道送入各个单独喷嘴。常用热流道板的形式有一字形、H形、Y形、X形。

② 喷嘴相当于塑料注塑机注射喷嘴的延长，它的作用主要是注射；喷嘴按结构不同一般有两种形式，即开放式、针阀式。

③ 加热元件是热流道系统的重要组成部分，一般有加热棒、加热圈、管式加热器、螺旋式加热器（加热盘条）等，其主要作用是使流道内的塑料保持熔融状态。

④ 温控器就是对热流道系统的各个位置的温度进行集中控制的仪器；由底端向高端分别有通断位式、积分微分比例控制式和新型智能化温控器等种类，根据用户需要可以同其他模内组件配合使用。

(2) 热流道的特点　热流道系统的作用就是把塑料送到模内的每一个浇口。

常规注射成型经常会有以下不利因素的出现：充模困难；薄壁大制件的变形；浇口、流道内原材料的浪费；多模腔模具的注塑件质量不一。热流道技术的出现，则给这些问题提供了比较完善的解决方案；其优点是节约材料成本，提高生产效率，改善制件品质等。在一些形状复杂、体积较大、壁厚不均匀或一模多腔而且质量要求较高、品质要求一致时，常常选用热流道。

① 热流道的优点。热流道技术与常规的冷流道相比具体有以下优点。

a. 节约材料，降低生产成本。冷流道料道和浇口所产生的废料是很多的，尤其是制件体积越大，因料道长而废料越多。这些废料有的可以回用，有的不能回用，即使能回用的，材料的综合性能也大打折扣，而且还需要设备，把其粉碎和造粒后才能再用。

b. 缩短成型周期，提高生产效率。注塑件的成型周期＝注射时间＋保压时间＋冷却时间＋顶出时间＋修边时间，其中最长的是冷却时间。在塑料模具中，制品壁厚越厚的冷却时间越长。由于冷流道需要同时向多模腔或更多的浇注点供料，因此通常冷流道内制品的壁厚会大于注塑制品本身的厚度。因为冷流道熔体与注塑制品之间存在着冷却时差，所以消除了冷流道，冷却时间将会缩短。注射时间的不同也是采用热流道取代冷流道的一个方面。注射时间的不同归因于填充冷流道需要额外的时间，这是因为冷流道的模具增加了注塑机开/合模行程，行程的增加是为了确保冷流道的安全顶出。而采用热流道注塑的制品更适合于制品的自动移出。由于没有了冷流道对产品移出的干扰，注塑加工的二次手工操作，例如产品与流道的分离、产品修边和包装的时间都可以极大地缩短或完全省去，从而提升了单位时间的产能，即提高了生产效率。

c. 改善制品表面质量和力学性能，提高制件品质。使用热流道可以有效地改善制品表面质量和力学性能，大大地改善薄壁制件的翘曲变形，可以保证多模腔模具的注塑件质量一致。尤其是针阀式的喷嘴对提高注塑制品的外观质量作用更为明显，其主要优点表现在：在制品上不留下进浇口残痕，进浇口处痕迹平滑；能使用较大直径的浇口，可使型腔填充加快，并进一步降低注射压力，减小产品变形。可防止开模时出现拉丝现象及流延现象；当注塑机螺杆后退时，可防止从模腔中反吸物料。

d. 此外，还可以经济地以侧浇口成型单个制品；可用针阀式浇口控制浇口封冻；不必用三板式模具即可以使用点浇口；多模腔模具的注塑件质量一致；提高自动化程度等优点。

② 热流道的缺点。热流道模具结构复杂，造价高，维护费用高；开机需要一段时间工艺才会稳定，造成开裂废品较多；出现熔体泄漏，加热元件故障时对产品质量和生产进度影响较大。不过上面的缺点，可以通过采购质量上等的加热元件、热流道板以及喷嘴并且使用时精心维护等措施预防或减少。

（3）热流道方案的确定　热流道注塑模的成本，在国外有一个经验估算法：一般按喷嘴的数目，每个喷嘴平均造价为 1000～1500 美元；在我国国内热流道的开放式喷嘴平均售价每个为人民币 3000 元，针阀式喷嘴平均售价每个为人民币 5000～6000 元，再加上塑料制件的复杂程度，热流道的造价是非常高的，这就是热流道注塑模从一开始就发展比较缓慢的主要原因。一个塑料制品需要什么样的结构，是采用冷流道，热流道，还是冷热混合流道要根据多方面的因素而定。一套注塑模具一旦确定选用热流道或是冷热混合流道，接下来要做的工作还有很多。

① 根据塑件结构和使用要求，确定进料口位置。只要塑件结构允许，在定模镶块内喷嘴和喷嘴头不与成型结构干涉，热流道系统的进料口可放置在塑件的任何位置上。常规塑件注射成型的进料口位置通常根据经验选择。对于大而复杂的异形塑件，注射成型的进料口位置可运用计算机辅助分析（CAE）模拟熔融状塑料在型腔内的流动情况，分析模具各部位的冷却效果，确定比较理想的进料口位置。

② 确定热流道系统的喷嘴头形式。塑件材料和产品的使用特性是选择喷嘴头形式的关键因素，塑件的生产批量和模具的制造成本也是选择喷嘴头形式的重要因素。

③ 根据塑件的生产批量和注射设备的吨位大小，确定每模的腔数。

④ 由已确定的进料口位置和每模的腔数确定喷嘴的数量。如果成型某一产品，选择一模一件一个进料口，则只要一个喷嘴，即选用单头热流道系统；如果成型某一产品，选择一模多腔或一模一腔两个以上进料口，则需要多个喷嘴，即选用多头热流道系统，但对有横流道的模具结构除外。

⑤ 根据塑件重量和喷嘴数量，确定喷嘴径向尺寸的大小。目前相同形式的喷嘴有多个尺寸系列，分别满足不同重量范围内的塑件成型要求。

（4）热流道在汽车内饰塑料件模具中的应用　在汽车内饰塑料件模具中，比如：车门板，其面积较大；整体仪表板，暖风机壳体，进气道壳体，整体转向柱罩护板，其形状复杂，体积较大；上车扶手，因其厚薄不均，差别较大；以及车灯、保险杠、塑料类脚踏板、发动机缸盖等，大都选择了热流道模具。

根据该件的结构特点、尺寸、形状和具体要求，模具必须在 6000g 以上的注塑机上使用，模具外形尺寸约为 1500mm×1200mm×1200mm，模具设计成三板式，增加了一个可移动的中间板、热流道、双顶出板、二级脱模机构、油缸辅助抽芯等。要求模具分型面轮廓保持清晰，要有良好的冷却系统，冷却液路应排布均匀；模具滑块应滑动平稳，无卡滞现象且开模后应定位准确可靠；模具其他标准件应符合国家相关标准。该模具设计采用了热流道，这么大的模具，形状这么复杂，若不采用热流道是很难注射成型的，而且要保证产品质量则更难，何况该件表面质量要求很严，不允许有任何瑕疵。实践证明该设计采用热流道是对的，不但大大提高了生产效率，节约了材料，而且还有效地保证了制件的质量。

（5）热流道模具存在的问题

① 模具结构复杂，造价高，维护费用高。

② 开机后需要一段工艺稳定时间，造成开机废品较多。

③ 出现熔体泄漏以及加热元件、温度控制器等出现故障时，对产品质量和生产进度影响较大。

（6）热流道的发展方向

① 元件的小型化，以实现小型制品的一模多腔和大型制品的多浇口充模。通过缩小喷嘴空间，可在模具上设置更多型腔，提高制品的产量和注射机的利用率。在 20 世纪 90 年代，Master 公司开发的喷嘴最小可至 15.875mm；Husky 公司开发的多浇口喷嘴，每个喷嘴有四个浇口，浇口距可近至 9.067mm；Osco 公司开发的组合复式喷嘴，每个喷嘴有 12 个浇口探针，可用于 48 腔模具的成型。MoldMaters 公司针对小型制件的空间限制，在 2001 年开发了用于小制件的喷嘴，含整体加热器、针尖和熔体通道，体积直径小于 9mm，浇口距仅为 10mm，可成型质量为 1～30g 的制品。

② 热流道元件的标准化、系列化。当前，用户要求模具设计和制造周期越来越短，将热流道元件标准化不仅有利于减少设计工作的重复和降低模具造价，并且方便用户对易损零部件的维修和更换。据报道，Polyshot 公司已开发出快换热流道模具系统，尤其适于注射压力在 70kN 以下的小型注塑机。Husky、Presto、MoldMaters 等公司的喷嘴、阀杆和分流板都作为标准件，便于快速交付和更换模具，现在国外只需 4 周即可交付一副普通模具。因此，目前制定热流道元器件的国家标准，生产质量可靠、价格低廉的元器件，进一步做好热流道技术的宣传推广，是发展热流道模具的关键。

③ 热流道模具设计整体可靠性提高。如今国外各大模具公司对热流道板的设计和热喷嘴相连接部分的压力分布、温度分布、密封等问题的研究开发极为重视。叠层热流道注射模的开发和利用也是一个热点。叠式模具可有效增加型腔数量，而对注塑机合模力的要求只需增加 10%～15%。叠式热流道模具在国外一些发达国家已用于工业化生产。

④ 改善热流道元件材料，提高喷嘴和热流道的耐磨性及用于敏感材料的成型。如使用钼钛等韧性合金材料制造喷嘴，以金属粉末注射成型后经烧结制成热流道元件已经实现。

⑤ 开发智能、精确的温控系统。在热流道模具模塑中，开发更精密的温控装置，控制热流道板和浇口中的熔融树脂的温度，是防止树脂过热降解和产品性能降低的有效措施。

⑥ 将热流道用于共注。通过支管和热喷嘴元件的有效组合设计，可使共注成型与热流道技术相结合，由此成型三层、五层甚至更多层的复合塑料制品。例如 Kortec 公司开发出了熔体输送系统和共注喷嘴；Incoe 公司生产的多出口、多模腔共注支管生产线能用于多材料多组分共注射。

使用热流道不仅能使塑料类产品更加美观，原材料得到节约，生产效率更高，而且还可以帮助其大幅度提高模具的使用寿命。

热流道技术广泛地应用是塑料模具技术的一大变革。在注射成型方面，其拥有相当多的无以比拟的优势。可以说，随着其技术的进一步发展成熟和制造成本的降低，热流道技术将越来越显现其巨大的优势。

第二节

挤塑成型

挤塑成型也称挤出成型，是在挤出机中通过加热、加压而使物料以流动状态连续通过口模成型的方法，其原理是将塑料原料在加热和挤出机螺杆旋转加压条件下熔融、塑化，然后通过特定形状的口模制成截面与口模形状相同的连续塑料制品。挤出法主要用于热塑性塑料的成型，也可用于某些热固性塑料。挤出的制品都是连续的型材，如管、棒、丝、板、薄膜、电线电缆包覆层等。挤出的产品可称为“型材”，由于横截面形状大多不规则，因此又称为“异形材”。

一、挤塑成型的特点

与其他成型方法相比，挤塑成型主要具有以下特点。

① 生产可实现连续化、生产效率高，产品质量稳定。

② 应用范围广，几乎所有的热塑性塑料都可以采用此方法加工，热固性塑料中的酚醛塑料和脲醛塑料也可以挤出成型，挤出的形状多种多样。另外挤出除可成型外，还可以用于塑料的混合配料、着色、掺和、塑化造粒及为吹塑制造坯料等。

③ 设备操作简单，投资少，见效快。

④ 环境卫生，使操作者劳动强度低。

⑤ 挤塑成型是服务于大批量生产的一种生产方式，不适宜进行小批量生产。

二、挤塑成型工艺流程

各种挤出制品的生产工艺流程大体相同，一般包括原料的准备、预热、干燥、挤出成型、挤出物的定型与冷却、制品的牵引与卷取（或切割），有些制品成型后还需经过后处理，其工艺流程如下。

（1）原料的准备和预处理　用于挤出成型的热塑性塑料大多是粒状或粉状塑料。由于原料中可能含有水分，将会影响挤出成型的正常进行，同时影响制品质量，例如出现气泡，表面晦暗无光，出现流纹，力学性能降低等。因此，挤出前要对原料进行预热和干燥。不同种类塑料允许含水量不同，通常应控制原料的含水量在0.5%以下。此外，原料中的机械杂质也应尽可能除去。原料的预热和干燥一般是在烘箱或烘房内进行的。

（2）挤出成型　首先将挤出机加热到预定的温度，然后开动螺杆，同时加料。初期挤出物的质量和外观都较差，应根据塑料的挤出工艺性能和挤出机机头口模的结构特点等调整挤出机料筒各加热段和机头口模的温度及螺杆的转速等工艺参数，以控制料筒内物料的温度和压力分布。根据制品的形状和尺寸的要求，调整口模尺寸和同心度及牵引等设备装置，以控制挤出物离模膨胀和形状的稳定性，从而达到最终控制挤出物的产量和质量的目的，直到挤出达到正常状态即进行正常生产。

不同的塑料品种要求螺杆特性和工艺条件不同。挤出过程的工艺条件对制品质量影响很大，特别是塑化情况直接影响制品的外观和物理力学性能，而影响塑化效果的主要因素是温度和剪切作用。

物料的温度主要来自料桶的外加热，其次是螺杆对物料的剪切作用和物料之间的摩擦，当进入正常操作后，剪切和摩擦产生的热量甚至变得更为重要。

温度升高，物料黏度降低，有利于塑化，同时降低熔体的压力，挤出成型出料快，但如果机头和口模温度过高，挤出物形状的稳定性较差，制品收缩性增大，甚至引起制品发黄，出现气泡，成型不能顺利进行。

温度降低，物料黏度增大，机头和口模压力增加，制品密度大，形状稳定性好，但挤出膨胀较严重，可以适当增大牵引速度以减少因膨胀而引起制品的壁厚增加。但是，温度不能太低，否则塑化效果差，且熔体黏度太大而增加功率消耗。

口模和型芯的温度应该一致，若相差较大，则制品会出现向内或向外翻甚至扭歪等现象。

增大螺杆的转速能强化对塑料的剪切作用，有利于塑料的混合和塑化，且大多数塑料的熔融黏度随螺杆转速的增加而降低。

（3）定型与冷却　热塑性塑料挤出物离开机头口模后仍处在高温熔融状态，具有很大的塑性变形能力，应立即进行定型和冷却。如果定型和冷却不及时，制品在自身的重力作用下就会变形，出现凹陷或扭曲等现象。不同的制品有不同的定型方法，大多数情况下，冷却和定型是同时进行的，只有在挤出管材和各种异型材时才有一个独立的定型装置。挤出板材和片材时，往往挤出物通过一对压辊，也是起定型和冷却作用；而挤出薄膜、单丝等不必定型，仅通过冷却即可。

未经定型的挤出物必须用冷却装置使其及时降温，以固定挤出物的形状和尺寸，已定型的挤出物由于在定型装置中的冷却作用并不充分，仍必须用冷却装置，使其进一步冷却。冷却一般采用空气或水冷，冷却速率对制品性能有较大影响，硬质制品不能冷得太快，否则容易造成内应力，并影响外观，对软质或结晶性塑料则要求即使冷却，以免制品变形。

（4）制品的牵引和卷取（切割）　热塑性塑料挤出离开口模后，由于有热收缩和离模膨胀双重效应，使挤出物的截面与口模的断面形状尺寸并不一致。此外，制品连续不断挤出，其重量越来越大，如不引出，会造成堵塞，生产停滞，使挤出不能顺利进行或制品变形。因此在挤出热塑性塑料时，要连续而均匀地将挤出物牵引出，其目的一是帮助挤出物及时离开口模，保持挤出过程的连续性；二是调整挤出型材截面尺寸和性能。牵引的速度要与挤出速度相配合，通常牵引速度略大于挤出速度，这样一方面起到消除由离模膨胀引起的制品尺寸变化；另一方面对制品有一定的拉伸作用。牵引的拉伸作用可使制品适度进行大分子取向，从而使制品在牵引方向上强度得到改善。各种制品的牵引速度是不同的，通常挤出薄膜和单丝需要较快的速度，牵引度较大，制品的厚度和直径减小，纵向断裂强度提高。挤出硬制品的牵引速度则小得多，通常是根据制品离口模不远处的尺寸确定牵引度。

定型冷却后的制品根据制品的要求进行卷绕或切割。软质型材在卷绕到定长度或质量后切断；硬质型材从牵引装置送出到达一定长度后切断。

（5）后处理　有些制品挤出成型后还需进行后处理，以提高制品的性能。后处理主要包括热处理和调温处理。在挤出较大尺寸的制品时，常因挤出物内外冷却速率相差较大而使制品内有较大的内应力，这种挤出制品成型后应在高于制品的使用温度10～20℃或低于塑料的热变形温度1～20℃的条件下保持一定时间，进行热处理以消除内应力。有些吸湿性较强的制品，如聚酰胺，在空气中使用或储存过程中会吸湿而膨胀，而且这种吸湿膨胀过程需很长时间才能达到平衡，为了加速这类塑料挤出制品的吸湿平衡，常需在成型后浸入含水介质加热进行调湿处理。在此过程中还可使制品受到消除内应力的热处理，对改善这类制品的性能十分有利。

三、挤塑成型的重要参数

（1）机筒温度　机筒各加热段温度的选择要根据挤出机的结构特点、所用塑料的配方体系及固体物料的形状（粒状、粉状）等进行。单螺杆挤出机主要用粒状原料成型，机筒三段温度即加料段、压缩段、均化段（也称前段温度、中段温度、后段温度），以加料段为最低，以后逐步上升。双螺杆挤出机几乎都是排气式的，即在机身的中段设有排气孔，并配有真空吸出装置，用于吸出物料中包含的挥发物，这就要求双螺杆挤出机排气口前的温度不能太低，以保证物料在机筒内被送至排气孔处为半塑化状态并包覆于螺槽表面，有效防止粉状料被真空吸出，因此双螺杆挤出机的机筒温度一般分为两段，即两段高、中间低，有时加料段的温度分布还高于均化段。

（2）机头温度　机头是机筒与口模之间的过渡部分，其温度控制是否得当会影响产品的质量和生产效率。机头温度偏高，可使物料顺利地进入模具，但挤出物的形状稳定性差、制品收缩率增加，无法保证产品的外形尺寸；机头温度过高，还会引起溢料，制品会出现气泡、发黄、物料分解等缺陷。机头温度偏低，物料塑化不良、熔体黏度增大、机头压力上升，虽然这样会使制品压得较密实，后收缩率小，制品尺寸稳定性好，但是加工困难，离模困难，还会导致挤出机背压增加，设备负荷加大。机头温度过低，物料不能塑化，不但制品无法成型，还会造成设备损坏。

（3）口模温度　口模是制品横截面的成型部件，口模温度过高或过低所产生的后果与机头相似，所不同的是口模温度直接影响制品的尺寸和外观质量。通常口模处的温度比机头温度稍低一些。口模前端与中段温度相差不能太大，否则挤出的制品会出现向内或向外翘曲变形。因此，口模温度的设定除考虑所用塑料性能不同外，还应考虑制品截面的几何形状，其基本原则如下。

① 截面复杂、截面积大、壁厚及拐角部位温度应较高。

② 截面简单、截面积小、壁薄的部位温度较低一些。

③ 截面对称、厚薄均匀的制品，口模前端与中段的温度相差无几。

（4）挤出速率　挤出速率是单位时间内挤出机从口模中挤出制品的多少，它与螺杆转速、制品材料、口模温度等因素有关。

（5）螺杆转速　螺杆转速是控制挤出速率和制品质量的重要参数。转速增加，机筒内物料的压力增加，挤出速率增大，产量提高，并可强化对物料的剪切、提高料温，降低熔体黏度，有利于物料的充分混合与均匀塑化。但是螺杆转速过高，挤出速率过快，会造成离模速度加快和口模内物料流动不稳定，使制品表面质量下降，可能会出现因冷却时间过短造成制品变形、弯曲等现象。螺杆转速过低，挤出速率过慢，物料在机筒内受热时间变长，会造成物料降解，使制品物理性能下降。

（6）牵引速率　牵引速率直接影响制品的尺寸、性能及外观和生产效率等。牵引速率越快，制品壁越厚，冷却后的制品在长度方向的收缩率也越大；牵引速率越慢，制品壁越薄，则容易导致口模与定型模之间积料。牵引速率必须稳定且与制品挤出速率相匹配，一般是牵引速率略大于挤出速率。

四、常用热塑性塑料挤塑工艺参数

常用热塑性塑料挤塑工艺参数见表 7-25。

表 7-25　常用热塑性塑料挤塑工艺参数

工艺参数	PE-LD	PE-HD	硬 PVC	软 PVC	ABS	PA1010	PC	PSF
管材外径/mm	24	—	95	31	32.5	25	32.8	10
管材内径/mm	19	—	85	25	25.5	22	25.5	8
管材壁厚/mm	2±1	—	5±1	3	3±0.5	1.5±0.1	3.5±0.5	1±0.1

续表

工艺参数		PE-LD	PE-HD	硬 PVC	软 PVC	ABS	PA1010	PC	PSF
螺杆转速/(r/min)		16	22	12	20	10.5	15	10.5	4.2
料筒温度℃	前段	120～135	150～170	160～170	130～140	175～180	260～280	280～290	310～330
	中段	110～120	—	100～140	120～130	170～175	260～270	300～305	300～325
	后段	90～100	120～140	80～100	90～100	160～165	250～260	280～290	250～265
机头温度/℃		130～140	150～160	160～180	170～180	190～195	200～210	290～295	260～270
口模温度/℃		130～135	155～165	160～170	150～160	175～180	220～240	285～295	250～270
口模内径/mm		24.5	—	90.7	32	33	44.8	33	12.7
芯模外径/mm		19.1	—	79.7	25	26	38.5	26	10
口模平直段长度/mm		60	—	120	60	50	45	87	20
牵引比		1.1	—	1.04	1.2	1.02	1.5～2.5	0.97	1.7
定径套内/mm		25	—	96.5	—	33	25	33	7.9
冷却槽长/mm		160	—	300	—	250	300	250～300	250～300
冷却槽与口模距离/mm		—	—	—	—	25	20	20～25	35

五、特殊的挤出成型方式——电线包覆

汽车上需要很多电线，有驾驶室主线束、底盘线束、前围线束、后尾灯线束、阅读灯线束、启动电线束等。一辆汽车足足有几百根，甚至上千根电线，而且它们颜色各异，随着汽车电子化的发展，需要的线束将更多，比如各种传感器线束、自动报警线束等。电线包覆所用的典型材料是 PE 和 PVC。PVC 由于其具有优良的阻燃性多用作高压电线包覆材料，PE 则以其优良的介电性能多用作通信线包覆材料，交联 PE 多用作高压电缆的绝缘包覆材料，发泡 PE 用作通信电缆包覆材料。电线的最简单结构是在圆形截面的导线上包覆上同心圆形截面的塑料绝缘层。以下是这种电线包覆的工艺流程：导线放线装置→矫直机矫直→预热炉→挤出机喂料→冷却液槽冷却→牵引装置和卷取装置。

金属导线由放线装置出，经矫直装置、预热装置后，喂入挤出机机头中，被包覆后在牵引装置作用下，进入冷却液槽冷却，再经牵引辊引到卷取装置上卷起来。

六、常用塑料材料挤塑成型时制品缺陷及方法与对策

(1) 挤出 PE 管材时常见的制品缺陷及方法与对策（表 7-26）

表 7-26　挤出 PE 管材时常见的制品缺陷及方法与对策

序号	缺陷类型	产品缺陷原因	方法与对策
1	管材不圆、管材弯曲	·模芯与口模不同心 ·口模四周温度不均匀 ·管材冷却不均匀 ·真空吸合不好 ·真空度不够 ·牵引夹持力过大 ·定径套过大等	·调整模芯与口模同心 ·检查口模加热圈 ·检查冷却装置 ·检查真空是否通畅 ·真空阀是否失灵 ·提高真空度 ·调整牵引夹持力使其适度 ·改变定径套锥度 ·使用热导率高的材料 ·提高冷却液流速等

续表

序号	缺陷类型	产品缺陷原因	方法与对策
2	管径过大	·定径套过大 ·挤出速度过快	·更换合适的定径套 ·调整适宜的挤出速度和挤出温度 ·降低冷却速率
3	管径过小	·定径套过小 ·挤出速度过慢	·更换合适的定径套 ·调整适宜的挤出速度和挤出温度 ·降低冷却速率
4	管材表面不光滑	·挤出温度过低 ·口模表面粗糙度过大 ·物料挥发分子含量过大 ·口模压缩比小 ·平直段过短 ·挤出速度过大 ·定径套表面粗糙度过大 ·物料润滑性差等	·提高挤出温度 ·降低口模表面粗糙度 ·预热物料 ·增大口模压缩比及平直段长度 ·降低挤出速度 ·降低定径套表面粗糙度 ·改进物料配方
5	管材壁厚不均匀（沿圆周方向）	· 模唇间隙不均匀 · 出料不均匀 · 牵引速度不均匀 · 牵引辊打滑 · 挤出与牵引速度不匹配 · 拉伸段过长或过短	·调整模唇间隙 ·检查口模加热圈 ·调整牵引速度使其均匀 ·修理牵引装置 ·调节挤出与牵引速度使其匹配 ·调整模唇与定径套之间的距离等
6	管材壁厚不均匀（沿长度方向）	·料筒各段温度制定不合理 ·定径套初始部分冷却不好 ·牵引速度不均匀 ·牵引辊打滑 ·真空度不够	·调整料筒各段温度 ·强化定径套初始部分冷却效果 ·检查牵引辊是否打滑 ·检查真空系统是否满足要求
7	管材表面有凹凸波纹	·物料塑化不均匀 ·物料中有杂质 ·挤出速度过大或不均匀	·改变物料配方或提高料温 ·清除杂质 ·调整挤出速度使其均匀恒定

（2）挤出 PVC 软管时常见的制品缺陷及方法与对策（表 7-27）

表 7-27　挤出 PVC 软管时常见的制品缺陷及方法与对策

序号	缺陷类型	产品缺陷原因	方法与对策
1	管材表面有僵块	·料筒温度过低 ·过滤网网孔密度小 ·挤出速度过快	·提高料筒温度 ·增加过滤网目数 ·降低挤出速度或提高口模温度
2	管材表面有水纹雾斑	口模温度过低	提高口模温度
3	管材直径尺寸不均匀	·料斗下料不均匀 ·加料段温度过高 ·牵引速度不均匀	·检查料斗是否堵塞 ·降低加料段温度 ·调整牵引速度使其均匀
4	管材厚薄不均匀	口模与芯模中心定位不准	调整口模与芯模使其同心
5	管材粗糙	物料温度过高	降低物料温度
6	管材直径大	·物料温度高 ·牵引速度慢	·降低物料温度 ·增大牵引速度
7	管材直径小	·物料温度低 ·牵引速度快	·提高物料温度 ·减小牵引速度

（3）挤出 PVC 硬管时常见的制品缺陷及方法与对策（表 7-28）

表 7-28 挤出 PVC 硬管时常见的制品缺陷及方法与对策

序号	缺陷类型	产品缺陷原因	方法与对策
1	管材内壁粗糙	·如有光亮则表明料筒温度过高 ·如表面暗淡则表明料筒温度过低 ·模芯温度低 ·螺杆转速太快 ·螺杆温度过高	·降低料筒温度 ·提高料筒温度 ·提高模芯温度 ·降低螺杆转速 ·通冷却液降低螺杆温度
2	管材内表面有块状凸起	·粒料水分含量过高 ·粒料中混有杂质 ·料筒温度过低	·干燥物料 ·清除杂质 ·提高料筒温度
3	管材外表面有块状凸起	·物料中炭黑或稳定剂分散不均 ·物料流动性太低 ·料筒前段及多孔板温度过高 ·多孔板、分流器结构不合理 ·多孔板未清理干净	·改进混合工序 ·改进原料配方 ·降低料筒及多孔板温度 ·改进多孔板及分流器结构 ·清理多孔板
4	管材厚度不均	·芯模与口模中心定位不正 ·牵引不正常，快慢不均或有打滑现象 ·模口出料不均匀 ·压缩空气压力不稳定	·重新调整口模间隙 ·检查牵引设备，保证恒速牵引，不打滑 ·清理口模或检查加热圈是否完好 ·调整供气装置
5	管材带有焦斑	·料筒或口模温度过高 ·口模或多孔板未清理干净 ·口模分流器处积存物料 ·物料热稳定性差 ·控温仪表失灵	·降低料筒或口模温度 ·清理口模或多孔板 ·改进分流器结构 ·调整物料配方 ·检修控温仪表
6	管材表面无光泽	·口模温度低 ·口模内壁粘有析出物 ·压缩空气压力不足	·提高口模温度 ·清理口模或改进物料配方 ·增大压缩空气压力
7	管材表面有皱纹	·口模四周温度不均匀 ·冷却液温度过高 ·牵引速度过慢	·检查加热圈 ·增大冷却液流速 ·增大牵引速度
8	管材内表面有规则的螺纹	·螺杆温度过高 ·料筒温度过高	·螺杆内通冷却液或降低螺杆转速 ·降低料筒温度
9	管材扁平试验脆裂	·螺杆温度过低 ·螺杆转速过快 ·物料塑化不良 ·料筒温度过高或口模温度过低 ·树脂黏度过低	·减少冷却液量 ·降低螺杆转速 ·提高塑化程度 ·调整料筒或口模温度 ·改进配方
10	管材弯曲	·管材厚度不均，模口出料不均或口模加热不均 ·冷冻水槽、定径套、口模、牵引切割装置不在同一中心线上 ·冷却液槽两端孔不同心	·调整管材壁厚 ·检查加热圈是否损坏 ·调整冷冻水槽、定径套、口模、牵引切割装置在同一中心线上 ·调整冷却液槽两端孔，使其同心

七、挤出机

挤出成型又称挤塑成型，主要适合热塑性塑料的成型，也适合部分流动性较好的热固性增强塑料成型。其成型过程是利用转动的螺杆，将被加热熔融的热塑性原料，从具有所需截面形状的机头挤出，然后由定型器定型，再经过冷却器使其冷硬固化，成为所需截面的产品，其工作原理见图 7-5。

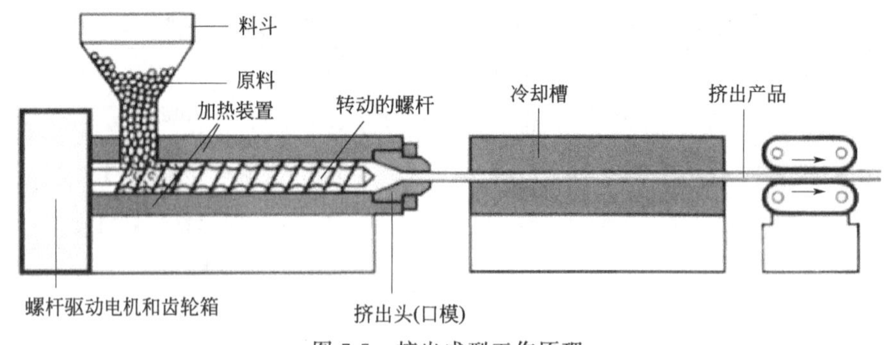

图 7-5　挤出成型工作原理

1. 挤出机的种类

挤出机按结构分为螺杆式挤出机和柱塞式挤出机。螺杆式机一般采用连续作业方式和干法（干法挤出时，成型材料的塑化是通过加热达到的）挤出；柱塞机一般采用间歇作业方式和湿法（湿法挤出时，成型材料的塑化是借助溶剂使其变为可流动状态的）挤出。现在较常用的是螺杆式挤出机。

螺杆式挤出机，根据螺杆数目的不同又可分为单螺杆挤出机、双螺杆挤出机和多螺杆挤出机，其中以单螺杆挤出机应用较多。

2. 挤出机的结构

以单螺杆挤出机为例简单介绍一下挤出机的结构。挤出机一般由挤出系统、传动系统、加热冷却系统、控制系统和辅助装置五部分组成。

(1) 挤出系统　挤出系统是将固体物料塑化为均匀的熔体，并借助于螺杆的作用使其通过模口，被连续地挤出。挤出系统是挤出机的主要组成部分，它包括加料装置、螺杆、料筒、机头和模芯等。

① 加料装置。一般都由料斗和上料部分组成，其作用是将粉状、颗粒状或带状的物料稳定均匀地送给挤出机，上料根据设备及生产状况的情况可以选择人工上料或自动上料。

② 螺杆。螺杆是挤出机最主要的部件，通过螺杆的转动，可以对料筒内的物料产生挤压作用，使塑料发生位移，得到增压，达到输送物料的目的；螺杆与料筒配合使物料接触传热面不断更新，在料筒的外加热和螺杆摩擦作用下，物料逐渐软化熔融为黏流态；另外螺杆与料筒、机头相配合产生强大的剪切力，使物料进一步均匀混合，并定量定压由机头挤出。

③ 料筒。料筒是挤出机中仅次于螺杆的重要部件，塑料的塑化及加压都在其中进行。料筒的工作温度一般为 80～250℃，工作压力为 460MPa。因此，料筒应具有耐高温、耐磨损、耐腐蚀、高强度的特点。生产中使用的挤出机料筒多数为整体式结构。另外，为更换方便，常在料筒内加一个衬套，衬套材料为经氮化处理的氮化钢，外套则用一般碳素钢或铸钢制成。这样，衬套磨损后即可卸出更换，非常方便。料筒外部有分段控制的加热和冷却装置。料筒与料斗连接处开有加料口。加料口的俯视形状一般为矩形，其长边平行于料筒轴线，长度为螺杆直径的 1.5～2 倍。

④ 机头。机头常常与口模连为一体，它一般包括过滤网、多孔板、分流梭、机颈等。过滤网是若干片叠加在一起的 30～120 目的不锈钢网，由多孔板支承。多孔板一般呈蝶形，厚度通常为螺杆直径的 1/5～1/3，上面钻有 $\phi 3 \sim 6$mm 的孔，孔的两边有倒角，呈流线型，以防止塑料停滞和分解。过滤网和多孔板位于料筒和机头的连接处，它的作用是使熔料运动由旋转运动（在料筒中随转动的螺杆运动）变为直线运动，防止外来杂质及未塑化的物料进

入机头和口模影响制品质量，产生必要的背压，提高物料塑化的均匀程序。在挤出硬质PVC等熔融黏度大、热稳定性差的塑料时，一般不用过滤网。螺杆头部与多孔板间的容积应与螺杆计量段一个螺槽的容积相当，过大或过小都对物料有不利影响。

⑤ 模芯。模芯是管材成型时必备的附件之一，一般位于口模的中心，要求与口模要有良好的同心度，以确保制品形状和尺寸的准确。生产薄膜时通过机径和模芯可引入压缩空气。

(2) 传动系统　传动系统通常由电动机、调速装置和减速装置等组成，其作用是驱动螺杆转动，保证足够的转矩和要求的转速，因此对传动系统的要求是：能无级调速且转速恒定、有良好的润滑系统并能迅速制动。

(3) 加热冷却系统　加热冷却系统位于料筒和机头的外部，它通过加热和冷却不断调节料筒中塑料的温度，使其始终在工艺要求的范围内。加热和冷却系统一般是分段控制的。

常见挤出机的加热方式有电阻加热、电感加热和载热体加热。电阻加热是挤出机最普遍、最常用的一种方式。

挤出机的冷却方式一般有风冷和水冷。风冷主要采用自然冷却，虽冷却比较柔和，但是冷却速率太慢；为了增强冷却效果，有的挤出机在料筒或加热器上增设了翼状散热片，以增大散热面积。水冷与风冷相比有冷却速率快、体积小、成本低等优点，因此水冷常被广泛用于挤出时冷却；但是水冷却易于造成因急冷造成产品形状存在差异或冷却液管因水垢而堵塞管道造成制品无法及时得到冷却后果。

(4) 控制系统　控制系统直接影响着产品质量、产量和生产的安全性。现在较先进的挤出机一般都实现了计算机程序控制，工艺参数的输入都是通过控制系统实现的，它包括加热各段温度、挤出速度、冷却温度、牵引速度等。

(5) 辅助装置　挤出机的辅助装置一般包括定型装置、冷却装置、牵引装置、切割装置、卷取或堆放装置等。

3. 挤出机的发展方向

① 挤出机发展的自动化，采用先进的计算机程序控制，对挤出机的工艺参数进行检测和控制，温差可控制在±1℃范围内，使塑料挤出成型加工向准确、精密、节能等方向发展。

② 挤出机朝大型、高速、高效方向发展，国外螺杆直径已达200～300mm的挤出机已经很普遍了，螺杆大于500mm的也已出现。增大螺杆直径：一是可以满足产品性能的需要；二是可以大大提高挤出机的生产效率。

③ 挤出机的辅助装置也日趋完善、规格标准化。

④ 为了适应新材料、新工艺的要求，各类新型的挤出机不断涌现，如多色挤出机、发泡挤出机、反应挤出机、多螺杆挤出机等。

八、挤出口模

就像注塑工艺中的注塑模，口模是决定制品截面形状及尺寸的部件，而且它与机头和模芯、分流梭等有密切关系。挤出口模在设计时应考虑到出口时产生的巴拉斯效应及冷却收缩问题。机头和口模部分的熔融塑料流道应光滑，成流线型，不能有死角。流道截面不能急剧增大或减小，应有一定锥度。为保证制品有一定密度，并去除分流梭支架造成的融合，机头应有一定压缩比（通常为3～10）。机头的压缩比是指分流梭支架出口截面积与制品出口处截面积之比。

九、汽车电线包覆设备

(1) 放线装置　放线装置的作用是将裸线以设定的速度输送给下一道工序。它的基本结构是一个被支撑在固定轴上的裸线盘，为防止线盘转动时的惯性影响线的张力，一般还加设了简单的制动装置。

(2) 矫直机　矫直机是对裸线拉正矫直的简易设备，它保证电线在传输过程中不能出现有弯曲、折点等缺陷，有的与放线装置合在一起使用。

(3) 预热炉　预热炉的作用是对进入挤出机机头前的导线进行预热，以便塑料熔体与导线更好地复合在一起，同时还可以防止由于两者因温差过大而在包覆层中产生内应力。导线的预热温度一般略低于包覆材料的加工温度。

(4) 挤出机　挤出机是电线包覆的主要设备，电线包覆用挤出机螺杆的直径通常为30～200mm，长径比为17～25。改变包覆层厚度除可调口模大小外，还可以通过改变挤出物料与导线输送的相对速度以及调整导线器与口模圈的相对位置来达到。至于电线的不同颜色，可以在塑料原材料中添加不同的色母或颜料来实现。

(5) 冷却液槽　作用是使包覆层材料冷却定型，其长度应根据挤出速度、料温、包覆层厚度等确定，在高速挤出时冷却槽长度可适当加长，有时可达30m，除长度以外，冷却槽与挤出机机头间的距离也是影响包覆质量的一个重要因素。

(6) 牵引装置和卷取装置　牵引装置是引导包覆后的电线前进的装置，它的速度与挤出成型速度、冷却速率等相关。如果包覆电线的直径较小，可采用绞盘做牵引装置；如果电线直径较大，多采用履带式牵引机。卷取装置的作用是把成型后的电线及时绕盘存放。它的结构类似于放线装置。卷取装置最好有两个动力驱动的收线盘，以便能够在其中一个盘缠满后及时地更换另一个盘。另外卷取装置中一般还配置一个铺线装置，以保证电线整齐而有规律地缠绕在收线盘上，而不会在线盘的某一位置重叠。

第三节
吸塑成型

吸塑成型也称真空吸塑成型，是将塑料片材或板材加热到黏弹性状态，再通过真空吸引与模具表面贴合，冷却后获得所需要形状的成型方法。

吸塑成型在汽车生产中也属于应用较多的一种加工方法，比如载重汽车高顶上储物盒体、软质仪表台的发泡表皮、发动机罩衬垫、地垫的发泡表皮等都是用吸塑工艺生产成型的。

一、吸塑成型基本工艺流程

板材或片材加热→将加热好的板材或片材夹紧固定在吸塑模具上→开动真空泵抽至真空吸塑成型→冷却定型→松开夹持框，取下成型制品→修剪多余部分。

二、吸塑设备

吸塑设备主要由吸塑成型机、真空泵、气罐、加紧装置、冷却装置等组成。吸塑成型机即安装上特定吸塑模具后通过吸塑能生产出所需制品形状的设备，现在先进一点的吸塑设备可实现微电脑控制且吸塑真空泵、气罐、夹紧装置、冷却装置等一体化。

三、吸塑模具

吸塑模具，即通过真空吸塑能生产出所需制品形状的模具。吸塑模具结构较为简单，俗称单边模（阴模或阳模），再加一些模具垫板等。通过产品进行翻模，具有设计的一次性及成型制造的一次性等特点，外形为不规则形状。模具材质一般为铸铝合金模具或树脂模具等，吸塑模具在制品成型部位要加工一定数量的抽气孔，常用抽气孔的直径见表 7-29。

表 7-29 常用抽气孔的直径

序号	材料名称	抽气孔直径/mm
1	聚乙烯片材(软)	0.3～0.6
2	硬塑料板材(如 ABS 板材)	1.5～2.0
3	其他板材	0.6～1.0

吸塑成型时，模具内的气体必须快速从抽气孔中排出，抽气孔的直径和数量与塑料品种、制品的复杂程度和大小有关。对于流动性好、成型温度低的塑料，抽气孔直径可设计得小一些，以便提高制品的外观质量；对于硬质且厚度较大的塑料板材，抽气孔直径设计时可适当大一些，以免吸不到位。抽气孔的位置一般应在板材（片材）与模具形变相贴合的部位，抽气孔的间距对于小型制品而言一般为 20～30mm；对于大型制品，可适当增大间距。至于抽气孔数量的多少要由制品的复杂程度和面积大小来确定。

铸铝合金模具适合批量较大、硬质塑料板材的吸塑成型，制造成本高。吸塑口处加工精度要求较高，必须附有橡胶密封垫。

树脂模具一般适合批量较小或新产品试制及软质塑料片材的吸塑成型，制造成本低，制品精度稍差，自动化程度不高。

第四节 吹塑成型

吹塑成型是在闭合的模具内利用压缩空气将熔融状态的塑料型坯吹胀，冷却后得到中空制品的一种工艺方法。生产中有多种不同的吹塑中空成型法，其中常用的有挤出吹塑中空成型和注射吹塑中空成型。

挤出吹塑中空成型是吹塑工艺中应用最多的一种方法，适用于 PE、PP、PVC、PET 等热塑性工程塑料、热塑性弹性体及其共混物。其成型过程是先用挤出机挤出管状型坯，然后趁热将型坯送入吹塑模具中，通入压缩空气进行吹胀，使其紧贴模具型壁而获得模具型腔形状，在保持一定压力的情况下，经过冷却定型，开模即可得到所需要的吹塑制品。

注射吹塑中空成型多用于日用品、化妆品、医药、食品等的包装容器，但其容积不得超过 2L；常用的塑料有 PE、PS 和 PVC 等，适合生产大批量小型的精密容器；其成型过程是由注塑机将塑料熔体注入闭合的模具内形成管坯，开模后管坯留在芯模上，从芯棒的管道通入压缩空气，使型坯吹胀得到吹塑制品。注塑-吹塑工艺有如下特点：注射成型工艺自动化程度高，可以多模生产，生产效率高。该工艺成型的制品无拼缝线，制品的壁厚均匀，口部尺寸精确，废料较少。但是，由于该工艺生产每种制品必须分别使用型坯和制品两副模具，注射型坯的模具承受的压力较高的（10～40MPa），因而其模具要求有较高的强度，所以设备投资较大；另外，此工艺不能成型形状复杂的制品；制品成型周期长，一般用于成型容积小于 2L 的容器。

近几年，吹塑成型技术在汽车制造业中的应用范围不断扩大，因为吹塑可成型复杂形状的塑料制品、加工成本较低，用于吹塑成型工艺生产的汽车塑料制品有汽车暖风机风管、汽车塑料膨胀水箱、轿车塑料燃油箱等。

一、吹塑成型基本工艺流程

吹塑成型即中空成型，无论是挤出吹塑还是注射吹塑，只是预先制作型坯的方法不同。挤出吹塑是先用挤出的方法制出型坯，而注射吹塑是先用注塑的方法制出型坯，然后都必须利用压缩空气经过吹胀的方式加工成所需要形状的制品。其基本工艺流程：熔融材料→将熔融材料制成管状型坯→将型坯置于吹塑模中熔封→利用压缩空气将模具内型坯吹胀→放入冷水中冷却定型→取出制品修去多余部分。

二、吹塑成型汽车塑料膨胀水箱

汽车塑料膨胀水箱就是用吹塑成型工艺加制成的塑料制品，其技术要求为：制品表面光滑、色泽应均匀一致，不允许有裂纹、凹凸等缺陷，壁厚要均匀并符合设计要求；要求总成在 100kPa 压力下，保持至少 5min，不得有渗漏、开裂现象，且总成卸压后，不允许有明显的变形。把制品置入在 (120±2)℃的烘箱中 150h，制品尺寸无明显变化；把制品置入在 (−40±2)℃的低温箱中 150h，制品尺寸无明显变化；而且应符合表 7-30 的规定。

表 7-30　汽车塑料膨胀水箱所用材料

序号	性能	指标
1	密度/(g/cm^3)	0.9～1.00
2	拉伸强度/MPa	≥25
3	冲击强度/MPa	≥65
4	维卡软化温度/℃	≥65
5	邵尔硬度(HA)	≥60
6	氙灯老化 700h	拉伸强度和冲击强度降低不大于 20%
7	耐乙二醇、柴油和机油	不得有变色、裂纹、粘手、溶胀等异常现象

注：当试样冲击未断时，也可认为其冲击强度符合本标准的要求。

三、吹塑塑料制品存在的缺陷及原因和对策

(1) 生产硬质吹塑制品时常见的制品缺陷及方法与对策（表 7-31）

表 7-31　生产硬质吹塑制品时常见的制品缺陷及方法与对策

序号	缺陷类型	产品缺陷原因	方法与对策
1	吹塑尺寸不符合要求	模具不符合要求或吹塑气体压力不足	检修模具尺寸或增大吹塑气体压力至工艺要求
2	吹塑形状不符合要求	模具不符合要求或吹塑气体压力不足	检修模具形状或增大吹塑气体压力至工艺要求
3	制品厚薄不均	坯料厚薄不均或吹塑气体压力不均或排气不均匀等	调整挤出参数、检修挤出口模或调整吹塑气体压力或检查排气状况
4	制品表面粗糙、不光滑	模具内表面不符合要求	修整模具至工艺要求
5	制品结合缝厚薄不均	模具刃口有问题	检修模具刃口

续表

序号	缺陷类型	产品缺陷原因	方法与对策
6	制品后部尺寸、形状不符合要求	切割后定型型芯不符合要求或定型冷却方式或时间不符合要求	检修定型型芯或调整定型冷却方式或冷却时间
7	制品表面有划痕、划伤等	模具内表面有损伤或出模后人为划伤等	检修模具内表面等
8	制品表面出现斑点或深浅不一的斑痕	原材料有杂质或填充料不符合要求	更换合格的原材料或改用与原材料比较相容的填充料

(2) 生产 PE-LD 吹塑薄膜时常见的制品缺陷及方法与对策(表 7-32)

表 7-32 生产 PE-LD 吹塑薄膜时常见的制品缺陷及方法与对策

序号	缺陷类型	产品缺陷原因	方法与对策
1	膜泡中有变色斑点或破洞	·加工温度过高,受热时间过长 ·机头、口模存在死角致使物料分解	·降低机头口模温度,提高挤出速度 ·改进机头、口模设计,消除死角
2	僵块超标	·物料塑化不均匀 ·添加剂颗粒过大 ·MI 相差过大的树脂混合	·提高料筒温度或螺杆速度 ·研磨固体添加剂 ·改进配方
3	表面毛发、有僵条、花纹	·熔体温度过高 ·物料中有杂质 ·过滤网破裂	·降低料筒速度或螺杆转速 ·清理杂质 ·更换过滤网
4	膜泡冷凝线过高	·口模温度过高 ·挤出速度过大 ·风环冷却效果差	·降低口模温度 ·降低挤出速度 ·加大风量
5	膜泡冷凝线过低	·口模温度过低 ·挤出速度过低 ·风环风量过大	·提高口模温度 ·提高挤出速度 ·减小风量
6	膜泡偏离中心	·口模侧向力大 ·模唇局部受损,模口间隙不均匀 ·料筒温度过高 ·风环风量不均匀	·校正芯棒位置 ·修补模唇,调整模口间隙 ·降低料筒温度 ·调节风结构使风量均匀
7	模泡呈葫芦状	·牵引辊过松 ·风力不均或过大 ·挤出速度不稳定 ·牵引摆动或牵引速度不均匀	·拧紧牵引辊 ·调节风环风量 ·调整螺杆转速使其稳定 ·检修牵引装置
8	模皱褶	·口模与人字板重心偏移 ·人字板张开角度不恰当 ·冷凝线过高或过低 ·薄膜不均匀 ·吹胀比过大 ·模泡到达夹辊处温度太低 ·牵引辊两端压力不均衡 ·受环境风的影响	·调整人字板位置 ·调整人字板张开角 ·调节成型温度、螺杆转速或风环风量 ·调节模口间隙 ·减小吹胀比 ·减小风量或降低牵引辊速度 ·调节牵引辊压力 ·稳定环境气流
9	薄膜厚度不均匀	·模口四周温度不均匀 ·模口间隙不均匀 ·模泡冷却不均匀 ·冷凝线过高 ·膜泡抖动 ·挤出速度不稳定	·检修模口加热器 ·调整模口间隙 ·调整风环方向 ·降低冷凝线 ·检查风环,调节风量 ·检查驱动装置及料斗下料装置

续表

序号	缺陷类型	产品缺陷原因	方法与对策
10	薄膜中有熔合线条纹	·口模压缩比小 ·料筒与口模温度不协调 ·不同 MI 的物料交替使用	·改进口模设计 ·调整料筒及口模温度 ·选用同一牌号树脂
11	薄膜中有挂料线条纹	·口模定型区有杂质或分解物 ·模唇表面划伤	·清理口模 ·修理或更换口模
12	薄膜中有线状条纹	·模套、模芯加工粗糙 ·人字板、牵引辊上有脏物 ·树脂中含有少量不同 MI 的树脂	·提高加工精度 ·清理人字板和牵引辊 ·改进配方
13	薄膜中有水纹、云雾斑，并且表面粗糙	·物料温度过低或过高 ·螺杆结构不合理或转速过高 ·螺杆冷却不充分 ·过滤网孔过大或层数不够 ·物料水分含量过高 ·树脂中夹杂有高分子量或分子量分布窄的难塑化物料	·调节料筒温度 ·改进螺杆设计或提高螺杆转速 ·加大冷却液通量 ·改用小孔过滤网或增加网层 ·干燥物料 ·改进配方
14	薄膜开口	·成型温度过高 ·膜泡冷却不好 ·夹辊夹持力过大	·降低成型温度，特别是口模温度 ·增大风环风量或降低挤出速度 ·减少夹辊夹持力
15	断膜	·口模或连接器温度不合理 ·熔体中混有杂质或分解物 ·过滤网或口模堵塞 ·断料 ·牵引比过大 ·厚薄不均或吹胀比过大	·调整口模或连接器温度 ·清理口模或更换树脂 ·清洗过滤网或口模 ·检查料斗下料情况 ·降低牵引速度 ·调整薄膜厚度或减小吹胀比
16	卷绕不平整	·薄膜厚度不均匀 ·有皱褶 ·夹辊两端压力不均衡 ·卷绕速度不均匀	·调整口模间隙 ·按上述消除皱褶法处理 ·调节夹辊两端压力 ·调整卷取装置
17	薄膜透明度差	·物料塑化不充分 ·冷凝线过低 ·牵引速度过快 ·吹胀比过小	·提高料筒温度或螺杆转速 ·提高冷凝线高度 ·提高牵引速度 ·增大吹胀比
18	折痕开裂	·吹胀比与牵引比不匹配 ·夹辊压力过高 ·夹辊表面过硬 ·夹辊处模温过低	·调整吹胀比与牵引比 ·降低夹辊压力 ·改用软质夹辊 ·提高口模温度、牵引速度或减小风量
19	薄膜纵向开裂	·牵引比过大 ·膜泡中存在纵向薄层	·降低牵引比，加大吹胀比 ·调整口模间隙，清理或修整口模

四、吹塑设备及吹塑模具

吹塑成型是将从挤出机挤出的熔融热塑性原料夹入模具，然后向原料内吹入空气，熔融的原料在空气压力的作用下膨胀，向模具型腔壁面贴合，最后冷却固化成为所需产品形状的方法，其工作原理见图 7-6。

（1）吹塑设备　吹塑设备根据吹塑方式的不同可分为挤出-吹塑设备和注塑-吹塑设备。挤出-吹塑设备主要包括挤出机、合模机、吹塑模具、空气压缩机、储气罐、进气杆、冷却

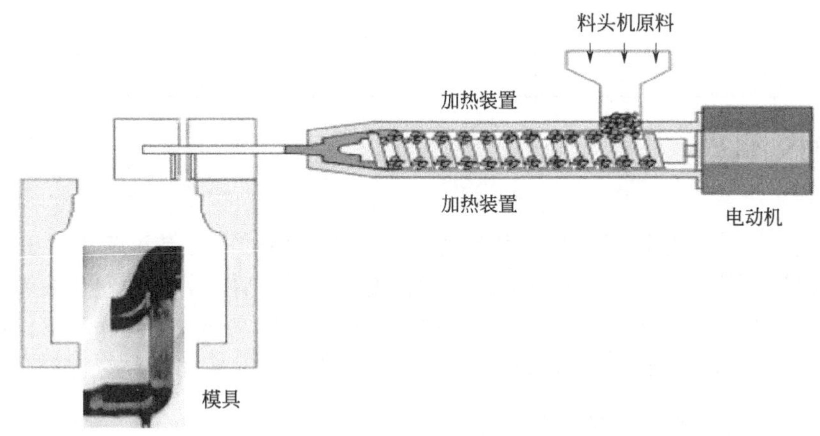

图 7-6 吹塑成型工作原理

装置、定型装置等。注塑-吹塑设备主要包括注塑机、合模机、吹塑模具、空气压缩机、储气罐、进气杆、冷却装置、定型装置等。

（2）吹塑模具 吹塑模具即放入挤出或注塑型坯合模后在吹塑空气的作用下，形成所需特定形状的装置，是吹塑成型设备的主要组成部分，要求合模线一定要好。其常用的材质有铝锌合金、生铁和钢材。从模具的结构上通常分为上吹、下吹和侧吹三类。模具的型腔的尺寸主要由制品的形状和收缩率确定，影响吹塑制品收缩率的因素有内因和外因，内因是塑料的分子结构和自身性能特点，外因主要是型坯熔体的温度，型坯熔体温度较高，可减少应变恢复与吹胀应力，会使较多的收缩率出现在壁厚内，吹胀应力较高或吹胀温度较低可降低收缩率，填料的加入也会降低收缩率。模具的冷却是为了保证吹塑工艺能正常进行，保证制品外观质量，并能够加速吹塑成型的速度。模具冷却的方式有两种：一是对于大型模具，可以采用箱式冷却，即在型腔背后挖一个空槽，再用一个模板盖上，中间加上密封圈以防止冷却液渗漏；二是对于小型模具，可选择用排管式冷却或在模具上开槽沟的方法。对于更小的模具可选用 1～3 个通孔方式，通入冷却液冷却。

图 7-7 给出了典型挤出吹塑模具的结构。吹塑模具主要由两半阴模构成，因模径圈较易被损坏，因此一般为单独的嵌件，以便于更换。图 7-8 给出了吹胀空气的三种注入方法。

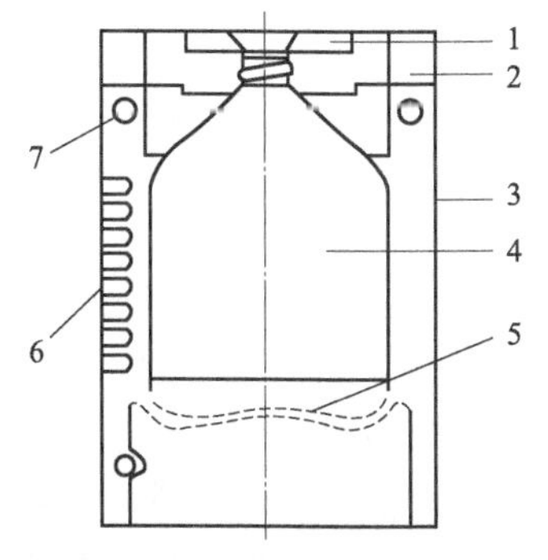

图 7-7 典型挤出吹塑模具的结构

1—切坯套；2—模径圈；3—模体；4—型腔；5—截坯口；6—发模线排气口；7—导销

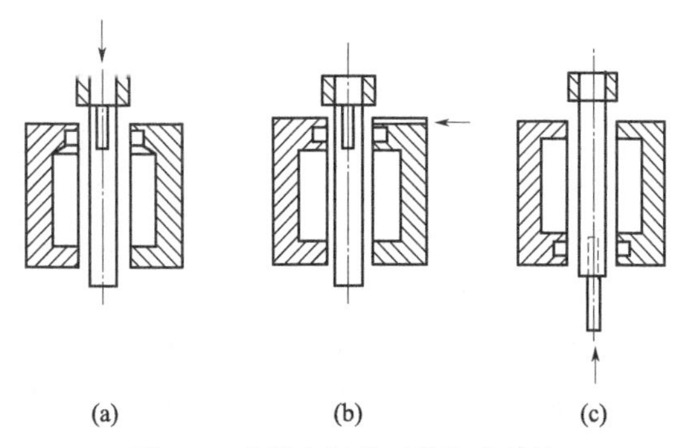

图 7-8 吹胀空气的三种注入方法

第五节

压塑成型

压塑成型主要用于对热固性塑料制品的成型，所使用的设备是压塑成型压力机或液压机，成型时根据塑料特性，将模具加热至成型温度，然后将计量好的压塑粉或糊团等形状的材料放入模具型腔或加料室，闭合模具后，模具中的塑料在高热、高压作用下，呈软化黏流状态，经过一定时间后固化定型成为所需要的制品。在成型过程中要注意排气。

一、压塑成型的特点

压塑成型与注塑相比具有以下特点。

① 设备简单、模具简单。

② 制品的收缩率小、变形小，适合大型制品成型。

③ 压塑成型生产周期长、操作者劳动强度大，不易实现大批量、自动化生产。

④ 制品的溢边比较厚，不宜成型深孔、厚臂、形状复杂的制品。

⑤ 模具易变形、磨损、使用寿命短。

二、压塑成型的适用范围

压塑成型适合于酚醛塑料、脲醛塑料、环氧塑料、不饱和聚酯塑料、氨基塑料、聚酰亚胺塑料等热固性塑料模塑粉，以及以这些热固性树脂和短切纤维状增强材料为主要成分制成的片状模塑复合材料 SMC（Sheet Molding Compound）和块状模塑复合材料 BMC（Buck Molding Compound）。

三、SMC 与 BMC 制品的压塑成型工艺

SMC 制品的成型工艺：SMC 由树脂糊充分浸渍的短玻璃纤维组成，上下两面为薄膜所覆盖，树脂糊含有不饱和树脂、增稠剂、抗收缩剂、引发剂、脱模剂、着色剂、填料等。不饱和树脂是 SMC 材料最基本的组成部分。汽车用 SMC 主要是用低收缩性树脂体系。低收缩性树脂由不饱和聚酯树脂和低收缩性添加剂组成。不饱和聚酯树脂由不饱和酸和乙二醇反应制得。

SMC 材料在加热的模具内可以流动，因此便于制造带有筋、凸起、不等厚的大型覆盖件。普通的 SMC 和高强度的 SMC 还可以混合使用，比如 SMC 材料成型的汽车车门是外表层用光洁性好的 SMCR-30，中间层用高强度的 C30/R20，内层用美观、易着色、低收缩的 SMC，三种 SMC 材料叠加起来热压成型为一体的制品。

SMC 的成型温度为 130～150℃，汽车前端部成型时加压时间为 80s，成型周期为 2min 左右，制品厚度为 2.5～3mm。当制品厚薄均匀时，可以缩短加压时间，厚度越厚，成型加压时间越长。模具的上、下部温度不同，要求粗糙度较好的模具温度应当高出 10～15℃。

BMC 与 SMC 相似，只是 SMC 是将纤维制成纤维毡，而 BMC 的增强材料为短切纤维，BMC 是把树脂、填料、玻璃纤维等 FRP 所必需的各种成分混炼成粒状料，然后模压成型。BMC 在成型过程中虽然解决了玻璃纤维流动的问题，但是在混合过程中却因玻璃纤维受破坏而降低了制品的强度，BMC 成型大型制品时强度不如 SMC 好。BMC 除了可以模压成型

外，还可以注射成型，可以成型具有复杂结构的零件。

四、压塑成型制品存在的缺陷及原因和对策

压塑热固性塑料制品时常见的制品缺陷及方法与对策见表 7-33。

表 7-33 压塑热固性塑料制品时常见的制品缺陷及方法与对策

序号	缺陷类型	产品缺陷原因	方法与对策
1	表面起泡或鼓起	·塑料中水分及挥发物含量过大 ·模具过热或过冷 ·模压压力不足 ·模压时间过短 ·物料压缩率太大，所含空气太多 ·加热不均匀	·将塑料进行干燥或预热 ·适当调节模具温度 ·增加模压压力 ·延长模压时间 ·对塑料进行预压或采用适当的分配方式以利于空气的逸出 ·改进加热装置
2	翘曲	·固化温度不足 ·模具温度过高或阴阳模的温差过大，致使制件各部分收缩不一致 ·制件结构的刚度不足 ·制件壁厚与形状过分不规则，致使物料固化与冷却不均匀，从而造成各部分收缩不一致 ·塑料流动性太大 ·闭模前塑料在模内停留时间过长 ·塑料中水分或挥发物含量过大	·延长固化时间 ·降低模温或调整阴阳模温差在±3℃之内，最好相同 ·增加制件厚度或加设加强筋 ·改用收缩率小的塑料，相应调整各部分的温度，预热塑料，改变制件设计 ·改用流动性小的塑料 ·缩短塑料闭模前在模内停留的时间 ·干燥或预热塑料
3	欠压（即制件外形轮廓不清晰，制件全部或部分呈疏松状）	·模压压力过小 ·加料量不足 ·塑料的流动性过大或过小 ·闭模太快造成塑料溢出 ·闭模太慢或模具温度过高，致使部分塑料过早固化	·增加模压压力 ·增加加料量 ·选择流动性适中的塑料，或在模压流动性大的塑料时缓慢加压，而在模压流动性小的塑料时增大压力并降低温度 ·减慢闭模及排气速度 ·加快闭模或降低模具温度
4	裂缝	·嵌件与塑料的收缩率相差过大或配入的嵌件过多 ·嵌件结构不正确 ·模具设计不当或顶出机构不合理 ·制件各部分厚度差别过大 ·制件在模内冷却时间过长	·改进制件设计或选用收缩率小的塑料 ·改用正确的嵌件 ·改进模具或顶出机构设计 ·改进制件设计 ·干燥或预热塑料 ·缩短或免去在模内冷却时间
5	表面灰暗	·模具表面粗糙度太低 ·润滑剂质量差或用量不足 ·模具温度过高或过低	·仔细清理模具并加强维护，抛光或镀铬 ·改用适当的润滑剂 ·校正模具温度
6	表面出现斑点或细缝	·塑料内含有外来杂质，尤其是油类物质 ·模具没有得到很好的清理	·塑料应过筛 ·防止外来杂质的沾染 ·仔细清理模腔
7	制件变色	模具温度过高	降低模温
8	粘模	·塑料中未加润滑剂或用量不足 ·模具表面粗糙度低	·加入适当的润滑剂 ·增加模具表面的粗糙度
9	废边太厚	·加料量过大 ·塑料流动性太小 ·模具设计不当 ·模具闭合不严	·准确加料 ·预热塑料，降低温度及增大压力 ·改进模具设计 ·清理套筒及模具分型面

续表

序号	缺陷类型	产品缺陷原因	方法与对策
10	表面呈橘皮状	·塑料在高压下闭模太快 ·塑料流动性过大 ·塑料颗粒过大 ·塑料中水分含量过大	·降低闭模速度 ·选用流动性小的塑料或将原用塑料进行烘焙 ·预热塑料 ·进行干燥
11	脱模时刚度不足	·塑料固化程度不足 ·塑料中水分含量过大 ·模具上润滑油用得过多	·增加模压时间或提高模压温度 ·干燥塑料 ·不用或少用润滑油
12	制件尺寸不合要求	·加料量不准 ·模具尺寸不准确或已磨损 ·塑料工艺性能不合要求	·调整加料量 ·清理或更换模具 ·改用符合要求的塑料
13	电性能不合要求	·塑料中水分含量过大 ·塑料固化程度不够 ·塑料中含有金属杂质或油类物质	·干燥塑料 ·增加模压时间或提高模压温度 ·防止外来杂质
14	机械强度差或化学性能低劣	·固化程度不足，一般是由于模温太低 ·模压压力不足或加料量不足	·提高模具温度，增加模压时间 ·增加模压压力和加料量

五、压塑设备

压塑设备主要是压力机、液压机或结构较简单的自制非标液压合模机。压塑成型主要是通过模具对塑料加压、开闭模具和顶出制品等一系列过程实现的。常用的压力机主要有上动式液压机和下动式液压机。一般压制热固性塑料所需压力机的总压力为100～1000kN。液压机主要由四部分组成，即供压系统（包括油泵、阀、输油管道等）；传动系统（油缸）；脱模系统（液压机的顶出机构）；控制系统（液压机的电器控制系统和温度控制系统）。

六、压塑模具

1. 压塑模具定义

压塑模具因其承受的压力较大，一般为钢模，但是结构一般都比较简单，主要由上、下模（也称阴模、阳模）组成，复杂一些的带有加热自动温控系统。

2. 压制模基本结构

典型的压塑模具结构见图7-9，图中所示压模的21个零件从功能上分为6大部分。

（1）型腔和加料室　由上模4、下模9和模套6三个零件组成。三个零件配合后中间的空隙即为型腔，用来成型制品形状和尺寸。型腔零件及其配合视制品而定，有多种方式。目前模具零件标准化，只有组成型腔的零件根据制品设计，不能标准化。模套6的上部为加料室，塑料原料和制品相比密度相差很大，故在压制前要有加料室存料。加料室高度由塑料的密度与制品密度之比即压缩比决定。加料室与型腔的连接有多种方式。

（2）导向机构　由于模具分成移动和固定两大部分，为了保证闭塞后上下模对中，不发生型腔错位，必须设置导向机构。导向机构由导柱5（通常设4根，也可以设2根）和设置在模套固定板8上的导柱孔组成，导柱孔需镶嵌导向套，具有侧型芯的模具（主要是注射模）设有斜导柱或类似的机构。斜导柱既是导向件也是抽出和插入侧型芯的零件。

（3）型芯　图7-9中7为中心型芯，用来成型中心孔；20是侧型芯。中心型芯可以在顶

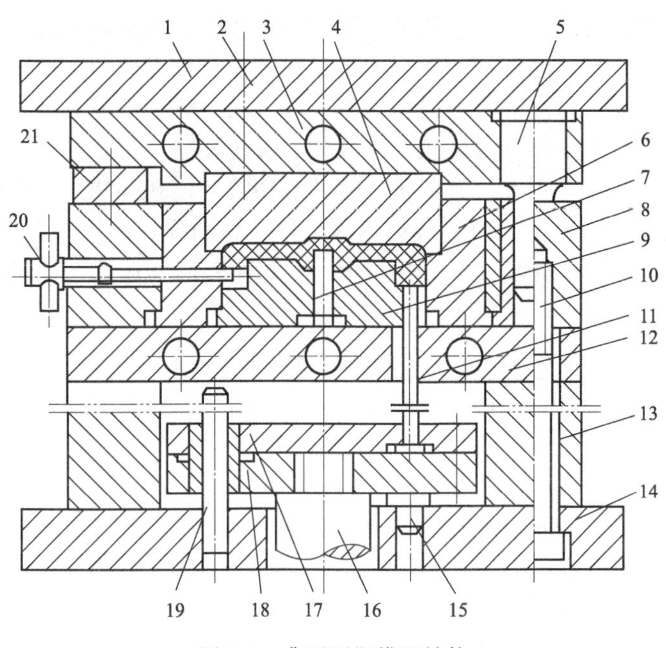

图 7-9　典型压塑模具结构

1—上模板；2,10—连接螺钉；3—上热板；4—上模；5—导柱；6—模套；7—中心型芯；8—模套固定板；9—下模；11—顶出杆；12—下热板；13—垫板；14—底板；15—挡钉；16—拉杆；17—顶出杆固定板；18—顶出板；19—导杆；20—侧型芯；21—承压板

出制品时将它留在下模内而与制品脱开。带有侧面孔或侧凹结构的制品成型以后必须先抽出侧型芯，然后分模顶出制品。图 7-9 中用手动丝杆抽出侧型芯 20。

（4）模具加热冷却系统　图 7-9 中上热板 3 和下热板 12 的板内开有孔。通入蒸汽加热，也可以通入水来冷却。对于大多数热固性塑料，蒸汽温度已经可以熔融和固化。大多数工厂蒸汽压力为 1MPa，其温度为 183℃左右。某些熔融成型温度较高的塑料，可以采用电热棒来加热，电热棒加热也需要设置冷却孔。故此时的热板应具有双层孔结构。

（5）脱模机构　也称顶出机构，开模以后用来顶出制品。由顶出杆 11（根据制品结构形状设置数根）、顶出杆固定板 17、顶出板 18、导杆 19 和拉杆 16 组成。借用顶出缸或上模板向上回程作动力在开模稍后时推动拉杆 16，再由顶出板 18 推动顶出杆 11 顶出制品。在这里导杆 19 的作用是为了顶出机构在顶出过程中移动平稳。顶出结束，由拉杆 16 将顶出部件拉返原位。

（6）模具装配件　除了上述 5 大部分外，上模板 1、底板 14、模套固定板 8、垫板 13 和连接螺钉 10 等均为装配模具和把模具安装到压机上下模板下所需要的零件。

第六节 发泡成型

一、发泡成型工艺

发泡成型即两种或两种以上的塑料液体在催化剂、发泡剂、稳定剂等作用下混合后在一定的压力下产生的链合发泡反应。发泡的方法和种类很多，常见的有高压发泡与低压发泡。

高压发泡是将配制好的两种或两种以上的塑料液体分别在计量泵的控制下，按一定的配比送入高压混合泵内混合，然后通过高压混合头注入闭合锁紧的模具内发生反应形成固态制品。高压浇注方向盘就是用该种发泡工艺制成的，其包覆物为聚氨酯泡沫塑料，表面质量要求：光泽应均匀、无斑点，不允许有气泡、鳞片、伤痕和缩孔等缺陷。同时要求方向盘轮圈部位表面洛氏硬度为（70±10）HA，塑料包覆材料在轮圈部位疏密度为 0.50～0.70g/cm^3，轮毂部位疏密度为0.30～0.50g/cm^3，所有部位表皮厚度不得小于0.5mm，还应符合表7-34的规定。

表 7-34　聚氨酯泡沫塑料的材料性能

序号	性能	指标
1	冲击弹性/%	25～33
2	可提取的部分/%	≤4.5
3	压力变形残余/%	≤65
4	抗拉强度(包括外皮)/MPa	≥8.5
5	断裂延伸率/%	≥150
6	耐燃性/(mm/min)	<100
7	耐臭氧性	0 级，无裂纹

低压发泡是将配制好的两种或两种以上的塑料液体在容器内充分混合后注入模具内，将模具锁紧在模具自重及锁紧力下的作用下浇注料发生反应成固态制品的一种方法，发动机罩衬垫、地垫就是用该种发泡工艺生产的，低压浇注方向盘也是用这种工艺制成。

二、发泡设备及发泡模具

（1）发泡设备　发泡设备可分为低压发泡设备和高压发泡设备。低压发泡设备由A、B两个料罐，计量泵、浇注头等组成；高压发泡设备由A、B两个料罐，高压泵、计量泵、高压浇注头等组成。

（2）发泡模具　根据发泡设备的不同发泡模具也分为低压发泡模具和高压发泡模具。对于低压发泡模具，因发泡时产生的压力不是很大，一般有锁紧机构即可，模具材料也可用成本较低的树脂制成。对于高压发泡模具，浇注时压力较大，必须给模具施加一定的压力，模具要有配套的液压锁紧机构才能保证浇注、发泡的正常进行，因此模具材料必须是钢质的。

发泡模（反应注射成型模）基本结构。上模、下模（或阴、阳模）、模架、锁紧装置，翻转机构等。

第七节
喷涂成型

一、喷涂成型工艺

在汽车内饰的设计和制造过程中，内饰表皮的选择和加工至关重要。为了获得清晰美观的纹理效果，人们不断地探询并开发出了新的材料和加工工艺。传统的表皮成型技术主要包括：真空吸塑、搪塑成型、阴模成型（IMG）、PU 注射表皮成型以及 PU 喷涂表皮成型。随着世界各大聚氨酯原料供应商不断开发出适合于喷涂工艺的原料，使得喷涂表皮成型工艺越来越受到人们的关注。PU 表皮喷涂的工艺流程是，模具首先进入工位以喷模内漆→进入 PU 喷涂区域进行聚氨酯表皮喷涂成型→喷涂有 PU 的模具在接下来的工位进行熟化→进入操作工位后由人工取件。PU 喷涂表皮成型工艺是目前最新的表皮成型技术之一。随着克劳斯玛菲新技术的开发和应用，目前该工艺越来越被汽车业界所认可。与搪塑工艺相比，由于它具有无可比拟的节能优势，所以其发展前景值得期待。由于克劳斯玛菲计量系统采用了闭环控制，所以在喷涂过程中，喷涂量可以根据需要进行改变，并可对喷涂头上的原料温度进行监控。利用高压混合原理，在喷涂过程中无须吹压缩空气，所以 PU 喷射角度可得到很好的控制，避免了“过界喷涂”现象的发生。与此同时，利用高压混合原理，以及装有克劳斯玛菲专利的特别喷嘴也使得原料混合问题得到圆满的解决：喷嘴杆内无须加装静态混合器，从而减少了喷头的清洗频次，缩短了清洗时间，减轻了清洗难度。对混合和喷射角度问题的很好处理和控制，确保了表皮的均匀度，原料也因此而大大节省，并增加了有效生产时间。

二、喷涂设备及模具

PU 喷涂生产线包括模内喷漆（IMC）系统、PU 喷涂系统、湿度控制系统以及 PU 喷涂表皮成型模具及模架。

(1) 模内喷漆系统　喷漆系统由喷漆机械手和模内漆输送系统以及喷头组成。克劳斯玛菲提供的喷漆系统可实现快速颜色更换，甚至可以达到“0 时间”停机颜色更换。喷漆机械手采用的是工业喷漆机器人，从而使得模内漆被喷涂得更均匀。喷枪在喷漆系统中是非常关键的装置，克劳斯玛菲提供的喷枪具有适应范围宽的特点。

(2) PU 喷涂系统　PU 喷涂系统是 PU 表皮喷涂成型的核心技术所在，克劳斯玛菲特别开发的 Luchs Ⅱ 型喷涂混合头就是专门针对这一工艺而开发的。这款混合头采用了高压和自清洁等传统高压混合头的原理。计量系统采用的是克劳斯玛菲的 RIM Star 高压计量系统。

(3) 湿度控制系统　由于 PU 是在一个开放的环境下进行喷涂和反应的，所以环境的湿度对喷涂效果有很大的影响。为此，一般需要在模内喷漆和 PU 喷涂的工位区域采用围房围起来，并安装空调控制围房内的湿度。

(4) PU 喷涂表皮成型模具及模架　一般来讲，目前工业应用的 PU 喷涂表皮成型模具是带加热盘管的镍壳模。克劳斯玛菲的模具部门也是专业提供 PU 喷涂表皮成型模具的供应商。

第八节 橡胶硫化成型

橡胶制品的主要原料是生胶、各种配合剂及作为骨架材料的纤维和金属材料，橡胶制品的基本生产工艺过程主要有塑炼、混炼、压延、压出、成型、硫化六个基本过程。

橡胶加工的工艺过程主要是解决塑性和弹性矛盾的过程。通过各种加工手段，使弹性的橡胶变成具有塑性的塑炼胶，再加入各种配合剂，并制成半成品，然后通过硫化使具有塑性的半成品又变成弹性高、物理性能好的橡胶制品。

一、塑炼工艺

塑炼是指生胶在机械力、热和氧等作用下或加入某些化学试剂等方法，使生胶由强韧的弹性状态变为柔软、便于加工的塑性状态的过程。生胶塑炼的目的是降解它的弹性，增加其可塑性，并获得适当的流动性，以满足混炼、压延、压出及以后各种工序的加工需求。同时也使生胶塑性均匀一致，以制得分散良好、质量均一的胶料。塑炼方法常用的有机械塑炼和化学塑炼两种，机械塑炼又包括开炼机塑炼、密炼机塑炼和螺杆机塑炼。

塑炼前，天然橡胶需经烘胶，使生胶加温软化便于切割，同时也可解除结晶，切胶，将加热后的胶块用切胶机切成小块；破料，将胶块在破胶机上进行破料，以便塑炼。

1. 机械塑炼

机械塑炼就是炼胶机通过剪切作用，使橡胶分子同时受热作用和氧化裂解而断链，获得塑性。促使橡胶分子链断裂的因素有机械破坏作用和热氧化降解作用。低温机械塑炼时主要是由于机械破坏作用，高温机械塑炼则是以氧化裂解反应使大分子降解。

(1) 开炼机塑炼　开炼机塑炼是指生胶在开炼机上通过前后辊筒不同转速相对回转时受到剪切应力，使橡胶分子链断裂而获得塑性。影响开炼机塑炼的因素有辊温、辊距、转速和速比、塑炼时间及装胶容量等。辊温应较低，一般取 45～55℃。两辊速比大，生胶所受剪切力也大，塑炼效果好。辊距在速比一定时，辊距越小，塑炼效果越好，塑炼时间一般取 10～15min。胶容量取决于辊筒直径与长度。一般合成橡胶的胶容量要比天然橡胶少，因合成橡胶塑炼时生热性大。根据塑性要求可经一次塑炼和分段塑炼。采用开炼机塑炼生产效率低，劳动强度大，只适于耗胶量少、品种多、生产规模小的工厂。

(2) 密炼机塑炼　生胶进入密炼室，在两转子间隙中捏炼，受到转子机械和热氧裂解作用而获得塑性。由于机械作用复杂，剪切撕裂剧烈，生热大、升温快，属于高温塑炼。影响密炼机塑炼的因素有转子转速、密炼室温度、上顶栓压力、塑炼时间、装胶容量等。密炼室温度升高，塑炼效果增大，但是温度太高会导致橡胶分子链过度降解或产生凝胶，使物理性能下降。上顶栓压力大，塑炼效果增大。塑炼超过一定时间，因密炼室内缺氧气会使氧化裂解反应减慢。装胶量一般为密炼室容积的 45%～60%。

(3) 螺杆机塑炼　螺杆机塑炼是生胶在机腔内受螺杆的螺纹与机筒壁的摩擦搅拌，并借螺杆延机筒向前推动胶料而进行塑炼。由于塑炼产生高温，使生胶在高温下氧化降解而获得塑性。可进行连续塑炼，这样生产效率高，动能消耗少。但排胶温度高，胶料热，可塑性大，塑炼胶的均匀性差，且塑性不稳定，导致使用受到一定的限制。影响螺杆机塑炼的因素有塑炼温度、填胶速度和生胶温度等。填胶速度应与机腔容量相适应，生胶温度宜先预热至 70～80℃，且将胶切成小块，可保证填胶速度一致，胶料塑性的均匀性。

2. 化学塑炼

化学塑炼就是在机械塑炼时加入适量塑解剂，通过化学作用增强生胶、塑胶效果，缩短塑炼时间的塑炼方法。其作用原理：一是塑解剂在塑炼过程中受热氧化的作用，分解产生自由基，使橡胶大分子链发生氧化裂解；二是塑解剂能起自由基的接受作用，使断链的橡胶分子自由基稳定，而生成较短分子。常用塑解剂有五氯硫酚锌盐等。由于塑解剂的品种、用量和塑炼条件掌握不当，会影响最终橡胶制品的物理性能，而且对合成橡胶一般增塑效果小，因此使用不如机械塑炼广泛。

二、混炼工艺

混炼是指在炼胶机上将各种配合剂均匀地混到生胶中的过程。混炼方法通常可分为开炼机混炼和密炼机混炼，这两种方法都属于间歇式混炼，也是现在最广泛使用的混炼方法。

混炼的质量对胶料的进一步加工和成品的质量有着决定性的影响，即使配方很好的胶料，如果混炼不好，也将会出现配合剂分散不均匀、胶料可塑度过高或过低、易焦烧、喷雾等，使以后的工序难以进行，而将常常导致橡胶制品性能降低。因此，对混炼工艺的要求是：第一，各种配合剂分散要均匀，以便保证胶料的组成和性能一致；第二，使用配合剂特别是炭黑等活性补强剂达到最好的分散度；第三，使胶料具有一定的塑性，以保证后续工序加工操作顺利进行；第四，混炼力求速度快，时间短，效率高，消耗能量少，防止过炼影响胶料质量。

目前混炼工艺主要使用开炼机和密炼机混炼，是间歇混炼，也有连续混炼。间歇混炼是生产中广泛采用的一种混炼方式。现在正向着高速、高压、快速混炼方向发展。连续混炼是近年来刚发展起来的，其优点是生产效率高，机械化自动化程度高，但是配料称量和加料系统复杂，必须严格保证配料的精确和连续供料，且不能用以制备第一段混炼即母炼胶混炼，所以应用还以密炼机混炼为主。

一般混炼过程主要包括混入（浸润）、分散和单纯混合三个阶段。由于生胶的黏度很高，为使配合剂掺入生胶中并均匀混合、分散，必须借助炼胶机的强烈机械作用进行混炼。混入阶段就是将粉状和液体配合剂混入胶中，并具有一定内聚力的团块，也称湿润阶段；分散就是已混入胶中的配合剂聚集体，经较大的剪切力使配合剂聚集体扯开而分散在胶料中，又称充分混炼；单纯混炼就是由于生胶的黏度很高，为使配合剂掺入生胶中并均匀混合和分散，必须借助炼胶机的强烈机械作用进行混炼，实质上单纯混合贯穿整个混炼过程。同时由于机械-化学作用使橡胶分子主链断裂而塑化，改变胶料的流变性能，以适应后续加工的过程需要。

混炼前，配合剂需经粉碎、干燥、筛选等加工处理。然后按照胶料配方要求，对生胶及各种配合剂品种、规格和用量进行称量与配合，这对胶料和制品质量保证具有重要作用。

胶料混炼后都要压成胶片，经浸入隔离剂溶液后冷却，然后运至储存处停放储存备用。某些气密性要求高的产品如内胎胶还须经滤胶机进行滤胶以除去杂质。

为控制混炼胶质量，一般对每个混炼胶料都要进行检验，检查是否合格。现多利用门尼黏度计测定胶料的门尼值、焦烧时间和硫化速率等。近几年已开始采用硫化仪，测定胶料的硫化特性，包括初始黏度、焦烧时间、止硫化时间、硫化平坦性和硫化返原性等，可很快发现混炼过程的典型差错，检查混炼胶质量的均匀性。

1. 开炼机混炼

开炼机混炼是传统的混炼方法，劳动强度大，生产效率低、不安全、污染环境等，且混炼均匀性较差，已逐步被密炼机混炼代替。但开炼机混炼灵活性较大，适用于工厂规模小、批量小而品种多的胶料生产加工，因此仍有不少应用场合。

（1）工艺方法　开炼机的混炼过程可分为包辊、吃粉和翻炼三个阶段。开炼机混炼一般在大辊轮一侧加入生胶、母炼胶或并用胶，并使橡胶包在前辊上，然后按配方规定加入各种配合剂进行混炼。工艺顺序是：生胶（包括并用胶、母炼胶、再生胶）→固体软化剂→促进剂、活性剂、防老剂→补强填充剂→软体软化剂→硫黄、促进剂。炭黑容易飞扬、污染大，通常先制成母炼胶，按配方要求剂量加入。一般采用一段混炼法，天然橡胶与合成橡胶并用且炭黑用量较多时，采用两段混炼法，以使橡胶与配合剂均匀混合。配合剂全部加完后，进行捣胶翻炼，然后下片，冷却。

(2) 混炼时的注意事项　胶料的配方因用途和性能而不同，所以混炼工艺条件也各有差别。因此混炼时应注意以下事项。

① 辊筒的转速和速比要适宜。

② 辊距要适当，以保持一定量的堆积胶，以便获得最佳的混炼效果。

③ 须通冷却液冷却辊筒，保持辊筒表面在工艺温度内。

④ 混炼时间不宜过长，以免产生过炼，使胶料性能下降。

⑤ 胶容量和堆积胶量要求在辊筒上方保持适量的堆放胶，使胶料和配合剂进入辊缝中产生横向混合作用。

⑥ 加料顺序是影响混炼过程最重要的因素之一，除按一般规定外，必须严格按照配方规定要求进行，否则会严重影响胶料的质量。

2. 密炼机混炼

密炼机混炼在高温和加压条件下进行，其特点是混炼容量大，混炼时间短、效率高；投料机械化、自动化程度高；胶料质量好；劳动强度低；操作安全；配料飞扬损失少、环境卫生条件好等。但是密炼机混炼室散热困难，混炼温度高且难以控制，对温度敏感的胶料受到限制，不适于浅色胶料和品种变换频繁的胶料混炼，还必须配备相应的补充加工下片的设备装置。

(1) 工艺方法　密炼机的混炼过程一般分为湿润、分散和捏炼三个阶段。密炼机混炼有一段混炼法、两段混炼法和逆炼法。

① 一段混炼法。从加料于密炼机混炼、排料至压片机薄通散热、加硫黄、下片，一次完成混炼而制成混炼胶的方法。加料顺序为：生胶→小料（固体软化剂、活性剂、促进剂、防老剂)→补强填充剂→液体软化剂→排胶至压片机薄通散热，使胶料温度降至100℃以下，再加入硫黄和超促进剂，翻炼均匀后下片冷却，然后停放储存备用。优点是胶料存放面积小，但是混炼胶塑性较低，配合剂分散不均匀，且混炼周期长。适于全天然橡胶或掺用合成橡胶不多的胶料混炼。

② 两段混炼法。随着合成橡胶使用品种扩大、用量增多以及细粒子炭黑的应用，提高并用胶的相容性和炭黑在胶料中的分散性，应采用两段混炼法。其中第一段与一段混炼法一样，只是不加硫黄和超促进剂，先制成一段母炼胶，然后下片，冷却，停放8h以上，再进行第二段混炼。将第一段制好的母炼胶再投入密炼机并加黄磺混炼，或在密炼机捏炼后排胶，在压片机上加硫黄和超促进剂，同一段下片冷却停放备用。其优点是每次混炼时间短，混炼温度低，配合剂分散均匀，胶料质量较高。

③ 逆炼法。也称为倒混法，就是加料顺序与一般混炼的加料顺序相反，即先加入炭黑填料和软化剂等小料，再加生胶，加压混炼、排胶。优点是充分利用装料容积、减少混炼时间。尤其适于填料量大的顺丁橡胶和乙丙橡胶的胶料混炼。

(2) 密炼时的注意事项　影响密炼机混炼的因素主要有加料顺序、装胶量、转子转速、混炼时间、上顶栓压力和混炼温度等。加料顺序一定按照规定先后加入（逆混法除外），硫黄和超促进剂在压片机上加入，否则分散困难，混炼不均，胶料发生焦烧等问题影响胶料质量；装胶量一般按密炼室总容积和填充系数进行计算，一般取0.55～0.75。提高转子转速及缩短混炼时间，是提高密炼机效率的主要措施。随着转速的提高，对冷却系统的效能也必须加强，以保持混炼过程的热平衡。因此，应依据胶料特性确定适宜的转速。上顶栓压力采取加大的措施以提高混炼效率和混炼胶质量；混炼温度在密炼机混炼中较难控制，要采取有效的冷却措施严格控制排胶温度，防止胶料出现焦烧，保证胶料质量。近年来对转子结构形状也做了改进，就是转子凸棱由原来两个改为四个，以强化混炼效率，降低能耗，提高胶料质量，同时对转子结构进行优化发展。

三、压延工艺

压延是指将混炼胶在压延机上制成胶片或与骨架材料制成胶布半成品的工艺过程。它包括压片、贴合、压型和纺织物挂胶等过程。压延是橡胶加工中主要工艺之一，它通过压延机旋转辊筒的压力对胶料的作用，延展成具有一定断面形状的胶片，或在织物上经贴胶擦胶覆盖胶层，压延是比较精细的工艺，要求制得半成品规格准确，光洁无疵，胶料与织物等黏结紧密。

四、压出工艺

压出工艺也称挤出工艺，是通过压出机（挤出机）机筒筒壁和螺杆的作用，并借助口模使胶料挤压出各种所需形状的半成品工艺过程。它是一种造型工艺技术，可生产各种半成品或成品；还可以用于胶料的过滤、造粒和螺杆塑炼等。其特点是半成品质量均匀致密；生产灵活性大；设备结构简单，占地面积小；操作简单，能连续生产，效率高，能力大等。

由于压出机分热喂料和冷喂料两种，因此压出工艺也分为热喂料压出和冷喂料压出。

(1) 热喂料压出工艺　在压出机操作前要预热压出机机筒、机头和口模，达到所需要的温度；胶料也需先在开炼机上热炼，以进一步提高胶料的均匀性和热塑性，使胶料易于压出，获得表面光滑、规格尺寸准确的压出物，然后往压出机供胶。供胶后要调节口模位置，符合工艺要求公差范围。调节要点为：一是调节和控制压出机各部位的温度；二是调节控制压出速度。半成品离开口模时温度较高，必须进行冷却。经冷却后半成品，有的如胶管等直接卷取存放；有的如胶面等则需要定长、裁断、称量、检查其长度、宽度、重量后再存放以备下道工序使用。

(2) 冷喂料压出工艺　在加料前，机筒与机头均需通蒸汽加热、加料后，即通冷却液冷却。冷喂料压出机的温度控制比较灵敏，可通过控制螺杆、机筒温度的匹配，取得压出产量与塑化质量之间较好的平衡。冷喂料压出具有节省人力，减少附属设备，占地面积小，压出半成品质量均匀，且可实现连续化生产等优点，可广泛应用于天然橡胶及各种合成橡胶的压出，已在电线、电缆包覆、胶管等制品生产中应用。

五、成型

橡胶制品成型是生产过程中的重要工序之一。用一定的机器设备和工艺方法，制成各种结构和不同规格尺寸半成品的工艺过程为橡胶制品的成型。橡胶制品的种类很多，产品结构不一，因此成型方法各异，既有物理过程也有化学过程。结构简单的产品如橡胶密封条、胶板、纯胶管等的成型，直接通过压出机和压延机就可以完成。乳胶制品如手套等则采用浸渍法成型。结构复杂的产品，由几个或几十个部件组成，就需要通过成型工序，采用精确的成型设备和模具，将各部件组成在一起。随着科学技术的进步和新材料的出现，使注压法、浇注法、注射法等橡胶加工新工艺得到了广泛的应用，也拓展了橡胶制品的应用范围。以下简单介绍几种橡胶成型工艺。

1. 压出压延法

压出压延法是橡胶制品成型较为普遍和简单的一种方法。它广泛用于结构简单的产品成型，如胶板、胶布等制品成型；纯胶管、密封条、电线电缆及各种内胎等用压出法。压出压延法成型工艺具有产品致密性好，表面光滑无气泡，厚度均匀，规格尺寸稳定等优点。

2. 黏结法

黏结法是橡胶制品成型广为应用的方法。一是用于各种胶布制品，如胶布雨衣、气垫床等；二是用于多部件复合组成结构复杂的产品，如轮胎外胎、输送带等。

3. 浸渍成型法

浸渍成型法一般用于乳胶制品的生产。浸渍前先配制配合剂分散体，按配方要求与胶乳制成配合胶乳置于浸渍槽中。制品模型可用玻璃、瓷、铝、不锈钢等材料制作。

（1）单纯浸渍法　是将模型直接浸入配合胶乳中浸渍的方法。

（2）先浸凝固剂法　是将模型先浸入凝固剂中，干燥后再浸入配合胶乳的方法，多用于制造手套、气球等。其优点是浸渍次数少，厚薄均匀。

（3）后浸凝固剂法　是先浸配合胶乳，后浸凝固剂。当胶膜凝固并部分干燥后，放入水槽中洗去凝固剂，再浸配合胶乳即可。该法可用于制医用手套。

（4）热模型浸渍法　是先将热容量较大的模型（如铝模型）用热水槽（或其他方法）加热至一定温度后，再浸入配合胶乳中。该法可用于普通配合胶乳，也可用于热敏性胶乳。其特点是一次浸渍即可得到很厚的胶膜。

4. 注压法

注压法也叫注射法，是将胶料直接由注塑机机筒注入模腔，在一定的工艺条件下硫化成型的一种工艺方法，也是现在橡胶行业正在推广的一种方法。因为它改变了橡胶传统的生产方式，采用塑化注射硫化成型的方法，其优点是成型与硫化过程合二为一，工序简化，成型硫化周期短，废边少，可以大大提高橡胶制品的生产效率和质量，同时减轻了劳动强度。橡胶注射成型包括喂料、塑化、注射、保压、硫化、出模等过程。注压法主要用于密封制品、减振制品和胶鞋等制品的生产。注压工艺的关键是在适当的温度、压力等条件下，使胶料获得良好的流动性，在尽可能短的成型周期内制得质量合格的橡胶制品。影响注压工艺的主要因素是温度、压力、时间、螺杆转速和胶料的特性等。

5. 浇注法

浇注法是液体橡胶主要成型工艺之一，是将流动状态的高分子材料或能生成高分子成型物的流体材料浇入模具中，在一定条件下使之反应固化而形成制品的工艺。一般可分为常压浇注法、离心浇注法、旋转浇注法、真空浇注法、反应注射成型法、液体注射成型法等多种。

（1）常压浇注法　是利用胶料的自重，在常压下胶料分布到敞开的模具中而浇注成产品。此法制得的产品尺寸精度较差，且易产生气泡，有时尚需进行表面切削加工。

（2）离心浇注法　是模具在胶料浇模成型中，围绕离心装置的旋转主轴做旋转运动，胶料在离心力的作用下，均匀地分布在旋转模型的内壁上。此法适于制造薄片状圆筒形和复杂形状制品，也可衬入布、纤维、钢丝的增强材料，其应用较为普遍。

（3）旋转浇注法　是制造中空制品的主要成型方法。将液态胶料浇入模型中，使模具绕两轴旋转运动，一个为自转，另一个为公转。这样使胶料在模具内形成均匀的覆盖层，用以制造中空球状物。

(4) 真空浇注法　是利用真空条件下，胶料在混合设备中的压力进行浇注，因真空不带入空气，可用于制造质量较高的制品。

(5) 反应注射成型法　是在压力下进行闭模浇注成型。其工艺过程是：高压计量各反应组分，通过反应组分液流的相互高速冲击而充分混合，然后经流道及模具进胶口以层流形式注入模腔，加热固化成产品。该法主要应用于制造聚氨酯弹性体微孔泡沫塑料和半硬质泡沫塑料等。

(6) 液体注射成型法　液体注射成型法与反应注射成型法的闭模浇铸成型相同，主要不同的是所用胶料组分和混合方式。通常用于液态的加成硫化型硅橡胶，用分割混合或机械混合法：制成双组分，生胶填充剂和交联剂混合为一个组分，生胶填充剂和催化剂混合为另一个组分，当两组分 1∶1 混合时，即开始硫化反应。

六、压铸工艺

压铸工艺又称传递模压法，这种方法是将胶料装在压铸机的料筒内，在加压下将胶料铸入模腔内硫化，与注射成型法相似。

七、硫化工艺

硫化是橡胶加工中最主要的工艺过程。在橡胶制品生产中，硫化是最后一道加工工序。目的在于改善胶料的物理性能及其他性能，使橡胶制品能更好地适应和满足使用要求。硫化是胶料在一定条件下，橡胶大分子由线型结构转变为网状结构的交联过程。硫化方法有冷硫化、室温硫化和热硫化三种，大多数橡胶制品都采用热硫化方法成型。

1. 硫化特性

在硫化过程中，胶料的各种性能随硫化时间而异。若将胶料的某一性能对硫化时间作图可得一条完整的硫化曲线，显示整个硫化历程，而从全历程各个阶段所呈现的性质，即表征相应胶料的硫化特性。硫化过程可分为以下四个阶段。

(1) 诱导阶段　胶料受热开始硫化，这一阶段所需要的时间称为诱导期，也称焦烧时间，其时间长短决定着胶料的加工安全性。

(2) 硫化阶段　是硫化反应的交联阶段，取决于胶料配方和硫化温度，并成为衡量硫化速率的标准。

(3) 正硫化阶段　是硫化胶料的物理性能达到或接近最佳值所经历的时间，其所对应的温度和时间即正硫化温度和正硫化时间，合称为正硫化条件，又称硫化平坦期或硫化平坦性。其表现为一个平坦区，平坦区宽利于操作控制，该区的宽窄取决于配方的硫化体系和硫化温度。

(4) 过硫化阶段　是正硫化后的继续，出现交联键重排和交联键与键段裂解反应，性能趋于下降。这在天然橡胶和合成橡胶中的表现是不同的。天然橡胶过硫化后硫化胶性能明显下降，且变软，称为硫化还原；而合成橡胶则是有的交联键重排，有的出现结构化而变硬。

胶料的硫化特性会因胶种不同和配方组成特别是硫化体系的不同、橡胶并用、配合剂选用等的不同而异。它对橡胶制品的配方和硫化工艺具有十分重要的意义，调整选用要求的配方，各部分胶料硫化条件的匹配以及正硫化的选定等以正确制定制品的硫化条件。

2. 正硫化及其测定方法

正硫化又称最宜硫化或最佳硫化，就是硫化过程中胶料综合性能达到或接近最佳值和硫化状态。达到正硫化所需的最短时间称正硫化点或正硫化时间。与之相对应的有欠硫（硫化不足）和过硫（过度硫化）两种非理想硫化状态。这里所指的最佳硫化时间，具有工艺的意义。从硫化动力学出发考察胶料达到最大交联密度的最佳硫化时间，为理论正硫化时间，它具有从硫化理论上分析的意义。

（1）测定胶料正硫化时间的方法

① 物理力学性能法。这是一种既简便又实用的方法，也是最普遍采用的。在实验室中测定一定硫化温度下不同硫化时间的硫化试片物理力学性能，常用的有300%定伸应力、拉伸强度或抗张积（拉伸强度与拉断伸长率的乘积）达到最高值的时间为正硫化时间。

② 专用仪器法。用专门测定橡胶硫化特性的仪器如门尼黏度计和硫化仪等来测试，可连续测定胶料的初始黏度、焦烧时间、硫化速率和正硫化时间等硫化全历程的参数。

③ 物理化学法。包括游离硫黄测定法和溶胀法。前者是测定不同硫化时间硫化试片的游离硫黄含量。最小游离硫黄量对应的时间就是正硫化时间。后者是测定不同硫化时间硫化试片在溶剂（如苯）中的溶胀率，达到平衡溶胀率的时间即为正硫化时间。

（2）硫化条件的选取与制定　硫化条件是指制品硫化过程控制的温度、压力和时间的工艺参数。它们对硫化质量具有决定性影响，通常称硫化的温度、压力和时间为硫化三要素。

① 硫化温度。这是橡胶硫化的基本条件，直接影响硫化速率和制品质量。提高硫化温度可提高生产效率，但受各种条件的制约，如各种橡胶制品、配方组成及制品结构特别是制品的厚薄等。

② 硫化压力。除少数胶布等薄制品外，一般橡胶制品都要在一定压力下进行硫化，硫化压力的大小由胶料性质、产品结构和工艺条件等因素而定。

③ 硫化时间。硫化是一个橡胶分子交联的过程，要经历一定时间才能完成。硫化时间的长短须以达到正硫化时的硫化效应为准则。硫化效应是硫化强度与硫化时间的乘积。硫化强度是胶料在一定温度下，单位时间所达到的硫化程度，或胶料在一定温度下的硫化速率。硫化强度取决于胶料的硫化温度系数和硫化温度。硫化效应是衡量硫化程度深浅的尺度。一般胶料若在不同条件下进行硫化，只要其硫化效应相等，就说明胶料达到同一硫化程度。硫化条件的制定一般是根据胶料的物理力学性能试验结果及工艺设备条件，确定产品硫化温度，然后按照已定的硫化温度通过试验确定硫化时间，再按各类橡胶制品的适宜硫化压力范围制定生产品的适宜硫化条件。

④ 硫化方法。各种橡胶制品的生产，按其需要采用不同的硫化方法进行硫化。硫化方法很多，按其硫化条件不同可分为冷硫化、室温硫化和热硫化三种。其中冷硫化法目前已很少使用，室温硫化法是使硫化在室温和常压下进行，一般使用自然硫化胶浆，常用于输送带的冷接头、旧橡胶制品的修补等。热硫化法是在加热条件下进行硫化，大多数橡胶制品都采用这种方法，是最主要的硫化方法。按热硫化采用的硫化介质、硫化设备和硫化方式不同，可分为以下不同方法。

常用的硫化介质有饱和蒸汽、过热蒸汽、过热水、热空气和热水等。按硫化介质和硫化方式不同又分为直接硫化、间接硫化和混气硫化三种。

a. 直接硫化法，此法有直接热水硫化、直接蒸汽硫化和热空气硫化三种。直接热水硫化用于胶乳薄膜制品和化工大型容器衬里的硫化。直接蒸汽硫化是将蒸汽通入硫化罐中对制品进行硫化。此法多用于硫化胶管、胶辊、V带和风扇带等。热空气硫化就是将半成品放入加热室中加热硫化，如胶乳浸渍品和硅、氟橡胶等在热烘箱中进行二次硫化。

b. 间接硫化法，是以蒸汽为热源，空气为介质进行硫化，用于要求表面美观、颜色鲜艳的制品，如胶鞋、胶布的硫化。

c.混气硫化法，是以压缩空气为硫化介质，硫化一段时间，待罐温升至硫化的起点，再改用直接蒸汽为硫化介质进行硫化至终点，多用于胶鞋、胶布制品的硫化。

⑤ 硫化作业方式。可分为间歇硫化和连续硫化两种方式。前面所述的硫化方法均属于间歇硫化方式。连续硫化适于某些长度不限的橡胶制品，如压出制品的盐浴硫化、沸腾床硫化、微波或高频硫化等，胶板、胶布和防水卷材等的鼓式硫化机硫化等。

八、橡胶制品成型设备

（1）开炼机　开放式炼胶机叫开炼机，它是橡胶工业中最基本的加工设备，应用历史比较长，结构简单，至今仍广泛使用。开炼机主要用于橡胶的塑炼、混炼，混炼胶的热炼与压片，也可用于破胶和精炼。开炼机的种类有混炼机、压片机、热炼机、破胶机、洗胶机、再生胶混炼机、精炼机、精细破胶机、实验用炼胶机等。开炼机主要由辊筒、底座、机架、调距装置、紧急刹车装置、加热和冷却装置、传动系统等部分组成。开炼机混炼是传统的混炼方法，劳动强度大，生产效率低、不安全、污染环境等，且混炼均匀性较差，但是由于开炼机混炼灵活性较大，仍被耗胶量少、品种多、生产规模小的工厂采用。

（2）密炼机　密闭式炼胶机叫密炼机，它是生胶和胶料混炼的主要设备之一。密炼机主要由底座、密炼室、转子、加料及压料装置、卸料装置、传动系统、加热冷却以及气压、液压、电控等部分组成。密炼机混炼在高温和加压条件下进行，其特点是混炼容量大，混炼时间短、效率高，投料机械化、自动化程度高，胶料质量好，劳动强度低；操作安全，配料飞扬损失少、环境卫生条件好等，大有逐步取代开炼机之势；但是密炼机混炼室散热困难，混炼温度高且难以控制，对温度敏感的胶料受到限制，不适于浅色胶料和品种变换频繁的胶料混炼，还必须配备相应的补充加工下片的设备装置。

（3）压延机　主要由机体、辊筒、调距装置、加热冷却系统、挡料装置、传动系统、润滑系统和安全装置组成，并配以必要的附机。压延机种类很多，按工艺用途分为压片压延机、擦胶延延机、通用压延机、黏合压延机和钢丝压延机等；按工作辊筒数量分为两辊、三辊和四辊压延机。目前我国应用较多的是通用三辊压延机。此外还包括热炼机、供胶装置、织物的导开和干燥、冷却等共同组成联动作业线。

（4）压出机　压出机是橡胶压出工艺的主要设备。它通常由螺杆、机筒、机头、机架、加热套、冷却套和传动装置部分组成。它具有结构简单、制造容易、生产连续、效率高、产品质量均匀密实、规格尺寸准确、更换产品种类和规格较容易等特点。压出机按螺杆数目的多少分为单螺杆机、双螺杆机和多螺杆机。其中单螺杆机用于橡胶压型、造粒以及胶料的过滤等，双螺杆机通常用于加工特硬混炼胶，使得胶料得到更好的混炼。压出机的主要技术特征包括螺杆直径、长径比、压缩比、转速范围、螺纹结构、生产能力、功率等。压出机分热喂料和冷喂料两种，热喂料供经热炼加热的胶料压出，冷喂料供直接用冷胶料压出。

胶料在压出机中的压出过程分两部分：一是挤压系统，用以推送胶料；二是口型系统，用以将胶料造型制成确定的断面形状。胶料在压出机内运动有固体沿轴向运动，又有流体流动的特征，而这两种特征在螺杆的不同部位表现作用也不同，可分为加料段、压缩段和压出段三个工作段。加料段起对胶料加热和运输的作用；压缩段则是进一步塑化胶料，使胶料在机筒和螺杆间受到剪切和搅拌成黏流体流动状态；压出段是进一步将黏流态胶料塑化均匀并输送到机头口模。

胶料压出后，一般会产生膨胀变形，这是由于胶料是黏弹性流体，从口模挤出时，同时经历着黏性流动和弹性恢复过程，挤出后存在松弛现象，即压出物长度沿压出方向缩短，断面沿压出垂直方向胀大，导致压出物断面尺寸比口模尺寸增大的膨胀现象，称口模膨胀。胶料出口模后仍继续进行应力松弛，直至平衡为止，而导致压出物在停放中产生收缩现象，称压出收缩率。

橡胶的口模膨胀和压出收缩率的大小与口模的形状、机头和口模温度、压出速度等有关，也与胶料的特性如橡胶分子链结构、配方组成、配合剂品种、含胶率、胶料塑性以及工艺条件有关。各种口模设计就是根据胶料的膨胀率和收缩率等来确定的。

（5）硫化设备　能使橡胶胶料在一定的工艺条件下成型至所需橡胶制品的设备就叫硫化设备。按使用方法不同硫化设备可分为硫化罐硫化、平板硫化机硫化、个体硫化机硫化和注压硫化等。硫化罐硫化又有立式、卧式之分，卧式多用于胶管、电缆的硫化，立式则多用于轮胎的外胎硫化。平板硫化机硫化有用于胶板、胶带硫化的平板硫化机，V 带硫化的颚式平板硫化机，胶鞋压力机和折页式平板硫化机等，可按使用要求选用。个体硫化机硫化多用于轮胎外胎、内胎，自行车外胎、内胎等制品的硫化。注压硫化指胶料通过注压机塑化并在高压力下注入加热模具中进行成型硫化，广泛用于胶鞋工业和橡胶零件和密封件等的生产。

注射硫化成型机也是一种硫化成型设备，它主要是采用注压法或称注射法硫化成型。注射注压法或称注射法是将胶料直接由注塑机机筒注入模腔，在一定的工艺条件下硫化成型的一种工艺方法，也是现在橡胶行业正在推广的一种方法，因为它改变了橡胶传统的生产方式，采用塑化注射硫化成型的方法，其优点是成型与硫化过程合二为一，工序简化，成型硫化周期短，废边少，可以大大提高橡胶制品的生产效率和质量，同时减轻了劳动强度。橡胶注射成型包括喂料、塑化、注射、保压、硫化、出模等过程。注压法主要用于密封制品、减振制品和胶鞋等制品的生产。注压工艺的关键是在适当的温度、压力等条件下，使胶料获得良好的流动性，在尽可能短的成型周期内制得质量合格的橡胶制品。影响注压工艺的主要因素是温度、压力、时间、螺杆转速和胶料的特性等。

注射硫化成型机的种类很多，可分为立式注射硫化成型机和卧式注射硫化成型机；液压式注射硫化成型机和机械式注射硫化成型机；螺杆式注射硫化成型机和柱塞式注射硫化成型机；往复式注射硫化成型机和预塑柱塞式注射硫化成型机等几大类。

注射硫化成型是在预热好的胶料通过注压成型机的螺杆或柱塞，经过喷嘴高压、高速注入模具型腔，并进行硫化的生产方法。注射硫化成型工艺的最大特点是硫化周期短、飞边少、生产效率高。由于在生产过程中减少了加热准备工序，因此大大减轻了工人劳动强度。尤其是成型和硫化过程合为一体。工序简单，提高了机械自动化程度，成型过程重复性好，产品质量均一，它可以提高橡胶产品的附加值和橡胶工业的经济效益，具有广阔的发展前景。

九、橡胶成型模具

能使橡胶胶料在一定工艺条件下，在其型腔内成为所需形状、尺寸制品的模具就叫橡胶成型模具，它与塑料模具有很多类似的地方，但是其结构要比塑料模具简单，成型温度和压力都不如塑料高。橡胶成型模具按照成型方法分为四类，即橡胶压制成型模具、橡胶压铸成型模具、橡胶压出成型模具和橡胶注压成型模具。

（1）橡胶压制成型模具　以适应橡胶压制成型工艺的模具，它又分为开放式、封闭式、半封闭式、铰链式和外箍压紧式五种类型，这类模具一般结构都比较简单，有两板式、三板式、抽芯式等几种模式。

(2) 橡胶压铸成型模具　以适应橡胶压铸成型工艺的模具，结构比压制成型模具稍复杂一点。要求橡胶压铸模具应有足够的强度和刚度，在选择压铸流道（浇口）或压铸面的位置时，应避开工作面或重要表面，流道尽可能短，压铸模在结构上尽可能使模具闭合高度尺寸短一些。

(3) 橡胶压出成型模具　以适应橡胶压出或挤出成型工艺的模具，主要有挤出口模，与PVC类塑料挤出口模类似。

(4) 橡胶注压成型模具　以适应橡胶注压或注射成型工艺的模具，在橡胶模具中是结构最复杂的一类模具，因为注压或注射时有一定的压力和速度，对模具要求也就比较高，要求注压或注射模具要有足够的强度和刚度，一模多腔排列应尽量采取平衡时布置，浇道应尽量短，要有加热装置，橡胶注压硫化温度很重要，要确保模具在140～190℃状态下能进行硫化，其他情形与塑料注塑模具有些类似。

第九节 滚塑成型

滚塑成型工艺是先将塑料原料（粉料）加入模具中，然后模具沿两垂直轴不断旋转并使之加热，使膜内的塑料原料在重力和热能的作用下，逐渐均匀地涂布、熔融黏附于模腔的整个表面上，成型为所需要的形状，再经过冷却定型、脱模，最后获得所需要的制品。

一、滚塑工艺的基本工艺流程

(1) 装料　如图7-10所示，先将粉状树脂及所需加入的各种助剂经过准确计量（有时还需先将各组分料混合均匀）加入滚塑模具中，然后锁紧模具，保证模具在转动过程中，里面的物料不至于从合磨处泄漏出来。

(2) 加热　如图7-11所示，装好物料的模具送入加热炉，模具一边不停地摆动，一边加热，由于模具是沿着两个垂直的轴转动的，模具中的物料在重力的作用下，向着模具转动的方向向下滑动（图7-12），得以与模腔壁上的各点逐一接触，同时由于从模壁传入热量使塑料逐渐塑化并黏附于模具的整个内表面上，形成所需要的塑料制品。

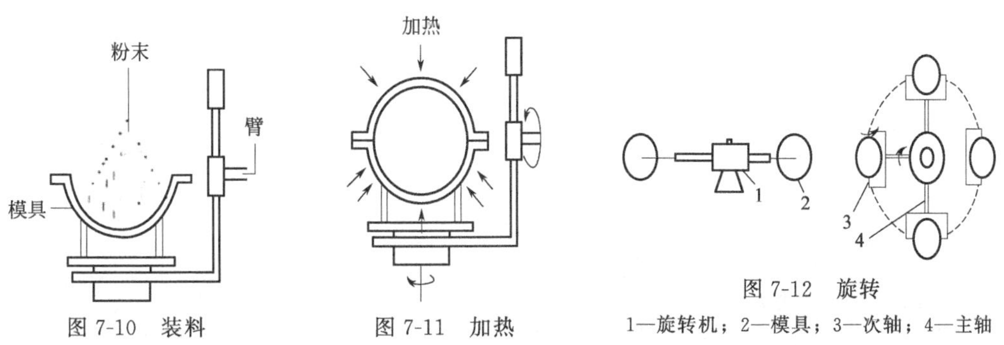

图7-10　装料

图7-11　加热

图7-12　旋转

1—旋转机；2—模具；3—次轴；4—主轴

(3) 冷却　如图7-13所示，表面充分塑化后，通过冷却使已成型的塑料把它的形状固定下来。

（4）脱模　如图 7-14 所示，机器停止转动后，打开模具，取出塑料件。一般情况下，多采用人工脱模；大批量生产特别是一次滚塑多个制品时，也可以采用机械脱模。

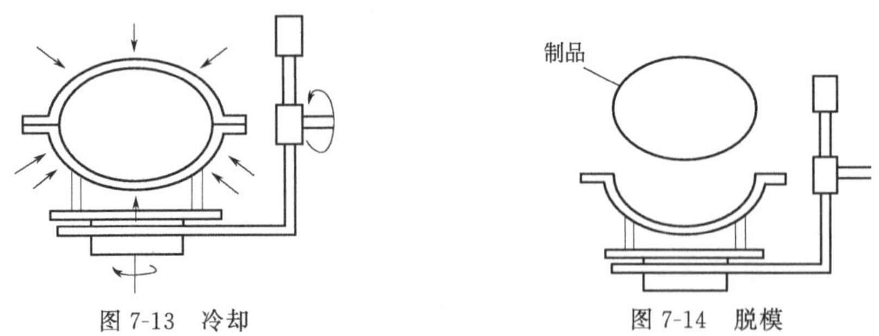

图 7-13　冷却　　图 7-14　脱模

（5）模具清理　取出制品以后，清除飞边等模腔中的以及合模处残存的杂物、废料，以备下一个周期滚塑之用。

（6）制品后加工　此工序包括切口、配盖、配套件等辅助操作，因制品不同而异。

二、滚塑工艺产品

如图 7-15 所示，采用低密度聚乙烯为原料，经滚塑工艺制作而成，抗冲击，耐腐蚀等。

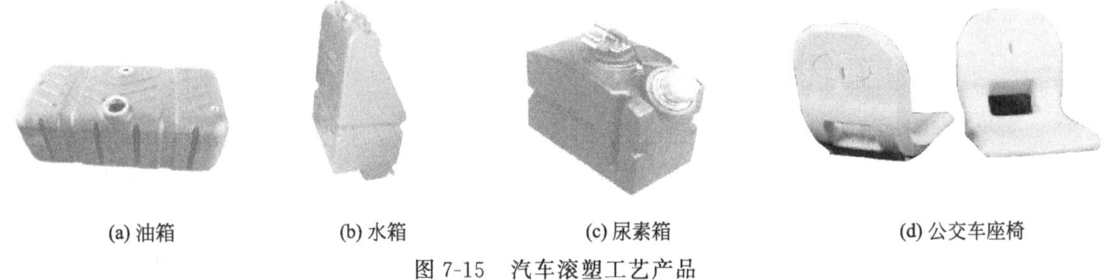

(a) 油箱　(b) 水箱　(c) 尿素箱　(d) 公交车座椅

图 7-15　汽车滚塑工艺产品

三、几种滚塑用原材料

几种滚塑用原材料见表 7-35。

表 7-35　几种滚塑用原材料

原材料牌号	生产厂家	熔体流动速率 /(g/10min)	密度 /(g/cm^3)	弯曲模量 /MPa	拉伸屈服强度 /MPa	冲击强度 /MPa
EX-Rma539(MDPE)	美国 NOVA	5.2	0.939	117000	2900	180
EX-Rma244(HDPE)	美国 NOVA	1.7	0.944	142000	3400	180
AG9000NA(ABS)	美国 chroma	6.0	1.040	110000	3300	—
Tek Tuff CE(HDPE)	美国 Teckcoler	3.0	0.948	130500	2975	60

四、滚塑成型设备及模具

1. 滚塑成型设备（图 7-16 和图 7-17）

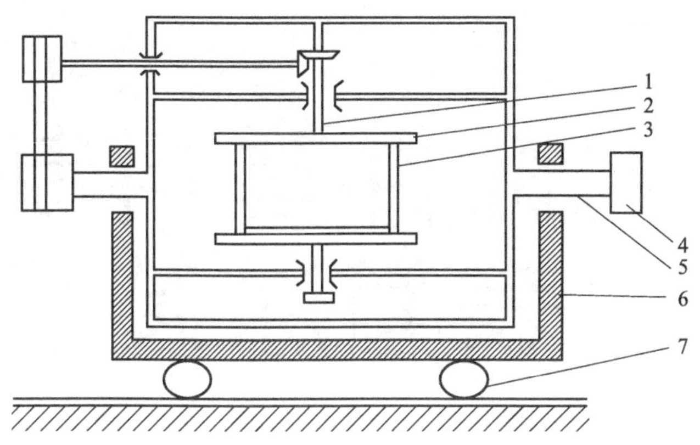

图 7-16　滚塑成型设备结构示意图

1—二轴；2—模架；3—模具；4—联轴器；5—主轴；6—支撑架；7—导轮

图 7-17　滚塑机

2. 滚塑成型模具（图 7-18 和图 7-19）

图 7-18　汽车水箱滚塑成型模具

图 7-19　滚塑成型模具

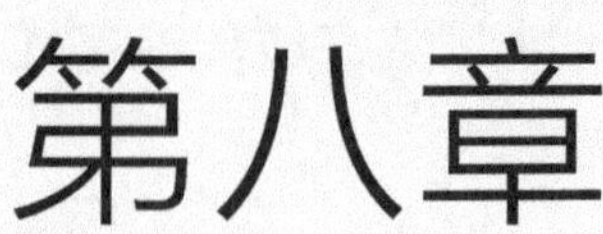

第八章 汽车内饰件塑料制品的表面涂装及饰化

汽车内饰塑料件由于在加工过程中不可避免地存在一些缺陷，如注塑产品的色差、银纹、拉丝、融合痕、流痕等，吸塑产品拉伸白痕、色减等，因此表面需要饰化处理。

第一节 汽车内饰塑料部件表面涂装的目的

掩饰内饰塑料制品表面缺陷，如注塑产品的色差、银纹、拉丝、融合痕、流痕等，吸塑产品拉伸白痕、色减等。降低内饰塑料制品制造成本，提高内饰塑料制品使用寿命，增加内饰塑料制品特殊功能，扩大塑料的适用范围。总之汽车内饰件涂装的目的主要集中在三个方面。

（1）装饰作用　掩饰内饰塑料制品表面缺陷，美化饰件整体效果，或突出某些特色，如桃木纹饰化处理、门把手镀铬、仪表板表面喷漆等。

（2）保护作用　通过涂装提高饰件的耐紫外线、耐溶剂、耐化学品、耐光性等以提高内饰塑料制品使用寿命。

（3）特殊功能　在塑料制品表面喷涂特种功能的涂料，可以将特种涂料的功能转移到塑料表面，增加内饰塑料制品特殊功能，扩大塑料的适用范围。如通过喷涂耐磨涂料、耐划伤涂料、抗反击涂料、防结霜涂料等制造汽车强挡风玻璃、门窗玻璃等。

第二节 塑料部件表面处理工艺

塑料件的涂装较金属件的涂装有一定的难点，即塑料表面附着力小，涂料不易吸附；再加上塑料的热变形温度低，因而涂料干燥固化的加热温度也受到限制。另外，由于表面可能附有油质的脱模剂等更增加了涂料附着的难度。因此塑料件涂装前必须进行表面前处理，且针对不同的塑料材料制品对应能融合的涂料或油漆。

塑料底材的表面处理的目的和方法见表 8-1。

表 8-1　塑料底材的表面处理的目的和方法

目的	方法
·表面清洁化 ·表面活性化	·溶液清洁:溶剂(擦洗、浸渍、喷淋),水系(酸、碱、表面活性剂) ·蒸气洗净:溶剂蒸气洗净 ·氧化处理、铬酸处理、电晕放电、臭氧处理、火焰处理、等离子处理、涂底漆处理
表面功能化(导电化,防止带电,金属化,抗划伤,紫外线保护层)	·涂导电涂层 ·吹离子气除静电 ·镀铬处理 ·真空喷涂金属 ·硬涂层 ·防紫外线涂层

表面处理的目的可分为表面清洁化、表面活性化和表面功能化三个方面。

① 表面清洁化是以除去表面的尘埃、颗粒、油分、水分等异物和脆弱层为目的。

② 表面活性化是使涂膜附着，一般是进行氧化处理，广义上也包括底层处理（涂底漆）。

③ 表面功能化是指防止带电，金属表面化（电镀层）等（本项目有些不属于涂装范围）。

聚丙烯塑料表面活性化处理方法见表 8-2。

表 8-2　聚丙烯塑料的表面活性化处理方法

活性化处理方法	附着效果	短处
药剂(酸碱)处理	因聚丙烯的耐化学品性强,不用重铬酸那样的强酸,几乎无效果	·需废液处理 ·需水洗、干燥
等离子处理	处理后立刻涂装效果好	·设备价格(需减压装置)花费大 ·处理后,放置活性下降
火焰处理	效果好	·设备费用高 ·复杂形状的物品有处理不全的情况
涂底漆处理	效果好	因含甲苯、二甲苯等溶剂多,VOC 排出量增大(影响环保)

工业上常进行等离子处理、火焰处理和涂底漆处理。

在日本因涂底漆处理具有通用性、附着稳定性、功能化（导电化、着色化）等方面的优点，而成为聚丙烯表面处理的主流方法。

第三节
各种塑料底材与涂膜的附着性

按塑料与涂膜的附着性（结合力），可将塑料分为易附着、难附着和不附着三类。

(1) 易附着塑料底材　如 ABS、PMMA 塑料，可不涂底漆处理，直接涂塑料用面漆涂料也能附着牢，属于这一类型。

（2）难附着塑料底材　如 RIM-PU，改性 PP，需进行特殊处理（包括涂专用底漆处理），才能附着，属于难附着塑料。

（3）不附着塑料底材　如未改性的 PP 表面活性极差，不经铬酸处理那样的强力处理，底漆不能附着。不需涂底漆的 ABS、PMMA、PC 和 PBT 等易附着性底材的表面能比较高，属于难附着性和不附着性的底材的改性 PP、RIM-PU、未改性 PP 的表面能低（表 8-3）。

表 8-3　各种塑料底材的表面能、适用部位及底漆

分类	底材种类	适用部位	使用厂家	表面能/(mN/m)		
				r	r_d	r_p
易附着性	ABS	仪表板	A 公司	32.5	24.3	8.2
		仪表板	B 公司	31.0	24.1	6.9
		仪表板	底材厂家样板	26.7	21.9	4.8
	PC/PBT	门反光镜	A 公司	28.1	21.8	6.4
	PBT	门反光镜	B 公司	31.2	22.0	9.2
	PC	门反光镜	底材厂家样板	30.0	22.8	7.2
		门反光镜	底材厂家样板	28.5	23.1	5.4
	PMMA	遮阳板	B 公司	35.9	23.5	12.3
		遮阳板	底材厂家样板	35.0	22.8	12.2
	PPE/PA	轮罩	B 公司	41.5	23.9	17.6
	PA/PPO	轮罩	A 公司	28.1	21.8	6.4
难附着性	RIM-PU	保险杠	A 公司	25.4	20.1	1.9
	改性 PP	暖风机外壳	A 公司	25.2	23.3	1.9
		暖风机外壳	B 公司	24.4	22.8	1.6
		暖风机外壳	C 公司	25.4	21.8	3.6
	TPR	挡泥板	B 公司	24.7	23.9	0.7
		挡泥板	底材厂家样板	17.0	16.5	0.6
不附着性	未改性 PP		底材厂家样板	25.6	23.6	2.0

在表面能达 26mN/m 以上的塑料的场合，可不涂底漆，直接涂塑料专用面漆，涂膜附着良好，在表面能 26mN/m 以下的塑料的场合必须进行涂底漆处理等的活性化处理。也就是说把握被涂装塑料底材的表面能，是指导涂底漆处理的必要性的有效手段之一。

从表 8-3 中可知，在塑料底材中 PP 的表面能特别低，适用的底漆和得到充分的附着力的场合不多。

为增强 PP 与底漆涂膜的界面的分子间力，在底漆使用能熔融-浸透-扩散到 PP 中的氯化聚烯烃树脂（简称 CPO 树脂），并保持底漆涂膜自身的凝集力。烘干温度也是 PP 与底漆涂膜附着相关的主要因素，因为烘干温度能改变 CPO 树脂熔融-浸透入 PP 的状态和涂膜中的 CPO 树脂的分布状态，随之 PP 与底漆的界面状态，底漆自身的凝集力也产生变化。例如将热软化温度 90℃的 CPO 树脂和相容性较好的聚酚树脂混合成的涂料涂布在

PP上，观测80℃和100℃下烘干场合的CPO树脂在涂膜中心的分布及附着力（皮剥离强度）。烘干温度100℃的场合较80℃好，CPO树脂在涂膜中分布均一，皮剥离强度高。因烘干温度高于CPO树脂的热软化温度，使CPO树脂在涂膜中均一分布，其结果是涂膜的凝集力增高，而皮剥离强度提高。被涂物所用PP的种类对底漆的附着性有影响，可用CPO树脂的浸透性（浸透深度）来验证。底漆易附着的PP，也就是CPO树脂易熔融-浸透的PP。溶剂是促进CPO树脂浸透的补注的主要因素。芳香族和脂环式的低极性溶剂较醇、酮和酯等极性溶剂对PP浸透性较好。溶剂易浸透的PP底材，也是底漆易附着的PP。所以选择PP的种类也是决定CPO树脂的浸透性的重要因素。塑料的成型加工方法、条件不同也改变表面状态，影响涂膜的附着性。注射成型或吸塑成型、吹塑成型同一PP材料制品涂装的表面会因表面状态不同其涂装质量是不一样的。注射成型的制品表面易附着脱模剂，吸塑成型、吹塑成型的制品表面易附着粉尘。常见塑料部分涂装特性见表8-4。

表8-4　常见塑料部分涂装特性

类别	塑料名称		特性		
	英文简称	中文	耐热性/℃	优点	缺点
热塑性树脂	ABS(AES)	丙烯腈/丁二烯/苯乙烯	80	附着力良好，通常可涂一道漆，价格便宜，用途广	耐热性差，采用80℃以下烘干的双组分涂料
	PP	聚丙烯	120	耐水、耐化学品性优良	要注意耐溶剂性
	PBT	聚丁二烯、对苯二甲酸树脂	140	耐热性、强度韧性良好	结晶性大、无极性、涂料附着性差、耐碱性差
	PA	聚酰胺	140	强度、韧性良好	在氯化溶剂中受侵蚀
	PPO	聚苯醚树脂	120	耐冲击、耐化学品性优良、耐油性强	
	PC	聚碳酸酯	140	耐冲击性良好	
	PVC	聚氯乙烯	70	由软质到硬质可自由选用	耐有机溶剂性弱
热固性树脂	RIM-PU	注射成型塑料、聚氨酯（增强的RIM）	120	低温物理性能良好	热稳定性差
	FRP(SMC、BMC)	玻璃纤维增强塑料（SMC片状模塑料、BMC块状模塑料）	140	耐燃性好，强度好	因底材有孔，易产生气泡

第四节 汽车塑料部件的装饰工艺

目前，汽车塑料制品常用的表面处理工艺有喷漆（现在大都是水性漆）、IMD、水转印、蒙皮、植绒、电镀、电泳、真木、真铝、IMC/IMP、热转印、数码打印等。下面以喷漆工艺、IMD技术工艺和水转印技术工艺为例进行重点介绍。

一、汽车塑料部件喷漆工艺

汽车用塑料部件涂装按部件功能不同可分为两大类：一是外饰件的涂装；二是内饰件的涂装。汽车外饰件的涂装工艺与内饰件的涂装工艺有一定的区别。汽车的外饰件一般要求与车身颜色一致，不要出现色差，有的甚至要求与汽车车身一起涂装，或者调制一致色调的漆，以免出现色差，而且颜色比较明亮、鲜映、醒目。汽车内饰件一般是驾驶员和乘客常接触和看到的，色调要柔和，不要太鲜艳，颜色的亮度要求与外饰件不同。汽车内饰件涂层有亚光和无光之分，因此汽车外饰件与内饰件用的油漆材料有所不同。有的内饰件不需要喷涂塑料底漆，进行表面处理后直接喷涂皮纹漆即可，这是由塑料件所处的环境决定的。如何制定科学合理的汽车塑料部件涂装工艺，要充分考虑工艺的可行性、科学性、合理性，还要考虑涂装成本、涂装质量、涂装材料、涂装设备、环境等诸多因素。

汽车塑料件的漆膜不能过厚，原因主要是：汽车塑料件（如保险杠）普遍采用 PP 或 ABS 塑料，基材的硬度较低，如果底漆较厚，会影响涂层的硬度，漆膜物理性能就会大打折扣；塑料件涂层没有中涂漆，这是与车身钢板生锈材料喷涂的区别之一。

无论汽车内饰件还是外饰件，无论是底漆还是面漆，现在喷涂线上都可以使用机器人喷涂作业，以解决操作人员在恶劣环境中作业的难题及减轻操作人员的劳动强度。喷涂面漆和罩光漆时左、右各 2 台喷涂机器人（喷涂底漆时左、右各 1 台喷涂机器人），工艺参数为：静电喷涂电压≤85kV，间距为 150～300mm，喷幅为 250～350mm，涂料吐出量为 200～500mL/min，旋杯转速为 15～30kr/min，室内温度为 20～28℃，相对湿度为 50%～75%，风速为 0.3～0.4m/s，接地电阻<1MΩ。

根据塑料的材质及特性、涂装技术要求和涂膜附着优良的原则，选定表面处理工艺、所使用的涂料、油漆、稀料、烘干规范等可以确定塑料件的涂装工艺流程，并根据生产量的大小选定适宜的生产线。如某汽车内饰件生产厂家年产 20 万辆个汽车内饰件，其涂装、喷漆的塑料件主要是仪表板、门板等。其涂装流水线采用国产设备，投资为 300 万～500 万元，其塑料部件涂装工艺流程见图 8-1。

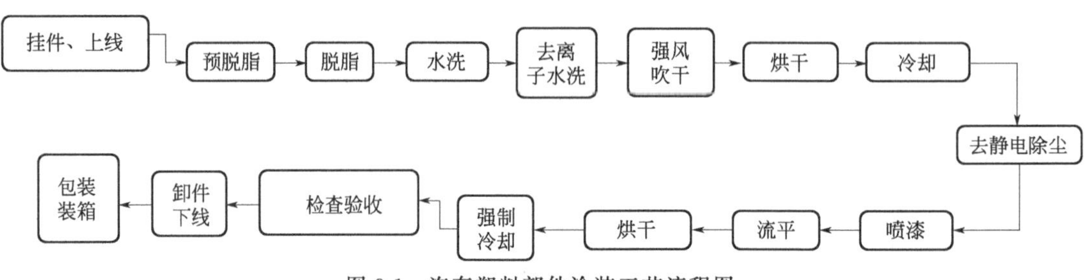

图 8-1 汽车塑料部件涂装工艺流程图

汽车用外饰件的涂装：塑料保险杠的涂装，整个过程的质量要求极为严格，整个喷漆工艺过程，包括前处理过程，喷涂过程到固化过程都需有严格的质量控制，以保证保险杠涂装的质量。保险杠喷涂工艺多采用多层喷涂，本例采用“三喷二烘”的工艺，以充分发挥油漆的耐久性、耐候性的优势。喷涂设备要保证雾化效果，保证喷涂层的均匀性。涂料中的金属微粒的分布，直接影响涂层的外观效果。均匀、质量优秀的涂层具有金属光泽，颜色鲜明，明显的立体感。

汽车非金属外饰件涂装工艺流程见图 8-2。

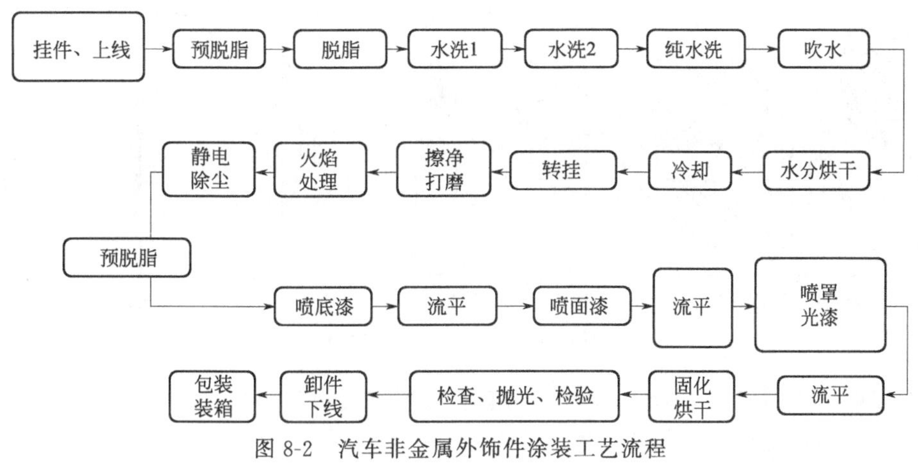

图 8-2 汽车非金属外饰件涂装工艺流程

二、汽车塑料部件的装饰技术

(1) IMD 技术 模内装饰（In-Mould-Decoration，IMD）技术是十分流行的一种表面装饰技术，是现在塑胶行业常用的表面处理工艺，被广泛用于家电行业及汽车行业的仪表板、中控台、门饰条等部位。IMD 按工艺不同又分为 IML、INS、IMR、IMF、IMT、IME 等。IMD 技术工艺流程见图 8-3。

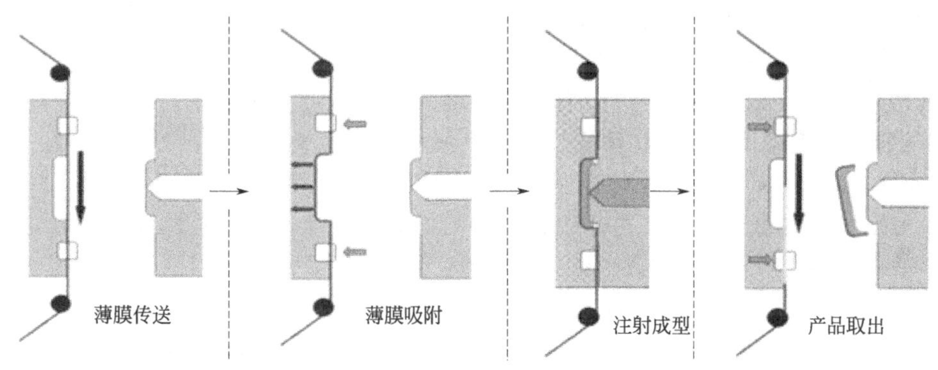

图 8-3 IMD 技术工艺流程

IMD 技术的优点是可实现精确定位、拉伸较小、花纹变形较小，可实现多种花纹效果，整套工艺流程一套模具即可、生产工序简单、制造成本低、可实现全自动连续生产、效率高；缺点是对产品形状要求严格。

注射成型后，印在 PET 基材上的油墨花纹转印到产品表面，PET 作为废料废弃处理，该技术在汽车行业、手机、家电行业应用较多。

(2) IML 技术 模内镶嵌注塑（In-Mold-Labeling，IML）技术是将背面印刷好图案的膜片成型分切成与产品表面一致，通过注塑将成型好的膜片（0.1～0.3mm）与树脂结合成一体。

IML 的工艺工序：裁料→平面印刷→油墨干燥固定→贴保护膜→冲定位孔→热成型(高压)→剪切外围形状→材料注射成型，具体见图 8-4。

IML 技术的优点是可实现简单的精确定位，可以对应比 IDM 略深点的形状、适应小批量生产、价格相对较低；缺点是只能实现单色或简单花纹图案，无法实现木纹等复杂花纹，

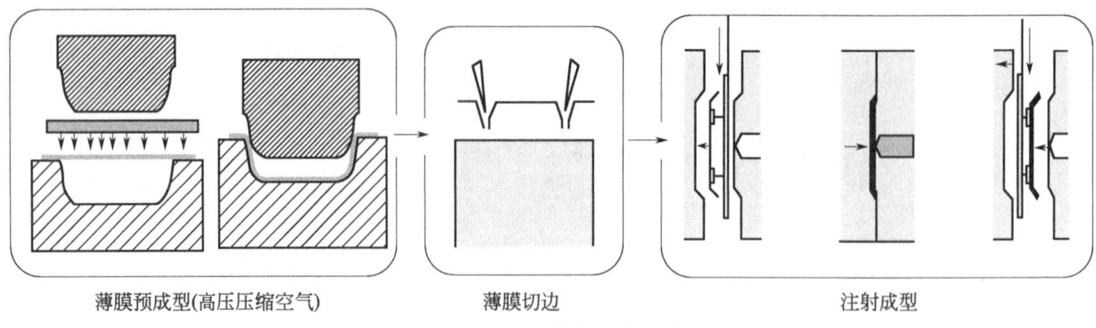

图 8-4 IML 技术工艺流程

花纹精细度差，不适宜尺寸较大的产品，工艺流程需真空吸塑模、切边模和注塑模三套模具，制造成本高，生产工序复杂，生产效率低。

IML 工艺采用的薄膜一般是 IML 厂家自主印刷，厚度一般为 0.1～0.3mm，常采用透明材质如 PC、PET，也会有 PC+PMMA；多用于低拉伸、需要视窗及透光产品。

注射成型后，PET 或 PC 等薄膜留在产品表面，薄膜以下为花纹层，该技术在家电行业应用较多。

现在比较流行的热成型设备是中压成型与高压成型，全称应为中压/高压，气体成型，即将膜片预热至软化点后，通过上模腔具有一定压力的气体往下压，而下模腔抽真空，最终将产品成型。中压是指中等气体压力（≤35bar）；而高压至气体压力较高，如 120bar，部分甚至能做到 150bar 的超高压中压/高压，气体成型的优势在于产品外观更好、对产品性能的影响更小。而中压与高压的选择则在于膜片本身材质，如拉伸性能较好的 ABS 塑料，只需选用中压成型即可；而 PC 膜片由于拉伸较为困难，需要应用高压；PC、PC+PMMA、ABS+PMMA 等相关薄膜采用超高压气体成型机则更加精准、成型效率高，产品质量好；该工艺适合汽车仪表板、汽车内饰件、汽车外饰件、电子及家电产品外壳等产品。

(3) INS 技术　嵌片注塑工艺（INS）利用热吸塑成型或高压成型的方法，把转印好的膜材（一般是 0.5mm 厚）进行三度拉伸，然后依照产品外形裁出嵌片，接着再把此嵌片准确地置于注塑模腔内，注射成型（也可叫作 3D 成型的 IML）。注塑完成以后，IML 和 INS 膜片的基材是保留在制品上面的，它的主要作用是增加耐磨和防划伤，其工艺流程见图 8-5。

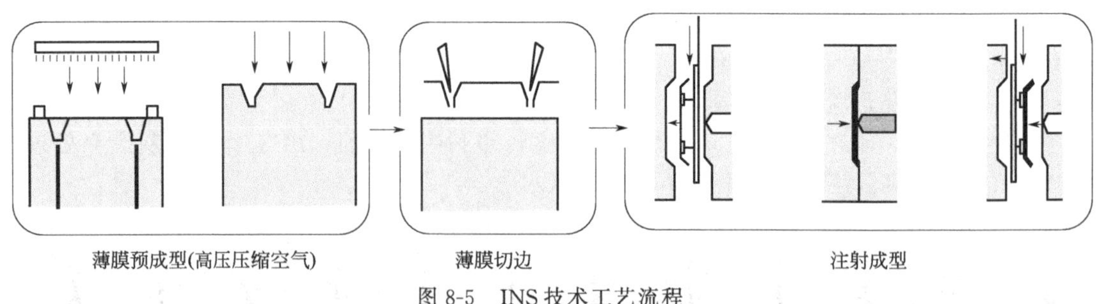

图 8-5 INS 技术工艺流程

INS 技术的优点是花纹易拉伸且变形小，可实现一定触感和仿实木效果，对产品形状要求不严，可实现比较复杂的产品形状；缺点是很难实现精确定位，工艺流程需真空吸塑模、切边模和注塑模三套模具，制造成本高，生产工序复杂，生产效率不高。

INS工艺采用的薄膜一般都由专业膜片厂商印刷，厚度为0.5mm左右，一般采用ABS+PMMA，用于高拉伸但不能有视窗及透光。

注射成型后，PMMA等薄膜留在产品表面，薄膜以下为花纹层，该技术在汽车行业、家电行业应用较多。

(4) IMR技术　IMR (In-Mold-Rolling) 技术是将装饰图案及功能性图案印刷在箔膜上，将箔送入专用成型模具内进行精确定位后，通过射出塑胶原料的高温及高压将箔膜上的图案转写至塑胶产品的表面。重点在于胶料上的离型层，整个工艺流程为PET薄膜→印离型剂→印刷油墨→印接着剂→内塑料射出→油墨与塑接着→开模后胶料会自动从油墨离型。IMR是把油墨转印到制品上，膜片应剥离。

(5) IMF技术　IMF (In-Molding-Foil) 技术是指预先做好3D-Forming拉伸成型，使用单片膜作业，通过机械手放置到模具内并射出成型，膜会留在外观表面形成保护层。放入注塑模内成型的薄膜为经过真空/高压成型处理的3D薄膜。整个工艺流程为印刷→成型→冲型→内塑料射出。适合高拉伸的3D产品。

(6) IMT技术　模内嵌件注塑 (In-Molding-Translate-label或Insert-Mold-Three-dimensional, IMT) 技术是IML的膜片制作+模内转印注塑IMR的转印技术综合并延伸而成的新工艺。

(7) IME技术　模内电子 (In-Molding-Electronics, IME) 技术是传统的模内装饰 (IMD) 技术与印刷电子的结合。其结果是具有机械开关的传统人机界面 (HMI) 的美观、高功能、轻量化且成本更低的替代方案。

模内电子应用开始于在聚碳酸酯或聚酯薄膜片上的多层装饰性，是传统模内装饰 (IMD) 技术与柔性印制电路板的结合，可制得带有不同复杂程度嵌入式电路的3D形状，即导电性较好且可作电介质墨水的子表面丝网印刷。固化后，将印刷的薄膜热成形为3D形状，并冲切出片材。将成像的薄3D模型放置在注塑模具中，在其后面注入清澈或着色的树脂。由此产生的部分是一个具有功能的硬塑料部件，诸如LED和连接器的表面安装部件可以在成型和模制操作之前或之后添加以增加功能。

三、水转印技术

水转印是对承印物全部表面进行装饰，本来面目被遮盖，对整个承印物（立体）进行装饰印刷的技术。原理：将特殊处理的高分子薄膜，用凹印机印上图样，放在水槽中展平活化后利用水压原理将图样均匀印在表面，这种印刷工艺被称为印刷技术的一次革命，在国内研制、推广和工业化生产只是近十年的事。

1. 水转印技术其工艺流程

转印膜的印刷→转印工件的预处理→喷底漆→流平→烘干→上架→转印膜的延展→转印膜的活化→转印→水洗→烘干→画膜→喷清漆保护→烘干。

① 转印膜的印刷。在高分子薄膜上用凹印的方法印上所需图文。

② 转印工件的预处理。转印工件的预处理包括工件转印前的检验、修磨、除尘、脱脂。工件转印前的检验是确定要做水转印的工件是否有缺陷，若有缺陷，必须进行修补和打磨。修磨是确定工件表面是否有缺陷，若有必须进行打磨至平整、光滑。除尘、脱脂是用化学方法除去表面的灰尘、油污等以便增加漆膜的附着力。

③ 喷底漆。按需要在承印物上喷上不同颜色的专用漆，就像化妆前打粉底。如木纹——常使用棕色、土黄色，石纹——以白色为主。

④ 流平。即将所喷底漆自然顺平、固化。

⑤ 烘干。即将所喷底漆的工件放入烘干箱中快速烘干。

⑥ 上架。即将所要转入下道工序的小件一起放到木架上固定，以便于操作及提高效率，大件可省去此工序。

⑦ 转印膜的延展。把转印膜图文朝上，在水中平铺，待其展平。

⑧ 转印膜的活化。用活化剂在图文表面均匀喷化，使图文活化与基膜分离处于游离状态。活化剂是一种有机混合溶剂，能迅速溶解基膜，不损坏图层。

⑨ 转印。将承印物贴近活化的薄膜，图文层会慢慢地转移到水印物上，注意水温，转印速度要均匀。

⑩ 水洗。将承印物取出，在专用清洗机上清洗残膜与浮层，注意调好水压。

⑪ 烘干。应在专用的烘干机上进行，温度、速度要可调可控。

⑫ 画膜。即补膜，对于水转印漏掉的地方或存在缺陷的地方，用绘画笔蘸活化剂将膜纸上的图案粘下来补到需要补膜的地方。

⑬ 喷清漆保护。溶剂型光油要与硬化剂混合使用，不同承印物要用不同的混合比例。罩清漆是将转印烘干后的工件喷一层清漆，用于保护转印好的桃木纹，同时增加亮度。将转印好罩清漆后的工件干燥。

⑭ 烘干。将转印好罩清漆后的工件去水、干燥。

2. 水转印技术的应用

由于塑料具有易着色的特点，水转印技术在汽车桃木内饰上的应用实质是将一种桃木纹图案通过以上工艺流程转移至经过处理的塑料内饰件上，就像漂亮的木纹家具、地板等一样，是一种形似高档桃木而实质却是塑料内饰件“穿上一件漂亮的外衣”一样。所以其成本要比真正的桃木内饰低得多。

汽车主要的桃木纹内饰有仪表板、换挡手柄、方向盘、烟灰缸、中控台、仪表盘装饰等。

汽车桃木内饰成了中国车市上营造豪华高档的标志，在中低档车上亦随处可见。汽车桃木内饰件不可太多，要恰到好处，注意环保，这才是真正的发展方向。

四、汽车塑料部件装饰的发展方向

① 涂装技术向环保化、降低成本化、高品质方向发展，是塑料制品涂装技术发展的永恒主题和不懈追求。

② 新涂装材料的应用是涂装技术进步的先导，随着各种塑料新改性品种的增加，涂装材料也应适应这一变化。

③ 覆膜技术替代塑料覆盖性涂装。覆膜技术是预制一种适用于热成形的面漆涂膜，其经热成形后的产品的面漆性能和外观与传统的烘烤喷涂涂膜非常相近。该技术主要应用于塑料件生产，采用“夹物模压”或“内模”工艺将预制好的复合涂膜在塑料件浇注成型的同时完成成型并与塑料件熔为一体，得到无缺陷的涂装覆盖件。大面积的覆盖件都是采用覆膜技术制造的塑料件，颜色有上千种。这样大大简化了车身涂装工艺，在降低涂装成本的同时，使涂装的 VOC 排放达到 $7g/m^2$ 左右，远低于欧洲排放法规的要求。

④ 塑料汽车零部件底材表面处理技术方面：利用臭氧水喷淋，制造表面氧化层的 PWT 处理工艺（无底漆的水处理）。在常压下利用等离子进行表面处理，还有在清洗工艺中增加一道表面调整工序来改善塑料件表面的湿润性等。总之，正在努力开发聚丙烯塑料（PP）的新附着技术，能替代涂底漆处理的方案。

⑤ 工艺简化：取消脱脂清洗、水分干燥，仅保留溶剂擦洗，去静电除尘工序；底漆、底色漆和罩光漆采用“湿碰湿”工艺的涂料，三道涂层一起烘干，以减少投资、节省能源，进一步降低塑料部件涂装成本。

⑥ 涂层吸附力要不断增强并满足个性化装饰需求。

⑦ 开发利用银镜反应替代电镀的技术，进一步提高塑料件的装饰性。

⑧ 在环保方面，降低 VOC 排放量，生物可降解性活性剂配制的脱脂剂、低温脱脂剂(处理温度 43℃)、塑料用涂料的水性化，也是一个发展方向。

⑨ 近几年来，随着发达国家环保涂料的工业化应用，一些涂料的循环利用技术也得以应用，将使涂装线的涂料利用率进一步提高，最大限度地减少废漆、废渣的排放。

参考文献

[1] 林逸，陈潇凯，汤林生.汽车悬架系统新技术.北京：北京理工大学出版社，2017.
[2] 中国汽车工程学会.世界汽车技术复杂跟踪研究.北京：北京理工大学出版社，2013.
[3] 何莉萍.汽车轻量化车身新材料及其应用技术.长沙：湖南大学大学出版社，2016.
[4] 李朝晖，杨新桦.汽车新技术.重庆：重庆大学出版社，2018.
[5] 刘春晖.汽车底盘构造与原理.北京：电子工业出版社，2017.
[6] 李光耀，张冰岩.载重汽车构造与维修.北京：机械工业出版社，2019.
[7] 吴崇周.塑料加工原理及应用.北京：化学工业出版社，2009.
[8] 王文广，田雁晨，吕通建.塑料材料的选用.北京：化学工业出版社，2007.
[9] 樊自田.材料成型设备.北京：机械工业出版社，2014.
[10] 周达飞，吴张永，王婷.汽车用塑料.北京：化学工业出版社，2003.
[11] 袁泉.汽车人机工程学.北京：清华大学出版社，2018.
[12] 陈家瑞.汽车构造（上、中、下册).北京：机械工业出版社，2011.
[13] 张蕾.汽车材料.北京：科学出版社，2009.
[14] 白树金.汽车应用材料.北京：北京理工大学出版社，2018.
[15] 高美兰.汽车材料与金属加工.北京：机械工业出版社，2018.
[16] 黄武全.汽车材料.北京：机械工业出版社，2018.
[17] 保罗·格克.汽车轻量化用先进高强度钢.魏巍，杨文明，译.北京：北京理工大学出版社，2017.
[18] 杜子学.汽车人机工程学.北京：机械工业出版社，2011.
[19] 任金东.汽车人机工程学.北京：北京大学出版社，2010.
[20] 张耀虎，王鑫，郑颖.汽车构造.北京：清华大学出版社，2019.
[21] 张换换，杨国平.汽车设计.北京：清华大学出版社，2016.
[22] 阙雄才，陈江平.汽车空调实用技术.北京：机械工业出版社，2003.
[23] 丁浩，龚浏澄.塑料应用技术.北京：化学工业出版社，2006.
[24] 熊建武，何冰强.塑料成型工艺与注塑模具设计.大连：大连理工大学出版社，2014.
[25] 杨东武，秦玉星.塑料材料选用技术.北京：中国轻工业出版社，2008.
[26] 戎咏华，陈乃录，金学军，等.先进高强度钢及其工艺发展.北京：高等教育出版社，2019.
[27] 齐卫东.压铸工艺与模具设计.北京：北京理工大学出版社，2007.
[28] 闫洪.锻造工艺与模具设计.北京：机械工业出版社，2012.
[29] 庞振基，黄其圣.精密机械设计.北京：机械工业出版社，2019.
[30] 李光耀.汽车内饰件设计与制造工艺.北京：机械工业出版社，2013.
[31] 吴智华，杨其.高分子材料成型工艺学.重庆：四川大学出版社，2010.
[32] 李力，等.塑料成型模具设计与制造.北京：国防工业出版社，2009.
[33] 王超，王军，王虹.汽车用胶黏剂.北京：化学工业出版社，2005.
[34] 缪强，靓文萍.有色金属材料学.西安：西北工业大学出版社，2016.
[35] 张长森.无机非金属工程材料案例分析.上海：华东理工大学出版社，2017.
[36] 张玉龙，孙敏.塑料品种与性能手册.北京：化学工业出版社，2012.
[37] 贾毅，张立侠.橡胶加工实用技术.北京：化学工业出版社，2004.
[38] 李静，等.汽车内饰件行业发展研讨会会议文集.北京：中汽协汽车相关工业分会，2019.
[39] 李静，等.汽车相关工业通讯.北京：中汽协汽车相关工业分会，2020.
[40] 门田安弘.新丰田生产方式.王瑞珠，等译.保定：河北大学出版社，2016.
[41] 威廉·史蒂文森.生产运作管理.张群，张杰，等译.北京：机械工业出版社，2011.
[42] 韩维建，孔瑞杰，郑汇.汽车材料及轻量化趋势.北京：机械工业出版社，2017.
[43] 林直义.汽车材料技术.熊飞，译.北京：机械工业出版社，2019.
[44] 李明惠.汽车应用材料技术.3版.熊飞，译.北京：机械工业出版社，2015.
[45] 周长城.车辆悬架设计及理论.熊飞，译.北京：北京大学出版社，2011.
[46] 耶尔泰·赖姆帕尔.汽车悬架.2版.李旭东，译.北京：机械工业出版社，2013.

[47] 彭莫，刁增祥，党潇正.汽车悬架构件设计计算.2版.北京：机械工业出版社，2016.
[48] 惠有利，沈沉.汽车构造.北京：北京大学出版社，2016.
[49] 周良生，曲学春，周冬生，等.汽车动力传动系及动力性能计算.北京：机械工业出版社，2020.
[50] 彼得·普费尔，曼弗雷德·哈尔.汽车转向.2版.李旭东，译.北京：机械工业出版社，2019.
[51] 何耀平.汽车试验技术.北京：人民交通出版社，2012.
[52] 周述积，叶仲新.汽车制造工艺学.北京：北京理工大学出版社，2013.